21 世纪公安高等教育系列教材·法学（本科）

外国法制史

张彩凤　郭　苓　于　泓　编著

中国人民公安大学出版社
·北　京·

图书在版编目（CIP）数据

外国法制史 / 张彩凤，于泓，郭苓编著．—北京：中国人民公安大学出版社，2012.9

21 世纪公安高等教育系列教材·法学（本科）

ISBN 978-7-5653-0991-5

Ⅰ. ①外… Ⅱ. ①张… ②于… ③郭… Ⅲ. ①法制史—国外—高等学校—教材 Ⅳ. ①D909.9

中国版本图书馆 CIP 数据核字（2012）第 209750 号

外国法制史

张彩凤 郭 苓 于 泓 编著

出版发行：中国人民公安大学出版社
地　　址：北京市西城区木樨地南里
邮政编码：100038
经　　销：新华书店
印　　刷：北京兴华昌盛印刷有限公司

版　　次：2012 年 9 月第 1 版
印　　次：2012 年 9 月第 1 次
印　　张：26.25
开　　本：787 毫米×1092 毫米 1/16
字　　数：544 千字

书　　号：ISBN 978-7-5653-0991-5
定　　价：60.00 元

网　　址：www.cppsup.com.cn www.porclub.com.cn
电子邮箱：zbs@cppsup.com zbs@cppsu.edu.cn

营销中心电话：010-83903254
读者服务部电话（门市）：010-83903257
警官读者俱乐部电话（网购、邮购）：010-83903253
教材分社电话：010-83903259

编写说明

读者面前的这本《外国法制史》是21世纪公安高等教育法学系列教材之一。作为一门法学专业基础课程，本教材本着“与时俱进”的精神，应日新月异的法学教育的需求和社会主义法治建设及社会进步和全球化的需要，旨在全面系统地阐述作为法学基础知识的外国法律制度的产生发展历史及其规律，以开启法律人教育的大门，奠定法学知识大厦的制度根基，提供良好的法学素养和法学思维模式。本教材按照目前中国法学教学中有关外国法律制度知识系统加以设计编排体例，吸收了国内相关法学教学和研究的最新成果，且密切联系中国法治建设和公安法律实践，由中国人民公安大学长期从事基础法学教学与研究的教师编写而成。

本书由导论和15章组成。按照人类世界典型法律制度产生演变的历史时间加以讲述，其结构逻辑严谨，内容全面系统，表述完整准确，文字通俗简洁，易于学习和掌握。

本书的撰稿人及其分工（以撰写章节先后为序）如下：

张彩凤：导论、第三章、第五章、第六章、第八章至第十四章。

郭　苓：第一章、第二章、第七章。

于　泓：第四章、第十五章。

全书由张彩凤、于泓统稿和审定。编写说明、目录及推荐阅读书目由张彩凤负责。

编著者

2012年7月

目录

导 论

法学是研究法律现象的知识体系，是关于法律的学问。在现代复杂而丰富多样的法学知识体系中，外国法制史是法学的重要分支学科，是我国法学专业教育的一门基础法学课程，是法律史学的重要组成部分。

在整个法学体系中占有独特地位的外国法制史，是对外国历史上的法律制度进行研究的学科类别。一方面，它所研究的是除中国之外的人类历史上曾经存在过的法律文明，也就是在人类历史上那些不同类型的、具有代表性的法律制度及其产生、发展和演变的过程，阐明法律制度及其观念在事实上是如何产生和进化的，法律又是如何体现社会的意图和目标的。这种研究对象规定了外国法制史所描述的知识内容一定是在法律文献学基础上进行的，是对那些表征人类法律文明的法律典籍文本及其他与法律文明有关的历史文献的整理和叙述，是一种有关法律文化的历史事实的知识，在很大程度上是一种对法律文本和制度形态客观的陈述与历史的呈现。因此，在此种意义上的外国法制史是一种关于事实的知识，是文献学意义上的知识，是实证方法论意义上的知识。在一定的意义上，外国法制史讲述的是人类有史以来法律文明的历史故事，与那些关注法律的原理价值及人类精神的法学理论有着较大区别的，同样也是不同于那些专注法律的应用与操作技能的应用法学的。另一方面，外国法制史因其在整个法学体系中占有基础法学的地位，它是建立在对世界历史上不同类型的、有代表性的法律制度的内容、本质、表现形式及实施运行和变化过程等的研究，是对不同类型的法律制度在不同历史发展阶段上与经济的发展、政治的演变和文化的进步等社会各要素的互动的价值功能研究。因此，外国法制史的研究又基于法律的视角及人类文明和法律文化的进化过程，在总体上揭示了有关法律的深层结构，有关各历史时期，各种类型的法律制度发生、发展、变化的内在和外在的规定性或一般规律。“理论是从经验事实中提炼”出来的，“通世界之知识，采万国之美法”，是认识和解释现代法律的形成及其制度机制的必由之路。在这种一般常识意义上，外国法制史，犹如中国法制史，无论是对于理论法学还是应用法学的教学和研究的开展，都具有不可或缺的基础性作用。它们共同构筑起法学完整的知识体系，它不仅为其他法学学科提供有关法的历史知识和社会信息，有助于我们深入探索法律发展演变的规律，有助于我们科学理性地认知现代法律和法治的性质作用，揭示法治社会的现代意义，而且还提供了如何历史地、实证地审视法律这一特殊社会现象的有关法的理论知识和方法论知识。同时，不得不提到的是，在世界日益成为“地球村”、飞速全球化的今天，对外国法制史的学习和研究，有助于我们经济、文化等的开放和交流，有助于我们寻求法律文化的共性进而吸收和创新，有助于我们进一步发展和完善现代立法和法律制度以及法律的实效。这一实践价值对于推进现代法律的进步及和平与发展的国际秩序的重要性是显而易见的。

外国法制史本身是一个极广极深、极富包容性和开放性的学科，其学科体系是以历史为经络、文化为灵魂、社会为基础、法律文本典籍及运行过程置于其中而得以建构的。在人类历史的长河中，曾经存在过许多令今人叹为观止的显赫无比的时代、辉煌独特的文化艺术、灵光智慧的思想制度，其中，法律和法律制度是人类文明过程中最重要、最值得骄傲的精神产物，是人类作为万物灵长的精神表征和思想结晶，体现了人类对正义的社会秩序的追求及有尊严的文明生活的企望。

经验地观察及已有的历史一再证明，法律不是从来就有的，它是从历史深处走来的。在人类文明化的视野中，地球上有了人、有了文明，就有了法。“法律是人类最伟大的发明。别的发明让人类学会驾驭自然，而法律的发明，则会使人类学会如何驾驭自身。”法律是一个历史的范畴，有其产生、发展和体系化的过程且带有一定的规律性。法是人类社会长期发展的产物，是人类社会内在需求的产物，也是社会基本矛盾运动的必然结果。根据马克思、恩格斯的相关理论及其他研究成果，法律最早产生于原始社会后期，是在原始社会逐渐解体的基础上取代人们世代相传的习俗而产生的。法律的产生和发展是一个长期演进的过程，自从人类摆脱蒙昧，开始运用法律进行最初的社会调整，在经历了漫长的由低级到高级、由简单到复杂、从习惯到习惯法再到成文法的渐进演变过程。从总体上讲，作为客观的社会实在，法律的这一成长过程体现着人类社会整体文明的不断递进与多样。一方面，法律依循着人类社会发展的螺旋式上升轨迹，不无曲折地逐步实践着科学、民主、平等、自由、人权和法治理念；另一方面，与一定的时间、地域文明相联系，不同国家和地区的法律的差异性因传统文化所致仍被延续着，这也说明法律的产生发展及其内容结构形式并不存在单一的模式。当然，法律是社会生活的整体折射，其发展不是一项孤立的社会运动，而是作为社会结构的一部分与社会整体的发展产生互动，在这一互动过程中实现着自我。

作为人类历史上最早的一种法律历史类型，世界古代法律制度指的是自公元前4000 年出现了国家和法律文明起至 5 世纪西罗马帝国的灭亡。若以社会形态的标准衡量之，世界古代法律制度被称为奴隶制社会的法律制度，它包括古埃及法、希伯来法、楔形文字法、古印度法、古希腊法及古罗马法等（古中国法除外）。

迄今所知，作为人类文明重要组成部分的法律文明最早产生于东方，包括尼罗河流域的埃及、两河流域的苏美尔和巴比伦、黄河流域的中国、恒河和印度河流域的印度、爱琴海地区的希腊和罗马。

古代东方国家的奴隶制法较早出现在非洲尼罗河流域的埃及，大约在公元前

4000年。经对希腊学者、埃及僧侣的著述及犹太人的宗教典籍的研究，且通过对考古发现的石刻图像、铭文和一些破碎的纸草文书的考证，在古代埃及，其法律制度较为零碎，涉及公法、私法等，其内容有行政、司法、刑法、财产、契约、婚姻家庭和继承法等，其法律渊源主要是习惯法，有关成文法律文献流传下来的并不多。埃及的第一位立法者是美尼斯（那尔迈王）。“法”的含义最早见于埃及的“天平”图像和女神玛特的“法羽”图像。

通过对大约50万件考古文献的研究，比埃及稍晚，约公元前3000年在美索不达米亚即西亚两河流域区域出现了一些城邦国家，如苏美尔、乌尔、巴比伦、阿卡德、亚述和赫悌等。在这些城邦国家，适用不发达的习惯法，后来他们用楔形文字将习惯法书写为成文法，如《苏美尔亲属法》和《乌尔纳姆法典》。该时该地的法律较为丰富，在内容上包括财产、契约、婚姻继承、刑事、行政、外交、司法审判等，立法技术也有了一定进步。公元前18世纪两河流域的巴比伦王国的《汉穆拉比法典》是楔形文字法的典型代表，是世界上最早的、保存比较完整的成文法典，法典对其后西南亚等地区的法律制度产生了重要影响，且通过波斯帝国的法律和希伯来法对西方法律传统产生了某种程度的影响。“我在这块土地上创立了法和公正，在这时光里我赋予人类幸福。”（《汉穆拉比法典》）

约公元前20世纪来自中亚的亚利安人侵入南亚次大陆的恒河和印度河流域，进入“吠陀时代”。约公元前15世纪出现了奴隶制国家和法律文明。古印度法亦称教法，具有浓厚的宗教性质和种姓特质，国家依靠宗教力量和等级特权统治现世。约公元前8世纪，在古印度产生了婆罗门教，婆罗门教尊吠陀为天启、祭司万能和婆罗门至高无上，其教义就是法律，婆罗门祭司是最高立法者，其确立和维护的种姓制度是印度社会的基本制度。婆罗门教法的渊源有吠陀、“法经”和“法典”。婆罗门教在公元前6世纪演变为佛教。佛教由释迦牟尼创建，佛教教义宣扬“法轮常转”、因果报应、生死轮回，通过修行达到“涅槃”，以佛法普度众生。佛教僧侣编纂、整理的律、经和论三藏经典是佛教法的重要法律典籍。佛教法在古印度社会一度极其繁荣、发达，是具有最高权威的行为模式。公元前4世纪前后，婆罗门教吸收佛教和耆那教教义演化成印度教。编纂于公元前2世纪至2世纪的《摩奴法典》是印度孔雀帝国兴盛时期对婆罗门教法的继承和总结，是印度法律史上较古老的第一部正规的世俗法律典籍，至今仍被传统印度人当做宗教生活和仪式的教规使用，在整个南亚次大陆享有圣典的地位。《摩奴法典》明确规定：“如果我们违背正义，正义就毁灭我们；如果我们维护正义，正义也维护我们。”

据《圣经》记载，公元前14世纪~前13世纪（公元前1400年前后—前1280年），一位出生于埃及的名叫摩西的白须长发的希伯来人接受神谕，率领其他受苦受难的希伯来人走出埃及。在去往迦南的征途中，他从西奈山上取出一块由“上帝的手指”所刻的“十诫”的石板且高高举起，向人间宣布上帝律法，这些具有法律、宗教和道德准则的戒条即为《摩西十诫》（Moses Ten Commandments）。

《摩西十诫》和希伯来圣经《塔纳赫》，特别是其中的《摩西五经》（The Pentateuch）构成处于西亚巴勒斯坦的希伯来奴隶制国家的法律基础和主要渊源。在此基础上形成的希伯来法与犹太宗教文化相辅相成，其主体内容是讲述希伯来人与上帝的关系及规范这些关系的道德法规，其基本准则成了犹太教、基督教以及伊斯兰教法共同的核心。希伯来法对西亚、欧洲各国以及中世纪基督教会都产生过重要影响。

在古希腊，我们看到了希腊哲学、自然理性、批判思维、雕塑建筑、悲剧诗书、神话和历史文献及奥林匹克，同样，这里也是欧洲最先产生奴隶制法及法哲学的地区。公元前12世纪到前6世纪，希腊本土形成了几十个城邦国家。由于各城邦国家的历史、经济、政治和文化条件的不同，各城邦的法律存在很多差异，但其渊源主要以习惯法为主。诸城邦中，雅典是实行奴隶制民主政治的典范，其法律制度和法学思想对后世西方国家有着重要的影响。作为西方民主之父和《雅典宪法》的创建者，梭伦（公元前638年—前558）将其立法改革记录在16块白色木板上且公开矗立在雅典巴西勒斯神庙柱廊上，规定所有阶层的公民都有选举权和被选举权，有权参加公民大会和陪审法庭，为国家进行立法和司法，所有公民都有权监督代表们履行职责，所有公民都有权起诉侵犯其权利的任何人。可以说，西方法律制度和法观念孕育于希腊城邦的摇篮中，产生于古希腊人理性觉醒之时，发展于城邦民主政治过程之中。正是在这里产生了西方最早、最基础的法观念和法治且确定了法至上的地位。柏拉图和亚里士多德的自然正义法律观和“雅典宪法”对西方近代公法的影响极为明显，为西方法治主义奠定了坚实基础，是构成西方法文化传统最基本的要素，对西方法律文化传统的形成和发展产生了决定性的影响，也为世界法律文化作出了不朽的贡献。

古代罗马法是世界法律史上最发达、最完备、最具影响力的法律体系之一。罗马人认为“法学是关于神事和人事的知识，是关于正义和非正义的科学”。而“正义又是一种持久永恒的意志，要将每个人的应得权益分配到位”。罗马王政时期开端于公元前753年罗马城的建立，之后通过第六代王塞尔维·图里阿（约公元前576年—前534）的改革进入了国家状态。这是一个“新的、以地区划分和财产差别为基础的真正的国家制度。”① 进而法律也得以形成。罗马最早的成文法——《十二表法》（公元前451年—前450年）② 产生于共和国早期，据说是在专门考察了希腊梭伦立法之后由“十人委员会”制定的。罗马奴隶制国家起初仅是意大利半岛上一个占据弹丸之地的城邦国家，经过几百年的对外扩张，至公元3世纪已成为版图横跨欧、亚、非洲的多种族、多文化的庞大帝国。在这一过程中，多种社会要素和力量如法学家、各种政权机关及司法人员都为罗马法

① 《马克思恩格斯选集》，第4卷，第126页。
② 因各表系由青铜铸成，习惯上将此法称做《十二铜表法》。

律体系的完备和极优品质的形成立下了汗马功劳。罗马政治家和法学家西塞罗（Marcus Tullius Cicero，公元前106年—前43年）一再强调，人民的福利是终极之法。直到公元6世纪，在东罗马帝国皇帝查士丁尼（Justinian，也译作优士丁尼，公元482年—565年）的组织下，进行了大规模的法典编纂，集丰富庞杂的罗马法律条款之大成，汇编为四部法典，其后合而为一即《罗马法大全》。自此，人类便进入了一个法典时代，一个"书面理性"的时代。罗马法适应罗马奴隶制商品经济的发展，从简单到复杂，最后演变为古代社会最发达、最完备的法律。罗马法对私有制社会简单商品经济的一切本质关系均作出了详尽的规定。正是因发达的罗马法使得法学从此成为一门职业化的独立学科，罗马法的教义、方法及私法体系被西欧大陆国家作为民事立法的基础，罗马法中的许多原则、制度及立法模式被近代以来的成文法国家采用及加以发展。

西欧中世纪始于公元5世纪西罗马帝国的灭亡，止于17世纪中叶英国资产阶级革命。中世纪是信仰的时代也是法治的时代，其丰富的法律文献和法律制度与自成一体的上帝秩序、以自己法律而存在的王国秩序及等级制的封建社会秩序紧密相伴，上帝宣布正义法，一切政治的、经济的、文化的关系都是以法律的方式表达的。因为基督教观念本身要求一统于上帝，抵制任何性质的法律的分化。当时的西方世界虽在政治、经济上处于四分五裂的状态，而其精神世界则一统于基督教神学和上帝法。在对法律制度的历史进程认知的过程中发现，西欧封建制的法律制度在世界法制史上占有极其重要的地位，其多样化及不断融合的法律渊源不仅成就了中世纪的人神秩序，还构成了近现代两大法系的历史进程及其法律基础，同时，其性质各异的法律体系及行为模式又孕育了现代意义上的法观念，有力地影响和塑造了现代世界。历史连续性的原则在法律史领域又一次证实了它的有效性。在西欧封建社会早期阶段，日耳曼人于5世纪入侵罗马帝国，建立起许多"蛮族"国家；同时，日耳曼人的另一支——盎格鲁撒克逊人侵入不列颠，建立了一些封建国家。日耳曼法起源于日耳曼各部族的原始习惯，并在日耳曼各部族建立国家之后被编纂为成文法典即"蛮族法典"，《萨利克法典》便是日耳曼法的重要代表。日耳曼法在封建化的历史潮流中逐步为西欧各封建王国所接纳，最终成为中世纪西欧占据统治地位的世俗法。

中世纪的一切几乎都是建立在基督教文明基础上的，而基督教文明是西方文明不可或缺的部分，也是现代西方法律文明的重要基础。5世纪后，由于罗马天主教会演变成为凌驾于西欧各国世俗政权之上的国际政治中心，教会法逐渐脱离世俗法的干涉，成为与世俗法相互竞争的独立法律体系。法律的二元化成为西欧中世纪法律的明显特点。教会法的神权法律观念为后世的法学理论打上了深刻的烙印。在婚姻、家庭和继承等方面，教会法至今仍有很大影响。特别是教会法观念，如其理论家、哲学家阿奎那（St. Thomas Aquinas，公元1225年—1274）说，人通过上帝赋予的理性发现世界是有秩序的且能够理解世界秩序。在西欧封建社会的中后期，各国法律制度发生了很大变化，如形成了商法、城市法和复兴的罗马法以及教会法律体系。城市法和商法是10世纪随着西欧的城市化以及商品经济在城市中的快速发展而兴起的专门调整城市生活和商业贸易活动的法律体系。城市法和商法体现了新的经济关系、社会关系以及新阶级的要求，反映出自由、平等精神，与同时代通行于西欧广大农村地区的教俗封建法律有着本质上的差异。中世纪的城市法和商法促进了资本主义经济的发展和资产阶级的出现，是近现代资本主义法律的重要历史渊源。

可以说，罗马天主教会这一普世性组织及其以拉丁语为载体的神学、教会法和复兴的罗马法构成一个有形或无形的、相对统一的社会文化和行为规范，维护和发展了西方传统文明的整体性或大一统秩序的特点。从12世纪初开始，因商品货币经济的发展引发了罗马法复兴运动在欧洲广泛的开展。罗马法被广泛采用，促使多样化法律如日耳曼法、罗马法及教会法相互融合。其后，民族国家法律的统一化运动对西欧资本主义经济的成长和民族统一国家的形成起到了促进作用，进而成就了大陆法系。在不列颠，由于11世纪初诺曼人的入侵，在英国形成了一种全国普遍适用的具有英国特色的共同习惯法，即“普通法”，使其法律制度走上了与西欧大陆各国不同的发展道路。此后，在多种因素作用下，以英国普通法为核心的法律制度的持续向外扩展致使英美法系渐渐形成，与那些直接采用罗马法的大陆法系国家各占法律世界的半壁江山。

创建于阿拉伯地区的伊斯兰法是在中世纪封建社会中独树一帜的宗教法律制度。6世纪，作为伊斯兰教先知的穆罕默德（Muhammad，公元570年—632）在建立统一的阿拉伯国家的活动中创立了伊斯兰教。穆罕默德以唯一的神真主安拉“启示”的名义发布的《古兰经》、以穆罕默德的言行和默示为内容汇集的“圣训”以及教法学，既是伊斯兰教的规范，也是伊斯兰法的基本渊源。随着阿拉伯国家的对外扩张，伊斯兰法得到广泛传播，形成属人主义的伊斯兰法系。作为中华法系一员的古代日本国产生于公元3世纪初的九州北部地区，名为邪马台国。日本奴隶制国家开始适用一种简陋的、不成文的部族习惯法。于645年实行“大化革新”后，确立了中央集权统治的古代天皇制，创建了以唐朝法律为模式的日本封建法律制度，完成了由奴隶制国家向封建制国家的转变。日本古代三大重要法典中的《大宝律令》（701年）和《养老律令》（718年）就是以唐朝律令为蓝本制定的。1192年后，日本进入幕府统治时期，武家法典成为其基本法律形式。封建的日本法以律令格式为主要法律形式，形成了一套较完整的成文法体系。同时，天皇通过任命的官吏即太史官、神祇官、国司、郡司执行法律并实现其政治统治。按照中国封建法模式、结合日本风俗国情创建起来的日本封建法持续了近1200多年，是中华法系的重要组成部分。直到19世纪中叶实行泰西主义为止，日本法律制度一直都与中国法一样共享一个儒家法律传统。在东欧，5世纪后，拜占庭帝国和由斯拉夫人建立的国家进入封建社会，颁布和编纂了一些适应封建关系发展的法典。882年，以基辅为中心的古罗斯国家产生，因首都设在基辅，史称“基辅罗斯”。与此同时，俄罗斯封建性质的法律制度得以产生。在俄罗斯封建制法形成时期，《罗斯真理》、各种《律书》和《会典》是俄国早期法律发展史上的重要典籍文献，其法律制度及其历史进程受到了拜占庭法、东正教文化和罗马成文法传统的深刻影响。

一般而言，将古代法和中世纪法并称为前资本主义的法。前资本主义的法是较简单、混乱和封闭的，也是多样化的，是与主导的自然经济形态相适应的。它是一种以血缘和家族关系主导下的人与人的依赖关系为基础的法律类型。其共同特征是：一是注重身份的法；二是义务本位的法；三是奉行权力至上的法。

“代替教条和神权的是人权，代替教会的是国家”，这是近代社会的一大特征。近代法律制度是资产阶级革命取得胜利后，自由资本主义及其向垄断资本主义过渡时期的资产阶级法律制度。其时间自 1640 年英国资产阶级革命至 1917 年俄国“十月革命”。

近现代法律制度是典型的国内法体系，代表性的有英国法、美国法、法国法、德国法和日本法等资本主义国家，还有俄罗斯法及欧盟法。在现代法学著述中，通常按照法律产生、发展历史传统的不同及外部特征将一些国家、地区的法律制度划分为两大法系：大陆法系和英美法系。大陆法系亦称“民法法系”或“罗马—日耳曼法系”，是在罗马法的基础上，融合日耳曼法，以欧洲大陆国家法国、德国为代表发展起来的法律制度的总称。大陆法系分布的范围极为广泛，除欧洲大陆外，遍及亚洲、拉丁美洲和非洲的一些国家和地区。北欧国家的法律制度也与大陆法系较为接近。属于大陆法系的许多国家则在历史上曾与罗马帝国产生过直接或非直接的政治联系。英美法系亦称“英吉利法系”或“普通法系”，是指以英国的普通法为传统产生和发展起来的法律制度的总称。由于美国法的突出特点，使其与英国法并列成为这一法系的重要组成部分，所以被称做英美法系。英美法系的范围，除英（苏格兰例外）、美（路易斯安那州例外）以外，还包括诸如加拿大、澳大利亚等前英国殖民地、附属国的许多国家和地区。这些国家和地区大多数在历史上曾与英国产生过紧密的政治联系。两大法系在渊源、结构、概念和思维方式等方面具有许多不同点。

英国是普通法系的发祥地，始于 11 世纪诺曼征服英伦后形成的通行于全王国的普通法，其后构成了英美法系各国现代法律基础。英美国家的许多重要法律制度及概念都源于不列颠。英国法律的发展道路，不同于基于罗马法发展起来的欧洲大陆国家法律，而是基于中世纪形成的普通法。之后，通过 17 世纪资产阶级革命，建立起君主立宪制国家，在其近代法律制度的建构中，全面继承了封建法的传统，保留了封建时代的某些原则和大多制度内容，其法律制度的演化是渐进、连续性的模式。因此，现代英国法在形式和内容上都与封建时代的英国法有着千丝万缕的联系。英国法律基本渊源包括形成于中世纪、发展于近代的普通法、衡平法和制定法。英国是近代宪政的策源地，其不成文宪法是柔性宪法的典范。被视为民主自由来源的、1215 年《大宪章》规定，我们不会向任何人出卖权利和公正，也不会拒绝或剥夺任何人的权利和公正。构成英国法律体系的只有财产法、契约法、侵权行为法等法律制度而不存在类似于大陆各国系统的法律部门及公法与私法的法的分类。英国独特的司法制度如陪审制、辩护制、法官制度以及抗辩式诉讼形式和正当法律程序都对很多国家的司法制度产生了深远影响。

18 世纪下半叶脱离英国而获得独立后的美国，虽然相对缺乏悠久的历史，但是，在不到两百年的时间里，在华盛顿、杰弗逊、麦迪逊和汉密尔顿思想的引领下，在阅读布莱克斯通的《英国法释义》过程中，在继承和改造英国法的基础上，形成了世界上最发达且独具特色的法律制度，成为普通法系的重要代表。在美国法律形成和发展过程中，一方面继承和采纳了英国法的基本形式和许多术语、原则及制度；另一方面也进行了自己的制度创新，如拥有世界第一部近代意义的成文宪法及其分权制衡原则。其《权利法案》规定："无论何时，只要发现政府有违或不符合它制定的目的，人民就有权利改革或改变他们的政府。这一权利不容置疑、不可剥夺且不能废除。"这一思想对近代世界资产阶级宪政理论和实践具有重要影响；又如，在其联邦主义指导下的三权分立制及双轨制的立法和司法体制、19 世纪早期创立的、现已牢牢扎根于美国宪法实践的联邦最高法院司法审查权，该权主张，宣布法律是什么是司法部门的责任范围和重要职责；再如，其有全国推行的《统一商法典》和制定了人类历史上最早的反垄断法，所有这些都使美国国家和社会生活较早地走上了极有活力的法治轨道，同时，其法律体系在世界法律史上占有重要地位且一直发挥着难以估量的作用。

法国原是西欧典型的封建国家，其相对典型的封建法律制度为近现代法国法律体系的建构提供了较好的基础。近代法国启蒙运动和 1789 年的资产阶级大革命使它迅速走上创建资产阶级国家与法的道路。拿破仑统治时期，进行了大规模的立法活动。他主持下的《法国民法典》成为近代民事立法的典范。在短短的 6 年中（1804 年—1810 年）相继制定出宪法、民法典、商法典、民事诉讼法典、刑事诉讼法典和刑法典六法，建立起当时世界上最系统完备的资产阶级法律体系。这一立法活动对当时欧洲立法历史进程产生了很大程度的主导作用及深刻影响。作为大陆法系的典型代表，法国法律以深厚的思想基础、完备的法典化体系结构、明确严密的原则内容、民商分立的私法制度、发达而独特的行政法制、二元主义的司法制度以及公法与私法的传统分类等法治模式著称于世，对大陆法系的形成和发展产生了决定性的影响，为世界法律文化作出了不朽的贡献。

相对于其他发达国家，德国建立资本主义国家较晚，有着长期的封建传统。1871 年德国统一之前，各邦基本全面接受了罗马法传统，同时继承了日耳曼习惯法和教会法律制度。统一后的德国制定了宪法典、刑法典、法院组织法、民事诉讼法、刑事诉讼法及破产法，于 1900 年实施了民法典和商法典。所有这些法典不仅继承了罗马法传统，还不同程度地吸收了近代以来的一系列资产阶级法制原则，同时，在内容上反映了从自由资本主义向垄断资本主义过渡的各种社会关系。可以说，作为大陆法系一面旗帜的德国法，自近代以来已成为世界上最为发达而独特的法律体系之一。现代德国法与其后起的资本主义社会相伴而生，受制于其法典化的历史传统、联邦主义的政制结构及严谨科学的法学学术传统，使得其极具现代法精神的《德国民法典》对20世纪各国的民事立法影响巨大，使得被誉为现代宪法典范的《魏玛宪法》成为“社会化”的最佳代表，而且，发达而系统化的德国经济法制有力地推动了本国经济飞速发展，成为各国有关立法争相借鉴的对象。还有，确保国家司法权统一又不失地方司法自治的德国司法体制在现代社会也独具特色。

与中国“一衣带水”的邻邦日本，在历史上因一贯善于主动向他国借鉴和吸收，其法律制度一直深受外来法的影响，可谓多元文化的典范，充分体现了东西方法律文化的融合。封建时期的日本法以中国隋唐法律为基础，是中华法系的主要代表；近代法制则先后吸取法国与德国经验，属大陆法系的一员。第二次世界大战后，由于美国的占领及对日本法的现代化改造，使其带有浓厚的英美法特色，从而使现代日本法身兼两大法系和东亚法律文化的特质，在世界法律文化中独树一帜，具有宝贵的历史经验。

横跨欧亚两大洲的俄罗斯拥有悠久而独特的法律文明传统，由于其文明形态的演化和社会政治经济模式的变革，使它较早地形成了一套相对独立的职业化法律体制且呈现出另类的法律态势。特别是苏联时期其独特而发达的社会主义法对其他社会主义国家的法制现代化及有关制度构成重大影响以致一度形成社会主义法系阵营。苏联解体后处于社会转型时期的俄罗斯民主法治建设极大地丰富了人类法律文明。俄罗斯法在世界法律史上占有独特的地位。

近代资产阶级各国的法律制度虽各具特点，但却在本质、基本原则和制度上有着必然的共性。例如，与自由资本主义社会发展相适应，各国法律都主张主权在民、法律面前人人平等、自由人权、资产阶级法治和私有财产神圣不可侵犯等原则，都确立了政党制、普选制、分权制和司法独立等自由民主制度，都规定了民法、刑法和司法等不同法律领域的基本原则和基本制度机制。

现代法律制度是指1917年俄国“十月革命”后发展至今的法律制度。在20世纪后，随着社会经济、政治、文化和科学技术的巨大进步，法律制度发生了明显的变化。这种变化从总体上看主要表现在以下三个方面：

其一，社会主义法律体系的出现。社会主义法律体系的形成和发展是现代法制史中最具影响的要素。因此，有些法制史和比较法学者将其列入与大陆法系、英美法系并立的法律体系。1917年俄国“十月革命”开始了世界现代历史的新时期，世界上建立了第一个无产阶级专政的国家和新型的法律制度。苏联法律制度经历了约70年的历史，积累了法制建设的宝贵经验和教训。苏联解体后，其社会主义法律体系对世界法律的现状和未来发展仍有深远影响。

其二，各主要资本主义国家法律制度的巨大变化。20世纪以后，各主要资本主义国家的法律制度虽然经历了两次世界大战之间的曲折和法西斯法律制度的肆虐，但从总体来看仍在不断进步和完善。第二次世界大战以后，由于世界性的经济、政治、文化交往的密切和频繁，人民民主、民族独立运动的蓬勃开展以及新的产业革命带来的世界性的繁荣与进步，资本主义国家的法律发生了更加深刻的变化。主要是出现了法律的社会化倾向，公法私法化和私法公法化，同时，法律的全球化进一步加速。表现有：首先，主要资本主义国家普遍开展法律的革新运动。法国、德国、日本都制定了新宪法，美国几次修改宪法增补修正案，英国也制定了一些民主、进步的法律；许多国家制定了一系列关于社会福利、社会教育、社会保障、保障消费者权益、防止环境污染等法律；民事和刑事立法等也进行了大幅度的改革。其次，资本主义国家普遍出现了许多新的法律部门。第二次世界大战以后，经济法形成独立的部门法，德国和日本是经济法发达的典型国家；国际经济法也发展为独立的法律部门，并被分为国际贸易法、国际金融法、国际投资法等许多相对独立的分支；出现了海洋法、航空法、宇宙法、原子能法，等等；传统的民法、商法、刑法获得新进展，产生了不少新的法律分支部门。最后，大陆法系和英美法系相互渗透和融合的趋势日益显著。大陆法系各国开始注重判例的作用以及强调程序的重要性，并要求法官为了能够正确有效地应用法律，要进行大量案例和法律文献的研究。英美法系国家则推出大量具体的立法法规，成文法不断增多。欧洲联盟法是欧洲经济、政治和社会生活一体化的产物，具有超国家、联邦性的特点。欧盟法的出现及发展大大促进了两大法系相互融合的趋势。此外，还有包含多种法律元素的共同市场法、WTO协定及大量的国际司法协助协议也是在经济一体化推动下的法律全球化的表征。也就是说，在当今世界上，已经没有哪一个国家或地区的法律体系可以清晰地被划归到任何一个阵营之中。

其三，发展中国家法律体系的兴起。20世纪以后，亚、非、拉地区的发展中国家的法律发生了巨大变化。第二次世界大战以后，这些国家从自己的国情出发，参考借鉴西方国家的法律，进行了系统的法律改革。

一部除中国之外的世界法律制度史，上下五千年必然会涉及大量的文献材料、国家和地区，如何使学生的学习既便捷可行又能充分满足其对相关知识的需求，对内容的取舍、体系结构安排及叙说方式非常重要。本教材是由长期从事外国法制史教学和研究、有着丰富的教学经验积累的教师编写，且参考了目前国内同类教材的体例设计，除导论外，共有15章，大体上包括了人类历史上那些具有典型意义的古代、中世纪和近现代代表性的法律制度体系及其演变过程和规律。依据法律文明发生及存在的区域和时间展开介绍：古代东方国家的法律制度、古代西方国家的法律制度、中世纪西欧法律制度、近现代英美法系国家的法律制度、近现代大陆法系国家的法律制度、俄罗斯法律制度和欧洲联盟的法律制度。全书15章依次为：楔形文字法、古印度法、古希腊法、罗马法、日耳曼法、教会法、伊斯兰法、城市法和商法、英国法、美国法、法国法、德国法、日本法、俄罗斯法、欧洲法。本教材力争做到概念准确、内容充实、重点突出、逻辑严谨及语言通俗和叙说清楚，以适应法律本科教学的要求。在篇幅上，本教材在概括介绍古代法律制度起源及其形态的基础上，更注重对近现代法律制度的演进及其制度特征的阐释；在内容上，本教材始终注意吸纳最新的教学研究成果，讨论和展示那些长期影响我们的生活方式和思考方式的法律制度是如何成长且又是如何演变的；同时，试图诠释这一法律世界与生活世界的关系存在及其规制下的社会秩序，这也是本教材应有的关注。

第一章 楔形文字法

第一节 楔形文字法概述

公元前3500年左右，得益于优越的自然地理条件，幼发拉底河及底格里斯河流域出现了人类历史上最早的文明之一——两河流域文明。早期农业及手工业的发展在为两河流域的居民即苏美尔人及阿卡德人提供生存的必要物质条件的同时，也推动了这一地区社会关系的演变，从而促进了国家的产生，两河流域的法文明由此诞生。

一、楔形文字法的概念

楔形文字法是公元前3000年左右在西亚两河流域及其毗连地区各奴隶制国家使用楔形文字镌刻的法律总称。这一概念涵盖了包括苏美尔、巴比伦、亚述、依兰在内的各民族建立的国家所适用的法律。约公元前550年，巴比伦的繁荣走向衰落。虽然历经多番战乱，但直至公元前1世纪左右，希腊人的统治才使这一法律制度退出历史舞台①。

楔形文字为古代两河流域的通用文字，它由古代苏美尔人发明于公元前3500年左右。该文字乃是以芦秆等书写工具在泥版上刻画而成，因其字画先重后轻，形似楔子而得名。在此后的3000年中，该地区的各奴隶制国家均以此种文字书写记载自己两法律。

对于楔形文字法的研究是从1900年对近东出土的石刻和泥版文书的成功解释开始的。此类文物出土约50万件，其中四分之三与法律制度相关，它们构成了研究楔形文字法的主要依据。基于这些文物的研究表明，作为最古老的法律之一，楔形文字法本身具有相对统一的结构体系及特征，自成有别于埃及法及其他法律的独立体系，即楔形文字法系，又称美索不达米亚法系。

二、楔形文字法的历史演进

与所有法体系的形成、发展、演变规律相同，楔形文字法在其存在的近3000

① ［美］约翰·H. 威格摩尔著：《世界法系概览》，何勤华等译，上海人民出版社2004年版，第72页。

年中，也经历了由不成文法向成文法的过渡。

（一）不成文法时期（公元前3000年—前2100年）

美索不达米亚地区是最早形成国家和法的地区之一，它可依南北分为巴比伦尼亚和亚述。其中，巴比伦尼亚又可分为南北两部分，南部为苏美尔，北部则称阿卡德。公元前3000年初期，两河流域南部，特别是苏美尔地区相继出现了一些奴隶制城邦，如拉格什、乌鲁克、乌尔等。而在这一时期，这些城邦内部都还没有见诸明文的、统一使用的成文法典。社会关系和社会秩序的调整主要凭借的是习惯法。其内容主要涵盖了财产、国家管理和婚姻家庭等方面。

就经济制度层面而言，古代两河流域的土地大多属于国家首脑和神庙所有并交由奴隶和农民耕种。耕种土地所得的产品的大部分交给神庙和国家首脑。由此可知，当时社会的阶级划分已经相当明确，奴隶制度逐渐形成。

就国家管理层面而言，古代两河流域地区的国家管理机关通常为长老会议和国家首脑。它们通常由选举产生。国家首脑是平时的最高行政长官，最高祭司是战时的最高军事长官。由此可见，当时的国家管理机制带有一定军事民主制的色彩。

就婚姻家庭关系层面而言，苏美尔人奉行的婚姻家庭法则带有明显的早期不发达法的属性，它既有大量体现男女不平等的条款，也有体现原始平等的规定。例如，它一方面规定妻子与其他男子通奸便要受到严惩，而男子犯有类似过错则可不负法律责任；另一方面又确保了妻子在处置自有财物以及教育子女时与丈夫的平等权利。

这些习惯法规则大多直接来源于历史和现实生活，依靠口耳相传，世代相袭，此为两河流域法律发展的初始阶段。

（二）成文法时期（公元前2100年—前100年左右）

随着城邦兼并战争的发展，公元前2500年左右，最为强盛的拉格什征服了乌尔、乌鲁克等城邦，长期分裂的小国开始向统一王国过渡。公元前24世纪左右，拉格什的最高统治者乌鲁卡基纳为巩固统治进行了一系列改革，其中与立法相关的部分对后来该地区的成文法产生了深远的影响。

此后，在一系列战争的影响下，两河流域北部的阿卡德人和东部山区的古提人相继建立了统治，两河流域逐渐发展为中央集权国家。公元前2100年左右，乌尔城邦崛起并统一了两河流域南部地区，再次建立了统一王国，史称乌尔第三王朝。王朝的创始者乌尔纳姆在其在位时期编纂了一部适用于全境的成文法典，楔形文字法也由此迈入了成文法时期。

《乌尔纳姆法典》作为迄今发现的世界上最早的成文法典，其诞生适应了以下两方面的需要：其一，私有经济发展过程中产生的调整社会关系的需要。根据迄今可考的法典内容可以断定，美索不达米亚地区在乌尔第三王朝时期经历了一个农业与手工业迅速发展的过程。而这一过程加速了阶级矛盾的激化。在这一时期，官吏抢夺生产资料，奴隶怠工、反抗等层出不穷。该法典的诞生有效地缓和了阶级矛盾，巩固了乌尔纳姆对该地区的统治。其二，中央集权国家政权确立过程中统一法令的需要。根据现存法典中对于乌尔纳姆的称谓以及对其王权和业绩的记载，与阿卡德王朝和古提人的统治不同，乌尔第三王朝确实地建立了中央集权专制国家的雏形。鉴于一系列统一法令的颁定及实施在巩固大一统的过程中是不可或缺的，《乌尔纳姆法典》的产生很好地满足了当时社会的需要。

就结构而言，《乌尔纳姆法典》由序言和条文两个部分组成。序言与条文各占篇幅的2/5和3/5，共约2500字。除序言外，条文共29条，其中23条可辨认。就法典内容而言，序言部分除赞颂乌尔纳姆统一两河流域的功绩外，还宣扬了王权神授、法乃天意的思想。而条文部分则主要涉及了以下几个方面：其一，对奴隶主之奴隶私有权的确认。例如，法典规定奴隶为奴隶主的私有财产，既可任意买卖，也可当做实物赔偿的一部分。其二，对私人土地所有权的维护。例如，法典规定对以武力强行夺占他人耕田，又拒不接受诉讼的，则剥夺其所有支出。其三，对婚姻家庭关系的调整。例如，法典规定婚姻的主动权掌握在男方手里，男子是家庭的中心，女子地位卑下。其四，对人身权利侵害的惩戒。例如，法典规定打断他人之足，赔偿银10舍克勒。其五，对诉讼程序的规范。例如，法典规定诉讼须由私人提起，要经法庭审理。对不明罪行，则投之于河，求助于神明裁判。

《乌尔纳姆法典》的出现标志着古东方法进入了成文化阶段，并对其后的楔形文字立法产生了深远的影响。

乌尔第三王朝后，巴比伦尼亚地区再次陷入分裂状态。约公元前20世纪上半期，阿摩利人在苏美尔地区建立了两个国家，北部称伊新，伊新北部为埃什嫩那，南部称拉尔萨。在这一时期，苏美尔地区的诸国纷纷以成文法典取代了原部落内部的习惯法，主要有拉尔萨王国的《苏美尔法典》、《苏美尔亲属法》和《尼尼微法律教本》，伊新王国的《李必特·伊丝达法典》，以及埃什嫩那王国的《卑拉拉玛法典》等。

通过对现存的楔形文字泥版及其抄本的分析可以看出，这些法典在继承《乌尔纳姆法典》风格的基础上，又在结构体系和立法技巧上加以进一步的完善和提高。其内容已相对全面，包括了财产所有权、债权、婚姻家庭、继承、各种刑事规范和诉讼规范等。这些法典的制定反映了楔形文字法在两河流域的进一步发展并为日后两河流域地区完整的统一法典的制定提供了丰富的材料。

公元前19世纪，阿摩利人在两河流域建立了阿摩利王国。此后100年，其第六代国王汉穆拉比完成了两河流域的统一，并制定了《汉穆拉比法典》。作为现存最完整的楔形文字成文法典，《汉穆拉比法典》集两河流域楔形文字法之大成，其制定标志着楔形文字法乃至古东方法进入了完备阶段。

此后，古巴比伦王国被赫悌所灭。赫悌王国为巩固其统治立有《赫悌法典》。《赫悌法典》不仅在行文上与《汉穆拉比法典》类似，在内容与概念上也多有近似之处。继赫悌王国后，两河流域又为底格里斯河上游的亚述人所吞并。

亚述人在进入巴比伦前立有《中期亚述法典》。此法典在条款上亦与《汉穆拉比法典》不乏近似之处。赫悌与亚述虽然分别制定了自己的法典，但这些法典的影响力已与《汉穆拉比法典》相距甚远，其立法水平与《汉穆拉比法典》相较亦大为逊色。后来的新巴比伦王国虽力图振兴古巴比伦王国的法律制度，但其效甚微。

楔形文字法一直适用至公元前 330 年的波斯帝国统治时期。至公元前 1 世纪，西亚地区落入罗马帝国版图，楔形文字法的影响逐渐消失。

第二节 《汉穆拉比法典》

于公元前 18 世纪由古巴比伦王国第六代君主汉穆拉比制定的《汉穆拉比法典》是于 1901 年在伊朗古城苏萨遗址被一支法国考古队发现的。法典原文镌刻于黑色玄武岩石柱上，故又称“石柱法”。法典在被发现时已有少数条文被磨损，但经存于亚述图书馆中的泥版抄本补充，此法典得以成为流传至今最早的楔形文字法中最完整的成文法典，现存于法国巴黎卢浮宫博物馆。

一、法典颁定的历史背景

公元前 18 世纪，古巴比伦王国第六代君主汉穆拉比登上王座。在其统治期内，汉穆拉比不仅统一了两河流域，建立了强有力的中央集权的奴隶制国家，还大力发展农业及手工业，使古巴比伦一举成为当时两河流域地区的政治、经济和文化中心。这些政治、经济条件的变化使得原有的法律规范难以继续满足维持社会秩序的基本需要，统一法典的制定也由此成为一种必然趋势。

《汉穆拉比法典》制定的背景可以从以下三个方面加以分析：

第一，就经济层面而言，汉穆拉比时期社会经济关系的复杂化需要新的立法予以规范。在这一时期，两河流域地区的农业、手工业及商业均得到了迅速发展。这一经济上的发展极大地丰富了古巴比伦的社会经济生活。新的经济关系，如雇佣关系、租赁关系、债务关系等相继出现。此外，这一发展同样加快了古巴比伦社会的贫富分化过程并激化了社会矛盾。这些未在原有法典中得以体现的新的经济关系均需要新的成文立法加以规范以利社会的稳定发展。

第二，就政治层面而言，汉穆拉比时期社会矛盾的激化需要新的立法予以缓和。在这一时期，复杂的经济关系，尤其是债务关系，促进了古巴比伦自由民的分化。社会各阶层、各阶级之间的矛盾不断尖锐化。这一趋势集中体现在了当时的债务奴隶制度上——被高利贷盘剥而破产的自由人往往沦为债奴，从而影响了国家军队的来源并动摇了古巴比伦王国的统治基础。从这个角度出发，古巴比伦社会中激化的社会关系需要新的成文立法加以调节以稳定其统治基础。

第三，就法制层面而言，汉穆拉比初期各自为政的地方法律需要新的立法予以统一。一方面，两河流域诸城邦在统一之前已有其自身的习惯法和成文法。这些法律虽然具有相似的体例，但因所适用的政治、经济条件不同，其内容仍有较大差异。而另一方面，两河流域政治上的统一需要统一的法令。法令上的分治已成为古巴比伦中央集权化过程中的阻碍。从这一角度出发，汉穆拉比统治初期的众多地方法律需要新的成文立法予以统一以巩固中央集权。

二、法典的结构体系

《汉穆拉比法典》是由序言、正文和结语三个部分构成的。

法典序言开宗明义，阐述了法典的立法思想——“发扬正义与世，灭除不法邪恶之人，使强不凌弱”，“公道与正义流传国境，并为人民造福，自今而后。”此外，序言部分列举颂扬了汉穆拉比的众多功绩，并称其立法之举受命于天神安努与恩利尔，带有明显“君权神授，法乃天意”的色彩。

法典正文共282条，按内容不同编成五个部分：第一部分是关于确保法律诉讼程序公正性的内容，涉及了法典中的第1条至第5条，规定了对于作伪证、法官擅改判决等行为的处罚；第二部分是关于保护财产所有权的内容，涉及了法典中的第6条至第126条，包括了对于偷盗各类财产，如国家财产、土地、租佃的处罚和对于债权债务契约及其他各种契约的规定；第三部分是关于婚姻家庭和继承的内容，涉及了法典中的第127条至第193条，涵盖了关于嫁娶、家庭生活、子女抚养、收养等各方面的规范；第四部分是关于保护人身权利的内容，涉及了法典中的第194条至第214条，规定了对于各种人身伤害的处罚及赔偿；第五部分是关于雇佣及劳动关系的内容，涉及了法典中的第215条至第282条，包括了对于劳动报酬及责任事故处罚的规定以及对于奴隶买卖的规范。

法典结语告诫后世之君不得变更或废除此法典，警告世人必严守此法典，如若不遵，必有神罚。

三、法典的主要内容与特点

作为一部集中反映了古巴比伦社会政治、经济境况的综合性法律汇编，《汉穆拉比法典》的内容混杂了公法与私法、实体法与程序法、民法与刑法，诸法合体、民刑不分。其内容上的特点可归纳如下：

（一）大力维护君主专制制度

古巴比伦是典型的君主专制国家，奉行“君权神授”的思想。君主身为神在地上的代表，是国家的最高统治者，集行政、立法、司法、军事与神权于一身。

古巴比伦的官僚机构以国王为核心，施行自上而下的中央集权制度。其时，该制度尚不完备，官吏分工也不甚明确。就中央管理层面而言，主要官吏是奴班达，其在总理国家一切重要事务的同时，也兼理国王的私人事务。此外，中央还设有林务官、谷仓管理人、收税吏及商务代理人等职。就地方管理层面而言，基层行政单位多由拉比阿奴姆（村社首脑）管理，其上设由国王任命的沙根纳库（总督）以管理大城市和地区，实行由中央到地方的君主专制制度。

此外，军队也构成了古巴比伦官僚机构中不可或缺的一部分，成为维持政权的主要支柱。在汉穆拉比的改革措施之下，临时组建的民军被由自由军人组成的雇佣常备部队所代替。法典中亦不乏各种针对军人的权利义务而作出的规定。一方面，军人（里都和巴依鲁）不得拒绝或令人代行其服兵役的义务，逃避兵役者处死刑（第26条）；另一方面，现役军人可领取份地。份地虽不得出卖、抵债或遗赠妻女，但其子可以担负其亡父之军役为条件获得份地的使用权。此外，国家也充分保护尽忠职守的军人："德苦"或"卢布图"（军队指挥官）不得滥用权力侵占士兵财产，违者处重刑；国家在军人服役时提供人工代为耕种其土地；国家尽力赎回被俘军人（第27、32、34条）。以上规定均在规定相应义务的同时，保障了军人及其家属的生活，加强了军人对于国家的依赖性，从而建立起了一支稳定忠诚的军事力量。

（二）明确界定不同社会阶级阶层

《汉穆拉比法典》在反映了奴隶制社会的主要矛盾（奴隶主与奴隶之间的阶级矛盾）的同时，也明确界定了自由民之间内部的不平等。

法典明确规定，巴比伦的居民分为奴隶和自由人两类，其中自由人又可分为阿维鲁穆和穆什钦奴。

首先，就奴隶而言，其主要由战争俘虏、破产的自由民及从外地买来的奴隶构成，被称为"瓦尔杜姆"，即卑贱者。根据《汉穆拉比法典》，奴隶被视为奴隶主的私有财产，在法律上无任何权利。奴隶主可任意处置其奴隶（买卖、赠与、抵押其或处死）。而奴隶则要为了其对其主人的不敬受到严惩，如第282条，"倘奴隶告其主人云。'你非吾之主人'，则此主人应证实其为自己的奴隶，而后其主人得割其耳"。此外，处于早期阶段的巴比伦奴隶制带有明显的家庭奴隶制特征：奴隶数量较少，大部分用于家庭生产，并可以拥有自己的家庭，甚至可以占有小面积的土地或某些财产。

其次，就自由人而言，《汉穆拉比法典》将之分为阿维鲁穆和穆什钦奴两类。

阿维鲁穆原意为"丈夫"，由僧侣贵族高级官吏以及自耕农和独立手工业者构成，享有完全的民事权利并具有公社社员资格，其法律地位远高于同为自由人的穆什钦奴。阿维鲁穆的人身权利及财产私有权为法典所高度保护。

穆什钦奴原意为"小人"或"顺从者"，指无公社社员资格但依附于王室经济而存在的人，包括了租种王室土地的佃耕者，以服兵役为条件获得土地的军人和直接依附于宫廷、为王室负担其他义务的人。穆什钦奴享有不完全权利。

阿维鲁穆与穆什钦奴虽同为自由人，但其社会法律地位却相距甚远。《汉穆拉比法典》规定，伤害阿维鲁穆身体者，需损伤犯罪者的相应肢体以为惩戒，而伤害穆什钦奴身体者则只需赔偿一定的罚金即可。与此同时，对于伤害阿维鲁穆子女与穆什钦奴子女的惩处也有轻重之分。根据《汉穆拉比法典》，殴打阿维鲁穆怀孕的女儿并造成其流产者需赔偿银 10 舍克勒，但殴打穆什钦奴怀孕的女儿并致其流产者则只需赔偿银 5 舍克勒即可。

古巴比伦自由人社会地位的分化除在法典中可窥一斑外，在实际生活中也有极为显著的表现。阿维鲁穆中的商人、高利贷者（达木卡尔）占有着大部分生产资料（土地、奴隶），从事着各种经营活动。此外，国家和寺庙所垄断的大宗贸易均委托其为代理。故此，达木卡尔身为大私有者，是古巴比伦社会的特权阶层。与此相对，自耕农和小生产者则常沦为债奴并从此进入奴隶阶级。由此可知，古巴比伦社会的统治阶层实际上是阿维鲁穆与穆什钦奴上层人士。

最后，军人作为构成穆什钦奴阶层的一部分，是古巴比伦社会中比较特殊的阶层。为巩固奴隶主统治的基础，军人的人身及财产均在一定条件下为法律所保护。

（三）充分保障奴隶主之财产私有权

这一保障体现在众多关于包括土地、牲畜、奴隶在内的财产犯罪规定中。

第一，《汉穆拉比法典》对偷窃、强盗等犯罪作出了规定，如窃取神庙或宫廷财产者应处死，而收受其赃物者亦应处死（第 6 条）；窃取神庙或宫廷家畜、船舶者应科以“三十倍之罚金”，无力偿还者应处死（第 8 条）。同时法典又有规定，“犯强盗罪而被捕”者应处死；财产所有者无论在何人处发现自己的财物都有权自行取回，法院将予以大力支持。

第二，奴隶乃是奴隶主的私有财产，在法典中被视做权利客体，常与牲畜相提并论。譬如《汉穆拉比法典》中第 199 条及第 247 条分别作出如下规定：“倘彼损毁自由民之奴隶之眼，或折断自由民之奴隶之骨，则应赔偿其买价之一半”；“倘自由民租牛而损伤其眼，则彼应以相当于牛价之半之银赔偿牛之主人。”更有甚者，法典规定，如果奴隶被打死，凶手无须偿命，只需以奴还奴或赔偿相应金额即可（第 213、214、219、231 条）。

第三，《汉穆拉比法典》中许多关于奴隶买卖、租赁和盗窃的规定也往往以保护奴隶主的财产私有权不受侵犯为出发点，其具体内容如下：如从奴隶主人手中租借奴隶而奴隶逃走，则租借者应赔偿奴隶主人一定金额；出卖奴隶的契约应在规定的手续（在一定期限内调查奴隶是否为逃奴，是否患有癫痫）下缔结；如奴隶为逃奴或患有癫痫，则买家应将奴隶退还原主并取回与奴隶身价相应的金额；擅自变更他人奴隶身上的烙印或发式，视同霸占他人奴隶，应论以盗窃之罪。

第四，大量包含调整商业关系之规范。其内容涵盖了对契约、委托经营乃至债权债务等种种商业行为的规范。

从商业及手工业生产经营活动角度而言，《汉穆拉比法典》中不仅明确指出了各行业应得的酬金，还规定了各行业的从业者应负有的事故责任。据统计，《汉穆拉比法典》中与商业相关的条例约有数十条，占法典全文的约 1/10。其中被提及行业多达十数种，如造船工、建筑师、医生、木工等，充分反映了当时古巴比伦社会手工业及商品经济的高度发达。此外，由法典中的相关叙述可以得知，当时社会中的达木卡尔（大商人）可分为民商与官商两类。国王常授后者以商业特权，后者则经常委托自己的代理人沙马鲁在各种交易中进行商业活动。

从商业契约角度而言，当时的契约除重大契约需经一定程序以书面形式表达外，一般的契约只需用口头或某些象征性动作便可缔结。契约的种类包括了买卖、财产租赁、借贷、保管、合伙、雇佣等，其中尤以买卖、财产租赁及借贷合同为重。

买卖契约可以土地、房屋、牲畜或其他非禁止流转的财产为标的。其主要特点是注重形式。契约的签订需有证人和书面契约，如无契约，则以偷盗论处。此外，标的所有权的转移需以移交一根小棒为标志，有时还需做出象征性的动作方可缔结契约。

借贷契约可以钱款或谷物为标的。借方在契约缔结后将谷物或钱款交与贷方，待一定期限后贷方将钱款或谷物连同利息一并交还借方。这一借贷活动多以借方的人身或其家属的人身为抵押。在《汉穆拉比法典》以前，高利贷者可以对无力还债者实行终身奴役，自由人尤其是自耕农及手工业者，常因无力还债而沦为终身债奴，从而激化了社会矛盾。为缓和这一矛盾，汉穆拉比在其法典中废除了终身债务奴隶制。根据法典第117条的规定，"倘自由民因负有债务，将其妻、其子或其女出卖，或交出以为债奴，则他们在共买者或债权者之家服役应为三年；至第四年应恢复其自由"。此外，法典还规定了法定最高利率：贷谷物者可取三分之一的利息，贷银钱者可取利息五分之一。如有不遵，贷方将失去所贷一切。

租赁契约可以房屋、土地、牲畜等为标的。以土地为标的的租赁契约多以一年为期，租金多为所获物的三分之一到二分之一；以园圃为标的的租赁契约可延期至五年，租金可高达收成的三分之二。在法典的影响下，租方的利益得到了极大的保护，如法典第42条规定，"自由民佃田以耕，而田不生谷，则彼应以未尽力耕耘论，应依邻人之例，以谷物交付田主"。

以上有关财产、商务契约的规定在《汉穆拉比法典》中占有极大比重，约占法典全文的二分之一。其比重之大在古东方法中亦不多见。

（四）集中体现家长制家庭关系

诞于奴隶制社会，《汉穆拉比法典》确认了当时男女之间的不平等关系以及家长相对于其子女而言的特权地位。

第一，古巴比伦社会中的婚姻关系之基础是买卖形式的契约。无契约即无婚姻，没有契约的婚姻将被认定为无效（第128条）。这一契约的缔结由男方和女方家长主导，而未婚女子在其中只扮演了婚姻契约中的标的物这一角色。缔约后男方应付与女方家长一定数额的买身费及聘礼。与此相对，女方家长也应给予男方一定数额的彩礼以为婚姻契约的定金。嗣后若男方毁约，则其丧失其交与女方家长之一切财物（第159条）；若女方家长违约，则其应加倍返还其所收之财物（第160条）。

第二，由《汉穆拉比法典》反映了古巴比伦婚姻生活中男女地位的不对等。法典规定，丈夫在一定条件下可以纳妾（第138、145、148条）；丈夫可随意离弃其妻，而妻则只在受到丈夫诬陷或凌辱时方可提出离异（第131、136、142、149条）；妻应忠贞于夫，夫若疑其妻不贞，妻应被投于河，接受“神明裁判”（第132、143条）。

第三，《汉穆拉比法典》确立了古巴比伦社会中家内继承的财产继承原则。父殁后，遗产由其诸子均分，而其女只可领取其应得的嫁妆。妻在其夫殁后，可取得其嫁妆及一定金额的孀居赡养费；妻若另嫁他人，则只可取得其嫁妆（第171、172条）。此外，遗嘱继承在《汉穆拉比法典》中虽有所提及却尚不完备，如法典第165条规定，“倘自由民以田园房屋赠与其所喜爱之继承人，且给他以盖章之文书，则父死之后，兄弟分产之时，此子应取其父之赠物，此外诸兄弟仍应均分父家之财产”。由此可见，此时的遗嘱继承仍局限于家庭之内。

以上关于婚姻家庭以及继承的规定充分体现了古巴比伦婚姻家庭生活中家长制的特点，父权与夫权在《汉穆拉比法典》中得以充分彰显。

（五）保留些许原始习惯之色彩

《汉穆拉比法典》是出现于奴隶制社会早期的成文法典，故此它不可避免地带有某些原始习惯的痕迹。这主要表现在以下几个方面：

第一，在土地所有制方面，古巴比伦实行土地国有与有限度的私有并行的土地制度。

一方面，法典规定，国王拥有全部土地的最高所有权。王室将其所有土地的一部分交由穆什钦奴耕种并收取一定的谷物为租税；另一部分交由寺院、贵族、官吏和军人（里都和巴依鲁）家庭耕种作为对其任职或服役的回报。寺院、贵族和官吏使用王室土地通常可免除纳税和服役等义务，而军人使用王室土地则是一种以担负义务为条件的占有，不履行义务将失去土地的占有权（第26条至第31条）。另一方面，随着私有经济的发展，《汉穆拉比法典》也开始在一定程度上保护土地私有。这种保护很好地体现在了法典对于私有土地买卖、租赁、继承及赠与的规范上。由此可见，尽管此时的土地私有不甚完备而多限于公社或家庭范围内，土地私有仍与土地国有同时存在于汉穆拉比时期的古巴比伦。

第二，在刑法方面，古巴比伦仍受到原始社会血亲复仇及同态复仇原则的影响。

关于犯罪与其刑罚，《汉穆拉比法典》并未将相关条文收录一处，而是令其散乱附于其他各类条文后以加强各条文的法律效力。此种刑法条文涉及的犯罪包括危害法院公正裁判罪、侵犯人身罪、侵犯财产罪及侵犯家庭罪。其中，对于侵犯人身罪的规定最好地体现出了血亲复仇及同态复仇原则的影响。

就血亲复仇原则而言，这一习惯虽已基本上为刑罚及赔偿金取代，但其残余仍以"犯罪集体负责"的连带责任形式留存于某些条款中。例如,《汉穆拉比法典》第209、210条规定,"倘自由民打自由民之女,以致此女堕胎,则彼应使人堕胎,应赔银10舍克勒;倘此妇死亡,则应杀其女"。此外,《汉穆拉比法典》还规定,如在村社管辖范围内出现抢劫之事,而强盗逃跑致"不能捕到",则村社及其长老应对抢劫负责(第23、24条)。

就同态复仇原则而言,其只适用于同等身份的自由人之间。例如,《汉穆拉比法典》第196条规定,"倘自由民损毁任何自由民之子之眼,则应毁其眼";又如第200条规定,"倘自由民击落与之同等之自由民之齿,则应击落其齿"。此外,这一原则还体现在对于身体某一部位犯罪便惩罚指定部位上,如法典规定,乳母如喂养婴儿不慎致死,则应割乳母之乳房。

第三,在诉讼程序上,古巴比伦诉讼程序仍保有浓厚的原始色彩。

一方面,《汉穆拉比法典》在一定程度上保留了私刑。法典规定有些犯罪,尤其是涉及侵犯财产的犯罪,可以不经诉讼程序而由受害人对犯人,如法典第25条规定,"任何房屋失火,前来救火之自由民觊觎屋主之财产而取其任何财物者,此人应投于该处火中"。这些条文在保护财产私有权的同时也反映出原始公社时期由成员依习惯自行解决争端的风貌。

另一方面,誓言和神明裁判作为重要证据形式为法典所认可。誓言,尤其是在庄重宗教仪式下的誓言,被视为重要证据。如法典规定,"倘自由民租牛,牛为神所击而死,则租牛人应对神宣誓,免其责任"(第249条)。由此可见,誓言可以使犯罪者免于民事责任甚或刑事责任。此外,神明裁判也是古巴比伦诉讼制度中不容忽视的一部分。其多适用于"水审",即将被告者投入河中,如其沉于河底,即告有罪。这一取证方式多用于通奸、巫蛊类的案件中,如法典第129条规定,"倘自由民之妻与其他男人同寝而被捕,则应捆缚此二人而投之于河。倘妻之主人保存其妻之生命,则国王亦将保存其奴隶之生命"。

不可否认的是,无论是血亲复仇与同态复仇原则在法典中的运用,还是诉讼程序上对于神明的依赖,上述法条均体现了《汉穆拉比法典》所带有的不可磨灭的氏族习惯的痕迹。

第三节 楔形文字法的特点和历史地位

一、楔形文字法的共同特点

诞于古代两河流域,楔形文字法在该地区诸国类似的经济文化背景影响下自成一脉,其特点可归纳如下:

就法典结构而言,两河流域诸国多采用三段体例,即由序言、正文、结语三部分构成完整的法典。早期楔形文字法的成文法典,如《乌尔纳姆法典》,或由两段，即序言及正文构成。但在经过了一个成熟期后，法典的体例逐渐趋向于三段式并固定下来。此外，从法的体系这一角度来说，以世俗法形式留存至今的楔形文字诸法典均采用诸法合体、民刑不分的形式，并以此构建起国家在一定时期内全部法律规范的集合体。

就法典内容而言，楔形文字法的内容不仅广而杂且具有典型东方奴隶制法的特征。以《汉穆拉比法典》为例，其不仅包括了对于社会基本制度的规定，更有关于民事及刑事犯罪的具体规范。然广则广矣，限于当时的立法技术，在内容编排上难免稍欠条理。与此同时，法典内容中与王有土地所有制、“君权神授”及家长权威相关的内容则充分体现了东方奴隶制法的典型特征。

就法典行文而言，楔形文字法诸法典多为习惯法及判例的汇编。限于当时的法学发展水平，各法典均欠缺法学逻辑思维之表述。这种在理论抽象及一般原则上的不足体现了当时尚不发达的立法水平。

二、楔形文字法的历史价值

楔形文字法是早期东方奴隶制法的代表，它不仅推动了当时两河流域社会经济的发展，也对后世法律的发达产生了不可磨灭的影响。

就两河流域地区而言，作为古代西南亚法的先驱，楔形文字法被广泛地适用于西亚及其毗连地区，除巴比伦、苏美尔、阿卡德外，赫悌、亚述及新巴比伦也均被纳入适用范围。其涉及面之广、作用之大不言即可自明。此外，楔形文字法也在不同程度上影响了该地区周边国家的法律制度。

就世界范围而言，作为人类史上最早形成的法律体系之一，楔形文字法对法的发展作出了不可忽视的贡献。无论是其内容结构，还是其立法技术、立法思想，均为后世法律的发展奠定了良好的基础。其中堪为楔形文字法精粹的《汉穆拉比法典》不仅为后来的楔形文字法所承袭，也通过米诺斯文明、波斯帝国的法律以及希伯来法对西方法律文化产生了一定影响，其中的某些立法思想及原则为中世纪天主教教会法所借鉴。

有鉴于楔形文字法的此种影响，其在世界文明史及法律发展史上的地位自可不言而喻。

首先，楔形文字法系的形成不仅标志着古东方法进入了成文法阶段，也标示着人类成文法律的起点。楔形文字诸法所遗文献构成了研究古代两河流域政治、经济境况及研究人类早期法律发展的主要材料和依据。

其次，楔形文字法虽属奴隶制早期成文法系，却以其成熟度见长于其他同时期法系。无论是其法律条文的严密度、其表述的准确度，还是其法律特征的明晰度，均优于其他早期法。

最后，法律是文明的产物，必然反映了其所属文明的特点。楔形文字法系诸法虽以“神授”为名，但其所关注的始终是对于现实生活中不同社会关系的调整与规范。这一特点充分反映出了美索不达米亚文明关注现世而淡化来世的哲学观。此外，这些法典所表现出的伦理观及朴实的社会正义观均体现了两河流域文明有别于其他文明而存在的特质，从而为研究人类社会早期文明提供了必要的材料。

楔形文字法是奴隶制早期比较完备的法律体系之一，同时也是世界成文法律发展史的开端。对其的研究将有助于理解人类文明社会初期运用法制的基本情况，从而更好地认识法律发展的历史。

第二章 古印度法

古代的南亚次大陆是世界上最早步入文明的地区之一，古老的印度文明孕育的法律文化以其浓郁的宗教色彩及鲜明的民族特色著称于世，对于它的了解有助于人们更清楚地认识古代法律与宗教戒律之间密不可分的关系。

第一节 古印度法概述

印度，梵语中称为“信度”（Sindhu），海洋与江河之意。在我国古代典籍中，曾译为身毒（见于《史记》、《汉书》）、天竺（见于《后汉书》），自唐代高僧玄奘所著《大唐西域记》开始，改译为印度，沿用至今。

一、古印度法的界定

“古印度法”是一个含义不确定的概念，究竟应在什么意义上使用，学术界看法不一。有人将其视做“传统印度法”，即英国建立殖民统治前的南亚法；有人将其视做“印度教社会法”，即近代印度法律改革前适用于印度教徒的宗教属人法；也有人将其视做“婆罗门教法”，即印度最古老的宗教属人法，等等。这里以现有资料为据，同时结合本章特定内容，对这一概念作出如下解释：

古印度法即印度奴隶制法。它是印度奴隶制时期法律规范的总称，既包括婆罗门教法和早期佛教法，也包括国王政府颁发的敕令①。若就地域而言，此处所言之古印度法的适用范围近乎及于整个南亚次大陆，可视为南亚次大陆的地理统称，也就是由阿拉伯海、孟加拉湾和喜马拉雅山脉环围而成的广大地区，包括现在的印度、巴基斯坦、孟加拉等诸个国家。

二、古印度法的历史演进

古代印度是一个长期缺乏统一政治、宗教多元的国家，法律发展线索纷繁复杂。目前对于古印度法的断代，学者们持有的一般观点是：其上限可追溯至后期吠陀时代，即大约公元前10世纪到前6世纪；下限为公元4世纪到7世纪左右，

① 何勤华主编：《外国法制史》，法律出版社2011年版，第32页。

此时印度社会正经历着由奴隶制向封建制的转变。在这样一个漫长的历史发展进程中，古印度法完成了自身萌生、发展、完善、衰亡的全部过程。

据现有考古资料显示，南亚次大陆的古代文明最早诞生于印度河流域。早在公元前2350年左右，土著达罗毗荼人就已在这里创造了高度发达的“哈拉帕文化”。青铜器的使用，财富的累积，使财产分配的不均与阶级的对立已然出现在当时的社会关系之中，只是限于记述这一阶段史实的印章文字无法解读，至今人们对于哈拉帕时期的政治、法律制度情况仍几无了解。

此后，大约公元前1500年，属于印欧语系的雅利安人从中亚陆续侵入印度河、恒河流域。他们在征服原住民基础上，继哈拉帕文化之后，开始创建自己的文明，古代印度社会的发展从此进入吠陀时代。得名于南亚最古老的历史文献资料《吠陀》的“吠陀时代”，以公元前10世纪为界分为两个阶段。早期吠陀时代的印度，随着私有制的产生，氏族部落内部已出现贫富差异；部落军事首领之位虽似世袭，但其尚无独断之权；人们在赋予各种自然力神性的同时予以崇拜，多神宗教盛行。而进入后期吠陀时代后，印度社会的内部分化进一步加剧，社会成员被分解为不同等级；氏族制度走向解体，部族王制国家出现；在宗教领域内，不仅祭仪的重要性明显提高，祭师阶层拥有了至尊权位，原始的吠陀教也逐渐演化为得到统治者支持的婆罗门教。本章所论及的“古印度法”即开始于这一阶段，它是吠陀时代具有典型印度民族特色的“吠陀文化”的有机组成部分。

在古代印度这一宗教化程度极高的社会，法律的进步始终是与占主导地位的宗教的演变密切相关的。原因很简单，一方面法律规范的绝大部分存在于众多的宗教典籍之中，另一方面法律规范本身与宗教戒律几乎没有差别。因此从某种程度上可以这样讲，如果关注了古印度宗教法的变迁实际也就实现了对古印度法源流的探究。

形成于公元前7世纪的婆罗门教是印度宗教史上最早获得为政者支持的宗教。这种古老的宗教因崇拜造物主婆罗门贺摩（亦称梵天）而得名，其教义来自于对雅利安人所信仰的诸多宗教学说的整理汇总，并在保留和利用原始宗教多神崇拜的基础上形成了自己特有的文化体系。它主张吠陀天启、祭司万能和婆罗门至上，追求“梵我一如”，强调“业力轮回”。随着婆罗门教正统地位的确立，婆罗门教法成为古代印度社会第一个占据主导地位的宗教法，进而婆罗门教的基本经典也不再仅仅具有纯粹的宗教意义，亦成为古印度早期法的重要渊源。

公元前6世纪，古代印度进入奴隶制经济迅速发展的列国时代，北部各国为争夺财富与霸权连年征战不休。在动荡的社会环境下，印度社会各阶层的实力与地位也在不断调整变化，人们对婆罗门教的不满愈发加剧，反对婆罗门教的各种沙门思潮和新宗教运动随之出现，婆罗门教原有的尊崇地位在一些地区和民众心目中发生了根本动摇。值此之时，耆那教、佛教等与婆罗门教观念对立的新兴宗教势力相继走上历史舞台，尽管它们的具体教义主张不甚相同，但在否定吠陀权威和婆罗门专横方面却表现出难得的共通一致。其间影响力最大的当属佛教。

佛教的创立者乔达摩·悉达多（约公元前563年—前483年）在其创教之初即明确宣布，佛教不承认吠陀经典，反对婆罗门的无限权威，主张佛与众生平等无二。虽然与婆罗门教一样，佛教也确认业报轮回，善恶有因果，但由于其教义通俗易懂、仪式简便，认为任何社会成员都可以无差别地通过“中道”修行达到灵魂的永恒超脱（不生不灭的涅槃境界），因此这种新兴宗教一经问世便很快为广大的社会中下层民众所接受，传播异常迅速。公元前4世纪孔雀王朝统治确立后，佛教进一步盛兴，在帝国第三代国王阿育王（公元前273年—前232年在位）的大力推行之下，佛教不仅在印度本土被奉为国教，取得统治地位，而且利用帝国势力流传域外。与此相应，这时的佛教法作为开明施政的基本手段也成为古代印度第二个占据主导地位的宗教法。值得一提的是，佛教法的这种地位并未妨碍相形式微的婆罗门教法的继续有效。及至公元2世纪贵霜王朝时期，随着佛教内部两大派别的分化及其在东亚和东南亚的广泛传播，佛教法有了更进一步广泛发挥效力的空间。

进入公元4世纪后，印度本土的社会经济政治制度开始发生变化，新生成的封建生产关系的发展，邦国集权制的削弱，地方势力的增强使佛教的调整治世功能受到挑战，这样公元6世纪前后佛教在它的发源地印度渐趋衰落，代之而起的是新出现的印度教。

印度教也称“新婆罗门教”。之所以有此称谓，是因为表面看来印度教在坚持传统婆罗门教人生而有等、造业轮回的同时也吸收了其他宗教和民间信仰元素，诸如佛教、韦陀教等，貌似是传统婆罗门教与这些宗教信仰长期相互渗透融合的产物，但就其本真而言，实际是在以其他宗教和民间信仰的精华对传统婆罗门教进行改造，是传统婆罗门教的改良与发展。正是由于这种宗教固守传统社会等级观念，故而一经出现便获得社会上层王孙贵族的支持，日益排挤佛教，影响渐大。与此相适，以婆罗门法经和佛教法的有关准则为基础形成的印度教法，也逐渐成为调整新的政治经济关系的主要手段，为印度大多数民众所遵行。事实上，印度教法特别是成熟的印度教法性质已明显地封建化，但不可否认的是它的形成与发展使传统的婆罗门教法和佛教法在很大程度上得到了延续。

古印度法的发展演变过程是曲折而复杂的，致其如此的原因除一般的政治、经济因素外，意识形态领域宗教意识观念的多样性亦不可小觑。因此，不同历史时期宗教法之间的依次交替和相互联系，基本反映了宗教化的古印度法的发展进程及其特点。

三、古印度法的主要渊源

严格地讲，在成文化程度较高的古印度法完整体系中，应既包含宗教法规范也包含世俗法规范，只是二者所占的比重完全不同。体现这两类不同法律规范的法律渊源有：

(一) 吠陀

吠陀是印度最早的传世文献，古老而神圣的法律渊源，婆罗门教和印度教的经典，雅利安人的圣书。它以古梵文写成，原意为“知识”、“学问”，在汉译佛经中称做“明”。

吠陀共有本集4部：《梨俱吠陀》(10卷)、《娑摩吠陀》(2卷)、《耶柔吠陀》(2集)和《阿闼婆吠陀》(20卷)，通称“四吠陀”，分别是婆罗门祭司在祭神时所用的颂歌、经文和咒语的汇编，充满神话与幻想，内容涉及一些家庭礼仪、风俗习惯与祭祀天罚的基本规则。四吠陀大约成书于公元前15世纪至公元前6世纪，其中《梨俱吠陀》出现最早，反映的是早期吠陀时代末原始氏族部落制在印度解体时的社会境况；《娑摩吠陀》、《耶柔吠陀》、《阿闼婆吠陀》编纂较晚，它们与阐述吠陀本经的“梵书”、“森林书”、“奥义书”等文献共同记述了后期吠陀时代奴隶制在印度的确立及其社会变化。

吠陀为古印度早期成文法的主要内容，后世婆罗门祭司发展婆罗门教义、教法的基础。

(二) 法经

法经是将婆罗门祭司对于吠陀经典的解释性论著集结而就的典籍，大多成于公元前8世纪至前3世纪，内容主要是宗教祭祀规则及教徒的生活准则，用以补充吠陀的不足。

法经没有统一共识版本，分别出自婆罗门教不同教派。其中影响较大、流行较广的是：《乔达摩法经》、《槃达耶那法经》、《阿帕斯檀跋法经》和《毗湿奴法经》等。在这类传世作品中，乔达摩学派的《乔达摩法经》出现最早，侧重于对《娑摩吠陀》进行注释；毗湿奴学派的《毗湿奴法经》问世最晚，内容与其后的法典有不少类同相似之处。尽管婆罗门教各派尊奉的正统法经不同，但彼此并非没有相同之处，如它们都无一例外地确认吠陀的至上权威，致力于种姓差异的法律化，雅利安人习惯的系统化。

法经在古印度法中地位突出，它的出现是婆罗门教法由吠陀法理阶段向典籍阶段转变的标志。

(三) 法典

古印度法中的“法典”，虽有法典之名却无现代成文法典之实。它们程序上均未曾经过国家立法机关制定或颁布，内容上宗教、伦理、法律规范混杂，是婆罗门祭司面对耆那教、佛教的挑战复兴婆罗门教的产物，因而也被有些学者译作“法论”。

公元前2世纪至公元后2世纪期间陆续编制而成的《摩奴法典》是所有法典中最为著名的一部。它既是古代印度继吠陀之后各种宗教典籍的集成，也是古印度法中权威性和完备性首屈一指的代表性法律典籍。《摩奴法典》全文共12卷，内容理、法兼备，在中世纪伊斯兰文化侵入南亚前一直被统治者奉为圣典。此外，值得关注的法典还有其后出现的《述祀氏法典》、《那罗陀法典》、《布里哈斯帕提法典》、《迦旃延那法典》等。

与婆罗门教早期经典相比，同样由婆罗门祭司编制而成的法典已有很多不同。在因袭对宗教教义进行阐释、对宗教生活进行全面规范传统的同时，法典一般还包含为数不少的世俗法律生活准则。像后期法典中的《述祀氏法典》对财产权利、法院组织、诉讼程序制度更为关注；《那罗陀法典》和《布里哈斯帕提法典》关于雇佣、债务、抵押、合伙的规定更为详尽。

（四）三藏

“三藏”乃孔雀王朝阿育王在位时期基本定型的佛教经典。“藏”，巴利语原意为装物之“篮”，隐含收藏、容纳之义。将佛经称做“三藏”，意在告诉世人这是三部满载佛教知识的著述。释迦牟尼逝世后不久，其弟子即在摩揭陀国举行了佛教的第一次结集大典，结成“三藏”中的《经藏》和《律藏》”。公元前386年为排解教派纷争，第二次大结集又对已有经典进行了修订。及至孔雀王朝时期，阿育王不仅以护法王之名亲自主持了第三次结集大典，通过对《经藏》、《律藏》、《论藏》三大经典进行整理、编纂，实现了佛法的空前统一；而且诏示天下信奉佛教，令人们以佛法为最高行为准则。

就内容而言，《经藏》记述的是释迦牟尼及其早期门徒的宗教思想，上及诸佛下达众生，包含早期佛教的全部教义；《律藏》主要是释迦牟尼所订的律仪，即佛教寺庙的规条和僧侣、信徒的生活戒律，以调众生之心，治众生之恶；《论藏》则是释迦牟尼之后佛教各派学者对佛典经义化精简为详明的系统化论议，是有关佛学的哲理解说。“三藏”中最具法律性质的部分为《律藏》，它所规定的戒律是佛教法的核心。这些戒律大体可分为两类：一类是消极的戒律，被称做“止持戒”，是关于如何止非防恶；另一类是积极的戒律，也称做“作持戒”，是关于修法仪程和生活仪礼。

（五）国王诏敕

与宗教法相比，古印度世俗法并不发达。世俗法律规范主要来自于国王诏敕、政府法令、法院判决等，其中尤以国王诏敕为多，属古印度重要法源之一。在孔雀王朝开国宰相考底利耶所著《政事论》中，国王诏敕被认为优于宗教圣典，具有最高的法律渊源效力。

古印度的国王诏敕常以与宗教因素融于一体为己征，某种程度上可视为世俗王权对宗教教义的再确认，体现着政权与神权的合一。阿育王时期的14岩碑敕就是最好例证。在那些为弘扬推广正法（达摩）而镌刻的石刻法勒中，阿育王一再强调遵循正法之征服才是最大胜利之征服。在他看来，达摩的基本精神在于“非暴力”，即宽容慈悲为怀，一视同仁地尊重众生、放弃征伐，关怀臣民福祉。为此，还特设正法官巡视各地以监督达摩原则的施行。古印度世俗法的特点由此可见一斑。

第二节 古印度法的基本内容

一、身份法

自然经济也是一种身份经济，在古印度自然经济环境下，独特而森严的种姓制度使不同社会成员呈现出不同的等级存在状态。

南亚种姓差异的出现是雅利安征服的结果。在雅利安人侵入印度之初，根据种族肤色的不同，仅用“瓦尔那”(Varna)一词来区分白皮肤的征服者雅利安人与黑皮肤的被征服者达罗毗荼人，继而产生雅利安瓦尔那和达萨瓦尔那两大社会集团。随着雅利安社会由原始部落制向奴隶制国家的过渡，雅利安瓦尔那内部渐渐分化出婆罗门、刹帝利、吠舍三大种姓，达萨瓦尔那逐步演化为首陀罗，四大原始种姓制度方始初成。印度最早记述四大种姓之别的古代文献是《梨俱吠陀》，它为人们更好地了解种姓制度提供了最初的文字依据。

作为世界上最古老的社会分层制度之一，种姓差异的形成在婆罗门教法中被归因于神意的安排。《摩奴法典》公开宣布，造物主梵天为了世界的繁荣，用自己的口、臂、腿、足分别创造了婆罗门、刹帝利、吠舍与首陀罗，并为他们规定了各自不同的司职。也就是说，根据这一神性解说，每个人的社会地位如何直接取决于其出自造物主身体的哪个部位。婆罗门因生于高尚之口，种姓地位最高，职责主要是传授经典，主持祭祀，实为宗教贵族；刹帝利因生于孔武之臂，种姓地位次之，以保护众生，执掌军政为己任，实为世俗贵族；吠舍因生于勤劳之腿，种姓地位居三，主要从事农牧业、手工业生产及商贸经营，属于平民；首陀罗因生于不洁之足，种姓地位最为卑下，服役于上述种姓是其与生俱来的义务，多为奴隶。至于人们因何出自梵天身体的不同部位，婆罗门教义视其为“业力轮回”的表现，出身于高等种姓是一种善报，出身于低等种姓是一种恶报。即所谓善恶有因果，人生有轮回。

在古代印度，各成一体的四大基本种姓介入宗教生活的能力是有很大不同的。居于前位的三个种姓因为能够以不同方式接触经典，可以依婆罗门净法行入门式，获得宗教意义的再次诞生，因而被认为是“再生人”，有资格全面参与宗教生活。首陀罗则不然，他们是无法获得宗教再生的“一生人”，不仅无权参加任何宗教活动而且被严格禁止接触宗教经典，否则就要被罚。在“再生人”中，婆罗门和刹帝利又同属于高等种姓，他们共同构成了古代印度社会的特权阶层和统治力量。就像《摩奴法典》中表述的“刹帝利无婆罗门不能幸福，婆罗门无刹帝利不能昌盛，婆罗门和刹帝利结合在一起而在今生或来世得以繁盛”(9；322)①。

① [法] 迭朗善译、马香雪转译：《摩奴法典》，商务印书馆1996年版，第九卷第322条。以下引用同版本。

古代印度的种姓制是一种地域特色明显的社会等级制度，它要求职业相袭，主张种姓内婚，强调生活有别。但这种严格的种姓制度并非一成不变，随着社会劳动分工的进一步发展，在四大原始种姓之外又生出许多杂种种姓，特别是排他的世袭职业集团“迦提”的出现，体现了种姓制度在印度的发展。由于迦提大多从事低劣、卑贱的行业，所以备受歧视。我国东晋高僧法显曾对其中的“旃荼罗”的生存状况有过这样的描述：“旃荼罗名为恶人，与人别居；若入城市，则击木以自异；人则识而避之，不相唐突。”（《晋书·法显传》）这种现象一直持续到近代。

二、民事法

（一）物法

古印度法中的物权制度主要为所有权制度，具体涉及不动产、动产及物主不明之物的权利配置、归属等。

1. 不动产。古代印度是一个多种土地关系并存的社会。吠陀时代雅利安人在逐步进入定居生活之时，其社会组织也开始向农村公社转变。在公社内部，土地作为主要的生产资料基本属于集体所有或共同控制，不仅牧场、森林、荒地和水源由大家共同使用，而且耕地也由村社掌握，只是随时调配给个体家庭耕种。但是随着私有经济的发展，这种特殊的共有制渐渐发生变化，社员对公社份地的占有开始固定化。当国王权威逐步建立后，土地王有制产生，理论上国王开始成为全国土地的最高所有者。除直接占有的土地之外，通常情况下国王会将手中的大部分土地通过村社占有的方式分配给农民，由农民使用并缴纳租赋。此外，也有一部分土地被另行封赐给僧侣或自己的属僚。初期这些接受封赐者对赐地的权利十分有限，由此得到的利益往往也仅限于土地收入，直到孔雀王朝时期可以继承、买卖、转让或抵押之后，情况才有所改观。

2. 动产。古印度法的相关规定比较完整。以《摩奴法典》为例，针对动产的取得与丧失已有下述条文：“送来供训练做活用的牲畜，以及由于友谊关系物主准予使用的其他物品，物主决不应该失掉它们”（8；146）；“物主不能因时间漫长就失掉抵押品或寄存物品；物品虽在被寄存人处长久存放，但仍应物归原主”（8；145）；物主丧失物品占有时有权追及，但“当物主亲眼看着人家在十年内使用属于自己的任何动产而不要求归还时，就不应该收回该动产的所有权”（8；147）；“如果不是白痴，不在 16 岁以下，或不是未满 16 岁者，在他眼前发生别人使用其动产的情况时，根据法律，这一动产对他就丧失了，使用之者可以保有它”（8；148）。可见，古印度法对动产财产权的保护已相当全面和细致。

3. 物主不明之物。古印度法中已存在类似于后世的无主物之制。《摩奴法典》中的此类规定大体涉及两种情况：首先，对于遗失物，要求拾得者必须将物品交由国王保管，最长为期三年。三年期内物主若能说明失物形状、数量等情形，可随时请求取回原物，只需支付国王适量保管金即可；三年期满若仍无人认领，物品即归国王所有；其间如果有人冒认，则须处以罚金以示惩戒。其次，对于埋藏物，规定发现者若为婆罗门，其可将埋藏物全部据为己有，“因为他是一切存在物的主人”（8；37）；发现者若为国王，其可将埋藏物一分为二，一半自己占有，一半布施给婆罗门。

有必要提及的是，在种姓制下的印度社会，不同种姓所享有的对物权有很大的差别。在这方面，作为万物之主的婆罗门与作为大地之主的国王近乎不受限制，自由的吠舍也可以占有一定财产并进行买卖，首陀罗却只可拥有最基本的生活资料，即便有能力也不得积蓄多余财物，以免其傲慢。

（二）债法

古印度法主要侧重于对契约之债作出法律调整，就契约的成立、契约的种类、债的担保、债的清偿与追索等进行规定。

1. 契约的成立。一个有效契约必须具备以下要素：其一，立约双方自愿。但此意愿并非一定是立约时表示之愿，“一个人缔结任何一项契约后感到懊悔时，法官可依照上述规定，使其回到正道上去”（8；228）；其二，意思表示真实。基于欺诈产生的契约法官有权宣布无效；其三，缔约者具备行为能力。醉汉、疯子、忧伤者、完全依靠他人生活的人、儿童、老人和未被授权者订立的任何契约一律无效；其四，契约内容符合法律和传统习俗。订立的契约如果有悖于法律规定和古来习惯，虽有字据或担保仍属无效。

2. 契约的种类。只有买卖、借贷、寄托、雇佣等几种契约关系，契约种类较少。对于每种契约关系，法律的基本要求分别是：买卖契约只能在物主与买方之间达成，标的必须真实、可控；借贷不得超过法定息额，息率高低因种姓的不同而有区别，婆罗门、刹帝利、吠舍、首陀罗贷息分别为2%、3%、4%、5%；寄托并不导致所有权转移，期满受托人应将寄托物归还，对于寄托物的某些损毁受托人不承担无过错责任；雇佣关系一经建立，受雇者必须履行受雇工作，无病而不履行，不仅丧失工资且应处罚金。

3. 债的担保。为了保证债务的履行，设有两种债务担保形式：以物担保和以人担保。就以物担保而言，法律要求债权人不得强行使用、转让、出卖抵押物；经债务人同意使用抵押物的，如抵押物能够生利，债权人不得再另行收取借贷利息；约定期满债务人仍无法及时偿债时，既可以选择放弃抵押物，也可以在征得债权人同意后先行付清利息，而后再立新约。就以人担保而言，又存在两种具体方式：一是担保人担保，由担保人对债务人的债务承担连带责任；二是债务人自身担保，债务人不能如期履约即成为债权人的债务奴隶。不过，自身担保方式仅适用于同种姓或低种姓的债务人，高种姓债务人只以利还。

4. 债的清偿与追索。生效的契约缔约人应当严格信守。对于一般的不守约定者，常用的处罚方法是强制其缴纳罚金，即“将这个失信的人逮捕后，根据情况，处罚金四修波尔那或六尼什伽，或一银娑多摩那，乃至三罚并施”（8；220）。

如果立约时曾经宣誓，而后又因贪婪爽约，国王可以将其逐出国外。另外，为了保证债权的实现，债务人死亡的，其所欠之债应由其继承人负责清偿。

（三）婚姻家庭法

为了维护种姓的纯洁，古印度法以实行种姓内通婚为基本原则。对于不同种姓之间的通婚，法律只肯定“顺婚”，认同高等种姓男子娶低等种姓女子为妻，而对低等种姓男子娶高等种姓女子为妻的“逆婚”持否定态度，理由很简单，这是不洁的种姓混杂。尽管法律地位不同，但依据古印度法的相关规定，无论顺婚还是逆婚，不同种姓男女所生后代都会丧失父母原有位阶，入杂种种姓之列，只能从事特定职业，身份低下；倘若这些杂种种姓相互间再行逆婚之事，所出子女地位会堕落得更为卑下，甚至成为不可接触的贱民。在古印度法中，杂种种姓多属于“一生族”，只有发生在再生人之间的顺婚后代方可履行再生族义务，即便如此，他们也只能从事被再生族轻视的职业为生。

在法律保护的婚姻形态中，围绕婚姻关系的缔结，古印度法提供了多种形式。其中有些宗教婚色彩明显，譬如梵天式、神式、造物主式、圣仙式，是婆罗门可选用的结婚方式；有些世俗婚特点突出，譬如适用于刹帝利的天界乐师式（类似合意婚）和罗刹式（类似暴力婚），适用于吠舍和首陀罗的阿修罗式（类似买卖婚）。总之，不同种姓的男女皆可选用适合自己的方式结成婚姻。而婚姻关系一旦形成，终止之权便基本由丈夫操控。妻子如果性情不好、操行不正、挥霍财产、不孕无后、染有笃症等，丈夫均可行使这种属于他的权利。

古印度的家庭关系是一种家长制家庭关系，带有明显的男权社会特点。女子被认为在任何时候都不宜独立，应被置于监护之下，幼时从父、青年从夫、夫死从子、无子从夫之近亲、无近亲则从国王，依附性强于很多国家和地区。在夫妻关系上，法律注重夫权保护，妻子不但要在丈夫生前敬谨伺候，在其死后亦不得行为不贞，疏于祭供；而丈夫即便行为恶劣、背叛妻子或失去了好的品质，有德的妻子照样应该“经常敬之如神”（5；154）。在亲子关系上，法律强调子女对父母的敬孝报答，以期好的果报。

（四）继承法

古印度法中的继承是一种全面继承，即实行债权债务的一并继承，偿债之后的多余之财方才进入遗产分配。分配的方式基本为法定继承，遗嘱继承还较为少见。

由于存在不同种姓的婚姻，古印度的法定继承贯穿了两个基本原则：其一，同种姓继承长子优先。原则上长子可得全部父产，其他诸子处于长兄照顾保护之下。如果长子放弃此权，分家析产时，长子可得两份；次子得一份半；其他诸子各一份，而后可再各自抽出四分之一给予未嫁姐妹。其二，异种姓继承依母有别。生母种姓不同，继承人享有的应继份额即不相同。按照《摩奴法典》的规定，若一名婆罗门男子一生娶有4名不同种姓的女子为妻并各有一子，其死后财产分配时，婆罗门、刹帝利、吠舍和首陀罗妻子所生之子应分别获得遗产的十分之四、十分之三、十分之二和十分之一；即便只有首陀罗妻子有子，其应继份额也不得超过遗产的十分之一。

三、刑事法

古印度法中的犯罪与宗教之“罪”关系十分密切。在这种认知体系中，虽然并不是所有的宗教之罪都是刑罚处罚的对象，但所有的犯罪必定被认为是宗教上的罪业。这实际意味着，“罪”这种宗教上有悖于“达摩”教导的恶行，在古印度法中是构成刑事犯罪的必要条件。以此为基础，在犯罪构成上，古印度法还重视强调犯罪者的行为动机、行为后果，关注双方当事人的社会地位以及家族、性别、年龄等可以影响犯罪认定的因素。具体到罪名规定，相关条文大多表现出罪罚合一的特点，欠缺一般性的归纳概括，字里行间中无不显露出对于高等种姓的特别保护。

基于同样的宗教原因，古印度法中的刑罚被认为是使好人疏离罪业、使恶人受到威胁的必要手段，国王是为保护每一个人而执掌刑罚之柄。也就是说，国王不仅有权力要求各个种姓忠实地履行各自的义务，而且有责任处罚不履行应尽义务者。所以，因犯罪而受到刑罚处罚的，往往是那些无视自身种姓义务的人。不过，在对于同样行为进行惩罚时，古印度法中的同罪异罚现象随处可见。因为主体所属种姓的不同，量刑的轻重常常会有很大的伸缩性。这种刑罚个别化表现出的一般倾向是：如若同种姓相犯，则高种姓宽宥，低种姓苛重；如若异种姓相犯，则高种姓施于低种姓时减免；低种姓施于高种姓时加重。只有很少的例外，像盗窃，“首陀罗不论偷何物，其罚金应比寻常处分重八倍；吠舍重十六倍；刹帝利重三十二倍；婆罗门重六十四倍或百倍，当他们中的每个人都充分了解自己行为的善恶时，甚至重一百二十八倍”（5；337，338）。除上述做法外，古印度法中根据不同情况施以刑罚时，还有一些灵活的处置方式。例如，对于再生族初犯来说，刑罚往往只是赎罪苦修的辅助；对于贫富有别的犯罪者，可以分别选择处以自由刑或财产刑，等等。

再者，古印度法中有关于伤害免责的规定，“在争斗中为了自卫，为了捍卫神圣权利，以及为了保护妇女和婆罗门而正当杀人者，不构成犯罪”（8；349），“公然或私下杀死企图进行暗杀的人，不构成杀人罪，这是以暴制暴”（8；351）。

四、诉讼法

古印度法中的诉讼制度比较简单，主要存在于《摩奴法典》、《述祀氏法典》和《那罗陀法典》中。依据相关规定，国家最高司法权属于世俗最高权力的拥有者，被誉为“刑罚之神”的国王。在婆罗门的帮助下，他既可以亲自主持民、刑案件审理，也可以遴选一位有学识的婆罗门代行其职。通常情况下多数纠纷会在地方甚至基层村社解决，不会上至国王法庭。

在普通诉讼程序中，案件的受理一般依种姓顺序进行。审理开始后，原告必须陈述起诉理由，被告必须在法定期限内做出答辩。如果当事人的主张前后矛盾、拒不回答提问、随意与证人交谈、声明之后又予否认或者擅自离开法庭，其诉求法庭不予支持；当事人有意作出虚假陈述，会被加倍科以罚金；当事人若不能令曾声言过的证人出庭，即为败诉。

在证据领域，当时有效的证据形式主要是物证、证人证言、宣誓和神明裁判。其中关于证人证言的适用规则更为详细。首先，它以同种姓、同性别作证为一般准则。例如，婆罗门为婆罗门作证，妇女为妇女作证，民事债权案件中基本如此适用；其次，证人意见有分歧时以多数为准。若持不同意见的人数相等，则采信更高尚种姓的证言；最后，在无证人的案件中，法官可以运用宣誓或神明裁判方式确定争执事件的真相。《那罗陀法典》中提及的神明裁判方式为8种：火审、水审、秤审、毒审、圣水审、圣谷审、热油审、抽签审。

第三节　古印度法的特点和历史地位

（一）古印度法的主要特点

印度是世界范围内古代法的独立生成地之一，浓厚的宗教哲学基础赋予了古印度法别具一格的典型意义，使它呈现出与众不同的特色。

1. 带有深刻的宗教印记。宗教在古代印度社会生活的一切方面占有支配地位。在当时印度人的观念中，信仰宗教天经地义，一个人从出生到死亡的整个生命过程始终与宗教息息相关。一般情况下，出生仅被视为自然生命的获取，并不意味着必然得到社会的认可，只有经过宗教意义的诞生，才能算做真正拥有完整的生命。在这样的文化浸润熏染下，自然地，法在很大程度上只能是宗教的附庸，它以宗教信仰为基础，以实现宗教伦理道德秩序为目的，没有自己独立的规范体系和作用范围，没有自己独立的立法者和执法者，没有自己独立的发展演变历程，宗教的任何变化都会导致它的渊源及其内容作出相应改变。

第一，就法的渊源形式而言，古代印度先后出现的多种宗教法无一不是古印度法的重要组成部分。综观古印度法的发展沿革可知，产生于吠陀时代的婆罗门教法以其特有的经典奠定了古印度法源的最初基础，尤其是作为其教义直接体现的吠陀、法经更是早期古印度法的基本表现形式。其后，佛教法在反对种姓特权的基础上，建立的完全不同于婆罗门教法的规则体系，为古印度法源注入了全新元素，使其进一步有所发展。面对社会转型，最后形成的印度教法表现出的对传统婆罗门教法的修正，则令古印度法源的内容更加丰富与多样。在上述宗教法或交替或共存同为古印度法重要渊源之时，不该忽略的是，就古印度某一具体宗教法而言，其内部不同教派对各自经典所做的解说、阐述同样值得关注，它们也是古印度法不可缺少的组成部分。因此，仅从宗教法角度观察即可发现，古印度法的渊源是异常复杂的，正是如此众多的宗教及其宗教法体系的存在使古印度法在整体上根本不可能具备完整统一性。

第二，就法的编纂体例而言，古印度成文法资料的编排深受宗教教义的影响。著名的《摩奴法典》12 卷结构中，首卷即为体现婆罗门教义基本主张的创世宣告，梵天创造世间万物，神定种姓出现；其后以专卷形式分别规定了事关婆罗门再生族宗教生活的“四行期”准则，梵行期的法、家居期的法、林栖期的法和遁世期的法，顺序展开，无一遗漏；最后又用两卷篇幅确认罪业的苦修救赎之道及行为的果报、转世与解脱的宗教意义。整体显示出古印度法与宗教理念、宗教戒律之间水乳不分的紧密联系。

第三，就法的纯粹性而言，古印度法中多种规范内容混合，宗教规范占有重要地位。古代印度的法律典籍、著述几乎都不是纯粹法律内容的汇集，即便是被冠以“法经”、“法典”之名也是如此。在这些法律资料文献中，法律规范与大量宗教、伦理、道德规范乃至教义的哲学阐释混杂一起，所占比重很小。所以我们现在看到，《阿帕斯檀跋法经》的纯法律部分只占其全部内容的十七分之一；《摩奴法典》的纯法律条文也仅为全书的四分之一强。出现这一情况的主要原因在于，无论法经还是法典都是出自宗教人士之手，由僧侣贵族根据社会需要和自身利益编纂而成，因此，法律的宗教化也就难以避免。

客观地讲，法与宗教的契合并非仅是古代印度社会所独有，不过古印度文明的宗教哲学基础显然不同于后来的基督教文明和伊斯兰文明。无论是基督教还是伊斯兰教都遵循一个基本原则：造物主创造的有灵魂的人在造物主面前一律平等。但婆罗门教、印度教摒弃了这一观念，在这个问题上有它独特的见解。它们认为真正的“人”是带有社会等级标记的，每一等级的人都各有其对应的权利义务，各有其独特的伦理道德，这无疑是对“生而不等”的公开昭示。只是有一点，这些强调社会差异的宗教戒律在不同时期的古印度法中所占的比重、所起的作用并非一成不变。

2. 以“种姓制”为精髓。确认和维护种姓差异是古印度法的核心。除佛教法外，古印度法的其他条文几乎都对不同种姓的权利义务作出了直接规定。在这些规定中种姓制特有的原则内容被一再加以宣布并归于细致化：（1）职业世代相袭。依照相关教义和教法，人们必须恪守各自的种姓，任何人不可凭借职业的成功或财富的积累或政治权力的获得而上升到高一级的种姓。据此，婆罗门的后代可以永掌宗教祭祀大权；刹帝利的后代可以永持军政之柄；吠舍的后代则需永与手工、商贸、农耕为伴；而首陀罗的后代只能永为他人服务。（2）实行种姓内婚制。如前所述，这是古印度法为保证种姓的纯正、互不混杂而设定的一项制度。虽然法律没有绝对禁止不同种姓的通婚，但如若出现此种情况，不仅当事人丧失原有种姓，其后代也会因此沦为杂种种姓甚或被排斥在种姓之外。（3）宗教生活、社会生活严格有别。在法的细密安排限定之下，不同种姓的界限在起居饮食、婚丧嫁娶、迎来送往等方面表现得十分清晰。他们不得同桌而食、同井而饮、同席而坐、同街而居；低等种姓路遇高等种姓必须侧身而立，不得同行。如此规定，不一而足。

其实，存在等级差别在世界古代法制发展中并不鲜见，但能如印度种姓制这般涉及范围之广、延续时间之久、表现形式之繁复的确实不多。种姓制的存在使每一个社会成员的价值不取决于本身的人格内涵，而是决定于个人无法控制的因素，如种族、肤色、地域、家庭等，其局限不言自明。

（二）古印度法的历史地位

古印度法是一种萌生发展于印度早期文明时代的法律，但是它并没有随着印度古代社会的终结而消失。在印度本土，公元7世纪伴随阿拉伯帝国的入侵和伊斯兰教的和平传入，印度的传统宗教虽然受到排挤，地位有所降低，但相关教法的适用实际没有遇到很大阻滞。特别是标志性的《摩奴法典》和其后编订的《那罗陀法典》、《布里哈斯帕提法典》，公元10世纪之前一直受到统治者的极大尊重，具有很高的权威地位。时至公元13世纪初印度历史上第一个伊斯兰帝国——德里苏丹国家建立，面对取得统治地位的伊斯兰教对印度的社会结构和生活方式造成的强烈冲击，原有的宗教种姓之别没有就此湮没，印度教法依旧是印度教徒众生活的最高准则。进入近代，英国人对印度的占领统治及英国法的推行，同样未能从根本上动摇传统宗教的力量，带有属人特点的印度教法规范仍然适用于某些特定关系的处理。有鉴于此，古印度法的许多内容也得以在印度本地延续和发展。

就域外而言，古印度法对周边国家发生影响主要是在公元1世纪以后，这时东南亚地区进入了世界史上的所谓“印度化”时期。为了更好地实现王权，当地一些信奉印度教或佛教的国家和地区，诸如缅甸、泰国、斯里兰卡、柬埔寨、老挝、越南以及印度尼西亚的爪哇、巴厘、婆罗洲、苏门答腊等，先后仿效古印度法构建了本国的法制度，这种情况一直持续到公元15世纪。因为这些接受印度文化直接熏陶的“印度化”国家在法的领域无不以古印度法为本源，由此产生的连带性使人们将它们合称为“印度法系的世界”。需要指明的是，在发生法律继受的同时，古代印度的宗教、文学和艺术也在上述地区广为流传，对于法的模仿只不过是当时东南亚各国“印度化”的基本内容之一。进入15世纪以后，随着东南亚最后一个印度化王国的灭亡，印度法系也不复存在。不过不可否认，至今上述各国和地区的法律习惯中仍不乏一些古印度法的痕迹。

第三章 古希腊法

古希腊法是希腊各城邦国家不同类型法律制度的总称，雅典奴隶制民主政治制度影响深远，它所创制的“主权在民”、“轮番为治”以及选举和监督等制度及其原则，揭示了古代民主制的原始性、朴素性特点，并成为近现代西方民主宪政的历史基础。

第一节 古希腊法的产生和演变

古希腊位于巴尔干半岛的南部，以爱琴海为中心，包括希腊半岛、爱琴海诸岛、克里特岛和小亚细亚半岛西部海岸的广大地区，是欧洲最先进入文明社会和最早产生国家与法的地区。大约于公元前20世纪，在希腊文明的发祥地——克里特岛，出现了由农村公社结合而成的早期奴隶制城邦。在该岛克诺索斯城邦遗址，经考古挖掘发现了刻写在墙壁上的法律，传说是由该城邦最早的立法者国王米诺斯制定的，对后来的斯巴达法有一定的影响。

约公元前15世纪左右，迈锡尼文明兴起，通过考古也发现了刻在泥版上的“迈锡尼法”的遗迹。这些远古时代的法律与早期的城邦制度有着极为密切的关系，并具有远古法的一般特点，是古希腊法萌芽的标志。

公元前12世纪至公元前8世纪的希腊历史，因荷马的两部史诗——《伊利亚特》和《奥德赛》而被称为“荷马时代”或“英雄时代”。“荷马时代”末期，随着各地经济的迅速发展，氏族制度全面瓦解，社会分化进程加速，数以百计的具有主权性质的独立的奴隶制城邦国家在整个希腊陆续产生，著名的有雅典、斯巴达、米利都、叙拉古、克林斯等。城邦，即以一个城市为中心，连同其周围不大的一片乡村区域构成一个独立的、疆域相对狭小的主权国家，城邦制度是希腊文明的传统和基础。在古希腊氏族制度向城邦国家转变的过程中，法律也随之逐步产生。希腊各城邦国家的早期法律均为习惯法，而且带有神权法的特征，希腊神话中就有专司法律与正义的女神。此时期，主要以习惯法为主。

公元前7世纪至前4世纪，希腊各城邦国家普遍进入成文法时期，这些立法有《德拉古立法》（公元前621年）、《梭伦立法》（公元前594年）、《庇希特拉图立法》（公元前560年）、《克里斯提尼立法》（公元前509年）、《伯里克利立法》（公元前440年）以及《阿提卡法典》、《哥尔琴法典》和《罗德岛海商法》等。其中发现于克里特岛的《哥尔琴法典》颁布于公元前5世纪，共有70条，内容相当完备，涉及家庭、婚姻、养子、奴隶、担保、财产、赠与、抵押和诉讼程序等，是保存较为完整的希腊早期奴隶制的法律文献，也是我们研究古希腊法的宝贵历史资料。

古希腊法也包括希腊化时代的法律。自公元前4世纪始，希腊城邦日趋没落，马其顿王国兴起并征服了希腊各城邦以及小亚细亚、叙利亚、埃及、巴勒斯坦等近东地区，“希腊化时代”就此开始。古希腊法并没有随着城邦的衰落而消失，它不仅仍然适用于希腊居民，而且进一步随着马其顿帝国亚历山大大帝及其继任者东征的足迹，适用于被征服地区的希腊化居民，法律的发展进入希腊化法律时期。希腊化法律即指适用于希腊人及定居于被征服地区的希腊化居民的法律的总称，它来源于希腊法，因而具有希腊法的一般特点，但又不同于希腊法，是希腊法与当地原有法律相互渗透、相互融合的产物。公元前2世纪，希腊化国家为罗马帝国所吞并，希腊化法也被罗马法所取代，逐步退出了历史舞台。

第二节　雅典的法律制度

雅典是古希腊历史上最重要的城邦国家之一，其法律制度堪称西方奴隶制城邦国家法律的典范。

一、雅典“宪法”

雅典是古希腊各城邦国家中实行奴隶制民主政治的典型，雅典民主政治制度的内容相当于近代以后的宪法，因此被称为雅典“宪法”。雅典“宪法”是经过一系列的立法改革逐步形成和发展起来的。

（一）提秀斯改革

雅典位于希腊中部的阿提卡半岛。公元前8世纪左右，传说中的英雄提秀斯进行了改革，一是设立政治权力机构，将雅典的四个部落联合起来，设立了以雅典为中心的中央议事会和行政机构；二是以立法将社会等级化，将雅典的全体自由民划分为贵族、农民和手工业者三个等级，雅典城邦的权力掌握在执政官和贵族会议手中。提秀斯的改革使雅典城邦具有奴隶制国家的性质，跨出了摧毁氏族制度的第一步，产生了高于各个部落习惯的统一的雅典法，不过城邦的法律尚处于习惯法阶段，并为贵族所垄断。

（二）德拉古立法

随着雅典经济的发展，特别是手工业和商业的繁荣，以新兴的工商业奴隶主为核心的平民阶层在社会经济生活中显示了越来越重要的作用。他们对贵族垄断司法、任意解释和适用习惯法维护贵族特权、损害平民利益的做法极为不满，强烈要求制定成文法，公开法律，反对贵族对法律的垄断。公元前621年德拉古当选为执政官，迫于平民的压力，他将雅典的习惯法加以整理汇编，制成雅典第一部成文法“德拉古法”。德拉古法虽然肯定了债务奴役制，并以广泛采用重刑即“血法”闻名于世，但是，同时又在刑罚制度上区分了故意杀人与非故意杀人，反对血亲复仇，规定一切伤害案件均由国家组织法庭依据明文规定的法律审理，从而在一定程度上限制了贵族解释和适用法律的特权。

（三）梭伦改革

公元前594年，工商业贵族梭伦出任执政官，进行了一系列的立法改革。其一，颁布“解负令”，取消债务奴役制。根据这一法令，凡以前以土地或人身抵债的契约一律无效，土地归还原主，人身恢复自由，由国家负责赎回因欠债而被卖到外邦为奴的人，永远禁止以自由民人身作为债务抵押。其二，以财产特权和职位特权代替世袭特权。按照财产的多少将雅典公民划分为四个等级，按等级纳税、服兵役和享有权利。只有第一等级才能担任最高官职，第二、三等级担任一般官职，第四等级仅能参加民众大会和陪审法院。这一改革打破了过去贵族世袭专权的局面，为工商业奴隶主掌握政权开辟了道路。其三，提高民众大会的作用，设立400人议事会，首创陪审法院。为了限制和削弱贵族会议的权力，法律规定民众大会是最高权力机关，各级公民均有权参加，民众大会决定战争与媾和等国家大事，并选举官吏。400人议事会类似民众大会的常设会议，由4个部落各选100人参加，前三个等级的公民均可当选，其任务是准备和审理民众大会的提案，监督国家财政，弹劾执政官。陪审法院是从贵族会议中分享司法权的最高司法机关，每个公民均可当选为陪审员，参与案件的调查与审理，推行司法民主化。其四，颁布一系列发展社会经济的条例，促进雅典工商业的发展。例如，改革币制和统一度量衡，有助于促进商业交易的便利性和公平性；为保证城市居民粮食供应，降低粮价并禁止谷物输出，奖励经济作物橄榄油及葡萄酒的出口；颁布《土地最大限度法》、《高利贷限制法》、《土地经营法》、《禁止奢侈条例》等，以缓和社会矛盾，引导社会的良性发展。其五，废除德拉古法中的严刑峻法，仅保留有关杀人罪的条款；以法律惩罚代替血亲复仇，规定所有杀人案件均由法院审理；对地方官吏的违法行为也可以向有关法院提出控告或申诉。

梭伦立法改革的意义在于：剥夺了氏族贵族享有的种种世袭特权，使富有的工商业奴隶主开始掌握城邦大权，赋予所有雅典公民有限的权利，规定城邦职能机构既分享权力又彼此制约。梭伦立法在雅典法制史上具有划时代的意义，为雅典民主政治的形成奠定了基础，开辟了道路，雅典民主宪政制度由此产生。亚里士多德在其传世之作《雅典政制》中给予梭伦立法改革以高度评价：“在梭伦的宪法中，最具有民主特色的大概有以下三点：一是是禁止以人身为担保的借贷；二是任何人都有自愿替被害人要求赔偿的自由；三是向陪审法院申诉的权利。人民有了投票的权利，就成为政府的主宰了”。[①]

（四）克里斯提尼立法

公元前509年，平民领袖克里斯提尼当选为雅典执政官，又进行了立法改革。主要内容有：其一，取消原有的四个氏族部落，根据地域划分公民和选区。以地域关系取代血缘关系，彻底摧毁氏族制度的残余，分化瓦解了贵族势力的基础。其二，进一步提高民众大会的作用，用500人组成新的议事会。民众大会作为雅典的最高立法机关，决定国家重大事项，由抽签选举产生的500人议事会取代梭伦时期的400人议事会，执行民众大会决议，并成为雅典重要的行政机关。其三，颁布《贝壳放逐法》。为防止政治野心家建立僭主政权，克里斯提尼改革后不久，在雅典制定了“贝壳放逐法”。规定每年春天召开一次非常的民众大会，用口头表决是否要举行“贝壳放逐”，如表决认为有人危害国家利益，破坏雅典民主政治制度，则另定日期，在中央广场由再次召开的民众大会进行秘密投票表决。公民在贝壳或陶片上写下应予放逐的人名，如某人的票数超过6000，则将此人放逐国外，10年后方可返回，但保留其公民权和财产权。

克里斯提尼的立法改革结束了雅典百余年来平民反对氏族贵族的斗争，雅典民主政治制度得以最终确立和进一步巩固。

（五）阿菲埃尔特立法

公元前462年，民主派首领阿菲埃尔特出任雅典执政官，制定了一系列打击贵族特权势力、促进雅典民主政治发展的法案。此次立法改革进一步剥夺了贵族的诸多权力，规定贵族会议不得对雅典民众大会决议进行干预和监督，取消了贵族议会审判公职人员渎职罪的权力，在司法方面建立了不法申诉制度，公民可以就现行立法是否违反民主制度问题向陪审法院提起申诉，目的在于保护民主政治不受寡头势力的干扰。

（六）伯里克利立法

公元前5世纪中叶的希波战争，波斯战败，而雅典成为希腊世界的盟主，并缔结了“提洛同盟”，取得海上霸权。雅典的奴隶制民主政治进入极盛时期。公元前443年到公元前429年，伯里克利连任十将军委员会的首席将军，成为雅典的最高统治者，他锐意改革，又制定了一系列“宪法”性法律。主要内容有：其一，执政官和其他各级行政官职均由抽签选举产生，向所有等级的公民开放。伯里克利取消了财产资格的限制，原被梭伦列为第四等级的公民也有了参政权。其二，扩大民众大会的权力。民众大会是国家最高权力机关，每10天召开一次会议。凡年满18岁的男性公民均有权参加、讨论和决定国家一切重大事项，并有权提出建议或批评官吏的渎职违法行为。其三，保留500人议事会，作为民众大会的常设机构。该议事会为民众大会准备议案，审查议案的合宪性，执行民众

① ［古希腊］亚里士多德著：《雅典政制》，日知、力野译，商务印书馆1959年版，第12页。

大会的决议，监督国家行政部门的日常事务。其四，设立共有6000人的陪审法院作为雅典的最高司法机关。陪审员由30岁以上的公民抽签产生，任期一年并不得连任。陪审法院内分10个法庭，其主要任务是审理国事罪、渎职罪等重大案件，对公职人员实行监督和考核，参与立法并核准民众大会的决议。其五，实行公职津贴制度。为了资助贫穷的公民参加国家的政治生活，规定向担任公职的公民发放公职津贴，甚至参加文艺、体育盛会都发放“戏剧津贴”等。

经过多次重大立法改革，雅典独具特色的奴隶主民主政治制度逐步形成。其民主性主要表现在：实行直接民主制，赋予广大公民直接参政、议政的民主权利，一定范围内实践了以“主权在民”为核心的平民政治；规定民众大会作为最高权力机关，享有最高立法权，500人议事会、十将军委员会和执政官享有多种行政权力，陪审法院掌握司法权，这些机构彼此牵制，从而初步建立了立法、行政、司法的权力分立和权力制约机制；所有公职人员均实行抽签选举，轮番执政，否定了门第、财产以及政治上的特权；确立了体系完整、制度严密的监察弹劾制度，官吏自当选到卸任的一年时间内，先后需要通过资格审查、信任投票、卸任审查，以及“贝壳放逐法”、不法申诉制度等多种程序的监督；推行朴素的司法民主制，陪审员通过抽签选举产生，法庭的案件分配也由临时抽签决定，实行投票表决决定判决结果，以确保司法的公正、廉洁和判决的权威性。

作为奴隶主的民主政治制度，雅典“宪法”也存在不可避免的诸多历史局限。从雅典“宪法”的运行实践来看，虽然赋予公民以参政、议政的平等权利，但是实际上能够参加民众大会的只有18岁以上的男性公民，没有公民权的所有妇女和异邦人无权参加，至于占雅典人口绝大多数的奴隶则更谈不上。再者，虽然参加民众大会可以得到一点津贴，但是要求农民不顾农时，放下农活，每隔10天左右就前往雅典城开一天会，实际上也不可能，因此实际参加民众大会的只是雅典公民中的少数，这就在实质上限制了公民民主权利的行使。此外，诸如执政官以及将军等高级公职人员的职位事实上也与普通民众无缘。可见雅典的民主制本质上是奴隶主内部的民主制，而并不是真正的“全民”民主制。从雅典民主政治制度本身来看，虽然公民有权在民众大会上提出法案，但是还必须经过复杂的程序才能成为法律，如果经陪审法院审查与雅典基本法相抵触，不但法案违法，而且提案人也要负法律责任，受到重罚。再如官吏的抽签选举制，虽然最大限度地显示了朴素而直接的民主性，但同时也背离了人才选拔的德才标准，使官吏的选拔充满了偶然性和风险性，等等。

尽管如此，雅典民主宪政制度的确立和发展在当时条件下确有积极意义，民主政治鼓励了雅典公民多方面的积极性，雅典在哲学、宗教、文学艺术、自然科学以及商业活动方面都有许多重要成就，最终成为整个希腊世界的经济和文化中心。雅典的民主宪政制度对于以后西方国家宪政制度的产生和发展产生了巨大影响，其“主权在民”、“轮番执政”、选举与监督的理念与制度等，均构成了近现代资产阶级民主政治的源流。

二、雅典民事法律制度

（一）所有权制度

雅典在公元前5世纪至前4世纪进入繁盛时期，私有制已获得相当充分的发展。所有不动产（土地、房屋）和动产（牲畜、奴隶等）均可按照相应的程序自由买卖，尽管尚保留有部分公社所有制的痕迹，但是一些典押田宅、租佃土地的传世碑文证明当时的私人财产转移是十分流行的。雅典法严格保护私有财产权不受侵犯，历届执政官就职时，要宣誓保护每个公民的私有财产。当私有财产权受到侵犯时，可向司法机关提起诉讼，获得司法保障。不动产所有人对其不动产的占有人提起的收益之诉，可向法院第一审级提出；而其他财产之诉，则向法院第二审级提出。

（二）债权制度

雅典的工商业活动相当活跃，因此债法相对较为发达。债的产生来源有两类，一类是因契约而产生之债，另一类是因损害赔偿而产生之债。

雅典的契约种类繁多，包括买卖契约、租赁契约、借贷契约、合伙契约、保管契约、承揽契约及雇佣契约等；雅典对契约的形式要件没有特别严格的规定，因而契约形式较为简约，书面或口头方式均可，只要双方协商一致，契约即可有效成立，不过为了便于提供证据，一些重要的契约多采用书面形式；为了保证契约得到实际履行，雅典还规定了契约的担保制度，除了被梭伦废除的人身担保方式，还包括定金、抵押、第三人保证等方式确保债务履行。

因损害赔偿所生之债，是指对公民的人身和财产施加的某种非法侵权行为而发生的债，受害人有请求赔偿的权利，加害人则负有赔偿的义务。大多数情况下，只要加害人向受害人支付相应赔偿（赔偿数额往往超过因侵权行为而导致的实际损失）即可了结争端，如果加害人无力赔偿，则可能成为受到刑事处罚的依据。

（三）婚姻家庭与继承制度

雅典的婚姻关系仍然保留着买卖婚的痕迹，婚姻通过男方与女方父亲缔结契约而成立，男方须向女方父亲交付牲畜或其他贵重物品作为买妻费，女方父亲则向男方赠送礼品，以示对婚约的承诺。法律上规定实行的一夫一妻制仅是针对妻子而言，事实上一夫多妻是被允许的，丈夫公开纳妾及与他人通奸等都不会受到法律追究，而妻子与人通奸，丈夫则有权当场杀死妻子及其奸夫。夫妻双方都有离婚的自由，丈夫若要离婚，只需将妻子逐出家门即可，不需要任何特别理由和手续，但法律为妻子要求离婚设置了更为复杂的条件和程序，如必须向执政官提出申请书，由执政官审查批准等。

雅典实行家长制家庭制度，家长在家庭中对妻子和子女拥有绝对的支配权力，必要时可将妻子和子女逐出家门或出卖为奴。梭伦改革以后，家长的权力受到一定限制。

在雅典，只有男子拥有继承权，一般而言，遗产在所有儿子之间平均分配，但是长子所获得遗产份额稍多，女儿只能在出嫁时从兄长处获得一份嫁妆。梭伦改革以后出现遗嘱继承，但是只有无合法子嗣者才能立遗嘱，而且立遗嘱人必须神志清楚且不受胁迫，妇女、养子和未成年人所立遗嘱没有法律效力。

三、雅典刑事法律制度

在雅典，国事罪被认为是最严重的犯罪，国事罪概念广泛，包括背叛国家、蛊惑民众、亵渎神祇以及向民众大会提起非法决议等，都要受到严厉处罚。此外，除了杀人、殴击、盗窃以外，虐待父母、孤儿、妇女等行为，以及谩骂、凌辱等均属犯罪。刑罚的种类有死刑、出卖为奴、剥夺自由、鞭笞、凌辱、烙印、放逐、罚金等。施行刑罚的原则是，奴隶处罚肉刑，自由民处罚财产或剥夺权利。

雅典刑法还保留着原始社会的一些遗风，如杀人、诱拐妇女、投毒、纵火等重大犯罪被认为是仅与被害人及其亲属有利害关系的行为，犯罪者与被害人及其亲属之间可以订立赔偿契约，犯罪者交纳赔偿金后就可以了结；如果受害人死前赦免了犯罪者，则其他人不得对犯罪者采取任何报复行动；在某些情况下，还允许直接复仇，当男子发现其妻、姐、妹、女与人通奸，他有权将对方男子立即处死；因谋杀罪而被判处死刑时，刽子手要在受害人亲属面前执行，以上正是氏族公社血亲复仇的残余表现。

四、雅典司法制度

雅典的司法机关比较复杂，许多专门性的法院虽然并无明确的审级关系，但已经有了一定的职能的划分。最早出现的阿留帕格斯原是氏族贵族的权力机关，拥有审判权，公元前5世纪，逐渐演变为具有司法性质的普通审判机关，主要审理故意杀人、毒害及纵火等案件，案件在露天场所当众公开进行审理。稍后建立的埃菲特法院，主要审判误杀、教唆杀人、致人残废以及杀死异邦人等案件。梭伦时期建立的赫里埃，即陪审法院，后来逐渐成为雅典最重要的司法机关，是国事罪、渎职罪等重大案件的第一审级，同时也是其他法院判决的第二审级。负责审理财产纠纷案件的一审法院是40人法院和迪埃德特，前者负责审理不超过10德拉的财产争议案件，后者负责审理超过10德拉以上的钱财案件，其上诉法院均为陪审法院。有关矿井、海外贸易、破坏宗教仪式和秩序等案件也分别由专门法院审理。

雅典成年男性公民拥有起诉权，奴隶、女性和未成年人都没有起诉权，异邦人只有通过雅典的"保护人"才能起诉。雅典的诉讼分为公诉和私诉，公诉可以由任何享有完全权利的公民提出，目的在于惩罚犯罪者，诉讼必须进行至结案，不得中途停止，否则将被科以罚金；私诉只能由受害人及其亲属提出，目的在于获得犯罪者支付的赔偿，可以因受害人与犯罪者之间达成协议而中途停止。诉讼因原告向司法机关提出起诉而开始，传唤被告的责任在原告，如被告缺席，可以缺席审判。诉讼的第一阶段为审查阶段，被告可以以书面材料反驳原告，如果司法机关认为被告的反驳确凿有力，则诉讼停止，否则就要对原被告双方提交的证据，包括物证、文件、宣誓、证人证言等进行实质性审查和验证。诉讼的第二阶段为裁判阶段，首先由法院宣读原告的起诉书和被告的反驳书，然后由双方当事人进行辩论，原被告双方既可以自行辩论，也可以委托能言善辩之人在法庭上为自己辩解，尽可能影响审判人员。最终裁决通过审判人员秘密投票方式作出，如果票数相等，则原告败诉。当事人可以向陪审法院提出上诉，陪审法院的裁决为最终裁决。

第三节　古希腊法的特点和历史地位

一、古希腊法的特点

第一，古希腊法是希腊各城邦国家多种法律的组合，并非希腊全境统一适用的法律体系。希腊境内多崇山峻岭，各地区之间分离隔绝的自然地理环境，加之优良的港湾，为海外贸易提供了便利，使得希腊半岛在古代时期没有形成全境统一的政治经济前提。因此，各城邦国家的法律制度长期处于分立状态，其内容和形式都存在不同程度的差异。以希腊历史上最为重要的两个城邦国家——雅典和斯巴达的法律为例，雅典实行奴隶制民主政治；斯巴达则实行贵族寡头统治；雅典法中，妇女没有政治权利，不能参加民众大会，没有选举权；而在斯巴达，妇女则享有同男子一样的政治权利和财产权利。在雅典，土地私有化程度较高，土地可以自由转让；在斯巴达，长期实行土地公有制，严禁土地的买卖和转让。在雅典，成文法发达，从公元前621年制定第一部成文法开始，立法改革取得了重大成就；在斯巴达，则以习惯法为主，成文法不发达，等等。当然，尽管各城邦法律之间存在显著的差异，但同时也存在共同适用的法律与习惯，具有共同的或接近的一些特点。

第二，古希腊法未能编纂完善成熟的成文法典，立法水平不高。众所周知，古希腊是西方哲学、政治学的发源地，包括柏拉图和亚里士多德在内的希腊学者的研究旨趣主要在于自然界和人类社会的哲理以及国家社会等理论问题，而且偏重于以哲学、政治学的观点和方法研究法律问题，对实在法方面的探讨及法律的实际运用缺乏兴趣。因此，古希腊的多数城邦虽然较早地出现了许多立法者，立法活动频繁，制定了为数众多的成文法规，但由于缺乏严密规范的法律概念和法学理论，这些成文法规没有对具体分散的法律进行理论抽象和概括分析，总体水平不高，未能形成系统完备的法典。

第三，古希腊城邦在司法实践中倾向于运用法的“正义”观念和“公道”标准裁断案件，而不是分析适用具体的法律条文。由于古希腊缺乏系统完备的法典，也没有出现罗马那种务实的带有职业化性质的法学家集团，陪审法院的千余名陪审员普遍身兼数职，有很多人根本不懂法律，因此，审判过程中，陪审员以及雄辩家所关注的主要不是对法律条文内容的分析和适用，而是依照极具弹性的所谓“公理”和“正义感”，对案件进行辩论和裁断，在司法技术处理上有一定的灵活性。

第四，希腊法中的私法相对落后，公法比较发达，对后世影响较大。古希腊社会所处的时代是奴隶制社会的中期，奴隶制的商品经济尚未得到充分发展，有关所有权、债权以及婚姻家庭制度的规定都尚不完备，未能形成像古罗马一样发达的私法体系。另外，古希腊学者偏重于对国家形态、政治体制和社会结构的研究，各城邦在政权组织、权力分工以及行政管理方面的立法相当丰富，特别是雅典的民主政治制度对后世产生了极为深远的影响。

第五，希腊化法律中，“冲突法”比较发达。由于古希腊各城邦的法律制度存在较大差异，城邦之间的法律冲突必然存在。为了解决商业纠纷，协调城邦之间的商事法律冲突，公元前 4 世纪雅典设立了“商事法庭”，形成了一些解决法律冲突的基本规则。希腊化时期，希腊本土城邦以及各被征服地区之间的法律冲突更加显著，冲突法规则也得到进一步发展。各地商人也可以在签订契约时任意选择受其约束的法律，这种做法使双方当事人可以得到在自己所属的法律制度中得不到的有利于己的实体和程序的规定，如犹太人依据希腊法可以在借款时得到利息，而这在犹太法中是被禁止的。

二、古希腊法的历史地位

古希腊法作为西方社会最早产生的法律文明，其衍生和发达的历程及其特征具有标志性的意义和深远的影响，因而在世界法制史上占有一定的历史地位。

第一，古希腊法中的一些法律原则、具体制度和法律思想，都曾对罗马法产生一定影响。例如，希腊罗德岛的海商法、雅典的债权制度和诉讼制度都曾为罗马法所借鉴。希腊法学思想的影响也是显而易见的，柏拉图、亚里士多德及斯多葛学派所提出的法的正义理论、法的理性原则以及自然法学说为罗马法学理论体系的确立奠定了坚实的基础。

第二，古希腊时代最为重要的城邦——雅典所确立的奴隶制民主宪政制度，创制了“主权在民”、“轮番为治”以及选举和监督等制度和原则，成为近现代西方民主宪政的历史基础，对后世民主政治的影响不可低估。

第三，古希腊法促进了东西方法律文化的交流和融合。古希腊各城邦素与埃及、迦太基以及西亚诸国有着经济和文化上的交往，古东方国家的法律制度及法文化对古希腊各城邦法律体系的形成有相当重要的借鉴和影响，雅典梭伦的立法改革就是在考察了埃及等东方国家立法的基础上施行的。此后，经过古希腊城邦时代及其后希腊化时代的殖民活动和民族融合，希腊法与古东方国家之间的法律交流更加广泛和深入，互相采用对方法律的情况更是屡见不鲜。因此，古希腊的法律虽然不如其哲学、艺术等领域发达，更无法与后来完善的罗马法相媲美，但它上承古埃及、迦太基等东方国家古代法，下启罗马法，在东西方法律文化的传承与交流方面起了一定的作用。

第四章 罗马法

第一节 罗马法的概念和历史演进

一、罗马法的概念

罗马法，简单地说，就是指古代罗马奴隶制国家的法律。

罗马奴隶制国家的形成，是一个长期发展的过程。早在公元前10世纪，生活在亚平宁半岛上的人们就已经有了相当完善的氏族公社组织。到公元前8世纪，这些氏族部落逐渐联合组成了城邦。一般认为，罗马作为一个国家的历史始于公元前753年，即城邦国家建立之时。其后，罗马国家经历了王政时期、共和时期和帝政时期，到公元1453年东罗马帝国灭亡，共历时2206年。

由于对罗马国家历史分期的看法不同，人们对罗马法的起讫时间也形成了不同的观点，主要有以下几种：（1）从公元前753年罗马建国到公元1453年东罗马帝国灭亡，2206年间整个罗马国家的法律；（2）从公元前450年《十二表法》颁布到东罗马帝国灭亡，1903年间整个罗马国家的法律；（3）从公元前753年罗马建国到公元565年查士丁尼大帝去世，1318年间整个罗马国家的法律；（4）从公元前6世纪中叶塞尔维乌斯·图利乌斯改革到查士丁尼大帝去世，约1100年间整个罗马国家的法律。

要界定罗马法的时间范围，首先应当明确罗马法的本质，即罗马法是罗马奴隶制国家的法律。罗马城邦国家建立伊始，尚处于从原始社会向奴隶社会过渡时期，其法律也处在从原始公社习惯向习惯法发展的阶段，还不是真正意义上的奴隶制法。直到公元前6世纪罗马的第六代王塞尔维乌斯·图利乌斯改革，这个过渡才告完成。“这样，在罗马也是在所谓王政被废除之前，以个人血缘关系为基础的古代社会制度就已经被破坏了，代之而起的是一个新的、以地区划分和财产差别为基础的真正的国家制度。”① 公元476年，西罗马帝国灭亡，这一事件标志着西欧开始进入封建社会，原西罗马帝国统治的地区，罗马法已逐渐为封建法律所取代。东罗马帝国的奴隶制则持续到公元7世纪，代表封建贵族势力的赫拉

① 恩格斯：《家庭、私有制和国家的起源》，摘自《马克思恩格斯全集》，人民出版社1965年版，第21卷，第147页。

克利乌斯取得政权，标志着东罗马帝国开始从奴隶制社会向封建制社会过渡，帝国的法律也逐渐演变为封建制法。

所以，罗马法，具体地说，就是公元前6世纪到公元7世纪的古代罗马奴隶制国家整个历史时期的全部法律制度的总称。①

二、罗马法的历史演进

罗马法伴随古罗马奴隶制国家制度的建立而产生，并随着罗马奴隶制国家制度的消亡而结束，它跨越了罗马的王政、共和与帝政各个不同时期，既包括自罗马奴隶制国家制度建立至罗马帝国分裂期间的法律，也包括西罗马帝国灭亡前的法律，以及进入封建制社会之前的东罗马帝国的法律。以罗马国家政治体制的演变为依据，对于罗马法的产生与发展也可按照同样的历史阶段来认识。

（一）王政时期（公元前753年—前510年）

王政时期是罗马从原始社会走向奴隶制社会的时期。这一时期，随着罗马社会生产力的发展，剩余产品的增多，私有制和阶级分化出现了。而战争掠夺和债务奴役的存在，则加快了阶级分化的进程。公元前7世纪以后，罗马的社会结构趋于复杂：氏族内部富有的家族发展成为氏族贵族，占有土地和财富；贫困的氏族成员归顺或者依附氏族贵族，形成了“保护人”和“被保护人”的关系。与此同时，在某些地方出现了以从事家务劳动为主的奴隶，他们主要来源于战俘与欠债破产的人，尽管数量不多，却意味着奴隶制开始形成。此外，当时的罗马社会还有一个平民阶层，他们主要是被征服地区的居民和从罗马以外的地方迁居至此的人。这些人有人身自由，有自己的财产，还承担服兵役和纳税的义务。但由于他们不是氏族成员，因而不能享有参加民众大会和担任公职的权利，不能与贵族通婚，不能分得公有土地，只能从事个体农业生产或经营手工业和小商业。平民阶层的存在这一事实本身就是原始氏族公社瓦解的鲜明标志之一，而平民为争取权利同贵族进行的长期斗争，更在客观上加速了罗马氏族制度的解体。

在这样的背景下，公元前6世纪，第六代王塞尔维乌斯·图利乌斯为缓和社会矛盾，进行了重大的政治改革，具体措施包括：（1）废除原来以血缘关系为基础组成的三个部落，重新按地域将罗马城划分为四个部落，居民于居住地所属部落登记人口及财产；（2）不分贵族和平民，将罗马全体居民一律按财产的多少划分为五个等级，并确定相应的权利和义务；（3）按照前项措施所划分的等级，组织若干军伍，进而组成军伍大会，取代了原来的贵族大会的大部分职能，成为罗马的政治权力机关。这次改革是一场深刻的政治革命，它标志着罗马奴隶制国家的正式形成，罗马法也随之产生。

王政时期的法律渊源主要为习惯法，内容涉及宗教方面和自然形成的道德习

① 周枏著：《罗马法原论》，商务印书馆2001年版，第2~5页。

惯，前者如宗教仪式和历法等，后者如家长权、保护人和被保护人的关系等。当宗教及道德习惯由公共政治权力予以保障的时候，便上升为法律。据推测，王政时期应该也会有成文法，如贵族大会、军伍大会通过的一些决议，又如传说塞尔维乌斯·图利乌斯颁行过有关契约和侵权行为的法律约50条等，但皆无文献可考，内容也无从查找。

（二）共和时期（公元前510年—前27年）

共和时期是罗马奴隶制国家迅速发展的时期。首先，它建立了早期的宪政体制，致力于解决内部社会矛盾，主要是平民与贵族之间日益尖锐的斗争，在这一过程中，以《十二表法》为开端的市民法逐渐发展起来。其后，它的精力转向了对外扩张，统一了意大利，打败了非洲的迦太基，并且将实力扩展到小亚细亚，罗马从一个台伯河畔的弹丸之国，发展成为横跨欧、亚、非三洲的地中海霸主。与此同时，罗马国家的社会经济也发生了深刻的变化：奴隶数量大增，奴隶制迅速发展，生产力得到提高；以往的农业秩序被打乱，手工业和商业日益兴盛；财产纠纷增多，外国人大量涌入。由此，市民法在原有的基础上进一步发展，调整涉外关系的万民法逐步形成。

1.《十二表法》及市民法的发展。共和之初，虽然建立了形式上的宪政体制，但由于包括执政官在内的绝大部分官吏只能在贵族中遴选，所以其实质还是贵族专政。贵族专政在法律上的表现就是垄断习惯法的解释权。因当时的法律仍以不成文的习惯法为主，遇有争讼，掌握司法权的贵族为徇情偏袒而任意解释习惯法，平民却无法了解法律的准确内容，受尽欺凌。这成为制定《十二表法》的直接诱因。

面对平民对贵族专制的种种不满和制定成文法律的强烈要求，公元前462年，护民官特兰梯留提议由平民组成委员会起草成文法律，但遭到贵族的坚决反对。经过八年的激烈斗争，到公元前454年，贵族和平民互相让步，终于达成协议，立法委员全部由贵族担任，但法律须经有平民参加的军伍大会通过才能生效。于是，一个三人特使团被派往雅典考察包括梭伦立法在内的希腊城邦制度，收集法律资料；并经军伍大会选举成立了十人立法委员会，负责起草法律，同时兼理国政。公元前451年，十人委员会制定出若干法律，经军伍大会通过和元老院批准，刻成十表①，公布于罗马广场。次年，又制定两表，作为前者的补充，合称《十二表法》。②

《十二表法》的篇目依次为传唤、审理、执行、家长权、继承和监护、所有权和占有、土地和房屋（相邻关系）、私犯、公法、宗教法、前五表的补充及后

① 这里所说的“表”，是指当时书写或者镌刻法律内容的板子。关于板子的质地，有铜、石、木、象牙等，说法不一。

② 原始的《十二表法》在其公布60年后，即公元前390年，在高卢人入侵罗马时毁于战火，既未留残片，也无官方抄本传世。现在所知的《十二表法》的内容是史学家们从拉丁文的典籍中收集整理的，内容既不完整，各版本亦有出人。

五表的补充，总体上呈现内容广泛、诸法合体的特点。具体地说，《十二表法》的特点表现在以下几个方面：

（1）严格维护奴隶主阶级的利益及其统治秩序，保护私有财产和人身安全不受侵犯。例如，第八表“私犯”中详细规定了对侵犯他人人身和损毁、盗窃财产的各种行为的具体处罚措施，包括赔偿、鞭笞、罚金及死刑等。第三表“执行”中则规定了债务人到期不清偿债务的一系列惩罚办法。

（2）在一定程度上纳入了平民斗争的胜利成果，限制了贵族的司法专横。例如，第八表中规定，利息不得超过一分，超过的，处高利贷者四倍于超过额的罚金。第三表中规定，债务人还债有30日的法定宽限期。第九表“公法”中规定，不得为了任何个人的利益，制定特别的法律；任何人非经审判，不得处死刑等。可以说，在《十二表法》所规定的范围内，平民取得了与贵族平等的地位。

（3）沿袭了习惯法的部分内容，反映了从习惯法向成文法过渡时期法律的渐进色彩。例如，第五表“继承和监护”中同时规定了遗嘱继承和氏族继承：死者未立遗嘱，又无当然继承人，其遗产由最近的族亲继承；如无族亲时，由宗亲继承。第八表中既规定了相对文明的罚金等处罚措施，也保留了野蛮的同态复仇方式：毁伤他人肢体而不能和解的，他人亦得依同态复仇而“毁伤其肢体”。①

《十二表法》是目前有据可考的古代罗马奴隶制国家的第一部成文法，它既是对之前固有的习惯法的总结，又为罗马法以后的发展奠定了基础。是罗马法发展史上的一个里程碑，也是古代早期奴隶制法中最具世界性意义的法律文献之一。

《十二表法》颁布之后的150多年的时间里，罗马又陆续制定了一系列成文法，其内容一方面是对罗马以往固有习惯法的成文化，包含了有关罗马共和国的国家结构、行政管理、诉讼程序、婚姻家庭和继承等方面的规范，并少量涉及所有权、债权等财产关系。另一方面也随时反映了平民与贵族进行斗争所取得的成果。例如，公元前445年的《卡努列亚法》，取消了平民与贵族通婚的限制；公元前367年的《李锡尼—绥克斯图法》，赋予了平民担任执政官和其他高级官职的权利；公元前326年的《波提利阿法》，废除了债务奴役制，使平民不再因为欠债而被迫沦为奴隶。特别是公元前287年的《霍尔腾西阿法》，宣布平民会议的决议等同于法律，对全体公民有约束力，从而使平民广泛赢得参与国家立法的权利。从此，平民在政治、经济和法律上都取得与贵族平等的地位，享有完全的公民权，平民与贵族的平等化进程基本完成。

罗马共和国前期的法律主要是由以《十二表法》为基础的一系列成文法与仍然留存的习惯法所构成的，因其适用对象仅限于罗马市民，故被称为市民法（jus civile）。所谓市民法，也称公民法，原意是指一个国家、民族或者城市所固

① 本节所引《十二表法》的内容皆出自周枏著：《罗马法原论》，商务印书馆2001年版，第1006～1017页。

有的法律，后特指罗马国家所固有的、专门适用于罗马市民的法律，其渊源最初主要是习惯法和各种民众大会通过的法律，后来又包括元老院的决议和法学家的解答。市民法调整的是罗马国家内部各种最基本的社会关系，诸如国家管理、家庭、继承、诉讼等，是罗马法最古老的组成部分，代表着罗马法的传统威严和持续稳定，但同时也具有狭隘、保守、注重形式、体系零散的特点。

2. 最高裁判官的司法实践与万民法的形成。自公元前3世纪后，罗马不断发动对外战争并节节获胜，版图日益扩大，奴隶制商品经济获得极大发展，面对罗马的社会与经济越来越复杂的局面，古板的市民法已无法适应。特别是对于那些在繁荣的商业贸易中脱颖而出的新兴大商人和大土地所有者的利益诉求，以及不断增多的私人之间的矛盾纠纷，市民法时有力所不逮之虞。在这样的背景下，公元前367年，共和国的官制中出现了一个新的官职——裁判官，主要负责行使司法权。

起初，裁判官审理案件只能机械地按照已有法律的规定办理。后来，在公元前149年—前126年间出台的《艾布体亚法》授予裁判官自行决定诉讼程式的权力。据此，裁判官获得了对法律的解释权，对于法律规定比较简单的，他可以进行阐明和类推；对于法律没有规定的，他可以根据当时的形势和需要加以补充；对于法律的不合理之处，他甚至可以予以纠正。[①] 如此种种，都是由裁判官通过创造新的诉讼程式或者把旧的诉讼程式扩展应用于新的法律事实而实现的。由此，裁判官实际是在某种程度上获得了法律的创制权，可以创造出新的法律规范。经过司法实践中的长期积累，形成了一整套广泛、固定而统一的规范，即裁判官法。裁判官法以“长官告示”的形式随时公布，表面上自成一体，并没有改变原有的市民法，事实上则通过裁判官不拘形式、灵活而公正的审判实践重新解释、补充、修改了市民法，推动了市民法的进一步发展，维护了市民法在新形势下的权威与稳定。

市民法在适用范围上以属人主义为原则，只对罗马市民提供法律保护，对外国人则不予适用。随着罗马征服地区及影响范围的扩大和商业的兴旺，罗马境内的外国人数量激增，各种纠纷也越来越多。为了应对由此而出现的法律空白，公元前242年，罗马设置了外事裁判官，专职处理“涉外”案件，即罗马人与外国人之间的诉讼和外国人相互间的诉讼。外事裁判官的司法实践不仅大大丰富了裁判官法的内容，而且逐渐形成了相对独立于市民法之外的另一个重要法律体系——万民法（jus gentium）。所谓万民法，原意为“各民族共有的法律”。在罗马法上则特指由外事裁判官在司法实践中所创设的专门调整涉及外国人的法律关系的规范体系。万民法着重调整财产关系，是罗马法的有机组成部分，体现了罗马法的创新和发展，具有简单易行、开放而灵活的特点。

市民法与万民法同为罗马法的重要组成部分，二者虽然相对独立，但并非相

---

① 周枏著：《罗马法原论》，商务印书馆2001年版，第47页。

互对立与排斥，而是相互补充与相互影响的。这种密切联系通过裁判官的司法实践来实现：内事裁判官会在处理案件时借鉴吸收万民法的原则，外事裁判官也会在审判活动中援引市民法的有关规定。后来，在帝政时期的公元212年，卡拉卡拉皇帝颁布《安敦尼努敕令》，将罗马市民权授予帝国境内全体自由民，市民法与万民法的区别失去实际意义，两个法律体系逐渐走向融合，到6世纪中叶，即查士丁尼大帝时期，二者最终统一起来。

综上所述，罗马在共和时期实现了法的成文化，市民法进一步发展，万民法开始形成。法律渊源有习惯法、成文法、平民大会决议和长官告示等，法学家的解答也成为间接的法律渊源。

（三）帝国前期（公元前27年—284年）

经过共和末期的连年战乱，公元前27年，屋大维在权力争夺中获胜，夺取了政权，废除了共和制，实行元首政治，罗马进入帝国时期。帝国最初的300年时间里，共和的传统在罗马仍有相当大的影响，表面上皇帝还不敢把权力集于一身，而是同元老院一起分管国家，因此帝政前期又称帝政分权时期。这一时期，罗马国家继续扩张，奴隶制商品经济空前发展，手工业发达，商业贸易兴盛，出现了前所未有的经济繁荣局面。经济的高度发展也推动了法律的极大进步，加之希腊自然法思想的影响，罗马法和罗马法学的发展达到鼎盛，被称为“古典时期”。此间，罗马人法律天赋的展现已经远远超越了任何其他早期民族——司法不仅从普通的政治活动中分离出来，而且也已与原始的由投票决定的民众司法区别开来；裁判官成为典型的现代意义上的法官；职业法学家大量涌现，著述颇丰；专门性法律学校也开始出现，推动了法学教育的进步；市民法与万民法走向融合，罗马法开始获得世界性的意义。

1. 法学研究活跃，法学家的解答成为正式的法律渊源。法学家的地位在帝国之初就已显现，奥古斯都（Augustus，公元前27年—公元14年在位）在位期间赋予某些有名望的法学家以“公开解答权”，即公开解释法律的特权，他们对某一案件中法律问题的解答理论上仅对该案有约束力，实际上往往被援引并应用于其他同类案件。随着获得公开解答权的法学家数量增多，开始出现解答意见之间发生矛盾的情况。因此，哈德良皇帝（P. A. Hadrianus，117年—138年在位）时进一步规定，有特许解答权的法学家之间，解答意见一致时，其意见即具有法律效力；意见不一致时，法官可酌情采用或另作决定。由此，法学家的解答成为罗马法渊源的组成部分。

帝国前期的300年间，法学研究蔚然成风。法学家纷纷著书立说，发表不同的见解。1世纪上半叶，学者之间由于观点分歧形成两个相互对立的学派，即普罗库路斯学派和萨比努斯学派。两大学派各存门户之见，争辩激烈。学派之间的争论，客观上推动了罗马法的发展。2世纪—3世纪，学者辈出，其中最著名的是盖尤斯（Gaius，117年—180年）、保罗（Juliua Paulus，121年—180年）、帕比尼安（Aemilius Papinianus，约146年—212年）、乌尔比安（Domitius

Ulpianus，170 年—228 年）和莫德斯丁（Herennias Modestinus，？—244 年）。他们不论在理论研究领域还是在法律实践活动中都成就斐然，享有极高的社会威望。后来，当历代法学家的解答越积越多，不时出现意见分歧并导致司法实践无所适从的时候，426 年，东罗马皇帝狄奥多西二世（408 年—450 年在位）和西罗马皇帝瓦伦提尼安三世（425 年—455 年在位）共同颁布了学说《引证法》，规定只有上述五大法学家的解答和著述具有法律效力。遇有成文法未规定的问题，均按五位法学家的意见解决。当五人对同一问题的意见不一致时，采其多数主张；未形成多数意见时，以帕比尼安的著述为准；如果帕比尼安的著述没有涉及争论的问题，法官可从其他意见中自行选择适合者采之。《学说引证法》的颁布固然解决了司法实践中援引法学家著述时经常遇到的一个难题，也肯定了五大法学家的崇高地位，但同时也削弱了法学研究的积极性，遏制了罗马法学的发展。从那以后，罗马的法学研究基本停滞。

2. 皇帝敕令大量增加，成为重要的法律渊源。罗马帝国的皇帝本就依法被赋予了立法权，只是在帝国伊始，由于共和传统的影响，皇帝很少运用此项权力，一般法律仍由民众大会或元老院制定，以表示他并不专断独行，但不久这一文饰的形式就被废弃了。哈德良皇帝在位时，民众大会已停止活动，立法权不复存在。而元老院的立法权也名存实亡：此时所通过的决议几乎都是由皇帝提出来的，元老院只是在形式上加以确认。到了 3 世纪初，这种形式上的确认也不需要了，皇帝的敕令就是最高的法律。此外，共和后期发展起来的裁判官立法权因与皇权不相容，也日渐削弱。130 年 ~ 138 年间，哈德良皇帝命令法学家犹里安（S. Iulianus）把历代的长官告示整理、编纂，汇成《最高裁判官告示汇编》，规定此后裁判官颁布告示，只能局限于汇编中的告示精神，不得另创新原则；遇有需要增删变通时，唯皇帝有权为之。这样，裁判官的立法权就此告终。

总的来说，帝国前期的法律渊源有习惯法、法律、元老院决议、长官告示、法学家解答以及皇帝敕令。

（四）帝国后期（284 年—565 年）

帝国后期是罗马奴隶制国家的没落时期。从 3 世纪开始，罗马的国势便日渐衰微：大规模的内战、瘟疫、奴隶暴动以及日耳曼人的严重侵扰，使罗马帝国陷入深刻的经济和政治危机。284 年，内战的胜利者戴克里先取得政权。为挽救帝国的颓势，他加强了集权统治，建立了公开的君主专制政体。因此，帝国后期又称帝政专权时期。戴克里先及其继任者扩充军队，实行税制和币制改革，并将帝国的政治中心东移。330 年，君士坦丁一世正式迁都君士坦丁堡。395 年，罗马帝国正式分裂为东西两部，西部以罗马为中心，东部以君士坦丁堡为中心。476 年，在奴隶、隶农起义的沉重打击下，加之日耳曼人大举入侵，西罗马帝国灭亡。从此，西欧开始进入封建社会。东罗马帝国则延续到 1453 年被土耳其所灭。在帝国后期，皇帝敕令几乎成为唯一的立法方式。但是，共和时期和帝国前期的法律，凡未被明令废除的都继续生效。所以，这一时期的法律状况是：法律形式纷繁多样，历代的皇帝敕令大量积累下来更是汗牛充栋，因而带来了适用法律的混乱，有必要加以整理和简化。这样，国家和私人编纂法律之风盛行，帝国后期因此又被称为“法典编纂时期”。

最初的法律编纂是由法学家个人进行的。其中最著名的是3世纪末编成的《格利哥里安法典》和4世纪初编成的《赫尔莫杰尼安法典》，两部法典连续汇集了自2世纪上半叶哈德良皇帝至4世纪上半叶历代皇帝的敕令。自429年，东罗马皇帝狄奥多西二世指派专人负责编辑历代法令。438年，编辑完成并予以公布，称为《狄奥多西法典》。这是第一部由官方完成的皇帝敕令汇编，该法典确认了前两部汇编的法律效力，汇集了自4世纪上半叶以后的皇帝敕令约3000多条。后经西罗马皇帝瓦伦提尼安三世批准，该法典在西罗马帝国辖区也同样生效。

大规模的法典编纂工作，是在东罗马皇帝查士丁尼（527年—565年在位）统治期间进行的。查士丁尼即位后，为重新振兴罗马帝国，在政治、军事、宗教等方面采取了一系列举措，在法律上则着手安排系统全面的法典编纂工作。

528年，查士丁尼命大臣特里波尼安组建由著名法学家参加的法律编纂委员会，对当时有效的历代皇帝敕令进行整理、汇总和删减，529年颁行实施。后经重新增补修订，于534年又颁布了修正版。“法典”共12卷（现存9卷），每卷分章节排列，每章按颁行时间顺序分列，各敕令注明皇帝姓名并附颁行日期、地点，以便查考。第1卷为教会法和国家公职人员的权利义务，第2~8卷为私法，第9卷为刑法，第10~12卷为行政法。此即《查士丁尼法典》。

从530年开始，委员会将罗马历代著名法学家的言论，包括学说著作和法律解答分门别类进行整理、摘录，编纂而成《查士丁尼学说汇纂》，又译为《法学汇编》，于533年颁布实施。“汇纂”共50卷，收集了39名法学家的言论共9123条，凡收入的内容，均具有法律效力。其内容大体可分为三部分：（1）有关市民法的著作摘录，以萨比努斯学派的学说为主；（2）有关裁判官法的著作摘录，以乌尔比安的学说为主；（3）有关各种实用性的法律问题及案件的著作摘录，以帕比尼安的学说为主。这是罗马法最重要的文献，后世研究罗马法大多取材于此。

533年年底，又颁布了《查士丁尼法学总论》，又译为《法学阶梯》。它是以盖尤斯同名著作为蓝本，参照其他法学家著作改编而成的。全书分为4卷，主要内容为：第1卷人法，第2卷物和物权以及遗嘱，第3卷继承、债及契约，第4卷因侵权行为所生之债和诉讼。它是阐述罗马法原理的法律简明教本，也是官方指定的“私法”教科书，并且具有法律效力。

三部文件汇编完成之后，查士丁尼颁布敕令，宣布此后适用法律均以它们为准，凡未被汇编收入的以往的一切法律，一律作废；凡未被《学说汇纂》收入的以往的法学家论著，一律不准引用。有关三部汇编的疑问，均由皇帝自行解释。

在上述三部法律汇编之后，查士丁尼又陆续颁布敕令168条。他死后，法学家将这些敕令汇编成册，称《查士丁尼新律》，简称《新律》。其内容主要涉及行政法规和教会制度，也有一些婚姻家庭和遗产继承方面的规范。

查士丁尼时期的法典编纂，不仅纠正了当时适用法律的混乱，也便于法律的学习引用和查阅，更重要的是它反映了罗马法全盛时期的法学全貌，是后世研究罗马法的最主要的资料，对罗马法的传播作出了重大贡献。查士丁尼之后，罗马帝国的法律便乏善可陈了。

以上四部文件，在12世纪被注释法学派合称为《国法大全》，又称《民法大全》或《罗马法大全》，它系统地总结了罗马法自产生至查士丁尼时期的全部法律与法学，取其精华，集其要旨，成为罗马法最高成就的概括，在系统性、理论性及立法技术上，都是其他奴隶制时期的法典所难以比拟的。它还在古代法与现代法之间架起了一座历史桥梁，使世界古代法律文化中最辉煌的成果得以在后世传承，成为推动法治社会不断前进的历史动力。所以，《国法大全》堪称人类法律发展史上一座壮丽的丰碑。

综观罗马法形成和发展的整个历史过程，可以说，罗马城邦国家内部平民与贵族的斗争，罗马扩张所带来的商品经济的繁荣，是罗马法从形式到内容发生重大变革的根本推动力量；而罗马法在其发展过程中，法学家起到了至关重要的促进作用；裁判官告示纠正了固有法的僵化与狭隘，使罗马法具有世界性；系统的大规模的法典编纂，则保障了千余年间罗马法的连续性和统一性。罗马法最终成为古代奴隶制社会最发达、最完备的法律体系。

第二节 罗马法的渊源和分类

一、罗马法的渊源

在罗马奴隶制国家发展的不同历史阶段，其法律的渊源也不尽相同。就其整个历史而言，罗马法的渊源包含以下几种：

（一）习惯法

习惯法是罗马王政时期及共和初期最主要的法律渊源，内容涉及宗教规范和社会发展中逐渐形成的道德规范。《十二表法》颁布后，罗马法趋向成文化，习惯法作为法律渊源的比重和地位都日益下降，但仍是罗马法渊源的组成部分。到帝政后期，由于皇帝独掌立法之权，习惯虽仍继续存在并不断更新，但已被明令取消其直接变更成文法的效力，习惯法已失去其作为一种法律渊源所应具有的普遍意义。

（二）民众大会通过的法律

罗马奴隶制国家先后存在过四种形式的民众大会，即贵族大会、军伍大会、地区大会和平民会议。贵族大会是王政时期的最高权力机构，塞尔维乌斯·图利乌斯改革后，其权力为军伍大会所取代，逐渐蜕变成为一个象征性、礼仪性的机构。军伍大会是王政末期和共和时期的最高权力机构，《十二表法》就是由它通过的。地区大会出现于共和前期，主要职能是选举低级官吏和通过次要的法案。平民会议是共和时期存在的一个完全由平民组成的机构，其职责是选举护民官和通过一些对平民有效的法规。前三种机构因都有贵族参加，地位比平民会议高，故称“大会”（comitia），其通过的是法律，具有普遍的效力；平民会议则只能称“会议”（concilia），其通过的是决议，仅对平民发生效力。但公元前287年《霍尔腾西阿法》的公布，使平民会议的决议也等同于法律，对全体罗马人生效。各种民众大会通过的法律是共和时期罗马法的重要渊源。到帝国时期，皇帝集立法、司法、行政大权于一身，民众大会已形同虚设，很快就消失了。

（三）长官告示

共和时期，罗马的高级官吏如执政官、裁判官、监察官、护民官、市政官等，都享有一定范围的统治权，以及在其职权范围内颁发告示的权力。他们的告示具有法律约束力，因此也是罗马法的渊源。

在各种长官告示中，就法律意义而言，最为重要的就是裁判官告示，而且数量也最多。这些告示可分为四类：（1）一般告示，即裁判官上任时颁布的关于人们可以或不可以为一定行为的命令。（2）临时告示，即裁判官就临时发生而一般告示中没有规定的问题所作的补充命令，效力仅及于命令涉及的案件。（3）传袭告示，即后任裁判官对其前任的告示中仍可适用的内容予以继承和沿用的命令。（4）新告示，即后任裁判官在承袭前任告示的合理部分之外，针对新情况所颁布的加入新内容的命令。裁判官的主要职能就是领导和参与司法工作，因此其告示都是为适应司法实践的需要而颁布的，内容直接涉及法律原则和诉讼。从理论上讲，裁判官告示只在其任期内有效，即有效期为一年。但实际上，前任裁判官告示中的合理部分，往往为后任者所沿袭和借鉴。这样，经过长期积累，至共和末年，裁判官告示形成了一套广泛、固定而统一的规范，独立于市民法之外，称为裁判官法。

帝政时期，君主的集权必定也会影响到裁判官的造法行为。哈德良皇帝在位时，命人将裁判官告示整理汇编，确定最终文本。这种最终文本是通过元老院决议加以批准的，皇帝在有关诏书中有权作出修改。[①] 于是，裁判官的立法权就此告终，裁判官法的发展也就停止了。

（四）元老院决议

元老院是罗马贵族的代表机关，在王政时期原是咨询机构。共和时期，元老院逐渐演变成为行政机构，掌管财政和外交，批准立法，民众大会通过的法律，

① ［意］朱塞佩·格罗索著：《罗马法史》，黄风译，中国政法大学出版社2009年版，第256～257页。

一般须经过元老院的批准才能生效。帝政前期，元老院被皇帝当做从民众大会手中夺取立法权的工具，一度成为唯一的立法机构，其决议具有法律效力。但实际上，元老院的成员是由皇帝选任，其决议也几乎都源于皇帝的授意，只不过是将皇帝的提议在形式上予以确认而已。3 世纪以后，随着君主专制的加强，皇帝直接颁布的敕令即为法律，元老院的立法职能不复存在。

（五）皇帝敕令

帝国时期，随着皇权的不断加强，民众大会、裁判官、元老院的立法职能都逐渐衰退及至消灭，皇帝的敕令成为最重要的法律渊源。皇帝敕令一般包括以下四种：（1）敕谕，是皇帝面向全国发布的通令，具有普遍性，无论市民和非市民都须遵守。（2）敕裁，是皇帝为裁决案件而发布的指令，即对其直接审理的案件所作的裁决。原则上其效力只及于当事人，但如果涉及新的法律问题，则全国法官日后遇同类案件时，就以此为判案的依据。（3）敕训，是皇帝对其下属个别官吏所作的训令，通常指示其一定的政治方针，有时也涉及法律内容，在时间和适用范围上具有一定的普遍性。（4）敕答，是皇帝就官吏和人民提出的法律问题所作的答复，该答复以书面形式作出，一经公布，即具有法律效力。敕答是皇帝敕令中数量最多的一种。

（六）法学家的解答与著述

法学家的解答与著述成为正式的法律渊源始于帝国初期，奥古斯都赋予若干法学家公开解答法律的特权，从而使得法学家的言论可以直接发生法律效力。这进一步推动了罗马法学研究的繁荣。罗马的法学家们涉猎广泛，他们解答问题、诠释法律、撰写教材、编纂法典，促进了罗马法内容和体系的不断完善。426 年《学说引证法》的颁布，使罗马法学家所获得的社会威望和认可达到高峰。而 533 年颁布实施的《国法大全》中的《学说汇纂》和《法学阶梯》，则是罗马法学家成就的集大成者。法学家的解答与著述是罗马法渊源中重要且影响最为深远的组成部分。

二、罗马法的分类

罗马法历经千年的发展，体系庞大，内容繁杂。罗马法分类的意义就在于为罗马法的适用和研究提供必要的理论帮助，将庞大的体系条分缕析，使其便于把握；将其繁杂的内容整理归纳，使其便于查阅。罗马法学家根据不同的标准，对罗马法进行了如下分类：

（一）公法与私法

这是根据法律调整对象的不同所作的划分。这种划分是由乌尔比安首先提出来的。根据他的论述，“公法涉及罗马帝国的政体，私法则涉及个人的利益。”①

① ［罗马］查士丁尼著：《法学总论》，张企泰译，商务印书馆 1989 年版，第 5～6 页。

据此，公法应是规定公共事务的法律，包括国家机关的组织与活动以及宗教祭祀活动方面的规范；私法则是保护个人利益的法律，包括所有权、债权、婚姻家庭与继承等方面的规范。罗马法明确规定了公法与私法不同的效力原则：公法规范是强制性的，当事人必须无条件遵循，正如《学说汇纂》所指出的："公法的规范不得由个人之间的协议而变更"；而私法规范则是任意性的，可以由当事人的意志而改变，"对当事人来说，'协议就是法律'"。①

公法与私法的划分，是罗马法学家的重大理论贡献。它不仅为当时的罗马立法所采用，而且也为后世的资产阶级学者所广泛接受，成为一种重要的法律分类方式。由于社会的变迁，二者之间的划分标准发生了很大的变化。例如，在罗马法中，诉讼法属于私法，因为当时的人们认为民事诉讼是为了私人利益而进行的。而且，罗马人把盗窃财产、侵犯人身看做是侵犯私权的行为，因而也属于私法之列。这些在近现代则都属于公法的范畴。

在罗马奴隶制国家的不同时期，公法与私法的比例及相互关系是有一定变化的。随着国家管理职能的健全，一些原属私法的问题，逐渐纳入公法的范畴。但总的来说，罗马私法比公法发达，内容更丰富，体系更完备，对后世的影响也更大。所以，人们通常所称的罗马法，一般都是指罗马私法。

（二）成文法与不成文法

这是依照法律表现形式的不同所作的划分。就罗马法而言，成文法是指一切以书面形式公布，并具有法律效力的规范，包括各种民众大会通过的法律、长官的告示、元老院的决议、皇帝的敕令以及法学家的解答和著述。不成文法泛指习惯法，是由人们反复援用、确信其有约束力并为统治者所认可的行为规范，如世代延续下来的传统和民间通行的惯例等。正如《法学总论》中所说，"不成文法是习惯确立的法律，因为古老的习惯经人们加以沿用的同意而获得效力，就等于法律。"②

这里，成文法与习惯法的划分仅在于其表现形式的不同。从内容上看，二者之间其实有着密切的关系，不仅相互影响，而且在一定的条件下，还可以相互转化。

（三）市民法、万民法和自然法

这是根据罗马法适用范围的不同所作的划分。根据盖尤斯的界定，"……一国人民为自己制定的法律是这一国人民所特有的，它叫做市民法，是这一国家特有的法。但是自然理性为全人类所作出的规定，在全世界各国人民中间应予一律遵守的，叫做万民法，它是一切民族都适用的法。因此罗马人所适用的，一部分是他们本身特有的法，一部分是全人类共同的法律。"③ 由此可知，在罗马法中，

① 周枏著：《罗马法原论》，商务印书馆2001年版，第92页。
② ［罗马］查士丁尼著：《法学总论》，张企泰译，商务印书馆1989年版，第11页。
③ ［罗马］查士丁尼著：《法学总论》，张企泰译，商务印书馆1989年版，第6页。

市民法只适用于罗马市民，调整市民内部的关系；万民法则适用于包括罗马市民在内的所有人，调整罗马人与外国人以及外国人彼此之间的关系。二者共同构成罗马法中的实在法，与其相对应的是自然法。“自然法是自然界教给一切动物的法律。因为这种法律不是人类所特有，而是一切动物都具有的，不问是天空、地上或海里的动物。”① 在罗马法学家的观念中，自然法来源于自然理性，是生物间的共同规则，是永恒的、超越时空的法律，因而也是最理想的法律，一切实在法都应以自然法为标准。

自然法思想起源于古希腊，但最终超越其概念化的范畴而将自然法的观念转化为具有实质性含义的一系列具体法律规定的是罗马法。这是罗马法学家们的贡献，是他们把自然法思想加以通俗化和系统化，使之成为罗马法的理论基础并产生深远的影响。正是罗马法中的自然法观念所宣示的理性、平等、自由、正义等价值标准，推动罗马法超越自身，成为具有世界性影响的法律。诚如英国著名历史学家梅因在其著作《古代法》中所说：“我找不出任何理由，为什么罗马法律会优于印度法律，假使不是‘自然法’的理论给了它一种与众不同的优秀典型。”②

（四）市民法与长官法

这是根据罗马法立法方式的不同所作的划分。这里的长官法是指由罗马国家高级官吏发布的告示、命令等所构成的法律，其中以裁判官颁布的告示数量为最多，构成长官法的主要部分，故长官法通常又被称为裁判官法，在罗马私法体系中占有很重要的地位。与市民法的立法方式不同，长官法不是通过罗马的立法机关制定的，而主要是在裁判官的司法实践活动中逐渐形成的。从这个意义上说，长官法以外的法律都是市民法，如各种民众大会制定的法律、元老院的决议、法学家的解答、皇帝的敕令和习惯法等。

（五）人法、物法和诉讼法

这是按照法律规范内容的不同所做的划分。盖尤斯在其《法学阶梯》中对罗马法的全面阐述就是依此分类进行的，后来的《查士丁尼法学总论》也沿用了这一分类方法。人法是规定人格与身份的法，包括权利能力、行为能力、婚姻与亲属关系等。物法是涉及财产关系的法律，包括物、物权、继承和债等。诉讼法是规定私权保护方法的规范，主要包括诉讼程序和法官的职权等。

第三节 罗马法的主要内容

如前所述，罗马法是古代罗马奴隶制国家整个历史时期的全部法律制度的总

① ［罗马］查士丁尼著：《法学总论》，张企泰译，商务印书馆1989年版，第6页。
② ［英］梅因著：《古代法》，沈景一译，商务印书馆1996年版，第45页。

称，其内容应当包括公法和私法。但后世研究罗马法，通常只关注罗马私法。这是因为，首先，在罗马法中，私法比公法更发达，是简单商品经济条件下最清晰完备的法律体系，它的内容和立法技术都远比其他奴隶制法乃至封建法更为详尽和高超。其次，罗马私法对后世的影响更巨大、更深远。它“是简单商品生产高度发达的产物，若剔除其反映奴隶主统治阶级意志的外壳，它在本质上就是对商品经济一般条件的完满反映。只要有商品经济存在，就肯定有罗马私法适用的余地”。[①] 因此，若非特别提及，一般谈到罗马法的内容，就是指罗马私法的内容。

一、人法

人法，是对作为法律关系主体的人的问题的规定，主要包括自然人的人格与行为能力、婚姻家庭、法人等制度。

（一）自然人

罗马法上的自然人有两种含义：一种称 Homo，是指生物学意义上的人，包括奴隶在内；另一种称 Persona，是指法律意义上的人，他们可依法享有权利和承担义务，并拥有与其权利义务相对应的身份。能够成为罗马法中权利义务主体的必须是法律意义上的人，奴隶只是生物学意义上的人，在罗马法上被视为客体，是作为奴隶主的财产而存在的。

1. 人格。罗马法规定，作为权利义务主体的自然人必须具有人格。所谓人格，是指在法律上享有权利和承担义务的资格，它相当于现代民法上的权利能力，始于出生，因死亡而消灭。

完整的人格由自由权、市民权和家族权三部分所构成。

自由权，是自由实现自己意志的权利，是人格权中最基本的权利，也是享有市民权和家族权的前提条件与基础。享有自由权的是自由人，不享有自由权的就是奴隶。罗马法上的自由人，包括生来自由人和解放自由人两种。生来自由人，是指自出生时就获得自由权，而且未曾丧失过自由身份的人。这种自由权一般基于血统而取得，即父母是自由人，其子女就是自由人。解放自由人，是指从奴隶身份获得解放而取得自由权的人。解放自由人虽然享有自由身份，但由于其主人身份等级的不同，他们的权利要受到不同程度的限制，不能与生来自由人具有同样的地位。

市民权，是罗马市民所享有的特权。罗马法中的自由人主要分为罗马市民、拉丁人和外国人三类，法律地位各有不同。市民权是专属于罗马市民的权利，包括公权和私权。公权是指选举权和被选举权，其中选举权包括参与各种议会、制定法律和选举官吏的权利，被选举权是指可被选举为官吏或被选任为元老院议员的权利。私权包括婚姻权、财产权、遗嘱权和诉讼权等。罗马市民身份的取得主

① 周枏著：《罗马法原论》，商务印书馆2001年版，第7页。

要有出生和入籍两种方式。首先，市民权也可以基于血统而取得，父母是市民的，子女就是市民，不论其是否出生在罗马境内。其次，奴隶可因被解放、拉丁人和外国人可因法律规定或者皇帝的赏赐而获得市民权，即入籍。到212年，卡拉卡拉皇帝授予罗马境内所有自由人以市民权，市民与非市民的差别就消失了。

家族权，是家族团体中的成员在家族关系中所享有的权利。每个罗马市民在家庭中的地位不同，所享有的权利也不同，其中家长权是家庭中的最高权力。古罗马长期实行家长制，家长是全家的无上主宰，拥有对家属、奴隶、牲畜和其他财产的绝对支配权。家长只能由男性市民担任，对外代表全家独立行使各种权利，家庭中的其他成员则处于家长的权力之下。但家长权只及于私权而不及于公权，它是对家庭所有成员和所有财富所享有的支配权，而家属在公权方面并不受家长权的限制。例如，家属达到法定年龄，可以行使选举权，可以依法担任官职，而无须经家长同意。但家属做官以后，在私权方面仍须受家长支配。

罗马法规定，只有同时具备上述三种身份权，才具备完整的人格，才能在法律上享有完全的权利。如果丧失其中部分或者全部权利，人格也随之发生变化，罗马法称之为"人格变更"。盖尤斯在其《法学阶梯》中，就将人格变更分为三种，即人格大变更、人格中变更和人格小变更。人格大变更，是指自由人丧失自由权而沦为奴隶，奴隶不是权利的主体，因而当然也丧失市民权和家族权，所以人格大变更实际上就是人格的消灭；人格中变更，是指罗马市民丧失市民权而成为拉丁人或外国人，由于罗马的家族权以市民权为前提，所以丧失市民权就当然丧失家族权，但自由权仍然保有；人格小变更，是指家庭成员丧失原有的家族权，但其市民权和自由权不受影响。①

2. 行为能力。在罗马法上，并不是所有具有法律人格的人都享有完全的行为能力，而是要根据一个人的年龄、性别以及精神是否健全等情况而定。一般地，只有年满25岁且精神正常的成年男子才是完全的行为能力人，有权依法独立行使权利和履行义务。而不满7岁的幼儿以及精神病人（间歇性精神病人在其发病时）属于完全的无行为能力人，其法律行为必须由家长或者监护人、保佐人代行。

此外，以下四种人属于限制行为能力人：（1）儿童，即7岁以上的未适婚人。罗马帝国时期最终确定的适婚年龄为男子14岁，女子12岁，低于此年龄即为未适婚人。他们未经监护人同意，只能为纯获法律上利益的行为，其他行为则不发生法律效力。2世纪中叶，为公平起见，改为儿童未经监护人同意而为法律行为的，应在他们所得利益的限度内负担义务。（2）未成年人，即已满适婚年龄而未满25岁的男子，故又称不满25岁的适婚人。他们原则上具有完全的行为能力，但毕竟涉世不深、缺乏经验，所以法律对其提供特别保护，规定未成年人如因被对方利用乃至欺诈而遭受损失的，可以拒不履行或者诉请追回。法律还规

① 周枏著：《罗马法原论》，商务印书馆2001年版，第118~125页。

定可以为其设立保佐人，作为未成年人的一般管理人，对其重要的法律行为予以协助和判断。(3) 妇女，罗马妇女在法律上的地位长期与男子处于不平等状态。除修女外，未婚女子都处在家长权之下，已婚女子则处在夫权之下。即使家长、丈夫死亡，也仍须处于近亲的监护权之下。因此，她们只有限制的行为能力，一切重大法律行为都须经家长、丈夫或者监护人同意。帝国时期，对于妇女在私权方面为法律行为的限制逐渐取消，但公权方面的限制仍然存在。(4) 浪费人，是指滥用、挥霍财产，使本人和法定继承人的利益受到损害的人。根据罗马法的规定，对浪费人的认定，须由有关亲属申请，经官厅审查、宣告，才能生效。某人经宣告为浪费人后，其财产便由保佐人代管，未经保佐人同意而实施的法律行为无效。

(二) 婚姻家庭

1. 婚姻制度。罗马法上的婚姻制度以一夫一妻为原则，经历了从有夫权婚姻到无夫权婚姻的演变过程。

罗马早期的婚姻为有夫权婚姻，又称要式婚姻，是指男女双方按照市民法规定的方式所缔结的婚姻。市民法上的结婚方式有三种，即时效婚、买卖婚和共食婚。时效婚是将女子视为财产，男子对其“占有使用”一定时间便取得“所有权”，也就是男子对女子取得夫权。买卖婚是将女子视为物品，通过买卖成立婚姻关系。男子可以用要式买卖的方式，在证人和司秤前买入女子，和购买奴隶、牛马一样，从而取得对她的完全支配权，即夫权。共食婚是一种宗教上的结婚方式，盛行于罗马早期的农业社会，为贵族所采用。婚姻的成立须举行隆重而烦琐的仪式，并用麦饼供祭天神。在有夫权婚姻中，男女结婚的主要目的在于生男育女，继血统、承祭祀。女子出嫁之后，便完全脱离父家而加入夫的家族，在夫权的支配之下处于“女儿的地位”，姓氏从夫，财产亦归夫所有。未经夫的允许，妻不得独立为法律行为。夫对妻有惩戒权，也可以休妻或与其离婚。

自《十二表法》以后，罗马开始出现无夫权婚姻，至共和中后期已发展成为通行的婚姻制度，它适用于罗马境内的所有自由人，是万民法上的结婚方式。无夫权婚姻又称略式婚姻，法律对结婚的形式未作具体规定，只要双方当事人合意并符合法定的结婚条件，婚姻即可成立，即如《查士丁尼法学总论》中所称，“婚姻是一男一女以永续共同生活为目的的结合”①。无夫权婚姻不再以生子、继嗣等家族利益为主要目的，而是着重于婚姻当事人的利益。妻子在家庭中的地位也得到了改善，夫妻间形式上平等，财产各自独立。

2. 家庭制度。罗马法中的家庭，是指在家长权支配下的一切人和物的总和，包括家长、妻子、子女、孙子女、奴隶、牲畜和土地等。

家长由辈分最高的男性担任，在家庭中拥有至高无上的权威，对家庭成员和家庭财产享有完全的管辖权和支配权。共和后期，随着家庭成员的地位日益提

① 周枏著：《罗马法原论》，商务印书馆2001年版，第179页。

高，家长的权利与权力逐渐受到限制，并被要求承担相应的法律义务，如扶养直系亲属、婚嫁子女、立遗嘱时给法定继承人保留特定份额等。

处于家长权下的卑亲属，男的称家子，如儿子和孙子；女的称家女，如女儿和孙女。如果家长死亡，在其家长权支配下的家庭即解体。已婚的儿子与他自己的妻子、子女组成新家庭而成为家长。已达适婚年龄的女子和未达适婚年龄的子女均要处于监护权之下，一般由原家庭中最近的男性亲属做监护人。

罗马法中的亲属关系分为法亲、血亲和姻亲，并根据相互间的联系和亲疏远近划分为不同的亲系与亲等，如此，以家庭为核心，又进一步组成一个复杂的亲属关系网。其中，由丈夫的法亲和妻子的血亲组成亲属会议，对于家庭关系中的重大事项，诸如家长惩罚家属、丈夫休妻、选择或解除监护人等提供咨询意见，以防止家长权的滥用。

（三）法人

罗马法上并无明确的法人概念，只有“团体”这一名称。共和后期，随着商品经济的发展，个人的力量越来越不足以应付规模不断扩大的商品交易，人们为谋求某种共同利益而开始结成共同活动的团体，如商业团体、宗教团体、慈善团体等。同时，伴随社会关系的日益复杂，国家的管理职能不断强化，其独立性也日益凸显。各种团体在社会生活中发挥的作用以及由此产生的诸多关系需要相应的法律确认和调整。法学家们逐渐注意到团体与参加团体的各个成员是不同的，于是，开始承认某些特殊团体在法律上享有独立的人格。正如乌尔比安所说，在一个团体中，其成员的变更并不影响团体的存在，因为团体的债务并不是其各个成员的债务，团体的权利也不是其各个成员的权利。[①] 所以，罗马法上的法人实质上就是一种具有独立法律人格的特殊团体。

罗马法上的团体分为社团和财团两种。社团是以自然人的集合为基础成立的团体，以谋求成员的共同利益为目的，包括国家、地方政府以及祭司团、士兵团、各种商业行会等一般社团。财团是以财产的集合为基础成立的团体，通常是为特定人或者不特定人的利益而设，如寺院、慈善基金、公益社团等。无论社团还是财团，均在其履行目的事业所必需的范围内享有权利和承担义务，因而具有有限的权利能力。关于行为能力，罗马法认为团体的法律人格是抽象的，其自身并无意思表示的能力，因而也不能为法律行为，只能由自然人代为进行，即团体不具有行为能力。

根据奥古斯都时期颁布的《优利亚结社法》的规定，团体的成立应具备以下条件：（1）必须以帮助国家或社会公共利益为目的；（2）必须有物质基础，即社团的成立必须有三人以上，财团的成立必须有一定的财产；（3）除宗教团

① 周相著：《罗马法原论》，商务印书馆2001年版，第291页。

体外，设立其他团体，须经皇帝或元老院的批准。①

团体会因下列情况之一的发生而消灭：（1）团体成立的物质基础灭失，如社团的成员全部死亡或退出，财团的财产消灭；（2）国家撤销允许或勒令解散；（3）团体章程所规定的解散事由发生，如目的事业已完成或不能完成。

罗马法上的团体制度是法人制度的萌芽，尽管很不完备，但其将人格概念拓展适用于团体，并将权利直接赋予这种法律所拟制的人，这本身就是罗马法的一大创造，并为后世法人制度的发展奠定了理论基础。

二、物法

物法是罗马私法的主体和核心，其内容对后世影响最大，是近代资产阶级国家制定民法典的重要依据。罗马法上的物法由物权法、继承法和债法三部分组成。

（一）物权法

1. 物的概念和分类。罗马法上的物，又称财物，是指那些可以为人力所支配、对人有用，并能构成人们财产组成部分的事物②。按照不同的标准，罗马法对物进行了不同的分类。

（1）可有物与不可有物：这是以物能否为个人所有为标准所作的划分③。可有物，是指可以成为个人财产的物，此类物允许买卖和让与，无主物与遗弃物也属于可有物。不可有物，是指不能成为个人财产的物，可进一步分为神法物和人法物。神法物包括供奉神灵、安葬亡魂所用之物（如寺庙、神器、墓地、殉葬品等）以及被认为受神灵保护之物（如城市的城墙、城门，土地的界址等）；人法物，是指那些供公众使用的物，如空气、阳光、海洋、国家财产、公共设施等。不可有物不允许买卖和让与。

（2）有形物与无形物：这是以物是否有实体存在为标准所作的划分。根据盖尤斯的阐述，有形物是那些可以触摸的物品，如土地、人、衣服、金子、银子以及其他无数物品。无形物是那些不能触摸的物品，它们体现为某种权利，如遗产继承、用益权、以任何形式缔结的债……对城市土地和乡村土地的权利同样属于无形物。④ 依照罗马法，有形物可以占有，无形物不能占有。

（3）要式移转物与略式移转物：这是以物的重要性及其所有权的转移是否需要履行法定形式为标准所作的划分。要式移转物，是指其所有权的转移必须严格依照法律规定的形式进行，否则不发生法律效力。乌尔比安将要式移转物分为四种：第一，意大利的土地；第二，意大利耕地的地役权；第三，奴隶；第四，

① 曲可伸著：《罗马法原理》，南开大学出版社 1988 年版，第 114 页；周枏著：《罗马法原论》，商务印书馆 2001 年版，第 295 页。

② 周枏著：《罗马法原论》，商务印书馆 2001 年版，第 298 页。

③ 根据这一标准对物进行的划分，也称为财产物与非财产物，或者交易物与非交易物。

④ ［古罗马］盖尤斯著：《法学阶梯》，黄风译，中国政法大学出版社 1996 年版，第 82 页。

能驮物与拉车的家畜。[①] 略式移转物，是指其所有权的转移无须履行法定形式，当事人可以自由转让。此种分类是罗马法对物的一种特殊分类方式，是罗马奴隶制国家早期农业社会自然经济发展的客观要求。后来随着商品经济的发展和交易方式的简化，此项区别已无实际意义，到查士丁尼时期被明文废止。

(4) 动产与不动产：这是以物能否移动以及移动后是否会影响其性质与价值为标准所作的划分。动产，是指可以移动且其性质和价值不因移动而改变的物，如车船、家具、货币、牲畜、奴隶。不动产，是指不能移动，否则其性质就会改变或者价值就会减损的物，如土地、房屋、树木等。在罗马法上，地上权、永佃权、地役权和不移转占有的不动产抵押权等以不动产为标的的无形物也属于不动产。罗马法对不动产的保护较之动产更为严密。

除上述分类外，罗马法对物的分类还有很多，包括消耗物与非消耗物、可替代物与不可替代物、特定物与不特定物、可分物与不可分物、主物与从物、有主物与无主物、原物与孳息等，这些详尽的分类有助于人们更清晰地把握物的概念。

2. 物权的概念和种类。物权，是指权利人依法对特定的物所享有的直接支配并排除他人干涉的权利。罗马法上的物权可分为两种，即自物权和他物权。自物权，是指权利人依法对自己的物享有的物权，即所有权，它是物权中最完全、最充分、最独立的一种，因此又称完全物权。他物权，是指权利人依法对他人的物享有的物权，包括役权、地上权、永佃权、典质权和抵押权五种，它们都是由自物权派生而来并依附于自物权而存在的，是一种受到限制的权利，所以又称不完全物权。物权的内容只能由法律所规定，而不能由当事人自行约定。

(1) 所有权。罗马法中的所有权，是指权利人依法对其所有物享有的完全支配权，具体包括使用、收益、处分三项内容[②]。它是最重要的物权，是其他一切物权的基础。根据后世法学家的总结，罗马法上的所有权具有绝对性、排他性和永续性三个特征。绝对性，是指所有人在法律允许的范围内可以任意处分其所有物而不受任何限制；排他性，是指所有人有权禁止他人对其所有物为任何行为；永续性，是指权利人的所有权与其所有物共始终，只要所有物存在，所有权就不会消灭。

罗马法中关于所有权制度的规定具体而详尽，包括所有权的权能及所受到的限制、不同种类的所有权及其取得方式、所有权的保护以及消灭等，并对共有作了专门规定。

在罗马国家的不同历史时期，所有权的形式也有所变化。罗马最早的所有权

---

① 周枏著：《罗马法原论》，商务印书馆2001年版，第304页。

② 罗马法中所有权的内容不包括占有，这是因为罗马法不认为占有是一种权利，而把它作为一种事实。占有是对物的实际控制。罗马法根据实际情况，对占有的事实或肯定、或否定，以此来达到维持一定的社会经济关系的目的。因此，占有在罗马法上是相对独立于所有权的一种法律制度。参见周枏著：《罗马法原论》，商务印书馆2001年版，第323～324页。

形式是市民法所有权，即由市民法所认可和保护的所有权形式。其特点是：所有权的主体只能是罗马市民；客体只能是市民法中所规定的要式移转物，如意大利的土地、奴隶、家畜等；此种所有权的转移必须严格按照法律规定的形式进行才具有法律效力。

共和后期，随着罗马奴隶制商品经济的发展，简化交易方式、扩大所有权保护范围的要求日益强烈。裁判官通过司法实践，给予那些没有按法定方式取得所有权的受让人以一种抗辩权，使其成为事实上的所有权人，从而确认了当事人以简便方式转移所有权的法律效力。与此同时，随着罗马对外征服土地的不断增多，外省土地买卖现象也越来越普遍，这种无法为市民法所保护的土地所有权的转移，也通过裁判官的审判活动和发布告示得到了法律上的确认。此外，外事裁判官在大量的涉外案件审理中，逐渐突破了市民法上对于所有权主体的限制，通过万民法承认了外国人的所有权主体地位。这样，在不明确变更市民法所有权的原则下，罗马法上形成了与之并存的裁判官法所有权。其特点是：所有权的主体包括罗马境内的所有自由人，不仅罗马市民，而且罗马殖民地的臣民和外国人的所有权也受到法律保护；客体不再限于市民法中的要式移转物，其他财产包括外省土地也都是所有权的客体；所有权转移方式简便灵活，当事人之间通过合意、财产交付等方式转移所有权就具有事实上的法律效力。

帝国后期，中央集权统治下的罗马帝国不再有土地的区分，罗马境内的外国人被全部赋予罗马市民权，所有权的转移方式也普遍简化，因此上述所有权之间的差别逐渐消失。到查士丁尼编纂法典时，正式取消了这种差别，形成了统一的、无限制的所有权。

（2）他物权。由于罗马奴隶制经济的发展，社会经济生活日益复杂化，人们除对自己的物享有所有权外，有时为了某种需求和利益，还要利用他人之物，要对他人之物享有直接的支配权，这就是他物权。罗马法上的他物权制度是作为所有权制度的补充而出现的，是基于他人的所有权而产生的物权，因此不能离开所有权而单独存在。他物权可进一步分为用益物权和担保物权两种，前者包括役权、地上权和永佃权，后者包括质权和抵押权。

用益物权，是指依法对他人之物所享有的使用和收益的权利。其中，役权是为特定的土地或者特定人的便利和收益而利用他人之物的权利，它是罗马法中最重要并且出现最早的一种他物权。罗马法中的役权分为地役权和人役权。地役权是为自己特定土地的便利而利用他人特定土地的权利，如通行地役、取水地役、畜牧地役、采掘地役、架梁地役、排烟地役、采光地役、禁止妨碍光线地役、禁止妨碍瞭望地役等。人役权是为特定人的利益而利用他人之物的权利，包括用益权、使用权、居住权和奴畜使用权四种。永佃权，是指支付租金，长期或永久使用、收益他人不动产的权利。地上权，是指支付地租，利用他人的土地建筑房屋而供自己使用的权利。

担保物权，是指债权人对债务人或者第三人为保证清偿债务而提供的担保物所享有的权利，目的在于保证债权的实现。其中，质权，是指债权人在债务未清偿前留置担保物，并在债务不能清偿时出卖担保物以抵偿债务的权利。抵押权，是指债权人对于担保物不移转占有，只在债务不能履行时享有就出卖担保物的价金而得到清偿的权利。

（二）继承法

1. 继承的原则。罗马法的继承制度总体上经历了一个从身份继承到财产继承、从概括继承到有限继承的演变过程。早期的罗马社会是以家庭为单位、以家长制为基础的宗法社会，以传宗接代、绵延家祀为要务，继承的主要目的也是家长制家庭的延续，而非经济上的考虑。所以，当时的继承概念是指继承人在法律上取得被继承人的地位，即继承被继承人的人格，而财产的继承只是附带发生的。在这样的观念下，继承人对被继承人财产的继承是以概括继承为原则的，即除了专属于被继承人的权利义务如用益权、因侵权行为所负担的债务等不能继承外，继承人要总括地继承被继承人的一切财物和财产上的权利义务，即使遗产中的负债远远超过资产，继承人仍然要全部继承下来并予以清偿，而不得加以选择。共和后期，罗马进入商业社会，宗族承嗣观念日渐淡薄，身份继承逐渐为财产继承所取代，概括继承的弊端也逐渐显现。裁判官出于保护继承人利益的考虑，规定继承人对被继承人的债务仅以遗产为限负清偿责任。① 于是，有限继承逐渐取代概括继承而成为罗马法上继承的主要原则。查士丁尼皇帝在位时曾明确规定，继承人有权仅就其继承的财产偿还被继承人的债务，但以其依法对被继承人的遗产制作清单为前提。具体做法是，如果继承人在知晓自己的有关权利后的30日内开始，并在随后的60日内完成被继承人遗产清单的制作，那么他将不再对超过清单数额以外的债务承担责任。如果继承人接受了遗产，却没有制作遗产清单，那么就仍然依照概括继承原则处理。② 至此，有限继承原则正式确立，并为近代各国的继承法所借鉴。

2. 继承的方式。罗马法上的继承有遗嘱继承和法定继承两种方式，而且以遗嘱继承为主，法定继承为辅。据此，凡遗嘱有效时，就不适用法定继承。对同一项遗产，亦不得以遗嘱处理一部分，而依法定继承处理另一部分，即两种方式不得并用。

（1）遗嘱继承。遗嘱继承，是依照被继承人生前所立遗嘱而进行的继承。罗马法上先后出现过三种遗嘱方式，即市民法的遗嘱、裁判官法的遗嘱和皇帝敕令的遗嘱。市民法的遗嘱是罗马法中最早规定的遗嘱方式，以条件严格、形式烦琐为特点，包括贵族大会遗嘱、出征遗嘱、信托遗嘱、要式买卖遗嘱等。裁判官

---

① 如果被继承人的遗产状况不好，资产可能不足以抵偿负债时，继承人可以声明不参与处理遗产，而同意由被继承人的债权人以被继承人的名义出卖遗产，就遗产中的资产来清偿遗产中的负债，不足清偿时，继承人不负责代替被继承人清偿；偿债有余时，剩余部分仍旧归继承人继承；继承人自己所有的财产，与被继承人的遗产不发生关系。周枏著：《罗马法原论》，商务印书馆2001年版，第472页。

② ［英］巴里·尼古拉斯著：《罗马法概论》，黄风译，法律出版社2004年版，第257页。

法的遗嘱出现于共和后期，是对市民法遗嘱方式的变通和简化，规定只要继承人能够呈交盖有七个证人印章的密封遗嘱，就可认定遗嘱的有效性。皇帝敕令的遗嘱方式更为简便，承认口述遗嘱的有效性，且证人也由七人减少到五人。帝政时期遗嘱制度的内容也更为丰富和完备，不仅有口述遗嘱，还出现了自书遗嘱和公证遗嘱，而且对盲人遗嘱、聋哑人遗嘱、军人遗嘱、传染病流行时的遗嘱、乡村遗嘱等特别遗嘱方式进行专门规定。

此外，罗马法还对遗嘱能力、继承人的指定、遗嘱的限制以及遗嘱的效力等问题作了全面规定。

（2）法定继承。法定继承是根据法律所规定的继承人的范围、继承的顺序和遗产分配的原则而进行的继承。《十二表法》将法定继承直接称为无遗嘱继承，这表明，在罗马法中，遗嘱继承是继承的通例，而法定继承只是在特殊情况下的补充方式。具体而言，法定继承只发生在以下两种情况：其一，被继承人生前没有立遗嘱；其二，被继承人所立遗嘱由于某种原因不能发生应有的效力。

关于继承人的范围和顺序，在罗马法发展的不同时期有不同的规定。《十二表法》所规定的法定继承，是以宗亲为基础的，只要是同一个宗族的人，都是法定继承人。共和后期，裁判官开始考虑血亲在法定继承中的地位，允许一定条件下血亲对遗产的占有权。到查士丁尼时代，以血亲为基础、以男女平等为原则的法定继承制度全面确立，法定继承人的范围和顺序如下：①直系血亲卑亲属，即子女、养子女和他们的子孙；②直系血亲尊亲属、全血缘的兄弟姐妹及其子女；③半血缘的兄弟姐妹及其子女；④其他旁系血亲，包括伯、叔、姑、舅、姨及其子女等。

（三）债法

罗马法中债的制度十分完善，对债的基本原理、债发生的原因、债的履行和担保、债的变更与消灭等问题都有详细的阐述和规定，是大陆法系各国债法的共同起源。

1. 债的基本特征。《查士丁尼法学总论》关于债的定义是："债是法律关系，基于这种关系，我们受到约束而必须依照我们国家的法律给付某物的义务。"①据此我们可以知道，罗马法中的债应具有以下几个基本特征：首先，债是特定当事人，即债权人和债务人之间的权利义务关系，其中债务人依法承担给付义务，债权人则依法有权要求和接受债务人的给付。其次，债的标的是给付，既包括物的给付，也包括债务人其他的作为或不作为。最后，债的关系是依法成立的，一经成立即具有法律效力，如果债务人不履行义务，债权人有权寻求法律保护。按照标的的不同，可以将债划分为单一债和复合债、选择债和代替债、特定债和种类债、可分债和不可分债、法定债和自然债以及损害赔偿的债等。

在罗马法上，债权与物权都是财产权，但二者有着明显的区别：（1）物权

---

① ［罗马］查士丁尼著：《法学总论》，张企泰译，商务印书馆 1989 年版，第 158 页。

的标的为物，债权的标的为债务人的给付。(2) 物权为支配权，权利人可以对标的物直接行使其权利；债权为请求权，债权人只能通过向债务人请求给付来实现权利。(3) 物权为绝对权，其义务主体为不特定人；债权为相对权，其义务主体是特定人。(4) 物权有排他性，在同一物上不能同时有两个以上性质不相容的物权；债权不具有排他性，数人对于同一债务可行使以同一给付为内容的债权。(5) 物权有追及效力，债权则无此效力。①

2. 债发生的原因。《查士丁尼法学总论》将债分为四种，即契约之债、准契约之债、不法行为之债和准不法行为之债。②

契约是双方当事人以发生、变更、担保或消灭某种法律关系为目的的协议。它是债发生的主要原因。盖尤斯在其《法学阶梯》中将产生于契约的债分为四种：或者是通过实物，或者是通过话语，或者是通过文字，或者是通过合意，③即后世学者所说的要物契约、口头契约、文书契约、合意契约。要物契约又称践成契约，是指以交付标的物作为成立要件的契约，如消费借贷、使用借贷、寄托、典质等。口头契约，是指当事人使用规定的语言表达方式订立的契约，通常是以提问和回答的方式达成。市民法中的要式口约是口头契约中最主要、使用最广泛的一种。文书契约，是指由家长登记账簿而发生效力的契约，多用于现金借贷、变更债的性质、变更债务人等情况。合意契约又称诺成契约，是指以当事人之间的合意作为成立要件的契约，如买卖、租赁、合伙、委任等。

准契约，是指那些能够引起当事人之间发生与订立契约相同效果的法律关系的行为。此类行为虽非订立契约，却引发当事人之间的债权债务关系，而且这种关系"被认为仿佛是根据契约发生的"④。根据《查士丁尼法学总论》中的记述，准契约主要包括无因管理、不当得利、监护与保佐、以外共有、继承与遗赠、共同海损以及船舶、旅店和马厩的业主对旅客的物品、牲口的责任等。

不法行为又称私犯，是指侵犯私人财产或人身的行为。相对于危害国家利益的公犯而言，这种行为在罗马被认为对公共秩序影响不大，行为人一般仅负损害赔偿责任，对被害人给付金钱即可。所以，罗马法上的私犯在性质上相当于近现代民法上的侵权行为。帝国时期已形成关于私犯构成要件的完整理论：(1) 须有不法侵害的行为；(2) 行为须造成了损害；(3) 不法行为与损害之间须有因果关系；(4) 行为人须有责任能力；(5) 行为人须有过错。罗马法上关于私犯的损害赔偿，并不限于赔偿实际损失，赔偿额可以相当于损失额的1~4倍。《查士丁尼法学总论》中列举了四种私犯：盗窃、抢劫、对物私犯（损害他人财物）和对人私犯（侵害他人人身）。

准不法行为又称准私犯，是指类似私犯但未被列入私犯的不法行为，它是裁

---

① 周枏著：《罗马法原论》，商务印书馆2001年版，第322~323页。
② ［罗马］查士丁尼著：《法学总论》，张企泰译，商务印书馆1989年版，第159页。
③ ［古罗马］盖尤斯著：《法学阶梯》，黄风译，中国政法大学出版社1996年版，第226页。
④ ［罗马］查士丁尼著：《法学总论》，张企泰译，商务印书馆1989年版，第184页。

判官在法律对私犯的规定已经定型之后，为了加强维护社会秩序，对新发生的一些侵权行为予以制裁而增加的。《查士丁尼法学总论》对准私犯行为也列举了四种：承审员的渎职行为、倒泼和投掷的行为、堆置或悬挂物体的行为以及船东、旅馆业主和马厩商所雇佣人员对旅客的损害行为。除此之外，奴隶、家畜致人损害也属于准私犯之列，其主人应承担责任。

三、诉讼法

罗马法自有成文法起，便是诸法合体，诉讼法从来都不是独立的法律部门，而是与实体法相互混杂、相伴存在的。但在法学家的著述和后来的法典编纂中，诉讼法被独立成篇，从而解决了长期的立法实践中诉讼规则的重复、散乱和不协调等问题，为诉讼法的系统化及其近代与实体法的最终分离创造了条件。

在罗马奴隶制国家一千多年的历史中，其诉讼法经历了很大的变化。按照诉讼形式的不同，可将罗马诉讼制度的历史沿革大体上分为三个时期：法定诉讼时期、程式诉讼时期和非常诉讼时期。多数学者认为，约在公元前 2 世纪以前、罗马以法定诉讼为主，后逐渐过渡到程式诉讼；到公元 3 世纪末，开始由程式诉讼向非常诉讼过渡，其后则完全实行非常诉讼。这三个时期之间并无明确的分界。①

与公犯和私犯的划分相对应，罗马的诉讼也分为公诉（刑事诉讼）和私诉（民事诉讼）。但因为罗马的私法远较刑法发达，所以其公诉也处于因袭和附属于私诉的地位。

（一）法定诉讼

法定诉讼，是指严格依照法律规定的条件和形式进行的诉讼，是罗马国家最古老的诉讼程序，盛行于共和前期，只适用于罗马市民。其特点是：

1. 原告必须依法定的诉权起诉，凡法律没有规定的，法官都无权受理。

2. 法定诉讼的审理程序分为法律审理（法官对当事人的诉求进行法律上的审查，决定是否受理案件）和事实审理（承审员对案件的事实进行审查，作出判决）两个阶段，整个诉讼过程实行公开审理的原则。

3. 诉讼的主动权在当事人而不在法官，法官完全处于被动地位，有关传唤和执行等事务皆由当事人自行办理。

4. 实行严格的形式主义，当事人在诉讼中必须使用法定的言词和动作，稍有错误就会导致败诉。

5. 实行“一案不二讼”的原则，对同一案件不得再次起诉，当事人一旦败诉，即丧失司法救济的保护。

6. 原则上不得由他人代理诉讼，双方当事人必须亲自到庭。

7. 整个诉讼过程全用言词进行，不需要任何书面文书，一切全凭人证，所

① 周枏著：《罗马法原论》，商务印书馆 2001 年版，第 926 页。

以当事人须请人作证，证明诉讼的经过。

综上可见，法定诉讼适用范围狭窄、重形式而轻实质、程序烦琐，共和后期逐渐为程式诉讼所取代。

（二）程式诉讼

程式诉讼，是指依照程式书状的指示进行的诉讼，是裁判官在审判实践中创立的诉讼程序，出现于共和后期，适用于罗马境内的全体自由人。所谓程式书状，是指裁判官经听取并审查诉讼当事人的陈述而制作的书面文书，内容包括案件的诉讼请求、争论要点和审判提示等，它是承审员审判案件的依据。

程式诉讼在程序上也分为法律审理和事实审理两个阶段。在法律审理阶段，法官审查诉讼条件是否完备、诉讼标的是否合法，然后根据原告的请求和被告的抗辩拟定程式书状，并任命承审员。在事实审理阶段，承审员严格遵守程式书状中的指示进行案件的审理，并在规定期间内判决。

程式诉讼在一定程度上克服了法定诉讼中存在的问题：

1. 放弃了严格的形式主义，当事人无须拘泥于法定的言语和动作，可以自由陈述意见。

2. 改变了法定诉讼全凭言词定案的做法，程式书状成为案件审理的基础，更为准确可靠。

3. 法官的权限扩大，在诉讼中处于指挥诉讼进程的主导地位。

4. 当事人无须亲自出庭，可以请诉讼代理人代为进行。

5. 改进了“一案不二讼”的原则，规定了不服判决的救济办法，如抗诉、撤销原判之诉、请求恢复原状等。

程式诉讼简化了诉讼程序，扩大了法律的保护范围，提高了法律适用的公正性，对罗马奴隶制经济的发展和社会秩序的稳定起到了积极的作用。

（三）非常诉讼

非常诉讼，是指裁判官凭借权力，直接进行案件的全部审理并作出判决的诉讼，是帝国后期通行的诉讼程序，是皇权强化在司法上的具体体现。

罗马帝国时期，皇帝总揽国家大权，为树立至高无上的权威，淡化诉讼中的民主因素，将简便快捷的行政手段用于审判活动中。裁判官逐渐丧失创造和变更法律之权，只能适用法律，并负责审判活动的全过程，直至作出判决。因其不按之前通行的程式诉讼的一般程序进行，故被称为“非常诉讼”。最初，非常诉讼只是作为一种特殊保护方法，用于保护不能以一般司法方式来保护的特殊利益，到帝国后期则成为唯一通行的诉讼制度。其特点是：

1. 整个审判过程由法官一人主持，不再分为法律审理和事实审理两个阶段。

2. 诉讼程序更为简捷实用，既不再拘泥于法定形式，也不需依程式进行，重在查明当事人的真实意思。

3. 法官的主导地位更为突出，可以强制当事人出庭，也可以缺席判决，且有权强制执行判决。

4. 不再以公开审判为原则，审判一般都秘密进行。为了取证，允许告密，也允许刑讯逼供。

5. 书面材料在诉讼中越来越占有重要地位。程式诉讼时期，仅有法官所拟的程式为书面文书，而当事人在庭审时仍为口头陈述。帝政后期，当事人多聘请律师事先代写诉状，以免遗漏和口述发生错误。

6. 出现了上诉程序。之前当事人不服判决的，仅能申请诉讼救济，非常程序则允许当事人上诉。

7. 诉讼不再免费，当事人须交纳诉讼费用。

非常诉讼标志着国家对司法权的垄断，也表明罗马国家以公力救济为指导思想的诉讼制度的建立和完善。

第四节　罗马法的特征和影响

一、罗马法的基本特征

罗马法经历了一千多年的发展历史，其间罗马国家的政治、经济及社会状况都发生过重大变化，相应地，法律也在不断地发展和完善。在罗马奴隶制国家的不同时期，罗马法也呈现出不同的特点，如共和前期市民法的保守、狭隘，共和后期裁判官法的开放、灵活，帝政时期的大规模法典编纂等。但罗马法作为一个整体所体现出来的特征，应当能够全面反映罗马国家整个历史时期的法的共性和最高成就，那就是：罗马法“是简单商品生产即资本主义前的商品生产的完善的法”①，“是纯粹私有制占统治的社会的生活条件和冲突的十分经典性的法律表现，以致一切后来的法律都不能对它做任何实质性的修改”②。以此为出发点，罗马法的特征主要表现在以下几个方面：

（一）法律形式灵活多样，在内容上注重实践性

罗马法的表现形式最为多样，后世学者所总结的法律渊源的种类，在罗马法中都能找到。从早期的习惯法到后来的成文法，从各种民众大会及元老院的立法和皇帝的敕令到裁判官的告示和法学家的解答，均是罗马法的重要表现形式，其内容构成罗马法的重要组成部分。这种灵活的立法机制不仅使罗马法能够迅速及时地对社会生活中出现的各种新的法律关系进行调整以适应社会经济发展的需要，而且有助于罗马法自身内容和体系的不断完善，得以发展成为奠基在私有制

---

① 恩格斯：《致卡尔·考茨基》，摘自《马克思恩格斯全集》，人民出版社1965年版，第36卷，第169页。

② 恩格斯：《论封建制度的瓦解和民族国家的产生》，摘自《马克思恩格斯全集》，人民出版社1965年版，第21卷，第454页。

基础之上的最完备的奴隶制法。

罗马法注重实际。当然，罗马法特别是罗马私法所取得的理论成就有目共睹，但罗马法并不只有高度抽象和概括的理论，更具有注重实践的求实态度。首先，罗马法上的每一项制度都是为着解决实际的法律问题而出现的。在这方面，裁判官法最具代表性。裁判官在其审判实践中，从实际出发，根据公平、正义原则，为市民法所不能解决的问题提供具体的救济方法，在维护和发展市民法的同时，也积累而成充满大量具体的技术性内容的裁判官法。法学家们也以参加法律实务活动为己任，他们帮助当事人撰约与诉讼，建议裁判官如何拟定告示与提供救济手段，指导承审员如何庭审与裁决等，他们的解答与著述是以个案分析作为坚实基础的。其次，当理论与实际发生矛盾和冲突时，罗马法总是舍弃纯理论的要求而致力于满足实际的需要。例如，在确定人的行为能力是以统一的年龄还是根据具体人的智力发育程度作标准，是否要建立时效制度修正“权利胜于事实”的一般原则等问题上，罗马法都是采取了从实际出发的态度，选择更具可操作性的规范。此外，由于经济文化发展水平的限制，罗马法尚不足以把实践中的许多重要法律关系进行理论上的概括。对此，当时的人们并不强求。例如，罗马法上并没有“法律行为”的一般概念，也没有“所有权”的定义，但这并不妨碍罗马法关于契约、遗嘱等法律行为的细致规定，也不影响其对所有权各种权能的透彻理解。在罗马法中，理论是经过长期实践积累的水到渠成，是为实践服务的。因为，“罗马人从来不偏离同具体案件、同具体的法律生活所保持的永恒联系；他们不喜欢为构造而创建构造，而是一直注意着法律构造所产生的具体影响，并参考这些影响，以优雅和符合逻辑的方式围绕法律构造开展工作。”①

（二）法学家地位崇高，法学研究繁荣、成果丰厚

罗马法所取得的辉煌成就与罗马法学家的贡献密不可分。特别是在帝国前期的200年间，法学教育与法学研究呈现出一片繁荣的景象，法学著作琳琅满目，法学学说异彩纷呈，极大地推动了罗马法的发展，这一时期也因此被称为“法学古典时期”。法学家在罗马的地位及其贡献主要表现在以下几个方面②：

第一，法学家的法学理论成为罗马法的渊源之一，极大地丰富了罗马法。早在共和时期，法学家的法学理论就不仅是一种知识，而且具有创造法的功能。法学家通过对市民法的解释，通过对裁判官法的建议与评述，通过对罗马早期的法律传统和法律思想的整理，归纳出一系列概念和具体的规范，使罗马法在技术上比较完善，在内容上也蕴涵着深厚的理论基础。帝国时期“公开解答权”的确立和《学说引证法》的颁布，使法学家的解答与著述成为独立的和直接的法律渊源。及至《国法大全》中的《学说汇纂》和《法学总论》，更是集罗马法学家的法学理论之大成，《学说汇纂》由2000卷、300多万行的法学原著压缩而成，

---

① ［意］朱塞佩·格罗索著：《罗马法史》，黄风译，中国政法大学出版社2009年版，第273页。

② 何勤华、李秀清主编：《外国法制史》，复旦大学出版社2002年版，第65～68页。

《法学总论》的许多段落是逐字逐句照抄盖尤斯的《法学阶梯》，在这里，法学家的言论在罗马法中的地位与作用一脉相承。

第二，法学家的活动与著述，使法学成为一门独立的学科。共和时期就曾有一些优秀的法学家著书立说，阐述市民法。其中，公元前1世纪初的库伊特·穆齐·斯凯沃拉第一次将市民法加以系统整理。他将希腊逻辑分析方法和罗马传统的简单归纳法相结合，对市民法中的遗嘱、结婚、监护、法律行为、契约行为等制度与思想一一阐述、整理，编辑成18卷《论市民法》，从而试图系统地建立法学体系。这部著作也为后来市民法理论的系统发展奠定了基础。帝国前期，法学家创制法律和构建法学的活动更是硕果累累，法学著述浩如烟海，内容涉及整个法律体系和法学体系。仅以五大法学家为例，盖尤斯撰写了《法学阶梯》和其他几十本法学作品，帕比尼安的主要著作有《问题集》37卷、《解答集》19卷，乌尔比安的主要著作有《论萨比努斯派》51卷、《论告示》81卷等，保罗可能是所有人中著述最多的，大小著作共约275卷，莫德斯丁著书19种，这些还只是古典时期浩如烟海的法学著述中的一小部分。这样，法学在罗马经由法学家们的努力终于发展成为体系完备、内容丰富的独立学科。

第三，法学家对法理的精深研究和对概念的缜密表达，对后世法学产生了深远影响。罗马法学家从实际出发，对罗马法进行深入分析和理论研究，明确提出了法和法学的定义，对法的渊源作了较为完整的分类与解释，对法的体系进行了充分的讨论，提出了具有深远影响的公法与私法的分类，构筑了现代西方法律体系分类的理论基础。罗马法学家在对法学问题进行系统研究的过程中，提出了一系列有价值的原则、制度、概念和术语，如私人权利平等、契约自由、过失责任、新法优于旧法等原则；陪审、所有权和占有、侵权赔偿、时效等制度；法学、私法、民法、衡平、诉、所有权、无因管理、先占、添附、过失、善意等概念术语，对后世法学发展产生了深远的影响。

（三）私法发达，为罗马法的核心

罗马的第一部成文法《十二表法》虽然在形式上还是公私不分、诸法合体，但其中私法规范比例更大，规定更明晰。内容丰富，涉及家长权、物权与占有、相邻关系、遗嘱继承、私犯等；调整手段也很多样化，有“诉请赔偿”、“有权取回”、“提供担保”以及因私犯而引发的“罚金”等非刑事的方法。这与古代其他国家的法律有很大不同。早期其他的法律，特别是成文法内容上都是重刑轻民，而且多以刑事手段调整民事关系。而罗马法则较早地将有关公益的法与有关私益的法区分开来，将其作为不同的领域，适用不同的原则、规则。这一现象应归因于罗马奴隶制商品经济的高度发达，民事法律关系扩大到社会生活的各个方面，从而使私法获得广阔的发展空间。裁判官处理的案件，大量涉及财产、继承等方面的民事纠纷，法学家的著述与活动也更多地致力于私法方面。

乌尔比安首先对公法与私法的划分进行理论上的概括，他提出，“公法是关于罗马国家的法律，私法是关于个人利益的法律”。《国法大全》肯定了这种分类，《学说汇纂》和《法学总论》都明确地将法律分为公法与私法两部分。《学说汇纂》50卷中仅第48、49两卷论述刑法，第50卷论述城邦管理，其余均为私法内容；而《法学总论》本身就是罗马私法规范和一部私法学教科书。

罗马私法的发达，显示了罗马人不再只是单维度地考虑政体的稳定，而是更关注人类永恒的日常生活本身，注重强调个人利益和对私权利的保护。这种划分以及其中所蕴涵的理念后来为欧洲大陆各国所普遍接受，构成了大陆法系国家法典编纂、法学教育和研究的基础。

二、罗马法的影响

"罗马帝国曾三次征服世界，第一次以武力，第二次以宗教（指基督教），第三次以法律。武力因罗马帝国的灭亡而消失，宗教随人民思想觉悟的提高、科学的发展而缩小了影响，唯有法律征服世界是最为持久的征服。"① 这是德国法学家耶林在其所著《罗马法精神》一书中对罗马法的评价，这段话深刻揭示了罗马法对后世的巨大影响。

（一）罗马法在日耳曼时期的存续

476年，西罗马帝国灭亡，西欧社会进入封建时代，西欧的法律也因此发生了历史性的变迁。罗马法在西欧大陆失去了作为国家法律的统治地位，并在随后的历史中沉寂了600年之久。

然而，罗马法自身所拥有的强大魅力使它注定不会消亡。虽然西罗马帝国作为一个独立的政治实体从历史舞台上消失了，但是大量的被征服的罗马人及其后裔依然存在，而且成为新兴日耳曼诸王国人口的重要组成部分。在日耳曼诸王国中，罗马人往往聚居在特定的区域，他们习惯于罗马法所确定的社会秩序，在处理相互之间关系时也习惯适用罗马法。而日耳曼诸王国在法律适用问题上采取的属人主义原则也为罗马法提供了适用的空间。当然，这种条件下的罗马法与西罗马帝国存在时的罗马法已不可同日而语。由于日耳曼征服实质上取消了商品经济存在的基础，社会经济生活趋于平静和简单，原本复杂而完善的罗马法已无完整发挥其功能的用武之地，大部分已遭抛弃，罗马法更多的是以罗马人生活中的简单的习惯、支离破碎的规则以及历史上的法律概念的形式存在的。

（二）罗马法的复兴

11世纪末至12世纪初，随着农业生产力的提高以及手工业和商业的发展，欧洲开始从封闭的自然经济向开放的市场经济过渡，工商业城市迅速兴起，当时西欧各国的现有法律已不能适应新的社会经济环境的客观要求，而罗马法作为以私有制为基础的法律的最完备形式，其作用与价值日益显现并越来越受到重视。正如马克思和恩格斯所说，"当工业和商业进一步发展了私有制（起初在意大利

① 周枏著：《罗马法原论》，商务印书馆2001年版，第12页。

随后在其他国家）的时候，详细拟定的罗马私法便立即得到恢复并重新取得威信”。[①]“因为在罗马法中，凡是中世纪后期的市民阶级还在不自觉地追求的东西，都已经有了现成的了”。[②]

于是，以意大利为发源地，西欧各国先后出现了研究罗马法的热潮，史称罗马法的复兴。罗马法对后世的巨大影响就是在这次复兴的过程中得到了淋漓尽致的发挥。

1. 注释法学派与罗马法的复苏。11 世纪末，《国法大全》的重要组成部分——《学说汇纂》的手稿原本在意大利的比萨城被发现，得天独厚的条件使意大利首先开始了对罗马法的全面研究。伊纳留斯是其中最重要的代表人物。他利用自己精通文法学的专长，对《学说汇纂》手稿原本进行注释和校勘，取得了一系列的研究成果，并将这些研究成果教授给他的学生。伊纳留斯也是第一个就《学说汇纂》开设讲座的人，是他那个时代最有号召力的人物之一，他的热情和雄辩鼓舞了一批又一批青年投身于法律的学习。由于伊纳留斯的带动，他所在的波伦那大学也成为罗马法复兴的发源地和最负盛名的研究中心。

由于伊纳留斯和他的学生们对罗马法的研究主要采用了注释的方法，故得名为注释法学派。他们的具体做法是：运用逻辑分析和三段论推理的方法，对罗马法的各种文献从标题到正文的每个章节、字句逐一进行考证、说明、解释和阐述。学者们的注释都力求详尽，写在羊皮纸上手抄的《国法大全》的内容增加了数倍，在整个西欧地区广为流传。15 世纪先进的印刷术传播到欧洲后，采用注释形式出版的《国法大全》成为当时除神学书籍外最畅销的书。注释法学派的主要代表人物还有 12 世纪上半叶的阿佐和阿库修斯。

注释法学派是罗马法复兴运动中最早出现的一个法学流派，由于他们的努力，罗马法复兴的星星之火开始燎原并向整个西欧扩散，大规模的罗马法研究运动从此兴起，使得罗马法重登西方法制舞台，并成为西方近代法学的历史基础，对后世产生了广泛而深刻的影响。

2. 评论法学派与罗马法的应用。13 世纪中叶以后，仍然是在意大利，学者们对罗马法的研究出现了新的动向。他们一方面延续着对罗马法经典著作进行注释的方法，另一方面开始将注释和研究的对象与现实社会中的具体问题和司法实践活动结合起来，使罗马法的研究与应用有了新的突破。在注释法学派衰退的同时，一个新的法学派别——评论法学派产生了，其代表人物是将该学派的活动推至兴盛顶点的巴托鲁斯和他的学生巴尔杜斯。与注释法学派相比，评论法学派的学者更注重将法学理论应用于解决实践中的法律问题。很多人都在执掌教鞭的同时，担任着政府和法院的法律顾问，有些人还直接担任法官和律师。他们经常就

① 马克思、恩格斯：《德意志意识形态》，摘自《马克思恩格斯全集》，人民出版社 1965 年版，第 3 卷，第 71 页。

② 恩格斯：《论封建制度的瓦解和民族国家的产生》，摘自《马克思恩格斯全集》，人民出版社 1965 年版，第 21 卷，第 454 页。

法律案件发表意见或出具解决方案，从而将复苏的罗马法带进了法庭。

如果说，注释法学派重视的是如何让《国法大全》能为当时的人们所理解，他们的着眼点是《国法大全》本身；而评论法学派则考虑到了时代的要求，他们开始将罗马法的原则应用于当时（意大利）社会的经济、政治及家庭生活等领域，从而将罗马法转化成为能够为法院所接受的活生生的现实法律。同时，评论法学派的研究不再局限于罗马法本身，学者们在参与司法实践的过程中，深深感到封建习惯法、日耳曼法和教会法对当时社会生活的巨大影响力，因此，在对《国法大全》进行评注的同时，也开始编辑、注释、研究其他的法律渊源。正是评论法学派的这一活动，使罗马法与封建习惯法、日耳曼法、教会法以及城市法等结合在一起，从而形成了能够适用于整个欧洲大陆的“普通法”，使罗马法的复兴进入了一个新的发展阶段。

3. 人文主义法学派与罗马法的继受。16 世纪的法国，学习罗马法成为贵族阶层的时尚。新的研究方法——历史学的方法开始出现，人文主义法学派也相伴而生。法国人文主义法学派的核心人物是居亚斯，他的作品具有比较性、批判性和历史性三大特点，在当时西欧的法学界享有很高的声誉。居亚斯执教的布尔日大学，当时曾被称为“欧洲的法学大市场”。人文主义法学派的代表人物除居亚斯外，还有意大利的阿西亚特和德国的查修斯。

人文主义法学派的崛起使法国对罗马法的研究超过了意大利，成为罗马法研究的中心，并在实践中推动了法国南、北两大区域对罗马法的接受，使罗马法的地位进一步加强，适用范围更为广阔。特别是法国北部，原为习惯法区，日耳曼法一直占据主导地位，经过人文主义法学派的努力，罗马法的理论和原则终于在那里得到承认和接受。

人文主义法学派以人文主义为指导思想，运用历史学的方法，着重于探究罗马法的本意和历史沿革关系，力求恢复罗马法的原貌。它一方面继承了注释法学派和评论法学派的传统，另一方面又大胆纠正了前者或者囿于《国法大全》词句注释，或者曲解、割裂罗马法原始文献的缺陷，通过将人文主义这一新的世界观引入法学研究，在思想观念、研究方法和具体操作技术等方面，都使当时法学研究的面貌焕然一新，不仅恢复了罗马法的本来面目，而且在中世纪法学和近代资产阶级法学之间建立起了更直接的联系。

4. 古典自然法学派与罗马法的超越。17 世纪是西方资产阶级革命的前夜，一个代表新兴资产阶级利益、以崇尚自然法为特征的法学派别——古典自然法学派在这时出现了。他们不再局限于对罗马法规则的研究，而是将罗马法的思想基础——自然法思想发扬光大，强调理性、正义、自由等观念，提出了天赋人权、社会契约等理论和私有财产神圣不可侵犯、契约自由、法律面前人人平等、罪刑法定等原则，为资产阶级革命及大陆法系的形成提供了思想和理论基础。

这一时期，荷兰成为商业利益、国际关系和思想潮流聚集的地方，罗马法的研究中心也转移到了荷兰。当时的荷兰法学家获得了极大的权威，他们不仅在本国的法律实践中发挥着举足轻重的作用，而且对整个西方世界的法律思想都发生了重要影响。自然法学派早期的重要代表人物都出自荷兰，其中最著名的是格老秀斯和斯宾诺莎。斯宾诺莎的成就更多在于他的哲学思想，而格老秀斯则在罗马法研究上享有很高的名望。他不仅对古罗马的自然法思想结合资本主义萌芽时期的社会实际进行新的阐释，成为近代自然法理论的创始人之一，而且还以罗马法及日耳曼人的习惯法和地方法为基础，提出了一个法律体系大纲，不仅适用于荷兰，而且具有普遍的意义，这一成果体现在他的《荷兰法学导论》之中。

在罗马法复兴运动中，几乎所有欧洲国家都程度不同地受到了影响，并使自身的法律制度进入一个新的历史阶段。除上述国家外，还有西班牙、德国乃至海峡彼岸的英国，德国更是在19世纪成为当时世界上研究罗马法的权威中心。

就罗马法复兴的性质而言，当它与人文主义的文艺复兴合流以后，就具有鲜明的反封建意义。就罗马法在欧洲各国的适用和司法实践的情况而论，它在某种意义上是后来资本主义法律制度的预演或前奏曲。在这个过程中，无论国王或市民，都从成长着的法学家阶层中找到强大的支持，使得欧洲在15世纪下半叶就保证了对封建制度的胜利，为整个欧洲资产阶级革命和资本主义制度的最终确立扫清了道路，并提供了现成的法律制度。当资产阶级革命在欧洲各国次第发生后，各国的法律制度中除了公法范围内的宪法及其相关法律发生了重大变化之外，私法体系却没有发生实质性变化，它不过是罗马法复兴时期所建立的法律制度的完善和系统化而已。

（三）罗马法影响的具体表现

罗马法对后世法律的具体影响表现在以下几个方面：①

1. 罗马私法体系：《国法大全》集中展现了罗马私法体系上的完备。其中，《法学总论》关于人法、物法、诉讼法的三分法体系，为1804年的《法国民法典》所采纳；《学说汇纂》所作的总则、债法、物法、亲属法、继承法的五编制体例，则成为1900年《德国民法典》的蓝本。法、德两国的民法典，又继而被其他国家所效仿。因此，罗马法对资产阶级统一法制具有重大贡献。

2. 罗马法的原则：罗马法形成了许多与商品经济相适应的重要原则，如民事主体权利平等、契约自由、私有财产神圣不可侵犯，成为近代资产阶级民法的基本原则。其他很多具体的法律原则也为后世所承袭，如遗嘱自由、侵权行为的归责原则、诉讼中的不告不理原则等。

3. 罗马法的制度：罗马法中的制度细致而实用，对后世的资产阶级民法具有重要的参考价值，如法人制度、物权制度、契约制度、一夫一妻制度、陪审制度、律师制度，等等。

4. 罗马法的概念术语：罗马法中的概念术语措辞确切、言简意赅、学理精深，具有旺盛的生命力，在近代乃至当代各国的民法中仍然发挥着不可替代的作

① 何勤华、李秀清主编：《外国法制史》，复旦大学出版社2002年版，第69页。

用，如所有权、代理、占有、时效、添附、不当得利、无因管理、债，等等。

5. 罗马法的思想：自然法思想是罗马法的基本指导思想，其中所蕴涵的理性、正义、平等、自由等观念，成为近代资产阶级革命和资本主义法制的思想基础。

罗马法的强大魅力使得世界各国无不受其影响，只是程度不同而已。按照影响程度的大小，大致可以分为以下四类①：

（1）受影响最深的是西班牙、葡萄牙和拉丁美洲等拉丁语系国家。拉丁美洲曾是西班牙、葡萄牙的殖民地，如巴西、阿根廷、秘鲁、智利、哥伦比亚等国。南非和苏格兰也采用罗马法。

（2）受影响较深的为法国、德国、意大利、比利时、瑞士等欧洲大陆国家，以及曾是它们的殖民地的国家，如埃及、突尼斯、摩洛哥、阿尔及利亚、刚果、扎伊尔、坦桑尼亚、多哥、叙利亚、土耳其、泰国、墨西哥、美国的路易安那州、加拿大的魁北克省等。

（3）受影响较弱的是沙皇时期的俄国和瑞典、挪威等北欧诸国。

（4）受影响最弱的是英国和美国等，但其衡平法采用的是罗马法原则，普通法中的契约原则、信托和遗嘱等，也来源于罗马法。

20世纪初，罗马法的影响经过日本，延伸到了中国，民国时期的民法即沿袭了罗马法。新中国初期的民法以前苏联为学习的对象，只是在一定程度上承受了罗马法的原则。现行民法则因更多地借鉴大陆法系，其中罗马法的痕迹反而比以往明显。

① 周枏著：《罗马法原论》，商务印书馆2001年版，第13页。

第五章 日耳曼法

日耳曼法是西欧早期封建制时期适用于日耳曼人的法律的总称，是西欧中世纪重要的法律渊源之一，具有团体本位、属人主义以及注重法律行为的外部表现等主要特征，以维护封建制度为核心，以《蛮族法典》著称于世。日耳曼法是近代两大法系的主要历史渊源，是西方法律传统的重要基础。通过本章学习，了解西欧中世纪法制多样性的模式，理解日耳曼法对两大法系特别是对普通法系所产生的深远影响。

第一节 日耳曼法的产生和演变

日耳曼法，是指公元5世纪至9世纪以马尔克制度为基础的西欧早期封建制时期适用于日耳曼人各族的所有法律的总称。恩格斯在论及日耳曼法时曾指出日耳曼的法律，即古代的马尔克法律。[①] 日耳曼法源于其部落习惯，其形成、演变过程便是日耳曼人大举入侵西罗马帝国、建立其“蛮族”国家的过程，是与封建主义的形成密切相伴、在罗马法和正在形成中的基督教教会法的影响下渐渐发展起来的一种适用地域范围相当广泛[②]的封建制度形成时期的法或早期封建制法。这一法律的历史是从日耳曼人建立国家到西欧封建制基本确立，从属人主义的民族习惯法到多种法律渊源相融合而形成的分散的地方习惯法的一个过程。日耳曼法在其形成、发展过程中大体经过了习惯法阶段、习惯法成文化阶段及王室法令的发展。

一、日耳曼习惯法阶段

日耳曼人起初实行的是不成文的习惯法，是一些历代恪守的风俗习惯。据恺撒的《高卢战记》和塔西佗的《日耳曼尼亚志》等文献记载[③]，日耳曼人分布于

① 马尔克是日耳曼人氏族制度解体时期以地域关系为基础的农村公社组织，是公元5世纪至9世纪西欧占主导地位的社会组织形式。参见《马克思恩格斯全集》，第19卷，人民出版社年版，第363页。

② 其主要范围包括现今法国、意大利、西班牙、德国等欧洲大陆各国、不列颠岛南部地区及北欧即斯堪的纳维亚各国的法律。

③ 前书写于公元前1世纪中期，是恺撒在征服高卢地区即现今的法国过程中所记载的日耳曼人的处于原始氏族时期的社会生活情景；后书约比前书晚150年即成书于公元1世纪末，此时的日耳曼原始氏族制度已处在趋于解体过程中。

罗马国家东北部的广大地区即莱茵河和多瑙河之间，以游牧生活为主。在罗马帝国后期，日耳曼人尚处于原始社会的末期，其氏族制度正趋于解体过程中。约公元5世纪中叶，日耳曼人在其经历近百年民族大迁徙之后，最后将已处于风雨飘摇的罗马帝国一举摧毁，在被征服的土地上建立起多个“蛮族国家”如法兰克王国、西哥特王国、勃艮地王国、伦巴德王国和盎格鲁撒克逊各王国等。此后，主持西欧和不列颠沉浮的便是日耳曼人。在这些“蛮族国家”中，法兰克王国是最强大的国家，其版图一度几乎包括原整个西罗马帝国的范围，其国王查理曾于公元800年被教皇授以“罗马人的皇帝”称号。公元843年，法兰克帝国分裂为三部分，这便发展为其后的三个欧洲大国：法国、德国和意大利。

在征服西罗马帝国且建立国家的过程中，日耳曼社会发生了重大变化，即开始了封建化。日耳曼正处于瓦解中的氏族制与西罗马境内日益成长的封建因素相结合，促使西欧封建制开始形成，如濒于崩溃的西欧经济，由于生产关系的改变而开始向封建制过渡，封建领地制渐渐形成，自由人开始家奴化；氏族组织演变为国家机关，一种新的社会制度即封建制度渐渐得以确立和发展。与此相适应，其原始习惯也进化为封建习惯法，这一法律呈现出早期封建制法的特征。日耳曼法可谓西欧封建制法律的起点。

确切地说，作为一种适用于所有日耳曼部族的封建习惯法，日耳曼法是西欧早期封建制度形成时期的法律，既表现出封建法律的新特征，又保留着原始公社时期氏族习惯的残余，同时，也受到罗马法和教会法的影响。因为这些日耳曼部族生活在以基督教为国教的广大的罗马地域。最初，日耳曼各王国的法律均为口耳相传不成文的习惯法，掌握在一些所谓“宣布法律者”的贵族的手里。他们熟悉习惯法，作为法庭的法律顾问、解答种种法律问题。这些习惯法与道德规范、宗教规范、民族习俗没有明显区别，是此时期调整社会关系的主要社会规范，其适用仍保留过去的习惯做法，即各王国对本族人实行本族习惯法，即日耳曼法，而对被征服的罗马居民适用罗马法。

二、日耳曼法的成文化时期

日耳曼人在各王国建立后，随着私有制的发展、社会关系及利益的复杂化，从协调与被征服地区的居民关系、调整各部族原有的习惯与基督教教义教规的关系及维持社会秩序的需要出发，开始模仿历代罗马皇帝的做法，从公元5世纪末各族普遍进行立法活动，在基督教僧侣和罗马法学者的帮助下，日耳曼诸王国编纂的法典得到了“智者”阶层即基督教僧侣和罗马法学家的协助，[①] 在日耳曼习惯法的基础上编纂成文法典。这类法典在历史上被称为“日耳曼习惯法汇编”，也称“蛮族法典”。从公元5世纪末到9世纪初，便是日耳曼习惯法的成文化时

① 《撒利克法典》序言中记有“智者”和地方长老商讨后，收集处理各类案件依据的习惯法规则的经过。由嵘著：《日耳曼法简介》，法律出版社1987年版，第14页。

期，也称为“蛮族法典”的编纂时期。主要的法典有：西哥特王朝的《尤列克法典》（约公元466年—483年），法兰克王国的《撒利克法典》（约公元486年—496年）和《里普利安法典》，勃艮地王国的《狄多巴德法典》，伦巴德王朝的《伦巴德法典》等。在不列颠，由盎格鲁撒克逊人建立的诸王国以及后来统一的英吉利王国，也颁布了类似的法典，如7世纪初肯特王国的《埃塞伯特法典》、7世纪末西撒克斯王国的《伊尼法典》和9世纪末英吉利王国的《阿尔弗烈德法典》等。习惯法成文化最迟的地区是北欧，直至13世纪才出现这类法典，主要的一部是1241年的《裘特法典》。此时的法典编纂包括罗马法的编纂和“蛮族法典”的编纂。在罗马法编纂中，西哥特王朝的《阿拉利克罗马法辑要》最具有代表性。“蛮族法典”的编纂以法兰克王国的《撒利克法典》最为典型。总之，蛮族法典指的就是公元5世纪后期起，欧洲各日耳曼国家在日耳曼习惯法的基础上编纂的成文法典。因罗马人称日耳曼人为“蛮族”而得名。其特点是：诸法合体，具体而缺乏抽象性，类似判例汇编，也不涉及全部法律领域；以拉丁文写成；在观念上，法典被看做是公约或契约，如《撒利克法典》在一些章节的开头有“互相同意遵守”的习惯用语。民众大会对法典的颁布也起了一定作用。例如，勃艮地国王耿多伯德曾说过，他的法典是由“国王提议，全体人民共同意”产生的。

作为“蛮族法典”的典型代表，《撒利克法典》在当时具有很大的权威性和广泛的影响。《撒利克法典》是中世纪欧洲法兰克王国在习惯法的基础上编纂的适用于撒克利日耳曼人的成文法典。一般认为编成于公元5世纪末克洛维统治时期，原文用拉丁文写成，最初全文分为65章，每章设若干节，6世纪到8世纪后又有补充条文，后经多次修改和补充，共65章，并附有许多注释。内容上诸法合体，偏重于刑法、侵权法和程序法。规范具体而无弹性，类似判例的整理汇编。法典反映了法兰克社会向封建制过渡的状况，是法兰克人最早的成文法典。

三、王室法令的发展

日耳曼法的发展也得力于王室法令的制定和颁布，当时集立法、行政和司法大权的王权对于社会秩序整顿的作用不可低估。随着各日耳曼王国政权机关的形成和发展，为了弥补习惯法的不足、满足有产阶级的需要、与教会分庭抗礼及扩大王权的权威，王室法令也开始发展起来，其地位和作用日趋重要。王室法令是属地法，其效力高于部族习惯法。按其性质王室法令可分为教会法令（因教权从属于王权）和普通法令。按其内容，则可分为补充部族的法令，独立法令和对官吏下达的训令。其中补充部族的法令应经民众大会同意，而国王颁布的独立法令要由高级僧侣和世俗显贵组成的御前会议同意。

法兰克查理大帝时期为了加强国家统一，曾企图通过王室法令统一王国法律，实现“一个君主，一种法律”。他以“国王的公平和正义”为名，颁布适用于全国的法令，限制地方权贵，以扩大王室的统治地位。应当说明的是，在日耳曼法形成、发展的过程中，各日耳曼王国的法律格局是日耳曼法与罗马法、教会法并存且相互影响、相互融合。随着日耳曼人和罗马人混合居住的延续以及社会封建化程度的加深，几种法律渊源之间的相互影响与渗透逐步加深，并且这一过程一直贯穿于西欧中世纪直到近代。在查理大帝统治时期，帝国政府颁布的王室法令和王室法院作出的判决，对境内既存的法律规范兼收并蓄，也对罗马法、教会法与日耳曼法的融合发挥了重要作用。

第二节 日耳曼法律体系

一、适用法律的基本原则

日耳曼各王国建立后，因其文明知识的局限，在适用法律方面仍沿袭氏族制度时期的习惯，采用属人主义原则，对日耳曼人适用日耳曼法，对被征服的罗马臣民则适用罗马法。日耳曼法较罗马法具有优先效力；日耳曼人和罗马人发生法律关系时，适用日耳曼法。

事实上，在司法实践中适用属人主义原则在技术上并不容易，首先需要解决两个问题：一是如何决定一个人所适用的法律；二是当不同部族的日耳曼人发生法律关系、在选择法律上发生冲突时，适用哪一种法律。解决第一个问题的具体做法是：决定属人法的一般原则是以出生事实为依据，婚生子女从父法；妇女结婚后从夫法；非婚生子女从母法；基督教僧侣从罗马法或出生地法；被保护人从保护人的法律。解决第二个问题的做法可归纳为：其一，发生法律关系的各方的法律都有效，即各方适用自己的属人法。例如，订立契约、提供证言和结婚仪式等，就适用这类规则。其二，优先适用在法律关系中利益最大的一方的法律。例如，刑事案件中杀人罪的赎罪金、伤害身体罪的赔偿金的确定，适用被害人的出生地法；民事诉讼中被告人的权利义务的确定，适用被告人的出生地法；监护适用被监护人的法律；继承适用被继承人的法律；等等。日耳曼法中没有像罗马法那样完整的财产制度，没有抽象的所有权主体和客体的概念。日耳曼法中所有权的主体和客体是具体的，主体的身份地位不同，享有所有权的性质和范围就不同；客体不同，所有权的效力和保护方法也有差别。客体主要分不动产和动产两类，这种分类深受罗马法的影响。

二、所有权

日耳曼法有关所有权的规定具有如下特点：一是没有像罗马法那样完整的财产制度，所有权的主体和客体都是具体的；二是主体因其身份地位的不同而享有所有权的性质和范围也不同；三是所有权的效力和保护方法因客体的不同也有差别。客体主要分为动产所有权和不动产所有权，前者是绝对的，而后者只是一种相对所有权。这种分类深受罗马法的影响。

（一）不动产所有权

日耳曼法的不动产主要指土地。当时，对土地的所有权形式，是依人的身份和地位确定的，其种类大致有：马尔克公社土地所有制；贵族大土地所有制；此外，采邑制和农奴份地只是一种土地使用权。

1. 马尔克公社土地所有制。这是一种由自由农民组成的集体土地所有权，盛行于封建制度形成时期，源于日耳曼氏族制度的土地所有制。马尔克是日耳曼人氏族制度解体时期以地域关系为基础的农村公社组织，是公元5世纪至9世纪西欧占主导地位的社会组织形式。当日耳曼人按地域关系形成马尔克公社时，这一地域的耕地、森林、河流、牧场等为公社集体所有，除耕地分给各家单独使用外，其他为社员共同使用。各社员房屋所占土地及其周围的小块园地归各个家庭私有；在这种制度下，家庭只有土地的占有、使用和收益权，管理权和处分权则由公社享有，如统一的休耕轮作制。由此土地的转让、继承受到限制。例如，禁止把土地卖给其他公社社员；份地只能由男性继承；社员占有、使用土地须遵守传统习惯，尊重其他社员的相应权利，不得损害公共利益，否则会依法制裁。随着封建化的加深，对公社社员土地权利的限制逐渐减少，大约在6世纪末7世纪初以后，土地自由买卖较为普遍，社员占有的份地通过自由转让成为自主地。

2. 贵族大土地所有制。这种土地所有制形式是一种教俗贵族私人土地所有权，是西欧封建制的基础。它最初主要是通过日耳曼各王国国王将征战获取的土地封赏给贵族、亲兵和教会而形成。据记载，早在公元1世纪末的塔西佗时代，日耳曼人的土地就开始按“功绩”分配，出现了土地贵族。其后对罗马的征服更强化了各部族军事领袖及贵族、亲兵的地位和权势，将获得的大量土地进行封赏，便形成了大土地占有制。而这种大土地占有制形式伴随着封建化的过程不断扩大和巩固，其主要途径：一是经“委身制”、“特恩权”和“采邑制”；二是通过公社社员土地分化而形成。

委身制是西欧封建制度形成时期教俗贵族兼并自由农民的土地，迫使他们依附于封建主而失去人身自由的一种形式，是贵族、教会剥夺农民土地的主要手段。这一制度是以交出土地换取“保护”，失地的农民除了耕种领回的份地外还得向“保护人”服劳役和尽各种义务，沦为农奴。

特恩权是一种与大土地所有制有关的贵族特权。各国国王最初赏封的土地并不以受封者的义务为条件，这些大土地占有者因不需要对国王承担任何义务，土地便成为私有的、可以转让的、世袭的自主地。其结果使得这些大土地所有者各自为政，在其领地内享有行政和司法权，封建割据日益严重，以致后来国王不得不承认他们在其领地上的这种权力，禁止政府官吏进入领地行使管辖权，即为“特恩权”。

采邑制是欧洲中世纪早期的一种土地占有制度，即以承担一定的封建义务为条件，从国王处受封土地，终身占有使用的制度。公元8世纪30年底，为了限制大土地所有者的权力，法兰克王国实行土地改革，把原不附条件的封赏土地改为有条件的封赏，如此分封的土地即称“采邑”，进而以“采邑制”取代了贵族自主地。。这种制度的特点是：凡受封者须为国王尽一些法定义务、特别是服兵役。如果受封者不履行义务，国王可收回“采邑”。采邑只能终身享有，不得世袭。继承人只有重新得到封赏，才能继续占有采邑。其他大小贵族在把自己的土地封赏给下属时，也采取这种形式。9世纪以后采邑事实上也变成了世袭领地。这样，“采邑”成为法兰克王国主要的土地占有形式，封建的权利义务形式表明封建制度完全确立，封建等级制形成了。这种类似于特恩权制、用来调整拥有大土地的统治阶级之间关系的法律，旨在加强王权。因为特恩权实施的结果是王权的削弱、社会秩序的混乱。

3. 农奴份地。农奴耕种的土地是从领主处领取的，只有使用权。这种土地使用权的法定条件是：要承担沉重的赋税和劳役，农奴人身被束缚在土地上，成为土地的附庸。领主转让土地时，农奴同时被转让。

（二）动产所有权

日耳曼法中的动产指武器、牲畜、农具、奴隶以及其他能够移动和易灭失的物品。与土地不同，日耳曼法对动产确认了完整的私人所有权且实行严格保护，凡侵犯他人动产者要负赔偿责任。各“蛮族法典”都规定了盗窃或抢劫动产受惩罚和罚金的条款。而且，还规定凡丧失自己的动产者，可以行使追及权，除当场发现、当场追及外，还可通过捕捉程序行使追及权。

三、债法

由于西欧早期封建制时期自然经济为主导，商品经济不发达，日耳曼法的债权制度非常简单。主要表现为：其一，没有形成民事违法观念，侵权行为作为犯罪，债的履行与不履行没有严格界定。其二，契约关系很简单，契约种类很少，只有买卖、借贷和使用借贷等几种。其三，订立契约注重形式，契约的有效性须依赖一定的公开意思表示程式，如经过标的物的象征性交付或经过法定的程序，讲固定的套语，做固定的动作。其四，保留债务奴役制，对债权人的利益严格保护。当债务人无力清偿债务时，债权人可以扣押债务人的人身和财产，使其充当奴隶。同时，债权人还经常要求债务人宣誓（通常是指剑发誓），象征债务人的人身连同财产一起处于债权人权力之下。

四、婚姻家庭与继承制度

日耳曼人的婚姻家庭和继承法具有如下基本特征：

第一，在婚姻和家庭制度上，日耳曼法实行买卖婚、一夫一妻制和家长制。日耳曼人一般实行一夫一妻制，但贵族和国王盛行一夫多妻。结婚的方式通常是买卖婚。一般由男女双方家庭达成协议，不必征求女方本人同意，由新郎向女方的家庭献上一份财物即为支付新娘的身价，财物如被接受，女方即交付男方为妻。此外，还有早期盛行的抢夺婚方式，即男方家族成员把选中的女子抢来后，向女方家族支付赔偿金以求和解，如女方家庭接受，即可成立婚姻关系。赔偿金的数额同买卖婚中支付的身价大致相等，所以抢夺婚实质是买卖婚。在婚姻关系存续期间，妻子处于夫权之下。丈夫对妻子既有保护之责，也有一系列权利，包括贫困时可将妻子抵债或出卖为奴。在家庭关系上，日耳曼法实行家长制。家长在家庭中是其妻与子女的代表，除在夫妻关系上享有夫权外，对子女还享有父权。父亲对自己刚出世的子女有弃婴权；有出卖、驱逐、惩戒甚至处死的权力。同时，家长权也包括须承担其子女的侵权行为之责。但在传统上，日耳曼法对夫权和亲权也有一定限制。例如，丈夫未经妻子同意不得处分妻子个人财产范围内的不动产；父亲不得任意处分属于儿子的不动产。

第二，在继承制度上，日耳曼法实行法定继承，对动产和不动产采取不同的继承原则。因不甚发达的私有制和家族本位精神，日耳曼人一律实行法定继承。在动产继承上，遗产先由近亲属继承，继承顺序是：子女、父母、兄弟姐妹；在同一顺序中，男性优于女性，继承份额女子仅是男子的一半。不动产继承，早期的自由民份地只能由儿子继承，无子由马尔克公社收回；6世纪后半期以后，份地也可由其他亲属，包括女儿继承。农奴份地世代相传。

五、违法行为

古代法在实质上主要是刑法和侵权行为法，日耳曼法亦然。发展程度较低的日耳曼法中也把犯罪和侵权行为混同在一起，都称作违法行为。它们的区别是侵害私人利益构成侵权行为之诉，如对亲属关系与私有财产权之保护；侵害公共财产及利益则构成犯罪之诉；侵权行为引起复仇，犯罪则由公共权力机关实行惩罚。“古日耳曼法中，侵权行为与犯罪之区别，即以侵权行为乃产生不法行为者与被害者血族团体间一种敌对的关系。”① 近代法律认为是犯罪的许多行为，如公开杀人、强奸妇女等，在日耳曼法中都属于侵权行为。

（一）犯罪

早期，大部分违法行为属于侵权行为。犯罪种类极为简单，主要有叛逆、逃兵、放火、暗杀等。刑罚有两种，即死刑和宣布处于法律保护之外即放逐（所谓“狼形人”）。死刑的方法有绞刑、活埋。被宣布处于法律保护之外者，丧失一切权利，任何人都可以将他杀死。后期，随着国家权力的增大，由国家机关惩罚的犯罪的范围扩大了，出现了侵犯国王、侵犯教会、侵犯领主等新的犯罪种类。对这些犯罪都处以死刑。

---

① ［美］孟罗·斯密著：《欧陆法律发达史》，姚梅镇译，中国政法大学出版社1999年版，第31页。

(二) 侵权行为

对侵权行为，不论何种类型，一律实行损害赔偿或放逐复仇。实行血亲复仇，就是由被害人亲属团体对加害人及其团体进行报复。复仇不必经过审判机关批准，但必须公开进行，其他亲属团体严守中立。为了避免部族内部亲属团体之间的纷争和仇杀，在日耳曼法成文化时代已普遍实行损害赔偿制，法定的赎罪金制（也称罚金，上交国王或地方官的小部分叫和平金，类似诉讼费）只是一种特别形式的损害赔偿。

六、司法制度

(一) 审判机关

日耳曼各王国的审判机关是从氏族公社时期的民众大会延续下来的。当时的民众大会行使宗教、立法、决策和刑事审判大权，如宣布将罪犯放逐。普通地方法院一般由百户法院（这与军事目的有关。据塔本佗记载，在当时君主执行司法职务时，其旁恒有一百人之团体。学者认为这是君主在巡回审判。[①] 和郡法院组成，全体自由民参加。百户法院即百户区的民众大会，由百户区长官主持；郡法院即郡的民众大会，由郡长主持。法官是一些熟悉习惯法的富有经验的长者，被称作"宣法者"。自由人出席审判大会不仅是权利，也是义务；判决须经他们同意才生效。后来，随着民众大会作用的下降，审判职能逐渐被少数贵族控制。查理大帝时进行司法改革，免除了自由人参加审判大会的义务，由经推选的"承审官"进行审判。王室法院由国王、宫相或其他国王委任的官员主持，没有自由人参加。国王可根据当事人的请求，将案件从地方法院移至王室法院审理。加洛林王朝时期，由于巡按使制度的实行，又出现王室巡回法院。

(二) 诉讼制度

日耳曼法只有两种诉讼：一是要求损害赔偿或罚金之侵权行为之诉；二是原告诉请将被告放逐法外之刑事诉讼，两种诉讼都实行自诉原则。传唤被告由原告负责，一经传唤，原告即有到庭的义务，否则受罚。诉讼按固定程序进行，传唤、陈述、答辩等要使用配合一定动作的习惯语言，否则即告败诉。诉讼证据主要有宣誓、神明裁判和决斗。随着王权的加强，王室法院和巡回法院在审理涉及王室利益的案件时不采用上述程序，而是采用纠问式诉讼方式。即由王室法官或巡按使主动传讯知情人，在查清事实后作出判决。

第三节 日耳曼法的特点和历史地位

日耳曼法是中世纪各日耳曼王国中适用于日耳曼人的法律的总称，是在日耳

① ［美］孟罗·斯密著:《欧陆法律发达史》，姚梅镇译，中国政法大学出版社 1999 年版，第 21 页。

曼人的原始习俗基础上发展起来的早期封建制法。其基本特点是：

一、日耳曼法的特点

（一）日耳曼法是团体本位的法

在日耳曼法上，个人行使权利和承担义务，以家庭和部族为转移，要受到团体即家庭、氏族和公社的约束；人们之间的关系在法律上是由他的身份决定的，而不是凭个人意志决定的。“日耳曼法制为封建社会之法制，一切法律关系，概以其身份为基础。其权利义务之关系，恒依其各人之身份而决定，受其拘束，毫无意志之自由。”① 以身份拘束为立法主旨，趋向于团体本位。例如，日耳曼人的家庭中，家长权重大，但家长为重要法律行为时，由于涉及全家利益，不能个人决定，而要征得家庭成员中成年男子的同意。又如，作为氏族成员，当本氏族有人受到外氏族人侵害时，必须与其他氏族成员共同复仇或共享赎罪金。日耳曼法的这种以团体为中心的特点，明显区别于古典罗马法强调的以个人为中心的特点，后世法学家称之为“团体本位”。

（二）日耳曼法是属人主义的法

在司法实践中，日耳曼法贯彻属人主义原则，不论日耳曼人居住在哪里，对他只适用他所出身的那个部族的法律。反之，一个外来人居住在本氏族、本公社内，本氏族的法律对他也不适用。蛮族国家建立后，各国王在适用法律方面仍因袭固有习惯，因人而异，日耳曼统治者以罗马法统治罗马臣民，而同时对其本民族的公民适用它们自己的法律。也就是说，对日耳曼人适用日耳曼法，对罗马人适用罗马法，两种法律发生冲突时，以日耳曼法为准；日耳曼各部族法律之间的冲突，则据不同问题确定不同的解决办法。10 世纪末叶，随着社会封建化的完成，封建领主在其领地上独立行使统治权，设立法庭审判领地内的案件，由于人们混居在一起，民族之间的区别渐渐消失，便需适用同样的法律，而不管当事人原来属于什么部族。这样，适用法律的属人主义逐渐过渡到属地主义。

（三）日耳曼法是具体的法

日耳曼法不是抽象的法规，“并无‘人’之抽象的概念”②，只是一些解决各种案件的朴实粗俗的具体办法，缺乏一般的合理精神。法律大部分基于人民现实生活和习惯，是习惯法的汇编，绝少成文法典。例如，《撒利克法典》中并没有关于处理盗窃罪的一般规则，列举了盗窃各种物品所应交的罚金。这表明，日耳曼法处理案件的根据是以前类似案件的判决，而不是一般的法律规范。

（四）日耳曼法是形式主义的法

日耳曼法是严格恪守形式、注重法律行为外部表现的法律，一般不考虑行为

① 李宜琛著：《日耳曼法概说》，中国政法大学出版社 2003 年版，第 13 页。
② 李宜琛著：《日耳曼法概说》，中国政法大学出版社 2003 年版，第 12 页。

主体的主观状态，只关注法律行为的外在表现形式是否符合法律规定或是否造成损害后果等。凡属转让财产、结婚、赔偿损害、脱离氏族关系等法律行为，均须遵守固定的形式、讲固定的语言、做象征性的动作，否则不发生法律效力。行为人外部表现出的语言和象征性动作，均按习惯加以解释而产生法律后果，而不考虑其真实意思如何，“即一切法律行为概由手与口所完成。”① 这就是说，确定犯罪和违法行为的标准只是表现出来的客观行为，而不考虑犯罪者的主观因素。

（五）日耳曼法是世俗性的法

尽管日耳曼法中有某些原始宗教信仰的因素，如宣誓和神明裁判，但法律本身并不和宗教教义直接联系，内容中不包括宗教法规，也没有宣布法律是神的意志的体现。这与古代印度的法律，以及阿拉伯帝国的法律（伊斯兰法）有明显区别。日耳曼法是继罗马法之后在西欧形成的一种法律体系，是由日耳曼各部族原

二、日耳曼法的历史地位

作为西欧封建制早期占主导地位的法，日耳曼法在西欧法律史上占有重要地位，其风格和理念与罗马法截然不同，既是中世纪欧洲法的重要构成要素，也是近代法的主要历史渊源之一。

（一）日耳曼法是西欧早期封建制时期占主导地位的法律

日耳曼法是继罗马法之后在西欧形成的一种法律体系，是由日耳曼各部族原有的习惯直接发展而成的，是一种早期欧洲占主导地位的封建法。日耳曼法的风格和理念与罗马法截然不同，是中世纪欧洲法的重要构成要素，也是近代法的主要历史渊源之一。尽管它反映比较低的经济和文化发展水平，但它是罗马法之后几百年间在欧洲占主导地位的法律，适用范围极其广泛，是当时欧洲社会政治、经济、文化的集中反映。它促进了西欧封建制度的确立。在日耳曼法与罗马法并存中，日耳曼法处于优势地位。但它们彼此之间的相互影响、渗透而逐渐融合，对西欧法律的发展产生了巨大影响。

（二）日耳曼法是西欧封建法律的基本构成因素

日耳曼法直接导致了欧洲封建法的形成，并始终是封建法的重要构成要素。9 世纪以后，西欧进入封建割据时期，日耳曼法演变为分散的地方习惯法，适用法律的属人主义相应转变为属地主义。但无论地方习惯法还是调整封建贵族之间关系的法律都是在罗马法和日耳曼法融合的基础上发展起来的，只是各地区情况不尽相同而已。西欧法律在整个中世纪时期经历了很大变化，但以日耳曼法为基础发展起来的习惯法一直在西欧占主导地位。法国分为日耳曼习惯法区和罗马成文法区，到革命前夕全国和各地方的习惯法汇编仍有 360 种以上；德国则无论是

---

① ［美］孟罗·斯密著：《欧陆法律发达史》，姚梅镇译，中国政法大学出版社 1999 年版，第 53 页。

全国通行的普通法还是各邦的邦法，都以日耳曼法为主要渊源；在英国，虽然出现了衡平法，但以盎格鲁撒克逊习惯法（日耳曼法的组成部分）为基础发展起来的普通法仍是主要的法律渊源。

（三）日耳曼法是西欧近代法律的中古渊源

“缘近代英国法与近代欧洲大陆民法，其情形正同，俱系代表罗马法制、日耳曼法制与其他中世及近代所发展之各种独立制度之混合物。”① 近代西欧法律从日耳曼法中继承和吸收了许多原则和制度。法国资产阶级革命过程中最先建立了资本主义的法律体系，实现了广泛、彻底的法律改革，但仍然吸收了很多渊源于日耳曼法的习惯法原则和制度。例如，《拿破仑法典》中关于已婚妇女无行为能力、夫妻财产共有制和某些继承规则，主要是根据习惯法；革命前的法律和习惯在民法典中没有规定的问题上继续有效。在德国，民法典第一次草案（1887年）被否决的主要原因之一，就是过分依靠罗马法而忽视民族固有法（即日耳曼习惯法）。和法国民法典一样，德国民法典在婚姻家庭方面主要继承习惯法，此外还在不动产制度中保留了较多的习惯法因素。由于英国法形成和发展的特定历史环境，以及资产阶级革命所表现的妥协性和保守性，近代英国法律内含的日耳曼因素比大陆国家要多，这在不动产法和诉讼制度方面更为明显。在此意义上，恩格斯称英国法为传播于世界各大洲的唯一的日耳曼法。

此外，日耳曼法对于法学研究具有重要价值。它向人们展示了一种全新的法律观念、法律文化，丰富了人类的法律宝库，使我们能从多种角度来认识法律，如对于法的起源、发展理论；法的渊源和效力理论；法的价值理论等。19世纪的英国和德国学者都认为近代欧洲自由主义系发端于日耳曼森林之说。

① ［美］孟罗·斯密：《欧陆法律发达史》，姚梅镇译，中国政法大学出版社1999年版，第10页。

第六章 教会法

教会法，作为适用于整个中世纪西欧教会的普通法，是中世纪西欧封建法律的重要组成部分，它与日耳曼法、罗马法共同构成了西方近现代法律体系的三大支柱。通过本章学习，重点掌握教会法产生、形成与发展演变的过程及其社会历史条件以及教会法律制度、基本特点等；进一步了解中世纪西欧法制发展的多样性；理解和思考法律与宗教的关系。

第一节 教会法的产生和演变

教会法，也称"宗规法"或"寺院法"，特指中世纪西欧罗马天主教教会所制定和认可的对其信徒和神职人员有关组织、制度和行为准则以及教会与俗界关系的法律。教会法是以基督教教义为核心，其内容与天主教教会组织及教徒生活有密切联系，其范围在教徒的信仰、伦理及宗教生活和教会制度等方面均具约束力的宗教法律的总称。在广义上，教会法泛指任何历史时期的各种基督教会，包括罗马天主教教会、东正教教会、新教的圣公教教会和加尔文教教会、东方基督教的各个独立教会所制定且认可的全部法律。在此是持狭义说，仅指中世纪西欧地区由罗马天主教教会制定并实施的、统一适用于整个天主教会的法律，可谓天主教会的普通法，对整个欧洲近代以来的历史产生了重大影响。

教会法是基督教产生和发展的历史产物，是伴随着基督教在中世纪的产生与发展逐渐形成和完善的。公元4世纪，随着基督教成为罗马国教，基督教教义就成为教徒的普遍生活准则，教会法就此产生。独立的教会法律体系形成和成熟于中世纪中后期。教会法的历史一般被划分为三个阶段：从教会起源到格兰西的《教会法汇要》（Decretum Gratiani，1140 年前后）；从格兰西到特兰托会议（1545 年—1563 年）和《教会法大全》的审定和正式颁布（1566 年—1582 年）；从特兰托会议到《教会法典》（1917 年）。①

一、教会法的产生和形成（公元1世纪—12世纪）

教会法伴随着基督教的产生而产生，是基督教教会组织化和制度化的产物，

① 彭小瑜著：《教会法研究》，商务印书馆 2003 年版，第 17 页。

同时，其形成的过程也是基督教教会在西欧中世纪发展和兴盛的过程。教会法产生和形成的历史大体从公元1世纪基督教教会的起源到12世纪格兰西的《教会法汇要》（Decretum Gratiani，1140年前后）的颁布。教会法在其产生和形成时期的法律渊源主要表现为地方性的、较为零散的、由地方教会宗教会议所颁布的法令，这些法令被收录到各种教会法汇编里，渐渐获得其他地方教会的承认，或者经过罗马教皇的认可而在整个西欧普遍适用。最初教会法的内容只限于神职人员的宗教纪律，但随着基督教地位的提高，教会法也不仅适用于教徒，而且开始对世俗居民具有强制性。

基督教产生于公元1世纪的巴勒斯坦，时值罗马帝国统治之下。在古代希伯来人所信仰的犹太教的基础上，新兴的基督教尊奉唯一的上帝，并宣扬上帝面前人人平等的观念，抵抗任何压迫和剥削现象，其斗争矛头直指罗马统治者。当时，巴勒斯坦的基督教教徒时常聚在一起研讨教义，并形成一定规模的集会。由于罗马当局对基督教信徒残酷迫害，这种宗教集会只能以隐蔽形式进行，其组织变得更加严密，对信徒的控制力也逐渐增强，这种宗教集会可谓基督教教会的雏形。公元2世纪后，各地富贾乡绅也开始加入教会组织，使得基督教教徒的数量不断增加，加入教会组织的富贾乡绅逐渐取得对教会组织的领导权，教会的成分开始变得复杂。此时出现的教父学对《圣经》中教会教义的解释提出“君权神授”，要求信徒对罗马统治者保持更多的隐忍和臣服。这就使得罗马当局因功利的考量转而承认基督教及其教会组织的合法性，大力扶植教会组织中亲近罗马的势力以维持其统治。进而，在罗马统治的各行省，多次召开地方宗教会议且颁布有关法律。公元3世纪末，伴随基督教教义在罗马帝国各行省的普及和教会组织的迅速膨胀，基督教已由一个地方性宗教一跃而为“世界宗教”。313年，东罗马帝国皇帝君士坦丁一世发布《米兰敕令》，停止迫害基督教教徒，归还被没收的教会地产，通过颁布宗教信仰自由政策解除了对基督教的禁令，初步奠定了基督教的合法地位。

源于基督教且与其相伴产生的教会法律秩序，如当时存在合法化了的权威及其宣告和实施的有关教义、信仰、道德、纪律及教会结构等事务方面的规则，这些可以从“《新约圣经》本身、尤其对保罗的书信和《使徒行转》所提供的证据”加以说明。① 迄今所发现的最早的教会典章文献最著名的有：《十二使徒遗训》（约公元1世纪）、《主的训导》（约100年—150年）、希波律徒的《使徒传统》（约225年），所有这些都规定了宗教礼仪制度、教徒的行为规范和教会法纪。自公元4世纪始，教规教令汇集就被广泛地应用于各地教会。梅雷提奥斯的《教规集成》（约380年，收录了4世纪安条克和其他地区主教会议所颁布的法令，后又增加了尼西亚会议的法令及有关书信。这是第一部以宗教会议法令和教

① ［美］哈罗德·J. 伯尔曼著：《法律与革命》，贺卫方、高鸿君等译，中国大百科全书出版社1996年版，第242页。

父著作为内容的教会法令汇编）。

公元325年，君士坦丁一世召开了由全欧洲主教参加的第一次基督教宗教会议，史称“尼西亚会议”。该次会议由罗马皇帝亲自主持召集，是基督教发展史上的一块里程碑，其主要成果为：它宣告圣父、圣子、圣灵三位一体为基督教信仰的核心；在各地教会的教规汇集的基础上制定二十条法规以扩大正统派主教的权力，并为基督教徒制定了具有强制性的统一信条；尼西亚会议通过的《尼西亚信经》是第一部正式的教会法。同时，尼西亚会议也表明，罗马帝国要求基督教教会完全屈从于世俗政权，促使“政”“教”某种程度的结合，一时趋于“一元化”的政治结构。但是，罗马主教因其相对宽松的政治环境且取得享有自主任命下任罗马主教的“主教叙任权”，因此，“政”“教”二者较大程度的分离，也使得西欧一直维持“二元化”的政治格局。这也影响了公元11世纪基督教分裂为西、东两个宗教世界。333年，君士坦丁一世承认了主教的管辖权。因握有实际的政治权力，主教们类似地方世俗行政官那样受理原告提起的民、刑事诉讼，并作出具有强制执行力的判决。随着教区规模的扩大化，教会组织发展日益呈现出层级化、职能化和区域化的趋势，烦琐的教阶制度成熟。与此同时，教会实体法律和判案程序不断推出。公元5世纪，罗马修士迪奥尼修曾两度编纂《教皇教令集》，流传甚广。419年的迦太基会议对各地教会法规再次进行整合，不同程度和形式的教会法汇编表明教会这一庞大的社会组织自始至终对教会法规的统一性、系统性及普遍性予以极大的重视。

由于基督教的超种族、民族和地域的特征，对征服了西罗马帝国、曾信奉原始多神教的日耳曼人具有极大的吸引力，在较短的时间内，西欧各日耳曼王国在封建化的同时得以基督教化。496年，法兰克王国的缔造者克洛维率众在朗斯接受洗礼，皈依基督教。此后，直到公元10世纪，可谓西欧日尔曼人基督教化的普及时期。各日耳曼王国的统治者陆续皈依了基督教，纷纷将基督教作为国教，基督教教会在西欧各地重新成为一支重要的政治力量。6世纪初，西罗马教皇采纳了《丹尼斯教规集》，教皇亚德良一世将这部汇编进行增补以《罗斯教会教规汇编》授予查理大帝。其后，这部教会法汇编从802年起成为西罗马教会的官方教会法，也就成了各欧洲国家教会法的基础。751年，罗马教皇斯蒂芬三世为法兰克宫相丕平举行涂油圣礼，帮助继位，建立了加洛林王朝。756年，罗马教皇受到伦巴德王国的武力威胁，求助于法兰克王国，丕平在挫败伦巴德人之后，将罗马城及其原东罗马帝国在意大利的拉文那总督管区划归教皇管辖。这片以梵蒂冈城为中心的领土为罗马教皇建立教皇国提供了重要的物质基础。为了防止东罗马帝国重新夺取这片土地，罗马教皇杜撰了一份名为“君士坦丁赠礼”的文件，以论证罗马教会占有这片领土的合法性。这份伪造的历史文献为罗马教皇享有广泛的世俗主权提供了法律上的依据，被罗马天主教会认为是教会的根本法之一。此外，需要指出的是，西欧的基督教化和封建化过程造成大量“地产教会”，因国王和封建主对自己地产上的教堂和修院既有创建和维护的义务，也有处分教产和任命神父与修院院长的权力，这就大大削减了对堂区教会负有管理和监督法定责任的主教们的实际权威。因此，这一时期教会颁布的重要法律文件大多体现了教俗之间相互支援的关系，教会法在内容上也较多地涉及教会的内部事务。这一时期教会立法大体上是在世俗王权的控制下进行的。

“教会的普遍性主要不是依靠政治或法律的统一，而是依靠共同的精神传统、共同的教义和崇拜以及一种共同的礼拜仪式。教会所拥有的这种政治和法律的统一，首先与维护教会的精神普遍性相联系。”这也在一定程度上解释了教会法在很大程度上与神学学说、礼拜仪式和各种圣礼交织在一起。[①] 公元9世纪之后，罗马教皇的权力不断扩张，原有教会法规则变得陈旧不堪，难以满足教会发展的需要。为此，教皇亲自颁发大量敕令、通谕和教谕等各种形式的教令，作为对原有教会立法的补充。公元10世纪初，法国西南部的克吕尼修道院发起了旨在反对教会封建制论和世俗化的宗教改革运动即“克吕尼改革”，矛头指向世俗政权。该运动主张，修士须遵守修道院原有的法规，严格隐修生活，整肃宗教礼仪；修士不得置私产、不得结婚，不得违背修道院的领导；世俗势力不应控制修道院，也不应侵蚀修道院的地产。

随着王权的日渐式微，公元11世纪和12世纪早期，发生了罗马教皇体制革命，革命后的西欧教会首次获得独立于皇帝、国王和封建领主的法律地位，以罗马教皇为核心的天主教教会权威的确立使之逐渐发展成为中世纪欧洲的国际中心。与此同时，基于不同法律秩序的各种法律体系在罗马天主教会和西欧各王国、城市和其他世俗政治体中被创立出来。这一时期发生了的变化是：专职法院、立法机构、法律职业、法律著作和法律科学在西欧各国纷纷产生。“这种发展的动力主要来自于一种强烈的主张，即教皇在整个西欧教会中的至上权威和教会独立于世俗统治。”[②] 11世纪中叶，由罗马教廷领导下的改革进入高潮。教皇改革关注整个西欧教会，意图依据教会法强化教皇权威及其领导权。1075年，教皇格里高利七世颁布了包含27个条文的《教皇敕令》，明确宣布“教权至上”的理念，取消世俗君主叙任本地主教的权力，并对教会的独立性以及教权与王权的关系作出了新的界定。该敕令指出，以教皇为中心的教会应当取得凌驾于诸世俗君主之上的至高地位，因而任何世俗君主如果不效忠教皇，就没有对自己的王国进行合法统治的基础。此外，该敕令亦强调教会法规必须由教皇颁布或批准；地方教士应服从教皇特使；禁止圣职买卖和教士独身等宗教规则。该敕令出台之后立刻遭到各国世俗统治者的强烈反对，德意志皇帝亨利四世甚至发表檄文，要求废黜罗马教皇格里高利七世；教皇则于1076年在拉特兰城召开宗教会议，宣布革除亨利四世的教籍。至此，教俗矛盾公开化，教俗之间的外交冲突持续不

① ［美］哈罗德·J. 伯尔曼：《法律与革命》，贺卫方、高鸿君等译，中国大百科全书出版社1996年版，第141页。

② ［美］哈罗德·J. 伯尔曼：《法律与革命》，贺卫方、高鸿君等译，中国大百科全书出版社1996年版，第57~58页。

断。1122年，教俗双方在沃尔姆斯城缔结协定，史称《沃尔姆斯协定》。根据该协定，罗马教皇获得了德意志地方的“主教叙任权”。这表明，教会在西欧任何国家都不再受到世俗政府的管辖。至此，教会已经发展成为以罗马教廷为中心并且独立于世俗政权的庞大网络，而教皇的地位也已经凌驾于诸世俗君主之上，成为中世纪封建政治的绝对权力核心，同时也确立了教皇在教会事务上的最高立法权。

教皇至尊权威的确立、教会法律文件的增多以及大量新的教会法汇编的出现，使得教会法在12世纪得以形成。此时，教皇敕令、宗教会议决议以及宗教法院判决不仅成为普遍适用于西欧各国的法律，而且成为学术研究的内容。不过，此时的教会法在很大程度上仍处于分散状态且其管辖权限与世俗法权限不甚清晰。约在1140年，博洛尼亚修士格兰西用时下流行的语言阐述教会法原则，并在每一条规则之下引注《圣经》原文、教皇敕令以及宗教会议决议等，将宗教会议教规和教皇教令现大法律渊源相融合，编纂成著名的《格兰西教会法汇要》。《格兰西教会法汇要》的出现被公认为是对教会法的一种权威性论述，是教皇、宗教会议和教会法院不断引用的权威依据，是教会法教学的核心，通行于西欧各国教会长达500年之久，被公认为是古代教令集的典范。标志着教会法的形成。这部法典的问世使“教会法才真正成为近代意义上的‘法律性’的。这部汇要成为当时及其后主教和法官的工作手册及大学的教材。[①] 教会也由一个圣事因素与法律因素交织的精神的和圣事的共同体发展为一个神圣法律的共同体。这部成于民间的教令集在西欧各国具有很高权威，它不仅成为各地宗教法庭适用法律所参照的依据，亦成为各大学研究和讲授教会法的依据，而且，其后有关它的注释、评注、论文及专著大量涌现，为教会法发展成为独立成熟的法律体系奠定了基础。与此同时，教会司法也与世俗司法制度一样出现了专业化趋势，主教法庭构成与教会组织整体，此时实行的是刑事控诉式程序。

二、教会法的发展（公元12世纪—16世纪）

公元12世纪—16世纪，属西欧中世纪中后期，是基督教鼎盛时期和教会法发展的成熟时期。此时教会法得以发展的主要途径有：一是因教会改革而使不断强化的教权为教会法的发展提供了必要的政治条件；二是教会立法尤其是教皇敕令和宗教会议决议大量地推出进一步完善了教会法体系；三是教会法渊源的持续性的规范化、统一化和系统化工作得以完成，其标志是16世纪编纂的《教会法大全》。与此同时，其司法技术也日益近代化。

一般将公元12世纪—13世纪称为教会法的“古典时期”。1198年，英诺森三世继任教皇，罗马天主教廷的权势达到顶峰。其一，英诺森三世鼓吹罗马教皇

---

① ［美］哈罗德·J. 伯尔曼著：《法律与革命》，贺卫方、高鸿君等译，中国大百科全书出版社1996年版，第244页。

是“世界之主”，在教会事务上拥有绝对的最高立法权，教会法院的司法管辖也渐渐扩大到许多世俗事务方面。而且，教皇插手西欧各国的内政，策动十字军东征，组织各国武装力量对基督教世界以外的地方发动侵略战争，罗马教皇俨然成为西欧各国教俗事务以及国际问题的最高权威。其二，为了满足现世的需要，英诺森三世对既有教会法进行了大规模的修订，并将各个时期的教皇敕令和宗教会议决议结集成册，于1210年发布《教令集第三编》。系统化了的教会法由此发展成为易于为人们查录和应用的第一个近代世界性法律体系。其三，在教会司法组织上，教会法庭则发展成为完全独立于世俗法庭的独立司法系统，其司法管辖范围，一般而言，凡是涉及基督教信仰的案件，或是涉及教会利益的案件，无论刑、民，均由教会法庭管辖，世俗法庭则无权过问。“12世纪教会法的更为近代、更为合理和更为系统化的诉讼程序与早先流行于日耳曼审判程序中的较为原始、程式化以及多变的法律制度形成了鲜明的对照。”[①] 其四，教会法研究达到了新的高度，此时，兴起于意大利的大学均开设教会法必修课程，把教会法作为与罗马法相并列的研究对象，教会法专家学者云集，有关教会法的专著和法律注释不断推出。

就教会法律渊源而言，除了教廷针对宗教活动的各个领域的问题发布的大量教令之外，与罗马教皇至高地位的确立相伴，教皇敕令在12、13世纪自然成为最重要的法律渊源。同时，法律的规范化与系统化也在大规模持续地进行。主要有：《教令集五编》（1187年—1226年），收录了包括《格兰西教令集》在内的大部分教令，其中第一编的内容依次主要规定了教会法渊源、教会等级、教会法庭和程序、有关财产和婚姻、罪与罚等；《格里高利九世教令集》（1234年），在理论上这是罗马天主教会普世的、权威的、唯一的和排他的法律汇编。[②] 教皇卜尼法八世于1298年编纂了《卜尼法八世教令集》（也称《第六教令集》或《第六书》），该教令集共五卷，是对1234年《格里高利九世教令集》的补充；教皇约翰二十二世（1316年—1334年）于1317年修订完成了由教皇克莱孟五世（1305年—1314年）编纂的《克莱孟教令集》。此外，还有法国教会学家沙皮伊于1499年开始编纂的《约翰二十二世编外卷》和《普通编外卷》。至此，最受推崇的中世纪教会法五大经典得以完成，即《格兰西教会法汇要》、《格里高利九世教令集》、《克莱孟教令集》、《约翰二十二世编外卷》和《普通编外卷》。公元1582年，教皇格里高利十三世以这五大经典为基础，将历代教令整理修订合编成一部新的教令集，并效仿《查士丁尼民法大全》之名称，将其定名为《教会法大全》。这部教令集是中世纪西欧最后一部教令集，它一直沿用至1917年教皇利奥十三世时，才为新编的《天主教会法典》所取代。

总之，随着教会势力的增长，教会法内容不断完善，教会司法制度更为专业

① ［美］哈罗德·J. 伯尔曼：《法律与革命》，贺卫方、高鸿君等译，中国大百科全书出版社1996年版，第305页。

② 彭小瑜著：《教会法研究》，商务印书馆2003年版，第30页。

化，教会法院的管辖权扩大到许多世俗事务，同时也出现了综合汇编的教会法规集即教皇教令集。教会法的研究也日趋繁荣，内容更加系统，逐渐发展成为独立的法律体系。事实上，至15世纪教会法已发展成为西欧各国普遍适用的法律，演变成一个包含着丰富思想内涵和法律知识的成熟的欧洲普通法规则体系。

三、教会法的衰落（公元16世纪—20世纪）

教会法的衰落是教会权力由极盛走向弱化的必然产物，各民族国家的强大使得西欧教会的法律权日益世俗化、政教分离原则的推行使得教会司法管辖权日渐式微，其适用范围日益缩小。15、16世纪宗教改革引发了大规模的宗教危机，使得各国君主纷纷摆脱罗马教皇的控制而崛起且一展身手。17、18世纪的资产阶级革命否定神权及教会法的权威性，进而，教会法的管辖范围逐渐缩小到信仰、道德等领域。

公元14、15世纪，随着人文主义和民族主义思想的传播，西欧各国在政治上由等级君主制过渡到中央集权制的专制君主制，各国世俗君主的权力在人文主义者所提供的“绝对权力”理论基础之上不断膨胀，教会地位和权力趋于式微。此时的人们不愿再把自己视为罗马天主教廷的臣民，而是将热情投入到封建王国或自治城市的政治运动和经济活动中去。为了摆脱基督教对人的束缚，人们开始寻求反对教会秩序的理论依据，并将追求个人的自由作为人生的终极目的，教会渐渐丧失了它在人们精神领域无可取代的权威地位。公元16世纪，发端于德国的宗教改革运动造成了基督教的内部分裂，西欧各国纷纷出现了独立于罗马天主教廷的新教派，如德国的路德派、法国的加尔文派和英国的圣公会派等。这些体现资产阶级利益的新兴教派的出现进一步严重地削弱了罗马教廷的势力，使得教会法庭权威受到严重挑战。例如，在英国，大主教不仅受到国王法庭的审判，且国王法庭成为教会最高的上诉法庭。曾以烈火焚烧教会法典籍的路德就曾说，教会并不是一个立法机构，教会只是信徒的无形社会，在同上帝的关系上，每一个信徒者是一个“私人”，都能与上帝以个人方式直面交流。俗界的政治权威应当承担起过去在罗马天主教会权限范围内所制定的法律的职责。① 宗教改革在许多地区导致了教会法的废止。17、18世纪的资产阶级革命，使得西欧各国普遍奉行政教分离原则，各个国家通过自己的立法渐渐地使其法律完全实现了世俗化，其司法权也深入教会法庭的管辖领地。而教会法学家也因世俗法学的影响而按照《法学阶梯》的模式来解释教会法，忽视了圣事和教会的宗教使命，如1917年《天主教会法典》便是一个明显的例子。该法典完全是仿照世俗国家的法典编纂的，甚至将圣事列入“物法”。可见，到了近现代，教会法作为一个独立的法律体系虽然得以保存，但是其管辖范围缩小到与信仰和道德有关的家庭等个别领域。教会法对婚姻的司法权一直维持到1857年，此后，教会的司法权只限于教

① ［美］伯尔曼著：《法律与宗教》，梁治平译，中国政法大学出版社2003年版，第156~167页。

产和教士纪律这两个狭小的范围。

第二节　教会法的渊源

一、《圣经》

《圣经》是基督教的经典，是基督教信仰的基础，是教会法最为重要的渊源，是基督教各教派最为神圣的法律，是具有最高法律效力地位的神法。《圣经》包括《旧约全书》和《新约全书》两部分，其中《旧约全书》中最直接的法律渊源就是记录在《旧约》的“律法书”中的摩西十诫；《新约全书》中有关基督教早期的教义是最为基本的教会法渊源。

在中世纪的西欧，《圣经》不仅是罗马教皇立法的主要依据，亦成为各地教会法庭活动的主要准则。此外，《圣经》在教会法研究中也发挥着至为关键的作用，学者们往往将《圣经》作为疏通和注释各种教会法规范的最高准则。总之，《圣经》以其在宗教和意识形态领域的影响力成为教会法体系中具有象征性的“最高法”。总之，《圣经》以其在宗教和意识形态领域的影响力成为教会法体系中具有象征性的“最高法”。

《旧约全书》成于公元前3世纪至公元1世纪，共计39卷，由《律法书》、《先知书》、《历史》和《诗歌智慧书》四部分组成，其原文大部分由希伯来文写成，是犹太教的经典，后为基督教所全盘继承。其内容主要叙述了世界和人类起源的故事、犹太民族的古代历史、犹太教的法典以及大量的宗教诗歌和文学作品。其中，《律法书》（5卷）是《旧约全书》的精髓，称为《摩西五经》。《新约全书》成于公元1世纪至2世纪末，共计27卷，分为《启示录》、《使徒行传》、《福音书》和《书信》，原文由希腊文写成，是基督教自身的经典。其内容主要叙述了耶稣的生平和言行、使徒们的传教活动、基督教早期的教义以及基督教教会早期发展的状况等内容。由于《新约全书》的原始抄本已经佚失，罗马帝国的统治者于公元4世纪末召集宗教会议，根据现存抄本重新确定了《新约全书》的内容和目次。后来出现了很多由《新约全书》衍生出的宗教著作，如公元2世纪的《十二使徒遗训》，公元3世纪的《使徒惯例》以及公元5世纪的《使徒大章》（八卷），等等。这些早期基督教的经典著作包含了对《新约全书》的理解和诠释，亦属于教会法的重要渊源。

在中世纪的西欧，《圣经》不仅是罗马教皇立法的主要依据，亦成为各地教会法庭活动的主要准则。同时，《圣经》在教会法研究中也发挥着至为关键的作用，由于在对教会法律的诠释方面，《旧约》与《新约》之间因爱的观念而存有较强的连续性，学者们就将《圣经》作为疏通和注释各种教会法规范的最高准则。总之，《圣经》以其在宗教和意识形态领域的影响力成为教会法体系中具有象征性的“最高法”，同时，也是封建法的重要文献。

二、教皇敕令

由宗教领袖颁布的各种决定和命令是教会法体系中拥有最高法律效力地位的法律渊源。公元8世纪之后，罗马教皇成为中世纪西欧基督教教会的最高统治者，是基督教世界的最高立法者，他在各种宗教场合下颁布的大量敕令不仅在教会内部具有最高法律效力，也直接影响到世俗统治者的决策。教皇敕令涉及教会内外的各个社会领域，其内容往往比较具体，而且都具有极高的权威性，是教会法的重要渊源。当然，在基督教发展早期，历任罗马皇帝经常就基督教事务进行立法，这些世俗统治者所颁布的敕令被后世学者补充编入教规汇编，亦成为早期教会法的重要渊源。

三、宗教会议决议

宗教会议决议，作为教会法的主体内容，是由教皇或者地方宗教领袖召集的各种宗教会议所作出的决定和颁布的命令。宗教会议决议即作为宗教会议通过的决议，是教会法发展早期阶段的主要立法形式。与教皇敕令不同的是，宗教会议决议是以宗教会议的名义作出的，其立法过程公开而民主，其内容是一般性和较复杂的，涉及的往往是宗教公法方面的内容。实际上，很多重要的宗教规则都是通过宗教会议讨论，并以宗教会议决议的形式颁布施行的。在效力地位上，与教皇敕令相仿，宗教会议决议也具有很高的权威性，它是各地教会及教徒必须遵照执行的法律。世俗君主为了巩固自己的统治地位，往往直接参与宗教会议决议的制定，因此宗教会议决议对于世俗政治的影响也十分显著。

四、教令集

教令是对基督教经典以外所有教会法渊源的泛指，它包括与教会管理章程和惩戒办法有关的教会规则，以及教皇针对有关教会法适用问题的书面答复。教皇教令是教会法中仅次于《圣经》的重要渊源。随着教皇教令的增多，出现了许多教令集，如《格拉蒂安教令集》。教令集一般是按照特定归类和编目方式对教令的结集汇编，其所收录的教令来源十分广泛，既有教皇敕令、宗教大会决议，也有教会法庭作出的具体判决，以及教皇对教会法庭上诉案件的批复意见，可谓广义上的教会法汇编。

16世纪的《教会法大全》，是一部经教廷认可的、超大规模、最系统、最具权威性的教令集成。它是始于1566年，在教皇庇护五世的组织领导下、由安东尼奥等学者和枢机团成员构成的教会法文献修订委员会整理修订、于1582年由教皇格里高利十三世批准颁布，将《格兰西教会法汇要》、《格里高利九世教令集》、《克莱孟教令集》、沙皮伊的《约翰二十二世编外卷》和《普通编外卷》五大中世纪教会法经典合编，在此基础上系统汇集几乎所有教令而成的教令全集。作为中世纪西欧最后一部教令全集，《教会法大全》一直沿用至1917年由教皇本尼狄克十五世（1914年—1922年）正式颁布的《天主教会法典》所取代。1917年的《天主教会法典》共2414条，其内容分为总则、人法、物法、诉讼法和罪与罚5卷。该法典进一步强化了教皇的中央集权，强调宗教生活外在形式的高度统一性。1917年的《天主教会法典》被认为是近代西方法律法典化在宗教领域的最系统、最完整的表现，也是罗马天主教会教会法自身演进、实现近代化的产物。其后，该法典经多次修订和补充，于1983年1月25日由教皇约翰·保罗二世正式颁布了新的《教会法典》。1983年《教会法典》由总则、天主子民、教会训导职、教会训化职、教会财产、教会刑法和诉讼法共6卷组成，共1752条。该法典内容并非包罗万象，且只适用于整个拉丁教会。

1917年的《天主教会法典》是近代西方法律法典化在宗教领域的最系统、最完整的表现，也是罗马天主教会教会法自身演进、实现近代化的产物。

一般而言，教令仅对某一具体问题享有权威性，而不具有普遍法律效力。然而，由于教令对教、俗两界均产生较大影响，因此教令往往成为教、俗法庭在处理类似案件时类推适用的法律依据，同时，也是中世纪大学学习和研究教会法的最重要的教材和文献。例如，《教会法大全》自产生时起，一直是中世纪各大学法学的基本教材，这就使得西方法学传统在中世纪以《教会法大全》和《罗马法大全》为基础、以拉丁文为媒介、以大学为基地得以成长起来。

五、罗马法规范及原则

教会法与罗马法有着很深的渊源，教会法立法及司法都不可避免地从罗马法中吸取大量规范、原则及司法技术。罗马帝国衰落后，基督教教士成为垄断知识的阶层，他们不仅熟读完宗教经典，而且大都精通罗马法。因此，他们不仅在教会身居要职，而且在西欧各国均被聘为国王和贵族的幕僚，为世俗统治者提供法律咨询。基督教教士在制定、适用以及研究教会法的过程中，尽量采纳罗马法的成就。例如，教会法承认罗马法对世俗事务的法律效力，并按照罗马法的规定确定基督教教徒赎罪金的数额。此外，教会法在土地、财产、婚姻、继承、税收、犯罪以及诉讼程序等诸多法律领域也受到罗马法深刻的影响。

第三节　教会法的基本制度

一、教阶制度

教阶制度是规定基督教神职人员的等级和教务管理的制度。教阶制度起源于

2 世纪—3 世纪，并于罗马帝国皇帝认可基督教合法地位之后趋于完备。罗马帝国衰落之后，教阶制度迅速适应封建等级制的需要，并且为基督教教会脱离世俗政权的控制提供了强有力的支撑。1054 年，基督教正式分裂为西、东两大教派，罗马天主教会将教阶制度进一步发展完善，至公元 13 世纪达到鼎盛。

基督教从“整个世界就是以上帝为主宰的等级结构”的观念出发，根据担任神职高低，将教会内部人员划分为权利有所差别的若干等次，形成森严的封建等级。因此，“教阶”不仅意味着神职人员地位的高低，还意味着他们享有权利和履行义务的多寡。教阶制度大致包括三个品级，即教皇、大教职和小教职。

教皇既是众基督教徒之首，又是教会的最高统治者，因而他对于教徒以及教会的一切问题均享有最高管辖权。教皇享有颁发敕令、召集宗教会议、批准会议决议的立法权，也享有划定教区、任免主教、褫夺教籍等行政方面的权力，更享有教会法庭的最高审判权。此外，教皇本人还享有免受任何审判的豁免权。自公元 9 世纪始，教皇称号专用于罗马主教。公元 11 世纪以后，教皇由枢机主教选举产生，任期终身，除因异端犯罪之外不受罢免。

教皇之下的品级是大教职，包括枢机主教、主教、神甫三个级别。枢机主教一般是指直接由教皇任命并对教廷部门或重要教区享有管辖权的重要神职人员，也称大主教；枢机主教一般身着红色袍服，因而也称红衣主教。教会法规定，枢机主教可以在所辖教区之内召集宗教会议，所辖教区内的各主教必须服从枢机主教的命令。主教是低于枢机主教的神职人员，由教皇选任，并宣誓效忠于教皇，在一般教区内行使管理权。神甫低于主教，是一般神职人员，由主教任免，往往是个别教区或教堂的负责人。神甫协助主教管理教区教务，主持宗教仪式，对教徒进行日常管理，并负责组织传教活动。

大教职之下的品级是小教职，包括修士和修女。修士和修女是终身服务于教会的低级神职人员，辅助主教和神甫处理日常教务，并从事祈祷和传教等工作。

从“神职人员是上帝的仆人”的观念出发，基督教认为，与世俗众人相比，教会内部的神职人员本身就是享有特权的阶层。神职人员可以领取教会的恩俸和神品，可以按照品级等次享有相应的礼节特权，还可以享有各种各样的司法特权。神职人员犯罪只能由教会法庭审判，免受世俗法庭干涉；如果宗教法院判决被告无罪，任何人不得再提起诉讼，世俗法庭也不得根据世俗法再行追诉。此外，神职人员一般来说还享有豁免兵役和赋税的特权。同时，神职人员也须承担特定的宗教义务，如每日自省、忏悔罪过；宣传教义、忠诚教职；坚守独身、居住教堂，等等。

二、财产法制度

教会的财产法制度受到当时世俗法相当程度的影响。教会拥有西欧四分之一至三分之一的土地，它通过赠与、税收及其农业、制造业和商业实体获取巨大的财富，对这些财产的管辖权方面产生了实体性的法律体系，不过，这一法律体系受到当时世俗法特别是罗马法的影响，是封建性质的。在封建的土地占有关系上，教会的多数土地和动产是通过赠与取得的。教会地产主要来源于世俗有产者的赠与。这是由于教会在政治领域占有特殊的权威地位，因此封建王国的君主和贵族为了获得教会对自己的承认和庇佑，甘愿将大量地产无偿赠与教会，并且免征赋税。

教会对其土地和动产享有独立取得、存留和管辖的权利，并且不受世俗政府约束。凡强占教会财产，均应受弃绝罚惩处。对于既得地产，教会十分重视对其权益加以保护。教会法规定，教会对其占有的土地享有不受世俗侵犯的支配权。为了防止教会财产分散，教会将它所占有的土地和其他财产进行集中管理，唯有教皇才是这些财产的最高管理者和处分者。同时，教会法规定，禁止任何人分割、转让教会地产；若有教士强占教会财产，则应罢免一切圣职及教会职务；若有世俗诸人侵害教会财产，则应以惩戒异端的名义施以处罚。

教会对于受赠地产加以封建庄园式的经营，即把同一教区之内的相邻教会地产集中起来，组成便于耕种的大地产，通过雇佣农民劳动并收取地租的方式获取土地的收益。此外，教会还在其封建地产之上设置什一税等税目，以加重对农民的盘剥。除了接受赠与、出租土地以及向农民收取地租等获取土地利益的手段之外，教会还在其地产之上经营森林、牧场，并从事制盐、酿酒等活动聚敛财富。

三、契约制度

就债权制度，教会法禁止“重利”行为，禁止附利息贷款。其一，教会承认“死抵押权”，即债权人有权获得抵押的土地或财产中的孳息收入，但又不准以此种收入抵债。凡以信用作为“抵押”而发生的债务关系须履行，这是出于对债务人灵魂得救的考虑。其二，为了调整各教会社团之间所发生的经济交往以及对俗界经济契约的广泛管辖权，教会法学家便发展出一种较发达的契约法体系。经当事人宣誓的契约必须履行，不得以任何借口毁约。教会法原则上认可世俗法尤其是罗马法中关于契约的规定和学说，因而教会法中关于契约的专门规则很少。教会法十分重视个人诚信在契约中的作用，强调契约的绝对遵守，因为在教会法学家理论中，承诺是一个良心问题其本身就具有拘束力。一般来说，契约当事人如果宣誓履行某一契约义务，即使该契约可能被视为无效或可撤销契约，该当事人依旧必须履行该契约义务，因为此时他履约的目的并非是为了契约对方当事人的利益，而是为了他自己“灵魂的救赎”，这就构成契约有效性的基础。教会法学家从赎罪戒律的原则出发，认为每一项承诺无论其形式如何都具有约束力。由此，教会法学家发展出更为严格的契约法原则，即无论契约的承诺是否拥有书面形式，是否附加有宣誓的保证，该承诺均具有约束力。不履行承诺的行为等于说谎，属于严重的心灵犯罪，应当受到严惩。其三，教会法禁止高利贷。基于基督教中“上帝的子民人人平等”的观念，教会法主张任何交易都应当平等进行，人们不应当为了贪恋财富而通过不正当的方式获取超额利润，更不能为了牟取私利借用不公平的契约损害他人的利益。因此，《圣经》的《旧约全书》和《新约全书》都曾对高利贷加以谴责。但是，教会法对于什么是高利贷并没有明确的界定，对于那些为了维持生计而低买高卖的商人并不报以否定的态度。这就导致公元12世纪以来，禁止高利贷的法令形同虚设。由于自公元11世纪末开始，西欧封建经济有了较大发展，商品流通变得活跃起来，资金融通也必然出现。这种情势之下，掌握着大量财产的教会也开始通过贷款并收取利息的方式谋利。为了不与《圣经》相违背，教会法规规定了多种筹、贷款并收取利息的合法形式。例如，如果收取利息的目的是为了弥补借款人因出借款项而蒙受的损失，那么这样的利息也是合法的。因为教会法不反对获取利润本身，反对的只是贪得无厌的商业手段以及那些“无耻”的利润。

四、婚姻、家庭与继承制度

婚姻、家庭和继承制度涉及人类生活的基本需求，因而这些制度易于演变为人们在日常生活中自然因循的习惯。中世纪，教会当局对于婚姻圣事享有管辖权，教会法对婚姻、家庭、继承及相关的法律制度如通奸等有着较为严格的规定且行使着广泛的法律管辖权，由于这些规定在中世纪西欧各地长期通行，甚至已经以习惯的形式融入了西方文明的血液，因而中世纪教会法对近代西方国家的婚姻家庭法和继承法发生了深远的影响。

（一）婚姻家庭法

1. 婚姻成立：确认合意和一夫一妻原则，有效婚姻须在结婚时举行宗教仪式。教会法明确规定了婚姻缔结契约的形式要件和实质要件。缔结婚姻的法定实质要件，即男女双方的合意，同意须由男女双方某种自由意志所作出。根据基督教教义，男人和女人之间缔结婚姻属于“上帝的安排”，是不得违背的神圣信条。教会法由此引申出配偶双方自由同意的“一夫一妻”的原则，这就构成了男女双方以契约为基础的婚姻。教会法还规定了缔结婚姻的形式要件，即教堂婚礼仪式，通过在上帝面前神圣的宣誓而自愿进入一种终身关系之中，男女双方首先表示“自愿交付或接受对身体的永久专权”，而后则必须履行特定的宗教仪式，方可结为夫妇。教堂婚礼仪式迄今仍是西方很多国家认可的结婚的形式要件之一。缺乏同意和法定的婚姻障碍为婚姻无效的理由。

2. 婚姻家庭关系：夫应保护其妻，妻应顺从其夫。与罗马法类似，教会法承认丈夫是家庭中的主宰，妻子处于从属地位。丈夫可以单独支配家庭财产，可以不经妻子同意与他人签订契约，也可以对其子女加以完全支配。妻子则不享有这些权利。但是，由于教会法管辖下全部家庭关系无论在理论上还是在法律实践中都须以婚姻圣事为基础，婚姻而非血缘关系构成家庭的基础，因而，一是教会法对于婚姻中的女性提供了较多的保护，如规定婚姻义务、忠诚义务的相互性和保护寡妇财产的制度；二是养子女享有与亲生子女平等的权利。不过，私生子却不具有“合法地位”，没有法律上的权利能力。

3. 婚姻解除：确认永不离异原则。教会法确认夫妻之间“永不离异”的原则。婚姻被视为是神圣的，若解除则将被视为是对上帝的背叛。也即，通常是不许离婚的，但是，教会法规定了在一定条件下的可禁止婚姻及可撤销婚姻。属于教会法规定的应禁止和应撤销的婚姻可宣布无效。如男、女一方曾誓愿守贞，男女双方有亲属关系，男、女一方不足法定婚龄，男、女一方无性行为能力，男、女一方重婚，男、女一方是异教徒等。通奸、背教或严重的残酷行为是司法分居的法定理由。但是，近代意义上的离婚却是不许可的。

（二）继承法

在继承法方面，教会法只对动产继承作出规定，而将不动产继承留给世俗法调整。约12世纪，在教会法上形成一套确定遗嘱有效性以及解释和执行遗嘱的规则体系。教会法明确规定了遗嘱继承和无遗嘱继承，并且规定教会法庭有权验证遗嘱并监督遗嘱的执行。这是因为通常遗嘱是以圣父、圣子和圣灵的名义制作的，教会法学家就将遗嘱的制作当成一种宗教行为来对待，又将遗嘱本身视为一种宗教文件。教会法还发展了慈善遗赠。

五、刑法与刑罚制度

教会法规定了名目繁多的宗教犯罪，凡违反教义或宗教信仰的行为均被宣布为宗教犯罪。基督教教义认为，每个人自降生时就有原始的罪孽，因此人们必须通过虔诚的忏悔洗刷罪孽。因此，教会法对于“罪”的理解与世俗法并不相同。公元11世纪，教会法厘清了宗教罪孽与世俗犯罪的区别，规定唯有教会法庭才可以对宗教罪孽行使管辖权，世俗法庭则无权干涉此类案件。教会法将宗教罪孽区分为一般罪孽和刑事罪孽，后者即教会法意义上的犯罪。

基督教把整个世界理解为上帝构建的秩序，因此任何背叛“上帝信仰”以及破坏“上帝秩序”的行为都被教会法视为严重的犯罪。在这种观念的影响下，教会法将背叛教会、信奉异教、另立教派和亵渎圣物等行为称为“异端”犯罪，并科以严苛的刑罚。公元14世纪之后，教会法庭利用这些罪名对科学家和进步思想家进行残酷的迫害。著名科学家哥白尼、布鲁诺和伽利略都曾被教会法庭判定为“异端”犯罪而加以惩处。

教会法主张在刑罚适用上不分身份人人平等。与日耳曼法把复仇视为刑罚的观念不同，教会法认为刑罚的目的在于矫正罪犯的道德观以救赎其灵魂。因此，教会法主张，惩戒罪犯应当采取囚禁并辅以宗教感化和道德教育的方式，而不应对罪犯滥用死刑。但是，为了巩固自身的权威地位，中世纪后期的教会不仅大量适用死刑，而且执行死刑的方式十分残酷。公元14—15世纪，教会先后掀起“惩戒异端”和“剿灭女巫”的运动，教会法庭使用砍头、活埋、沉水、火刑等手段杀害了大批犹太教徒和无辜的女性。

教会法中还有许多宗教色彩浓重的刑罚。例如，弃绝罚以褫夺信徒教籍为惩戒方式，是一种后果严重的刑罚。根据基督教教义，被施以弃绝罚的人在死后不能升入天堂，因而弃绝罚也断绝了受罚者在世期间的一切社会交往。教会法中的禁止圣事罚只适用于教会内部的神职人员，该种刑罚剥夺了受罚者从事一切圣职行为的权利；而罢免圣职罚则免除神职人员的一切教会职务和俸禄。此外，教会法中还通过设置禁令的方式对犯罪人加以处罚，如禁入教堂等。值得一提的是，对于罪行较轻的犯罪人，教会法采取强制犯罪人诵读经文、施舍和朝拜圣地等方法对犯罪人加以感化和教育。这对于以折磨犯罪人精神和肉体作为刑罚目的的世俗法来说具有一定的进步性。

六、诉讼法制度

教会法庭是基督教教会设立的独立于世俗法院之外的专门处理宗教纠纷以及涉宗教事务的司法机构。教会法庭审判主要采用纠问式诉讼、以书面形式进行、证据以宣誓的方式提出以及实行代理人制。

教会法庭的职能、管辖范围。教会法规定，仅教会法庭有权对基督教教徒加以审判，而教会法庭除了基督教教徒之外，也可以对异教徒加以审判，这就使得教会法庭几乎可以对当时西欧的所有人行使司法管辖权。实际上，教会法庭还垄断着对案件性质的解释权，凡是对教会有利可图的案件，教会法庭都尽可能将其解释为涉教案件，以争取对该案件加以管辖。相比之下，世俗法院只能在封建王国内部针对教会法庭不愿审理的案件行使有限的司法管辖权。可以认为，中世纪的教会法庭曾长期凌驾于世俗法庭之上，在西欧各国的司法领域中占据主导地位。

与教会所奉行的严格的教阶休制相适应，教会法庭也分为权限不同的等级。教皇法庭是教会司法机构的最高审级，设在罗马教廷。教皇法庭一般只受理来自各教区的上诉案件，教皇亲自对该法庭负责，他既可以委派全权代表组成特别法庭对上诉案件进行审判，也可以直接就上诉案件作出指示。大主教法庭是仅次于教皇法庭的审级，由大主教主持。主教法庭设在各教区，由主教主持，是更次一级的教会法庭。主教法庭之下还可设立副主教法庭，这些法庭名义上负责处理轻微宗教事件，实际上则是专门控制和监督民众思想动向的机构。公元12世纪末，教皇英诺森三世为了加强中央集权，专门设立宗教裁判所，作为教会的最高裁判机构。宗教裁判所由教皇亲自主持，它经常越过教会法规则，仅仅依据教皇的授意对当事人任意判决。宗教裁判所惯常采用拷打和逼供的手段进行侦查，并以有罪推定的逻辑对被告人作出不公正的判决。公元14—15世纪，教皇利用宗教裁判所，将“异端”罪名强加于科学家和进步人士，对他们滥施酷刑，并大量适用死刑，给中世纪后期蒙上了一层恐怖的阴影。因此，宗教裁判所也被后人称为异端裁判所。

教会法中的诉讼制度大多源于罗马法，也有日耳曼法的因素。与罗马法相类似，教会法中的刑事诉讼多采用纠问式审判方式，即法官根据控方的指控对案件事实进行调查，最终作出判决并执行刑罚。不同于罗马法和日耳曼法，教会诉讼过程要求以书面进行，一项民事或刑事诉讼的开始以载有关于事实的简要陈述的诉求或控告的书面形式进行，答辩、审判记录及判决也要求书面形式。后来发展至当事人对证人的询问及相互询问也要以书面方式进行。特别是民事诉讼程序十分烦琐，无论起诉、举证、判决、上诉都需要采取书面形式。对于文化程度较低的民众来说，通过教会法庭篇解决民事纠纷是一件很困难的事。由于教会法是以宗教信仰为基础的法律体系，因此，早期教会法非常重视个人宣誓的证明力。如果原被告双方的宣誓具有同等的证明力，教会法庭便采用神明裁判的古老方式对案件作出裁断。公元13世纪后，教会法庭开始重视双方出示的人证及物证等客观证据，以此取代了神明裁判。同时，对于伪证处以重罚。法律代理的概念由教会法学家首创，代理人在教会法庭对有关法律问题进行辩论。而且，在教会法庭还存在针对不同案件采用不同的诉讼程序，一般案件由普通程序进行，而以简易程序处理某些民事案件，无需法律代理人以及书面辩论和书面询问。在教会法庭还发展了司法调查科学，该科学要求法官依据理性和良心确信原则对当事人和证人进行询问。

第四节　教会法的特点和历史地位

教会法是中世纪横贯欧洲的重要法律之一，是中世纪西欧封建法律的重要组成部分，《圣经》是教会法的核心和最高法律渊源，“教会法”的目的在于对教会组织和教徒生活加以规制。“教会法”这一名词的最初使用与天主教教会有关系。公元5世纪后，由于罗马天主教会演变成为凌驾于西欧各国世俗政权之上的国际政治中心，教会法逐渐脱离世俗法的干涉，成为与世俗法相互竞争的独立法律体系。至此，教会法已经远远超出宗教信仰的范围，其内容广泛涉及世俗领域，如所有权和债权、婚姻和家庭关系、刑法和诉讼程序等。教会法与罗马法和日耳曼法并列，支撑着中世纪欧洲的封建制度，并对近代欧洲各国法律的发展产生深远的影响。

一、教会法的特点

（一）教会法是宗教法，是封建性质的宗教法律体系

教会法的目的是以基督之爱帮助信徒恪守基督正义过一种灵性生活。一方面，作为宗教法的教会法，其实效的确保主要来自于代表上帝的教会权威及其森严的等级结构。中世纪早期的教会法仅仅是针对教会内部有关神职人员和一般教徒在宗教信仰、道德观和组织纪律方面的行为约束，其目的只是为教会举行宗教

仪式以及有效地传教布道确保一个良好的秩序而提供法律依据。至中世纪中期，由于基督教占据了人们的精神世界并成为社会中的主流意识形态，制定教会章程、确定教会与其他团体之间的关系、解决宗教信仰和教内纪律问题成为天主教教会的职责。教会法能够在中世纪取得广泛的适用范围，甚至在某些方面凌驾于世俗法之上的强制力，主要得自于天主教会所享有的极大权威，如教会法管辖下的全部家庭关系无论在理论上还是在法律实践中都须以婚姻圣事为基础的。可见，教会法是一种在神学思想指导下的一种宗教法。另一方面，教会法又是封建性质的宗教法律体系，它在其发展历程中不断自我更新，以适应中世纪欧洲不断封建化的社会经济形态，以维持和确保封建主义为己任，成为具有封建性质的宗教法。中世纪西欧的基督教会不仅发展和确立了系统的教义和教条，而且建立了严密的组织来保证正统信条的维持和贯彻；不仅区分了神职人及信徒，还在教士中间划分出不同的教阶，以罗马教皇为最高领袖，以主教为教区最高权威，以层层相属的数个等级确保神圣秩序。此外，中世纪的教会法与世俗法在功能上是相辅相成的，虽然两者在司法管辖等方面有着激烈竞争，但是二者之间并不存在根本的冲突，反而在很多法律领域相互支持，相互印证，甚至相互融合，都发挥着维护封建制度的作用。可以认为，中世纪的教会法是与世俗法相互依存又相互竞争的、封建主义的宗教法律体系。

（二）教会法是通行西欧的统一法，其内容和结构深受罗马法的影响

中世纪的西欧因政治、经济的不统一，法律渊源极为多样，其中，教会法和罗马法是作为中世纪普通法而普遍适用。其一，中世纪西欧各封建王国实际上是通过罗马天主教廷联系在一起的，教皇国是欧洲封建制度的中心，它把西欧联合成为一个庞大的政治体。中世纪西欧各封建王国虽然是独立的政治实体，但是它们并不能完全自主地处理彼此之间的关系，大多数情况都需要罗马天主教廷从中斡旋、调停，甚至作出最后的决定。公元11—13世纪，教皇利用其跨国影响力，组织西欧各国骑士，直接或间接发动若干次十字军东征。这表明，罗马天主教廷在当时享有国际政治中心的地位。此种历史背景之下，基督徒遍布西欧各地，教会法则成为当时通行西欧各国的统一法。其二，教会法受到罗马法深刻的影响，其产生、发展与罗马法之间有着密切的关系。在神圣罗马帝国下，罗马法与教会法可谓相互吸收和借鉴，在观念理论、制度体系及研究方法等方面几近相似。在规范制度方面，“古典时期和后古典时期的罗马法的大量概念和规则被接受过来，尤其是在财产、继承以及契约等事务方面。在《里普利安法》中有一条文：‘教会靠罗马法而生存。’”① 教会法学家们将查士丁尼的文本作为实在法的渊源如同他们将在法律渊源和表现形式及法律体系结构上，受过罗马法训练的教会法学家常常按照罗马法典的模式整理、编纂教会法，且主要采制定法主义的法典化道

① ［美］哈罗德·J·伯尔曼著：《法律与革命》，贺卫方、高鸿君等译，中国大百科全书出版社1996年，第243页。

路；在法的实施方面，罗马法也是教会司法的重要渊源。

（三）教会法的属人主义原则集中体现了基督教的道德价值观，与基督教神学密切相连

教会法的根源是基督教和教会的神圣性，以教会法体现和守护教会奉为神圣的基督正义的基本价值观。基督教的基本价值观是上帝意志的体现，是关于良心的道德因素和关于信仰的宗教因素的统一，是一种统一于爱的正义与仁慈的平衡，这就规定了教会法的属人主义性质，成为教会法的重要特征，也是其有别于世俗法的关键所在。教会法与基督教之爱存有内在关联，因为爱的作用，教会法一方面强调神法所体现的一般正义的永恒性，另一方面也强调法律与社会良性互动所需要的适时的变动性所体现的个别正义。也就是说，教会法关注的不只是作为宗教团体的教会的善，更多关注的是个人的拯救。因而，教会法针对的是教徒，是人，是超越民族、种族和地域的法，它极富弹性，除了尊重对信徒灵魂得救的、有利于信徒接受的地方风俗习惯，还在个案的处理上表现出很大的灵活性。这种体现基督教道德价值观的属人主义的教会法原则对西方人本主义法治传统给予重要影响。

二、教会法的历史地位

（一）教会法是西方法律文化的承启者，是西方法律传统的重要组成部分

教会法被认为是第一个西方近代法律体系。[①] 中世纪是承接古代文明和近现代文明的桥梁。因此，中世纪教会法不仅是西方古典法律文化的承接者，也是西方近现代法律文化的奠基人。中世纪教会法虽然是以基督教信仰为核心的法律体系，但是它并未被封闭在基督教教义之内，而是大量借鉴并吸收古代希腊和罗马世界优秀的文化传统，并在其基础上加以宗教化的改造。实际上，教会法始终坚持落实教会使命即传播福音、慈悲仁爱及拯救世人的灵魂，这一使命不仅将西方古典法律文化中崇尚自然法、人本主义、尊重权利和法律自治的精神保存下来，并且借上帝之名义赋予法律更为崇高的地位，使得法治理念得以发扬光大。中世纪教会法的发达且能对其后的世俗法构成重要影响，还在于它的开放性和宽容，如能大量承袭罗马法的法律方法；教皇、教会领袖以及宗教会议能以成文的方式颁布法令；教会法庭的法官惯于采用演绎推理的方式适用教会法；教会法学者模仿罗马成文法典的编纂方法对卷帙浩繁的教会法渊源加以辨析、注释、排列、汇总，试图造就百科全书式的教会法法典；教会兴办的大学则成为促进罗马法在西欧得以全面复兴的重要推动力量。也许，在某种程度上，教会法不仅使古代罗马法免于失传，而且恰恰是教会法把罗马法引入了近现代。

---

① ［美］哈罗德·J·伯尔曼著：《法律与革命》，贺卫方、高鸿君等译，中国大百科全书出版社 1996 年，第 242 页。

（二）教会法是西欧中世纪三大法律支柱之一，是构成近现代两大法系的重要历史渊源

中世纪西欧法构成近现代西方两大法系重要的历史渊源，其中，教会法又是西欧中世纪一个重要的普遍适用的法律体系，其影响可想而知。中世纪教会法盛极一时，其适用范围超越了教会的限制，渗透到中世纪世俗法的各个领域，与世俗法相互配合共同维护封建主义制度，对近现代西方法律体系产生了深远的影响。“教会法学家倡导理性和良心原则正是将它们作为抵制日耳曼法的形式主义和魔法巫术的武器。”① 如在刑法方面，教会法强调刑罚的目的在于教育改造，主张对犯罪人进行宗教感化和道德矫正，这样的观点对近现代刑法思想有着积极的影响。又如在诉讼法方面，教会法要求法官在审判时遵循“良心”的要求，这为现代西方诉讼法中“自由心证”原则的形成奠定了基础。中世纪后期，教会法逐步废除了宣誓和神明裁判等主观证据的效力，转而采信更为客观的书证、物证和证人证言，这对于近现代证据法的发展也具有一定的进步意义。教会法在婚姻、家庭方面的原则和制度，如一夫一妻原则、婚姻自主原则、夫妻地位平等原则等，均被近现代资本主义国家的法律所接受，迄今仍然保持着一定的法律约束力。国际法方面，由于罗马教廷在中世纪长期扮演着国际争端调停人的角色，因而教会法在解决国家之间关系方面有着较为丰富的规定。此外，教会法还对战争期间武器的使用加以严格的限制。这些原则和制度对于后世产生了极为重要的影响，应当指出，近现代国际法中的国际关系准则、国际争端解决机制以及人道主义的战争法都与中世纪教会法有着一定的渊源关系。

① ［美］哈罗德·J·伯尔曼著：《法律与革命》，贺卫方、高鸿君等译，中国大百科全书出版社1996年，第305页。

第七章 伊斯兰法

第一节 伊斯兰法概述

伊斯兰法发源于公元7世纪的阿拉伯半岛，自诞生伊始便引导着穆斯林的行动，调整着穆斯林社会内部的种种关系。得益于其与宗教密不可分的联系，伊斯兰法虽发达于阿拉伯帝国，但在帝国解体后仍在伊斯兰世界中有所存续及发展。时至今日，伊斯兰法仍以它独特的结构和渊源立于世界法系之林，故对它的研究必将有助于对法文化的多样性的理解与认识。

一、伊斯兰法的概念

伊斯兰法在阿拉伯语中为“沙里阿”，意为“通向水源之路”，从宗教角度而言亦可引申为“真主指引之路”，乃是以《古兰经》及《圣训》为基础发展的，与伊斯兰教教义教规紧密相连，适用于全体穆斯林的宗教法规范的总称。这一概念可详解如下：

第一，伊斯兰法是一种封建法律制度。它产生于阿拉伯封建帝国时代，符合当时社会的需要，成为当时社会所适用的法律规范。

第二，伊斯兰法是一种宗教法。它不仅与伊斯兰教同时诞生，更因伊斯兰教的壮大而不断发展。其内容也多比照伊斯兰教教义教规。尽管伊斯兰法与伊斯兰教教义在内容上多有重合之处，但此二者也并非全无不同：作为法律规范而言，伊斯兰法具有强制力，而教义则不然；作为调整社会关系的工具，伊斯兰法侧重对人外在行为的规范，而教义则更关注对人内心世界的调适；作为广泛适用于穆斯林的行为规范，伊斯兰法更具实用性，变化发展也较快，而教义则不同。

第三，伊斯兰法与伊斯兰国家法既有重合又有区别。伊斯兰法仅指伊斯兰宗教法，而伊斯兰国家法则涵盖了伊斯兰教国家和地区所适用的所有法律制度，其中不仅包含了伊斯兰宗教法，也囊括了相应的世俗法。在阿拉伯半岛地区，行政命令及地方习惯法古来有之，其为世俗法的表现形式，自阿拉伯帝国时期起便已占据了一席之地。伊斯兰法制改革后，世俗法在某些国家更是取代宗教法而一跃占据了主导地位。如此，世俗法作为伊斯兰国家法重要组成部分的地位不言即可自明。

第四，伊斯兰法与伊斯兰法系是两个不同的概念。伊斯兰法系虽以伊斯兰法为基础，但是，若无伊斯兰法便无从谈及伊斯兰法系。伊斯兰法系诞生于伊斯兰法之后，唯当伊斯兰法的适用范围不再限于一国之时，伊斯兰法系这一概念方告出现。

二、伊斯兰法的发展沿革

公元六七世纪之时，阿拉伯半岛上的原始公社开始走向解体。当时国家形成的条件虽已趋成熟，但各部落之间因信仰、水草、领地而起的争斗使该地区土地荒芜、人口骤减、商业凋敝，极大地阻碍了该地区社会政治经济的进一步发展。为改变这一状况，社会各阶层均需要统一国家以缓和社会矛盾并进一步扩大领土。伊斯兰教正是在此境况下应运而生。

（一）伊斯兰法的诞生（公元7世纪初期）

伊斯兰教的创始人穆罕默德生于麦加古莱什部落的哈希姆家族。身为没落贵族之子，穆罕默德青年时期多历困苦，曾为牧民以谋生。在当时犹太教思想、基督教思想及“哈尼夫”运动的影响下，穆罕默德成为一神教的支持者。610年，穆罕默德建立了伊斯兰教。随后，他于麦加传教直至622年向麦地那转移。这一转移伊斯兰史称“希吉来”。穆罕默德在麦地那继续传教的同时建立了第一个政教合一的宗教公社，并组织了相应的武装以抗衡麦加贵族。630年，穆罕默德以武力迫使麦加贵族皈依伊斯兰教并承认其为真主“安拉”唯一的使者。不久之后，阿拉伯半岛基本落入伊斯兰教教势力范围，并以宗教公社为基础建立了统一的阿拉伯国家。穆罕默德由此成为统一阿拉伯国家的第一位政治领袖。

就教义而言，伊斯兰教要求其信徒（即穆斯林）在信仰唯一的主宰“安拉”的同时也要遵循“安拉”所定之行为规范。如此，在政教合一的阿拉伯国家中，伊斯兰教教义教规便也被赋予了法律规范的性质。伊斯兰法也就这样随着伊斯兰教和阿拉伯国家的形成而一同诞生了。

在当时的社会背景之下，伊斯兰法诞生的意义可从以下几点来看：第一，伊斯兰法的诞生使赌博、酗酒等部落社会恶习得以废除；第二，伊斯兰法在诞生之时对某些部落原有的习惯进行了有效的利用与改造；第三，伊斯兰法批判地吸收了犹太教法和基督教教会法的某些内容；第四，由穆罕默德对案件的裁决意见及宗教理想所构成的伊斯兰法的诞生结束了部落间相互仇杀的无政府状态；第五，伊斯兰法的出现在一定程度上稳定了当时的社会秩序，缓和了社会矛盾。

（二）伊斯兰法的兴盛（公元7世纪中叶—10世纪中叶）

1. 伊斯兰法的定型（公元7世纪中叶—8世纪中叶）。穆罕默德去世后，四大哈里发先后成为穆罕默德的继任者。在四大哈里发相继统治的三十余年间，随着阿拉伯社会的变迁，新的社会问题不断涌现。为了使这些问题得以解决，四大哈里发开始在基于经训的前提下运用个人的逻辑思维创制法律。伊斯兰法在这一阶段得到了极大发展，是继穆罕默德后伊斯兰法制与法治建设的理想时代。

继四大哈里发后，阿拉伯帝国进入倭马亚王朝，哈里发之位由此开始世袭。在倭马亚王朝期间，历任哈里发均不断扩张阿拉伯帝国之版图，并在8世纪中叶最终将之扩展为地跨欧亚非三个大陆的帝国。伴随帝国版图的不断开拓，伊斯兰法也进入了定型期。在此期间，伊斯兰法经常吸收被占领地区的地方习惯法及当地法律以为《古兰经》的补充。后这一现象因其难免阻碍帝国统一之嫌而引起了教法学家的普遍担忧。至倭马亚王朝后期（8世纪中期），教法学家们开始秉持经训之精神审视行政法令、地方习惯法及外来法律并对之进行整理与改造，逐步实现了其中大部分内容的伊斯兰化并将之纳入了伊斯兰法律体系之中。故此，这一阶段被称为伊斯兰法的定型时期。

在这一时期，伊斯兰法体系初步形成的表现主要有三：首先，《古兰经》经奥斯曼哈里发的整理编纂而得以最终定本，称“奥斯曼定本”。其次，《圣训》开始传述。倭马亚王朝时期，教法学家分赴各地，为各地出现的法律问题提供解释，从而刺激了教法学家对于进一步挖掘并解析《圣训》的需要，从客观上扩大了《圣训》的传述。最后，出现对哈里发政府的行政法令、地方习惯法及外来法律的吸收及改造。这一其他法律元素的伊斯兰教化也是伊斯兰法体系初步形成的重要表现之一。

2. 伊斯兰法的发达（公元8世纪中叶—10世纪中叶）。公元750年，阿巴斯王朝继倭马亚王朝后统治阿拉伯帝国。在其统治的第一个百年中，阿拉伯帝国达到了繁荣的巅峰。不仅帝国疆域空前辽阔，政治制度渐趋完备，经济文化也高度发达。在政治文明不断发展的同时，伊斯兰法律制度亦得到了极大的进步，其表现主要为教法学（“斐格海”）的空前繁荣。

一方面，得益于倭马亚王朝末期教法学家阶层的成型，公元8世纪70年代，一批早期伊斯兰教法学派别逐渐形成。此后，法律创制活动不断发展，陆续出现了逊尼派的四大教法学派——哈乃斐、马立克、沙斐仪及罕百里教派。这些教法学家运用“类比”和“公议”等创制手段，不断对伊斯兰法进行解释与调适，从而提高了伊斯兰法对于社会的适应性并推动其向前发展。另一方面，圣训学的发展使《圣训》开始成为伊斯兰法中仅次于《古兰经》的重要立法渊源。通过圣训学家的甄别、勘误及编纂，各种版本的《圣训集》逐渐出现。根据所奉理念之细微差别，伊斯兰教各派均立有自己的《圣训集》。这些《圣训集》被视为各派极为重要的立法根据。

阿巴斯王朝前期教法学的发展可归因于哈里发政府对法律的重视。随着帝国版图的扩大，哈里发政府为了调整社会关系、稳定社会秩序而对法律这一工具多有借重，故此对教法学家多采取保护鼓励的政策。正是在这种政策的支持下，阿巴斯王朝前期常被誉为伊斯兰法的鼎盛时期。

（三）伊斯兰法的衰退（公元10世纪中叶—20世纪70年代）

1. 伊斯兰法的“盲从时期”（公元10世纪中叶—19世纪中叶）。伊斯兰法的“盲从时期”又被称为“塔格利德”时期。“塔格利德”一词由阿拉伯语音译而来，意为“遵循”、“仿效”。故此，“塔格利德”时期即指伊斯兰法发展中因袭传统、罕有创见的时期。

公元10世纪后，逊尼派所属四大教法学派的权威地位得以最终确立。大部分教法学家认为伊斯兰法在经过三个世纪的发展后已进入完备阶段，所有法律问题都可从已有法律中得到解答，而后世之人只需沿袭前人之论，没有必要继续创制法律，故而关闭了“伊智提哈德”（意为“创制”）之门。此后数个世纪，教法学家不再能对经训进行新的阐释，也无权根据经训再行法律创制之事。

创制之门的关闭与当时的政局有着密不可分的联系。经过一个多世纪的统治，阿巴斯王朝走向没落。其时政局动荡，哈里发大权旁落，实权为什叶派军事将领所控，逊尼派教法学家渐失地位。此后，公元13世纪中期，阿巴斯王朝更是为蒙古军队所灭，逊尼派教法学家也由此失去了最后的荫庇。社会的不安定从另一方面更激起了教法学家对于帝国鼎盛时期正统信仰的怀恋和维护之心。

自逊尼派宣布关闭创制之门后，教法学家们多耽于对先贤学说的承袭与模仿，沉湎于对已有法律的精制及领悟，而停止了法律的创制活动，伊斯兰法学的繁荣由此不复可见。这一法律发展的停滞期历经奥斯曼土耳其帝国时期一直持续至近现代伊斯兰法制改革。

2. 伊斯兰法的改革（公元19世纪中叶—20世纪中后期）。公元17、18世纪，西方资本主义入侵奥斯曼土耳其帝国。面对新兴资本主义国家的殖民政策，奥斯曼土耳其帝国不堪一击，很快便沦为欧洲的商品市场和原料产地，西方资本主义的法律思想也随之传播开来。为更新旧有制度以图自强，穆斯林世界开始了一场伊斯兰法制改革。

这一改革大规模引入了西方法律。自“坦智麦特”运动以来，奥斯曼帝国一方面依照西方的模式先后制定了《刑法典》、《商法典》、《土地法》等诸多法典，另一方面也将传统的沙里阿依法国《民法典》的体例进行了编纂。此外，奥斯曼帝国还仿效欧洲诸国在传统的沙里阿法院外设立了世俗法院。随后奥斯曼帝国在第一次世界大战中正式宣告解体，后继的土耳其共和国颁定了共和国宪法，废除了哈里发制度与沙里阿法院，首先实行了政教分离。埃及等国在获得独立后也陆续调整了本国传统的伊斯兰法，吸收了大量西方法律元素。这一系列改革在一定程度上实现了近代伊斯兰国家法制的近代化。

与之相对，这一法制改革也推动了伊斯兰世界中世俗法取代原有宗教法主导地位的进程。在这一时期内，伊斯兰法的统治地位不断为西方法律思想所挑战。这一改革不仅在很大程度上限制了伊斯兰教对于政权的干涉程度，也在一定意义上改变了伊斯兰法在伊斯兰国家中的地位与作用。

（四）伊斯兰法的复兴（20世纪70年代）

20世纪70年代，伊斯兰复兴运动在中东兴起，其核心内容即为伊斯兰法的复兴。支持复兴者认为，西方法律制度作为在西方特定社会经济文化背景下产生的制度规范，无法适应伊斯兰社会的需要。与此同时，西方法律制度在伊斯兰社会中的应用并未实现大众所期待的社会繁荣、政治稳定和经济强盛，反而中断了伊斯兰社会优秀的历史传统，使社会动荡。在这一批判的态度下，支持伊斯兰复兴者多主张着眼于伊斯兰法的复兴，重启创制之门，强调伊斯兰法的自我更新以使之能够适应现代伊斯兰社会的发展。

在一系列进行了法律改革的国家中，伊朗是伊斯兰法复兴的代表。1979 年，伊朗宣布将伊斯兰法作为根本大法并先后废除了与伊斯兰法有所冲突的某些世俗法，如《民事诉讼法》、《刑法典》、《刑事诉讼法》等。除伊朗外，巴基斯坦、利比亚等伊斯兰国家也先后修正了伊斯兰法改革时期引入的西方法律制度，并加入了更多伊斯兰法律元素。这些改革以重新解释传统伊斯兰法为基础，使伊斯兰法在当代得到了某种意义上的发展。

三、伊斯兰法的渊源

伊斯兰法的渊源可分为传述渊源与理性渊源两类。

（一）传述渊源

伊斯兰法的传述渊源，是指以传述方式由前人代代相传而得的渊源。伊斯兰法的传述渊源主要由经训，即《古兰经》和《圣训》构成。

1.《古兰经》。“古兰”一词由阿拉伯语音译而来，此词亦可意译为“诵读”。作为先知穆罕默德在传教过程中陆续以真主“安拉”之名发布的经文，《古兰经》不仅是伊斯兰教立教之基，更是伊斯兰法最根本的渊源。

《古兰经》全文共 30 卷，114 章，计 6200 余节。其内容涵盖甚广，不仅涉及对教义的阐释，也包括了一些道德规范以及教法。《古兰经》全经可依经文颁布时间分为两部分，即“麦加篇章”和“麦地那篇章”。“麦加篇章”占全文的三分之二，为穆罕默德在麦加时所颁布的经文，主要涉及了与宗教相关的内容，较少论及法律；“麦地那篇章”占全文剩余的三分之一，是穆罕默德在麦地那时所布示之经文，其内容特别是《黄牛章》及《妇女章》，多与针对社会实际矛盾而设的教法有关。

《古兰经》由穆罕默德口述、其弟子笔录而成，《古兰经》在初始之时并无统一的章节编排。穆罕默德死后，第一任哈里发艾卜·伯克尔开始了对经文的收集与整理，一度曾出现过许多传本，至第三任哈里发奥斯曼时，《古兰经》始得统一传本，称“奥斯曼定本”。现行《古兰经》即为此“奥氏本”。

尽管《古兰经》中的哪些内容属于教法规范尚在法学家的讨论之中，然其为伊斯兰法最高渊源的权威地位却是不可撼动的，这可表现在以下方面：其一，凡是《古兰经》中有明确规定的法律问题，必须依照规定执行；其二，《古兰经》是其他法律渊源的基础。一切与《古兰经》中的立法原则或立法精神相抵触的法律规范将被视为无效；其三，尽管伊斯兰教各教派及各学派对伊斯兰法的渊源仍有争议，但对于《古兰经》至高无上的立法权威地位始终未公然存疑。

由此可见《古兰经》在伊斯兰教法中至高无上的地位。

2. 圣训。“圣训”一词由阿拉伯文的“哈底斯”（Hadith）及“逊奈”(Sunna) 而来，前者有“记述”、“传述”之意，后者则可泛译为“行为”、“道路”。由此，圣训即为传述出的先知的言论、行为及生活习惯。它虽非出自“安拉”，但却出自真主在地上的使者穆罕默德。作为真主意志的表达，穆罕默德的言行被认为是天启之物，自有其神圣性。而正是这种神圣性赋予《圣训》以权威，使之成为继《古兰经》之后的又一重要伊斯兰法律渊源。

圣训的出现和发展与《古兰经》立法的特点有着紧密的联系。

一方面，《古兰经》所示教法经常是笼统而未经细化的，因此教法的执行需要更具体的条文加以规范。例如，《古兰经》中规定，穆斯林应行礼拜并缴纳天课，然而，其既未对礼拜的时间和仪式加以规定，也未曾明确穆斯林所应缴纳课赋的种类及数量。在这种境况下，穆罕默德便以自身之言行对礼拜和天课的问题加以解释补充以利教法的执行，而此种非启示类言行也就由此成为圣训的一部分。

另一方面，伊斯兰教认为《古兰经》乃是真主意志的体现，必须通过真主在地上唯一的使者穆罕默德方能得以降示。穆罕默德去世后，《古兰经》的降示即告终止。然而，阿拉伯社会中的各种关系在穆罕默德去世后又有了很大变化，众多《古兰经》中并未予以明示的问题纷纷涌现出来。为了使这些问题得以解决，后世哈里发及圣门弟子便依回忆引述穆罕默德的言行及默示以为解决问题的根据。这类被引据的先知言行及默示构成了《圣训》的另一部分。

此后随着阿拉伯帝国版图的扩大，为了解决日益增加的新问题，统治者常根据统治的需要而将某些习俗或规范附会为《圣训》。就实质而言，传述《圣训》逐渐成为当时创制法律的一大手段。就结果而言，《圣训》之数日益庞大，其中便难免混有一定数量的伪《圣训》。自公元 8 世纪中期起，一些圣训学家开始对《圣训》进行整理与汇编。根据所属教法学派的不同，圣训学家们在汇编《圣训》时所秉持的原则往往也有所差异，故各派均立有自己的《圣训集》。时至今日，影响最大的当属由逊尼派整理而成的《布哈里圣训实录》、《穆斯林圣训实录》等六大《圣训集》。

尽管与《古兰经》同为伊斯兰法的重要渊源，《圣训》之权威却远不及《古兰经》，原因有二：一方面，伊斯兰教认为《古兰经》全文均为真主“安拉”旨意直接表达，而《圣训》则是先知穆罕默德根据真主旨意做出的行为典范；另一方面，《古兰经》自哈里发奥斯曼后均以统一之定本流传于世，千年不改本色，而《圣训》不仅因教派分化而以多种版本传世，更兼真伪难辨，故在权威性上未免有所欠缺。

（二）理性渊源

伊斯兰法的理性渊源，是指由伊斯兰法学家经运用个人理智对经训加以逻辑推理进行演绎而得的渊源。此类法渊源需以经训内容与精神为基础，得经训核准方可确立。伊斯兰法的理性渊源主要包括“公议”和“类比”。既为高度依赖教法学家逻辑思维的立法渊源，这二者又可由此被归于伊斯兰教法的教法学（阿拉伯语“斐格海”的意译）渊源一脉。

1. 公议。“公议”一词源于阿拉伯语“伊制马尔”，其意有二：一者取“决心、决意”之义，一者取“一致赞同、一致公认”之义。如此，“公议”即是圣门弟子或权威法学家对某些法律问题所发表的一致意见。就理论而言，通过共同创制法律的方式，“公议”可在某种程度上规避个人创制法律时可能产生的谬误并解决一些先知去世后经训内未予以明示的法律问题。就实践而言，由于地域及教派分化所限，所谓的“一致意见”经常不可避免地反映了特定地域或特定教派法学家的意见。

以经训为基础与保障，“公议”的确立与生效必须具备以下要素：其一，参与“公议”的法学家须具备创制资格；其二，参与“公议”的法学家须为穆斯林；其三，“公议”所讨论的问题须为穆罕默德去世后的宗教或法律问题；其四，“公议”的确立须经一致公认、一道赞同和最终裁定。

诞于穆罕默德去世之后，“公议”这一创制手段颇具几分阿拉伯部落社会时期原始民主制的色彩。对于“公议”这一立法手段，伊斯兰各教派内部也存在不同看法：逊尼派认为四大教法学派建立后，“公议”已不再适用于法律的创制；与之相对，什叶派则坚持“公议”为其法律渊源之正当性及有效性。公元10世纪后，四大教法学派权威得到确认，“公议”即呈现停滞状态。

2. 类比。“类比”，一译“比论”，乃是由阿拉伯语“格亚斯”意译而来。所谓“类比”，即比照经训的规则处理类似的问题。具体而言，则指法官在断案过程中援引《古兰经》或《圣训》中原判例的法律规律并将它应用于类似问题以求解决的过程。

基于经训，“类比”须具备以下几个要素方能得以确立与生效：其一，“类比”须以《古兰经》及《圣训》为基础；其二，“类比”中待解决的事实须无直接的经训可依；其三，“类比”须依据经训中明确的法律规则，如合法、非法、允许、禁止等；其四，“类比”中所引据的经训须与待解决的事实在逻辑上有共通之处。

“类比”在四大哈里发时期已成为伊斯兰法之渊源并发挥了重要作用。它在被提出的初期，曾受到部分法学家的反对。公元8世纪下半期，沙斐仪学派之创始者沙斐仪正式肯定了“类比”作为法律渊源的正当性及价值。这一渊源有效地以教法学家之逻辑思维填补了经训在某些法律领域的空白，极大地推动了伊斯兰法的发展。

同为教法学家创制法律的重要方式，“公议”和“类比”等教法学手段在伊斯兰法发展史上均作出过不可磨灭的贡献。直至公元10世纪下半期，随着逊尼派宣布伊斯兰法创制之门关闭，教学法方始走向无闻，这一伊斯兰法的重要渊源也逐渐没落。

第二节 伊斯兰法的基本内容

伊斯兰法的内容非常丰富。它不仅涵盖了对宗教行为的规范，也包括了对所有权、债权、婚姻家庭、犯罪在内等各方面社会关系作出的调整与规定。

一、穆斯林的基本义务

基于政教合一这一基本原则，伊斯兰法对于居民法律身份的区分以居民的宗教信仰为主要条件，如此，伊斯兰国家的居民便可分为穆斯林及非穆斯林。

"穆斯林"一词源于阿拉伯语，原意为"顺从者"，指真主安拉的追随者。根据伊斯兰法，穆斯林可以享有一切非穆斯林所不能享有的权利，如免税、经商、租地等。是故伊斯兰法不仅是宗教法，也是一种特权法。与这些穆斯林所享有的特权相对，穆斯林为证其信仰亦须履行必要的宗教义务。简要而言，穆斯林的基本义务可以"五功"概括，即念功、拜功、斋功、课功及朝功。

（一）念功

念作证词既是穆斯林对于伊斯兰信仰的表白，也是每个穆斯林必须履行的首要义务。它的内容乃是以阿拉伯语口诵"清真言"——"我作证：除真主外，别无神灵；我作证：穆罕默德是真主的使者。"穆斯林在所有重要宗教场合均须念诵此真言，即使在临终之际也须自行念诵或由他人代念此言。根据伊斯兰法，任何有皈依意愿者只要口诵此真言便能皈依伊斯兰教，此人穆斯林的身份及权利就可得到法律的保护。

（二）拜功

礼拜源于阿拉伯语中的"索俩特"一词，原意为"祷告"。经训强调，穆斯林一日内须五次朝向圣地麦加进行这种礼拜。礼拜前，穆斯林须洁净身心。五次礼拜分别举行于拂晓时（"晨礼"），日稍偏西时（"晌礼"），日落前（"晡礼"），日落时（"昏礼"）及入寝前（"宵礼"）。此外，经训也有规定，一周须有一次聚礼，一年须有两次分别举行于开斋节与宰牲节时的会礼。

（三）斋功

斋戒举行于每年伊斯兰历的九月，为期一个月。斋戒期间，穆斯林每日从黎明至日落不得饮食，同时严禁房事及嬉狎非礼行为。与此相对，根据伊斯兰法，身有病患者、年老体虚者、妇女有孕、哺乳或在经期者可不斋戒，但须代行施舍之事或补斋。另外，斋月结束次日即为"开斋节"，穆斯林须行会礼并以庆典贺之。

（四）课功

"天课"一词源自阿拉伯语，取其"净化"之意。故天课即指穆斯林通过缴纳一定的宗教税赋而使自己的财产得以净化，又称“济贫税”。伊斯兰法规定，当穆斯林财产达到一定数量时，就需要根据指定的税率缴纳天课。不同财产所适用的税率也有不同，如商品和现金须缴2.5%的税赋，农产品则应缴纳10%至20%的税赋等，不一而足。

（五）朝功

朝觐，是指穆斯林须至麦加克尔白神庙朝圣的宗教仪式。《古兰经》曾明示：“凡能旅行到天房的，人人都有为真主而朝觐天房的义务。”伊斯兰法由此规定，凡成年穆斯林，只要有条件者（即身体健康、旅途安全、能自筹旅费、可安置家属者），在一生中最少应至麦加参加一次大朝。此外，妇女的朝觐须有丈夫或男性至亲的陪同，不具备这一条件者可免除此项义务。

除“五功”外，伊斯兰教还另外设有许多关于宗教生活的规范，此不详述。

二、所有权与债权

（一）所有权

伊斯兰法对所有权特别是土地所有权，作出了详细而明确的规定。根据经训，一切土地归“安拉”所有，因此唯有先知及其继任者哈里发有权支配土地，而阿拉伯贵族和普通民众只享有土地占有权。土地依照其占有者的身份可分为以下五类：

第一，圣地。这是指阿拉伯半岛上穆罕默德出生和创教之处，即麦加及其周边地区。这些土地在所有土地中占有特殊的地位，被认为是奉献给真主的土地。故伊斯兰法不仅禁止异教徒居住于此，更有规定，圣地之上不得损伤一切生命，其中包括动物以及自然生长的植物。圣地住民须缴纳什一税。

第二，原主地。此乃被征服地区未改奉伊斯兰教者的土地。根据伊斯兰法，这类土地一律纳归国有，原主在缴纳了高昂的土地税后可获得土地的使用权。

第三，“米克尔”。这是指由穆斯林占有的土地。这类土地包括阿拉伯贵族的土地，无人管理后由穆斯林耕作的土地以及被征服地区改奉伊斯兰教者的土地。居于这种土地上的穆斯林享有的权利比较广泛，但也须向哈里发政府缴纳少量土地税。

第四，“伊克特”。这一土地占有形式出现于倭马亚王朝后期。土地的占有者须以向哈里发提供一定数量的战士为条件保有土地的占有权。就这一意义而言，“伊克特”与西欧的采邑有类似之处。

第五，以“瓦克夫”形式出让的土地。“瓦克夫”制度是伊斯兰法中一项重要的财产制度。它与一般赠与的不同之处在于，在这一制度下，捐献者可仅转让所赠之物的用益权而保留其占有权。以“瓦克夫”形式出让的土地多是以奉献真主为名而捐献的土地，其中包括了寺庙用地、医院用地等。这类土地只得用于宗教、慈善目的而不得转让。

（二）债权

与相对完备的土地所有制度相比，伊斯兰法中关于债权的规定却不甚发达。即便如此，伊斯兰法也已将债按其产生方式的不同分为两种：契约所生之债及损害所生之债。

就契约而言，在伊斯兰法中，买卖契约乃是所有契约的标准形式，因为《古兰经》曾云："真主准许买卖。"通常情况下，买卖契约的生效必须满足以下条件：首先，缔约双方必须具备主体资格。凡未成年者、非穆斯林、神志不清者均无权结约；其次，缔约必须出于自愿。如非自愿，则据此支付的款项或物品均须退还；再次，契约标的必须合法。根据伊斯兰法，契约标的不能为不洁之物（如血液），非人力可控之物（如海洋）等；最后，禁止利息。《古兰经》有言："禁止放贷取利。"随着经济的进步，这一禁令逐渐成为商业发展的阻碍，故阿拉伯社会中为回避这一规则而出现了种种"法律技巧"，如重复交易等。

此外，关于契约的法律后果，据《古兰经》所言："信道的人们啊！你们当履行各种约言。"伊斯兰法强调守信，买卖契约一经建立便必须履行。对于有违契约者，伊斯兰法中也明确规定了包括施舍财物、斋戒数日在内的诸多惩罚。

就损害而言，它既包括了对他人物品的损害，也涵盖了不履行契约所造成的对他人的损害。伊斯兰法规定，对于损害所生之债，无论其缘由为何，都必须赔偿。无行为能力者造成的损害须由其法定监护人赔偿，如由奴隶或未成年人所造成的损害应由其主人或家长负担赔偿之责。

三、婚姻家庭与继承

正如大部分宗教法，伊斯兰法对婚姻家庭和继承作出了全面而细致的规定。这一部分内容构成了伊斯兰法的核心。

（一）关于婚姻

伊斯兰法中关于婚姻的规定可从婚姻的缔结以及婚姻的解除两方面加以分析：

第一，婚姻的缔结。伊斯兰法中承认的婚姻分为三类，即永久婚、暂时婚与女奴婚。

永久婚即正常婚。根据伊斯兰法，阿拉伯社会实行一夫多妻制，穆斯林男子若能秉持诸妻平等之精神，最多可迎娶四个妻子。与之相对，伊斯兰法也有规定，凡近亲、姻亲、一方行为放荡、宗教信仰不同者不得缔结婚约。婚姻的缔结须经祭司拟定，以两个男性穆斯林为证，并伴以一定的宗教仪式。

暂时婚为什叶派穆斯林所订立婚姻契约的一种。此契约结定之时，便已对婚姻期限作出了明确的限定。由这种婚姻而生的子女为合法婚生子女，可与其他子女同享其父遗产。

女奴婚指无力迎娶自由民女子为妻的贫穷穆斯林可迎娶女奴为妻。其子女为合法婚生子女。女奴若在丈夫生前未得自由，夫死之时即可获得自由。

在伊斯兰社会中，婚姻被视为契约中比较特殊的一种。男子成婚时，须给予女子一定数额的聘礼以示与其共享财产的意愿以及婚约的缔结。

第二，婚姻的解除。根据伊斯兰法，已结定的夫妻可通过四种方式离婚：一是“休妻”。穆斯林的离异以这种情况最为常见。“休妻”时丈夫不需解释，只需支付一定的休妻费即可。在丈夫宣布休妻后三个月，若妻子未见有孕，则可听凭其另嫁。此外，在此期间内，夫有两次机会撤销休妻的决定，如有第三次，一经宣告，便无可反悔。二是妻以补偿金购得离婚权。三是妻可因夫不履行义务，如不扶养、不同居，而提出解除婚姻关系。四是相对罚誓。这一方式往往适用于夫对妻所生婴儿之父的身份有所怀疑，却无从证实之时。妻也可同时罚誓否认此罪名，以证所控不实。相对罚誓后，婚姻关系即告解除，且不得复合。

伊斯兰法虽允许妻子在丈夫不履行其职责时提出离婚，但就实际而言，离婚往往是丈夫单方面的权利。与此相对，伊斯兰法最重要的创见在于提出三个月的“待婚期”这一概念，这一点也反映了伊斯兰法在婚姻关系上的微小改进。

（二）关于家庭关系

根据伊斯兰法，穆斯林家庭奉行男尊女卑的原则。《古兰经》曾有明示，男子在家中应居于权威地位，其权利比女子“高一级”。这一原则可表现如下：夫应善待其妻，妻应服从于夫；夫所嘱托之事，妻必须亲力亲为，而不可交与奴婢之手；若无夫命，妻不得探视或吊唁其父母；夫对其妻有体罚之权，等等。

（三）关于继承

通常情况下，在伊斯兰社会中，亡者的遗产在经过葬仪支出及债务清偿后，就可进入继承之流程。根据伊斯兰法，继承可分为“遗嘱继承”及“经定继承”两种。

伊斯兰法规定，“遗嘱继承”不得超过可继承财产全额的三分之一。遗嘱订立时须由两名公正的穆斯林为证，否则将被视为无效。穆斯林除遗嘱继承的部分遗产外，其余遗产应以《古兰经》所示之法进行分配，即“经定继承”。“经定继承”包括“经定份额继承”以及“剩余遗产继承”。

根据“经定份额继承”，亡者的继承人可以分为以下十二种：丈夫、妻子、女儿、父亲、母亲、祖父、祖母和外祖母、同胞姐妹、同父异母姐妹、同母异父兄弟及同母异父姐妹。这十二种人的继承份额之间互有联系：有些继承人因其他继承人的存在而丧失继承权，如祖母或外祖母的继承份额为六分之一，但当死者的祖母存在时，死者的外祖母将被排除于继承权之外；有些继承人的份额因其他继承人的存在而减少，如妻殁，若无子女，则丈夫可得其遗产的二分之一，若有子女，丈夫只可得遗产的四分之一。

在规定了此类“经定份额”继承人权利的同时，《古兰经》对经过这种分配而留下的“剩余遗产”也进行了分割。根据《古兰经》，剩余遗产的继承顺序如下：逝者之子、之父、其旁系亲属及逝者之父的旁系亲属。

与历史上其他封建国家的继承法不同，伊斯兰法中并未提及长子继承制，同时，伊斯兰法也承认女性在逝者遗产分配时所享有的权利。

四、犯罪与刑罚

与婚姻家庭及继承法不同，刑法是伊斯兰法中较不发达的部门。在伊斯兰法中并未形成明晰的犯罪概念与刑法理论，而仅是将不同犯罪所使用的刑罚分为三类：经定刑、复仇刑及酌定刑。

顾名思义，经定刑指由经训所规定的刑罚。在伊斯兰法中，经训特别指出了对某些犯罪的刑罚。这类刑罚包括通奸、偷窃、抢劫、酗酒、叛教及诬告六类，其中刑罚涉及了乱石砸死、鞭刑、砍手等。这类犯罪一经确认，即无可赦。

复仇刑，即同态复仇。伊斯兰法中，对于人身侵犯的强暴行为多采用“以眼还眼、以牙还牙”的原则。与此同时，伊斯兰法不仅将复仇的对象限于加害者自身，也将有权复仇者限于被害者及其亲属。此外，根据伊斯兰法，犯罪者可通过赔偿金来赎清自身所犯之罪，但其前提为受害者或其家属的同意。若受害者或其近亲愿意接受赎罪金，则犯罪者可免受复仇刑；若受害者或其近亲拒绝接受赎罪金，犯罪者则必须接受同样报复手段的惩罚。

酌定刑，指经训上并未明文规定，但依据政府行政命令或其本质应防止发生的行为所适用之刑罚，乃是对前两者的补充。这种罪行多由司法机关加以量刑惩处。适用于酌定刑的犯罪种类繁多，如战时潜逃等。酌定刑多依犯罪人之身份量刑，社会身份地位高者往往可减免惩罚。

五、司法与诉讼

由历史而言，自穆罕默德创教以来，其一直掌有伊斯兰社会中的司法大权。穆罕默德殁后，这一权力便移至穆罕默德的继任者哈里发手中。自倭马亚王朝后，伊斯兰社会的司法权由以下机构及官员分掌：沙里阿法院、听诉法院、“刑事审判官”及“市场检查官”。

沙里阿法院创设于倭马亚王朝后期，乃是宗教法院。沙里阿法院之法官称“卡迪”，也可译为“教法执行官”，“卡迪”之下又设两名穆斯林为书记员。这一法院主要涉及与私法有关之案件，如婚姻、家庭、民事交易、民事侵权等。“卡迪”由行政长官任命。

听诉法院也创设于倭马亚王朝后期，它由哈里发政府选派的行政官员组成，并代表哈里发政府行使最高司法权。其管辖范围扩及有关土地、税收等的公法相关领域，且兼有一些上诉法院及行政法院的职能。听诉法院不仅适用伊斯兰法，也在一定条件下适用世俗法律。

最后，“刑事审判官”与“市场检查官”也拥有一定的司法权。“刑事审判官”主要负责处理刑事案件。此职权限低于“卡迪”，其权力的行使也往往伴随着“卡迪”的审判权。与之相对，“市场检查官”则只对伤风败俗者或其他轻微违法有一定的处理权。

伊斯兰法中的诉讼程序相对简单，民事诉讼与刑事诉讼均采取同一程序。诉讼通常采取控告式，原告与被告均须出庭。被告若承认原告所述，法官即可定案；被告若否认原告所述，原告则须举证以证其所言不虚。原告若无力举证，被告则应罚誓否认其被控之罪，若被告拒绝罚誓，法庭将作出于原告有利之判决。

伊斯兰法中承认的证据包括证人证言、当事人陈述以及誓言，其中尤以证人证言最为重要。一般案件须有两位证人作证，且就其效力而言，两位穆斯林妇女的证言相当于一位穆斯林男子的证言。伊斯兰法中更有规定，唯有涉及财产的案件，方可接受女子的证言。

第三节 伊斯兰法的特点和历史地位

一、特点

（一）纯粹而排他的宗教性

在正统的伊斯兰教教义中，法是带有“启示”性的，它被释为真主意志的体现，看做真主对穆斯林所下达的命令。而真主的无所不知、无所不在、无所不能，使得他所降示的法律自然无所不包、无所不及、永恒不变。据此，伊斯兰教法被认为在任何时间、任何地点都具有普遍长久的适用性，无论穆斯林个人还是社会对它都只有理解和遵守的义务，而没有质疑或抗拒的权利。并且基于启示的至高、至大、至全，教法被视为是唯一的，不仅其他法没有与之共存的必要，而且尘世上也没有任何权力机关有资格改变它。

但是实际情况并非如此。因为作为真主本意体现的《古兰经》虽是伊斯兰教法的权威准则和第一源泉，但是随着穆罕默德这个穆斯林世界唯一“先知”的去世，《古兰经》已经不再发展变化，受其框架约束，其他伊斯兰法源对穆斯林生活的调整有限也就成为一种必然。事实是，正是伊斯兰法源的这种先天缺陷，客观上为其他法律的存在提供了一定的空间和余地，于是现实中大量不被伊斯兰法认可的世俗法成为宗教法的重要补充与修正，特别是在公法领域。中世纪的阿拉伯帝国如是，后世伊斯兰法系的其他国家亦如是，它们没有一个是仅仅依照伊斯兰法进行管理和统治的，只是它们不得与教法精神相违背而已。

与其他宗教法相比，这种不惜理论与实践脱节而一味追求法的纯而又纯的宗教性恰是伊斯兰法最显著的特性所在。历史上无论是古印度法还是基督教教会法，都不曾像伊斯兰教法这样排斥其他法的合法存在。尤其是教会法的制定者，他们从不认为自己有权力制定一种可以完全取代世俗法的宗教法，也就是在这种情形下，罗马法才得以在西方被继受而又不触犯基督教。

（二）渊源与结构的学说性

这是伊斯兰法明显有别于其他法的又一特点。在中世纪的阿拉伯，法学与法源有着密切关系，前者在某种意义上与后者甚至同义。依据教义，虽然来自于穆罕默德的《古兰经》和圣训是伊斯兰法的基础，但以它们的明文条律来规范穆斯林社会的全部关系显然不够，要继续保持经训在伊斯兰国家社会生活中的主导性，后人所能做的只有“发现”。也就是通过领会天启法律的真实含义，或裁判、解释对它的教导的某些违背，或以法律的技巧对它的过时之处加以回避，周而复始，不断地推导引申、创制出新的规则，从而实现其长久不衰。伊斯兰教法学家们通过公议、类比等方法承担了这一使命，他们以经训的明文和精神为指导精心完善了伊斯兰法律实体。

在伊斯兰世界，同一时代权威法学家就某一宗教法律问题发表的一致意见具有真正法的力量，他们的观点被认为是对教义最准确的表达。因此伊斯兰的法官们早就可以不用查阅经训处理案件了，因为法学家们的公议已经对这些历史性法源作出了无懈可击的解释。与公议略有不同，公元 8 世纪中期合法性得到一致认同的类比是为使伊斯兰法能够回答一切可能提出的问题而特设的。虽然法学家们不能运用它创立带有根本性的撼动传统的规定，但严密的理性对照、对比结论确实拓宽了教法领域，使伊斯兰法更适应社会变化的需要。因此，法学家们的努力不仅是伊斯兰法律进步的基本动因，而且是伊斯兰法独特性千余年保持不变的根本原因之一。

二、历史地位

首先，伊斯兰法是中世纪阿拉伯帝国法的主体。与其他宗教法一样，初期的伊斯兰法也只是一种信众共同体法，适用于信仰伊斯兰教的穆斯林，教导他们应当如何用自己的信仰指导自己的行为。但随着中世纪政教合一的统一阿拉伯国家特别是阿拉伯帝国的出现，宗教和政治的密切结合使伊斯兰法开始兼具国家法的属性。在多种有效的法律渊源形态中，与政府发布的政令及地方习惯、外来法不同，伊斯兰法不仅是处理一切民间事务的依据，也是国家政治生活的基本准则。在政权与教权合二为一的政治法律制度中，与伊斯兰教义有着天然联系的伊斯兰法明显高于其他法律渊源居于支配地位，这一点在倭马亚王朝的法源“伊斯兰教化”整理中表现得淋漓尽致。

其次，伊斯兰法是维系伊斯兰法系的纽带。伊斯兰法系是以中世纪伊斯兰法为核心，伴随强大的阿拉伯帝国的不断对外扩张而形成的法系。曾在倭马亚王朝建立的地跨亚、非、欧的庞大帝国内与伊斯兰教一样得到广泛推行的伊斯兰法，13 世纪中期面对蒙古人的侵入造成的帝国崩溃不再只是一种国别法，而是开始显现出超脱于单独国家之外的意义。一些原属于阿拉伯征服地的国家，如埃及、叙利亚、摩洛哥、突尼斯和伊朗等，独立后并没有改变原有宗教信仰，它们仍然信奉伊斯兰教，以伊斯兰法为基本法制度，伊斯兰法系正式形成。此后直至中世纪结束，规模不断发展的伊斯兰法系都是东方最具代表性的法系之一。然而进入近现代，经过系列改革之后，伊斯兰法系内部出现分化。其中绝大多数国家将其本国法分为两个截然不同的领域：在与经济发展关系不大、受宗教道德规范严格控制的婚姻、家庭、继承和宗教义务等领域保留较多的传统伊斯兰法的形式和内容；在刑法、诉讼法及与经济发展密切相关的民商法领域，采纳大量的西方法制度和法原则，可谓法的宗教化与世俗化并举。但也有一些国家因袭传统，仍然把伊斯兰法视为国家法的主要渊源，接受现代法律思想反而较少，如沙特阿拉伯、阿曼、阿联酋、巴基斯坦等。当然，随着改革程度和规模的深入，也不乏个别国家的新建法制与传统伊斯兰法形成反差，继而脱离法系，加入新的法律家族，如土耳其、印度。不过，尽管具体情况各异，但总体来讲，这一时期在伊斯兰教占统治地位或影响较大的国家或地区，伊斯兰法大多程度不同地得到了保留和适用。尤其值得注意的是，自20世纪70年代以来，一些伊斯兰国家兴起的“原教旨主义”运动，有使传统伊斯兰法重新复兴的趋势。

第八章 城市法和商法

中世纪的城市法和商法作为两种特殊的新兴的法律体系主要产生、形成和适用于西欧各自治城市和港口，用以调整新兴的城市社会、经济、政治关系以及一般商业关系和海上运输、航海贸易中所发生的各种关系，体现了新的经济关系和新的阶级的要求及自由、平等的精神，是具有资本主义因素的法律。城市法是一种地域性很强的特别法，随着主权国家的产生于16世纪融入其他法律中。商法是一种具有国际法性质的习惯法，其发展历程是由共同商法与国家商法。作为中世纪法律重要组成部分的城市法和商法促进了资本主义经济的生长和资产阶级的形成，是近代资本主义法律的重要来源。本章重点问题：中世纪城市法的形成过程、特点及渊源；中世纪商法的形成过程、特点及渊源；中世纪城市法和商法的历史地位及其影响。

第一节 城市法

在西欧中世纪的中后期，兴起两种特殊的新的法律体系即城市法和商法（包括海商法）。它们是当时繁盛的商业活动、海上贸易、城市复兴和市民自治以及罗马法复兴的产物，其渊源主要是习惯和判例，也有起根本法作用的城市宪章、行会章程和议会立法。城市法是一种地域性强的特别法，随着主权国家的产生于16世纪融入其他法律制度中。商法与海商法是具有私法和国际私法性质的习惯法，其发展历程是由共同商法到国家商法。作为中世纪法律重要组成部分的城市法、商法与海商法，以其独特的功能不仅满足了当时人民生活和社会发展的需求，而且积极地促进了近代资本主义经济的生长和资产阶级的形成，是近代资产阶级法律的重要来源。

一、城市法的产生和发展

城市法（City Law），是指10世纪—15世纪中世纪西欧获得自治权的城市所适用的法律。这种法律制度的内容范围一般与城市商业、贸易、税收、城市自治以及城市市民的法律地位有关，只适用于自治城市、半自治城市和城市共和国。可以说，它只是一种地域性很强的特别法，同时，是一种带有普遍性、自治性和独立性的法律体系。

“在欧洲中世纪，城市的明显特征是具有自己的法律、法庭和自治的行政。在受法律的支配并且参与选择行政官员的意义上，个人是公民。”① 城市法的形成和发展与该城市的经济、政治状况密切相关，它与该城市的手工业和商品交易的发展、城市组织机构的完善、市民的政治经济要求相适应，是城市商品经济、市民自治和民主政治发展的产物，同时，也有宗教和法律的因素。

城市法是伴随西欧城市的复苏和城市贸易的繁荣而逐渐产生的。公元10世纪时，随着生产力的进步，手工业和商业的活跃，曾因日耳曼人入侵受到重大冲击而极度衰落的西欧各国城市，由于人口的增多和集市的日渐频繁开始起死回生，重新复苏。贸易对城市建立的影响至关重要。中世纪初期自给自足的庄园经济，到9世纪后因大领主作坊剩余产品投入市场而发生了变化。集市贸易、零售商和批发商活跃于意大利、荷兰、法国等大大小小的城市。当时的城市都属教俗领主管辖，有着各种封建义务。城市由行会构成，用围墙圈起来，住在城墙内的人就是市民，大多数是工匠和小商人。由于人口密集、交易频繁，相近的行会生活产生了共同的思想感情和共同的利益，易于形成集体观念和力量，大家因共同利益走在一起，承担共同的义务，也因国家政治组织的涣散和王权的软弱，市民自己组织起来管理公共事务及宗教事务。由于传统文化中的希腊罗马人的公民观念、宗教意识、法治精神和日耳曼民主、平等精神，极大地激发了他们的平等自主意识和积极进取的世俗态度，加之，工商业本身焕发的自由精神，驱使他们力图摆脱封建关系和封建领地法律的束缚，为城市的独立和工商业自由而斗争。“世俗的城市制度的建立，尤其是形成城市自己的政治和法律历史——即关于有机地发育和成长的历史意识或感觉——这一切都是基于以下事实而成为可能：教会自身宣告宗教权威和世俗权威的二元化，并且支持世俗权威的复合结构；通过法律逐步改革世界的观念在教界和俗界均成为一种主导观念和支配性动力。人们头脑与心灵上的这些革命性的转变，是11世纪晚期和12世纪遍及欧洲的政治、经济和社会生活里的革命变革的一个必不可少的部分。在科隆，正如在其他地方一样，自治城市和新型法律即城市法的建立，是这些变革的一个重要表现。”② 因此，处于西欧工商业中心的一些城市，如威尼斯、巴黎、佛罗伦萨、阿姆斯特丹等，都通过各种方式摆脱领主的封建统治，获得不同程度的独立地位和自治权利，包括赎买、起义等。还有些领主认为资本经济有利可图，将一些不发达的市镇或乡村组织成为自治或半自治的城市发展商品经济。据不完全统计，在14世纪初，西欧人口总数约计6000万，其中，约有600万人生活在城镇。数量众多、规模不同的城镇，以极不相同的原因和方式产生并迅速发展着。随着城市的自治或半自治，新的城市组织、自治机构也产生了，由此引发了一系列需要以新的规则予以调整的新的关系、新的利益、新的权利（职权）和义务（责任），城市法

① ［德］韦伯著：《韦伯文集：文明的历史脚步》，黄宪起等译，上海三联书店1997年版，第128页。

② ［美］哈罗德·J. 伯尔曼著：《法律与革命——西方法律传统的形成》，中国大百科全书出版社1996年版，第453页。

应运而生。最早的城市法产生于意大利，因为在11世纪和12世纪，意大利的城市是最繁荣兴旺的。这一时期，有数百个意大利城市成为独立的自治的共和体，依据自治的特许状，它们实行一种极富创新的政治管理模式，如民众集会选举产生的市民议会、首席执政、司法执政及市政官员的有限任期制，对执政这种“城市管理者”的资格要求须有法律训练背景，任期终结，其政绩须经一个专门委员会评估。市民议会在理论上享有立法权，首席执政就重大事项须与市民议会商量。因而，伯尔曼认为，此时欧洲新涌现的城市政府是最早的纯粹的世俗政治实体，最早的近代世俗国家。它们的功能是在法律的意义上维持和平、主持正义，标志着教会与国家的最早分离，是权力与信仰的分离，是政治功能与宗教功能的分离。“意大利诸城市不仅在创建新的政府形式方面而且在整理和改革法律方面居于领先地位。”① 英国于1066年被诺曼人征服之后，到12世纪初，自治城市的数目和规模的增长极其引人注目，而且，几乎所有的自治城市都有特许状，都具有各自不同的政府形式以及自己的法律制度。这些自治城市标志着“一种市民身份和法律身份，是一种以共同体成员身份为依托的生活方式。……它们有自己的法律、自己的政府和自己的共同意识的‘自由’联盟。”②

西欧中世纪城市法的产生和发展大致经历了以下三个阶段：

（一）城市习惯法的汇编时期

例如，9世纪《伦巴城市法汇编》、9—10世纪《阿玛斐城海上法》、10世纪《基罗亚城市法》等。最初的这些城市法主要内容是有关各城市管理工商贸易的行会章程和城市特许状及行政管理方面的，其规则基本上是誓言、城市原有的习惯法和由罗马法演变过来的商事习惯法。按照伯尔曼的研究，意大利城市法最早的系统化方式，是汇集特许状、执政官的誓言即“条令”（宣誓承担其义务的规则）和公务员的誓言及民众的誓言。将这些特许状、誓言汇编在一起，便构成了最基本的用以调控城市或自治公社的政治体制和行政生活及其运作的一套法律规范体系。同时，收集、整理那些已在城市政治经济生活中起作用的各式各样的习惯法。

（二）城市成文法典编纂时期

随着城市法的发展，到11世纪，大规模的城市法典编纂活动在各个城市展开。这些立法技术较高的活动主要由法学家进行，大多数是任命了专门人员和专门委员会进行编纂。城市法典的编纂也是始于意大利的。例如，10世纪的《热那亚城市法典》、11世纪的《毕士托瓦城市法典》、12世纪的《马格德堡法》、13世纪的《比萨城市法典》、《米兰城市法典》和《波伦亚城市法典》及15世纪的《罗马城市法典》。法国城市法影响最大的是《巴黎城市法典》。西班牙的

① ［美］哈罗德·J. 伯尔曼著：《法律与革命——西方法律传统的形成》，中国大百科全书出版社1996年版，第471页。

② ［美］哈罗德·J. 伯尔曼著：《法律与革命——西方法律传统的形成》，中国大百科全书出版社1996年版，第461页。

《多托沙城市法典》（1279 年）和德国的《萨克森城市管辖法》（《萨克森明镜》1221 年）都比较有名。这些城市法典的编纂是由各城市的自治权力机构组织进行的，最初大都是由特许独立宪章、各城市法院的诸多判决汇集而成的，后来，也有一些市议会的立法、民众集会或大议会的决议及其他的一些习惯法。其涉及的内容非常广泛，公法和私法、实体法及程序法都有，不过须注意的是，大多数法典都是以大量不成文法的存在为先决条件的。法典的编纂是一种高级的规范性法律文件系统化和统一化的法律制定和认可的立法活动，此时，这种活动及其成就也是罗马法复兴运动所带动的。

（三）城市同盟法的出现

到中世纪后期，随着贸易、交往和资本流通的扩大，欧洲各商业城市为维护其城市的独立性、协调彼此间的关系以及保证其共同的经济利益，开始结成城市同盟，有的称为“商人公会”，如在德意志北部形成的“汉萨同盟”（Hanseatic League），并制定城市同盟法。14 世纪，加入这一同盟的多达 160 个城市。还有如“莱茵城市同盟”、“士瓦本城市同盟”等。各城市同盟均制定过本同盟的城市同盟法以保护其共同利益，如《汉萨海上规则》就是关于“汉萨同盟”的海商法规，在北欧具有很大的权威性。而且，各城市同盟为了维持各城市的治安秩序，保护其经济交易的安全，建立了“秘密刑事审判厅”管辖危害各城市的刑事犯罪。

到 15 世纪时，由于王权的强化和民族国家的初步形成，各国的中央政府开始对自治城市的立法权与司法权予以干涉，城市的自治特权被取消，王室敕令通行全国，城市法中断了发展，并逐渐融入其他法律中，成为近代法律的来源之一。

二、城市法的主要渊源

（一）城市宪章或特许状

城市宪章是一种具有宪法性质的法律文献，它是由国王、封建领主或大主教颁发的，用以确认自己所属区域内某一城市的自治特权或独立地位或经商特权，有时称为特许状。城市宪章或特许状是自治城市的根本法和主要渊源，是城市法的法律基础，它是以法律形式对一种既成事实的认可，规定该城市的自治权和市民所享有的权利义务、允许城市拥有有关本城事务的立法权、行政权和司法权，可以设立自己的立法行政机构、裁判机构和商业行会，可以自由经商、加入行会组织、管理市场、使用城市土地等，保护其公社成员或自治城市市民的生命、安全和财产。城市特许状的颁发与接受意味着双方已进入一种不能由任何一方随意更改的契约状态之中，也就是一种权利义务的法律关系之中，它标志着这一自治共同体根本法律的确立。当然，高级审判权、某些上诉权及对重大犯罪的司法管辖权仍由王室权威掌管。著名的城市宪章有：1111 年德国皇帝亨利五世颁发的

《斯拜尔特权宪章》、1135 年马因斯大主教颁发的《马因斯宪章》、1215 年英国的《自由大宪章》。特许状如 12 世纪英王享利二世赐给林肯城的特许状，英国南部的诺桑普顿城从 12 世纪至 17 世纪共得 31 份特许状，这是英王赐予某些城市以特权惯用的法律形式，它往往对封建主和主教的政治经济权力加以限制，规定君主对城市有限的权力，给城市居民以广泛的政治、经济和人身自由，同时，对市民应缴纳的租税及各项义务作出了明确规定。这种宪章和特许状实质上反映了社会各阶层、各利益集团的冲突，如教会、王室与市民，它是封建的政治、经济和社会利益及其价值与新生阶级即市民阶层的政治经济利益及其价值之间的冲突、妥协和平衡。

（二）行会法

中世纪城市是由行会构成的，行会是用来作为相互保护的立法团体和自愿的法律实施组织。在 11 世纪末，在各自治城市，商人行会、社区行会、手工业者行会以及其他的具有世俗性质的行会遍布各地。所有的行会都有自己的法律章程或行会法，其内容因行会的不同而千差万别。当然，有其共同性且相当普遍地存在于西方社会，如因其共同承担着宗教和经济职能而具有共同的行业伦理和规范。行会法的主体是行会章程，它是自治城市的手工业行会和商人行会制定的、用以规范行会组织、调整行会成员间的关系、管理行会活动、确定行会成员的权利和义务以及维护本行会权益的法律规范。有时被称作基尔特习惯或惯例，如劳动契约、学徒身份和成员资格、产品质量标准、最低限度的价格、平等竞争和限制交易、限制进口、移民以及各种保护主义规则等。工商业是自治城市的基础，对城市工商业的管理主要依据各行各业的行会章程，各行会联合发布的公告也具有法律效力。行会章程和联合公告都是城市法的主要渊源。

（三）城市立法

城市立法是自治城市的市议会发布的法令和条例等。城市立法在封建社会的后期逐渐增多，成为城市法的重要渊源。其内容主要是关于市政建设、城市经济发展、社会教育、福利、商业、治安及市民的权利和义务等方面，也有私法和诉讼方面的规则。

（四）城市同盟法令

城市同盟法令是加入同盟的各城市共同制定和遵守的一种准国际法性质的共同法，其中也包括各城市间的协议和和约，如《汉萨同盟法令》、《莱茵同盟法令》和《斯特拉尔松德和约》等。

（五）城市习惯和判例

在城市社会生活和商业交往中形成的、调整各种社会关系的习惯和法院判例都是城市法的渊源，是许多城市法汇编的主要资料来源。

三、城市法的基本内容

（一）城市自治权

所有的城市宪章或特许状都以根本法的法律效力确认了城市自治权，尽管自治程度不一，有城市共和国、、城市公社、自治城市、半自治城市等。例如，英国1215年《大宪章》第13条规定：“伦敦城，无论水上或陆上，俱应享有其旧有之自由与自由习惯。其他城市、州、市镇、港口，余等亦承认或赐予彼等以保有自由与自由习惯之权。”西班牙国王批准的人民宪章正式承认各城市居民有自由、平等、自治权。可见，城市法最重要的内容是首先以根本宪章的形式从法律上确认了城市的自治权。这里的自治权，就意味着凡获得自治权的城市即享有某种程度的立法权、行政权和司法权，可以独立、自由地组织本市的政治、经济及其他活动，有铸币权、确定度量衡权及外交权。

（二）城市市民权

对城市市民权的确认，也是城市法的重要内容之一。凡获得自治权的城市，同时也解放了市民。市民权，是指作为城市一个阶级所享有的法律上的权利，即可以自由、平等的身份参与城市的政治、经济活动，可以制定自己的法律，建立自己的法庭，成立自己的城市管理机关，参与城市官员的选举，并享有许多经济和法律权利，同样也应承担城市市民应尽的一些义务，如服兵役、维护城市治安等。作为一个新的等级，其社会地位、生活方式、精神气质都发生了根本性的变化。许多城市法规定，只要在城市里住满1年零1天，不管是什么人都被视为自由人，受城市法的保护。

（三）城市机关

由城市法所认可的城市机关有市议会、城市法院和市长等。市议会是自治城市最高的权力机关和行政机关，由市民选举产生，代表任期2年，每年改选一半，市议会的职权有：选举城市行政长官如市长、税务官和监督员等；议决城市的财政、税收，并向全体市民报告其工作情况；依法制裁违反城市公共利益的犯罪行为。市长任期1年，期满后2年内不准当选市议会议员。市长的职责是管理城市公共事务，如治安、教育等。城市法院由市议会组成，法官由议会任命，法院适用的法律主要是城市法。

（四）城市的行会和工商管理

主要包括行会组织制度和工商活动规则。商业行会法规主要的内容是：规定商人入会的条件、会员的权利义务、会员的商业道德、专营权和专断权、统一度量衡制度以及调解商务纠纷的司法权限等。手工业行会法规的内容是：规定开设手工业作坊的条件、作坊的规模和地点、作坊统一工作时间、行会产品、学徒的招收和管理、工资以及行会惯例的法律效力等。在中世纪，只有加入行会组织才能有资格经营手工业和商业，入会有一定条件，如手工业行会要求只有正式工匠才能入会。凡入会的会员须缴纳一定的会费，会长由会员选举产生。大多工商规则对生产过程、产品规格、质量、价格都有规定，其目的在于保证产品质量，限制行会内部的竞争。还规定，严格禁止会员在工商业活动中的欺诈行为。

（五）城市刑事法律制度

中世纪城市刑法规定得较严密，在内容上体现了某种进步性和封建性。例如，在法律适用过程中，废除封建等级特权，实行法律面前人人平等的原则和罪刑相适应的原则，犯同一罪者处相同的刑罚，废除了原始的证据手段，如神明裁判、决斗等，以罚金代替赎罪金。同时，城市法因其封建的性质而不可避免地具有严酷性，如大量使用肉刑，实行同态复仇和株连原则，实行的刑种有绞刑、斩刑、宫刑、肢解刑等，刑罚具有威吓主义的特色。诉讼程序一般采用纠问式，审判有时公开，有时秘密进行。

第二节 商 法

一、商法的产生和发展

中世纪的商法，又称商人法（Law of Merchant），是指调整商人之间因商事活动所产生的各种关系的一系列习惯和法律的总称。由于商事活动包括内陆商业活动和海上商业活动，所以，广义上的商法是由规范内陆一般商业活动的商法和规范海上运输与航海贸易等商业活动的海商法两部分组成①。《不列颠百科全书》对中世纪的商法作这样的解释："是中世纪期间有关商人、商业事务的习惯法规和原则的总称。是商人们自己为了管理他们之间的交往而采用的。最初商人法多半由专门的准司法性质的法庭执行，如意大利由行会法庭以及随后在英国由正式成立的泥足法庭执行。商人法是 11 世纪早期发展起来的，目的在于保护不受当地法律管辖和保护的外国商人。在外国商人中，如果他们同国籍的人当中有人在商业交往中失信，他们就常常被没收财物并蒙受其他各种干扰。同时，商人们也需要一种法律，以便他们自己可以商谈契约、合伙、商标以及买卖等各个方面。商人法因此就随着商人从一地到另一地而逐渐传播开来。他们的法院，即他们自己在集市和城市所设立的裁判庭，执行了一种适用于整个欧洲的统一的法律，尽管在国内法和语言上各不相同。商人法主要的是根据罗马法，但其中也有一些日耳曼的影响，它构成了近代商法的基础。"②

商法是商业活动和城市复兴的产物，从根本上说，是因为在社会经济发展中有商事关系的存在。早在公元前 18 世纪古巴比伦王国时，就出现了调整商事活

① 林榕年主编：《外国法制史新编》，群众出版社 1994 年版，第 229 页。
② 《不列颠百科全书》（国际中文版），第 9 卷，中国大百科全书出版社 1999 年版，第 504 页。

动的法规，公元前7世纪，新巴比伦王国对一些特殊的公司予以法律规定。地中海东岸曾在区域贸易中占垄断地位的奴隶制国家腓尼基（Phoen icia）被公认为海商法的发源地，曾制定商人法和海事法。在曾作为古代地中海海上贸易中心的古希腊，产生了不少海商法规和商事诉讼规则，如雅典的进出口贸易法和对外国商人行使司法权的特设部门和程序，对海损作出创造性规定的公元前300年的《罗德海法》（Lex Rhodia,）相当著名。被称为“世界性商业”的古罗马，其用以规范商品经济的罗马法的原则和制度，特别是其中的出自外事裁判官之手的万民法内容所包含的商法规则是公认的国际商法准则，为后世的商法所吸收。但是，首先从普通私法体系中分离出来，并作为一个独立的法律部门的近代商法却是产生于中世纪西欧地中海沿岸的，其形成的关键时期约为11世纪晚期和12世纪。其原因当然是多方面的，如政治因素和宗教因素。其中，当时农业的改革和商人阶层的出现是不可忽视的重要原因。在11、12世纪，社会渐渐稳定，人口增加、耕地面积扩大，使得西欧的农业生产获得发展，农作物的增产导致大量用于交换的剩余农产品，这为商业的发展创造了空前的机会也提出其需求，这就促使城市的数量、人口及其规模迅速增长，与此同时，刺激了商业，出现了一个活跃于城市、乡村和港口从事大规模商业交易的新的职业商人阶层。商人阶级的出现，不仅意味着城堡主人势力的削弱，而且是商法获得发展的又一个必要前提。当时，意大利的威尼斯和热那亚空前繁荣，佛罗伦萨的手工业也极为兴旺。一般认为，中世纪的欧洲到14世纪已形成两个商业世界，一个是以波罗的海和北海为活动范围的商业中心，另一个是地中海商业中心。两个商业网又以海陆两路相连。在商品生产和贸易活动的哺育下，西方世界得以繁盛。在商品经济推动下，到14世纪，银行金融业也先后在意大利、尼德兰北部及英国等地兴盛起来，国内外商业、金融市场在整个西欧展开。例如，巴黎和伦敦已是西方世界的政治、经济和商业金融中心。这些现象说明，近代资本主义生产已经萌芽。

中世纪西欧商法的形成与发展，一般认为，起源于意大利，最初以商人习惯法的形式存在，其后发展为成文商法。其大体经历了如下几个阶段：

（一）中世纪的商法于10世纪—12世纪首先形成于意大利

商法在中世纪的起源是适应当时商业的发展，为规范商业活动而出现的。意大利地处地中海，商品经济活跃，海内外商业贸易得天独厚，其一些城市于10、11世纪就获得了自治特权，成为欧洲的商业中心，意大利又是罗马法复兴的发源地，故商法最先在意大利形成。法国、德国和西班牙各城市深受意大利商法的影响。意大利商法是在以罗马法中的有关古代地中海的商业和海上贸易习惯规则的基础上发展起来的。可以说，罗马法中的商业习惯法是中世纪商法的基础，而意大利是最早恢复和发展古代商业习惯法并将之改造成为地方商业习惯法的，这就使得意大利商法具有综合性和统一性的特点，处于领先地位。因此，意大利商法被认为是中世纪各国商法的“母法”。最早的商法汇编是由位于第勒尼安海的意大利海岸的阿马尔菲共和国采用的一个海商法汇集，即11世纪著名的《阿马尔菲表》，被意大利所有城市的商人接受。

（二）12 世纪—16 世纪国内国际集市使商法在全欧洲普遍发展起来

从 12 世纪始，随着工商业的繁荣，定期集市遍及意大利、法国、德国、西班牙和不列颠岛的诸城市。寻求货源、市场和机会的商人们，在进出自如的港口、交通便利的大城市，组织国际集市和国际市场，组织商事法院，建立商业事务所。他们在全欧洲的许多城镇中定期举办规模巨大的国际集市，如规模浩大的法国香槟集市曾多达 50 多个市场，吸引了无数外国和外地商人，是一个巨大的国际性集市。与此相应的满足这种商业交易的基于罗马法商业习惯和法规的中世纪商事法规便发展起来。这种商法是一种主要用以支配陆上交易的法律体系，不仅包括集市和市场的习惯法，也包括海事习惯和城市商业活动规范。意大利各城镇在制定和系统汇编商事习惯法规则方面居于领先地位。在一些发挥国际性集市功能的著名的国际商业城市里，外国商业贸易公司取得了依本国法律管理自己商业事务的特权，他们所依之法一般是来自意大利自由城市的有关国际投资的法律规定。在当时，凡是开放性的自由贸易城市，都订立特别法规规定互惠办法及条件和范围，允许外国人来投资建场或设行，依所在地法独立经营。由此而形成了商务领事制度和“治外法权”、“领事裁判权”等制度以及大致统一的商法规则。与此同时，特别商业法庭和商事混合法庭也发展起来，主要解决有关商事方面的国内纠纷和国际冲突。例如，意大利各城市率先设立了这种法庭，法庭的组成人员是由市长召集外国商人和本地商人会同审理，其判决适用于国际性的自由港口和自由开放性城市，日积月累的大量判例形成一种全欧洲普遍适用的国际性的商业法律规范和贸易惯例，即共同商法。

（三）17、18 世纪的国家商法

中世纪末期，随着欧洲各国君主专制体制的确立，商法发生了新的变化，即由共同商法转变为国家商法，各国相继开始制定商法典。其中，法国的 1673 年《商法典》和 1681 年《海商法典》较为著名。至此，商法的性质由一种曾是共同普遍适用的国际性的特别法开始变为主权国家管辖下的国内法。

（四）海上贸易的兴起促使海商法的形成和发展

海商法是归海事法庭管辖并由其实施的有关船舶和航运方面的法律。欧洲的海上贸易是以地中海、北海、波罗的海为中心展开的，并且一般都受制于具有国际法效力的港口习惯。意大利的威尼斯、热那亚、比萨等最先发展海上贸易，并且也最先发展了以适用《罗德海法》为主的海商习惯法。公元 8 世纪，东罗马帝国重新编纂了海商法性质的《罗德海事法典》，10 世纪又产生了《巴西尔法典》和《阿玛斐法典》，11 世纪编纂了特兰尼海员公会的领事判例集。基督教十字军东征设立裁判法庭以解决所经地区商人之间的争议，制定了包括海商法在内的《耶路撒冷法律和法律论文集》，由商事法庭和海事法庭实施。到 12 世纪，海上贸易向北推进，扩展至法国和西班牙沿海诸港口、城市，如马赛港、巴塞罗那等著名商城。海商法也随之产生于这些地方。在北欧，沿北海和波罗的海沿岸海陆商业活动频繁，是这一带的海陆贸易中心。例如，以吕贝克城为首形成的“汉萨同盟”，有力地促进了海陆商业交易及规范这一活动的行为规则。13 世纪时，在欧洲，从南到北、从西到东已形成了较为畅通的海陆商业贸易运输线路，海陆商业活动极为繁盛。与此同时，为了协调海上贸易关系，保障彼此的权益，在商业活动中发展起来一种大家共同遵守的习惯或惯例，后来将这些习惯或惯例汇编成册，于是，中世纪的海商法便得以形成。同时，这些海商法在由海事法庭用于审理有关海事纠纷的过程中得以发展和普遍化，成为一种国际性的、普遍适用于海上商业贸易、船舶和航运等方面的法律规范。15 世纪后，大量的海商法规汇编或法典出现，如巴塞罗那的《海事法汇编》、英国的《海事法黑皮书》、苏格兰的《苏格兰海法》和《伊普士威奇海法汇编》等，海事法典如 1667 年的《瑞典克里斯提安十一世海商法典》、1681 年法国《海商法典》、1683 年《丹麦克里斯提安五世法典》等。

二、商法的主要渊源

（一）海商法典

海商法典中较为著名的有：《阿玛斐法典》（Amalphitan Code），约制定于 11 世纪的意大利阿玛斐港口城。据说这部法典刻于铜板上，被置于公共场所。它主要由判例汇编而成，内容丰富，对有关海上争议和诉讼作了规定，普遍适用于地中海地区达 500 年之久。《康梭拉多海商法典》（Consolate del mare）是以《巴塞罗那海上习惯法》为基础，并集众多海事习惯法编纂而成的海事习惯法和海事法院判决汇编，于 13 世纪始流行于地中海一带，曾被译成多种文字广为流传。其内容包括公私法两部分，有战时法和平时法，主要是有关船运中的权利和义务、共同海损以及战争中的私人财产的处理等规则，是后世国际公法与国际私法的雏形。《奥列隆法典》（Roles D’Oleron），约编纂于 1150 年的位于西班牙与法国之间的比斯开湾的奥列隆小岛，主要汇集了海事法院的判例，规定的是船舶法，适用于全欧洲各海岸国家，如曾被英国作为海事法庭的权威依据。《威斯比海商法典》（Laws of wisby）（1350 年）编纂者是波罗的海地区、曾是汉萨同盟早期所在地的哥特兰岛的威斯比城。它是过去一些海商法典的摘录和汇编，流行于北海和波罗的海一带，在 17、19 世纪被多次印行、广泛流传。大约在同一时期，有汇集了巴塞罗那海事法庭所适用的所有海商事判例及规则的《海事法典》，其内容为海商法，包括各种海上货物运输契约，它被地中海商业中心广泛认同并成为当时支配性法律。此外，还有《特拉尼法典》、《威尼斯航海条例》、11673 年法国的《商法典》和 1681 年的《海商法典》等。这些海商法典大多是来自于由海商法院所适用的商事习惯和海事习惯而逐渐形成的判例和判例的汇编，是全欧洲公认的海商法的重要渊源，为近代商法和海商法奠定了基础。

（二）商事和海事习惯法

商事和海事习惯法主要是希腊、雅典海商法、罗马海商法和教会法及地方习惯法。在中世纪的商法和海商法中，有许多是在共同的交往中一代代所恪守的、历史遗留下来的早期社会实行的商事、海事习惯和惯例，如对腓尼基、罗德岛时期有关海商习惯规则的采用；在罗马法复兴运动的影响下，对罗马法的原则及有关债法的消费借贷、海运借贷、合伙、委托以及损害赔偿等规则的运用；还有，采用同时期的教会法的公平交易、恪守协议和自由代理制度；吸收了日耳曼法的保护动产善意买受人原则；以及接受了城市法中的商业行会章程、商业协议和和约以及城市同盟条例如保护公开市场买受人原则，等等。所有这些早期的或同期的习惯法或规则，都是中世纪商法和海商法的重要渊源。

三、商法的内容

商法支配着在特定地方的特定的一群人，也支配着城镇中各种商业交易关系，它与城市法有时是密切交融在一起，其主要原则如诚信原则和共同人格原则体现于其内容中。

（一）商人

商法确认了本土商人和外国商人的平等的从事商业活动的商事法律主体地位及有关权利，如经商权、商号权、起诉权及获得损害赔偿权等。同时，也规定了应承担的有关义务和责任，如需制作并保存账簿、不得欺诈，服从本行会章程及缴纳各种税等。为了促进商业的发展，法律还规定了吸引商人的政策和对商人的保护措施。

（二）合伙

商业贸易特别是国际交易，大都是合伙经营，对于这种经营方式，从 13 世纪始，就有有关的法律加以规范，以健全合伙经营管理制度。例如，运货管理法规规定，商人须将运货事宜委托于转运者承办，自己直达市场等候货物的到达，转运者应当宣誓保证履行契约。对于与转运者无关的因意外事故或暴力行为使货物受损失时，转运者无法律责任。

（三）集市

西欧中世纪商法对集市的时间、治安、征税、度量衡、管理费等有关方面加以详细规定或有可据的惯例。而且，有一套相当完善的集市管理制度和法规，如设立集市监督官、管理员、监印官和代书人以及有关清理货物、结清账目和合同盖章的程序。

（四）票据

西欧中世纪商法对商业活动中广泛采用的作为信用手段的票据制度作了规定。以信用为基础、以清楚和便利为特点的票据，早在古希腊和古罗马时就被采用。12 世纪后，在中世纪的商业活动中广泛运用。此时，票据因其不同的功能而分为汇票、本票和支票，后又发展出一种商业信用证制度。16 世纪时产生了票据的背书制度。17 世纪的法国《商法典》对票据作了规定。

此外，中世纪海商法的主要内容有：对各国船只大小、装载货位和所载人数作出规定的船舶法；有关船上管理法；船上货物装载法；港口章程；船舶遇难保护法和弃货法以及共同海损制度等。此外，还包括发展着的海上借贷和以船舶及其货物作抵押的借贷制度、为海外装运提供保险的制度，到 15 世纪，海上保险已是一种很兴旺的行业。

（五）商事法院

中世纪西欧的商事法院，各式各样且名称不一，大体上有市场法庭、集市法庭、商人行会法院、拥有商事案件管辖权的城市法院和商人领事制度及商人领事法院等。前三者都不是国家正规法院即非专业法院，审理案件的法官和陪审员都是由商人们从同行中推选出来的商人，有时，请一名法学家参加审判。城市商事法院的审判官也经常是由商人们选举的同行组成。商人领事制度形成于 1154 年的意大利米兰，之后，扩展到意大利各地，这种审判制度最大的特点是允许外国商人从他们自己的国民中选择法官。商人领事法院的管辖权扩展到城市范围内的所有商事案件。所有这些法院适用的都是商法。另一类商事法院是港口城镇中的地方海事法院，这些法院对涉及海运货物的商事案件和海事案件具有司法管辖权。所有各类商事法院的审判因其公共性和商人参与性而具有的特点是灵活、简易和快速，是非正式的，被称为“泥足法院”（集市法院的审判应该在商人脚上的尘土未掉之前完结）和“潮汐法院”（海副事法院的审判应该在潮汐之间完结）。一般来说，商事法院的诉讼审判程序的特殊性主要表现于：简易程序；起诉与答辩采不要式主义；证据方法以采书面证据为主；抗辩及防御之范围，采限制主义，不得超过一定之限度；判决之基础乃根据衡平观念（对其解释严格限于商业上之良心诚信公平），而非严格法。①

第三节　城市法和商法的特点与历史地位

一、城市法的特点

第一，基于契约而产生的城市法是伴随着城市的复苏和商品经济的发展而形成和发展的，同时也是中世纪在政治上近乎无政府状态和法律上缺乏统一性的显明表现。随着统一的民族国家的形成，国家立法权、行政权和司法权的高度集中，城市法的衰落是必然的。由于城市法是一种以契约为根据创设的自治共同体

① ［美］孟罗·斯密著：《欧陆法律发达史》，姚梅镇译，中国政法大学出版社 1999 年版，第 225 页。

的法律，全体市民依据特许状，通过集体庄严宣誓为捍卫法律而结合在一起。“在某种意义上，特许状是一种社会契约；实际上，它是近代政府契约理论产生的主要历史渊源之一。”① 同时，城市法在其发展进程中，自治共同体成员的参与起了很大的作用，如市民参政议政的规定、选举市政官员的规定、有关监督司法裁决的规定有关行会的规定及公民参与共同体生活的其他规定，等等。

第二，城市法是一种成文法与不成文法相结合的法律体系。城市宪章、特许状、行会章程、议会立法、习惯和惯例以及城市同盟法令等都是城市法的主要渊源，以法典、习惯汇编和判例等形式存在，这种多样性的法律渊源说明城市法的法源是多元化的，即创制法律的机关不是单一的，而是多元的。就整个封建法律而言，城市法是中世纪中后期西欧的一种主要法律渊源，在系统的教会法和罗马法的启示下，特别是在罗马法复兴运动的推动下，城市法迅速规范化和系统化，成为当时众多法源中的一种体系完整的法律制度。其形式上的发展也是由习惯到习惯法再到成文法，在立法上基本上是诸法合体的。

第三，城市法是一种只适用于城市及其市民的法。它既不是统一的国内法，也不是统一的国际法，也许它属于特区法，它产生于城市、适用于城市，既是一种以属地主义为原则的法，也结合了属人主义（只针对市民）和保护主义的原则。同时，它也是一种准国际法或城市的共同法，因为它包括和约和协议，对城市同盟的所有成员都有约束力。就其效力阶位、习惯和法规（行会的和其他团体的）要服从法律（来自于城市立法机构和国王）。

第四，城市法是一种公私混合法、一种实体与程序一体的法。城市法对几乎所有社会关系都由它来调整，但其公法的色彩较浓。例如，规定城市权、市民权、城市各机关及其运作、工商业活动及其管理、司法诉讼和裁决等活动，都是关于公法内容的。伯尔曼认为，城市法具有“宪法性特征”，近代立宪主义首先出现于11、12世纪西欧的城市法律制度，如城市依法享有征税、铸币、设立度量衡、招募军队、缔结同盟和发动战争的权力在内的充分的立法、行政和司法权及由此带来的权威。同时，与近代国家一样，它们的权力和权威要受到各式各样的宪法性约束。城市法的宪法性特征主要表现于：其一，城市法律主要是基于特许状形成的，这些特许状是有关城市权、市民权和城市组织特权的，其效力相当于近代成文宪法；其二，城市法所确立的政府组织体制在某些方面类似于当代宪政体制，其权力受到制衡，如有限任期制、定期选举制、市民大会行使立法权，执政行使行政权、陪审（公审）大会行使审判权，等等；其三，城市审判法具有科学、平等、正当程序特征，强调对人权的保护而非强烈的统治性，如规定未经正当法律程序，不得进行任意的逮捕和监禁，肉刑受到限制，不论穷人或富人，在法律面前人人平等；其四，权利的保障在于义务的明确详细规定，城市特

---

① ［美］哈罗德·J. 伯尔曼著：《法律与革命——西方法律传统的形成》，中国大百科全书出版社1996年第二版，第476页。

许状普遍性地做到了这一点，它在免除许多封建劳役和赋税的同时对其他许多劳役和赋税加以严格的限制性规定，并对王室特权加以限制；其五，不加限制的权利即是可以行使的权利，这是公民政治自由、独立和自治的宪政保障。①

第五，城市法是世俗法。由于城市法是政教分离的产物，它所担负的只是世俗的工作而非宗教职能。作为当时社会众多法律渊源的一种，城市法的世俗职能主要是调整有关城市及其市民的政治、经济等各种关系，保护公民的自由、安全和财产权，打击犯罪，维护和平，实现正义。城市法的这一世俗职能的特征使得中世纪的城市第一次具有近代意义，并为近代国家和城市树立了一个模本。

二、中世纪西欧城市法的历史地位

城市法是伴随着城市的复苏和商品经济的发展而产生和发展起来的，并随着统一的民族国家的形成、资本主义的确立和国家统一法律体系的建立而衰落直至消亡。当然，这是就一个独立的法律渊源而言的。就历史渊源而言，中世纪城市法则完全融入近代国家法中，特别是对近代公法理念及其制度有着重要的贡献。从其性质上讲，城市法发生于封建社会，是封建社会的法，但同时因其适用于在政治上已取得自治地位的城市，是市民们自己的法，有其不同凡响的功能和价值倾向，它又是一种带有资本主义因素的法。

究其历史地位及其作用，在封建社会的中后期，城市法因其是在日益壮大着的市民阶层即资产阶级的前身通过自治运动而创立的法律规则，这些规则体现了他们要求发展资本主义的愿望和社会要求进步的期许，代表了先进生产力发展的要求。因此，在政治上，反对封建贵族及其特权的有生力量是企业家和行会工人，在其广泛参与政治生活的过程中，他们有时与教会联手共同反对国王，有时又与国王联手反对大贵族，有时又因其依赖贵族的军事支持而共同联手抵抗王权(如13世纪的英国)，虽然斗争的形式多样，但其有力的武器主要是法律和议会。因此，城市法的发展与近代民主法治的建立相伴随，它在当时维护的是自治城市的独立性、合法性、市民权和商业权以及城市共同体利益，城市法有助于市民社会和近代代议制的形成，并催生了近代资产阶级民主共和国。例如，近代议会产生于中世纪的城市，绝大多数自治城市是由全体市民参加的市民大会（由被城市议会所取代）来治理，国家重大决策如官员选举、法律的采用等均须由市民大会通过。公民对城市事务管理的参与扩展到各个领域。中世纪城市所采取的新政制模式，是一种代议政治，这是确确实实的，市议会由大多数城市的市民代表所组成。② 在经济上，由于贸易对城市的建立和发展至关重要，因此，城市保护和发展了工商业，促进了前资本主义商品经济的发达和重商主义的产生，并有力地推

---

① ［美］哈罗德·J. 伯尔曼著：《法律与革命——西方法律传统的形成》，中国大百科全书出版社1996年第二版，第479～480页。

② ［美］孟罗·斯密著：《欧陆法律发达史》，姚梅镇译，中国政法大学出版社1999年版，第216页。

动了一场全球范围的撼天动地的资本主义运动。在社会结构上，这些自治城市由行会构成，各级各类行会掌握着程度不同的权力，如佛罗伦萨，被认为是“经典的行会城市”，大行会包括大的资本所有者和小的资本所有者如商人、交易商、珠宝商、药商及医生等，小行会如面包师、织布工、小贩等，他们大多数是依靠资本的收入而生活。“在行会的统治之下，中世纪的城市实行一种特殊的政策。其目的首先是维护传统的职业和生计的方式，其次是通过各式各样的契约和强迫性地利用城镇市场而使周围的乡村从属于城镇。它进而力图控制竞争并且保护大规模工厂的发展。……其结果是家庭工业的增长、永久性雇工阶级即近代无产者先驱者的发展。”① 这些行会城市的典型公民即渐渐强有力的、占社会主导地位的自由从事工商业的阶级，在他们身上第一次发现了与近代资产阶级相类似的某些方面，在人身关系方面是自由的、独立的，即所谓“城市的空气产生自由”的原则使得商人或工匠等各行各业的市民，服从的只是自由城市的法、商人法和行业规范以及契约，不必再依附于封建地主和庄园法，地主也无权迫使已逃到城市的农奴重回故里，力主平等、独立和自由已成为中世纪城市发展中的主导倾向，这种以契约逐渐取代身份的社会恰恰是以契约为基础的近代以来人与人之间关系社会的突出特征。在科技文化上，它培育和催生了近代大学、研究中心及各学派的诞生和发展，维护并成就了一个伟大的科学主义和人文主义运动；在法律上，由于中世纪的城市都是法律的联合，它们都是依靠共同的城市法律意识和各具特色的城市法律制度而结合起来的。“事实上，大多数欧洲城市和城镇正是通过一种法律行为（通常是授予特许状）而建立的，它们不是简单地出现而是被设立的。而且，特许状几乎不可改变地确立了市民的基本‘特许权’，通常包括自治的各项实体权利。”② 在这一意义上，城市法为近代的宪政运动和立宪主义打上了深刻的烙印。

究其影响和意义，城市法是中世纪文明的重要组成部分，对资本主义社会和资产阶级法具有重要的影响。上述各种在城市法作用下的因素对资本主义社会及其制度的影响是深刻的，虽然最初其目的主要是经济的目的，这种按照市场理念构筑的社会从一开始就导向顺应大众和社会需求的合理的资本主义，进而在其发展的进程中，将这种资本主义上升为一种制度，由此开创了近代西方国家与资本联盟的世界。尽管近代城市法的命运是相当的不同，但它所蕴涵的反对封建土地所有权和封建特权及封建身份等制度，体现了平等、自由和人权精神及法治的理念，如规定土地可自由出租、交换、买卖和抵押，确认民事主体在政治、经济和法律上享有的平等自由权利，如妇女可独立立遗嘱，市民参政议政，参与立法和司法，这就影响了近代资产阶级的人民主权和法律是公意的思想，它的一些原则

① ［德］马克斯·韦伯著：《韦伯文集：文明的历史脚步》，黄宪起等译，上海三联书店 1997 年版，第 133 页。

② ［美］哈罗德·J. 伯尔曼著：《法律与革命——西方法律传统的形成》，中国大百科全书出版社 1996 年第二版，第 440 页。

和制度也直接或间接地被近代资产阶级国家所接受或运用。

三、商法的特点

（一）中世纪西欧商法最大的特点是只适用于商人或商行为

在这一意义上，商法是一种属人主义的特别法，与商人的身份及其商业活动密切相关。中世纪的商法与海商法关系密切，其原则和制度是相伴产生、发展且是基本通用的即共同的，从调整的对象而言，都是与商业有关的社会关系，只是因发生的地域不同而略加区分。仅从这种分立的现象看，当时欧洲大规模的海上运输与商业贸易是相当繁盛的，所产生的关系也是较复杂的。

（二）中世纪西欧的商法与海商法的渊源实质上是一种习惯法

商法是与商业交易和商品经济相伴而生及发展的，是人类商品历史长期发展的结果。长久而广泛的商业交往形成了商业交往的习惯准则。所以，中世纪的商法与海商法是一种源于古代人类从事陆上和海上商业经济活动过程中所日积月累的习惯和惯例，并经过商人的自觉恪守和商业法院、海上法院的司法判例以及各种商人团体和商业城市的汇编，加之法学家的研究而得以形成的。它不是由国家立法机关制定的，而是直接源于商业活动实践的习惯法和法院的判例。几乎所有的商法典和海商法典都是习惯法或判例的汇编或记载。也就是说，中世纪商法的最初发展在很大程度上是自发的，是由商人在其商业活动中完成的，商法自觉的系统化发展是其后的事情。

（三）中世纪西商法在其发展的过程中经历了共同商法时期和国家商法时期

前者是一种国际法，普遍适用于所有的城市和地区；后者是一种国内法，由主权国家认可的、只适用于主权所及范围内。这样的发展历程及呈现出的特殊样态是前资本主义欧洲商品经济发展及其社会关系的真实写照。房龙曾说，中世纪是具有国际精神的，而现代人是具有民族精神的。[①] 17 世纪以前，所有的商业活动是没有国界的，不是地域性的，因此，商法与海商法是一种各国普遍通行的可谓属人主义的（专门针对商人群体及其商事行为的）法律体系，是一种国际私法。究其原因，主要是因为商品经济还欠发达，没有成为国民经济基础性的或主导力量，加之强大的封建主和教会势力及其对商业的抵制，使得正在成长中的商人阶层通过自身的交易活动而逐渐形成的商业习惯法则无法纳入国家法的体系。也就是说，当时由于商品经济的发展受到封建势力的遏制而发展很不充分，不可能取代自然经济的主导地位也无法与之并驾齐驱，在这种条件的制约下，商法无法融入封建国家法中，只能以习惯法、自治法甚至自然法等形式的民间国际法这样的地位出现并存在，自然享受不到国内法的地位待遇。还有，因为当时所有受

---

① ［美］亨德里克·威廉·房龙著：《人类的故事》，刘缘子等译，生活·读书·新知三联书店 1997 年第 11 版，第 219 页。

过教育的人都使用一种国际性的语言即拉丁语。商法的超国家的价值决定于它的不分国别的普遍适用性，是世界通用的法律，它不是任何君王所确立的法律，更决定于那个时期许多商业活动的国际性和世界性。“良以商业之活动非局部的活动，不受地方或区域之限制，而系不分畛域，超越国际界限之活动。因此，商业永远在努力于普遍规则之完全，海上商业，尤其如此……其理想之目标，乃一种全世界普遍通行之法律，而由各国特别商事法院以执行之。”① 而且，前期商法的跨国特征对于外国商人来说是一种重要保护，对于每个国家而言也是其经济发展的重要支柱。例如，最早的国家以宪章的形式对有关方面的规定出现于1215年的英国《大宪章》规定：所有商人为了买卖的目的可以安全地出入、逗留以及由陆路和水路通过英格兰，按照古老公正的习惯，他们可免交法律上的捐税（Magna Carta. 17 John [1215]，chap. 41.）。此外，对这种共同商法的维护还通过各世俗统治者相互间的条约来保证。这些条约中规定的外国商人与本国商人同等待遇是现代有关最惠国待遇条款所模仿的最早的“国民待遇”条款。17世纪以后，因各主权国家的出现，国家主权的主张、国家统一法律体系的出现及强调个人价值的张扬，商法才演变为一种国内法，但其原有的原则和制度仍保留，还包括一些国际性的条约，实际上并未在本质上发生根本性的变化。而且，海商的性质特殊一些，它的发展必然要超越一个国家、地区和城市。

（四）中世纪的商法是自治自律的法，强调交易的公平、诚信、便捷和安全，其内容极为丰富

虽说此时期的商法属于私法范畴，但又不同于一般私法，其内容除私法外，还包括公法的内容（如商事簿记制度及有关商事犯罪的规范）和有关的司法制度。可以说是公私法与实体和程序的混合法，同时兼具国内法与国际法内容。它如同城市法一样，有着自己的司法机构即商事法院和海事法院。在此，我们不能忽略罗马法的作用，因为，在商法兴起之日恰恰是罗马法复兴之时，而且，罗马法文献中包含大量的与商业契约相类似的民事契约，如一整套契约发生、变更和消灭的复杂规则，契约种类有金钱借贷、财物借贷、抵押、买卖、租赁、合伙和委任等适合于商业交易的规则，都被商法所吸收。

（五）中世纪的商法与海商法如同城市法一样是具有资本主义因素的法

因为这些法尽管产生并存在于封建社会，是中世纪欧洲法律重要的组成部分，但由于它们调整的是一般商业关系和海上运输、航海贸易关系，涉及资本经济制度如票据、保险、银行等多方面的内容，体现了市民和商人进行国际贸易和商品交换、发展资本经济的要求，代表着自由、平等的精神，有力地促进了前资本主义经济的发展和资产阶级作为一个阶级的形成，为资产阶级商法的形成奠定了基础。

---

① [美] 孟罗·斯密著：《欧陆法律发达史》，姚梅镇译，中国政法大学出版社1999年版，第218页。

四、中世纪西欧商法的历史地位

中世纪西欧的商法是由商人们发展起来用以调整他们自己所从事的商事活动关系的法律，其历史可以溯源至古代腓尼基人和希腊人，但现代商法的起点是商人法。也就是说，近代西方社会的海商立法即商法的真正基础是中世纪欧洲地中海沿岸诸城市的商人习惯法，即近代商法的基本概念和制度的形成始于11世纪。11世纪晚期和12世纪是西欧商法变化的关键时期，此时及其后，由于农业生产的迅速扩展，城市规模和数量急剧地增长，一个新的活跃于乡村和城市、从事着大规模商业交易的职业商人阶级出现了。与此同时，近代西方商法，不仅其基本规则、概念和制度得以产生和形成，更为重要的是，在西方社会第一次被人们认识到这是一种完整的、不断发展着的新的重要的法律体系。进而，对近代商事立法产生了重大影响，有其不可忽视的历史地位和重要影响。

事实上，商法是中世纪农业改革和商业革命的结果，反过来商法也促成和造就了近代农业革命和商业革命。“11世纪晚期和12世纪新的法学为按照秩序和正义的新概念把各种商业关系制度化和系统化提供了一种架构。假如没有诸如流通汇票和有限责任合伙这样一些新的法律设计，没有对已经陈旧过时的以往的商业习惯的改造，没有商事法院和商事立法，那么，要求变化的其他社会经济压力就找不到出路。因此，商业革命有助于造就商法，商法也有助于造就商业革命。”① 实际上，商法不仅与其他法律渊源一样满足了当时社会的需求，并推动了近代商业革命的到来，而且，它带动了整个社会的变迁，推动了一个全新的资本主义社会的到来。例如，当时发展起来的诚实信用和共同人格的原则、各种商业信用手段和主要形式、新的商业经营方式即商业联合体（联营和合伙）深刻地影响了近代法的精神和近代商业公司和法人。这种具有资本主义因素的法，尽管产生并存在于封建社会，是中世纪欧洲法律重要的组成部分，但由于它们调整的是一般商业关系和海上运输、航海贸易关系，涉及资本经济制度如票据、保险、银行等多方面的内容，体现了市民和商人进行国内国际贸易和商品交换、发展资本经济的要求，它传承着罗马法原则及最基本的商业惯例、制度和原则（如诚信原则构成了西方法律传统的基础），代表着理性主义和个人主义及自由、平等的精神，与资本主义事业是相当一致的，有力地促进了前资本主义经济的发展和资产阶级作为一个阶级的形成，为近代资产阶级商法和国际经济法的形成奠定了基础。

① ［美］哈罗德·J. 伯尔曼著：《法律与革命——西方法律传统的形成》，中国大百科全书出版社1996年第二版，第409页。

第九章 英国法

现代英国为大不列颠及北爱尔兰联合王国，其国土包括英格兰、威尔士、苏格兰及北爱尔兰四个地区，存有三个不同的法域。在此所论的英国法主要是英格兰和威尔士的法律制度。英国所具有悠久的法律文明和独特的法律传统使它成为现代两大法系之一的普通法系的发祥地或母国。由于历史传统的演化和实践经验的累积，使它较早地形成了一套专业性和技术性强、相对独立的法律体系。12世纪前后由普通法院创制并发展起来的普通法奠定了英国法的基本特点。英国是世界上最早完成近代宪政革命的国家。在漫长的发展过程中，英国逐渐形成了独具特色的以司法为中心的法治模式。法官和律师在英国法发展中发挥了极其重要的作用。其产生早且完善、发达的法律制度不仅促进了英国社会的进步及自由法治的发展，且对其他国家的法制现代化及有关制度构成重大影响。

第一节 英国法的形成和演变

英国是一个具有悠久法律传统的国家，其法律产生于盎格鲁-撒克逊时期。与其他欧洲国家不同，其法律制度基本是在本土习惯基础上发展而来的，只是在很少的一些方面受到以罗马法为基础的欧洲大陆法律传统的影响。在历史上，一般将1066年诺曼征服作为英国历史的正式开端，也是其法制建设的正式开端。诺曼征服后，在强化中央集权、整顿政治经济秩序的过程中，确立了较完善的中央司法机构、整合了分散的司法权，加速了英国封建法律体系的建设。约至12世纪后期，随着先后从唯一的中央政府机构御前会议分离出来的普通诉讼法庭、王座法庭和财政法庭三大中央普通法法庭的渐渐成形且固定于伦敦维斯特敏斯特，通行于全王国的普通法也初具规模。在普通法司法组织确立的同时，一些产生于司法过程、确保诉讼得以进行的诉讼制度也开始形成，如巡回审判制度、陪审制度、律师制度、令状制度等。至16世纪，在英国，不仅形成普通法、衡平法和制定法三大法律渊源，还形成了独特的普通法院和衡平法院双轨式的司法系统及对他国影响至深、保留至今的诉讼审判制度。17世纪资产阶级革命后，伴随着君主立宪制的确立，普通法传统被部分地改造而得以继续发展。19世纪大规模的法律改革最终完成了英国法的现代化。可以说，在英国，以普通法为核心的法律传统一直沿着自身的轨迹发展而没有中断，历史连续性是英国法律史的一个鲜明特征。

一、英国封建法律制度的形成与发展

不列颠群岛原有的居民是伊比利亚人和从欧洲大陆迁来的克尔特人。公元前1世纪，因罗马人的征服，不列颠成为罗马的一个行省。5世纪初随着西罗马帝国的渐行崩溃，罗马人撤出不列颠。自5世纪中叶起，日耳曼人的支系盎格鲁人、撒克逊人和裘特人侵入不列颠，建立了十几个小的独立国家。827年，盎格鲁—撒克逊诸王国由西撒克斯国王爱格伯特统一为英吉利王国。此为英国史上的盎格鲁—撒克逊时期。爱德华死后，1066年诺曼底公爵威廉征服英国，建立了英国的封建制度。

英国法的源头可以追溯到盎格鲁—撒克逊时代。自5世纪中叶起，各日耳曼部落的原有习惯演变为习惯法。盎格鲁—撒克逊习惯法具有日耳曼法的一般特征，如分散的习惯法为主要渊源、属人主义、团体本位、注重形式及等级特权等。盎格鲁—撒克逊诸王都重视立法，其法典也被称为《蛮族法典》。盎格鲁—撒克逊主要法典包括：《埃塞伯特法典》（约600年）；《伊尼法典》（约694年）；《阿尔弗烈德法令汇编》及《卡纽特法典》等。这一时期，有一些地方法院①及一些形式化诉讼程序和审判方式大体已成定式，日耳曼式的神明裁判、决斗断讼和宣誓法是证据的主要形式。案件采自诉形式，原告亲自将被告扭送到庭，在庭上，原告须宣誓和举证。后来，由法庭直接传唤被告出庭，违者将被处以罚款。被告宣誓且负有陈述事实真相之义务，否则，即被判为败诉，当庭宣布此人不受法律保护，人人可驱杀之。在司法过程中，一般通过证人誓证法、公证昭雪法和神判法由法庭进行验证。一般是自己执行判决，如对赔偿金的支付。这些法庭大体上是社区居民集会式的，由非专业人员掌控，集体判决，没有明显的职能分工和职业化倾向②。血亲复仇仍然存在，但已逐渐被赎罪金代替。

英国法的真正历史始于诺曼征服。诺曼征服以后的几个世纪，英国建立了强大的王权和完善的皇家司法机构，逐渐形成了普通法、衡平法和制定法三大法律渊源。威廉一世（1066年—1087年）加冕为英国国王后，为巩固其统治地位，进行了一系列政治、经济改革，其一，允许盎格鲁—撒克逊人继续适用固有的习惯法。其二，确立国王与陪臣关系“直接化”原则。征服英国后，威廉宣布自己是英国全部土地的最高所有者，没收盎格鲁—撒克逊贵族的土地，封赠亲族、功臣、亲信和支持他的教会。实行陪臣关系直接化的政策，即“我的陪臣的陪臣

---

① 当时行使司法权的有国王主持、贵族参加的贤人会议及各种各样的地方法庭，如百户法院 hundred court，每一百户区由本区全体自由人会议管理、郡法院 shire court 和领主或庄园法院。

② O. F. Robinson, An Introduction to European Legal History, Professional Books LIMITED, 1985, p374.

也是我的陪臣”。其三，颁发《末日审判书》，进行全国土地调查，[①] 建立了英国土地的封建原则，为政治上的中央集权和法律的统一奠定了基础。其四，设立御前会议。诺曼征服不久，威廉一世即设立“御前会议”，代替以前盎格鲁—撒克逊人的“贤人会议”。“御前会议”（Curia Regis，the King's Council），是由国王的亲贵和封臣、教俗大贵族组成的当时唯一的中央政府机构，也是国家的最高司法机关。其五，在“御前会议”基础上建立了管辖全国的中央审判机关。“御前会议”的成员常被派往各地作为巡回法官，负责处理谋杀、抢劫、伪造、纵火等犯罪案件。1178 年，“御前会议”中的“小会议”（即由国王身边的高级官吏组成的机构）中有 5 人被指定为专职法官，组成中央常设法庭，处理与国王有关的案件及大封建主之间发生的案件。当时，国王在宣布保留原有法律秩序（当地习惯法和司法机构）的同时，要求原来所有的行政司法组织都得根据国王的令状[②]以国王名义进行审判，主持正义，从而使分散于全王国的司法权由中央统一控制。“因为国王的职责包括维持王国的安宁，寻求主持正义，所以发展出许多行政性的措施，他们不仅解决国王与臣民之间的一般纠纷。像在盎格鲁—撒克逊时代一样，国王授权地方权贵（地方官吏或郡长）主持郡法院。国王还以封印令状（sealed writs）的形式向地方权贵发布执行命令，通常是命令纠正他所关注的某些不法行为。”[③] 其后，司法职能渐渐从“御前会议”分离出来，由一系列专门法院行使国家司法权。这些法院有理财法院（the Court of Exchequer，专门处理有关国家财政税收和国王财产有关的案件）、民事诉讼高等法院（the Court of Common Pleas，专门处理有关契约、侵权行为等涉及私人利益的案件，即管辖全部民事案件）和王座法院（the Court of King's Bench，专门审理刑事案件和涉及国王利益的民事案件即社会治安问题）。这些法院在全国各地巡回办案，在当地习惯法的基础上进行裁决，其先前的裁决又不断地反复适用、在全国推行进而形成判例法即通行于全王国的普通法。至 13 世纪，英国在各地习惯法的基础上形成了通行全国的普通法。以通行于全王国的普通法取代了一直占统治地位的分散的日耳曼习惯法，以统一的中央司法机构整合了各自为政的法院和法庭。

亨利二世（1154 年—1189 年）时，顺应历史发展趋势进行了大规模的政治法律和司法改革，就法律司法方面的改革主要有：其一，颁布 1164 年的《克拉

---

① 1085 年，威廉王在格洛斯召开会议，讨论占领英格兰的情况，然后派人到英国各郡调查土地状况：国王本人在全国有多少土地、牲畜，他在各郡一年的收入有多少。史料记载说，每一海德或一码土地，一头牛或一头猪都无一遗漏地被载入记录。调查结果编定成册，保存至今，是为《末日审判书》。土地、牲畜和其他财产调查的结果，使英国上下无论贵族还是自由民，均应依据其占有土地和财产的情况，向王室纳税；自由民还要向采邑领主纳税；被束缚于领主土地上的农奴（维兰）更需向领主提供奴役性劳务。

② 令状，原是欧洲大陆统治者进行社会管理时向下属官员发布的书面命令，诺曼征服后将这一做法引入英国以解决社会纠纷。亨利一世时，国王令状、巡回审判和陪审团已出现，但主要用于政府管理方面的事务，其中也被用于司法审判。

③ ［美］哈罗德·伯尔曼著：《法律与革命》，贺卫方、高鸿钧等译，中国大百科全书出版社 1996 年版，第 532 页。

灵顿宪章》、1166年的《克拉灵顿诏令》和1176年的《诺桑普顿诏令》，统一司法机构，扩大王室法院管辖权。1164年的《克拉灵顿宪章》明确了国王在宗教领域内的司法终审权。1166年的《克拉灵顿诏令》规定杀人、盗窃等刑事犯罪由巡回法院审理，1176年的《诺桑普顿诏令》又规定伪证罪和纵火罪也必须由国王法庭审理。国王干预司法的结果是，各类案件从领主法庭转移集中到王室法庭，从而削弱了领主法庭的权力，并且诉讼费成为王室收入的重要来源。其二，提高司法效率，完善皇家法院的组织体系。在御前会议内分设“棋盘法院”、民事诉讼高等法院和王座法院，分别审理财政、民事和刑事案件。其三，完善巡回审判制度。巡回法庭出现在亨利一世时期，亨利二世将巡回审判制度发展成一种经常性的制度。1176年的《诺桑普顿诏令》把英国分为6个巡回区，并建立了6个巡回法庭，每个法庭由3名法官组成。1179年《温莎诏令》确定一批较专业的法官在全国各地定期进行审判，使巡回审判成为一项经常性的固定的制度。其四，建立陪审制度。英国的陪审制度起源于公元9世纪欧洲大陆的法兰克王国，最初是国王设立的一种询问制度。“诺曼征服”后传入英国。威廉一世制定《末日审判书》时广泛采用这一方法。亨利二世将这种出于行政目的采取的措施引入司法审判程序，建立了陪审制度。1164年的《克拉灵顿宪章》规定王室法院的巡回法官在审理教会与俗人间的土地诉讼时，从当地骑士和自由农民中挑选12名与当事人无关的证人，经宣誓后向法庭陈述事实真相。如果证言一致，案件便据以解决；否则重新挑选证人，直到某种意见得到12名证人的证实为止。1166年的《克拉灵顿诏令》再次规定凡属重大刑事案件，如暗杀、强盗抢劫、窝藏罪犯、伪造货币或文件、纵火等，都要由当地政府和12名代表向法庭提出控告，呈请将被告逮捕审判。这12名代表即是英国最早的控告陪审团（大陪审团），他们不仅在案件中起着证人的作用，还充当公诉人。1179年的大巡回审判诏令，明确规定处理有关所有权的纠纷，应由12名当地骑士组成一个陪审团（小陪审团）来确定有关土地案件事实及利益归属并发出权利保护令状，予以合法化。陪审制度创立之初，当事人仍可选择神明裁判的方式。1215年罗马教皇在第四次拉特兰宗教会议上命令废除神明裁判，促使英国的陪审制度由陪审员仅参加案件的审查和控告，发展为参与案件的事实审理。

进入13世纪后，在被誉为“英国的查士丁尼”爱德华一世统治时期，推出大规模的改革法律，主要有：以1284年的《威尔士法》重述了普通法的要旨、以1275年—1285年的《威斯敏斯特第一、二条例》扩大了令状，使得令状达500多种，系统化了法律体系，还确立了由陪审团事实审的制度。以1278年—1279年的《格洛斯特法规》及《永久产业管理法规》对土地法如对荒地和寡妇产作了新规定，扩大国王法院对侵权之诉的司法管辖，禁止将土地转让给维宗教机构及法人团体，确保国王的封建权益。以1285年的《温切斯特法规》和《商人法规》建立了警察制度，规定民商人债务的清偿原则。以1290年的《土地完全保有法》禁止连续再租让财产制度，使封建占有权及附带条件永久化。1357年设立了专门审理财政部门违法行为的理财法院，1362 年英国取代法语成为法院语言，规范了辩护制度，确定且限制了陪审团的职权。1368 年建立四季法院和以即决方式非正式审理案件的治安法官制，委任地方骑士和贵族协助君主执行法律。

13 世纪中叶至 14 世纪及其后，经济社会关系快速发展使得英国的经济结构和社会结构发生了重大变化，新的财产关系和人身非财产关系不断涌现，要求法律作出相应的调整。其中，重大的法律制度发展有：

其一，1215 年《大宪章》产生。据说，12 世纪初亨利一世是最早颁布大宪章的，正式宣布其权力受法律的限制。13 世纪初的英国国王约翰（John，1167 年—1216 年）陷入多重危机，其在法国的诺曼底土地被法王没收，财政收入锐减；欧洲大陆的一系列战争损耗了其军事力量，又拖垮了其经济；因卷入与罗马教皇英诺森三世的冲突而受尽莫大耻辱。于是，他在国内增加赋税的行为导致多数英国强势贵族的反抗。1215 年约翰被迫同意《自由大宪章》。《自由大宪章》在一定程度上以宪法的形式正式限制了王权，确认了封建贵族和僧侣的特权，规定国王在征税时必须召开由大贵族参加的“大会议”，以征得贵族的同意。第 29 条规定了任何自由民非经合法程序不得被逮捕、监禁、放逐及没收财产，保障臣民的生命、自由和财产。这一条款成为当今大多数成文宪法中“正当法律程序”原则的基础。《自由大宪章》规定了一些适合市民的条款，如统一度量衡、开放城市贸易、不得向市民征收额外税金等。为了限制王权，《自由大宪章》特别规定了监督国王履行宪章的条款，设立选举产生的 25 名诸侯组成的 25 人委员会，对国王进行监督，在国王违反宪章时，有权使用一切方法强制国王执行宪章。“我们不会向任何人出卖权利和公正，也不会拒绝或剥夺任何人的权利和公正。”《自由大宪章》一直被视为英国民主自由的来源而并被列为重要的宪法性文献之一。

其二，1265 年，作为等级代表君主政体的重要标志的等级代表机关——国会成立。1265 年，大封建主西门·德·孟福战胜国王，为了解决财政困难，根据《自由大宪章》的规定召开大会议，出席议会的除诸侯外，还有中、小贵族及市民的代表参加，这次议会被认为是英国国会的雏形。1295 年，国王爱德华一世为筹划战费召开国会，出席会议者的成分与 1265 年西门召集的会议相同。以此为榜样，以后国会召开会议经常化，1295 年的国会被称为“模范国会”。从 14 世纪开始，国王的立法活动必须通过国会进行。但国会仍具有司法、行政职能，是政治案件的最高法庭。爱德华三世（1327 年—1377 年在位）统治时期，国会基本上成为国家的立法机关。1343 年确立两院制，上院由僧俗贵族组成，称贵族院；下院由地方骑士和市民代表组成，称平民院。国王的征税计划在征求上院的建议后，由下院做出决定。下院常常利用讨论国王税计划的机会，向国王提出“请愿”，这些“请愿”实际上就是立法议案。14 世纪国会颁布了 519 项法律。此后，国会立法，即制定法开始成为英国重要的法律渊源之一。从 1414 年亨利五世时起，“请愿”以法案的形式由下院向国王提出，但要征得上院的同意才能制定成法律。国王拥有对法案的否决权。15世纪国会立法达489项。16世纪都铎王朝时期是英国资本主义的原始积累时期，英国建立了君主专制政体。特别是在都铎王朝时期，即君主专制的前期和中期，国家一方面通过国会立法贯彻政策，国会的立法活动频繁。同时，随着君主专制的强化，国王敕令的地位和作用也大为加强。此时期，国会颁布的法律高达1902项，是中世纪英国国会通过法案最多的时期。

其三，衡平法产生。此时，因经济的发展，社会关系的多样化和复杂化，以习惯法为基础的普通法不能完全适应日益复杂的社会关系，不能满足商品货币经济发展的要求，为补充普通法的不足，衡平法应运而生。普通法自身的缺陷主要有：普通法的程式主义。普通法墨守成规，诉讼程序受程式主义的严重束缚，令状制度刻板、僵化。众所周知，普通法诉讼是由令状确定的，因此，其保护范围是有限的。普通法院的诉讼以令状为基础，只有申请到合适的令状才能在普通法院起诉。令状不同诉讼形式也不同，也就意味着不同的诉讼程序及不同的实体权利。自13世纪后期始，大法官不再颁发任何不符合先例的新令状，令状及其所记载的诉讼形式的种类便被严格固定下来。而那些原有的诉讼形式大都是旧的适合封建自然经济关系的。因新的经济关系面产生的新权益，普通法院几乎无能为力。普通法内容僵化。由于普通法律规范是与封建自然经济相一致的，其内容难免狭隘、陈旧及僵化。例如，只承认书面契约，对于违反合同本身的诉讼没有相应的令状；不承认受益制中受益人的权利；在不动产抵押关系中严格限制抵押人的赎回权；按照夫妻一体原则，夫妻双方不得相互起诉；在抵押债务中，如果债务人到期不能偿债，债权人就有权永久取得抵押品的所有权，等等。普通法救济方法也很有限。损害赔偿是普通主要的救济方法，而且也只能对现实损害予以赔偿，对于精神损害及未来的损害则完全不予考虑，严重损害了当事人的利益。此外，普通法院也不能对加害人颁发禁令，它只能对因侵权行为造成的损害给予有限的金钱赔偿，却无力制止侵权行为本身，对此提供不了其他救济方式，等等。这种情况不能满足商品经济的发展和财产关系日益复杂的要求。因此，新产生的而又不在普通法诉讼形式范围内的案件不断增多，于是当事人为了保护自己的利益，向国王提出施与恩惠、给予补偿的请求。国王把处理这类案件的行政裁判权赋予司法大臣，即大法官，由他根据国王的“公平和正义”直接判处。大法官在审理这类案件时采用了不同于普通法的原则和普通法法院的诉讼形式。1474年，不经普通法法院而由大法官以自己的名义签发令状作出特殊审理的案件，被正式称作衡平案件。15世纪，普通法与衡平法出现了冲突。随着衡平案件的增多，16世纪时逐步形成衡平法院。衡平法院的判决自成体系，就是衡平法。衡平法院与普通法法院都设在威斯敏斯特厅，有英国法学家形容当时的情况为：“三个普通法法院在大厅的一边，大法官法院则在另一边。在大法官法院中实行衡平法。当事人在普通法法院得不到正义，就穿过大厅去寻求大法官的救助。”[①] 衡平法与普通法共同构建了英国法律传统的主体结构。

其四，陪审制与巡回审判制趋于完善，其显著的表现是：第一，大、小陪审团各自的职能和范围基本固定，其适用规则初步确立，这种充当检控和起诉、证人和审判虽与现代意义上的陪审制度功能有所不同，但又为现代陪审制度奠定了基础。第二，将全国划分成四个巡回区，并成立四个巡回法庭，使巡回审判制度化、常规化。13 世纪的英国，其法庭结构模式基本上演变为二元制的，即由法官进行的“法律审”和由陪审团负责的“事实审”的现代意义的专业化模式。与此同时，出现了用于诉讼的令状集和案例汇编，即判例集。法律人职业群体也在日渐形成。首先，法官专业化和职业化。约至 13 世纪，出庭的大多已不是身兼数职而是清一色的专业法官。法官的领薪制也已成型，法官有了稳定的工资收入，可以以此职业为生了。[②] 其次，职业律师群体产生。据记载，在 12 世纪中叶以前，英国已存在着早期的法律中间人（保护人）和法律代理人，被认为是英国职业律师的先驱。到 13 世纪中叶，诉讼当事人聘用法律专家帮助诉讼已是很普遍的现象，律师日渐职业化，如其工作职能、报酬及行业规范都已成型，一个职业律师群体开始形成。再次，随着司法活动的技术性要求愈来愈强，职业法官开始从精通法律知识和司法经验丰富的职业辩护律师中选任。到 14 世纪初，法官必须从职业辩护律师中任命已成为一条不成文的习惯法原则。最后，独特的法律教育制度的形成。英国法律人职业阶层较早的形成，其最为直接的后果之一就是促使英国确立起一套独特的法律教育和律师培训制度。到 14 世纪，在伦敦形成四大著名律师学院（林肯学院、格雷学院、内殿学院和中殿学院）。四大法律学院是早期英国社会培养法律人的摇篮，其教育模式的突出特点是注重实用和司法技能的训练，是学徒式的制度，开创了只有取得律师资格才能进入王室法院的唯一途径。这样一种有别于欧洲大陆的法律教育模式与其法律职业的地位与司法实践的要求是一致的、相得益彰的，共同促进和维持了普通法传统。

此外，法律权威著作对英国普通法的形成具有十分重要的意义。在英国判例法发展早期，这些著作曾具有法律拘束力，在司法实践中法院经常将它们作为判决的依据而加以援引。对普通法系统化发展产生重大影响的著述——《论英国的法律和习惯》，是中世纪英国最早的也是第一部普通法著作，由亨利二世时任巡回法官、大法官等职的格兰维尔（Glanvill,？—1190 年）所著。该书约成书于 1187 年。全书分 14 编，用拉丁文写成，主要论述王室法院土地争讼的程序，对约 80 个王室令状加以注释。认为法律是由国王法庭制定的，适用于全王国，司法诉讼决定于提起诉讼的原始令状的形式。《论英国的法律和习惯》是英国中世

① 沈宗灵著：《比较法总论》，北京大学出版社 1987 年版，第 174 页。

② 有关法官领取薪金的最早记载是 1218 年 1 月和 7 月威斯敏斯特的法官们分别收到了 100 先令的工资。1240 年布莱克顿的年薪从 40 马克增加到 50 磅。参见程汉大主编：《英国法制史》，齐鲁书社 2001 年版，第 116 页。引自 R. V. 特纳著：《格兰维尔和布莱克顿时期的英国法官，1176 – 1239 年》，剑桥大学出版社 1979 年版，第 245 页。

纪第二部有影响的普通法著作，由亨利三世时担任法官的布拉克顿（Bracton,？—1268 年）所著。该书约于 1262 年—1268 年完成。布拉克顿借鉴罗马法概念和体系，第一次系统、条理地论述普通法。主要对王室法院判例加以阐述。因其内容清晰、条理分明，被后世赞誉为“英国法学之花”。《土地法论》，是英国中世纪第三部有影响的普通法著作，由曾任民事诉讼法院法官的利特尔顿（Littleton, 1402 年—1481 年）所著。于 1457 年成书。针对普遍的土地转让现象和已经得到认可的以债、契约和账目为理由的诉讼，该书以《年鉴》① 为资料，从实体法的角度详细论述了土地的占有关系，将复杂的实体不动产体系化，为解决土地转让案件提供了法律依据。英国著名法官爱德华·科克称赞它是“普通法的光辉”、“登峰造极的巨著”，将它作为科克本人的《英国法学原理》第一卷的主要论述对象。

在都铎王朝（1485 年—1603 年）时期，伴随着文艺复兴、宗教改革及罗马法的复兴运动，英国法律制度的发展主要有：受罗马法影响的衡平法和商法获得了极大发展；创建了一些具有特殊司法管辖权的法院，如财产让渡、监护和遗嘱检验法院、行使特别刑事管辖权的星座法院、高级宗教事务法庭、高级特派法庭及大法官法院等。行政权与司法权也有了明显的分离。1536 年的《用益权法》规定了独特的用益权制，奠定了现代的信托制度。

二、英国资产阶级法律制度的建立

1640～1688 年完成的英国革命以资产阶级和贵族相互妥协而告终，由此确立了资产阶级君主立宪政体。英国革命的这一特点反映在法律上，就是资产阶级和新贵族建立了联合专政的政权后，继承了英国封建时期的法律传统和特点，保留了封建时期的法律形式和司法机关。例如，一直维持着普通法、衡平法和制定法的法律渊源，维持着普通法院和衡平法院二元司法体制，维持着那些相关的诉讼审判制度。刑事法院方面基本上仍保持原有体系，有季审法庭（Quarter Session）和巡回法庭（Court Assize）。对此，恩格斯指出：“在英国，革命以前和革命以后的制度之间的继承关系、地主和资本家的妥协，表现在诉讼程序被继续应用和封建法律形式被虔诚地保存下来这方面。”②

革命后的英国尽管对其封建时期产生和形成的法律体系及司法体制及相关制度在外在方面基本上没有大的变革，可谓全盘继承。但是，由于不同社会基础和生活方式使然，其法律秩序及制度事实上的变化大致有：

其一，有关宪政体制方面。1689 年的《权利法案》和 1701 年的《王位继承法》确立了议会主权和君主立宪制度，这是英国革命成果在宪法领域中的主要体

① 1350 年问世，是一种关于案件辩护要点的连续性的记录书，事实上是对因司法判决而确立的普遍原则或是因法院确定处理某种一类法律问题的判例和习惯的承认。

② 《社会主义从空想到科学的发展》英文版导言》，载《马克思恩格斯选集》第 3 卷，人民出版社 1972 年版，第 395 页。

现。君主立宪政体的确立使国王实际的重大权力基本上被剥夺。这两部法律规定，国王未经国会同意不得颁布或废止法律；一切法律非经国会通过、国王批准均属无效（国王对国会通过的法案必须批准，不得行使否决权）；国王不得随意征税和支配税收，不得征集和维持常备军；不得对臣民使用酷刑；不得设立宗教法院和特别法院；不得干涉司法活动，等等。议会制定法数量大升，如国会通过一系列改变封建制生产关系的法律，主要是土地立法，将封建土地私有制改变成资本主义土地私有制。在共和政体和克伦威尔军事独裁统治时期，国会通过上千项“圈地”法令和掠夺殖民地的法令，促使英国资产阶级完成了资本的原始积累。同时，官方也对判例法进行大规模的清理和编制。完全确立了由普通法院和衡平法院拥有宪法、民商事和刑事一切案件的司法审判权。《1679 年人身保护法》确立正当法律程序，赋予普通法院以颁发“人身保护令状”之绝对之强制手段，确保国人的自由和人权。《1689 年权利法案》完全剥夺了国王所拥有的、用以干涉司法的法律赦免权和法律中止权；规定法庭减少保释金和罚款。《1701 年王位继承法》明确规定了法官的终身制和法定薪金保障制度。因此，基本上实现了始于 16 世纪的立法权、司法权与行政权的分离，推动了英国式的司法独立进程。此外，上议院的司法权得以确立。最初只对大法官和衡平法院判决不服的案件的有关法律问题进行审理的上议院，后来其上诉管辖权不断扩大，受理来自上诉法院、高等法院等高级法院的民事法律问题的上诉。上议院还有权对犯有叛国罪和重罪的贵族进行初审，其初审判决和上诉审判决都是终审性的。

其二，有关司法体制方面。陪审团的独立裁判权获得法律保障。1670 年以判例废除了法官所拥有的对陪审员的处罚权（如陪审团的裁决与法官意见相悖或与事实不符，法官有权对陪审员处以没收财产、监禁一年、剥夺公权等处罚），允许陪审团对事实的认定和裁决可以与法官的意见不一致，赋予陪审员以法律豁免权，规定了陪审员的正式选任和公开宣布，由此而完全使得陪审团摆脱法官控制，使得完整意义上的近代陪审制度得以确立①。于 1641 年撤销了拥有特别刑事管辖权、创设于 15 世纪末的星室法院②。同时，仍保留一些专门法院，如遗嘱继承法院、婚姻法院、伦敦破产法院及海事法院。16 世纪时，英国法院在审理商事案件时广泛借用西欧大陆国家（主要是意大利）的国际性商法。18 世纪著名的法官曼斯菲尔德精通国际法和罗马法。他在自己的很多判例中，将那些在商事案件中公认的基本原则，通过商人习惯举证受到承认的方式，使商法进入了普通法，使英国确立了大陆法系国家所说的“民商合一”的方向。

其三，衡平法原则的定型化和系统化，确立了衡平法优先的基本原则。16 世纪末至 17 世纪初，普通法院和衡平法院之间在管辖权问题上的冲突，是英国

① W. S. 霍兹沃斯著：《英国法律史》，第 1 卷，伦敦 1922 年版，第 346 页。

② 一般认为 1487 年法规的颁布是该法院正式建立的标志。因为该法规的边缘写有“星室”二字，将已存的星室法院合法化了，故为《星室法庭法》。事实上，该法院完全从枢密院中独立出来是在 16 世纪上半叶。

法律史上突出的现象。典型的案例是1615年的“考特利诉格兰威尔案”和“牛津伯爵案”。当时任民事诉讼高等法院的首席法官爱德华·科克和衡平法院的大法官爱尔斯密（1540年—1617年）对案件处理发生歧义，科克对衡平法院弃置普通法判决的做法表示抗议，指出：普通法院裁决的讼案，衡平法院无权在当事人间进行干预，任何就普通法法院的判决向衡平法院提起上诉的当事人，均须处以监禁；普通法是至高无上的，高于国王或根据国王特权建立的衡平法院及其衡平法。爱尔斯密则争辩说：衡平法院的做法，“不是因为判决中的错误或缺陷，而是出于衡平法法官的强烈的道德心”。冲突以英王詹姆士一世裁决支持衡平法院而告终。自此，确立了当二者发生冲突时衡平法优先的基本原则。

17世纪后期，著名的大法官诺丁汉（1621年—1682年）、哈德威克（1690年—1764年）等人，为衡平法原则的定型化、系统化做出重要贡献。1873年《司法条例》（1875年生效），对英国的司法机构作出重大改革。该条例规定，设立最高法院，由高等法院和上诉法院组成。高等法院下设5个分庭：衡平法庭、遗嘱离婚和海事法庭、王座法庭、高等民事法庭、财政法庭，统一适用普通法和衡平法。在二者发生冲突时，以衡平法为准。1880年，王座法庭的首席法官和财政法庭的首席大臣逝世后，高等民事法庭和财政法庭并入王座法庭。王座法庭受理不属于高等法院其他法庭管辖的民事上诉案件，并为重大犯罪案件的第一审级。上诉法院分设民、刑两庭，受理对于高等法院判决或者下级法院判决不服的民、刑上诉案件。当事人不服上诉法院或高等法院的判决，可以再上诉到上议院。此后，英国议会通过对许多衡平法规则的肯定和修正，制定法律，衡平法与普通法逐渐相互渗透。但是，当二者发生冲突时，衡平法优先的原则仍然得以保留。在1981年的《最高法院法》中又重申了这一原则。

在资产阶级法律体系形成过程中，法学家和大法官著书立说，对促使封建判例法法转变为资本主义法律起了重要作用，其代表人如科克（Sir Edward Coke，1552年—1634年）和威廉·布拉克斯顿（Sir Wiliam Blackstone，1723年—1780年）。科克所著的《英国法学总论》，是英国资产阶级革命期间一部极具影响力的普通法著作，对16世纪以前的普通法进行总结，为议会至上和普通法至上提供了依据。以新的精神解释古老的普通法原则，为普通法的发展做出贡献。此书被西方学者公认为17世纪前“关于解释英国普通法的最伟大的作品”。布拉克斯顿所著的《英国法释义》，是19世纪前英国法官的必读书，是英美各大学普通法的基本教材，对许多国家，特别是美国有重要影响。该书受罗马法方法论影响，就国家组织和家庭关系的规范、动产和不动产、诉讼程序、犯罪和刑罚诸方面作出系统论述。还有，通过审判实践将商法的重要原则引入了英国的普通法、对普通法近代化予以重大影响的人物如王座法院的首席法官曼斯菲尔德（W. Mansfield，1705年—1793年）。

三、19世纪及之后的法律的变革

至19世纪，从历史深处发展而来的英国法律制度弊端丛生，难以适应一个正在现代化过程中的民主法制的国家秩序和工业化社会发展对自由人权及司法公正的需求。19世纪30年代开始，英国通过立法对法院组织和诉讼程序进行了改革。1832年颁布了《统一诉讼程序法》，建立枢密院司法委员会，作为殖民地案件和教会司法管辖案件的上诉法院，以适应不断扩大的海外殖民地的需要。1834年建立中央刑事法院，主理在伦敦、米德尔赛克斯和埃赛克斯郡一些地区的犯罪案，也可受理全国各地发生的任何刑案。1907年上议院了获得对上诉法院和刑事法院的刑事案件的上诉管辖权。1948年取消了上议院有权对犯有叛国罪和重罪的贵族进行初审这种贵族犯罪由贵族自己审理的做法。1833年颁布了《不动产时效法》、1852年、1854年和1862年分别颁布了《普通法程序法》。1907年上议院获得了对上诉法院和刑事法院的刑事案件的上诉管辖权。1948年取消了上议院有权对犯有叛国罪和重罪的贵族进行初审这种贵族犯罪由贵族自己审理的做法。这些法律虽然废除了大部分古老的诉讼形式，但仍不彻底，最重要的是1873年—1875年的改革。

1873年—1875年的《司法法》在三个方面取得了重要成果：其一，统一了司法组织，简化了重复性机构。1875年11月1日设立了最高法院，由高等法院和上诉法院构成。上诉法院分设民、刑两庭，受理对于高等法院判决或者下级法院判决不服的民、刑上诉案件。当事人不服上诉法院或高等法院的判决，可以再上诉到上议院。高等法院下设5个分庭：衡平法庭、遗嘱离婚和海事法庭、王座法庭、高等民事法庭、财政法庭。上诉法院分设民庭和刑庭。1880年，王座法庭的首席法官和财政法庭的首席大臣逝世后，高等民事法庭和财政法庭并入王座法庭。如此，高等法院便由王座法庭、大法官法庭和遗嘱离婚海事法庭组成，这三个法庭不是独立的法院，各庭权能相等，其法官有权主持任何法庭的审判，并依据法律及大法官的命令行使其审判权。王座法庭受理不属于高等法院其他法庭管辖的民事上诉案件，并为重大犯罪案件的第一审级。在地方上，仍保留依据《1846年郡法院法》建立起来的新的郡法院系统和来自中世纪的治安法院系统。其二，实现了衡平法法院与普通法法院的合并，上诉法院和高等法院的各个分庭都可适用普通法与衡平法规则处理案件。1873年《司法条例》（1875年生效）规定，所有普通法院统一适用普通法和衡平法。在二者发生冲突时，以衡平法为准。此后，英国议会通过对许多衡平法规则的肯定和修正，制定法律，衡平法与普通法逐渐相互渗透。但是，当二者发生冲突时，衡平法优先的原则仍然得以保留。在1981年的《最高法院法》中又重申了这一原则。其三，废除了长达数百年之久的令状制，消除了相互不容的诉讼形式，刑事诉讼程序的改革较多。自19世纪中期以来，刑事被告的权利有了较多保障，如1836年开始，被告享有辩护权，1898年起，准许被告提供有利于自己的证据。为英国法院组织和诉讼程序的现代化奠定了重要基础。

19 世纪英国司法改革的意义主要在于：首先，19 世纪的英国司法改革完成了其司法制度现代化工作。从本质上说，这次改革是英国的法律和司法制度与初步实现经济工业化、政治民主化的社会现实之间的一次整合运动。实现了司法体制的一体化，保证了司法工作正常有序地顺利进行。其次，改革之后，英国建立起一套适合法院所有部门的简捷高效的程序规则，从而提高了司法效率和公正性。再次，19 世纪的司法改革从有利于实体法的适用和法律价值的真正实现出发，对诉讼程序和审判制度进行了重大调整，英国法摆脱了程序主义的束缚。从此，英国确立了"司法程序应适应司法目的"的原则，使英国法从诉讼程序的桎梏中解放出来，日益重视法的实质。职业法律阶层越来越重视对于实体权利的保护，越来越强调诉讼程序的作用只是为诉讼当事人的正当权利提供合理公正的法律保护，司法程序应当适应和服务于司法目的。最后，法律改革促进了英国现代法治社会的形成。通过 19 世纪的改革，调整了普通法与衡平法、实体法与程序法的关系，制定了大量社会经济文化法律，一套完备的、内部结构合理的现代资本主义法律体系得以建立。在上述一系列变化和改革后，英国从此进入了现代法治社会。

19 世纪是英国历史上的"改革时代"，是英国现代自由民主制度的建立时期。在这个世纪内，英国几乎在所有政治上层建筑领域内都进行了民主化改革。例如，议会选举制度改革、地方政府改革、文官制度改革等。借助一系列先例的开创而形成的责任内阁制和两党制则是又一种不自觉的改革。就责任内阁制的确立，革命前夕，查理二世从枢密院中选拔少数亲信秘密商讨对策，日久形成了固定的组织。因其在国王的私人密室活动，故名"内阁"。1714 年，乔治一世（George I，1714 年—1727 年）即位，因不懂英语，经常不理朝政，而由一位大臣主持政务，便出现首相一职。1742 年，首相沃波尔在新选出的下议院中未能获得多数信任，内阁全体辞职，首创内阁向下议院负责的先例。1783 年，托利党领袖小威廉·皮特出任首相，次年因得不到下议院支持，下令解散下议院重新选举，开创了内阁得不到下议院支持可解散下议院重新选举的先例。1832 年选举制度改革后，责任内阁制作为宪法惯例被固定下来。1937 年，英国颁布《国王大臣法》，规定首相兼财政部长，内阁和首相的称谓始为法律所正式承认。内阁的主要职能是：作出重大决策、管理行政机关、协调各行政部门的活动等。通过上述改革，英国建立起了以议会君主制、责任内阁制和两党制为主体结构的现代资本主义民主制度。例如，1832 年、1867 年和 1884 年的几次选举改革，对各选区代表的名额作出重新调整，降低了对选民财产资格的限制，从而削减了贵族在选举中的特权，扩大了城市有产者的参政权。议会权力进一步扩大，责任内阁制逐渐形成。1911 年又颁布《国会法》，对上院的权力进行限制。在刑法方面，采用了缓刑、假释以及减轻对青少年犯罪的处罚等新的刑罚制度。在私法领域发生的重要变化是，为适应资本主义经济发展的需要，制定了一系列有关合伙、公司、契约等方面的法律，以及商法方面的规范和制度，如1864年的《公司法》、1882年的《票据法》、1893年的《货物销售法》等。

19世纪后期，特别是20世纪以来，由于现代社会政治经济生活的深刻变化，新的社会现象和社会关系的大量出现，政治民主的社会呼声日益强烈和国际局势的风云变幻，英国仍在不断改革其法律制度，其变化特点：

其一，制定法的比重和作用上升。在经济管理、城市规划、交通运输、社会保险以及环境保护、教育卫生等新的领域，英国进行了大量的立法活动。一是社会立法和科技立法活动加强。第一次世界大战以后，为了医治战争创伤，缓和社会矛盾，同时，也为了顺应日益高涨的人道主义呼声，英国政府加强了社会立法，对劳工的受教育权及其他福利问题作了积极的规定，在一定程度上保护了劳工利益。此外，随着科学技术的发展，资源、环境等问题逐渐为人们所普遍关注，科技立法活动加强，环境保护法、自然资源保护法、航空法、太空法等相继颁布。二是在传统的法律部门，如财产法、契约法、刑法、婚姻家庭法和继承法等领域，也加紧制定成文法。为了使法律改革有系统性，英国国会于1965年通过《法律委员会条例》，根据该条例成立了一个常设性的法律委员会，为法律改革提供方案。三是特别注意的是，立法程序简化，委托立法大增。由于国会立法程序复杂、速度缓慢，无法应付快速变化的社会需求，第一次世界大战前夕，国会便将部分立法权力下放给某些机构（主要是政府部门）以减轻重荷，国会则保留监督权。战后，国会在立法方面的作用受到来自内阁的强大挑战。伴随着内阁权力的扩大，许多重要措施都以委托立法的形式颁布，而且数量惊人，制定迅速，内容几乎涉及社会生活的各个方面。

其二，议会选举制进一步完善，司法体制进一步优化。以适应自由民主化的社会思潮，1918年的《人民代表法》进一步降低财产限制，有条件地确认了妇女的选举权。1928年的《人民代表法》明确规定男女享有平等的选举权。第二次世界大战以后又进一步改革，至70年代末基本上确立了普遍、秘密、平等、公正的选举制度。为了实现司法公正，进一步优化司法体制，颁布了《1925年最高法院统一法》和《1926年法院诉讼法》，在司法管辖权的划分上，将许多刑事案件转划治安法院以简易程序处理。1934年郡法院的上诉管辖权也上交上诉法院。特别是第二次世界大战后，随着法律社会化的发展趋势，发展了一些解决行政纠纷的行政裁判所，解决专业技术纠纷的专业性强的裁判所。依据《1970年审判法》和《1971年法院法》（与1972年实施），设立了皇家刑事法院，审理可起诉罪与来自治安法院的上诉案件，同时接管了过去由巡回法院和四季法院（撤销了这两个法院）行使的刑事司法管辖权，由高等法院行使民事审判权。如此，最高法院便包括高等法院、上诉法院和皇家刑事法院。

其三，英国法在英格兰以外地区的适用范围缩小。第一次世界大战后和俄国“十月革命”胜利后，英帝国的殖民体系瓦解了，许多殖民地成为帝国内的独立或半独立的国家，“英联邦”逐渐取代了英帝国的称谓。为了处理英联邦内部的各种关系，英国议会于1931年制定《威斯敏斯特条例》，承认各自治领议会享有完全的立法权；各自治领议会所制定的法律不因与英国议会所通过的法律、法令、条例或规则相抵触而无效；除非自治领同意，英国法不作为自治领法律的一部分而适用于该自治领。第二次世界大战后，又有大批英国前殖民地获得独立，英国法不能在那里直接适用。

其四，欧盟体法成为英国法的组成部分，英国法更多地受到大陆法的影响。1973年英国加入欧洲共同体，承认共同体法在英国具有法律效力，并且根据欧洲共同体的法律高于成员国法律的基本原则，英国国内的法律要保持与欧洲共同体法律的一致性，在经济立法方面更是如此。在司法领域，欧洲法院有权就涉及共同体法的案件对英国公民进行裁决，任何英国法院都必须承认其法律效力。由于欧洲共同体的创始国都是大陆国家，欧洲共同体法在英国加入共同体以前主要采用罗马日耳曼法模式，因而英国法更多地受到罗马日耳曼法的影响。反之，欧洲共同体法也受到英国法的影响。欧洲共同体法律的发展渗透着西方两大法系之间的矛盾与协调。1993年，欧洲共同体为欧洲联盟所取代，欧洲一体化的范围进一步扩大，英国的法律体系必然受其影响而作出相应调整。

第二节　英国法的渊源

一、普通法

(一) 普通法的含义

"普通法"一词在西方法律史上有多重含义。英国的普通法本身也是一个极不确定的词汇，有时将英国法称为普通法，有时将英国判例法称作普通法，不一而足。仅从法源的意义来看，普通法专指英国于13世纪由王室法院发展起来的通行于全国的判例法，它被认为是源于传统"王国的普通习惯"，代替了各地的习惯法而通行于全王国，故称普通法。在18世纪之前，普通法调整的社会法律关系较为狭隘，主要限于是有关刑事犯罪和侵权行为及有关土地财产方面。而且因受制于严格的令状制和烦琐的程序及"遵循先例"原则，其发展基本上仍停留于革命前的状态。现代英国普通法是通过19世纪法律改革和实现现代化发展而来的。现代英国私法，如财产法、契约法、侵权行为法等部门法制度主要是普通判例法。这些以普通判例法为主要法源的法律部门虽形成于封建社会，但经过17世纪资产阶级革命、18世纪的法律古典化运动、19世纪的法律现代化改革和20世纪初的社会立法改革，成为现代英国私法制度的主体，极大地推动和维护了资本主义政治经济的发展。

(二)"遵循先例"的原则

一般而言，英国法属判例法系，其意便是法官通过对相同案件的相同判决而不断地发现和创立“先例”，先例的集合体称为判例。判例，是指判决中体现的法律规则，是司法活动的产物，普通法是判例法，“遵循先例”（stare decisis，或the Doctrine of Precedent）是普通法最基本的一项原则。遵循先例原则就是以相似的方法处理相似的案件，并遵循既定的法律规则与实践。换句话说，一个法院先前的判决对以后相应法院处理类似案件时具有拘束力。“遵循先例”的原则在很大程度上限制了法官判案的任意性，因此它使英国判例法得以保持其稳定性、连续性，在一系列的判例中形成的法律规则前后相接，形成稳固的法律体系。

英国许多现代法律制度和原则，几乎都是依靠判例建立起来且是以遵循先例予以发展及取得法律的确定性、预见性和平等性的。例如，契约法中独特的约因、对价制度及其原则，就是通过19世纪一系列的案例确立起来的。再如侵权行为的责任原则，是随着时势的变迁，由形成于17世纪资本原始积累时期的过失责任原则到19世纪中后期起自由放任向垄断经济过渡所确立的比较责任原则及20世纪初流行的无过失责任原则，经过几个世纪的发展，适应了民主法治社会的内在需求，依据先例学说逐渐确立和发展的。在英美法中，对具体案件所作的判决产生两种效果。一是对当事人判决的既判力，称作既判事项原则，也称作任何人就同一案件不受两次审判的原则；二是该判决所确立的法律原则在其后将产生一般法律效力，以后法官在处理类似案件时，有义务遵循这些法律原则，即“遵循先例”的原则。而具有这种拘束力的判决即是先例或判例。先例的拘束力表现为强制性的拘束力和说服性的拘束力。法官必须遵循具有强制拘束力的先例，而对于具有说服拘束力的先例，法官也会给予足够的重视。先例中的法律推理和意见可分为两种：一是判决理由，即特定判决中所包含的具体法律原则。判例的拘束力就来源于判决理由。二是附带意见，即法官在作出判决、阐明判决理由时所发表的其他观点。附带意见仅有说服力而无拘束力。通常的情况是把先前判例中的法律原则适用于新的基本相同的案件，通过对案例中的判决理由和附带意见进行“区别”，通过类推，创制出新的法律原则。

严格意义上的遵循先例原则是在19世纪司法改革，尤其是1873～1875年司法条例后形成的。1972年英国加入欧洲共同体（现在的欧洲联盟）后，欧共体的法律成为英国最高法，原有的遵循先例原则也相应地进行了调整。现代英国法的遵循先例原则具体表现为：一是欧洲法院解释欧盟法的判决对各级英国法院都具有强制性的拘束力。二是作为英国本土最高法院，上议院的判决对各级英国法院都具有强制性的拘束力。1966年上议院发表声明，宣布自己可以有条件地背离自己先前的判决。三是上诉法院的判决对所有下级法院具有强制性拘束力。除特定情况外，上诉法院民事分院必须遵循自己的判例；上诉法院刑事分院则不像民事分院那样严格遵循自己的判例。四是高等法院的判决对所有下级法院具有强制性的拘束力，但其自身不受自己判例的拘束。五是所有下级法院均受以上高级法院判决的约束。它们的判决对其他任何法院及其自身无拘束力。皇家刑事法院虽为高级法院的组成部分，但其判决的效力与下级法院基本相同，对下级法院及其自身只有说服力而无拘束力。

（三）程序先于权利：令状制度

所谓“程序先于权利”（Remedies Precede Rights），即一项权利能否得到保护，首先要看当事人所选择的程序是否正确，如果程序出现错误，其权利就得不到保护。这个机制的形成与普通法的令状制有直接关系。“令状”本来只是由王室发出的命令地方官吏进行某项工作的公文形式，早在盎格鲁－撒克逊时代，它就被运用到司法领域。其后王室法院用令状干预地方法院、封建领主法庭的办法成为习惯。令状对诉讼方式和管辖都有所确定，也明确了被告的传唤方式、诉讼答辩方式、审理办法、判决形式、执行方法等。亨利二世时大体已形成“无令状即无救济方法”（Where there is no writ there is no right）这一原则。在任何法院中，有关自由持有土地的案件必须获得国王签发的令状后方可开始诉讼。诉讼当事人为取得相应的令状，必须花钱向大法官购买，否则得不到王室法院的救助。由于令状意味着诉讼形式，诉讼形式意味着救济方法，而救济方法又意味着权利的实现，这样，普通法对程序的关注远远超过对实体权利的确定。13 世纪的令状有许多种类，如较重要的令状有：“非法侵入令状”、“债务令状”、“请求返还扣留物令状”等。但对普通法的形成及其救济方法具有关键意义的是原始令状，即开始诉讼令。“程序先于权利”，即“有令状的地方即有救济”，“有救济即有权利”；反之，“无令状则无权利”。

1875 年以后，令状制度被废除，刻板的诉讼形式被取消，烦琐的程序得到简化，但是英国法律界对程序的关注往往超过对实体权利的确定的传统并未改变。

二、衡平法

（一）衡平法的含义

衡平（Equity）即平等、公正。英国衡平法是始于 13 世纪末由大法官在审判实践中发展起来的旨在对普通法的不足进行补救的法律体系，其基本核心是“良心”、“公平”和“正义”。衡平法又称“大法官法”。古希腊的柏拉图、亚里士多德等哲学家对衡平衡早有论述，认为它是个别正义，是用于弥补一般正义的，是源于绝对的普遍的自然法则、高于人类法的“自然正义”。罗马人是“衡平法”的最早实践者，最高裁判官法就是典型的罗马衡平法。英国人借用了这一现成的概念，将它发展为一套完整的法律制度。现代意义上的衡平法仅指英美法渊源中独立于普通法的另一种判例法。衡平法的显著特点是：其一，诉讼程序相对简便、灵活，快速、经济，不必以令状为起点，请求范围不受限制、不采用陪审制，也无须证人出庭作证和法庭辩论，只进行书面审理，最终作出判决。其二，大法官具有极大的自由裁量权，即所谓“大法官的脚”。其三，衡平法的救济方法是多种多样的。其四，衡平法在其发展过程中形成了许多著名的“格言”

或“谚语”，可谓衡平法原则。其五，衡平法受到罗马法和教会法的很多影响。

（二）衡平法的基本原则与内容

在“公平”、“正义”原则的指导下，英国衡平法院在实践中积累判例，形成体现衡平法精神的衡平法格言，它们是衡平法院的法官在审理案件时依据的重要原则。其中主要有：衡平法不允许有不法行为而无补救；衡平遵循法律；请求衡平救济者必须为衡平行为；请求衡平救济者必须自己清白；衡平重意思而轻形式；衡平法寻究履行义务的原意；衡平法将应完成的行为视作已完成的行为；衡平法不帮助怠于行使权利者；衡平法力求完全公平而非部分公平；衡平法可对人为一定行为；有两个衡平发生时，先发生者优先；平等即衡平。这些格言体现了了衡平法的基本原则和价值追求。

衡平法中最重要的制度内容有：信托制度、衡平法上的赎回权、特别履行和禁令。信托制产生于受益制。受益制财产关系出现后，普通法不予承认，受益人的权利得不到普通法的保护，为弥补这种缺陷，衡平法院通过司法审判确认了受益人的权利。15 世纪初，受益制被广泛使用，大部分封建土地被置于衡平法的专有管辖范围内，产生了土地上的“双重所有权”，即普通法保护受托人的法律所有权，衡平法保护受益人的衡平法所有权。17 世纪后，衡平法院将受益制发展为信托制度。衡平法上的赎回权是对普通法财产抵押制度的补充，也是对普通法抵押权的限制。由于普通法只注重形式，在处理抵押关系时判决往往不合理。例如，根据普通法，抵押人将土地转让给受押人作债权担保，倘若抵押人不能按期偿还债务本息，便丧失出押土地的所有权。在这种情况下，就有人以对方出押土地为条件向他人贷款，然后藏匿起来，直至约定的债务偿还期之后才露面，将债务人出押的土地据为己有。衡平法法院的大法官在审理这类案件时，认为普通法的这种做法有失公平，根据“衡平法重内容而轻形式”的原则，承认在法律上超过约定赎回日期的赎回权，主张债务人如不能如期清偿债务是由于对方的欺诈行为或由于其他灾祸，虽然已经丧失普通法上的赎回权，但仍有权在“合理期限内”赎回其出押物，这种权利称作“衡平法上的赎回权”。特别履行是指大法官在某种情况下可以强迫某人履行契约或信托义务的命令。它是补充普通法上损害赔偿有失公平的一种救助手段，主要调整契约和侵权行为方面的法律关系。例如，在普通法中，违反契约义务的补偿方法是“损害赔偿”，但有时契约当事人原告一方要求的并不是金钱补偿，而是继续履行契约。根据衡平法，大法官以颁发特别履行令，强迫被告遵守诺言，返还物品或履行义务。禁令是大法官应原告请求签发的强迫当事人实施某种行为的司法命令。禁令除对契约关系有所调整外，还用于制止某些侵权行为。特别履行和禁令这两种衡平救济的方法的共同之处是，它们都由法官自由裁量后颁发命令，并且原则上只有当受害者不能依法取得损害赔偿，或者虽然可以取得金钱赔偿，但仍显失公平时，方可用这两种方法予以救济。

（三）衡平法与普通法的关系

衡平法弥补了普通法的不足。衡平法与普通法都是判例法，二者各有特色、互为补充。早期的衡平法作为普通习惯法的一部分，由职能不很分明的王室法院、国王和大法官行使，其规则是零星的，救济手段不甚明确且混杂于普通法的判例中。近代衡平法是完全通过大法官的作用，在衡平法院内发展的。它和普通法的关系表现于：它辅助、补救普通法，矫正普通法的不足与缺陷，作为普通法的一种补充制度被予以确立，形成自己一套独特的法律体系和司法体系。构成现代英国判例法的两大法源——普通法与衡平法自 19 世纪现代化改革以来，将两种司法权合二为一，由同一法院系统适用。两者的关系大体上是：

一是“衡平遵循法律”原则。英国法律史学家梅特兰将普通法与衡平法的关系比作“正文”与“附录”之间的关系。衡平法的意义在于弥补普通法的不足，其存在是以普通法的存在为前提的。

二是在内容范围方面，衡平法主要调整财产法和契约法方面的法律关系，同时也涉及侵权行为。17 世纪以前，这类案件主要有：普通法上不予救济的情况；依普通法的刻板程序得不到公正审理的情况；虽依普通法可以得到损害赔偿，但仍有失公平的情况。传统上属于衡平法制度、理论和原则的有：信托、虚伪陈述、不正当影响、禁止翻供、现代抵押的留置权理论、诉讼产的分配、转让、衡平法的第二手证据、执行丢失或毁损、衡平法对契约的大部分管辖权及准契约。运用衡平法上的抗辩获取法律救济或权利保护，主要有：对专门契约和流通票据的抗辩，其中包括诈欺、不法、不能补偿、给付、和解以及清账和胁迫等；错误，其中有改正和撤销；议论，其中包括明示议论和默示议论、代位以及作为收回不动产之诉和其他诉讼中的抗辩的禁止翻供；衡平法上抵押的抗辩；不得否认原则的抗辩。原属于普通法的制度现为衡平法所吸收的有：不动产、侵权行为、合伙、破产、遗嘱的解释及遗产清算理论。衡平法还通过现代立法发展了一些新的与衡平司法权毫无历史联系的管辖内容，如公司法和专利法等。

三是确立了权能同等原则与衡平法优先适用原则。在现代英国，普通司法和衡平衡司法两种司法权合二为一，由同一普通法院系统同等适用。同时，法令特别指定一些普通法原则与衡平法原则容易发生冲突的案件种类，由衡平法优先管辖，对于未特别指定的案件，若有冲突，衡平法优先适用。而且，司法实践也是依此原则运作的。可见，同等权能原则和衡平法优先的原则的确立，对英国判例法体系的现代发展及对自由法治社会的维续的影响是相当大的。伴随着现代法律合理化运动，其关系密切，相互融合，在某些方面二者是一致的，表现于原则、精神、制度和规则及权利、救济手段方面的相互吸收和彼此渗透。同一诉讼中的普通法与衡平法的救济结合在一起，保证了在单一诉讼中的当事人获得完全的救济。

四是衡平法庭的管辖权。当案件来到高等法院，依据不同的性质、种类，是属于普通法范畴，还是衡平法范畴，需要分别登记。现在的衡平法法庭，作为高等法院的一个分庭与其他几个分庭并列，处于同等地位。依据传统和便利原则，它主理衡平案件。法庭在理论上由大法官主持，但自从 1970 年《法院修正法》以来，实际由副大法官主管。首先，其审理的案件种类及范围较以前扩大了。1925 年审判法对某些讼务作了较明确的规定。主要有信托、抵押、合伙、转账、公司法、财产管理、土地许可证、破产的上诉案、诉讼产、期限、证据的不容翻悔、儿童保护以及准治产人和慈善事业等法律规定的案件。从 1920 年以来，衡平法庭也处理所有带争议的遗嘱讼务。根据 1977 年《专利法》，该法庭于 1978 年设立专利法庭专司有关专利案件。其次，在其管辖上，仍旧是民事初审和上诉审。依据 1959 年《郡法院法》，一部分标的 500 镑以下的衡平审判权下放到郡法院行使，如处理遗产、执行信托、赎回抵押、履行义务、养育儿童、取消伙计及赔偿等。此外，还处理一些非讼事务，如登记财产、公证结婚等。

三、制定法

（一）制定法的含义

在英国，制定法，也称作成文法，是国家享有立法权的机关或统治者明文制定并公布施行的法律。制定法在英国具有悠久的历史，早期的制定法与普通法几乎同时产生。那时，它只是一种重要但数量较少的法律形式，在 16 世纪中叶到 17 世纪初叶，英国君主专制制度的全盛时期，制定法增多。近代以来，国会的制定法成为普通法法院适用法律的重要组成部分。现代时期制定法已经成为法律改革的主导力量，并随着法典编纂趋势的上升，如社会法、劳动法等一些重要法律部门几乎完全是在制定法的基础上发展起来的，成为英国法律体系中最主要的法律渊源。当代，制定法的数量大有超过其主体法律判例法的趋势。

（二）制定法的类别

1. 议会立法。英国的政体为议会君主立宪制，是实行“议会主权”的国家，由国王、上院和下院组成的议会是国家最高立法和司法机构，其制定法在传统上只能来自于议会，而且，具有最高法律效力地位和权威性。制定法作为立法机关的产物并具有最高权威，是伴随着国会的崛起而逐渐形成的。自 1225 年后，所有的议会法案都被编入《英国法规全书》（The Statute Book）中）。中世纪英国的制定法有宪章、诏令、条例和敕令等形式。宣布权利存在或转移的文件均可称宪章，内容多涉及公法；国王政府为指导国家官吏的工作而制定的文件称诏令；国王颁布的立法文件称条例；经御前会议同意，由国王颁布的立法文件称敕令，敕令不能和条例相抵触。近代以来，来自于议会的制定法其效力地位在理论上一直是最高的，它的有效性是绝对的，不仅法院无权拒绝也无权加以审查，所能做的只是根据一定的原则加以解释，不能提出质疑（法院可以对委托立法进行司法审查）。而且，它还可以对判例法进行修改和整理。1689 年的《权利法案》确立了议会主权的原则，国会成为国家权力的最高机关，拥有无限制的立法权。法案首先由政府或议员私人提出，一般先交国会下议院辩论，经三读通过，再交上议院辩论通过。由于国会立法能够包罗全部新的定型化的法律原则，而无须借助任何既存的法律规范，并且能无条件地废除既存法律，所以在19世纪法典编纂和司法审判成文化的法律改革当中成为主导力量。

2. 委托立法。所谓委托立法，就是议会将自己的立法职能委托给内阁或各部大臣，由他们直接立法，议会只保留事后的监督权。在现代英国法律体系中，由于立法权的分散，不仅有议会立法（称为议会法案，Act of Parliament；也称作基本立法，Primary Legislation），还有大量来自于政府部门、地方政权和其他团体、社会组织的委托立法。根据立法主体的不同，委托立法可以分为：枢密院令、政府法令、地方法规和其他社会团体章程细则等。19世纪末20世纪初，随着内阁权力的加大，议会的立法权在许多情况下已为内阁所取代，委托立法增多。1893年，英国国会通过的《规章公布法》，从法律上固定了委托立法制的实践。该法律规定：内阁或大臣有权根据议会的“委托”发布具有法律效力的法令、命令、规章等，议会则保留事后的监督权，即内阁颁布的法令、命令、规章等，事后要送交议会批准。从1951年—1953年，内阁平均每年颁布的法令为2200余件，超过议会所通过的法律30倍以上。

3. 欧洲联盟法。根据1972年生效的《欧洲共同体法案》（European Communities Act），欧洲联盟法直接且优先适用于英国。据此，英国法律如果在某一事项上与欧盟法相抵触时，适用欧盟法，在涉及人权及欧盟的案件中，英国司法组织须适用欧盟法。欧洲联盟法的渊源既包括制定法，也包括判例法，主要形式是条约、规章和指令及司法判例。制定法包括各成员国签订的有关欧洲联盟（共同体）根本问题的条约和欧盟立法机构制定的各种法规。判例法是欧洲法院就涉及欧盟法的问题所作的判决。其中制定法数量居多，也最重要。欧盟制定法的内容由两部分组成：一是有关欧盟机构、组织、职能等方面的法律；二是旨在实现经济、政治、社会、文化一体化而制定的用以规范各成员国及其公民权利义务的实体法规。根据欧盟法的优先适用和直接适用原则，这些法律不仅是英国法律的有效组成部分，而且其效力高于国会制定的法律。

（三）制定法与判例法的关系

在制定法与判例法的关系上，传统观点，在英国法制的体系中判例法是主要的，制定法居于辅助地位，只是判例法的补充或修正。但是，17世纪资产阶级革命后，英国确立了议会主权原则。英国议会作为国家最高权力机关行使立法权。作为立法权的产物，制定法具有最高法律效力。判例法必须服从制定法。制定法可以推翻、修改判例法而判例法不得与制定法相抵触。随着英国国家的发展，制定法的比重不断增加，现代英国制定法除源于国会立法外，还有委托立法和自治立法。现代西方法学界一般认为，从法律效力上讲，制定法是主要的。但是，制定法只有通过判例法的解释才能实现其意义。可见，因传统所致，判例法仍在不同程度上影响了制定法。

此外，英国法律活动还依赖于法理学说、习惯。习惯是一种最重要的法律渊源。英国法是通过基于习惯的司法判决形成的，如一些有关婚姻家庭的习惯、一些宪法习惯、一些商业习惯等。

第三节 宪 法

英国是近代宪政制度的发源地，英国宪法被称为“近代宪法之母”。英国宪法所确立的一系列宪法原则，对世界许多国家的宪法具有重要影响。英国宪法不具备法律形式上根本法的意义，宪法性法律和一般法律的效力地位几乎相等，也没有制定和修改宪法的特别程序。英国宪法是历史长期发展的产物，其内容不很确定，具有极强的延续性。因此，英国宪法被称做“柔性宪法”或“不成文宪法”。

一、英国宪法的渊源

英国宪法是不成文宪法的典型，其有关宪法的内容不是集中规定在一个系统、完整的、规范性的宪法文件里，而是由许多分散的渊源构成的，主要包括三部分：成文的宪法性法律、不成文的宪法性惯例和涉及宪法制度的法院判例。

（一）宪法性法律

1. 1215 年《大宪章》（即《自由大宪章》）。1215 年 6 月 15 日由英王约翰（John，1199 年—1216 年）签署。《自由大宪章》限制了王权，保障了臣民的权益，是后世权利法案的典范。这部法典在很大程度上是一种契约性文件，其实施有赖于缔约者的誓言和切实履行，从这一点看，它只是近代宪法的来源。

2. 1628 年《权利请愿书》。在资产阶级革命酝酿期间，针对国王查理一世（Charles I，1625 年—1649 年）滥用职权，由国会制定的法律。它重申《大宪章》的自由主张，如对王权的限制及对臣民权利的允诺，列举了国王滥用职权的种种行为，宣布：非经国会同意，国王不得强迫征收任何赋税；非经合法判决，不得逮捕、拘禁、驱逐任何自由民或剥夺其继承权和生命。

3. 1679 年《人身保护法》。资产阶级革命初期针对国王查理二世（Charles II，1660 年—1685 年）的专横暴虐而制定的法律。1679 年 5 月，国会中代表资产阶级新贵族利益的辉格党人，为保障自己不受任意逮捕，限制国王查理二世的专制统治，拟定《人身保护法》交国会讨论，经过斗争迫使国王批准。其主要内容是：除叛国罪和重罪外，被逮捕的臣民及其亲友有权要求法院发布人身保护令，命令行政机关在限期内将其移送到法院，并说明逮捕理由；法院在审核逮捕理由是否合法后，应决定将被捕者释放，或交保释放，或继续羁押；凡违反上述规定的司法人员应处以罚金。《人身保护法》提出限制行政、司法机关对公民的人身权利和自由的非法侵犯，对于建立资本主义的法律秩序具有重大意义，被英国历史学家称为人权保障的“奠基石”。

4. 1689 年《权利法案》。1688 年英国的“光荣革命”驱逐了复辟王朝的国王詹姆士二世，并请他的女儿玛丽亚和女婿——荷兰的执政者奥兰治亲王到英国继承王位。1689 年 10 月 23 日，威廉接受了国会提出的《权利法案》。该法案首先确认了奥兰治亲王威廉继承王位和玛丽成为王后的事实，并且废除了国王施行法律的权力，宣布：未经国会同意，国王不得颁布法律或中止法律的效力；不得征收或支配赋税；不得在和平时期征集或维持常备军；不得征收超额保释金和滥施刑罚；不得施行残酷、非常的刑罚等，从而进一步限制了英王的权力，提高了国会的地位。《权利法案》还规定了臣民享有的一系列权利，包括不受法律追究地向国王请愿的权利、自由选举议员的权利、议员在国会中的言论免责的权利等。该法是奠定君主立宪制政体的重要宪法性法律之一。

5. 1701 年《王位继承法》。1701 年 6 月 12 日，威廉签署了国会通过的《王位继承法》。首先，它根据长子继承制原则，详细规定了威廉去世后王位的继承顺序，旨在彻底排除罗马天主教徒继承王位的可能性。该法规定，威廉死后，王位由他的妻妹、詹姆士二世的幼女安娜继承，安娜死后由信奉新教的詹姆士一世的孙女、汉诺威女选侯索菲亚继承；英国王位不得传给天主教徒。其次，该法确立了君主立宪制政体，伸张了国会的立法权，基本确立了分权和司法独立的原则，并明确了国家基本结构和政权组织方式及活动原则。规定：凡非出生于英国的人均不得担任国会议员和其他官员；凡在王室担任官职和领取薪俸者，不得为国会下院的议员；法官为终身制，只有国会才有权解除其职务；国家的一切法律与条例非经国会通过、国王批准，均属无效。《王位继承法》是奠定君主立宪制政体的重要宪法性法律之一。

6. 1911 年和 1949 年的《国会法》。两部《国会法》都对议会的立法权限及立法程序作了规定，并对上议院的立法权力作了一些限制。1911 年的《国会法》规定，财政议案只能由下议院提出和通过，送交上议院的财政议案，即使未获上议院通过，在议案交上议院的一个月内，亦可直接提请国王批准公布。对于下院通过的一般议案，上院可行使否决权，但如果下院在二年内连续三次通过，该议案仍可呈请国王批准公布为法律。这一规定巩固了下议院对财政法案有最后否决权的传统权力。1949 年的《国会法》规定，上议院对一般议案的拖延生效期限由两年缩减为一年。议会的权力进一步转移到内阁手中。

7. 1931 年的《威斯敏斯特条例》。1931 年 12 月在英国国会通过。是关于英帝国的殖民体系解体的规定。全文除序言外，共 12 条，主要内容是：加拿大、澳大利亚、新西兰、南非、爱尔兰等各自治领不再称为殖民地而享有独立国家的地位；各自治领议会有完全的立法权；各自治领议会通过的任何法律不因与英国议会通过的法律相抵触而无效；各自治领对仍在当地有效的英国法律有废除或修改的权力；英国议会通过的法律除经自治领同意，不得作为该自治领法律的一部分而施行之。第二次世界大战后，又有一批英国的前殖民地获得独立，虽然其中有些仍保留在英联邦以内，但在那里英国法已不能直接适用。

8.《退位法》和《摄政法》。前者是1936年英王爱德华八世宣布的，他退位后由其弟约克公爵于1936年12月11日继承王位，称乔治六世。《退位法》宣告爱德华本人及其后代不再与英国王位发生关系。1952年乔治六世死后，由长女伊丽莎白继承王位至今。1937年、1943年和1953年，国会先后制定《摄政法》，规定英王即位时若尚未成年，或完全丧失工作能力，或因病、出访等原因不能行使职权时，应分别情况由成年的王位顺序继承人、女王的丈夫、大法官、下院议长、高等法院院长、上诉法院院长等人中的某些人摄政。

（二）宪法性惯例

宪法性惯例，是指那些未经法律明文规定，却又被认可的、因历史原因逐渐形成的且在实践中起宪法作用的习惯和原则。英国君主的许多特权，如英王的权力范围、其作为最高宗教领袖的地位、其统而不治和超越党派的性质，国会的会期和人数、英国内阁活动的一些基本原则，文官制度的无党派性、英国和自治领之间的政治关系等很多重要的宪法原则和制度，都是以宪法惯例的形式出现的。这类宪法惯例是英国宪法的重要渊源，在英国宪法中占有相当大的比重。

（三）起宪法作用的法院判决

具有宪法性质的法院判决，作为英国不成文宪法的重要组成部分，指的是历史以来法院就某些涉及宪法性质的案件所作的一些判决。因受制于判例法传统，法官在审理涉及公民的自由权利或者国家机关的基本活动方面的案件时，所创制的法律原则是宪法的有机组成部分。在英国，许多宪法原则是通过法院判决确立起来的，如关于公民的各项自由权利，法官的豁免权、关于国王的特权、保护公民权利不受国家公职人员和国家机关侵犯的司法程序和法院必须执行议会通过的法律等，都是具有宪法性质的普通法判例。尤其是宪法中关于公民权利和自由的规定，大多以法院判决为依据。英国人的“权利平等”首先不是体现在实体权利上，而是以坚持普通法的正当法律程序来确保进而享有的。

二、英国宪法的基本原则

（一）议会主权的原则

所谓议会主权的原则，按照西方学者的说法是指法律上的主权属于来自民意代表的议会。这英国议会主权表现在三个方面：一是国会在立法方面拥有最高权力，并且这种权力是与生俱来的，无须任何机关的授权，甚至也不需要宪法的授权；二是任何法律或法院的判例都不能对议会有任何约束力，任何机关、团体或个人都无权宣布议会通过的法律无效，法院无权以任何理由拒绝适用国会通过的法律，只有议会自己才能修改和废除议会通过的法律；三是议会享有对行政与财政的监督权以及讨论政府政策和弹劾大法官的权力。然而，19世纪末以后，议会的权威受到来自政府的强大挑战，议会主权原则只具有相对意义。

（二）分权原则

“权力分立”的宪法原则在英国有着历史基础，是在君主立宪制基础上发展起来的。1689年的《权利法案》和1701年的《王位继承法》等宪法性法律以及宪法惯例对分权的原则都有规定。一是议会有制定、修改和废除法律的权力；有权对行政机构的决策进行监督。上下两院各司其职，彼此制约，立法案在下议院通过后，应送交上议院通过。1911年以后，下院成为立法主体，上院的立法权受到极大的限制，但仍可行使搁延权。二是内阁是最高行政机构，行使行政权。根据宪法惯例，内阁制定政府政策并提交议会讨论、贯彻执行议会通过的法律、协调政府各部门的职权范围。但是，内阁必须得到议会的信任和支持，受议会监督并对议会负责。三是在“国王统而不治”的宪法惯例下，英王在名义上仍有立法、行政、司法、军事等诸多权力，因而仍然在某种程度上发挥对议会和内阁的牵制作用。四是法院掌握司法权，法官独立行使审判权且实行终身任职制度。相对于美、法、德等国，英国并非典型的三权分立国家，立法、行政、司法三权之间的分立与制衡并不十分严格。

（三）责任内阁制

英国是责任内阁制的发源地。内阁（Cabinet）是政府的代名词，责任内阁制源于一系列惯例，是英国议会主权的一种体现，其含义包括以下几个方面：一是内阁由议会下议院多数党组成，首相和大臣都由下议院多数党议员担任；首相通常是下议院多数党的领袖；内阁大臣要对他副署的行政行为向英王负责；内阁大臣彼此之间相互负责；内阁阁员向议会负连带责任，如果下议院对内阁的重大施政方针不予支持，内阁须全体辞职，或通过国王将下议院解散，重新选举。二是内阁的主要职责：对准备提交议会的议案做出决定；根据议会立法行使国家最高行政管理权、协调政府各部门的关系；在非常时期宣布全国处于紧急状态并采取措施；接受议会委托制定行政条例、规章。

（四）法治原则

“法治”（the Rule of Law）的字面意思是“法律的统治”，是现代宪法广泛采纳的基本原则。它强调的是法律面前人人平等，任何人都不得有超越法律的特权；政府必须在法律明确规定的权力范围内活动，其权力来自法律并受立法和司法的限制，不得滥用权力侵犯个人自由和权利。在英国，著名宪法学家戴雪（A V Dicey，1835年—1922年）等人对法治原则有过详细的论述，认为它有如下几层含义：一是非依法院的合法审判，不得剥夺任何人的生命、自由和财产；二是任何公民和政府官吏一律受普通法和普通法院的管辖，如果由行政法和行政法院来管辖行政违法行为，那就是赋予政府以特权，不符合法律面前人人平等原则；三是英国公民所拥有的自由权利并不体现在成文宪法中，而是一种“自然权利”，既不由任何法律所赋予，也不能随意被剥夺，政府必须有合法理由才可以限制这种权利。

第四节 财产法

一、财产的概念和分类

（一）财产的概念

在英国法中，“财产”一词是指支配财物的绝对权。这一概念涉及人们支配财物关系的权利与义务，即凡被法律保障为某人所有的东西就是财产。因此，“财产”一词有两种含义：一是指作为所有权客体的“物”本身；二是指对“物”的所有权，即法律所认可的对物所享有的使用、收益和处分的权利。财产法，是英国法中最古老、最复杂的部门之一，是用来调整财产所有、占有、使用、转让、继承、信托等各种关系的法律规范的总称。英国财产法内容虽庞杂，但主要是土地法及相关法，有关动产的法律主要属于其他私法部门。

（二）财产的分类

英国在1925年财产法颁布以前，将财产分为“物权财产”和“人权财产”两类，其分类的基础是中世纪英国法中的“对物诉讼”和“对人诉讼”两种诉讼形式。凡由“对物诉讼”保障的权利，称作“物权财产”；凡由“对人诉讼”保障的权利，称作“人权财产”。“物权财产”包括土地及其附属物或权利（如贵族称号、某些国家公职、地役权、抵押权等），总称“地产权”。“人权财产”包括有体物（或称有形财产，如家具、衣物、粮食等）和无体的经济权益（或称无形财产，如债权、股票、专利权等）。1925年财产法生效后，与大陆法系国家一样，英国也将财产主要分为动产和不动产，动产几乎包括所有可移动的物品和某些无形权利，以及不可移动的租借地。不动产主要是土地（不包括租借地）。两大法系对财产的划分依据和概念是不一样的。大陆国家使用这一对概念源于罗马法，主要依据物的特性来划分。一般说来，动产（Movable Property）指的是可移动而不改变其性能的物品；而不动产（Immovable Property）指的是不可移动之物，如移动就会改变其性能。英国财产法关于动产和不动产的划分源于中世纪普通法诉讼形式之分。不动产（Real Property）来自对物诉讼（actio in rem），意即这种诉讼要求收回实体的、特定的物；动产（Personal Property）来自对人诉讼（actio in personam），意即这种诉讼要求特定人归还原物或赔偿损失。

二、地产制

（一）封建时期的土地租佃制度

封建时期的土地是最基本的财产。与法国、德国的土地所有权不同，中世纪英国的土地所有权是相对的、有条件的，任何人对土地都不具有绝对的所有权。

11 世纪中叶后，封建土地所有制迅速形成，封建土地关系的主要特征是分封租佃，即土地经过封建主之间的层层相互受封，封建主人身的等级和相应的权利义务也凝固于土地之上，同时土地也具有主人的属性形成不同等级。理论上，国王是全国土地的所有人，他将土地分租给领主，以其效忠和承担封建义务为条件。自由农民和“维兰”（农奴）租种封建领主的土地，也必须向其履行封建义务。对不履行封建义务者，封建主有权收回土地。主要的地产占用形式有：自由租佃和不自由租佃。这是根据占有土地的条件和承担义务的不同而划分的。自由租佃，也称“终身占有地产”，分为三种形式：“免税租佃”，即不向国王缴纳贡赋的占有地；“骑士役租佃”，即向国王承担军事义务的占有地；交租租佃，即向授地者提供一定数量的农产品或劳役的占有地。以上三种占有地，最初都以承租人终生占有为限，不准继承或转让，占有人死后归还授地领主，所以也称作“终身占有地产”。自由租佃在 13 世纪时又发展为“限定继承地产”与“非限定继承地产”。1285 年第 2 号《威斯敏斯特条例》（《限嗣继承条例》）规定，原佃户死后，地产可由其直系后裔继承，而不必交还原领主或其继承人。在授予土地时，领主还可以对原佃户的继承人再提出特别限制，如必须为其男性后裔或女性后裔等。无适当继承人，领主可收回土地。这种地产被称作“限定继承地产”。1290 年第 3 号《威斯敏斯特条例》（《买卖法》）又规定，自由租佃地产在继续履行义务的条件下，可以自由转让或继承。这种地产被称作“非限定继承地产”。不自由租佃，是指农奴对份地的占有，它不存在任何约定的服役条件，农奴要对领主尽繁重的、内容不确定的封建义务，缴纳劳役地租和各种贡税。农奴占有的份地按习惯由其后嗣继承，这种份地要在法院登记注册，因此也称作“公簿持有地产”。

（二）近代土地立法

英国革命时期国会通过一系列土地立法，对传统土地关系进行改革，加速实现了英国的资本主义土地所有制，使土地基本变成免除封建依附关系的资本主义性质的私有财产。这些土地立法沉重地打击了以国王、领主和教会为代表的封建势力，但也剥夺了广大农民的土地，使他们经历了苦难。这些土地立法包括：其一，没收和拍卖国王、教会及保王分子的土地的法令。1643 年 3 月 27 日的法令宣布，没收教会及支持国王的封建贵族的土地；1643 年 9 月 21 日的法令宣布，没收王室土地；1646 年的一项法令宣布，对王党分子逾期未赎的土地进行拍卖。其二，废除“骑士领地制”的法令。1646 年 2 月 24 日，国会通过法令取消“骑士领地制”，从而废除了领主效忠国王和负担的军事义务。其三，圈地法令。革命中及革命后，国会通过许多法令推动圈地运动。1688 年后国会通过上千个圈地法令。

（三）财产法的现代改革

英国于 19 世纪初完成工业革命，这使英国的生产方式、财富的来源、社会面貌发生了深刻的变化。但是土地的自由转移仍受到限制，妨碍了资本主义经济的发展，因此，从19世纪中期开始，英国国会对不动产土地的立法逐步进行了改革。

1837年的遗嘱法规定：每种遗嘱中所说的财产都作为动产和不动产解释，对于动产和不动产的继承适用同样的规则；如果立遗嘱人对遗嘱的标的物只作了一般陈述，那么，他在立遗嘱时的所有土地及随后获得的土地都包括在内。1856年国会通过、1877年修改的《地产授予法》规定：在法院认可的条件下允许土地自由买卖；用于农业的土地租赁期可达21年，用于矿业的土地租赁期可达40年，用于建筑的土地租赁期可达99年。1882年国会颁布《土地授予法》，使地产的所有人可以不经过法院，出卖、租赁、抵押包括土地在内的一切财产。不过，直到20世纪初期，英国的财产法，特别是其中的不动产法，仍然没有完全消除封建遗迹。

为了对财产法进行彻底改革，1925年国会颁布6项法律：《土地授予法》、《信托法》、《土地登记法》、《土地特殊权益法》、《财产法》和《遗产管理法》。法律废除了历史上遗留下来的公簿持有地产，规定于1936年1月1日前将公簿持有地产赎买完毕，使地产全部转变为自由持有地产，占地人对土地享有完全的所有权，可以自由买卖、租佃；法律明确地将所有的财产形式划分为动产和不动产两大类。不动产指土地、建筑等。动产分有形动产和无形动产；前者指作为有形物的动产，后者包括债权、专利权、著作权、股份和商标等权利。这种划分与大陆法对于财产的划分是一致的。法律对于动产和不动产规定了一致的继承制度，明确取消了男子优先、长子优先的继承原则，突出了生存配偶及靠死者抚养的人在继承上的法律地位，把继承与社会保障结合起来；法律简化了土地转移的手续，主要有遗赠、出售、出租、抵押和信托几种形式。1925年的一系列财产法基本消除了财产法方面的封建遗迹，使土地转让的程序大为简化，从而促进了英国资本主义经济的发展。

第二次世界大战以来，英国加强了对土地的开发与使用的管理与控制。建筑施工等涉及土地的开发和使用的事项，必须经过政府有关部门的严格程序审批，并要求符合城乡建设的总体规划以及环境保护标准。法律强调对房屋承租人和土地承租人的保护，规定了收取房租的标准和租地规则。为了保障农业生产的有效运行，1947年的农业法对所有人管理地产的标准作出规定。

三、信托制

信托制（trusts），是指信托人将其一定的财产转移给受托人管理，而由第三人即受益人享受收益的制度，因以当事人的信用为基础，故称为信托。信托是普通法系特有的制度，依照现代的分类，通常被归入财产法领域。作为英国财产法的一项重要制度，信托制源于中世纪的受益制，受益制度又是由衡平法院的审判活动发展起来的。可以说，信托制是英国对世界法律制度及文化最重要的贡献之一。

（一）受益制

受益制（Use）又称“用益权制”，即为了他人利益而占有和使用土地。在受益关系中，地产拥有人（即出托人）将地产交给受托人代管，受托人享有对地产的使用权、收益权，并按约定将地产的收益交给出托人指定的受益人。受益制度正式产生于15世纪的英国，是衡平法弥补普通法的产物。根据普通法，作为不动产的土地只能依法由继承人继承，不能随意转让。14世纪后，随着手工业和商业的发展，英国农村中出现了资产阶级化的新贵族。他们要求摆脱土地的封建义务，使土地能够根据自己的意志转移。于是他们常将土地交给他人代管，受托人享有对地产的使用权、收益权，并将地产的收益交给土地占有人指定的受益人。这种受益制度违反普通法对封建地产的保护原则，使受益人的权利得不到普通法的保护。由于受益制可以使教会成为地产的受益人，所以起初只有教会法院对受益制采取支持态度。亨利三世（1216年—1272年）时下令禁止教会法院管辖涉及土地纠纷案件，受益人的权利受到侵害时，便转而向御前会议申诉，御前会议将这类案件交大法官处理。到15世纪下半叶，受益制较为普遍，衡平法官审判的受益制案件逐步形成较为确定的受益制衡平规则。

16世纪上半叶，由于新航路的开辟，商业贸易市场进一步扩大，资本主义生产关系在城乡有了新的发展，土地关系随之发生变化。受益制度的普遍设立使地产的封建义务面临危机，国王和大领主的封建捐税税收锐减。为了限制受益制的发展，1529年，亨利八世下令强制对所有交给受托人经管的地产进行登记。1535年，又强使国会通过《受益制条例》。该条例把受益制分为消极受益制和积极受益制两种，前者指受托人对于受托的地产不承担经营管理的积极责任，设立受益制的目的仅仅是逃避地产的封建义务和债权人的追索；后者指受托人对于受托的地产承担积极经营管理的义务，直接收取土地的租金和殖息，将土地的收益转交给受益人。《受益制条例》取消消极受益制，以便使交给受托人经管的地产承担原来的封建义务。积极受益制不受条例影响，以后发展成信托制度。

（二）信托制

在《受益条例》颁布后的三百年，通过衡平法院的判例使得信托法的各项原则获得发展。1893年《信托财产法》、1925年的《受托管理人条例》及1961年的《信托投资条例》等制定法使传统的受益制度现代化为信托制。现代信托法制度及原则给予财产所有人处理财产以极大的灵活性。

1. 信托设立目的：不似受益制是为了逃避封建义务或自由处分地产，信托制的目的主要是更好地经营财产，更多地增值财富。具体目的可分为两类：一是私人的，为特定人的经济利益而设立；二是慈善性质的，为社会福利而设立。

2. 信托设立类别：一为明示信托：根据财产所有人明确表示的意思，按照信托契据或遗嘱的规定而设立；二为推定信托：财产人并未明确表示设立信托，但依据有关情况或根据财产所有人的言行可以推定其有设立信托的意思而设立；三为强制信托：法院为了补救某种不公正的情况而设立。

3. 信托要素。信托法律关系由主体即当事人（委托人、受托人、受益人）、信托内容即主体的权利和义务以及客体即信托财产等三要素构成。一为信托主体：财产委托人、受托人及受益人。财产委托人是财产的所有人，任何对财产有所有权的人都可以对其财产设立信托。受托人以财产所有人的身份和资格对财产进行使用和处分，并同第三者发生民事关系。受托人可以是自然人或是按法律有权执行信托业务的公司组织。根据1906年的《公职受托人条例》的规定，受托人可由政府委托的一名官员担任，国家收取手续费。信托受益人是依设立信托的目的而享受信托所产生利益的人，可以是自然人，也可以是法人。在慈善信托中，受益人不是特定的人而是社会。二为信托主体的权利和义务。受托人的主要权利是：有权按照自己的意愿管理信托财产；有权选择适当的时机出售信托财产并进行投资；有权按规定取得报酬。受托人的主要义务是：按规定将信托财产的收益交给受益人，并以公正态度对待各受益人；定期向受益人提供充分的收支账目报告；除非得到委托人或法院认可，不得将自己的职权委托他人行使；不得从所经营的信托财产中牟利，不得购买信托财产；必须像管理自己的财产一样管理信托财产，始终善意地为受益人的利益进行管理。受托人的义务体现了委托人和受益人的权利。如果受托人违背信托义务，对受益人造成侵害，必须负赔偿的责任；如若侵吞信托财产，则须负刑事责任。财产委托人和信托受益人享有由国家保证的不受损失的好处。三为信托财产。财产委托人所移转的财产称信托财产。信托财产交受托人管理和处分。现代社会中，信托财产即信托标的更为广泛，可以是任何形式的动产或不动产，如股票、公债、抵押契据、保险单、银行存款等。

第五节 契约法

众所周知，大陆法系的契约法是作为民法中债的重要组成部分，而英美法系的契约法则是一个自身独立的法律部门。英国契约法原理主要来自古老的判例法，其制定法的重要代表为1893年《货物买卖法》（后为1979年《货物买卖法》所取代）。

一、契约法的形成和发展

英国契约法作为一个独立的法律部门，其形成晚于其他法律部门。早期的普通法院只受理涉及土地的契约，而且要求这种契约必须具有书面形式，加盖印章，并有证人作证。这使得在有关契约的诉讼中，诉讼当事人之间只能通过预定的、写进加盖印章的正式契约的办法，来创立一种在普通法法院可以得到强制实施的法律关系，一切口头的未加盖印章契约在普通法院均属无效，当事人因此而引起的损失也得不到应有的救济。在这种情况下，由于衡平法法院对诉讼形式不加限制，采用罗马法的审判原则，那些在普通法院得不到救济的有关契约债务的案件便转而到衡平法院去寻求救济。

15 世纪以后，随着商品经济的发展，私人之间的口头契约日益增多，普通法院将罗马法的有关知识融入英国侵权行为的法律规定中，逐渐从非法侵害之诉中发展出违约损害赔偿诉讼令状，对口头契约等非正式契约进行保护。16 世纪，出现了英美契约法中所特有的对价制度，确立了契约只有通过互相作出诺言才能成立的原则，为契约法的继续发展和最终定型奠定了基础。1602 年上诉法院对“斯莱德诉莫里”一案的裁定被认为是英国契约法作为一个独立的法律部门的开端。在该案中，原告斯莱德将土地售予被告莫里，莫里承诺付款 16 英镑。但土地交付后，莫里未兑现承诺，斯莱德因此提起违约赔偿之诉。莫里在法庭上否认其承诺，经陪审团调查，出售虽完成，却不存在任何文字上的承诺。国王法院坚持文字契约是诉讼的基础，拒绝给予救助。普通上诉法院投票表决，裁定斯莱德胜诉。这一案件的解决突破了中世纪“契约”成为“盖印文据”同义语的局限。1677 年国会颁布《诈欺法》，要求必须以书面证据或其他适当证据进行某些种类的交易，防止诈欺和伪证。17 世纪，英国的商事诉讼已基本被纳入普通法法院的管辖范围，因此，普通法对于商法的吸收使得罗马法的原则渗透到英国的契约法之中，这对于推动英国契约法的发展起到很大作用。之后，进一步明确了必须按契约履行义务及诺言是法院强制履行的依据。但从整体上看，当时英国的契约法仍处于初级阶段。

至 19 世纪，英国契约法最终形成。其原因是：一方面，由于受到大陆法系契约法的影响，吸收了大陆法系契约法的某些重要原则；另一方面，也是最重要的原因，是英国资本主义工商业的迅猛发展和自由放任经济思潮的推动。于是，英国契约法终于在“缔约自由”、“契约神圣”等口号下发展起来并最终形成了独立的法律部门。进入 20 世纪以后，由于垄断经济的发展和社会生活的日益复杂，以及国家直接干预经济生活等原因，“契约自由”的原则受到限制，缔约双方地位的不平等更为严重，如在形式上，契约已更多地由经济上强大的一方提出，他方只能接受，这类契约称做“标准契约”，如铁路、电力、煤气公司同顾客之间的契约就是这类契约，契约神圣原则有所修正。社会发展瞬息万变，如果出现了某些在缔约时无法预料的事实，从而使契约的目的落空或事实上造成契约的不可能履行，法院可根据案情解除契约，而不像过去那样一味强调契约神圣，不再按照契约条款严格执行，这就是“契约落空”原则。

二、契约的定义

合同，在英国称为契约。英美法上的契约有各种定义，但没有一个是最权威的。英国的布拉克斯顿关于契约的定义流行较早，它是指“按照充分的对价去做或者不去做某种特殊事情的协议”。1893 年《货物买卖法》对货物买卖契约所下的定义是：“所谓契约，乃是规定订立契约的一个为取得价款而将所有物以商品的形式转让于或同意转让于契约的另一方（买方）的文件。”1932 年，美国律师学会在《合同法重述》中给契约下的定义是：“一个诺言或一系列的诺言，法律对违反这种诺言给予救济，或者在某种情况下认为履行这种诺言乃是一种义务。”这一定义近几十年在英美广泛流行。

契约是当事人为达到一定目的而订立的确立、变更、解除当事人双方权利义务关系的协议。虽然英美法官和法学家给契约所下定义的措辞不尽相同，但都包括以下几方面基本要件：一是契约必须基于双方当事人的要约和承诺；二是契约必须具备有效的对价；三是契约的内容必须合法。

从形式上看，英国法上的契约可分为正式契约和非正式契约。正式契约主要用于不动产买卖、转让，非正式契约又称简式契约，是英国契约的主要形式。这种契约既可以是口头的，也可以是书面的。通过口头或书面明确其内容和条款的契约叫明示契约；须根据双方当事人的行为来推定其内容和条款的契约叫默示契约。由于非正式契约是英国最普遍的契约类型，所以英国法关于契约的论著所探讨的也主要是非正式契约。

三、对价

对价（Consideration）又译为“约因”，是指一方为换取对方的诺言所付出的代价。对价是一方以自己的诺言去换取另一方的诺言，或者说，是一方为了使对方作出某些有利于自己的行为而以自己对等的行为来作保证。按照英美契约法，对价是盖印契约以外一切契约的必备要素，没有对价的许诺只是一件礼物；而为对价作出的许诺则已构成一项合同。可以说，有无对价是法院判断当事人之间是否存在契约、有无权利义务关系的主要根据。

16 世纪，在“违约损害之诉”的基础上，出现了特有的对价制度。按照 1875 年英国高等法院在“柯里诉米萨案”中对对价的解释，一个有价值的对价就是一方得到某种权利、利益、利润或好处，或者是另一方作出某种克制、忍受某种损害与损失，或者承担某种责任。对价的特点：对价要求当事人间具有某种确定性的价值；对价须具有合法性；对价只对订约人有效，任何人无权从中获利；立约人所允诺的必须是将来的利益。在英美契约法中，对价分为待履行的对价和已履行的对价。前者指契约双方虽作出诺言，却均未履行，后者指在订立契约时即已全面履行的情况。

对价的原则主要有：其一，过去的对价无效。过去的对价，即订立契约前已经履行的对价。按照一般原则，诺言之前的行动都是过去的对价。例如，在 1842 年的“罗斯柯勒诉托马斯案”中，被告向原告售出一匹马，买卖完成后他向原告保证该马没有恶癖。原告后来发现马有恶癖，并起诉求偿。法庭裁定，先前的买卖属于已经完成的事实，故被告的保证没有对价支持，所以被告不承担责任。其二，对价无须相等。法院不问对价的大小，只要提供了对价，为此作出的许诺就可以强制执行。在这方面最早的判例发生在 1587 年。1842 年的“托马斯诉托马斯案”引用最为广泛。在此案中，法院对以1英镑的对价享有托马斯遗留的价值巨额的房产的居住权予以承认。在现代英国，该原则已有所动摇，因其结果可能会导致明显的不公平。其三，履行原有义务不能作为新诺言的对价。1809年“斯蒂尔克诉迈里克案”是体现这一原则的典型案例。原告是个船员，他与船长约定承担在5个月内往返英国与波罗的海之间的航运义务。中途由于天气恶劣船期受阻。船长许诺如果按期到达，他将加付酬金。鉴于船长食言，原告诉诸法院，因他并未对船长的许诺提供新的对价，结果败诉。因为按期到达目的地只是其原来的契约义务，因而船长中途许诺加付酬金但并未履行的行为不是违约。其四，“平内尔”原则。由1884年“福克斯诉平内尔案”进一步确立的原则，如果债务人未对此许诺提供新的对价，债权人可以追索余款，即债权人同意用归还部分欠款的办法来抵消全部债务的许诺不受法律约束。其实，1602年“平内尔案”就基本上确立了这一原则基础。其五，不得自食其言的原则，也称“禁止出尔反尔”，或“衡平禁反言”，这是对对价制度的重要修正。该原则是指，如果一方以自己的言词或行动向另一方作出诺言，那么，当另一方确信此一诺言并采取行动后，许诺人就不得反悔。1877年“休斯诉地下铁路公司案”是实行这一原则的最早判例，这项原则后来被著名的“高树案”修正。

第六节　侵权行为法

一、侵权行为法的概念

侵权行为（Tort），是指侵犯私人利益的民事过错行为。侵权行为法是基于古代侵害行为而发展起来的、英国最古老的法律部门之一。

在盎格鲁-撒克逊初期，犯罪被认为只是对被侵害人及其家庭的严重侵害（犯罪行为）与侵权行为（民事侵权行为）合为一体，都属于“非法行为”或“侵害行为”，既可以由国家根据法律对加害人予以惩处，也可以由受害人或亲属直接予以制裁。1176年，亨利二世颁布《诺桑普顿诏令》，明确提出重罪的概念，扩大了“不可矫正的罪行”的范围。凡叛逆、反对教会、杀人、盗窃、纵火、侵入住宅、强奸等，都是重罪，要以国家名义向王座法院提起公诉，予以严厉制裁。“可以矫正的罪行”便是后来所称的侵权行为。这样，犯罪与侵权行为开始初步分离。13世纪时，出现了“侵害权利之诉”的令状。侵害权利诉讼有不同种类，每种都有其名称，因而普通法上将这类诉讼称作“有名侵害诉讼”，它是侵权行为独立的标志，现代英国侵权行为法就是在此基础上发展的。14世纪后，法律对非法侵害造成的间接和随后损害的责任也予以追究。但由于它们没有正式令状的名称，故称“无名侵害诉讼”。随着侵害人身、财产事件的日益增多，在普通侵害诉讼形式的基础上形成“回复不动产之诉”、“非法占用损害赔偿之诉”和“违约损害赔偿之诉”三种重要的诉讼形式，从而推动了侵权行为法的近代发展。

随着衡平法院的确立，衡平法院对部分侵权诉讼进行管辖，侵权行为法的救济方法进而扩展到禁令。直至17世纪，侵权行为法作为一个法律部门正式形成。

二、侵权行为的分类

侵权行为种类繁多，英国法学著作一般按侵权对象把侵权行为分为对财产权利的侵害与对人身权利的侵害。原告向法院请求损害赔偿时，必须证明其权利存在，指出被告违背责任侵犯其权利的事实。

（一）对财产权的侵害

对财产权的侵害又分为不动产侵害与动产侵害。不动产侵害，是指对不动产占有的非法侵害，如非法侵入土地（Trespass）。由于英国法赋予不动产所有人，特别是其中的土地所有人以对土地的无限权利，所以非法进入或留置于他人土地上，在他人墙上乱钉钉子，向他人土地投掷杂物等，都是侵害不动产的非法行为。《英国民法汇编》第181条规定：“土地所有人对于垂入自己土地界内之枝叶，虽其树木生于邻地，无须通知其邻人而剪其垂入自己土地界内之枝叶。”1949年《民航法》规定，飞行物在距离地面“合理高度”进行飞行时，不构成对土地所有人的侵害，但因飞行物上坠落物体或飞行物本身坠落，造成对他人土地或人身的损害时，应负赔偿责任。动产侵害在普通法上一般指对有体物的侵害，至于对商标、专利和版权等无体物财产的侵害则由制定法规定，如英国1938年的《商标法》、1956年的《版权法》、1949年—1957年的《专利法》等。

（二）对人身权的侵害

对人身权的侵害的形式有：殴击（Assault，Battery），指行为人恶意对他人身体施加殴打；威胁或恐吓（Threaten），是使他人感受到某种权利将受暴力直接侵害的威胁，但未真正使用暴力的侵权行为；非法监禁（False Imprisonment），指行为人违反他人意志，在一段时间内对他人实施非法控制，使其丧失自由权利；诋毁（Slander）和诽谤（Libel），指出于恶意以口头或书面形式诬损他人名誉的行为。16世纪以前，诽谤被作为犯罪行为，之后分为刑事诽谤和民事诽谤。1952年《诽谤法》对诽谤言论作出严格限制：诽谤必须是故意捏造或诬蔑；行为人宣布的是事实，则不构成诽谤；被告发表了有损别人名誉而不符合事实的言论可以道歉，并以非属蓄意诽谤为辩护理由；对于公共问题的公正评论，只要不是故意捏造，即使不真实也不属于诽谤。妨害家庭关系行为，包括诱奸、诱拐、虐待、挑拨他人夫妻关系等。

此外，还有一些其他类型的侵权行为：对婚姻的侵害，如利用权势或实施暴力扰乱他人夫妻间的和谐关系，诱拐已婚妇女等。干涉商业关系的侵权行为，如盗用他人商业秘密，侵犯他人商标、专利、著作权等行为。违反产品责任的侵权行为，制造商在制造产品时必须对用户尽注意的义务，如果违背了这种义务，使产品因瑕疵而对使用者造成损害，必须负赔偿责任。精神折磨，即故意对他人进行精神迫害或严重情绪干扰的侵权行为，受害者有权起诉索赔。

三、侵权行为的责任原则

在英国，侵权责任原则经历了过失责任原则、比较责任原则和严格责任原则的发展演变过程。

（一）过失责任原则

过失责任原则，即“无过失即无责任”原则，其含义是：没有尽法律所承认的应该注意的义务就是过失，由于这种过失造成对他人的损害，侵权行为人应负赔偿责任。根据普通法，过失责任必须以被告对原告的利益负有适当注意的义务为前提。目前世界上多数国家在侵权损害赔偿案件中都采用这一归责原则。

在英国，过失责任原则形成于16世纪资本原始积累时期，盛行于19世纪资本主义上升时期。按法官在1893年《勒·利弗诉古尔德》案中的说法，“假使一个人不承担任何义务，他就可以对整个世界随心所欲，任意疏忽”了。但是，“注意”的义务是否存在，在英国法上具有很大的弹性。一方面，许多法律规则限制了负有注意责任关系的类型，如对于司机、医生、律师等规定了具体的“注意”义务的标准；另一方面，法院又通过对“注意”责任的解释，扩大了侵权责任的范围，如在1932年的“多诺哥诉史蒂文森案”中，法院提出“邻人检验标准”，要求以“合理地注意”，避免发生可以预见的可能损害邻人的作为和不作为，从而扩大了厂商对消费者的责任。在资本主义的原始积累时期，由于过失责任原则突出了过失在侵权行为中的作用，因而有利于激发资本家的冒险精神。他们在“无过失即无责任”的前提下，在攫取利润、积累资本的过程中，无须担心不可避免的事故和伤害以及无法预测的后果带来的责任赔偿。在占很大比例的受雇人伤害案件中，受雇人因为不能证明雇主的过失而得不到赔偿，即使能够证明，雇主仍能以“受害人过失”的普通法原则作为辩护的理由而免除侵权责任。

（二）比较责任原则

比较责任原则是以个人过失为基础的，但在确定赔偿责任时，不仅考虑被告的过失，也要考虑原告的过失，根据比较双方过失的轻重以确定责任的大小。比较责任原则是19世纪确立的，在交通事故中适用的比较责任原则是过失责任原则的一种表现形式。比较责任原则的前提是每个人都应当对自己的安全负责。在这一原则确立之前的判例表明，如果原告的过失是造成伤害的起因，那么即使被告也有过失，原告虽然受到伤害，仍得不到赔偿，即强调事故的起因，谁造成事故的起因，就由谁负责。这种裁决使有些受害人不仅得不到赔偿，反而要负赔偿之责，不利于对受害者的补救和稳定社会秩序。比较责任原则与过失责任原则的区别在于，过失责任原则强调的是只有被告的过失是赔偿的基础，如果原告也有过失，哪怕这种过失小到可以忽略的地步，也得不到赔偿；而比较责任原则注重的是过失的大小，如果被告的过失大于原告，就应该负赔偿责任。1935 年英国议会颁布的《已婚妇女与侵权行为人法律改革条例》中规定，对受害人的赔偿可以与当事人的过失责任不一致。这意味着即使侵权人的过失不是造成原告伤害的起因，也要负赔偿之责，因而遭到一些法学家的指责。于是，1945 年议会又颁布了《共同过失的法律改革条例》，其中规定：不能因被害人有过失而取消赔偿，但赔偿必须减少到法院认为与受害人的过失公平地相适应的程度。实际上，这一规定使法官在裁判案件中具有更大自由裁量权。

（三）严格责任原则

严格责任原则也称作无过失责任原则，其含义为：在法律规定的某些条件下，侵权行为人即使没有过失，只要发生了损害事实，就要对侵权行为负无条件的赔偿责任。随着垄断资本主义的形成和发展，科学技术的发达和社会经济交往关系的日趋复杂，英国的工业危害、交通事故、环境污染及商品瑕疵等问题相当严重。为了合理地解决受害人的民事赔偿问题，与“福利国家”的口号相适应，英国于 19 世纪末到 20 世纪初，在侵权行为的责任方面适用严格责任原则。

1868 年英国上议院在“赖兰兹诉兰彻尔案”的判决中提出伤害赔偿的“严格责任”；随后不久，严格责任原则被适用于采矿、建筑和铁路运输等生产部门；1897 年议会制定的《工人赔偿法》进一步把这一原则的适用范围扩大到一切工业生产部门；1901 年严格责任原则的适用范围扩大到农业工人。20 世纪议会颁布的一些工人赔偿法和社会保险法都重申雇主或保险公司对工伤事故的严格责任，如 1948 年和 1969 年先后颁布的《工伤事故国家保险法》，规定实行雇主责任强制保险。这些法律的实施把工伤事故中对工人的赔偿责任通过税收转嫁给社会。此外，英国 1965 年的《原子核装置法》、1971 年的《商船污染法》、1974 年的《污染控制法》，都以特别法的形式规定当事人对于环境污染要负严格责任。1978 年英国研究民事责任与赔偿的皇家委员会提出建议，将严格责任原则扩大到适用于进行医疗临床试验而受到严重伤害的人，并建议把侵权行为受害人的赔偿问题作为整个“社会安全”问题的一部分加以考虑。

第七节 家庭法和继承法

在英国，犹如契约法和侵权法，家庭法和继承法也属于两个分立的法律部门。家庭法主要规定婚姻制度、夫妻关系、夫妻财产制度、父母子女关系、收养、监护以及未成年人保护等制度。继承法主要调整遗嘱继承、无遗嘱继承和遗产管理等问题。在英国法制现代化之前，如欧洲大陆国家一样，其婚姻家庭法律关系主要是由深受罗马法影响的基督教教会法调整，继承法律关系则与封建财产法紧密结合在一起，具有对妇女、非婚生子女的歧视和对家长、长子特权的维护的色彩。19 世纪以后，家庭法和继承法领域的封建色彩逐渐减少，尤其是第二次世界大战以后，确立了男女平等的原则、消除了非婚生子女与婚生子女的差别，完善了对子女权益的保护。家庭法和继承法领域也没有完整统一的法典，而是由多年来形成的判例、单行法规和其他部门法规中的相关条款共同构成。

一、家庭法

（一）结婚

1. 一夫一妻制，自愿结合，结婚采宗教形式或世俗形式。中世纪的婚姻家庭法是教会法的重要组成部分。婚姻被视为男女两性的神圣结合，严守一夫一妻制。结婚必须出于男女双方自愿，而且不存在法定的婚姻障碍，如不准与异教徒和背叛基督教的人结婚，一定范围的亲属之间也禁止结婚。按照教会法的要求，结婚必须举行宗教仪式，并且一般情况下禁止离异。1753 年的《哈德威克婚姻法》禁止私人秘密结婚，规定当事人须在结婚前的三个星期连续公布结婚预告，而且，结婚须在教堂举行仪式。这是英国第一部对婚姻进行国家管理的法律。1836 年颁布的《婚姻法》改变了结婚必须举行宗教仪式的规定，当事人可以选择在教堂举行婚礼，也可选择在政府部门进行登记，由监督登记官经过法定程序发给结婚证书成立婚姻关系，举行非宗教仪式。1857 年的《婚姻诉讼法》将婚姻案件的管辖权由教会法院移交给新设立的离婚法院，婚姻才最终获得世俗性质。1949 年以来的婚姻法律确认了上述两种婚姻形式，但结婚证书的取得是必须的。婚龄：1929 年法律规定男女均为 16 岁，1969 年提高到 18 岁。

2. 无效婚姻与可撤销婚姻。英国婚姻法将违反婚姻要件的婚姻分为无效婚姻与可撤销婚姻两种。无效婚姻包括：法律禁止的近亲婚姻、未达到法定婚龄的婚姻、违反婚姻的形式要件、重婚及当事人一方为中性人。可撤销婚姻：无性行为能力的婚姻，一方有意拒绝完婚的婚姻，非出于一方自愿的婚姻，如基于胁迫、错误或精神不健全、一方在结婚时患有传染性疾病的婚姻，结婚时女方已与他人怀孕而男方不知情的婚姻等。

3. 夫妻关系。妇女在家庭中的地位也是逐渐提高的。在中世纪，按照教会法的“夫妻一体”原则，妻子处于从属于丈夫的地位，非经夫的同意，妻不得为任何法律行为，不能签订契约，不能出庭作证，夫妻间也不得提起诉讼。夫妻财产也是“一体制”，妻子的所有婚前婚后财产都必须由丈夫管理并支配，当然丈夫也有义务偿还妻子婚前所欠债务，并对妻子的侵权行为负责。为了改善已婚妇女的经济地位，衡平法通过对信托财产的调整和保护，确认已婚妇女可以成为信托财产的受益人。直到 1882 年颁布《已婚妇女财产法》，英国才最终赋予已婚妇女以独立的财产权。该法规定，已婚妇女有权将婚前或婚后取得的财产作为独立的财产，单独对该项财产进行管理和处分，从而形成了普通法系国家的“分别财产制”。1935 年及其后颁布的一系列有关已婚妇女财产的法律进一步规定，废除“夫妻一体制”的封建残余，已婚妇女不仅有占有、管理和处分财产的能力，还具有订立契约、偿还债务和对侵权行为负责的能力。

4. 父母子女关系。子女地位逐渐提高，非婚生子女的权益也逐渐受到保护。在中世纪，家长对子女享有绝对的特权，不仅对子女的婚姻有最终的决定权，还有权惩戒甚至禁闭子女。在资产阶级革命以后相当长的一段时间里，亲子关系上仍保留着父权制的痕迹，21 岁以下的未成年人结婚仍需得到父亲的同意，未经父亲许可不得单独占有、使用、处置财产或签订契约。第二次世界大战后，未成年人的权益受到越来越多的关注。1969 年的《家庭改革法》将成年年龄降至 18 岁。1974 年的《未成年人救济法》规定，未成年人有权订立生活必需之契约，所签订的关于举债以及供应商品的契约一律无效，但对与之订立契约的成年人一方则有效。非婚生子女在家庭中的地位在中世纪完全不受法律保护，他们没有权利向生父提出任何要求，并且 1235 年的《麦顿条例》明确禁止认领非婚生子女。近代，父母与非婚生子女的关系逐渐得到法律的确认。1926 年的《合法地位法》引入了一项罗马法原则，即非婚生子女因其父母结婚而取得合法地位。根据 1935 年《未成年人监护法》的规定，生母可以优先于生父取得对非婚生子女的监护权，并对子女的婚姻行使同意权。虽然在普通法上，生父与非婚生子女并无亲子关系，可以不负抚养义务，但在某些情况下，地方法院可下达“确认父子关系”的命令，责令父亲抚养孩子至 16 岁为止，特殊情况下可延长至 21 岁。

（二）离婚

长期奉行过错主义离婚原则。最早准许离婚的法律是 1660 年英国资产阶级革命期间颁布的，但限制条件较严苛，规定只有当事人一方犯有通奸罪且教会法院判决分居之后才准许离婚。据统计，在 150 年间只有四个成功离婚案件。1857 年颁布的《婚姻法》首次承认可以通过离婚法院的判决离婚，但在离婚条件上，夫可以妻与人通奸为由请求离婚，而妻必须证明夫与近亲属通奸，犯重婚罪、强奸罪，或虐待、遗弃妻二年以上等事实方可请求离婚。1895 年、1902 年的几项法令进一步放宽了妻子的离婚条件，1923 年和 1937 年的《婚姻法》确认了上述离婚理由。1969 年的《离婚改革法》、1973 年的《婚姻原因法》和 1984 年的《家庭诉讼法》等法令则将离婚理由进一步简化为以具体事实证明婚姻已不可挽回地破裂，从而彻底抛弃了以往的“过错”离婚原则，代之以“无过错”离婚原则。

二、继承法

（一）遗嘱继承

英国的继承法起源于盎格鲁—撒克逊时代有关继承的习惯法。最初的继承主要是身份继承，财产继承则处于从属地位，而且动产和不动产的继承有很大区别。当时的封地不能直接继承，占有人死亡后，其子须经封君重新授封才能继续占有封地。至12世纪初，占有人之子可以继承封地，但必须向封君缴纳土地继承税，而且土地不得分散，由此逐渐形成了身份和财产合一的长子继承制。13世纪以后，随着土地转让的日益普遍，形成了“不限嗣继承制”和“限嗣继承制”。1540年，国王颁布法令承认了土地的遗嘱继承。至于封建时代的动产继承则深受教会法的影响，教会曾利用教规及其特权，规定死者遗产中的动产必须分为三份，死者的妻子和子女各得一份，其余一份则留给教会，称为“死者的份额”。

资产阶级革命以后，遗嘱继承有了显著发展。1837年颁布的《遗嘱法》将处理动产和不动产的遗嘱形式统一起来，规定遗嘱继承的有效条件：遗嘱必须采用书面形式；必须有遗嘱人签字或在其监督下由他人代签；遗嘱人签字时必须有两名证人同时在场并在遗嘱上签字“证实”。1938年以前，英国实行绝对自由的遗嘱继承制，即遗嘱人有权自由处分遗产，可以剥夺任何法定继承人的继承权，遗嘱只要通过法定程序设定即发生法律效力。但由于这种做法会带来许多社会问题，并使遗嘱诉讼日益增多，1938年英国颁布了《家庭扶养法》，对遗嘱自由加以适度的限制。该法规定，财产所有人之未亡配偶、未成年儿子、未出嫁女儿和由于身体或精神原因而无生活能力的子女，有权享受遗产的一定数额，使其生活得到必要的保障。这一规定为第二次世界大战后颁布的一系列继承和财产法所肯定。1969年的《家庭改革法》并且规定，非婚生子女与婚生子女一样，有权从被继承人的遗产中获得抚养费。1975年的《继承法》则进一步将有权从死者遗产中获得抚养费的范围扩大到成年子女、死者未再婚的前配偶以及死者生前部分或全部直接抚养的任何人。

（二）无遗嘱继承

如果死者生前没有立遗嘱，或者遗嘱无效，就实行无遗嘱继承。在无遗嘱继承问题上，英国曾长期实行长子继承制和男子优于女子继承的原则。1925年的《继承法》彻底废除了上述封建继承制度和原则，并且将动产继承与不动产继承规则统一起来。根据该法及其后颁布的一系列相应法律的规定，如果发生无遗嘱或者遗嘱无效的情况，死者的遗产将由其遗产管理人以信托方式出售。在遗产已变卖为现款并已清偿债务后，遗产管理人即根据法律的规定，在死者的某些近亲属中分配遗产。有权分得遗产的亲属包括：（1）生存配偶；（2）生存子女；（3）生存父母；（4）其他生存的近亲，如兄弟姐妹、祖父母和外祖父母、叔伯姑舅姨等。如果某人死亡未留遗嘱，且无上述范围的亲属，则遗产将成为无主物而归国家所有。与遗嘱继承一样，在无遗嘱继承中，也允许某些受死者生前抚养的人向法庭提出在遗产中请求抚养费。

第八节 刑 法

英国刑法因起源于中世纪的普通法，在现代社会之前，长期保留封建性、杂乱性以及法官对法律适用任意性的特点。现代英国刑法渊源主要是制定法，如果制定法没有明示、默示废止或修改普通法中的相关内容，则普通法继续有效。英国一直没有一部系统的刑法典。

一、刑事立法

英国近代的刑事立法主要有1817年的《煽动性集会法》、1825年的《犯罪法》、1861年的《侵犯人身罪法》、1908年的《关于习惯犯罪的法律》、1911年的《间谍活动法》、1913年的《伪造文件法》和1916年的《窃盗法》。这些刑事法令弥补了普通法的不足，较之中世纪的刑法有了很大进步。

第一次世界大战后，英国颁布了一系列带有镇压性质的单行法规，如1920年的《政府机密法》，规定任何人在禁区中及其附近干扰警察或军队的活动，即构成泄露官方机密罪；1935年的《煽动叛乱法》，规定凡企图怂恿王国军队成员背弃义务者，或出版煽动性书籍，或以帮助、教唆、劝告、建议的手段实施上述行为者，均处刑罚；1936年的《公共秩序法》，规定侮辱性言论和可能妨害社会治安的行为，均属犯罪行为。

第二次世界大战后，英国推出一系列刑事立法对犯罪法律进行一定程度的改革和完善。其中1968年的《盗窃罪法》统一了有关盗窃罪的规范，废除了重偷盗罪与轻偷盗罪的划分；1971年的《滥用药品法》将毒品分为海洛因、吗啡、鸦片三类，称为“管制药品”，凡生产、种植、供应、持有、吸食者，皆构成滥用药品罪；1971年的《劫持罪法》规定使用武力或任何威胁手段劫持或控制飞行中的飞机者，构成劫持罪。

二、犯罪

（一）犯罪的定义

英国刑法中没有规定犯罪的确切定义。根据英国刑法著作和法律辞典的解释，犯罪是指一种作为或不作为，其本身或后果被认为是有害的、为国家所禁止的，是应该受到刑法的某种处罚的行为。英国著名刑法学教授尼·斯坦厄所著的《肯尼刑法原理》归纳了犯罪的三大特征：一为犯罪是由人的行为引起的而为国家主权所希望阻止的一种危害；二为在所选择的预防措施中包括刑罚的威吓；三为某种特殊类型的法律程序被用以决定被告人实际上是否引起危害，并依据法律确定这样做是否应受惩罚。

（二）犯罪的分类

1. 叛逆罪、重罪和轻罪。自中世纪以来，普通法将犯罪分为叛逆罪、重罪和轻罪。叛逆罪指危害国家主权和安全的犯罪，在君主制政体下，它包括一切图谋置国王及王室重要成员于死地或使其身体受到伤害，或公开宣布这种意图，发动反对国王的战争，依附或帮助国王的敌人等叛逆行为。重罪指的是涉及没收罪犯土地与财物的严重犯罪，如谋杀、伤害、纵火、强奸和抢劫等。轻罪是指除了叛逆罪和重罪以外的较轻微的犯罪。各种罪的概念和界限在不同历史时期有不同的解释。到了近代，刑法仍保留这种分类。

2. 可起诉罪、可速决罪和既可起诉又可速决罪。1967 年《刑事法令》正式废除了上述重罪和轻罪的划分，仍保留了叛逆罪。该法令从程序的角度，把犯罪分为可起诉罪、可速决罪和既可起诉又可速决罪。所谓“可起诉罪”（Indictable Offences），是指那些较为严重的、通过公诉程序加以审判的犯罪。公诉程序在皇家刑事法院进行，由法官和陪审团共同审理案件。所有普通法上的犯罪都是可起诉罪，包括谋杀、非预谋杀人、强奸和暴乱等；制定法上也有可起诉罪，如果创设这些罪名的制定法规定要经过公诉程序对其适用刑罚的话。所谓“可速决罪”（Summary Offences），是指那些较轻微的、通过简易程序加以审判的犯罪。简易程序在治安法院进行，由治安法官单独审理案件。所有可速决罪都是制定法上的犯罪，罪名都由制定法创设。例如，根据 1988 年《道路交通法》产生的未能适当注意的驾驶罪，根据 1968 年《盗窃法》产生的未经授权取得自行车罪，等等。“既可起诉又可速决罪”（Offences Triable Either Way）指的是那些既可用公诉程序又可用简易程序审判的犯罪。这类犯罪由 1980 年《地方法院法》明确列举，或由创设这些罪名的制定法明文规定，比如重婚、性骚扰等都是制定法明文规定的既可起诉又可速决罪。至于盗窃罪，则要视盗窃数额大小而定，数额大的是可起诉罪，数额小的就是既可起诉又可速决罪。

三、刑罚

现代英国主要的刑罚体系包括终身监禁、监禁、罚金、社会服务、缓刑、有条件释放、没收财产等。监禁（Imprisonment）的期限短则几天，长则终身。通过简易程序判决的监禁一般在 5 天到 6 个月之间；通过公诉程序判决的监禁一般不得超过法律规定的该项罪名的最高期限，但对惯犯可在法定最高刑之上加重处罚。终身监禁是英国现行刑罚体制下最严厉的刑罚，只适用于少数诸如叛逆、海盗、杀人等特别严重的犯罪。罚金（Fines），在现代英国，是一种广泛采用的刑罚，除谋杀罪等极少数严重犯罪外，几乎所有犯罪都可适用。罚金既可作为独立刑，也可作为附加刑使用。法律对罚金的数额未作具体规定，而由法官根据犯罪的性质以及罪犯的社会环境、收支状况等酌情决定。社会服务（Community Service Orders），即无偿劳动。这是对犯有轻微罪行者适用的刑罚。根据 1972 年

《刑事审判法》的规定，对犯有应处监禁刑的16岁及16岁以上罪犯，如果法庭认为合适，在征得罪犯本人及缓刑官同意后，可发布社会服务命令，要求其从事一定时间的无偿劳动，其总和不少于40小时，不多于240小时。

缓刑（Suspended Sentence）。如果一项判决的刑期不超过两年，并且法官认为没有必要让罪犯在狱中服刑，该法官可宣告判决暂缓执行，缓刑期限为1年以上两年以下。如果罪犯在缓刑期内未犯新罪，该判决即告终止；若再犯新罪，则除了对新罪判刑外，原判决也必须执行。监督管制（Probation）。对于无须判处监禁的年满16岁的罪犯，如果法官认为不需要对其判处更严厉的刑罚，但又有必要继续对其监督，可以直接判处6个月至3年的监督管制。无条件或有条件释放（Conditional or Absolute Discharge）。对于某项法律未明确规定刑罚的犯罪，法院可根据罪行性质和罪犯的情况，如认为不适宜对其判处其他刑罚，可宣布对其有条件或无条件释放。无条件释放者即刻获得自由，案件终结；有条件释放者在规定期限内（不超过3年）如再次犯罪，原来的罪行也要重新判刑。

在19世纪前，英国的刑罚具有野蛮性、残酷性的特点。直到18世纪末，死刑仍有二三百种。执行的方法包括焚烧、轮辗等，异常残酷。经过历次改革，刑罚的残酷性逐渐减轻。1820年废除了妇女笞刑，改绞刑代替肢解刑。1837年死刑被限制于叛国、杀人、强奸、兽奸、鸡奸、破门入盗、使用暴力和纵火杀人七种犯罪。1807年废除苦役流刑，代之以监禁。1879年的《预防犯罪法》确认缓刑制度，使英国成为最早适用缓刑的国家。1908年的《未成年人犯罪法》规定，未成年人犯罪应由专门法院审理。1910年的《防止犯罪法》规定，未成年人犯罪应在少年感化院中服刑。到近代末期，确定的刑罚种类有：死刑、自由刑（监禁）、缓刑、笞刑、苦役和罚金6种。第二次世界大战后，英国的刑罚制度变化很大。主要表现是：废除肉刑、刑事劳役和苦役。1948年的《刑事审判法》废除了刑事劳役和苦役，仍保留笞刑，1967年的《刑事审判法》彻底废除肉刑。废除死刑。1957年的《谋杀罪法》规定，除重大谋杀罪、叛逆罪和海盗罪外，其他犯罪一律不适用死刑。1965年的《谋杀罪法》规定，5年内对谋杀罪暂停适用死刑。该法期满后于1969年12月经国会两院一致通过永远废除死刑，代之以强制性终身监禁。

第九节 司法制度

一、司法体制

在现代英国，其司法体制已超出传统意义范畴，大致有：法院系统、警察系统、皇家检控署、严重欺诈局、其他调查/控诉部门、刑事案件复审委员会、宪政事务部、狱政署、英格兰和威尔士国家缓刑委员、[1] 刑事被告人服务机构、刑事被害人损害赔偿以及其他对受害者和证人的保护机构。在此，择其要者说明。

（一）法院系统

由于历史传统及普通法体制的特性，法院是国家司法体制的中心。英国存在着三大法域（英格兰和威尔士、苏格兰、北爱尔兰），这三大法域的法院结构虽不尽相同，但一般而言，它们的一个共同性都是依诉讼的性质和案件标的（subject - matter of cases）来确定其司法管辖权。最高法院、枢密院司法委员会及欧洲法院是在联合王国之下这三个法院系统共享的。在 19 世纪英国司法改革以前，主要是以所适用的法律渊源为标准来确定其司法管辖进而构成英国传统法院结构的基础。这种历史影响在现代仍依稀可见。现代的英国法院组织系统是其历史上曾长期存在的普通法法院与衡平法法院发展的结果。在英国，由于不存在公法与私法的划分，所有的法律关系及案件都受同一法律支配，同一法院管辖。现行的英国法院组织结构不完全是垂直的金字塔式的，它从层级上可分为高级法院和低级法院；从审理案件的性质上可分为民事法院和刑事法院。英国的民事法院系统依从低至高的顺序由治安法院、郡法院、高等法院、上诉法院民事分院和最高法院组成。英国的刑事法院系统由治安法院、皇家刑事法院、上诉法院刑事分庭和最高法院及欧洲法院组成。此外，还有一些处理行政纠纷的准司法机构。至2003 年[2]为止，承担司法行政职能的主要是大法官部（Lord Chancellor's Department）和内政部（Home Office）。作为国王的法律顾问，总检察长和副总检察长也行使一定的司法行政职权，如有权答复议会和内阁对于法律问题的咨询、主持为数较少的重要案件的起诉，并出席有关英人权利案件的审判。英国（英格兰和威尔士）立于其传统司法体制基础上的现行法院构架主要的法律依据是《1971 年法院法》（the Courts Act），该法自 1972 年 1 月 1 日施行。其主要组织结构为：

1. 高级法院。在英国，其高级法院包括：欧洲联盟法院、枢密院司法委员会、最高法院、上诉法院、高等法院和皇家刑事法院。

（1）欧洲联盟法院。英国《1998 年人权法》规定所有欧洲人权法及欧洲法院的判例对英国法院有至高无上的拘束力，英国判例若和欧洲人权法庭判决相抵触则无效。就涉及欧洲因素的案件而言，当事人可向欧洲法院提起上诉，欧洲法院为终审法院。任何与欧盟法律相关的案件皆可提交欧洲法院，欧洲法院裁决的

① 这是2000 年的《刑事审判与法院机构》提出的议案，现已提交国会。一份要求将本机构更名为“社区惩罚与恢复机构”的议案已经被驳回；但是法庭作出的判决的名字可能会改变。例如，“缓刑令”将更名为“社区恢复令”，而“社区服务令”则更名为“社区惩罚令”。作出这些变化的目的是确保对社区的监督不会被当作一种暂缓的或温和的选择，而是一种明确的惩罚模式，即如不遵守法庭判决，则会产生相应后果。

② 2003 年 6 月 12 日，英国成立宪政事务部（Department of Constitutional Affairs）取代了大法官部，至此，集法官、上议院议长和主管司法的内阁部长的传统大法官的时代结束了。现任宪政事务部部长费尔康纳勋爵兼大法官，是国家最高司法官。

效力高于英国上议院裁决和英国立法。大多数提交到欧洲法院的案件都涉及商业贸易问题，但欧洲法院也就许多社会问题（如同工同酬、性别歧视等）做出过权威性裁判。

（2）枢密院司法委员会（The Judicial Committee of the Privy Council）。枢密院司法委员会系24个英联邦领地和6个英联邦独立共和国的最高上诉法院。枢密院司法委员会依《1832年司法委员会法》（the Judicial Committee Act 1832）设立，由副首相、法律大臣（大法官）、常任上议院法官和上诉法院法官以及担任高级司法职位的枢密院成员组成。向枢密院司法委员会的上诉通常需取得上诉许可。对英联邦国家而言，民事上诉许可由上诉法院核准，在许多国家，唯有争议价值超过一定金额的，方得提起上诉。就健康职业机构的裁决提起上诉，无须上诉许可，就苏格兰高等民事法院复审部（the Inner House of Court of Session）有关移转事项的裁决提起的上诉亦然。

（3）最高法院。最高法院设于2009年，是从上议院分离出来的。由于历史因素，最高法院的职能长期以来一直由上议院上诉委员会行使，它是大不列颠及北爱尔兰联合王国的最高上诉审级法院，即为终审级，它对涉及重大事项的上诉案件进行法律审。它由《1876年上诉管辖条例》创立。最高法院的主要职能是作为除苏格兰刑事案件之外的联合王国的最高上诉法院，对涉及具有普遍法律意义的重大事项的上诉案件进行法律审，受理上诉法院、高等法院以及来自苏格兰、北爱尔兰的上诉（它对苏格兰的刑事上诉案件无管辖权）。由它负责审理国内上诉案件和审查下议院移送的法令草案，并为上议院起草一些法令草案。案件由大法官、常任法官以及现任或曾任高级法官职务的议员组成的9人上诉委员会审理，其判决遵循多数意见原则，是最终的，拘束所有下级法院且对英国法的发展产生巨大的影响。

（4）上诉法院。建立于1866年的上诉法院分为民事审判庭和刑事审判庭，法庭及办公室位于伦敦的王座法院。[①] 上诉法院对所有法院的民事、刑事上诉案件进行法律审，对行政裁判所的判决进行事实审和法律审。刑事审判庭主要受理来自皇家刑事法院的上诉案件。刑事审判庭由刑庭庭长负责审理，它有权变更或撤销原审法院的判决。民事审判庭审理来自高等法院、郡法院及各种行政裁判所就法律问题提出的上诉。它由民事审判庭庭长、大法官、高等法院院长、高等法院家事庭庭长、衡平法庭负责人即副大法官以及28名上诉法院常任法官组成。法庭法定审理人数为3人。民事审判庭总体上受它自己先前民事判决拘束。它有权维持、改判或撤销下级法院的判决。一般情况下，其判决为终审判决。

（5）高等法院。在英格兰和威尔士，高等法院主要拥有民事初审权和上诉

① 所谓王座法院，其实并非一级法院，而是指坐落在伦敦斯特兰德的法院大楼，系英国最高法院（上诉法院和高等法院）的办公和审判场所。该大楼耗费巨资，由乔治·斯特利特设计，1882年竣工，女王维多利亚剪彩。法院大楼庄严古朴，厅堂宏大，肃穆庄严，近乎教堂气氛，大厅两旁是通向85个审判厅的通道，通道两侧及审判厅周围的回廊，挂满了大法官的图像和介绍。

审权。高等法院中央办公室（the Central Office）位于伦敦的王座法院内。它管辖的一审管辖并无金额限制①，可谓包括一切诉讼，但事实上主要审理较复杂、重大的民事案件，二审管辖权主要是受理对郡法院裁决上诉的案件。高等法院设有三个法庭：王座法庭、大法官法庭和家事法庭。每个法庭依法有权受理属高等法院管辖的任何案件，案件在各庭间的分配原则是根据工作的便利。高等法院各法庭由其法官和记录法官开庭审理，对高等法院判决不服可上诉至上诉法院和上议院。高等法院三个法庭的管辖权依《1981 年最高法院法》分配。

（6）皇家刑事法院。设立于 1972 年（依据《1971 年法院法》），以取代巡回法院和季座法院（Quarter Sessions）作为严重刑事案件的审判机关。皇家法院具有初审管辖权和上诉审管辖权。它有权审理可起诉罪，是刑事法院系统中唯一可用陪审制的法院。根据大法官指令由皇家法院处理的犯罪案件有 4 类，由它审理的刑事案件大体包括：治安法院就皇家法院专属管辖的可公诉犯罪移送的案件；可由治安法院审理，亦可由皇家法院审理的案件；不服经治安法院审理、判罪处罚的速决罪案件裁决的上诉案件。此外，当治安法官认为自己对某案无充分的审判权时，皇家法院也有权对治安法院审理的案件作出判决。皇家刑事法院分散于全国各巡回审判区开庭审判，在伦敦开庭时称中央刑事法院。皇家刑事法院由高等法院法官、巡回法官、记录法官（Recorder）和未参与预审的治安法官构成。如果是高等法院的法官在此坐堂，其判决就形成具有说服力的先例，皇家法院在审理上诉案件和治安法院移送的案件时，需 2～4 名治安法官参加。在大多数案件中，由皇家检察署代表国家行使公诉权，实行陪审。对刑事法院判决不服的可上诉至上诉法院刑事庭。

此外，最高法院还包括其他法庭和机构。主要有：限制贸易法院、监护法庭、政府律师处、法警主任、公益信托处、判决执行处及最高法院诉讼费用处等。

2. 低级法院（Inferior Court）。英国的低级法院有郡法院和治安法院。

（1）郡法院。郡法院（Gounty Courts）。建于 1846 年的郡法院是处理民事初审案件的专门基层法院。依据《1984 年郡法院法》，它审理的案件包括各种民事、家事以及对治安法院的上诉案件。郡法院的民事管辖权主要有：有权审理标的在 25000 英镑以下的各种民事案件和家事案件以及人身伤害赔偿要求在 50000 英镑以下的民事案件，还处理对治安法院的上诉案件。根据《1990 年法院与司法服务法》，自 1991 年 7 月 1 日起，除法律规定外，郡法院被授予了几乎属于高等法院民事管辖的所有权力。它可以受理一切有关合同、侵权、收回土地的案件，不论案件金额大小。此外，所有郡法院皆审理案件金额不超过 30000 英镑的衡平纠纷、有争议遗嘱事项，以及当事人皆同意由郡法院审理的任何诉讼（如名

① 它审理标的超过 50000 英镑的初审民事案件（根据《1991 年高等法院和郡法院审判权规则》，对于标的在 25000 英镑和 50000 英镑之间的案件，当事人可以自行选择在高等法院或郡法院起诉。

誉权案件），除法律明确规定由其他法院审理的信托、家事和海事案件外。部分法院亦可审理离婚案件、破产案件、依《1976 年种族关系法》（the Race Relations Act 1976）提起的案件。因历史因素，郡法院的设立并不完全按照行政区划，根据最新版的司法统计，在英格兰和威尔士，大约有 337 个郡法院（而郡的数量约有 46 个）；约有 125 名巡回法官。审理案件采独任制。郡法院还包括 5 个专门的商事法庭和一个专利法庭，下属诉讼文书制作中心（The Claims Production Centre）设立于 1990 年。郡法院还设有含家事关怀中心（including Family Care Centres）和小额索赔法院（Small Claims Courts），《1998 年民事诉讼法》将案件划分为小额诉讼案件、快捷程序案件和完全程序案件。

（2）治安法院。具有刑事司法管辖权，是刑事初审法院，同时，就个别事项享有对轻微民事案件的民事管辖权。《1952 年治安法院法》规定，任一治安法院须由 2 ~ 7 名治安法官组成。对案件的审理不设陪审，由一名初审法官独任审理或由三名兼职法官审理。由它审理的大部分民事案件涉及家事关系，如抚养费、非讼监护权纠纷、收养、非诉离婚和夫妻分居、家庭暴力等，每年约受理 30 万宗家事案件，还受理颁发许可证、青少年保护令、税收、社会保险等法定义务等案件，此外，依据《1995 年精神健康保护令》而拥有民事管辖权。当治安法院审理家事案件时，称为家事法院（Family Proceedings Courts）。在刑事管辖权方面，负责三类案件的审理：可起诉罪和可选择审判方式的罪。事实上，所有的刑事审判都始于治安法院，拥有庭前预审和法庭审判（一般判决不超过 6 个月刑期），还有权决定在预审程序终结后是否将被告交付皇家刑事法院的问题。在进行其上述司法审判权时，使用两个截然不同的程序类型："对监禁进行审查"和"轻罪审判"。另外他们还有权力实行非监禁性的处罚，特别是罚金。也就是说，它有权对可起诉罪进行预审或初步听审（决定将案件移送到皇家法院进行有陪审团的审理），有权审理并裁决可速决罪（轻罪）和青少年犯罪。大约有 95% 的刑事案件都由治安法院通过简易程序加以审判。只有很少一部分重大案件移送皇家刑事法院实行陪审团审理。治安法院的工作主要依靠自愿者或非专业人员的帮助。

此外，在英国还有一些专门法庭：主要有：验尸法庭、军事法庭、劳资关系法庭和少年法庭。

（二）行政裁判所（Tribunal）

行政裁判所也称行政法庭、审裁处，系指除法院以外的准司法裁判机构，主要职能是就与行政管理法律事项之争议进行裁判。此外，还有许多其他审裁处，负责处理社会保障、税收、移民、土地、精神健康等事项。行政裁判处适用的程序不太正式，通常由一位受过法律训练的主审官和作为有关领域专家的两位非法律专业人士共同审理，案件处理速度快，当事人有权上诉。当事人通常本人诉讼，无律师代理，一般不能申请法律援助。

（三）警察系统

19 世纪，英国警察机关以有组织形式建立且承担起有关侦查犯罪和提起公诉的职责（通常将《1829 年大城市警察法》作为英国现代警察的起源，不过，在之前，已有一些地方性的警察法，如《1826 年奥德姆警察法》和《1829 年柴郡警察法》）。之后，治安法官也就不再插手这种活动。所以，有关警察行使对犯罪嫌疑人的侦查权和起诉权是 19 世纪警察组织化和专业化的重要后果。英国共有三个警备区：英格兰和威尔士、苏格兰、北爱尔兰。在英格兰和威尔士，较为严密的警察体制实行中央与地方二元分权，全国由内政部统一领导，实际管理由各地方警察署领导，各地警察局长有着很大的权力。全国共设有依地理位置划分的管辖不同地区的 43 个独立的警察署，还有一些负责特殊行业的警察局，如负责铁路的国家交通警察局。此外，还有一些专门的警察机关，如对付国际犯罪的国家犯罪情报署和对付跨警区犯罪及跨国界犯罪的国家刑事侦缉队。这种管理体制因实行地方自治原则为倒三角形。在管理机制方面，内政部是最高权力机关，内政大臣是警察体制中的最高首脑，负有依据议会立法对地方警察局进行监督和指导的职能。地方各警察局的机构编制、人员配备及经费的划拨等重大事项都由内政部决定。地方警察署是对各地分设的大大小小的警察局进行管理的专职机构。依据法律，全国性的警察执法由议会立法，大体处理的问题有毒品、火器和受保护的鸟类物种（《1971 年滥用毒品法》、《1968 年火器法》和《1954 年鸟类保护法》）。地方警察所拥有的职责主要是侦查、起诉、治安、福利和社会服务，其中，其刑事强制权力主要有：责令停止和搜查公民个人的权力、进入房屋搜查和扣押物件的权力、逮捕和拘留的权力、询问的权力。

随着《1984 年警察与刑事证据法》的颁布，警察权力成为近 20 年来改革的重点。1996 年《刑事侦查与诉讼法》对刑事侦查、预审、裁定及案件的移交作了原则规定。警察的法定权力也由 5 个《执法守则》规范。[①] 警察申诉局的建立为公民控告警方提供了新的机制。

（四）检察系统

在英国历史上，参与提起公诉这一活动的大体有个人、大陪审团、警察、律师和检察官、当地政府、税务部门及社会保障部门，还有严重欺诈局（《1987 年刑事司法法》规定）。19 世纪以前不存在任何被指定为行使公诉职能的机构的制度，将罪犯提交审判是公民个人的权利，也即私人起诉。在 19 世纪，随着警察机关的形成和日益成为有组织的机构，警察机关渐渐承担起了提起和处理诉讼的责任，即公诉人的角色，尽管没有制定法上的授权。之后，律师也参与了起诉活动，越来越多的警察管区指定了起诉律师协助作出起诉决定。1986 年，依据

① （《守则 A》关于留置和搜查权的规定；《守则 B》关于搜查和扣押权的规定；《守则 C》有关拘留、处置和询问权的规定；《守则 D》有关证人辨别的规定；《守则 E》关于录音证据的规定。）进行具体规定。法律赋予警察开展工作的基本权利是：留置和搜查权、逮捕权、拘留权、询问权、住所搜查权。

《1985年犯罪起诉法》第10条规定，颁布了《1994年皇家检控官规则》，在英格兰和威尔士建立了全国性的起诉机构，即皇家检控署，由总检察长、副总检察长、检察长和皇家检察署构成，从而形成了统一领导的从中央到地方的独立行使公诉权的检察系统。依照皇家《1994年皇家检控官规则》，皇家检控署是由检察系统的最高首脑总检察长领导的国家机构，它通过总检察长向议会负责。检察总长是国务大臣。检察长及首席皇家检察官、检控署成员由检察总长任命。检察长为检控署的实际领导，其任职资格必须是执业不少于10年的出庭律师或者事务律师。

（五）司法行政体制

传统英国一直没有司法部，司法行政事务由大法官和内政部统一掌管。2003年6月12日，国家设立宪政事务部取代大法官部，与内政部共同进行司法行政的管理。宪政事务部下设20多个司局，该部主要职责是围绕国家司法、公民权利和政治民主即法治与宪政而进行的，主要有：通过皇家法院服务署（Her Majesty's Courts Service）管理法院、改善刑法的执行、制定高效便利的政法庇护权申诉程序；对弱势群体提供法律帮助，确保公民权利义务的实现，如改善人权立法状况、确保信息权和确立法律上的性别认定标准；通过立法改革上议院，加强选举管理，推进宪政和法治。内政部就司法行政方面的主要职责是管理警察、监狱和其他惩戒机构，对法律与秩序负责。此外，内政部负责的事项还有：管理海外领地、侨民、引渡以及监督有关特行等有关法令的执行。

二、诉讼审判制度

（一）陪审制度

现代陪审制度的核心是由陪审团决定事实问题而由法官决定法律问题。陪审团在由法官传授的法律的指引下就案件的事实问题所作出的决定原则上是不可改变的，对法官构成约束力。在英国，陪审制度早在中世纪就已形成和确立，它及时取代了神明裁判和决斗断案法。陪审制的出现在一定程度上实现了英国法证据审查制度的近代改革。19世纪是英国陪审制充分发展的时期，几乎所有的初审民、刑事案件都可以陪审审理。为了简便诉讼程序，1873年《最高法院组织法》通过后，大部分民事案件免用陪审制度。进入20世纪，英国的陪审制却每况愈下。首先，在法律上对陪审制的运用有所限制。1854年《普通法程序法》规定，在民事案件中，只要当事人同意，可以由法官单独审判。其后，依据《1933年司法管理法》规定其审查起诉的职能由治安法院行使，对于刑事诉讼中可以要求陪审团审理的案件的范围加以限制，仅适用于侮辱、诽谤、恶意告发、错误关押等案件。只有高级刑事法院在对可诉罪案件进行第一审审判时才召集陪审团。《1948年刑事司法法》废除了大陪审团。同年，英国准许以简易程序对轻罪进行审判，无须陪审团参加，使陪审团参加刑事案件审判的数量锐减。至于小陪审团，其作用也大大削弱了。

（二）辩护制度

1. 对抗制。封建时期司法采取“纠问式”的诉讼制度，被告人没有辩护的可能，审判以秘密的书面形式进行，刑讯逼供广泛适用。1641 年英国长期国会颁布法令，废除以拷打和秘密审讯为特征的星座法院和其他法院。1695 年威廉三世以敕令宣布严重叛国案的被告人可以请辩护人，但禁止辩护人在法庭上发表演说。1836 年威廉四世颁布法律，取消了对辩护的各种限制，规定不论任何案件的预审或审判，被告均享有辩护权。从此，英国开始普遍实行辩护制度。

现代英国刑事司法制度是以对抗原则为基础的，即由双方当事人在审判法官的总体监督下实施控诉活动和辩护活动的。这一活动虽然是由控辩双方的律师主导下进行的，但是，审判法官负有主持法庭程序并为各当事方提供出证、质证的总体框架的一般性责任。英国辩论式诉讼的形式与大陆法系的诉讼中的“辩论原则”不同，法庭若确认被告人认罪的答辩是出于自愿的，就不必召集陪审团，不必经过听证和辩论，直接进行判决。当被告否认有罪时，即开始进行法庭审理。这时起诉人与被告人作为诉讼的主体，权利平等；起诉律师传唤证人，引导其迅速提出证据，然后辩护双方对之进行交互询问，最后起诉律师对之进行再询问；被告人提出证人作证时，辩护律师有权作出陈述，说明将要证明的事实，随后传唤证人，进行询问、交互询问和再询问。法官扮演“仲裁人”的角色，主持庭审，但不主动调查、审问，最后在双方辩论终结的基础上进行裁决。如果有陪审团参加，则在陪审团作出事实问题的裁决后，再由法官作出法律裁决。

2. 律师制度。英国的律师制度很早就应运而生。诉讼代理人是在 13 世纪出现的，起初是任何人均能充任的，后来逐渐形成一种专门职业。17 世纪英国资产阶级革命中，资产阶级启蒙思想家提出以辩护式取代纠问式诉讼的资产阶级民主性质的诉讼原则，要求承认被告人有权亲自辩护或请律师帮助辩护。1679 年的《人身保护法》明文规定了被告人的辩护权原则，使英国的律师辩护制度有了法律依据。随着社会的发展，英国的律师制度不断完善。英国的律师制度的特点表现在两方面：一是英国律师分为两类，一类是出庭律师；另一类是诉状律师。出庭律师享有从中央到地方一切法院的辩护权，诉状律师主要承办一般性的法律业务，诸如为当事人书写诉状、提供法律咨询或充当出庭律师和当事人之间的联系人等。诉状律师不能在高等法院出庭辩护，但可以在郡法院、治安法院出庭担当辩护人。所以，出庭律师的地位要高于诉状律师。出庭律师执业满 10 年以上者，可被任命为高等法院的法官。二是律师的选任十分严格。出庭律师和诉状律师分属于不同的法律协会。出庭律师的协会是英国著名的四大法学会（林肯法学会、内殿法学会、中殿法学会和格雷法学会）。只有在这四大法学会之一中学习，并通过严格的考试后的人，才能取得出庭律师的资格。诉状律师必须在诉状律师协会登记，并在诉讼律师事务所见习 4 ~ 5 年（如有大学学历可见习 2 ~ 3 年），然后经过严格考试才能获得行业执照。

3. 证据制度。由于实行辩论制和陪审制，英美法系国家就比大陆法系国家更为重视正当法律程序和证据法。其中，证据法的内容包括构成证据的标准、证据的种类、证据资格和审查、证据的采纳和排除、举证责任等。在审判过程中，每项诉求都要依靠某些需要法院确证的“事实”，法庭的职责就是在依法证实某些“事实”的过程中决定接受哪些“事实”。其证据规则最初是围绕陪审团制度设置的。因此，在这一过程中，正当程序和证据规则起着决定性作用。

在司法证明的基本模式上，一般实行的是自由证明和法定证明。总的来说，英国践行的司法证明是“法定证明”模式。在证明标准上，英国在刑事上实行的是“排除合理怀疑”的法定证明标准。在其司法传统中，法律对证据的采纳标准有着相当明确而具体的规定。从肯定方面说，其证据规则有：证据的关联性规则和证据的合法性规则。从否定方面说，其证据规则是证据排除规则（有非法证据排除规则、传闻证据排除规则、对品格证据排除规则和过去记录信息排除规则）。1998 年的《人权法案》的实行更有助于确保刑事证据和程序的规则符合《欧洲人权公约》的规定，特别是其中的第 6 条，它专门用来确保受到公正审判的权利。但正当程序模式和犯罪控制模式之间经常发生冲突。近年来有些许苗头将二者关系的重心由前者转移到后者。

第十节 英美法系的形成和特点

英美法系，是指以英国法为基础建立起来的世界性法律体系，其中英国和美国的法律制度最具代表性。英美法系又称普通法系、英吉利法系、海洋法系。

一、英美法系的形成

英美法系源于中世纪的英国法。1066 年，诺曼人征服英国后建立了相对强大的王权，统一了司法制度，使各地分散的习惯法逐步得到统一，形成通行全国的普通法。同时，国王通过行使王权，颁布大量法令，制定法也获得发展。从 14 世纪起，为弥补普通法的不足，通过大法官的审判活动，逐步形成衡平法制度。从此，普通法与衡平法并行发展，相互冲突又相互作用，英国封建社会的法制走向完善。

17 世纪英国资产阶级革命后，英国法律制度逐步实现了从封建法向资本主义法的转化。随着英国殖民地范围的扩大，英国法向外输出。由于各殖民地的社会文化背景不同，接受英国法的途径和后果也不同，大致有三种类型：一为尚未进入文明时代的地区，初期英国强行推行英国的法律，后来对殖民地适用英国法的原则作了适当调整，如美国、澳大利亚、新西兰。二为原有社会发展水平落后，但已有粗浅的法律制度的殖民地，英国殖民者既强行推行英国法，又在一定程度上允许原有的习惯法和宗教法的适用，如亚洲、非洲的许多前英国殖民地。

三为原来就具有较发达的法律制度的国家和地区（如印度），英国殖民者通过逐步引入英国的法律原则和制度，对原有的法律传统进行改良等方式，建立与英国法相兼容的法律制度。

美国在独立战争后，其法律制度一时脱离英国独立发展，曾出现过制定成文法、背离普通法的倾向。但随着政权的巩固以及文化法律背景等诸因素的存在，美国最终保留了普通法的制度，但同时也有制度创新。

二、英美法系的特点

在历史渊源上，英美法系是西欧唯一独立于罗马法之外的法律体系，主要是在日耳曼法的基础上发展起来的。英国法开端于较为纯粹的日耳曼习惯法——盎格鲁—撒克逊法，日耳曼法的原则和制度对英国法有很大影响。虽然英国法也受到了罗马法的许多影响，但没有系统地接受罗马法，只是在契约、动产、商法、遗嘱等具体制度上借鉴了罗马法。

在法律渊源上，英美法系存有普通法、衡平法之和制定法之分，判例法占有重要地位，故称为不成文法。英美法系国家的制定法大都是对判例法的补充或整理，往往缺乏系统性，其法典也不像大陆法系那样高度概括、严密和富有逻辑性，在内容上往往比较狭窄，不能涵盖整个法律部门。遵循先例原则和判例汇编具有重要意义。

在法律体系上，英美法系不存在公法和私法之分类。英美法系受罗马法的影响较小，并不按照法律规范所保护的是公共利益还是私人利益而将各法律部门划分为公法和私法。英美法系许多国家没有统一的民法部门。

英美法系的法官对法律的发展举足轻重。判例法是由法官在长期的司法活动中创建发展的，一项判决既已作出，不仅对当时的案件有拘束力，而且对以后相应的案件也同样有法律效力。因此，法官的判决具有立法的意义。此外，对制定法的理解和适用也离不开法官的解释。英美法系有“法官造法”之说。

在法律推理的方法上，英美法系采用归纳法。由于以判例法为重要法律渊源，法官和律师在适用法律时，必须通过对存在于大量判例中的法律原则进行抽象、归纳、比较和筛选。因此，英美法系的推理形式和方法是归纳法。这一传统影响到英美法系的学习方法和判决形式。

诉讼中心主义。英国中世纪普通法院审理案件是根据令状，令状决定诉讼方式和救济方法，于是形成“程序先于权利”的普通法特征。尽管19世纪已废除了这种诉讼方式，但程序优先的传统使英美法系的法学家仍然从司法救济方法的有无来看待实体法的权利。

第十章 美国法

相对缺乏悠久历史的美国，在不到两百年的时间里，在继承和改造英国法的基础上，形成了世界上最发达且独具特色的法律制度，成为普通法系的重要代表。具有世界第一部近代意义的成文宪法及其分权制衡原则的美国，引领着成文宪法潮流且对近代世界资产阶级宪政理论和实践具有重要意义。在其联邦主义指导下的双轨制的立法和司法体制、其最早创立的联邦最高法院司法审查权、其《统一商法典》和世界上最早的反垄断法，在人类法律史上占有重要地位。通过学习美国法，可以进一步加深对法律发展理论和现代法趋势的认识和理解。

第一节 美国法的形成和发展

美国法始于殖民地时期，其法律制度的历史主要经历了殖民地移植法时期、独立战争至内战爆发后其近代法制独创时期及现代法律社会化和统一化发展变化的时期。美国法律制度在其形成和发展过程中，在秉承英国法传统的基础上实现自我独特的创新。

一、殖民地时期的美国法（17世纪初—1783年）

15世纪之前的美洲大陆是印第安人生息之地，1492年意大利航海家发现美洲大陆后，欧洲殖民者便蜂拥而至，开始在北美安营扎寨、你争我夺。1607年，英国人在弗吉尼亚詹姆斯敦建立起它在北美的第一个殖民地，至1722年，英国战胜了西班牙、荷兰、法国等殖民者，在东起大西洋沿岸西至阿伯拉契亚山脉的狭长地带建立了13个殖民地，这便是现在世界第一强国美国的前身。

处于英国殖民地时期的北美大陆，其社会特征主要是：移民社会及多样性文化①；基于奴隶制的资本主义经济；社会经济的发展不平衡及政治上的分立

① 北美大陆主要由殖民者、黑人奴隶和白人契约奴、自由的移民、土著印第安人四部分人构成。殖民者大多来自英国，是种植园主、农场主、工场主、商人、政府和军队的高级官员等社会上层；来自于非洲的黑人奴隶是殖民者蓄养的私奴；一些来自欧洲的白人因债务而沦为被雇佣的契约奴；大量的自由移民是那些具有人身自由的农民和工人；土著印第安人是被征服、被屠杀、被驱逐的原住民。

与自治[①]；相对缺乏封建传统；法律极不统一。虽说美国与欧洲是同一形态的文化，但18世纪的美国文化是多样性与统一性相结合，在基本统一的语言之下存在着多民族的文化特征和宗教信仰，因而极具文化的包容性、开放性和务实性。无疑，这样的社会和文化特征对其法律制度的影响是极为深刻的。

英国战胜其他列强后，由于移民的背景和英政府的控制，英国的法律在各殖民地不同程度地生效。根据1608年判决的卡尔文案件，在原则上适用英国普通法和制定法，但其条件是，这种适用只有在其条文适合于殖民地的生活条件下才可行。[②] 在立法上，英殖民者认为殖民地没有主权，不能要求和英国议会具有相等的立法权，只能制定法令的细则。各殖民地议会制定的法案须报呈英国枢密院审核，依据宗主国的法律高于属地立法的原则，如果该法案与英国的法律相冲突，则宣布无效。[③] 在司法上，尽管按照英国的模式设立了一些不同层级的法院，但是，殖民地无独立的上诉审和终审权力，其上诉管辖权由英国王座法院掌握。英殖民者还通过任命总督，控制殖民地的行政权力。直到18世纪中期，各殖民地实行的法律还是很原始和简陋的，有的殖民地甚至以《圣经》作为判案的依据，听凭法官自由决定。[④] 17世纪的北美英国法并不占据支配地位，只是到了18世纪中叶，英国的普通法才取得一种主导地位。其主要原因：一是当时北美殖民地的社会经济条件与英国相距甚远，且普通法专业性和技术性要求较强，在北美既缺乏运作的法官和研究普通法的法学家，人们又对普通法不了解，英国的普通法是不可能实施的。这就是所谓"无知是美国法形成的主要因素"。[⑤] 二是北美殖民地地广人稀，英国王室对殖民地的控制事实上是有限的，这就使得北美的地方自治意识较强。加之，普通法毕竟是封建法，不是针对殖民地社会和移民的问题的法。虽然，英政府通过制定种种法律和法令，加紧对北美殖民地的压迫掠夺，但在殖民地人民的强烈反抗下，各殖民地仍然根据各自的情况，制定自己的法律。[⑥] 三是大多殖民地的英国移民最初都是为了逃避宗教迫害才不得不背井离乡，他们对英国政府及其法律本能地排斥，1620年的"五月花号公约"即表明了他们对英国专制统治的不满和建立新的政治体制的愿望。

从18世纪开始，随着英殖民者对殖民地压迫的加深、殖民地政治、经济、

---

① 北部的马萨诸塞等四个殖民地合称为新英格兰，是以黑奴贸易、造船业和木材加工为主的工商业地区，其经济深受英国殖民地经济政策的损害；中部的宾夕法尼亚等四个殖民地以大农场经济为主；南部的弗吉尼亚等五个殖民地是以黑奴劳动为基础的大种植园经济。不同的经济发展类型决定了不同的利益要求和不同的政治态度

② [法] 勒内·达维德著：《当代主要法律体系》，漆竹生译，上海译文出版社1984年版，第372～373页。

③ 从1696年至1776年，经英国枢密院审核，宣布与英国法律相抵触而无效的殖民地的法案达496件。

④ [法] 勒内·达维德著：《当代主要法律体系》，漆竹生译，上海译文出版社1984年版，第73页。

⑤ [法] 勒内·达维德著：《当代主要法律体系》，漆竹生译，上海译文出版社1984年版，第373页。

⑥ 例如，1639年康涅狄格的《基本法规》、1641年马萨诸塞的《自由典则》、1668年卡罗来纳的《根本法》、1682年宾夕法尼亚的《施政大纲》等。

文化的发展，越来越多的法律职业者来到北美寻求机会，其中有不少是出自于英国伦敦“四法学院”，这就使得职业法官和职业律师在美出现。加之，原先各殖民地简单的法律已不能适应国家形势发展的需要，各殖民地普遍设立了自己独立的法庭及其他司法机构设施，开始大量适用英国普通法。普通法文献和知识在这一时期也被广泛传播，特别是 1772 年布莱克斯通（William Blackstone，1723 年—1780 年）的《英国法释义》在费城出版，研习英国法律更是蔚然成风。18 世纪中期即独立战争前夕，英国普通法在北美殖民地取得了相对主导地位。

二、独立战争后的美国法（1783 年—19 世纪末）

从 18 世纪下半叶开始，英国加强了对北美殖民地的政治统治和经济掠夺，从而使北美殖民地人民和英国统治者之间的矛盾日益尖锐，终于激起 1775 年独立战争的爆发。独立战争为美国法律的独立发展及其后作为普通法系的重要成员在现代社会的地位奠定了坚实基础。

作为普通法系一面旗帜的美国，其建国后在接受英国普通法传统上有一个反复的过程。美国独立战争中及战后初期，因其独立自主观念的主导性则曾出现过政治上反对英国、法律上排斥英国普通法的情况，英国法曾遭到排英强烈情绪的美国人民的抵制。有些州明文禁止适用英国判例法，如特拉华、肯塔基、新泽西等就禁止引用英国判例。《独立宣言》（1776 年）、《邦联条例》（1777 年）和《美坚合众国宪法》（1787 年）的制定和颁布在某种程度上也表明美国法意欲脱离英国、走成文化道路的独立倾向。这种独立倾向也由自然法理论和共和思想进一步强化。另一个突出表现是在其后出现的改革法律、编纂法国式法典的强大运动。1824 年，路易斯安那的新奥尔良地区按照 1804 年法国民法典的模式制定了民法典。1846 年，纽约州宪法规定编纂成文的、系统的法典。1847 年，美国法学家菲尔德被任命为纽约州法律编纂委员会的委员，先后推出《民事诉讼法典》、《刑法典》、《政治法典》、《民法典》和《刑事诉讼法典》五部法典，合称“菲尔德法典”。[①] 纽约州采用了其中的民诉、刑诉和刑法典，其他各州分别采用了一部或多部法典。这种类似欧洲大陆的法典与欧洲大陆的法典化运动遥相呼应，大有与英国法传统决裂之势。这一立法态势致使于 1856 年梅因得出美国最终将会属于罗马日耳曼法系的判断。[②]

事实上，独立后的美国法较之独立前更加接近英国法。在 19 世纪中叶内战前美国回到了普通法的怀抱。分析其原因，主要有：其一，一个独立、自由的联邦国家的诞生、政治和经济的统一，将美国推上了一条迅速崛起之路。与此相

① 美国法学家、律师戴维·达德利·菲尔德（D. D. Field，1805 年—1894 年）。其制定的法典，以民事诉讼法典最具影响力，其旨在消除普通法之诉和衡平法的区分，很大程度上简化了法院的民事诉讼程序。

② 英国著名法史学家亨利·梅因（Henry J. S. Maine，1822 年—1888 年。参见［法］勒内．达维德著：《当代主要法律体系》，漆竹生译，上海译文出版社 1984 年版，第 375 页。

应，创立和完备法律制度，发展资本主义，调整日益复杂的社会关系，这是当务之急。而当时正处于工业革命过程中的英国法，自然是美国法律移植的主要对象。其二，美英同文同种。英、美两国之间存在着血统上的联系，在文化、法律及生活习惯等方面有着难以割舍的渊源关系。其三，独立后的美国人民同英国的那种不可调和的民族矛盾渐趋缓和，两国人民的沟通和交流日益加强。其四，大多法律实务者（法官和律师）抵制法典化，无论是他们的受教育背景还是其传统文化积淀，都养成其判例法的法律思维惯性，对于成文法的刻板条文和僵硬的逻辑推理很不适应。许多州的法律明确规定英国普通法为州的现行法。[①] 1830年，美国著名法学家肯特（Kent，1763 年—1847 年）的《美国法释义》（四卷本）问世；其后，有美国著名法学家斯托里（Story，1779 年—1845 年）的系列著作问世。这些专著的出现是美国法走上以英国普通法为基础、独立发展道路的重要标志。

南北战争后，伴随其城市化和工业化的进程，美国资产阶级政权的进一步巩固，国家经济的飞速发展推动了近代美国法向现代法的快速转变。其突出的表现是：在宪政方面，1865 年废除奴隶制的第 13 条宪法修正案正式生效；1868 年颁布的第 14 条宪法修正案通过限制州权力而进一步强化了联邦权力，同时，为公民权利提供了更充分的宪法保障；在财产法方面确立了土地的自由转让制度；对烦琐的司法诉讼程序实行了改革；建立了普通法的判例机制发展模式，形成以法院为中心、以判例法为基础的传统和美国判例法的“先例原则”。此外，法律职业教育的中心也由律师事务所的学徒制转变为现代大学的法律院系。值得一提的是，哈佛大学法学院院长兰德尔（Langdell，1826 年—1926 年）创造了判例教学法。这一时期，就法律渊源而言，制定法的比重有所增加，主要是颁布一系列有关公司、保险、运输等方面的法律，法律开始出现统一化的趋势。1892 年，美国成立全国统一各州立法委员会，起草标准法案供各州采用。为抑制垄断组织对生产流通领域的渗透，保障竞争自由，1890 年制定美国第一部反托拉斯法。

三、现代时期的美国法（19 世纪末）

19 世纪末 20 世纪初，美国进入政治稳定、经济高速发展的所谓垄断资本主义时期。与此相应，国家的行政权力日益扩张，联邦国家对社会经济的干预明显增强。经过两次世界大战的美国已成为世界头号强国，其法律制度引领世界潮流。美国法律制度在现代已成为组织、改革和创造新型社会的有力手段。其新的发展变化突出表现于：其一，成文法大增，其法律由多样性、分散性趋向于法律的统一化和系统化。与英国不同，始于 19 世纪初的美国法典编纂这种国家法律

---

① 如 1840 年和 1850 年始，得克萨斯和加利福尼亚分别以法律规定在原则上采用了英国普通法（只是在夫妻财产制度和土地制度等方面保留着自己的传统）。

统一化的工作在现代是有组织、有计划地在推进。[①] 1923 年，美国成立法学会，其目的包括“法律的净化和简化”。一些著名律师和法学家花了 20 年的时间编制完成了 24 卷《法律重述》，对于公认的判例法原则进行了综合整理，其内容包括代理、法律冲突、契约、审判、财产、返还、担保、侵权和信托等方面的法律问题，更明确地反映出普通法的规则。1926 年又颁布《美国法律汇编》或称《美国法典》，将历年联邦颁布的单行法规整理编纂，后来每 6 年修订一次，每年有一补编，收入当年国会通过的法律中。其二，立法体制发生显著变化，立法权日渐分散，委托立法增多，行政命令的作用和地位日益显著。进入 20 世纪，伴随着经济的飞速发展，社会关系也日益复杂化，仅靠国会立法显然既不适宜也不经济，因此，以总统为首的行政权力的膨胀也扩大到立法层面，行政法规和行政命令这种法律形式越来越成为重要的法律渊源。[②] 其三，国家干预经济的立法大量颁布，新的法律部门产生，法律的社会化日渐明显。20 世纪 50 年代，美国政府为稳定国内政局、抑制人民革命，制定了一系列旨在镇压工人运动，反对共产党的法律，如《塔夫脱—哈特莱法》（1947 年）、《颠覆活动管制法》（1948 年）、《国内安全法》（1940 年）、《共产党管制法》（1954 年）等。同时，从 30 年代始，以凯恩斯主义为理论基础，在富兰克林·罗斯福及杜鲁门任总统期间，利用国家政权积极干预经济生活，制定了许多社会立法和经济立法。例如，罗斯福总统在上台执政后的头 3 个月内先后向国会提出 70 多个法案，颁布了一系列整顿工业、银行、农业和劳工的法律，在美国历史上称作罗斯福“新政”。20 世纪 60 年代始，在民主运动和反战浪潮中，其立法开始出现了民主化和科学化倾向，如颁布一系列关于种族平等、男女平等、公民权利和自由保护的宪法修正案，完善宪政和法治。行政法的取向从政府的控制管理转变为强调以提供社会福利和公共服务的福利国家；对刑事法律的改革日渐体现出轻刑化和刑事化的趋势；由于出于对私人利益的保护而强调对社会公共利益的维护，大量的环境法、市场法、劳动法及保险法和科技法推出，出现了私法公法化和公法私法化的现象，一些具有混合法特色的部门法出现了。

第二节 宪 法

一、美国宪法制度的历史发展

在西方宪法史上，美国宪法制度占有独特的地位，它不仅开创了资本主义世

① 1890 年成立全国统一各州立法委员会，起草了近百部所谓“统一的”和“标准的”法典。其中，最为重要的有：《统一流通票据法》（1896）、《统一买卖法》（1906）、《统一合伙法》（1914）等。

② 据统计，1933 年至 1934 年间，仅罗斯福总统发布的行政命令就达 3703 件，而同期美国国会通过的法案为 4553 件。

界第一部成文宪法的先例，且其1787年《美国联邦宪法》一直适用至今，成为世界上最长寿、最稳定的宪法。美国立宪史开始于殖民地时期，与美国资产阶级革命、其民族国家的独立和民主法治建设进程密切相连，其历史过程可溯至殖民地时期的"基本法规"，独立战争时期由大陆会议制定的《独立宣言》和《邦联条例》，战后由制宪会议制定的、现行的1787年《美利坚合众国宪法》以及通过宪法修正案以添加内容的形式对联邦宪法予以补充修改，迄今为止已获得批准的宪法修正案共有27条，其中，前10条通称为《权利法案》。

（一）1776年《独立宣言》

美国宪法史始于殖民地时期的"基本法规"。[①] 这些"基本法规"确立的选举制、代议制、否决制和两院制等制度为现代美国宪法制度奠定了历史基础。

1775年4月18日，波士顿的列克星敦和康科德人打响了美国独立战争的第一枪。同年5月10日，在费城召开由13个殖民地代表组成的第二届大陆会议。1776年7月4日大陆会议通过了由18世纪美国资产阶级民主派的代表人物托马斯·杰弗逊（Thomas Jefferson，1743年—1826年）起草的《独立宣言》，宣言代表北美13个殖民地脱离英国宣告独立，正式宣告北美各殖民地为"自由和独立的国家"。其后，这一天便为美国的国庆日。

《独立宣言》在历史上第一次以政治纲领的形式提出资产阶级"天赋人权"、"主权在民"和"起义权"的独立自由的政治主张。它首先宣布："这些真理是不言而喻的：人人生而平等，他们都被他们的'造物主'赋予了某些不可转让的权利，其中包括生命权、自由权和追求幸福的权利。为了保障这些权利，所以才在人们中间成立政府。而政府的正当权力，则系得自统治者的同意。如果遇有任何一种形式的政府变成损害这些目的的，那么，人民就有权利来改变它或废除它，以建立新的政府。"[②] 其次，宣言详细列举了英殖民者对殖民地的罪恶统治、实施的种种暴政。认为这些都是通过"不合法的管辖权"对"同文同种"的"血肉之亲"进行的。最后，宣言向全世界郑重宣告："这些联合殖民地从此成为、而且名正言顺地应当成为自由独立的合众国；它们解除对于英王的一切隶属关系，而它们与大不列颠王国之间的一切政治联系亦应从此完全废止。作为自由独立的合众国，它们享有全权去宣战、媾和、缔结同盟、建立商务关系、或采取一切其他凡为独立之一国家所应采取的行动和事宜。"[③] 这一宣言标志着北美人民从此决然脱离英国的统治、争取自由民主独立国家进程的开端。

《独立宣言》是一篇充满革命和创造精神的宪法性文献，宣布的民主共和国

---

① 如1620年普利茅斯的"五月花号公约"、1639年康涅狄克的《根本法规》、1641年马萨诸塞的《自由法规》、1668年卡罗来纳的《根本法》和1682年宾夕法尼亚的《施政大纲》等各殖民地自编的带有临时宪章性质的宪法性文件。

② 《美国独立宣言》，载周一良、吴于廑主编：《世界通史资料选辑》近代部分，上册，商务印书馆1964年版，第64页。

③ 《美国独立宣言》，载周一良、吴于廑主编：《世界通史资料选辑》近代部分，上册，商务印书馆1964年版，第97页。

的原则是美国人民反对英国殖民奴役、争取民族自由独立的旗帜和有力的思想武器，它不仅坚定了北美人推翻英国殖民者统治的决心，对当时美国人争取民族自由独立的战争起了极大的动员作用，而且还鼓舞和推动了欧洲各国的资产阶级革命。它以当时流行于欧美的自然法理论，如资产阶级启蒙思想家洛克和卢梭的天赋人权及社会契约为指导，阐明了殖民地人民争取独立这一自由主张的理论依据，集中表达了美国资产阶级的政治自由要求，具有历史进步性和时代性。它所宣扬的人权理念、政府有限及正当性原则为日后诞生的美国现行宪法及其宪政奠定了政治法律基础，更为重要的是，它以自由和独立将各自为政、不同利益阶层的美国儿女紧密联结在一起、同心协力建设成日后一个强大的美利坚合众国。

在《独立宣言》的初稿中，曾有谴责奴隶制的条文，因南部奴隶主的反对而删除，这使北美奴隶制得以保留①。这表明《独立宣言》尽管是人类世界“第一个人权宣言”，却不可避免地有其阶级局限性。

（二）1777 年《邦联条例》

为了凝聚民心、加强各州联系、推进殖民地独立革命的进程，《独立宣言》发表后，各州相继制定州宪法且依照《独立宣言》提出的“邦联计划”着手联合组成同盟。1777 年 11 月 15 日，大陆会议通过又一个宪法性文件，即《邦联和永久联合条例》。该条例直到 1781 年才经 13 州全部批准后生效，在美国成立了邦联政府。《邦联条例》共 13 条，主要内容为：宣告美国的国家结构形式是“邦联”，名称为“美利坚合众国”；规定缔结邦联的目的是“为着它们共同的防御、自由保证和相互间的公共福利，……彼此之间负有互相援助的义务等”；规定“各州保留其主权、自由和独立”，以及其他一切非由该条例所明文规定授予合众国国会的“权力、司法权和权利”，而邦联政府只拥有对外和州际事务权；邦联仅设一院制国会且作为最为权力机关，没有常设的行政和司法机关，在国会闭会期间设置“各州委员会”，行使国会委托的权力，国会权力的行使须以取得 9 个州的同意为限。②

《邦联条例》对于推进独立革命的进程和加强各州的团结起到了积极作用，它标志着美国向着真正意义上的国家迈进。但是，从其宗旨和内容上，它所宣布的美利坚合众国在当时只是由 13 个主权独立的州联合组成的一个松散的国家联盟，这个邦联无征税权、贸易管理权、无行政和司法机关，其职能史是宣战、媾和及协调洲际关系。这种状况反映了美国建国之初，各州想要尽量多地保持其独立地位和尽量少地受到中央国家权力限制的倾向。

（三）1787 年《美国联邦宪法》

在各国人民支持下，北美人民经过长期浴血奋战，终于在 1781 年赢得独立

① 当时出席大陆会议的种植园主和地主较多，废除奴隶会直接损害他们的利益，故当时他们曾与资产阶级代表发生长时期的较为激烈的争论。

② 《邦联条例》，载《世界史资料丛刊初集》，三联书店 1957 年版。

战争的胜利，1783 年英美签订凡尔赛和约，英国正式承认美国独立。从此，阿伯拉契亚山脉和密西本比河北起加拿大边境，南至佛罗里达的全部土地划归美国，美洲出现了第一个资产阶级共和国。美国开始了其独立自由发展的道路。

根据《邦联条例》建立的邦联政府只是一个松散的独立国家的联合体。它虽说在一定程度上加强了 13 州彼此之间的联系，但却因革命没有解决土地问题和奴隶问题，特别是集权的国家问题，而战争又引发了社会动荡、政权不稳、内有关税竞争、外有商业劲敌，面对这些社会问题，美国的工商业资产阶级和大农场主感到邦联是一根“用沙搓成的绳索”，他们迫切需要以“坚固的锁链”取而代之，强化统一国家机器。保守派与激进派出于共同的利益考虑，主张以统一、强大的中央集权的联邦政府代替松散的邦联。一个强有力的中央政府的存在，既能维持国内秩序、消除地方保护主义，又能与欧洲大国相抗衡，使美国的政治经济得到迅速稳定发展。①

1787 年 2 月 21 日至 9 月 17 日，邦联国会邀请各州代表在费城召开会议，修改《邦联条例》，这个会议历史上被称作“制宪会议”。② 在这个会议上，与会代表出于强国之愿超过了其修宪权限，起草了新的宪法，即《美利坚合众国宪法》。会议为起草新宪法因出于不同利益的考量，展开了激烈的争论。③ 经各方妥协，对不同方案进行权衡，制宪会议制定了宪法草案，于 1787 年 9 月 17 日通过，9 月 27 日提交邦联国会通过，送各州批准。1789 年 3 月 4 日，美国第一届联邦国会开幕，正式宣布宪法生效。同年 4 月 30 日，成立了美国联邦政府，华盛顿（George Washington，1732 年—1799 年）当选为美国第一任总统。因对制宪问题的不同态度，在美国出现两大政党，即以杰斐逊为首的民主共和党和以汉密尔顿为首的联邦党，开创了美国两党政治的先河。

1787 年《美国联邦宪法》由序言和 7 条本文组成。宪法序言声明制定宪法的目的。④ 其内容可以概括为：第 1 条立法权。规定了国会两院选举、组成、议事程序、职权及其关系、国会与总统的关系、州权限制。第 2 条行政权。规定了总统产生办法、职权、职责及其与国会关系。第 3 条司法权。规定最高法院及低级法院设置、司法权限、陪审团、叛国罪等。第 4 条授予各州的权力。规定州际关系准则、公民平等权、新州加入办法、州政体及联邦对州的责任。第 5 条宪法修正案提出和通过的程序及州权维护等。第 6 条包括多项规定，如债务、契约继承、政教分离原则等，强调宪法和根据宪法制定的法律以及缔结的条约是“全国

---

① ［美］汉密尔顿等著：《联邦党人文集》，商务印书馆 1980 年版，第 234 页。

② 参加会议的共 55 人，其中奴隶主占 15 人，大地主占 14 人，其余全是资产阶级代表。会议在极端秘密的情况下进行，没有记录。后人根据汉密尔顿、杰伊和麦迪逊的《联邦党人文集》及麦迪逊的日记，对会议的内幕才有所了解。参见［美］查尔斯·比尔德、玛丽·比尔德著：《美国文明的兴起》第一卷，许亚芬等译，商务印书馆 1991 年版，第 321 页。

③ 争论的主要问题是：关于联邦的具体架构，具体为大州与小州在国会中的代表比例；蓄奴州和自由州在国会中的代表比例；国会管理商业的问题和废除奴隶贸易的问题。争论反映出大州与小州，南方和北方各种政治权力的矛盾。

④ 根据美国联邦最高法院的解释，序言不是宪法规定的组成部分，法院在拟定判例时不能引用。

最高法律”。第7条规定宪法本身的批准和生效条件问题。

（四）宪法修正案

依据美国宪法第5条规定，其唯一正式改变宪法的形式是宪法修正案。宪法修正案应由国会两院各以2/3多数议员认为必要且通过后提出，或由国会应2/3多数州议会的要求而召开的制宪会议提出，应由3/4多数的州议会或3/4多数的州制宪会议批准。迄今为止的200多年来，国会共通过28条宪法修正案，实际完成批准程序、生效的是27条。

由第一届联邦国会通过了12条修正案，于1789年9月25日提交各州批准，其中，1791年11月3日生效的前10条修正案，即为“权利法案”。① “权利法案”主要是用来弥补联邦宪法没有规定公民权利内容的不足，对现代国家公民所应享有的一般权利作出了明确规定。“权利法案”的主要内容有：第1至第4条规定了公民的基本权利和自由。其中包括：人民有宗教信仰、言论、出版、和平集会及向政府请愿的自由；人民有保障其身体、住宅和财产不受侵犯以及自卫的权利；在进行搜查和逮捕之前必须出示司法当局有适当理由颁发的令状等。第5条规定，未经法律的正当程序不得剥夺任何人的生命、自由或财产，简称“法律的正当程序”条款。第5至第8条对诉讼程序和刑事被告的基本权利作了规定，包括建立陪审制；实行“一事不再理”的原则；不得强迫被告自证其罪；被告有权得到关于告发事件的性质和原因的通知，有权要求与证人对质、请求保释、委托辩护人等。第9条规定不得剥夺宪法中没有列入的人民的权利。第10条划分了联邦和州的权力界限。

其他修正案的主要内容有：合众国司法权限制和州利益保护；总统副总统选举补充办法；奴隶制的废除（在南北战争后通过了关于废除奴隶制）；承认黑人选举权的第13、第14、第15条宪法修正案；20世纪后通过了关于扩大选举权、男女享受平等权利的修正案，等等。

此外，美国宪法还可以通过最高法院解释宪法、审查法律以及国会、总统、政党创立宪法性惯例而得到改变和发展。

二、美国宪法的基本原则

美国联邦宪法规定了美国现代政治法律制度最为基本的原则，如人民主权、代议制政府、分权与制衡、法治。宪法的这些基本原则以不同的制度机制和法律形式影响着美国的宪政实践。

（一）人民主权原则

《美利坚合众国宪法》序言：“我们美国人民制定并确立了这部宪法。”其目

① 1787年美国宪法草案公布后，联邦议会将其交各州批准。由于宪法本文根本没有公民权利和自由的规定，在批准宪法的过程中引起人民群众和资产阶级民主派的不满和反对。一些州的议会在人民的压力下提出要在宪法中增加公民权利的内容，作为批准宪法的条件。在这种情况下，1788年召开的第一届美国国会的第一次会议通过宪法第1至第10条修正案，一般称做“权利法案”（“Bill of Rights”）。

的是“为着建立一个更完美的合众国、树立正义、保证国内治安、筹设国防、增进全民福利谋吾人及子子孙孙永享自由的幸福”。这是人民主权原则的表述，它将最根本的权利授予人民。人民主权是民主政治的核心，人民是国家的根本。同时，将人民制定的宪法置于一切之上，奉为社会最高权威。“民主政府的本质，在于多数对政府的统治是绝对的。”托克维尔在考察了美国之后认为，一种崭新的政治原则已经在北美大陆上牢固地扎下了根，“17 世纪初在美洲定居下的移民，从他们在欧洲旧社会所反对的一切原则中析出民主原则，独自将它移植到新大陆的海岸上。在这里，民主原则得到自由成长，并在同民情的一并前进中和平地发展成为法律”。[①] 他强调，当时美国最能全面反映民主的历史进程及其民主的发展规律。美国是在经历过民主革命的国家中使这场革命发展得最完满和最和平的国家。美国人创造性地运用了政府属于人民的理论，“本宪法授予的全部立法权，属于由参议院和众议院组成的合众国国会”。（《联邦宪法》第 1 条第 1 款）国会两院议员皆由选举产生，国会独立于政府，议员不得担任政府职务；国会拥有财政控制权、高级官员的任命批准权、弹劾权及调查权。作为宪法的价值导向，人民主权原则是基于个体的自由主义理念的。人民主权原则也鲜明地体现于对个人基本权利的规定，即公民自由、人人机会均等地追求幸福的权利。[②]

（二）代议制

代议制是经普选产生的人民代表在政府中代表人民的意愿议政、行使职权、以实现和维护人民天赋的自然权利的一种政治手段。将代议制与直接民主制相结合的体制是实现人民主权原则和现代民主国家合法性的最佳体制，代议制是实现人民主权的主要形式，政府形式是建立在人民向代表、社会向国家委托权力的基础上，它解决了主权与治权的矛盾，确立了人民主权的体制形式。“没有代表机构，我们不可能想象什么民主，即使是无产阶级民主。”[③] 对此，18 世纪的潘恩和 19 世纪的密尔都进行过讨论，并否定了直接民主制的可行性。那么，代议制政府如何确立和操作？其关键在于代表权和普选制度。在美国，依据宪法，行使国家立法权的国会两院和行使国家行政权、作为国家元首的总统都是经普选产生

---

① ［法］托克维尔著：《论美国的民主》（上卷），商务印书馆 1997 年版，第 15 页。

② 人民主权观念产生于17、18 世纪的西欧启蒙运动中，与资产阶级革命和近代民族国家的建立相伴，旨在摧毁君权神授的传统政治的正当性和合法性依据，同时为新生的政治法律秩序提供了合法性证明。它试图解决国家权力的来源、公民与国家的关系问题。人民主权这一原则是古典自然法学的天赋人权和社会契约论的逻辑结论，也即现代国家的基础不在上帝，而在每个社会成员的理性、自然权利和自由意志。现代国家的存在、其权力是否具有正当性决定于每个社会成员的理性选择及其所达成的社会契约。如此产生的国家其原则基础和合法性依据便为人民主权。美国人创造性地运用了政府属于人民的理论，“本宪法授予的全部立法权，属于由参议院和众议院组成的合众国国会”。（《联邦宪法》第 1 条第 1 款）国会两院议员皆由选举产生，国会独立于政府，议员不得担任政府职务；国会拥有财政控制权、高级官员的任命批准权、弹劾权及调查权。作为宪法的价值导向，人民主权原则是基于个体的自由主义理念的。人民主权原则也鲜明地体现于对个人基本权利的规定，即公民自由、人人机会均等地追求幸福的权利。

③ 《列宁选集》（第 3 卷），人民出版社 1995 年版，第 152 页。

的，实行任期制和限任制。参议院体现的是州权，依据平等代表权每州2名参议员。[①] 众议院体现的是联邦主权，以各州人口比例分配代表名额，共有435位议员，其候选人由各政党按照党的惯例和州法律提名；无党派者可以向有关官员提交由一定数目选民签名的请求书参选。总统的选举是人民间接选举，采用“选举人团”制度。总统任期4年，不得超过两届（第2条）。[②]

（三）联邦主义原则

美国宪法规定国家结构形式实行联邦制（Federalism），这是一种由中央政府和地方政府共同分享国家权力的政治体制。美国在处理整个国家中央与地方的权力分配及其关系问题上的指导思想是如何强化中央权力，这是一种典型的联邦主义思维，但联邦主义这一术语在宪法的字面上是找不到的。对联邦主义较经典的解释是，联邦主义是通过宪法在联邦中央与各州之间对国家权力进行分割的一种宪法安排。[③] 在这一思维之下，力图消除在《邦联条例》下各州分立的纷乱现象，同时，既达到国家权力的集中统一又不弱化且能使地方权力有某种程度的自治，这一自治权的行使有较大的自由空间，有某种法律保证。[④]《联邦宪法》规定的美国联邦制的核心内容：一是在联邦中央与各州的关系上，两者互不隶属，都是独立的系统，是二元政府体制。联邦地位高于州的地位，联邦法律是全国最高法律；联邦保护各州。“本宪法，依照本宪法所制定的联邦法律以及在联邦权力下所缔结或将缔结的一切条约，概应成为全国最高法律，每州的法官概应受其拘束，不管任何州的宪法或法律中有任何相反的规定”（《联邦宪法》第6条第2款）。1789年的《司法条例》重申了中央法律在联邦制下为最高法律的原则。[⑤] 国会有权制定为执行宪法授予联邦的一切权力时所需的“必要和适当的法律”（《联邦宪法》第1条第8款）。这些规定对于调整联邦和中央的关系，加强联邦权力起到了重要作用。《联邦宪法》规定了联邦对各州应尽的义务，保证各州实行共和政体，不受外侮，应各州的请求平定各州内乱。二是联邦与州分权明确。中央与各州的分权方式采取中央列举，各州概括的方式。在联邦国会的立法权范

① 参议员的任职资格：年满30周岁、是本州居民、在美国境内居住已满9年的美国公民，由本州人民选出，任期6年，每2年改选1/3（第1条第3款）。众议员的任职资格：已满7年的美国公民、年满25周岁、须为选出州的居民。众议员任期2年，任期届满全部改选。（《美利坚合众国宪法》第1条第2款）总统选举采用的选举人团制是先由公民选举出总统的选举人，由全国共推出的538张选举人票最终决定美国总统的选举结果。总统的任职资格：具有美国原始国籍、年满35周岁、在美国境内居住已满14年。

② 宪法中没有规定连任次数的限制，第一届总统华盛顿树立了两任为限的先例。1940年在面临参加第二次世界大战的情况下，富兰克林·罗斯福打破这一传统，连任四届总统。1951年宪法第22条修正案规定总统任期不得超过两任。

③ James v. Calvi Susan COL Eman, American Law and Legal Systems, Prentice Hall, Inc. 2000. p. 140. James MacGregor Burns, J. W. Peptason, and Thomas Cronin, Government by the People, Texas Edition, 2nd. (Englewood Cliffs, NJ: Prentice－Hall, 1998), P. G－3.

④ James v. Calvi Susan COL Eman, American Law and Legal Systems, Prentice Hall, Inc. 2000. p. 141.

⑤ 规定凡各州法院不按照《宪法》第6条的规定确认联邦宪法、法律和条约为最高法律的判决，均可上诉至联邦最高法院。关于联邦中央对各州处于最高地位的内容，在《联邦宪法》中的反映主要是限制各州的权力，禁止各州侵犯公民的自由平等权利。例如，规定各州不得缔结条约、联盟，不得颁发敌船捕拿许可状，不得铸造货币等；规定各州不得通过剥夺公民权案，不得制定追溯既往的法律等。

围内，未经宪法列举的权力一概归各州保留行使。“凡宪法未授予联邦或未禁止州行使的权力，由各州政府或人民保留之”（第10条修正案）。这一联邦与各州分权的宪法原则，在美国宪法史上成为州权派与联邦派争夺权力的主要依据。联邦中央的权力主要有：补偿立法权、军事权、外交权、课税权、币制权、准许专利与版权、统一度量衡、管理国际贸易与州际贸易等。三是在各州之间的关系上，遵循相互信任、礼让、平等对待的准则。“每州对于它州的法令、案卷及司法程序应有完全的信任。”“每州公民在各州概应享受公民所有的一切特权和特许”。(《联邦宪法》第4条)，并作出各州相互引渡的规定。其后，联邦权力不断扩大和加强，合众国的地位与日俱增。

（四）分权与制衡原则

产生于西欧启蒙运动中的三权分立与制衡学说既是美国宪法的理论基础，也是其宪政原则。美国国家管理形式是总统制共和国，国家机关按分权与制衡原则建立。建立一个权力平衡的联邦政府是美国人民政治自由目标。在制宪期间，达成的一致共识是将权力的分立和平衡作为构建联邦政府的基本原则。麦迪逊说，所建的政府必须“使各组成部分形成一种相互关系，以此互为牵制，各司其职”。“权力的平衡与制约是一种必要的宪法手段。”[①] 每一个部门都有保护自我不受他权侵犯的宪法手段。汉密尔顿对美国宪法所确立的分权与制衡原则进行过详细阐述。美国国家立法权属于参议院和众议院组成的合众国国会。国会的宪法权力还有财政控制权、任命批准权、弹劾权和调查权等权力。国家行政权属于合众国总统。总统的权力由国家元首权、行政首脑权和立法权三大部分构成。[②] 司法权属于最高法院及国会随时制定与设立的初级法院。联邦法院法官由总统经参议院同意任命，可以终身任职。宪法将国家权力一分为三：立法、行政和司法，且这三种权力由不同的三个部门行使，同时，三个部门权力的运行和实现又是相互依赖、相互制约，国会制定法律，总统签署和执行法律，法院适用法律，即为三权分立与制衡原则。

出于控制政府滥用权力、保护公民自由权利的考虑，美国宪法既授予权力又限制权力。依据宪法，国家权力交由三个部门行使，同时，又设定了这三种权力的制衡关系及其政府权力有限性的概念。国会有权立法，但是总统有权加以否决，国会又有权在一定条件下推翻总统的否决；总统有权任命联邦政府的高级官员，但是要经过国会同意，国会还有权对总统进行弹劾；联邦法院独立，联邦最高法院后来还取得了司法审查权，但是法官要由总统任命并经国会批准。作为现代社会重要的宪法原则，分权与制衡原则在美国宪法中还起到了限制国家主权和州主权的功能，它不仅规定了横向的国家政权组织的配置形式，还解决了纵向的

---

① James Madison, “Federalist No. 51,” in Clinton Rossiter, ed. The Federalist Papers, (New YORK: New American Library, 1961,) pp. 321 - 322.

② 总统行使的国家元首权主要包括军事权、外交权和赦免权；行政首脑权主要有任命权、领导权和执行权；总统的立法权主要指的是立法倡议权和立法否决权。

即中央与地方的权力划分问题。联邦权力来自于各州通过联邦宪法的授予即为“授予权力”。

美国国家权力立体配置结构典型地体现了三权分立、相互制衡的组织原则，在这一原则指导之下所建构的制度框架中，在将国家中央各权力及中央与地方权力的关系进行配置和制度化的同时，实现了权力间的立体制衡，保证了政府权力的具体行使将会受到制度化及持续性控制。美国采取这一宪法原则及对国家权力的立体构造虽是历史发展而来的分权与制衡学说①的法律化、制度化，但它也是与美国当时特定的历史条件及其后美国资产阶级的物质生活条件分不开的，它反映了统治阶级内部的各种势力在国家生活中的地位和力量对比关系，有其“民情”基础。

三、美国宪法制度的基本特点

（一）刚性宪法，属成文宪法制

1787 年美国宪法是人类社会迈入现代政治进程的第一部成文宪法，是现代社会历史最为悠久且最稳定的一部宪法。就其制度创新而言，由它首推的总统制模式为其后许多资产阶级国家所效仿。它所确立的人民主权和权力分立与制衡原则也成为资本主义世界普适性的政治原则。它使美国从一个松散的邦联转变为拥有统一国家主权的强大的联邦，维护了独立战争的胜利成果，促进了美国资本主义的发展。它所确立的诸宪政原则和制度，是美国法律体系的基础，对美国的政治和经济的发展有极大促进作用，并对其他国家具有借鉴意义。

在美国不仅有一成文的、其效力高于所有其他法律的联邦宪法典，还有成文的各州宪法典。1787 年美国联邦宪法是其宪法的主体渊源，27 条宪法修正案也为宪法之不可分割的重要部分。在此的“刚性宪法”并不必然指向成文宪法，它主要指的是宪法修改的机关或其修改的手续的艰难性，② 它是不同于普通法律的，也即法理上认为宪法作为根本法，其效力应高于普通法律，自然其制定的机关或修改的程序应异于普通法律。在美国，联邦宪法和各州宪法的修改权，基本上由人民选举出的联邦和州宪法修改会议掌握，而最后的草案要经议会通过③才能生效。虽然，成文宪法较为明确，刚性宪法较为稳定，但也有可能难以追随社会、成为社会进步的阻力。

（二）以平等保护和正当法律程序实现人权

简言之，正当程序指的是只有通过法定程序，政府才有可能剥夺一个人的生命、自由和财产。正当法律程序是能阻止政府干涉其公民的基本自由，是个人抵

① 这是从古代亚里士多德的混合政体论到近代洛克和孟德斯鸠的分权与制衡学说发展而来的。

② 王世杰、钱端升著：《比较宪法》，商务印书馆 1999 年版，第 13 页。

③ 如美国宪法修正案草案得由联邦议会两院 2/3 人数的同意，同时，还得经各州议会中 3/4 议会的批准。

抗暴政的主要武器。不过，只有人民成为国家的真正主人，政府才可能依法行政，正当法律程序才具有实质意义。美国宪法创立了保障人权的正当程序和司法救济平等保护的规定。对公民基本权利的宪法规定伴有司法救济和正当程序的平等保护规定，这在法律史上开创了宪政新纪元。对人权的这种正当法律程序和平等保护由《人权法案》作出了实体性规定，如美国宪法第 5 条和第 14 条修正案规定，公民“非经大陪审团提起公诉，不得被判死罪或其他不名誉罪”、“非经正当法律程序，不得被剥夺生命、自由、财产”、“任命一州对于其管辖下的任何人，不得拒绝给予平等保护”、“在任何刑事案件中不得强迫任何人证明自己的犯罪”、“凡私有财产，非有适当赔偿，不得收为公用”。将公民生命权具体化为人身权和人格权提供宪法救济，如人身保护状、住宅不可侵犯、禁止非法逮捕和监禁等。还通过赋予信仰自由和表达自由对公民的精神权加以宪法保护。总之，对公民的宪法保障主要有三个原则：不得褫夺公民权利和溯及既往、正当法律程序原则及平等的司法救济保护原则。美国的人权主要是以维护私有财产权为核心、以平等保护和正当程序为基础的，这种人权保护在现代宪政理论和实践上具有重大价值。

（三）司法审查制度是美国宪政体制的基础

1803 年，以约翰·马歇尔为首席法官的联邦最高法院，通过对“马布里诉麦迪逊”案的判决，确立了由最高法院解释联邦宪法以及审查联邦法律、州宪法和州法律是否符合联邦宪法规定的先例，从此最高法院掌握了司法审查权。美国宪法的解释和发展由联邦最高法院通过行使司法审查权而推进，没有单设宪法性组织机构，如法、德等国。这一制度将在司法制度一章中加以详述。

（四）就宪法内容结构而言，其宪法典不够完整，但却由宪法修正案加以弥补和发展

1787 美国联邦宪法典文本没有贯彻《独立宣言》中“人人生而平等”的原则，没有规定公民权利与义务的部分，确认了黑人奴隶制，表明了其局限性和阶级本质。对此，其后以宪法修正案的形式单独规定，这与其他成文宪法制的国家是不同的。这种宪法结构及其发展方式既能确保宪法的稳定性又能在满足社会需求过程中得到适时发展。这种修宪方式为其后各国所广泛采纳。

第三节　行政法

一、行政法的历史概况

由于普通法传统和消极的国家观念，美国历史上也一直不重视行政法律制

度。直到1893年古德诺《比较行政法》的出版，“行政法”一词才首次被使用。[①] 而“行政法”一词正式首现于官方是1936年的《十周年文摘》。1944年，“行政法”出现于《美国最高法院判例汇编》(S. Ct)。20世纪初，社会的发展使得行政权大规模扩张，进而带动了行政法制的迅速发展。

在早期，对美国行政法较为普遍的认识主要界定是规范和控制行政独立管制机构行为和权力的法律。[②] 美国行政法得以发展在很大程度上源于其行政独立管制机构的建立。这些兼有立法、行政和司法职能的独立管理机构制定的大量规章及其适用为美国行政法的产生和发展奠定了基础。这些机构不仅冲击了传统三权分立的观念和制度格局，而且如何使之安全地效力于现代复杂社会又不致滥用权力，是其行政法发展的主要动力源及方向，如大量的有关控制行政权的法律法规。另外，美国行政法侧重于行政程序法的发展，其行政程序法的发展也是以正当法律程序和自然正义为其理论基础的。美国学者B. 施瓦茨说：“行政法是管理行政机关的法，而不是由行政机关制定的法。”究其内容“是管理下政府行政活动的部门法。它规定行政机关可以行使的权力，确定行使这些权力的原则，对受到行政行为损害者给予法律补偿”。[③]

戴维斯将美国行政法的发展分为三个阶段：1887年—20世纪初，是行政法理论框架和行政程序法的初创时期；20世纪初—1935年，是司法审查发展阶段；1935年之后，是行政裁决和行政立法大发展阶段。而王名扬先生认为，美国行政法的发展有五个阶段：1789年—1886年，是适用英国普通法阶段。从美国联邦政府的成立到第一个独立行政管制机构即美国州际商业委员会的成立。在这将近百年期间，美国行政法的中心是由法院适用普通法对行政活动进行司法审查，其行政法制处于从属地位。1887年—1932年，行政法传统模式阶段。1887年依据新制定的《州际贸易法》，建立了美国州际商业委员会。这是第一个独立行政管制机构（Independent Regulatory Agencies），它只对总统负责，拥有制定运输政策和决定运输价格的立法权，又有执行该政策的行政权，还具有裁决有关争端的司法权。其后，产生了具有相同权能的联邦储备委员会（1913）、联邦贸易委员会（1914）、联邦能源委员会（1930）、证券交易管理委员会、（1934）国家劳工关系局（1935）、民航委员会（1938）、原子能委员会（1946）及电讯、海事、

---

① 王名扬著：《美国行政法》，中国法制出版社1995年版，第48页。参见Frank J. Goodnow: Comparative Administrative Law，1893。

② 在现代，较具代表性的行政法概念主要有广义和狭义两种。广义的行政法概念认为，行政法是关于公共行政的法律，包括程序行政法和实体行政法、外部行政法和内部行政法。显然，这是从行政活动的范围角度认识的。而狭义行政法概念认为，行政法只是关于行政活动程序的法律，即行政程序法，主要用以控制政府活动、规定行政机关的权力、权力行使的原则以及对受到行政侵害者予以的救济手段。这是从行政活动的程序角度进行的界定。王名扬著：《美国行政法》，中国法制出版社1995年版，第39页。参见Cuthbert W. Pound：Constitutional Aspects of Administrative Law，in the Growth of American Administrative Law，1928，p. 111。

③ 王名扬著：《美国行政法》，中国法制出版社1995年版，第40页。Wartz：Administrative Law，1991，pp. 1－3.

平等就业机会、职业安全、消费品安全、期货交易等方面的委员会。对待这些行政机构行为的控制，主要依靠法院司法审查为主的传统模式。1933 年—1946 年，是行政法迅速发展阶段。1933 年罗斯福新政大力扩张行政权力，国会于 1946 年制定了《联邦行政程序法》① 和《联邦侵权赔偿法》②。1947 年—1965 年，行政程序法巩固阶段。1964 年国会制定了《美国行政会议法》，据此，于 1968 年建立了行政会议，推动了行政立法。1965 年制定了《司法审查法》。③ 1966 年—1979 年，批评和改革传统行政法阶段。这一时期，国家管理模式从管制行政转向福利行政，公众参与行政、行政公开化，成为美国行政法发展的主要方向。通过制定《情报自由法》（1966）④、《联邦咨询委员会法》（1972）、《隐私权法》（1974）⑤ 及《阳光下的政府法》（1976）⑥ 等，对行政法制进行了大的改革；1980 年至今，行政法重新评价阶段。在此阶段，采取各种改进措施，如扩大了各种福利受益人范围、扩大了程序制约的对象和范围及扩大了司法审查的范围。⑦

戴维斯认为，美国行政法的传统模式脱胎于 20 世纪前 60 年的法院判决和制定法。⑧ 所以，美国行政法渊源主要有：联邦宪法、议会立法、行政规章、判例法、国会决议、条约、总统的改组计划、公告和行政命令、州的宪法、法律、法规及地方政府的法令，还有法院制定的诉讼程序规则、法理等构成。⑨

二、行政法的基本制度

美国宪法所确立的联邦主义原则、三权分立原则和法治主义原则是其行政法律制度的基础原则。

---

① 《联邦行政程序法》（APA）。该法共 20 条，规定了相对人权益受行政行为侵害时请求行政救济和司法救济的途径、行政救济中审判式听证的根据、范围及行政裁判程序、司法救济中司法审查的条件、根据、范围、标准及救济手段，还详细规定了行政机构的行政行为最低的程序标准、行政法官的任命、职权及其职位保障。该法后经几次修改，在美国行政法发展史上是一个里程碑，并对他国的行政立法产生了重要影响。

② 该法共 17 条，主要规定了私人因行政机构及其工作人员违法失职行为侵害其权益，造成其人身或财产损失时，要求取得损害赔偿的规则、程序，包括当事人请求赔偿的条件、范围、限额；行政机构的责任、赔偿方法、赔偿金额的来源，法院对损害赔偿诉讼的管辖、诉讼时效和诉讼程序等。该法放弃了传统的"国王不能为非"的原则，承认国家赔偿责任。

③ 该法经几次修改，共 11 条，规定司法审查的管辖、起诉、诉讼参加人、诉讼代理及诉讼程序等。

④ 该法经几次修改，共 552 条，主要规定了政府机构情报即公共情报，如行政规章、行政政策、行政命令、行政决定、行政裁决、行政机构工作程序及各项管理标准等的公开的规和程序，公众向政府机构获取公共情报以及在政府拒绝依法提供情报时请求司法救济的规则和程序。

⑤ 该法主要规定了行政机构获取、制作、保存、管理有关私人情报的档案资料的规则；相应档案资料涉及的个人查阅、复制或请求修改有关其个人情况的档案资料的规则、程序以及其他机构、个人查阅、获得有关私人情况的档案资料的规则和程序等。

⑥ 该法主要配合前述法规，较详细地规定了会前通告、会中允许公众旁听、会后允许公众查阅会议记录的规则和程序以及在行政机构不依法公开举行会议时，公众请求司法救济的规则和程序等。

⑦ 王名扬著：《美国行政法》，中国法制出版社 1995 年版，第 47 ~ 61 页。

⑧ 胡建淼著：《比较行政法》，法律出版社 1998 年版，第 129 页。

⑨ 胡建淼著：《比较行政法》，法律出版社 1998 年版，第 1 ~ 38 页。

（一）关于行政机关权力的法律制度

美国行政法主要是用来调整其行政机关的行政权力且由此而产生的行政立法权和行政司法权及其活动的法律制度。例如，关于总统的权力、行政各部和委员会及政府公司的权力；关于联邦政府与州政府的关系；州政府与其地方各级政府的关系；关于职业方官制度的法律；关于委任立法权、行政司法权和行政调查权的规定。特别是制定行政法规、规章权。这是行政机关为了规范其所管辖的对象的今后行为而制定新规则的一种立法活动，是抽象行政行为，也称为委托立法。这一权力的行使及其法规规章的有效性决定于两个基本条件：一是有国会授权且不得越权；二是委任立法应具有合理性。

（二）关于行政裁决的法律制度

行政裁决是行政司法权的具体化，是具体行政行为，是行政机关基于其行政司法权将法律和规章适用于某一特定案件中的行政纠纷裁判活动。行政裁决具有具体性、单方性和司法性的特点。行政决定是否有效，决定权在普通法院而非专门法院。作为英美法系的代表，美国也没有统一的行政法院，它只有50多个具有行政裁判职能的行政独立管理机构。这些机构由国会以某种目的设立，经国会和总统的授权享有部分立法、司法和行政权力，它们有权在各自领域内制定相关政策；有权审议相关争议案件；有权行使行政处罚权。这些权力被称为国家的“第四种权力”。在美国，行政裁决权仅为一切行政机构所享有，其使用范围极其广泛。基于正当法律程序，行政裁决程序有三个阶段：通知，即行政相对人具有告知权；审讯，即行政相对人具有听证权；初审裁决。行政上诉与行政复议。行政相对人对行政裁决不服，可以提出重新审查的要求，即为行政上诉；有关行政机关及官员据此对原行政裁决进行重新审查，这称为行政复议。事实上，这是针对同一行政裁决从不同角度解释的不同称谓，即同一问题的两个方面。当事人若不提出行政上诉，初审裁决便生效。行政上诉不是向上级行政机关提出，而是向原机关的行政首长或专门机构提出。行政上诉审可以重判。行政机关的复议裁决是行政程序中的最后一道手续，复议机关行使复议裁决权，拥有初审裁决所应有的一切权力，可以维持、改变和撤销初审裁决。作出复议裁决的程序因行政机关类型的不同而不同。关于现行行政复议制度有调卷复议和中间复议委员会复议两种形式。

（三）联邦侵权赔偿责任

在美国，一向奉行的是“主权豁免”的普通法原则，这一原则基于英国“国王不能为非”的法理，其旨意是国家即使有侵权行为，也不负赔偿责任，由政府官员负个人责任。因为在普通法上，政府官员要与公民一视同仁地适用同一法律，不能因其官员身份享受任何豁免权，对没有法定理由的一切行为负同样责任。[①] 1946

① ［美］伯纳德·施瓦茨著：《行政法》，王军等译，群众出版社1986年版，第516页。

年《联邦侵权求偿法》标志着政府官员个人责任原则让位于国家责任原则，一种新的赔偿责任确立了。国家赔偿责任要求联邦政府及其官员从事职务行为因违法侵害了公民和组织的权益，由此所引起的损害赔偿，应由政府承担，如有必要，可对有关官员进行惩罚或求偿。其一，联邦侵权责任范围。联邦侵权责任范围是联邦政府须承担赔偿责任、由联邦政府及其官员作出的职务行为范围。其肯定责任范围主要有：只限于联邦职务行为，包括作为与不作为；侵害包括对人身权和财产权的侵害。其否定责任范围有：美国联邦侵权责任范围并不包括所有政府职务行为，规定的责任排除范围共有 14 种之多，如对于执行依据制定法或规章所规定的职务行为所引起的赔偿请求；其职务行为属于自由裁量行为的（不管是否滥用）；对于信件或邮件的丢失、误投或疏漏传递行为等。① 其二，联邦侵权责任构成。联邦侵权责任构成要件：须是联邦政府及其官员的职务行为；存在求偿人的财产权益和人身权益的损害事实；职务行为与损害事实之间有着直接的因果关系；引起损害的职务行为须是出于行为人的主观过错。其三，联邦侵权责任的处理程序。② 依据《联邦侵权求偿法》，联邦侵权事件发生后，被侵害人应首先向联邦侵权机关本身或其他行政机关提出求偿。有关行政机关接到申请后，应在六个月内作出是否赔偿以及赔偿多少的行政裁决。申请人对该行政裁决不服，可自收到裁决书起的法定期限内，向有关行政机关提出行政上诉，要求上诉行政机关重新审查原决定。如果原行政机关六个月内不作出行政裁决，申请人可从期满（六个月）之日起直接提起行政上诉。申请人对行政上诉裁决不服的，查以提起司法复审。概之，联邦侵权赔偿责任处理的主要程序是：行政求偿、行政上诉和司法复审。行政先置处理和多救济通道是其特点。

第四节 民商法

美国和英国一样，没有采取大陆法系那种民法概念和法律部门的分类，因而也没有民法与商法的严格界限。属于民商法范畴的法律，如财产法、契约法、侵权行为法、继承法、婚姻家庭法、公司法、破产法等，都作为独立、分散的部门法而存在。有关民商事的立法，依宪法规定，由联邦和州分享，如有关税收、通商、归化、破产、币制和度量衡、著作权和发明权的保护以及合众国已接受或购买的州领土范围内的一切事项的立法权由联邦国会行使，其他民商事问题的立法权由各州行使。事实上，在这样一种由联邦和各州分享立法权的制度下，商法范

① 参见 1946 年《美国联邦侵权求偿法》第 2680 条的例外规定。

② 依据《联邦侵权求偿法》第 2675 条第 1 款规定："诉合众国的，因政府雇员在其职务或雇用范围内活动时的疏忽或错误的作为与不作为引起的财产破坏和损失或人身的伤害或死亡而提起的金钱赔偿请求，只有首先向适当的联邦机关提起并被该机关以书面形式最终拒绝，该拒绝以证明或挂号邮件递达时，法院才予受理。有关机关在申请提出后 6 个月内未作出最终处理，那么在那以后申请人选择任何时间都可以被视为在本条意义上的对申请的最终拒绝……"

畴的法律大多数属于民法。美国许多属于民法内容范畴的制度都与英国法相似。①

一、《统一商法典》

19世纪末，美国以统一法律为目标，兴起统一州法的运动。1892年成立全国统一各州立法委员会，由该委员会拟定的法规草案经全体会议通过后，建议各州采用。在英国1882年《汇票法》和1893年《货物销售法》等法的影响下，美国全国统一各州立法委员会相继起草、公布了一系列单行商法草案，如1906年的《统一买卖法》、《统一货栈收据法》；1909年的《统一提单法》、《统一股票转让法》；1918年的《统一附条件卖法》；1933年的《统一信托收据法》。这些草案并未被各州全部采用。为了现代商事实践的需要，改变各州商法混乱的局面，进一步协调和统一商事法律，1940年，统一各州立法委员会主席施纳德建议，将过去的商事法规加以整理，编纂一部统一的商法典。1942年，起草《统一商法典》的工作开始纳入美国法学会和统一各州立法委员会的计划。法典的首席报告人是卢埃林（K. N. LleweUyn，1892年—1962年）。1952年委员会公布《统一商法典》的正式文本，并于1957年、1958年和1962年相继发表修正文本，推荐给各州。② 经考察法典的执行情况后，法典常设编辑委员会又于1972年、1978年推出修订文本。

《统一商法典》的基本内容分为11篇：总则；买卖；商业票据；银行存款和收款；信用证；大宗转让；仓单、提单和其他所有权凭证；投资证券；担保交

---

① 在财产法领域，美国基本上沿用了英国财产法的概念和范畴。其特色主要表现于：财产法属于各州的立法范畴，而各州的有关内容不尽一致，如路易斯安那州和加利福尼亚州的财产法受到大陆法系国家财产法的影响；美国不存在封建的财产关系，特别是土地关系；因其国土广阔，土地的占有和移转较为宽松自由，国家以制定法形式鼓励耕作、占有土地；对无体财产权加强保护。其婚姻家庭继承法制度主要是基于普通法发展而来的。各州有关法律规定存在一定差异。在美国法理上，结婚基本上是男女双方相互同意而产生的一种契约关系。其婚姻有效条件：双方的同意；已达法定婚龄；心神健全及无其他阻碍婚姻的原因等。婚姻的有效形式有宗教的和民事登记的两种。正式婚姻须取得官方的结婚证书。夫妻关系已通过一些立法由传统的“夫妻一体”原则转变为现代的夫妻独立自主原则。离婚由感情破裂原则取代了传统的过错原则，1970年加利福尼亚州离婚法是其标志。1971年，美国统一州委员会制定了《统一结婚离婚法》，该法允许先举行仪式再进行登记，采取的是单一无效婚制和无过错离婚原则。就夫妻财产关系上，19世纪中叶大多数州法律规定已婚妇女拥有支配自己财产的权利，到20世纪中叶各州立法加强对已婚妇女财产权的保护，大多数州确立了夫妻分别财产制，也有个别州仍旧沿用夫妻共同财产制，即婚前财产自己拥有，婚后财产夫妻共有。在继承法上，各州对遗嘱继承限制较多，对法定继承规定很不一致，不过，大多强调配偶的继承权，将配偶置于法定继承的第一序位。1968年和1976年国家颁布了《统一遗嘱检验法》和《统一继承法典》。美国侵权行为法主要是州法，其概念、分类和责任原则都来自英国普通法。1850年，马萨诸塞州法院率先放弃了绝对责任原则而确立了过失责任原则。在其受理的“布朗诉肯德尔案”中（Brown v. Kendall）被告因举棍想打开两条互咬的狗时，不慎将其身后的布朗的眼睛打伤。法院认为，被告的行为不是出于主观过错，不负责任。这一判决所确立的过失责任原则得到联邦最高法院的承认且相继被其他州接受。由于大多数侵权案件都涉及经济关系中的意外事件和人身伤害，基于普通法发展起来用于保护不动产免受侵害的侵权行为法扩展为保护其他权利特别是人身权利。20世纪初通过制定法又确立了严格责任原则。1909年纽约州制定《劳工赔偿法》规定雇主对发生于雇用过程中的所有损害事故负责，不论其有无过失。其后约有超过一半的州制定了《劳工赔偿法》。不过都被联邦最高法院或州最高法院宣布为无效。1917年和1919年联邦最高法院被迫宣布各州的《劳工赔偿法》合宪有效。从而正式确认了严格责任原则。其后，这一原则扩大适用于工农业生产、交通事故及产品责任领域（依据1972年《联邦消费者产品安全法》）。现今，严格责任原则又扩大到对个人人身权利的保护，如损害名誉、因高度危险活动受损及侵害个人隐私损害都将适用这一原则。在当代法律社会化的影响下，不仅确立了比较过失原则，特别是通过社会保险分担当事人的损失。

② 除路易斯安那州没有全部接受外，其他各州和首都所在地哥伦比亚特区均基本采用。

易、账债和动产契据的买卖；生效日期和废除效力及过渡规定。法典不是对美国商事法律的全面编纂，其内容主要涉及商品买卖及与之相关的担保、抵押、票据和权利证书等，不包括破产、公司、合伙及海商法，且有关买卖的规定不适用于不动产买卖，也不涉及一般契约问题。

法典的宗旨是：使调整商业交易的法律更加简洁、明确且适应现代要求；使商业行为能够通过习惯、惯例和当事方协议不断获得发展；使各州调整商业交易的法律归于统一。法典确认了美国商法的五项原则：商法应合理并应承认商业习惯和惯例；奉行诚实信用原则；寻求简化商业交易方面的法律规则；当事人在合理且不损害州利益的前提下可自由修正法典规定；补救应被解释为使信守契约的受损害方能够恢复到原来状态。法典强调保护消费者的权益，规定“如果卖方在订立合同时有理由知道买方要求货物适用于特定用途，且有理由知道买方依赖卖方挑选或提供适用货物的技能或判断力，卖方即默示担保货物将适用于该特定用途”（第二篇买卖第2条~第315条）。法典禁止订立违反公共政策或一方控制、压制另一方的不合理契约；规定对显失公平的契约，法院可以拒绝强制执行。在涉及州际和国际交易的问题方面，法典规定当事人可以选择适当的准据法。

《统一商法典》的主要特点。其一，以英国近代商事立法为渊源，在大陆法的影响下，为适应美国资本主义经济的发展，调整各州商法而产生。它在美国商事法律中占有重要地位，并在相当程度上体现了英美法系的商事法律原则。其二，该法典不是大陆法系类型的商法典，在形式上虽大体采取了传统大陆法典形式，但在内容上却包括了许多被大陆法系视为是属于民法范畴的法律规范，法典既可适用于商人，也可以适用于一般民事买卖行为。这既反映英美法民商合一的传统，也反映出当代民法商法化的趋向。其三，商法典限定了商法范围，以买卖为核心，只涉及动产交易，内容范围比传统商法要窄，因此很难独立运用，必须与各州其他成文法和联邦的成文法，如联邦破产法，以及各州法院对合同的不同解释，加以结合运用。各州采用时可因地制宜，进行修改。其四，商法典是在普通法的基础上制定的，它把普通法的规则加以系统化，以成文法形式确认了先前流行的商业法律和惯例，不仅起到整顿普通法的效用，而且突破了普通法的许多古老原则，是以成文法改造普通法的成功尝试。

在商事法律渊源上，值得注意且极为重要的是美国联邦宪法中第1条第8款中关于国会对国家商事权力的规定：“国会有权力规制与其他国家、州际之间，以及与印第安部落的商务。”这一条款通常被称为“商务条款”（the Commerce Clause）。[①]

① 一个著名判例是1824年的基伯斯（Gibbons）对奥格登（Ogden）。哈德逊河是位于纽约州与新泽西州之间的一条河。纽约州政府曾立法授予两位纽约商人弗尔顿（Fulton）和莱文斯顿（Levingston）在这条河上运行蒸汽船的垄断权力。结果美国最高法院裁决纽约州的这一立法违宪，因为这条河连接两个州，而纽约州的这一立法阻碍了新泽西州蒸汽船的运行。这一裁决所引用的就是宪法中的商务条款，这一条款说得很明白，只有联邦国会才有权力规制州与州之间的商务。另一个著名判例是1827年布朗对马里兰（马里兰州曾立法对在本州内销售进口货物征收50美元的许可证费）。最高法院裁决任何州政府都不得对进口到本州的货物收取这样歧视性的费。这一裁决同样根据宪法中的商务条款。

正是宪法赋予的这一权力，使得联邦政府有全权决定所有涉及美国与其他国家(地区)、州与州之间的商务关系。这就使得任何产品、资本和劳动力可以在全国范围内跨越州的边界自由流动，确保了美国国内统一的大市场的形成。它是美国成为世界上最大的统一的国内市场的法律基础。

二、公司法

(一) 公司法的历史发展

现代美国因巨型托拉斯和垄断组织的大量存在而致使其公司法相当发达，数量多、形式多样。不过，美国公司法起步较晚，直到 19 世纪末才发展起来。北美殖民地时期，美国不存在一般意义上的公司立法，公司的成立须经英王、英国议会或当地总督或议会的批准。当时大多是非营利性团体，只有少数以营利为目的的公司是经英王颁发的特许状后成立的，如 1606 年的弗吉尼亚公司和 1629 年的马萨诸塞湾公司。其后，公司的股东演化为选民，每年投票选举的董事组成殖民政府的立法机关及行政执行机构。独立后，按照美国 1787 年宪法的规定，有关公司的立法属于各州的权限范围，公司发展的进程虽加大了步伐，但也只限制造业、桥梁、银行和保险业等。19 世纪随着工业化的过程和商业公司的增多，有关公司的立法发展了。1830 年仅在新英格兰登记的公司就有 1300 家。起初，美国遵循英国的普通法律程序，要由立法机关通过一个特别法案授予特许状，公司才能成立。这种程序颇费周折，不能适应经济迅速发展的需要。1811 年纽约州颁布的公司法改变了上述程序，规定只要公司的发起人签订了公司章程，向政府申请登记，政府就发给执照，准许成立。其他各州纷纷仿效。于是，公司的建立实行双重制度，即按传统特许制和申请登记制。到 19 世纪 60 年代，美国国会以申请登记制取代了公司特许制，其公司的成立，已由国家特许主义完全转向国家许可主义。由于对公司的管辖权属于各州，所以公司创办人首先要选择公司在哪一个州注册，并向该州的州务卿提出申请和公司章程等文件。[①] 由于特拉华州的公司法为设立公司提供了更为自由和便利的条件，所以，许多公司拥入该州注册登记。纽约股票交易所上市出售有价证券的公司中，有近 1/3 的公司是在特拉华州登记的，被称为“公司天堂”。

20 世纪以来，联邦政府加强了公司立法，其中重要的有 1933 年的《证券法》和 1934 年的《证券交易法》。1928 年，美国统一州法委员会起草并推出《唯一公司法》，得到了一些州的采用。1950 年全美律师协会起草了《美国标准商业公司法》，已为大多数州所采用。同时，通过大量判例有力地发展了公司法，如 1937 年西海岸旅店公司诉帕里斯案和 1953 年史密斯公司诉巴楼案在公司法理

---

① 以各州公司法中最具典型意义的特拉华《公司法》(1899 年) 为例，公司章程规定的事项有：公司名称、公司所在地址、经营业务的性质、批准发行的股份数额、公司准备开业的资本总额、公司创办人的姓名及住所、公司的营业时限。该章程规定，公司不必在其设立的州内营业。

念上也实现了从权利到责任、从强调个人利益到强调社会利益的转变。

（二）公司法的基本内容

现代美国公司法主要由三个部分组成：一是各州立法机构的公司立法；二是美国国会通过的联邦立法；三是判例法。美国公司法渊源以州制定法为主。根据1991年版修正的《标准商业公司法》的规定，公司的基本特征是：从事经营活动的资合公司；以自己的名义享受权利承担义务，因而可以起诉和被诉；只能以公司的财产偿付其债务，而其股东并不承担公司债务；公司的股份可以自由转让，所以公司的存在不取决于特定股东的存续；代理权和业务执行权集中于董事会。这一法律是授权性的，虽不具任何法律效力，但却代表了公司法发展的方向，很具权威性。

早期公司法理念主张自由管理，其后，对公司的权利义务、解散、清算等问题进行了较明确的规定。《标准商业公司法》规定，股东、董事会和公司的执行机构参加公司的管理。股东是取得公司股份，作为公司成员的出资人，按拥有的股份数额享有权利，承担义务。股东大会是公司的最高权力机关。其主要权力是任命或解除董事，决定公司重大事宜，如章程的变更、资本的筹集、公司的解散及清算等。董事会全面负责公司的业务执行和代理，董事会至少由3名董事组成。为保证中、小股东的利益，采取比例投票制的选举方法选举董事，每一股份的表决票数与应选董事的人数相同。董事有权为了公司的利益提起诉讼。在董事会无理拒绝提出诉讼，或由于董事本身被认为有错误行为而不适宜作为公司的代表提出控诉时，股东可以依据法院创立的股东的派生诉讼权为公司的利益提起诉讼。

依据《标准公司法》的规定，公司的解散有强制解散和自愿解散两种情况。前者是在检察官提出公司有违法行为，或无力偿还债务而由债权人向破产法院提出申请，或股东利用派生诉讼权提出诉讼的情况下，由法院裁决公司解散；后者是依据股东自愿，结束公司业务。公司解散后，法人资格即终止，公司的权力由接管和清算公司资产的受托人行使，公司资产按法定程序进行清算。

（三）现代美国公司法的特点

1. 在美国，其公司一般指的是有限责任公司。公司的概念在大陆法和英美法是不同的。大陆法的公司，指的是依照商法或有关法律组织成立，以营利为目的的社团法人。英美法的公司，是指依法联合从事某项活动的人们所自愿组合的机构，其本质属性是法人和有限责任。因此，英美法中的公司一般仅指有限责任公司；凡股东负无限责任的属于合伙，在法律上不属于公司范畴。

2. 封闭公司和开放公司。美国公司法按公司股票掌握的对象，将公司分为封闭公司和开放公司。封闭公司的股票全部或几乎全部由建立该公司的少数人占有，股票不上市、转让或公开出售。封闭公司股东的最低法定人数为2人，总数限制在50人以下；开放公司的股东人数最低不得少于7人，没有对最高人数的限制。

3. 一方面政府加强了对公司的控制以保护社会利益，同时，由权利向责任、由个人利益到社会利益，实现了公司法的民主化。20世纪以来，联邦政府加强了对公司的控制与管理，除制定与公司法有关的法律，在统一各州公司立法方面有重大进展外，还通过司法判例。例如，1987年美国联邦最高法院关于印第安那动力公司收购CTS公司一案的裁决中，第一次肯定了印第安那反收购立法中的控制权条款符合宪法原则，有力地推动了自80年代末至今的公司法大变革，实现了经理对股东利益最大化负责向对全部“利害关系人”负责的根本转变，在公司立法史上冲击了一元化股东利益最大化的传统理念，完成了公司法革命性变迁，使美国公司法朝着“经济民主化”的大方向发展。

4. 美国公司法的法律渊源主要是各州的判例法和制定法。在国家法律统一化和强化政府控制的过程中，公司法律制度也经各州对1950年制定、1991年修改的《标准商业公司法》采用而实现了大致上的统一。

三、破产法

在美国，破产法属于国会立法范畴。19世纪中叶以前，美国曾分别于1800年和1841年颁布过两部联邦破产法，但这两部法律因移植英国有关法律而不符合国情，实施不久即被废止。当时，各州所实施的不过是一些关于无力清偿债务、延缓执行方面的法律。1867年国会通过了第三部联邦破产法，但因规定较为严格而于1878年被终止效力。19世纪末，由于美国连续遭受大的金融危机，许多大公司的债务得不到清偿，资金得不到良性运转，损害了债权人的利益，使负债公司被强制性地拍卖财产或宣布停业，最终危及社会的安定。1898年《联邦破产法》的推出，在全国范围内确立了统一的破产制度，通过“重组”企业达到既保护债权人的权益，也不致使债务人遭受更大经济损失。该法规定：任何一个债务人，都有自愿破产的权利；对主要从事农业种植的人和工薪阶层不能强制其破产；破产企业的工人和职员可优先获得破产前三个月或300美元以内的工资作为补偿。这部破产法的颁布实施，奠定了美国现代破产法的基础。1978年，在对1898年《联邦破产法》进行修改的基础上，颁布了《破产改革法》。此外，国会又于1988年和1990年分别通过了①有关专利及知识产权破产事项的修正案和个人债务的债务解脱修正案。至此，美国的破产法体系已臻于完备。

现行的美国破产法共8章，主要规定了破产定义、解释规则、具体效力、债务人资格、案件管理、请求、分配程序及宣布、适用清算破产的主体、地方政府实体债务的调整、商业组织重组、农户的债务调整及对个人债务的调整，等等。依法破产程序有直接破产程序和协商改组程序两种。直接破产程序由债权人或债务人向法院提出申请，依法宣布债务人破产并对其财产进行清算。协商改组程序是由债权人和债务人双方签订协商改组协议，改变债务人企业的经营管理机制，

① 随后又分别于1984年和1986年对该破产法进行两次修订。第一次修订的主要内容是界定破产法官与联邦地方法官的管辖权；第二次是增设了联邦信托人和家庭农场破产法。

暂缓清偿债务，如暂缓期满，债务人仍无力清偿债务，可转为直接破产程序，其目的是在维护债权人的利益的前提下，给债务人一个通过对企业的调整或重组获得新生的机会。同时，从考虑社会利益的角度出发，建立起破产预防制度。

第五节　经济和社会立法

一、反垄断法

美国是世界上第一个制定反垄断法的国家。19 世纪下半叶，美国开始由自由竞争进入垄断资本主义时期，随着经济的迅猛发展和科技进步，垄断成为经济生活中的突出现象，严重影响了自由竞争经济的发展和美国国内市场经济的基本架构。在此背景下，反托拉斯法应运而生。美国反托拉斯法主要是联邦立法，其立法依据是联邦宪法关于授予联邦管理卅际商业和对外贸易权力的条款。美国联邦健全、完善的反托拉斯法体系主要由《谢尔曼反托拉斯法》、《克莱顿反托拉斯法》和《联邦贸易委员会法》构成。

（一）《谢尔曼反托拉斯法》

1890 年《谢尔曼反托拉斯法》是美国第一部反托拉斯法。该法因参议员约翰·谢尔曼的提出而得名，其正式名称为《保护贸易及商业免受非法限制及垄断法》。《谢尔曼反托拉斯法》是美国反托拉斯法律中最基本的一部规范性法律文件，共 8 条，其主要内容集中规定在第 1 条和第 2 条中。第 1 条规定：以托拉斯或任何类似形式限制州际贸易或对外贸易者均属非法，违者处以 5 千美元以下罚金或 1 年以下监禁或二者兼科。第 2 条规定：凡垄断或企图垄断，或与其他任何人联合或勾结，以垄断州际或对外贸易与商业的任何部分者，均作为刑事犯罪，一经确定，处罚与第 1 条相同。

《谢尔曼反托拉斯法》是美国历史上授权政府全面控制经济的首次尝试，因而，向法院提出严峻挑战。该法涉及大量的经济分析，其精密性要求远超过其他方面的案件。该法所涉及的是庞大的公司、复杂的工业结构和广泛的商业活动，其档案材料浩如烟海。该法本身措词笼统，如“贸易”、“联合”、“限制”等词义不确切，给司法解释带来难度。①

① 《谢尔曼反托拉斯法》颁布后遭到大资本家的激烈反对，执行不力。1895 年，联邦最高法院在“美国诉奈特公司”案的判决中宣布，制造业中的托拉斯并不从事商业，不属于联邦管理州际商业的权力范围，因而不适用《谢尔曼反托拉斯法》。1911 年，联邦最高法院又在“美孚石油公司诉美国”案的判决中裁定，限制商业的活动是否非法，取决于这种限制活动是否“合理地进行”。至于哪些垄断行为“合理”，哪些“不合理”，则成为法院自由裁量的问题了。《谢尔曼反托拉斯法》还常常被法院用于反对工会组织、镇压工人罢工运动。工会不断被法院宣布为“特种托拉斯”，是垄断组织；工会组织的罢工活动是“妨碍贸易的行为”，是非法行为。仅 1890 年至 1897 年间，联邦最高法院就根据《谢尔曼反托拉斯法》作出 12 项不利于工会的判决。

（二）《克莱顿反托拉斯法》

1914 年，美国国会制定了第二部重要的反托拉斯法，作为对《谢尔曼反托拉斯法》的补充。该法因由众议员克莱顿提出，因此被称作《克莱顿反托拉斯法》。该法规定以下行为属非法行为："可能在实质上削弱竞争或趋向于建立垄断"的商业活动；价格歧视，即同一种商品以不同价格卖给不同买主从而排挤竞争对手的行为；搭卖合同，即厂商在供应一种主要货物时坚持要买方必须同时购买搭卖品的行为；在竞争性厂商之间建立连锁董事会，即几家从事州际商业的公司互任董事的行为；在能够导致削弱竞争后果的情况下购买和控制其他厂商的股票的行为。

（三）《联邦贸易委员会法》

1914 年，美国国会制定了《联邦贸易委员会法》。该法规定设立联邦贸易委员会，负责执行各项反托拉斯法律。其职责范围包括：搜集和编纂情报资料、对商业组织和商业活动进行调查、对不正当的商业活动发布命令阻止不公平竞争。

以上几项法律至今仍是美国反垄断、管理州际贸易和对外贸易的主要法律，属于混合法性质。反垄断法的立法目的是保证消费者的合法权益，确保自由、平等和公正的理念在市场运行中得以体现。1936 年国会又通过《罗伯逊—伯特曼法》，对《克莱顿法》的若干规定加以修正；1938 年制定了《惠勒利法》，1950 年又制定了《塞勒—凯弗维尔法》，分别对《联邦贸易委员会法》的第 5 条和第 7 条加以修正，1980 年的《反托拉斯诉讼程序改进法》又对其第 7 条作了更严格的修改。通过这些立法的修正，使得上述三个主要反托拉斯法所确立的美国市场竞争法律制度得到不断补充和完善。

二、社会立法

美国现有的社会立法，多是 20 世纪 30 年代后在社会法学派思想及福利国家观念的影响下制定的，如劳工关系、退休、抚恤及失业保险等法律。

（一）劳工关系法

随着工人运动的兴起，19 世纪末 20 世纪初，联邦和各州立法机关普遍制定了一些有关工时、工资、工伤事故、童工和女工等问题的法律，如在过去立法的基础上联邦制定了 1936 年《全国产业复兴法》和 1938 年《公平劳动标准法》，规定了最低工资标准和最高工时标准。战后，1942 年制定了有关带薪休假制和改善居住条件的法律，其后相继推出 1964 年《人力开发培训法》，1971 年《紧急就业法》和 1973 年《综合就业与培训法》等有关劳动立法。

1909 年纽约州制定《劳工赔偿法》规定雇主对发生于雇用过程中的所有损害事故负责，不论其有无过失。其后约有超过一半的州制定了《劳工赔偿法》。劳工赔偿法规定对于由雇佣引起的或在雇佣过程中发生的一切伤害都得赔偿。工业中意外事件的损失应列入由企业承担的企业成本。这就在某种程度上否定了过错责任原则，确立了无过错责任原则和严格责任原则。最初，这些立法都被联邦最高法院或州最高法院宣布为无效，如1905年的“洛克诉纽约州”案就是这方面的典型案例。① 1917年和1919年联邦最高法院被迫宣布各州的《劳工赔偿法》合宪有效。从而使上述赔偿责任原则进入侵权行为法领域且扩大到其他领域，如工农业生产、交通事故及产品责任领域，法律以社会责任的概念取代个人过失有观念。

20世纪30年代，随着经济危机的日趋严重，劳资关系尖锐，工人运动势不可当。1932年《诺里斯—拉瓜迪亚法》给予工会代表工人签订集体合同的权利，禁止法院对工会使用反托拉斯法。这是美国第一部现代劳资关系法。其后，国会通过1935年《国家劳工关系法》（又称《华格纳法》）承认工人有组织工会，进行集体谈判和举行罢工的权利。该法禁止雇主操纵或干涉劳工组织、歧视工会会员和工人、拒绝同工人选举的代表进行集体谈判。依据该法成立了国家劳工关系局作为执行该法律的政府机构，处理劳资纠纷，就雇主侵犯雇工权利的行为向雇主发出禁令，由法院强制执行。战后，该法受到有产者强烈抵制。1947年推出一项旨在限制和镇压工人罢工的反劳工立法，即《塔夫脱—哈特莱法》。② 该法的主要内容为禁止同业工人举行全国性的集体谈判。该法被称为“奴隶劳动法”。直到1965年，最高法院才在“美国诉布朗”案的判决中宣布禁止共产党人担任工会职务的规定为违宪。

（二）社会福利法

第一次世界大战后，美国制定了有关社会福利的单行立法，通称社会福利法。其中，1935年《社会保障法》最为典型，该法是历史上第一部正式以“社会保障”命名的法典，在美国历史上首次建立了联邦社会保障体系，标志着联邦政府进入了广泛的社会保险领域，提供社会福利是联邦和州共同的职能。该法的主要内容包括：联邦政府资助各州对贫困老人、孤苦儿童和盲人提供救济，帮助残废者得到职业，对保健机构实行补助，对退休职工提供养老金，对失业工人提供救济费等。该法由老年社会保险、盲人和残废者补助、老年补助、未成年补助和失业社会保险五大项目组成，确立了全国性的老年福利制度和范围广泛的失业

---

① Lochner v. New York（1905，198，U. S. 45）一项纽约法令规定，禁止雇用任何人每周在面包房或糖果店工作60小时以上。美国最高法院认为这项法令违背了《宪法第14条修正案》所保障的个人自由，侵犯了个人签订合同的权利，是违宪的。霍姆斯大法官对此提出了著名的反对意见。这个案件表明了当时法律放任主义的主流态度。参见《牛津法律大辞典》，光明日报出版社1988年版，第561页。

② 该法规定：工人进行集体谈判的代表范围限制在50英里以内；同一行业中两个工厂的工人不得同时谈判罢工，禁止以同情罢工彼此支援。任何罢工必须有60天静候调查的“冷却时期”，以待政府的调查和仲裁；禁止工会进行纠察和“一切非法的联合”；在“危害国家安全”时，总统有权指令司法部长要求法院发布在80天内禁止罢工的禁令；禁止工会与厂主订立只许雇佣工会会员的合同，禁止工会要求同厂的工人加入同一工会组织；工会不得以自己的基金作政治活动之用；禁止共产党员或共产党的同情者在工会中工作，工会要具结保证在自己的组织中没有共产党员。该法律颁布后一年内，国家劳工关系局就发布了29起针对工会的禁令，取消了50个进步工会的许可证。从1947年年底到1948年年底，曾7次派遣警察镇压和破坏罢工。从1956年年底到1957年年初，有22名工会领袖以与共产党“共谋”的罪名被提起公诉。

保险制度，构成了补助劳动者生活的“生活安全网络”。这一制度主要是通过向厂主和工人征税积累资金实施的。① 其后，《社会保障法》经过多次修改和补充，如于1939年增加了“遗嘱抚恤计划”、1957年增加了“残疾人福利计划”、1966年增加了65岁以上老人“医疗保险”等，从而进一步扩大了其适用范围，成为美国福利国家政策的重要内容和有效手段。

第六节 刑 法

美国刑法导源于英国刑法，虽在殖民地时期就有刑事立法，但主要是援用英国普通法。19世纪后，美国联邦国会和各州议会都制定了单行刑事法规，并对英国传统的普通法刑事原则进行了改造。联邦刑法和州刑法都有制定法和判例法两种基本形式。现代美国刑法的发展趋势是统一化、轻刑化和非刑化。

一、刑法渊源

（一）制定法

在刑事立法方面，联邦国会享有宪法明文列举的立法权，包括：制定关于伪造合众国证券和流通货币的惩罚规则；规定和惩罚在公海中所犯的海盗罪与重罪及违反国际公法之罪；宣告和惩罚叛国罪；联邦宪法直接规定了“叛国罪”的构成要件和审判程序。“背叛合众国的叛国罪，只限于发动反对合众国的战争，或者依附合众国的敌人，给敌人援助。无论任何人，非经该案证人二人证明或经其本人在公开法庭供认，不得受叛国罪的裁判”（《美国联邦宪法》第3条第3款）。联邦宪法规定的叛国罪以及同叛国罪相关的犯罪的司法管辖权属于联邦法院。联邦宪法还规定了对特殊犯罪主体的“弹劾程序”。“总统、副总统及合众国文官，受叛国罪、贿赂罪或其他重罪与轻罪的弹劾和定罪时，应受免职处分”（《联邦宪法》第2条第4款）。对于总统和副总统的弹劾，要求众议院提出弹劾议案，由参议院在联邦最高法院首席法官主持下进行事实和法律的审判，对弹劾案作出判决。通过剥夺公权的法案、追溯既往的法律或损害契约义务的法律等。除了宪法列举的立法权范围以外，联邦国会还利用“默示权”，通过宪法规定的商务条款、征税权、战争权、公民权利和管理邮政的权力等，制定了大量的刑事法规。最早的联邦刑事立法是1790年的《治罪法》，该法包括叛国罪、海盗罪、伪造罪、伪证罪、贿赂罪、公海上的谋杀和其他犯罪、违反国际公法的犯罪。1877年经过对众多单行刑事法规的整理，编纂了《联邦修正法律》。这是第一部以法典形式颁布的联邦级刑法，首次对谋杀和过失杀人进行界定，区分了重罪和

① ［美］伯纳德·施瓦茨著：《美国法律史》，王军等译，中国政法大学出版社1997年版，第186页。

轻罪及其刑罚，增加了妨害选举和公权罪罪名。1909年，国会通过了《编纂、修正、改订联邦刑事法规》，其适用范围较之1877年法更加广泛，增加了妨害国际贸易和州际贸易罪与妨害邮政罪。1948年编制《美国法典》第18篇，即“犯罪与刑事诉讼”篇。其后，该篇经过数百次修改，是美国现行联邦刑法典。伴随着20世纪50年代以来的刑法改革运动，美国法学会于1962年推出《标准刑法典》①，为刑法的完善提供了典范。此后，多数州以《标准刑法典》为蓝本制定了刑法典。1966年，美国国会建立“蓝本刑法改革全国委员会”，于1971年提出《联邦刑法典（草案）》，但未正式颁布。

除上述宪法规定的联邦立法权外，美国的刑事立法权主要由各州行使。从19世纪起，多数州的立法机关制定了刑事法规或刑法典，其中有的是普通法的法典化，如1820年制定的《路易斯安那州刑法典》，1865年制定的《纽约州刑法典》。20世纪50年代以来，大多数州制定了或修改了刑法典。各州的刑事立法有两种情况：一种是将全部犯罪都规定在刑法典中，刑事控告完全根据刑法典进行，完全废除了普通法罪名；另一种是将部分罪规定在制定法中，对其他犯罪的控告仍然依据普通法进行。

（二）普通法

在刑事司法实践中，联邦法院也以判例形式吸收和运用普通法制度。19世纪后大多数州通过制定法对普通法上的某些罪加以规定，使制定法成为刑法的主要形式，有少数州则仍保留了较多的普通法犯罪。

刑法的内容及其基本特点有：

第一，刑法渊源具有多样性，其刑事法律体系在结构上较为复杂。美国刑法由联邦法和州法两部分构成，州法为主；每个刑事法系统又都有制定法和普通法制度。除联邦和各州立法机关制定的刑事法律外，还有行政机关制定的含有刑罚规范的法律文件，如行政条例、城市法令、地方法规等。普通法除判例外，还包括权威性法学著作中阐述的普通法原理。此外，各州刑事法又不尽一致。

第二，犯罪分类标准不一，各罪细划不同等级。美国曾长期沿用英国的犯罪分类：叛逆罪、重罪和轻罪。不过，在历史发展过程中，各州有所区别。一般而言，美国联邦刑法典和各州刑法典将犯罪既分为重罪和轻罪两大类。重罪指判处死刑或1年以上监禁的犯罪，包括谋杀、强奸、抢劫、严重行凶、侵入住宅、偷窃、偷窃汽车。轻罪指被判处罚金或1年以下监禁的犯罪，包括少量金额的偷窃，情节不严重的行凶，非法使用车辆等。有些州的刑法典除规定重罪轻罪外，还有微罪和违警罪，如《美国标准刑法典》就将犯罪分为重罪、轻罪、微罪和违警罪，其中，又将各类犯罪分为不同的“级”，如重罪分为3级，伊利诺伊州刑法典规定重罪分为4级。

① 《标准刑法典》由4部分组成，共176条，有总则、具体犯罪、处罚和矫正、矫正机构。在条文后附有评注，其体系结构更具系统性和逻辑性，对各州

第三，缺乏明确的犯罪定义，犯意是其强调的刑事责任要件。犹如英国，美国也强调“犯意”构成，也即犯罪的成立除了要求达到刑事责任年龄和精神正常的行为人实施了犯罪行为且造成危害结果，还要求行为人具有主观方面的过错要件，即犯意。《标准刑法典》将犯意分为故意、明知、过失和疏忽四种精神状态。不同的犯罪对犯意具有不同的要求。不过，对于一些违反交通、食品和药物管理规定的犯罪，不要求犯意，适用严格责任原则。

第四，刑罚种类上，主要有死刑、监禁和罚金等。在美国，死刑的废存长期存在争论，其适用范围相当狭窄。美国有一些州曾废除死刑，后又恢复死刑。现在大约有半数州保留或恢复死刑。死刑的执行方法有电椅、煤气窒息、绞首、枪决、注射剧毒药品等。各州所适用的监禁刑大体可分为不确定刑期、确定刑期、强制刑期及终身监禁四种。[①] 刑期幅度大，给予法官以广泛自由裁量的余地。数罪并罚，采用相加原则，有的刑期可高达数百年。罚金刑并不绝对限于轻罪，其适用范围相当广泛。此外，在法律社会化的影响下，加强了对犯罪的预防，加重了对累犯的惩罚，广泛适用“保护观察”措施。

第七节 司法制度

美国存在着联邦司法系统和州司法系统“双轨”并行的司法管辖体制。这种双轨司法体制构成了美国司法制度一个重要的制度特征，在很大程度上影响且决定着美国的法治社会。

一、司法部

美国司法部是美国联邦政府机构之一，它是美国司法系统中不可分割的一个组成部分，是美国最高司法行政机关、最高检察机关和最高执法机关。司法部部长是联邦政府法律事务的主要官员，由总统经参议院任命，司法部部长兼任联邦总检察长，也是联邦政府法律事务首脑，在法律上代表美国并充当总统和政府行政首长的法律顾问，向总统和政府行政首长提出法律咨询意见，监督司法行政管理，指导有关国家安全法律问题的解决，监督监狱和其他惩办机关以及各地区检察系统的工作，作为联邦总检察长，在联邦法院审理重大案件时代表政府参加诉讼。美国司法部的职能主要包括：负责法官选任的具体工作，民事、行政裁决的强制执行，以及部分法院的司法行政工作；管理和监督联邦检察系统；管理和监督联邦警察系统；管理和监督联邦所属的全国监狱及其他惩罚机构；对违反联邦

① 不确定刑期指规定刑期的最低限和最高限，在此期间如果犯人表现好，可以减刑或假释。确定刑期指刑期是固定的，亦可因犯人表现好而减刑或假释。强制刑期指法典明确规定必须判处规定刑期，法官无权改动。

法律的各种罪犯活动包括颠覆活动等案件进行调查和起诉；负责调查并向总统汇报有关假释、缓刑、赦免的请求；执行移民法、国籍法和有关麻醉品管理的法律；协助起草联邦法律规程，应总统或政府首脑的请求，提供有关法律问题的意见；依法对公民予以法律上的保护和帮助；保护商业正常竞争；归口管理对外司法协助与交流。其主要机构设置：司法部除执行官局外，还设有反托拉斯司、刑事司、民事司、民权司、国内安全司、土地和自然资源司、税务司、移民归化局、联邦调查局、监狱管理局、行政强制署、毒品管理局、法律顾问局、立法事务局、司法援助局、司法统计局、移民检查执行局、美国假释委员会、国家申请局、联络服务局等。

二、法院系统

（一）联邦法院及其管辖权限

依据《联邦宪法》和《司法条例》，合众国的司法权属于最高法院及随时制定与设立的低级法院。美国联邦法院系统由联邦最高法院、联邦上诉法院、联邦地区法院和联邦专门法院组成。联邦法官任终身职，由总统取得参议院同意后任命。联邦法院主要负责审理与联邦法律有关的各种案件，管辖涉及州与州之间或州与联邦政府之间争执的案件，以及涉及外交官员、海事、海商等案件。[①] 联邦司法管辖权的范围依案件的性质可分为两类：其一，发生在联邦宪法、法律以及美国与其他国家缔结的条约上的涉及普通法和衡平法的案件；其二，关于海上裁判权及海事裁判权的案件。

虽然美国宪法规定了属于联邦法院的管辖权限，但国会有权决定哪些案件仅由联邦法院审理，哪些案件可由州法院审理。一般来说，发生在联邦法律下的刑事案件，以联邦为当事人的争讼、州与州之间的争讼、州与外国间的争讼，在联邦法律下发生的价值超过1万美元的诉讼，由联邦法院审理。其他案件，国会允许各州法院有共同管辖权，可由当事人自由选择向何种法院起诉。也就是说，联邦法院系统与州法院系统在某些案件中可能会出现“聚合”。[②] 这些案件主要是

---

① 美国宪法第3条第2款规定：“司法权的适用范围包括：由于本宪法、合众国法律和根据合众国权力已缔结的条约而产生的一切法律和衡平法的案件；涉及大使、其他使节和领事的一切案件；关于海事法和海事管辖权的一切案件；合众国为一方当事人的诉讼；两个或两个以上州之间的诉讼；不同州公民之间的诉讼；同州公民之间对不同州让与土地的所有权的诉讼；一州或其公民同外国功外国公民或国民之间的诉讼。”依当事人的身份又可分为七类：其一是一切有关大使、公使及领事的案件；其二是合众国为当事人一方的诉讼；其三是州与州之间的诉讼；其四是州与另一州公民之间的诉讼；其五是一州公民与另一州公民之间的诉讼；其六是同州公民之间为不同州所让与的土地而争执的诉讼；其七是一州或其公民与外国政府、公民或其属民之间的诉讼。由于对一州受他州公民或外国公民或属民控诉的案件的管辖权的宪法规定存在争议，1798年美国国会通过第11条宪法修正案，规定他州公民、外国公民或外国属民对美国某一州起诉的任何普通法或衡平法的案件，不得由联邦法院受理。据此，一州公民控诉另一州的案件，只能首先在州法院起诉，联邦最高法院对此类案件只有上诉管辖权。以宪法修正案的形式约束联邦司法权，在美国宪法史上仅此一例。

② 宋冰编：《读本：美国与德国的司法制度及司法程序》，中国政法大学出版社1998年版，第96～97页。

由于当事人认为自己的联邦宪法权利受到了侵犯，而且在州法院系统已经穷尽所有的救济可能，这时他可以请求联邦最高法院对案件进行管辖。当然，是否受理仍由联邦最高法院决定。

1. 联邦最高法院。联邦最高法院是联邦法院系统的最高上诉法院，也是来自州法院涉及联邦法律问题的最高上诉法院。[①] 成立于1790年的联邦最高法院，最初其法官的数目不很固定，自1869年始由9名大法官组成迄今已经形成一种惯例。其中一名首席大法官由资格最老的大法官担任，主持开庭且担负行政职责。最高法院大法官由总统提名并经参议院同意后任命，可终身任职，除因"行为不当"受到国会弹劾，不得免职。最高法院具有初审管辖权（对于涉及大使、其他使节和领事以及一州为一方当事人的一切案件）和上诉审管辖权，负责审理涉外案件和以州为当事人的案件，以及不服州关于裁决的上诉案件。其上诉管辖范围是复查联邦地区法院的裁决、复查联邦上诉法院的裁决以及复查州法院的涉及联邦问题的终局裁决。此外，最高法院还审理通过移送令状转呈的特别的、具有重大理由的案件。从1882年起，最高法院的判决编成《美国判例汇编》，对全国一切法院均有约束力。

2. 联邦上诉法院。始建于1869年的联邦上诉法院亦称巡回上诉法院，现由13个上诉法院组成，其中，有11个巡回上诉法院（Circuit Court），每个巡回上诉法院都有自己特定的管辖范围；另外还有一个专门为哥伦比亚特区设立的上诉法院（D. C. Circuit）以及一个审理专门案件的联邦巡回上诉法院（Federal Circuit）。联邦巡回上诉法院审理的专门案件包括专利、版权以及商标案件。联邦上诉法院共有法官156名，都由总统提名、国会批准而任命。各法院法官人数不等，一般设置3至15人，开庭审理案件的法官一般为3人，要案、难案由全体法官参加审理。联邦上诉法院只接受对联邦地区法院的终局性裁决的上诉案件，复查地区法院的中间裁决，也受理对诸如联邦劳工关系委员会等行政裁判所做出的准司法裁决的上诉。联邦上诉法院每年大概要审理40000件上诉案件，而且有上涨的趋势，特别是民事案件占很大一部分。依据1968年《联邦上诉程序规则》，联邦上诉法院在审理上诉案件时，一般对地区法院适用法律是否准确进行审查，而不对案件事实进行审查。

3. 联邦地区法院。作为联邦法院系统中唯一实行陪审制的法院，联邦地区法院对于联邦司法管辖权限内的案件具有初审管辖权。共有94个，分布于各州和哥伦比亚特区。[②] 联邦地区法院现有法官约576名，由总统提名、国会批准任命的。就民事案件，联邦地区法官只负责审理不同州之间当事人争议标的额超过

① 现在，最高法院每年收到各联邦法院和州法院的上诉案件有5000件左右，但是最高法院在受理案件的时候是有选择的。[美] 杰弗里·C. 哈泽德、米歇尔·塔鲁伊著：《美国民事诉讼法导论》，张茂译，中国政法大学出版社1998年版，第46页。

② 几乎每个州都有一个地区法院，一些较大的州，如纽约州、加利福尼亚州则设立了4个地区法院。各个地区法院的法官数量从怀俄明州的2名到曼哈顿地区法院的27名不等。这是因为有的地区法院管辖的地理范围很大，案件数量较多，需要更多的法官来处理繁重的诉讼任务。

1 万美元的案件，或一个州的政府起诉另一个州的居民或公司的案件，或当事人一方是联邦政府的案件；就刑事案件，他们负责审理那些严重的联邦违法犯罪案件。一般只由 1 名法官独任审理，重大案件须有 3 名法官审理。此外，还有 286 名专职和 183 名兼职的治安法官，主要负责审理一些轻微违法犯罪案件和一些标的额较小的民事案件。

4. 联邦专门法院。国会通过特别立法设立了一些专门的法院，如联邦军事上诉法院、联邦权利申诉法院、联邦赔偿法院、联邦关税法院、联邦海关与专利权法院、国际贸易法院、国际联邦税务法院、联邦退伍军人上诉法院等。此外，某些联邦行政系统的独立管理机构也具有部分司法权能，有权就其职权范围内的争议作出裁决，如联邦贸易委员会、全国劳工关系局等。

（二）州法院系统

美国州法院系统负责审理与本州法律有关的案件。在美国，绝大部分的案件都是由州法院系统管辖。[①] 州法院系统极不统一，各州各级法院的名称、组成、管辖权均不一致。一致性大体上为：一是第一审法院实行独任法官制和陪审制度；二是法官大体经选举产生；三是法院组织体制大体相同，由四级法院组成，即低级法院、郡法院、州上诉法院和州最高法院。前两种为初审法院，分为有限管辖权法院和一般管辖权法院（或称普通管辖权法院）。州司法权所包括的案件大多不涉及联邦问题，主要有：关于普通法上的案件；涉及州宪法、州法律、法令的案件；发生于地方政府颁行的特许状和命令的案件；一州与本州公民之间的争执案件。凡涉及联邦法的案件联邦法院没有专属管辖权的，州法院亦有管辖权。联邦政府还准许州法院享有对归化、签发护照及破产事宜的管理权。州法院还有权宣告州法律和国会制定法违宪。

1. 州最高法院。州最高法院是州法院系统的终审法院。[②] 州最高法院法官人数一般 5 至 9 人不等，其中包括首席法官 1 人。法官多由选举产生，有的州则由州长任命、州参议院批准，各州对法官的任期规定不一，多数州为 6 至 10 年，也有的是终身制。州最高法院原则上只审理法律点，负责审理来自本州初审法院或上诉法院的上诉案件。它有权通过审理具体案件宣布州的立法是否违反州宪法，也有权对涉及州宪法和其他州法律之间的冲突进行解释，并做出最后裁决。对州最高法院涉及联邦问题的终审判决不服可上诉至联邦最高法院。州最高法院审理案件时一般没有陪审团审判，而是由法院全体法官进行合议审。

2. 州上诉法院。直到 20 世纪初，州法院系统内只有州最高法院一个上诉机

---

① 美国宪法第 10 条修正案规定："举凡宪法未授予合众国政府行使，而又不禁止各州行使的各种权力，均保留给州政府或人民行使之"。这一"保留条款"是划分联邦与州的权力，包括司法权的基本原则之一。凡宪法未规定属于联邦法院管辖而又未禁止各州管辖的案件，皆由州法院管辖。所以，州的司法权较为广泛，由州法院审理的案件均占全国案件的 9/10。

② 各州最高法院的名称各有不同，如肯塔基州、马里兰州和纽约州称"上诉法院"；缅因州和马萨诸塞州则称最高审判法院；西弗吉尼亚州称最高上诉法院。另外，得克萨斯州和俄克拉荷马州则设置了两个终审法院，即最高民事法院和最高刑事法院。

构。随着上诉案件数量的急剧增长，许多州便开始创建州上诉法院。有的州只设立了一个上诉法院，有的州则设立了2~3个上诉法院。上诉法院法官3~5人不等，采用合议制。大多数州的上诉法院负责审查民事上诉案和刑事上诉案。不过，在亚拉巴马州和田纳西州，上诉法院还设立了专门的民事庭和刑事庭，有区别地审查民事和刑事案件。

3. 郡法院。州法院系统的第一审法院,① 有的称州地区法院、巡回法院或高级法院。其特点是保存诉讼案卷（称“诉讼案卷法院”）州地区法院负责一般民、刑事案件的初审，也处理低级法院如治安法院和有限管辖权法院的上诉案件。法官定期巡回，由1名法官主持、陪审团参加审理。州地区法院对于认定事实的判决，即为终审，但不服关于法律问题的判决，则可上诉。目前，这类法院大概有3200个。大多数都设置了民事法庭和刑事法庭。民事法庭负责审理争议标的额较大的民事案件；刑事法庭负责审理可能判处1年监禁以上刑罚的重罪案件，所以又称“重罪法庭”。此外，有的还设置了青少年法庭、家庭法庭、调解法庭、毒品案件法庭、持枪犯罪案件法庭等专门法庭。

4. 州的基层法院一般是治安法院，设于农村或市镇。这种最基层的法院亦称“有限管辖权法院”、“低等法院”，全美大概有13231个。这些法院的名称各异，有治安法院、市法院、县法院、治安法官法院、地方法院、公证法院、青少年法院、亲属法院、小额争讼法院及交通法院等。治安法官大多由民选产生，任期2年。治安法院的司法管辖权：一是处理一般民、刑事案件的预审，以决定是否送交上级法院审理。二是负责审理交通违法、违反地方法令、轻微犯罪以及数额在500~1000美元之间的民事纠纷。治安法院有权处理1000美元以下罚金以及1年监禁以下的轻微刑事案件，故又称作“轻罪法庭”。民事法庭负责处理离婚、继承、未成年人抚养权等其他简单的民事案件。治安法院由一名法官独立审理，以便宜行事。当事人如果对治安法院的裁决不服，可以上诉到普通管辖权法院。

三、美国联邦最高法院的司法审查权

司法审查，在美国是指法院对行政、立法和司法等国家机构行为的合法性进行审查，以确定这些行为是否与宪法相一致，若不一致，这些行为被宣布为无效。② 在美国由法院审查行政行为是否合法，渊源于英国普通法的传统。美国联

① 这类法院主要是由州政府直接建立和管理，也有的是由县市政府管理。一般管辖权法院的名称也各有特色，有19个州称高级法院，17个州称巡回法院，15个州称地区法院，2个州称中等民事及刑事法院。这些法院通常管辖民事、刑事、衡平法以及遗产验证等案件。周道鸾主编：《外国法院组织与法院制度》，人民法院出版社2000年版，第9页。

② “司法审查”是西方国家通过司法程序，审查和裁决立法行为、行政行为和司法行为是否违宪的宪法诉讼，是一种基本的司法制度。这种制度由美国首创且在第二次世界大战以前主要实行于美国，其后为世界上120多个国家所采用。James V. Calvi Susan COL Eman, American Law and Legal Systems, Prentice Hall, Inc. 2000. p. 127.

邦最高法院的司法审查权，是指美国联邦最高法院有权通过司法程序、审查和裁决立法行为和行政行为是否违宪的司法制度。司法审查是美国司法制度中最有特色的一项权力，源于1803年的“马布里诉麦迪逊”案，是司法实践的结果，其后制定了1948年的《联邦司法审查法》。

1803年的“马布里诉麦迪逊”案（Marbury v. Madison）①是美国联邦最高法院运用司法审查权的首次实践，该案例开创了现代世界违宪审查的先河。该案涉及联邦政府是否履行其法定义务、法院有权对政府发布强制执行令。马歇尔在宣布最高法院的裁决时分析：首先，肯定申诉人马伯里有权担任此职；其次，当作为权益人马伯里的权益受到侵害时，他有权请求法律保护，政府有义务提供此项保护；最后，联邦宪法在规定最高法院的管辖权方面，并未把向行政官员颁发命令状包括在内，马伯里案不符合这一条件。但是，若依据1789年《司法条例》第25条的规定“当事人之全国性的利益受到法院否定时，受害人得向联邦最高法院上诉。”，则联邦最高法院对本案又享有管辖权。可见，问题的关键在于最高法院究竟应当遵从联邦宪法，还是遵从1789年的《司法条例》。马歇尔指出，极为明显而不容置疑的一个结论是：宪法取缔一切与之相抵触的法案。而判定何谓法律，何者符合宪法，其解释权当然属于司法机关。最后，他宣布：由于1789年《司法条例》第13条的规定变相地扩大了联邦最高法院的司法管辖权，明显超出了联邦宪法关于最高法院司法管辖权的规定，应属违宪无效。就此，违宪审查制度在美国首先确立。

“马布里诉麦迪逊案”在美国以至世界宪政史上具有非常重要的历史意义，在某种程度上它开辟了美国及世界宪政史的一个新时代。

第一，就其法律意义，这一案例所确立的宪法原则是：宪法是最高法律，一切其他法律不得与宪法相抵触；联邦最高法院在审理案件时，有权裁定所涉及的法律或法律的某项规定是否违反宪法；经法院裁定违宪的法律或法律规定不再具有法律效力。依据这一原则，美国联邦最高法院有权通过审理案件解释联邦宪法且宣布违反宪法的法律或行政措施违宪。凡经联邦最高法院宣布违宪的法律和行政措施都一律无效。这一案例第一次系统阐明了联邦最高法院本着宪法守护神的职责对议会立法行为和政府立法行为进行违宪审查的理论基础，并使该项权力付

① “马布里诉麦迪逊”案发生在1801年。同年，民主共和党的候选人托马斯·杰斐逊当选为新总统。在总统权力交接之前的1801年3月3日，总统亚当斯在卸任夕对司法机构作了重大调整，改任国务卿约翰·马歇尔为联邦最高法院的首席法官，并签署任命了一批联邦党人担任联邦法官，史称“午夜法官”。第二天，由于马歇尔本人既要卸任，又要接任首席大法官的职位，同时还得以新任身份为新总统杰佛逊主持宣誓就职典礼，以致在匆忙中将其中17名新任命的治安法官的委任状未及发出。马布里就是未接到委任状的被新任命的哥伦比亚特区的治安法官之一。新上任的总统杰佛逊在就职典礼后立即吩咐新任国务卿麦迪逊将这些委任令停发。于是，马布里向联邦最高法院提出申诉，要求根据1789年《司法条例》第13条“联邦最高法院在法律原则与习惯所容许的范围内，得向联邦政府现职官员下达令状，命其履行法定义务”的规定发布强制执行令，强制麦迪逊交出委任状。而联邦宪法第3条第2款规定只有外国大使、公使、领事及州政府为诉讼当事人时，联邦最高法院才享有初审管辖权。朱瑞祥：《美国联邦最高法院判例史程》，台湾黎明文化事业公司1984年印行，第31页。

诸实施、得以制度化。

第二，就其政治意义，确立司法审查合法性的政治理论基础是三权分立。同时，也是落选的民主党向大获全胜的共和党的一次宣战，是一件政党政治的产物。马歇尔主持下的联邦最高法院通过受理一个不应该受理的案件，且小题大做，对控制议会立法权和总统行政权职位的共和党进行报复，而趁机扩大了由民主党主持的联邦最高法院的管辖权。通过这一案例，联邦最高法院对议会和政府的立法行为有违宪审查权，但议会和政府又无法据此对联邦最高法院采取任何措施，进而，结束了激烈的党争。到20世纪70年代，被最高法院宣布违宪无效的联邦法律约有102件，州法律有数百件。

第三，司法审查制度的确立在美国政治法律制度发展史上发挥着重要作用，对美国政治、经济以及社会生活产生了巨大的影响，其主要功能表现是：其一，实现了立法权和行政权的制约与平衡。法治原则和三权分立原则要求立法权和行政权须受到宪法和法律的限制，司法审查权的建立在一定程度上改变和平衡了立法、司法和行政三权之间的力量对比。1789年的联邦宪法虽然规定了“分权制衡”的宪法原则，但是宪法未明确规定法院有权审查立法机关制定的法律以及行政机关的行政行为的合宪性。因此，在实践中司法权是相对弱小的。行政机关特别是总统对法官遴选起着相当大的约束作用，同时国会也有权决定是否通过总统提名的法官。这样，法官手里的司法权往往受制于行政机关和立法机关。司法审查制度的建立极大地加强了司法权，使得美国民主宪政的三个支柱得以相互制约与平衡。联邦最高法院的司法审查权使司法部门有权制约立法和行政部门，是“分权制衡”宪法原则得以真正落实。其二，调整了联邦和州之间的权力分配。美国建国初期，各州固有的权力很大，地方保护主义较严重，而联邦权力相对弱小，不利于一个强大美国的崛起。司法审查制度建立之后，通过联邦最高法院的一系列具有决定意义的判决，特别是在麦卡洛克诉马里兰州案中，马歇尔法官根据宪法第1条的“必需和适当条款”判决国会具有管理各州商业的实质性权力。这一裁决，使得联邦权力得到了实质性的扩大。根据这一裁决各州的法律要从属于宪法、国会制定的法律或联邦最高法院判决中所规定的联邦权力并保证其得到有效的推行。司法审查权的确立有利于调整中央与州的分权关系，扩大了联邦权力，限制了州权，确立了联邦中央在宪法明确规定的权限内至高无上的国家主权原则，维护了宪法的最高权威。其三，宪法的解释权名正言顺地归于联邦最高法院。阐明何为法律是司法部门的职权和职责，因为是出于维护联邦宪法和法治之名。联邦最高法院在不同历史时期利用个案灵活地阐述、解释和发展宪法，维护美国国家、社会和人民的利益。经常被联邦最高法院用来作为司法审查依据的宪法条款主要有“法律的正当程序”条款，“贸易”条款、“平等保护”条款等，最高法院在不同的时期根据需要赋予它们以新的解释。最后，更为重要的是，司法审查这一项宪法诉讼制度的确立，从司法实践层面捍卫了人民的最高意志和原始权利，特别是弱势群体的公民权利。美国人坚信，美利坚宪法代表的是人民的原始权利，是美利坚合众国得以立国的基础。种族歧视一直是美国的现实社会问题。1954 年，联邦最高法院在布朗诉国家教育委员会案中做出了有利于黑人的判决。布朗案的判决是当时黑人民权运动崛起的一种反映，同时它还促使国会制定了 1964 年《民权法案》和 1965 年《选举权法案》，彻底在法律上消除了种族歧视，黑人获得了法律上的平等权和选举权。性别歧视同样是一个历史的难题。妇女在就业、福利、教育等方面都受到实际上的歧视。在《民权法案》通过之前，一些企业和其他类型的用人单位，根据种族或性别标准选择其雇用人员，在工资待遇上也根据种族或性别来划分，通常白人比黑人要高一级，男性比女性高一级。在 1971 年格里格斯诉杜克电力公司案中，联邦最高法院推翻了地区法院的判决并肯定了 1964 年《民权法案》的废除种族歧视的合理性，并强调其他形式的变相歧视也应受到禁止。

曾属《1946 年美国联邦行政程序法》第 7 章的《1948 年联邦司法审查法》[①]，因其特殊之重要性而于 1948 年独立出来，改为现名。该法是美国司法审查的基本程序法。该法共有 11 条，主要内容规定是：关于司法审查人及当事人；关于上诉法院的诉讼管辖权和司法审查权；关于最高法院的司法审查权；关于司法审查的一般程序及诉讼代理和参与诉讼。

第八节　美国法的特点和历史地位

一、美国法的基本特点

美国法与英国法拥有重要的共同基础，即普通法，它们之间有着血缘般的历史渊源关系。因此，“在美国，一般说保持着英国法的概念、推理方法和法源理论”。[②] 其相同性或相似性，如以判例法为主要法源及其表现形式、实行“遵循

① 这一美国司法审查的基本法对司法审查的审请程序、形式要求和预先听证作了较为详细的规定，如规定司法审查案件由申请人居住地或主要营业地的司法巡回法庭或哥伦比亚特区的美国上诉法院管辖。上诉法院对被审查的命令享有命令、取消、中止的决定专属权。有关最高法院的司法审查权的规定是：合众国、行政机关或受害当事人对被审查决定或上诉法院的最终判决不服的，可以在被审查的命令作出后的 45 天内或上诉法院判决后的 90 天内，向最高法院申请提审令。最高法院有权提审。关于司法审查的一般程序规定：申请程序，由受行政命令侵害的当事人于该命令作出后 60 天以内向所在地的上诉法院提出针对合众国的对该命令进行审查、请求救济的诉讼申请，审查请求的提出本身并不延缓或中止行政机关的这一命令的执行；预先听证阶段，上诉法院受案后，可举行预先听证会；行政机关提交记录证明，被请求审查的命令作出的机关是被审查机构，该行政机构须依法向书记员办公室提交待审查的记录；作出审查决定，上诉法院在审查决定过程中，有权撤销在此之前由任何法院作出的暂缓执行命令或诉讼期间的救济令，并有根据在审查记录中提出的申请书、证据及诉讼文件作出决定行政机关命令的效力和全部或部分地禁止、取消或中止这些命令的判决的专属管辖权，有权根据其自由裁量权审理和判决全部或部分地限制或中止行政机关命令的执行。司法部部长依法在所有有关诉讼中负有控制政府利益的责任。

② ［法］勒内·达维德著：《当代主要法律体系》，漆竹生译，上海译文出版社 1984 年版，第 376 页。

先例”的法的适用原则、强调程序法的重要性、缺乏类似大陆法系的部门法分类及公法与私法的分类、传统上并无普通法院与行政法院之分，司法权由普通法院统一执掌，普通法院对刑事、民事、行政案件均有管辖权的司法体制等。但是，在普通法系中，美国法占有特殊地位，其独特性主要表现为：

（一）在法律内容和性质上，封建因素较少，但却具有较浓厚的种族主义传统色彩

由于北美大陆原来不存在封建制度且移民大多不在乎其古老传统，因此，虽然移民把某些封建习俗带到北美，却没能在那里延续下去。美国的政制和地理及其社会条件均不同于英国，美国独立后因地制宜地采纳英国法，使英国法适应美国社会发展的过程，英国法中所具有的明显的封建因素未被采用。例如，废除英国法中的长子继承和限嗣继承制，规定所有子女都有平等继承权，废除土地占有的封建性附加条件，实行自由土地占有制；废除“夫妻一体”以及已婚妇女无行为能力的原则，承认已婚妇女有支配自己的财产及订立契约的权利，等等。美国法律具有浓厚的种族歧视色彩这一特点不仅表现在美国独立前各州颁布的确定黑人奴隶身份、控制和镇压黑人奴隶的法典上，而且明显地表现在美国 1787 年宪法中。该宪法虽然没有使用“奴隶”一词，却使用了“其他人口”的词语，在计算各州选民人数时，奴隶按五分之三的人口计算。宪法还规定国会在 20 年内不准干涉奴隶贸易。南北战争后，虽然宪法废除了奴隶制，其后，也陆续通过了第 23 条和第 24 条宪法修正案，且确立了一些判例等，以“消除种族隔离”，但当今的美国社会仍旧存在浓厚的种族主义，广大黑人等少数民族的权利仍然受到各种各样的限制。

（二）在法律体系的结构上，联邦和各州自成一体

不同于英国的单一制和君主议会制，美国是一个联邦制国家，须解决国家利益和地方主义的问题。因此，联邦和州分别拥有独立的立法机关和司法系统，因而，联邦和州各有不同的制定法和判例法。在制定法方面，联邦和州的立法权的划分由宪法规定。1787 年宪法以逐项列举的方法规定了联邦立法权的范围；以保留的方式规定了各州有权管辖的事项。1791 年通过的第 10 条修正案进一步肯定了这种规定各州权力的方式。这样，联邦除行使宪法规定的立法权外，没有统一的立法权；刑事和民商事务方面的立法权基本属于各州；但各州的立法不得与美国宪法或美国与他国订立的条约相抵触。美国没有通行全国统一的联邦普通法，各州的普通法自成体系。美国的司法机关是双重结构，联邦法院系统和各州法院系统的管辖权不等同于联邦和各州的权力划分。联邦和州法院在管辖权上没有从属关系，两套法院相互平行、独立，但二者之间又有联系。这种联系在制度机制上主要由联邦宪法、特别是其中的“商务条款”和司法审查予以保证。

（三）在法源理论和实践上，制定法的比重和作用较大

美国法虽然以判例法为基础，但与英国法相比，制定法的数量及其作用要大得多。美国不仅颁布成文宪法，而且一直在进行大量的法典编纂和法律汇编等统

一化工作。特别是20世纪后，美国成文法的数量和范围都有大幅度的增加和扩展，不仅绝大部分联邦法律都是成文法，各州法律也都大部分成文化了。其成文法不仅涉及现代工业、商业、银行、交通运输、文卫、环境、科技、社会福利等新兴的法律部门，而且，一些传统的法律部门，如刑法、民法和诉讼法等，在许多州几乎都有成文法典，如加利福尼亚、佐治亚等州，更别说路易斯安那了。

（四）在法的实施过程中，制定法和判例法更具灵活性

英国强调议会主权的原则，国会是唯一的立法机关，因此国会通过的法律具有优先于判例的效力，法院必须遵守。而美国联邦最高法院自1803年开创了具有解释宪法和法律以及行使违宪审查权的先例之后，其制定法较之英国的制定法更具有灵活性。英国自19世纪确立了严格的“遵循先例”的司法原则，虽然到1966年后有所缓和，但其执行上的严格性是同样适用这一原则的美国不可相提并论的。“遵循先例”原则在美国具有很大的伸缩性和灵活性，美国最高法院从不认为应受其判例的约束。联邦和各州的最高法院常常在不同时期作出前后不相一致的判决，不遵守前例是普遍性的。例如，在“1842年斯威福特诉泰森”一案中，联邦最高法院斯托里法官确认存在联邦普通法的判例，但在1938年埃里铁路公司诉汤普金斯一案中最高法院则否定了1842年的判例，认为美国不存在联邦普遍适用的普通法。美国的法官不仅有较大的自由裁量权，在无先例可循时，可以创造先例；在有先例的场合，可通过区别技术进行扩张或限制性解释；而且，对制定法的解释，也拥有较大的自由伸缩空间。在美国，“对抗制”和“正当程序”原则及法律职业得到充分的强调。

（五）司法权处于优越地位，法院享有违宪审查权

在美国，法院创制法律的作用较强。首先，联邦最高法院和各州最高法院可通过司法审查创造法律，因为立法是否合乎宪法不是一个能抽象提出的问题，必须通过个案、在审理具体争讼案件中得以解决，如果法院认为某项立法违宪，即可拒绝执行而使其失去法律效力。可见，这种司法过程也就是一个立法过程。其次，各高级法院还可以在司法实践中通过对成文法的解释创造法律。美国因拥有成文宪法且确立了严格的三权分立原则，解释宪法、守护宪法就成为司法机关的神圣职责，最高法院可以通过司法审判，审查一切法律、法规的合宪性，这就在一定程度上助长了这种说法，即“法院说法律是什么就是什么”，这就使得在三权中较弱的司法权处于优越的地位。

二、美国法的历史地位

英国人自1607年第一批移民踏上北美大陆，中经“五月花号”，到1733年最后一个殖民地的建立，在这一进程中，北美13个殖民地均有宪章、议会和总督，英人传统的习惯法、宪政和法治精神在美国落了户，奠定了“政府须经被统治者同意方可实行统治”的民主政府原则。在古典民主法治理念下，经过艰苦卓

绝的斗争，独立自由的美利坚合众国诞生了，其后在不足200年的时间里发展成为一个在世界范围内最强大的、对现代各国法律构成重大影响的民主法治国家的典范。美国国家兴起和发展的独特性决定了美国法独具特色的历史发展道路、法律体系及制度结构。

在法律的发展进步方面，美国以一种历史主义和实用主义的哲学态度对待和推进，一方面注重传统英国普通法基础的奠定以维续祖辈所倚重的社会生活习性，如1648年马萨诸塞早期法律汇编《普通法令和自由权汇编》成为以后立法的基础，布莱克斯通四卷本的《英国法律释义》成为美国人的普法教材，另一方面，在法律的移植和法律立法改革的历程中不乏其深刻的批判和创新精神以适应新的国情和民情，欧洲启蒙运动的自由哲学中那些“不言而喻”的东西在这里被发挥得淋漓尽致、首次付出实践且获得成功。因此，美国法是以一种前所未有的国家独立战争形式、以将法的进化移植与法的改革推进、将习惯法与成文法、将经验与理性相结合的最佳模式而立于天下的。

在国家宪政架构方面，摆脱判例法而以一系列成文宪法性文件设计了美国联邦主义的国家结构、分权制衡的政权组织形式和活动方式及总统制共和政体。在近代第一次以政治纲领的形式确立了资产阶级人权原则，制定了世界上最早的成文宪法典，以国家根本大法的形式实践着民主平等和人权的人类社会的进步精神和理念。联邦主义使得联邦和各州都拥有独立的立法权和司法体制。联邦系统内有一整套的法院组织、检察组织以及警察机制，同样，各州也有自己的法院组织、检察组织和警察机构。这些宪政法制在世界法律史上占有重要的地位且对近代宪政运动产生了极为深远的影响。

在法律体系方面，发达而完善的美国法是普通法系的重要一员，这只是就其整体法律而言，美国法是以英国的普通法为基础的判例法，保持着英国法的概念、术语、推理方法和法源理论及遵循先例的法的适用原则，属于英美法系。但是，因其独特的发展历程，其法律制度又具有多元化特色，在许多方面具有原创性、地方性和成文法系的特色，在英美法系占有特殊地位。因其糅合了不同法系的制度要素，在现代社会，美国法引领着两大法系发展的方向。

在一些现代特色法律制度方面，美国法独领风骚，如美国的宪政制度、法源制度和司法制度。从法律渊源来看，判例法和制定法在美国法院的适用具有相当的灵活性，不存在主次之分和严格的先例遵循主义，而且，宪法、刑法和诉讼法等公法方面的法典化程度相当高。再如美国实行的是联邦和州“二元”立法体制和“双轨”并行的司法体制。从三权分立的政体理念来看，美国的法院，特别是联邦最高法院拥有特殊的地位。自联邦最高法院确立了司法审查权之后，美国法院在促进社会发展和人权保障方面采取更积极的态度，而且通过法官对宪法和法律的新的解释所产生的判例，间接地起到了立法的作用。美国废除了英国古老的诉讼形式，大部分州取消了普通法之诉和衡平法之诉，实行法官选举制度，灵活地运用陪审团制度，开创了辩诉交易制度等。这些法律制度的改革和创新使美国法成为普通法系中与英国法不同的一个支系。

美国司法制度对现代世界各国影响深远。在世界法律发展史上，英国和法国的法律和司法制度都曾影响美国及其他各国，然而第二次世界大战后，美国实际上已经取得了引导世界法律发展的领导地位，其有关的司法制度也被大陆法系及其他地区和国家所移植和借鉴，如意大利和德国都在宪法框架内设立了宪法法院进行违宪审查。法国也建立了宪法委员会，专门行使违宪审查权。日本在民事诉讼程序和刑事诉讼程序方面就引进了美国的对抗制。欧洲一些宪法法院和欧洲人权法院的判决中还实行美国判决中表明法官不同意见的制度。① 再如，美国的辩诉交易在英国和意大利经改造后广泛实践。

① 沈宗灵著：《比较法研究》，北京大学出版社1998年版，第311页。

第十一章 法国法

法国法是大陆法系的典型代表，它以深厚的思想基础、完备的法典化体系结构、明确严密的原则内容、民商分立的私法制度、发达而独特的行政法制、二元主义的司法制度以及公法与私法的传统分类等法治模式著称于世，对大陆法系的形成和发展产生了决定性的影响，为世界法律文化作出了不朽的贡献。

第一节 法国法的形成和发展

一、法国封建法律制度的形成与发展

法国封建制的法，一般指9世纪上半叶到18世纪下半叶持续近1000年的法兰西王国时期的全部法律。其起讫时间的标志是843年法兰克查理曼王国的分裂至1789年法国资产阶级大革命的爆发。法国封建制法的形成和发展历经三个阶段，由习惯法为主的极不统一、地方性色彩浓厚的法律制度、分散的法律渊源逐步走向成文化、统一化和民族化，为近代法国资产阶级法律制度的形成与发展奠定了基础。

（一）公元9世纪—13世纪以习惯法为主的时期

作为高卢人的后裔，生活在六边形国土上的法兰西人，于公示5世纪中叶，由日耳曼人克洛维建立起法兰克王国。843年，曾经在历史上持续了较长时间并显赫一时的法兰克帝国分崩离析，根据《凡尔登条约》，原帝国一分为三，即法兰西、德意志和意大利。从此开始的法兰西王国的法律制度在原日耳曼法的基础上进入一个新的发展时期。这一时期的法兰西，在经济上，自给自足、分散的自然经济占主导地位，商品经济落后且发展极不平衡；在政治上，结构松散、权力极不统一，国家只是一个由诸多大小不等的封建领地联合而成的共同体。名义上的国王虽然享有立法、行政、司法和军事等大权，但其权力只限于王室直辖领地。大贵族在自己的领地上拥有独立的统治权。王室与教会和大贵族一直处于争权夺利之中，国家制度是由以国王为代表的俗权统治和以教皇为首的神权统治两大政权体系的并立所决定的。此时的法律制度以封建习惯法为主，其特征为：

1. 法律结构体系极为分散、很不统一。由于历史、经济和封建—宗教文化的原因，南部和北部的法律状况明显有别，分为南部成文法区（或罗马法区）

和北部习惯法区（或日耳曼法区）。在各个封建领地、自治市镇、甚至每个庄园和教会都有自己的习惯法和独立的法庭。没有通行于全国的、普遍适用的王室立法和中央立法及司法机构。

2. 法律适用原则上的变化。在12世纪之前，由于政治、经济的极不统一，加之长期战乱、封闭落后，特别是历史传统的因素，使得11世纪之前的法兰西在法律适用上“法随人定”，仍采用过去通行的属人主义原则。罗马高卢人适用罗马法，日耳曼各部族适用自己的习惯法，基督教会采用教会法。但是，由于各日耳曼部族和罗马人及其他民族长期混居了几个世纪，不同的文化相互融合、相互渗透，而且经济、政治和法律也在缓慢地向集中、统一的方向发展，12世纪以后，法律的属地主义原则逐渐取代了属人主义原则，即“法随地定”，由此使得业已存在的两个法区的划分更为明显。以罗亚尔河为界，法国南部主要适用由查士丁尼编纂的罗马成文法和罗马习惯法。法国北部较多采用以日耳曼法为主的习惯法。

3. 法律渊源极为多样。主要实行相当分散的不成文的地方习惯法。[①] 当时存在的主要法律渊源有教会法、商法、城市法、罗马习惯法和日耳曼法等。

（二）公元13世纪—16世纪初习惯法成文化时期

自13世纪起，由于手工业和商品经济的发展，区域间的经济联系加强；同时，国王利用新兴城市和市民阶级力量削弱了封建领主的势力，强化了王权，基本实现了政治上的统一，特别是设立了三级会议，使国家进入了等级代表君主制时期。与此同时，习惯法开始向较集中、统一的成文法过渡。主要特征为：

1. 习惯法成文化，法律的分散性逐步缩小。13世纪开始出现由私人进行的习惯法汇编，如《诺曼底古习惯法》（1200年—1220年）、《诺曼底大习惯法》（1225年）、《波瓦希习惯集》（1283年）。一种“百科全书”式的，融罗马法、教会法和地方习惯法为一体的法律汇编于13世纪在法国北部展开，如《索姆农业区法》、《巴黎高等法院民事诉讼程序》、《法兰西主要习惯法或查理六世的习惯法》和《圣·路易法规汇编》等。从15世纪开始，出现了由官方进行的习惯法汇编。1454年，查理七世发布谕令，要求将所有的习惯法予以成文化，如《奥尔良习惯汇编》、《巴黎习惯汇编》和《不列塔尼习惯汇编》等。到16世纪中叶，法国各地的习惯法不同程度地成文化了。所有的习惯法汇编都有利于减少习惯法的分散性，有利于形成全国普遍适用的法律制度，促进封建习惯法律成文化和统一化。当时，罗马法的复兴运动也深刻地改造了法兰西地方习惯法，使之由分散不一的习惯法转化为较系统的成文法，并使多种来源的法律制度向统一的方向发展。

---

① 据记载，当时仅在北部地区就有习惯法约300多种，大多只适用于某个城市、某个领地或某个庄园或范围更小的领域。在南部，尽管成文法适用的范围广一点，但几乎每个村落都有自己修改过的罗马法地方性自治法规。

2. 建立巴黎高等法院，确立了全国范围内的中央司法行政管辖权和诉讼制度，并有力地促进了全国统一的司法体制的确立。13 世纪后半叶，随着君主制度的确立，法国国王路易九世（1226 年—1270 年）为了强化和统一中央司法管辖权，削弱封建领主的审判权，对原中央御前会议实行改组，设立了两院制，即财务院和司法院，后者名为“巴列门”，即王室法院，也叫巴黎高等法院。事实上，到 13 世纪，在罗马法复兴运动的冲击下，法国南部地区形成了采用罗马法和教会法的诉讼程序的法院组织。巴黎高等法院是正式的上诉法院，其主要职能除管辖领主法庭的上诉案件外，还有权组织司法委员会，对地方法院法官行使任免权。它引用各种法律规则和国王制定的法令审理案件，其判决对地方尤其是北部各省的习惯法起补充作用。与此同时，在地方上也建立了专门的法院，各省级法院对封建领地法庭行使司法行政管辖权。由此确立了从中央到地方的由国家统一控制的司法体制。此外，为了统一诉讼程序，1254 年—1318 年，曾制定了一系列专供高等法院适用的法令。1330 年，该法院的判决报告被汇编成册，且出版了该法院诉讼程序手册。高等法院的设立，对统一全国法律体系尤其是北部法律起到了重要的作用。

3. 王室立法加强。随着法兰西民族国家的形成、政治和经济的统一以及王权的加强，国家颁布的法律日益增多，如敕令、诏书和公告，[①] 这些王室立法在全国范围内发生效力。

4. 对罗马法的研究和适用使得这一时期的法兰西渐渐成为罗马法复兴运动的中心，并产生了法学史上重要的评论法学派和人文主义法学派。[②] 这些法学家基本都以自然法、罗马法精神和近代法理学思想对历史的法和现实法进行研究、总结，对法律的统一化、成文化和近代化产生了重大的影响。罗马法复兴和人文主义思想的传播，深刻地改造了法兰西封建法律制度及其习惯法，且逐步走向罗马法化和成文化。

（三）公元 16 世纪—18 世纪王室立法成为主要法律渊源时期

自 16 世纪起，法国进入封建君主专制时期，即如 17 世纪亲政 54 年的“太阳王”路易十四所言“朕即国家”的时期。此时，国王的意志就是法律，故王室立法成为这一时期主要的法律渊源，革命前的法国法实现了较大程度的统一化和成文化。其法律制度的主要变化有：

1. 法律统一的趋势进一步加强。王定立法成为主要的、具有最高效力的法律渊源，其效力通行全国。此时，王定立法的数量大增且调整的范围日益扩大，

---

① 如“敕令”（三级会议与高等法院参与制定、国王发布的）、“诏书”（国王以个人名义颁布的）和“公告”（对法律进行解释的文件）等。

② 如奥尔良大学、蒙培利埃大学和巴黎大学都是传播和研究罗马法的重要阵地，还曾刊印了《罗马法简明教程》。比较著名的法学家及其著述主要有：阿尔恰托的《评查士丁尼法典后三卷》；居亚士的《关于罗马法的注释和评注》；迪穆林的《关于巴黎习惯法的著作集》；寇克的《法国法原理》；洛赛尔的《习惯法纲要》等。

颁布的比较重要的法令有：1667 年的民事诉讼法令、1670 年的刑事法令以及 1731 年的赠与法、1735 年的遗嘱法和 1747 年的继承法等敕令，对有关赠与、合同、遗嘱、家庭财产授予等方面作了规定。同时，还编纂了作为法国商法典前身的 1673 年商法典、1681 年海商法典，还有 1685 年的关于法属安第斯群岛的“黑法典”。这些王室立法大都是在罗马法学家的参与下制定的，因此，受到了罗马法的深刻影响，规定了许多反映和调整资本主义法律关系的原则和制度，为近代法国资产阶级法律制度的产生奠定了基础。

2. 教会法仍旧是重要的法律渊源。作为适用于中世纪西欧天主教各国的普通法的教会法，尽管受到宗教改革运动的打击，但是，由于法国于 1598 年颁布“南特敕令”明确宣布天主教为法国国教，因此，教会法一直是中世纪法国调整婚姻、家庭和继承等方面的法律规范。

3. 习惯法的分散性远未消除。虽然，法国封建法律制度的统一性进程在诸多因素的合力之下一直在进行，而且通过多次改革和调整，大量的习惯法汇编以及国家立法活动，基本实现了习惯法的成文化和法律制度以及司法制度某种程度的统一和健全。但是，在法国大革命的前夜，封建的法国法仍然十分分散和混乱，如仅习惯法汇编就有 360 部之多，还有一些国王的法令集。

此外，由于路易十四使法国君主专制制度达到了极盛，这就使得巴黎高等法院和全国三级会议等机构对王权的制衡作用极为有限。同时，国王也强化了对教会的控制和利用。

二、法国资产阶级法律制度的形成与发展

法国资产阶级法律制度始于 1789 年法国大革命，形成并确立于 19 世纪上半叶，于 19 世纪下半叶开始进行改革并逐步实现了现代化。近代法国法是资产阶级革命彻底胜利的产物。18 世纪的法国大革命是典型的、较为彻底的资产阶级革命，它推翻了封建主义，建立了一个全新的资本主义新世界，开创了具有代表性的近代法国法，为大陆法系的形成与发展奠定了基础。

（一）法律制度的初创时期（1789 年革命至第一帝国时期）

1789 年革命揭开了法国近代法创建的序幕。这一时期制定、颁布的法律文件主要有：1789 年的《人权宣言》，1791 年、1793 年宪法以及一系列废除封建法律制度的法令。宣布了资产阶级共和国的诞生，建立了君主立宪制的政体，确立了主权在民等一系列重要的资产阶级法治原则，为法国资产阶级法律制度的形成与发展奠定了坚实的基础。

（二）国家全面立法时期（法兰西第一帝国时期至 19 世纪后半叶）

近代法国资产阶级法律制度形成于拿破仑时代。在这一时期，法国先后制定了宪法、民法典、民事诉讼法典、商法典、刑事诉讼法典和刑法典“六法”，形成了相对完整的资产阶级法律体系，从而为后来法国资本主义法的发展奠定了基

础，并对近代西欧大陆各国乃至世界其他国家的法律制度产生重大影响。

（三）现代法国法的演变和发展（19世纪产业革命后）

19世纪下半叶始至20世纪初，法国资本主义最终完成了从自由竞争时期到垄断时期的过渡。与此相适应，资本主义法发生了重大转变。为了适应现代社会的内在需求，法国对其近代法开始进行改革，其明显的表现是：法律出现了社会化的倾向，强调法在保护个人利益的同时，注重对社会利益的维护。由此近代资产阶级法治原则有所动摇并予以修正，并且出现了大量的行政立法、经济立法和社会立法；对判例的价值和作用有了重新的认识和评价，注意吸收英美法系的一些优秀成果，判例法开始增多；对原有的法典进行不同程度的修改，对公法和私法制度作出改革与完善。在法律现代化的过程中总的倾向是：对法典的修订较为谨慎，动作不大，基本做法是以法典作为各部门法的指导，将大量的现实问题通过单行法处理。如此，在基本遵循传统法律原则和制度的基础上作出某种程度的改革。

三、法国资产阶级法律制度产生的基本特征

（一）法国古典主义文化、资产阶级启蒙运动特别是古典自然法学为法国资产阶级法律制度的产生与确立奠定了坚实的思想理论基础

"法典编纂是自然法学的第二项巨大成就。"① 法国是十七八世纪欧洲人文主义启蒙运动的中心，著名的资产阶级启蒙思想家，如古典自然法学派的孟德斯鸠、卢梭、伏尔泰和百科全书派的狄德罗，他们作为资产阶级的代言人，要求全面推翻封建专制的统治，建立资本主义新秩序，自由地发展资本主义，而且要求在政治法律领域内彻底废除封建主义的法律制度，建立保护资产阶级政治经济利益、体现资产阶级意志的资产阶级法律体系。他们冲破了神学的束缚，将法学从神学中分离了出来并使之获得了前所未有的发展天地。他们将人作为法的根源和目的，以人的理性认识法律现象，确立了以理性主义或人本主义为特征的"资产阶级的经典世界观"，即法学世界观。启蒙思想的核心是理性至上，"一切都必须在理性的法庭面前为自己的存在作辩护或者放弃存在的权利"。② 强调自由、平等、人权和法治，提出"天赋人权"、"社会契约"、"人民主权"、"分权与制衡"和"法治主义"等一整套资产阶级法治理论，主张"法律面前人人平等"、"私有财产权神圣不可侵犯"、"契约自由"、"罪刑法定主义"、"罪刑相适应"等一系列资产阶级法治原则。所有这些理性主义理论和思想为法国资产阶级革命、建立资产阶级政权及其政治法律制度提供了锐利的思想武器，其精神和原则贯穿于资产阶级法律一系列的法典中，成为法国资产阶级法律制度的思想渊源和理论基础。

---

① ［法］勒内·达维德著：《当代主要法律体系》，漆竹生译，上海译文出版社1984年版，第59页。
② 恩格斯：《反杜林论》，《马克思恩格斯选集》第3卷，人民出版社1974年版，第56页。

(二)资本主义商品经济的发展为资产阶级法律制度的迅速形成与发展提供了经济基础

在法国大革命之前，虽然交换经济很不完善，商品市场处于蒙昧时代，但是不可否认，与人文主义运动、宗教改革、新航路的开辟、海外殖民地的建立，以及近代自然科学的发展相伴随，市场经济在不可阻挡地前进。资本主义生产方式的逐渐确立沟通了大部分城市和农村，组织生产、引导和控制着消费。巴黎等地拥有证券交易所和各种形式的信贷。资本主义经济有了较大的发展。商品经济的本质要求及其普遍发展的客观条件是自由、平等和人权，由此，受制于商品经济的发展、并为这种经济的进一步发展服务的、体现资产阶级意志和利益、以自由平等人权和法治为其价值核心的法律制度应运而生，如《法国民法典》和《商法典》就是法国资本主义商品经济发展的体现，是以法律所确认的现实经济关系而已。

(三) 1789年法国大革命是资产阶级法律制度建立的政治基础

1789年法国大革命，不只对法国，而且对当时及其后整个世界历史进程产生过深远的影响。法国资产阶级法律制度，就是通过资产阶级革命，彻底地否定封建政治制度和法律制度、建立起纯粹的资产阶级国家政权后建立和发展起来的。由于先进的资本主义经济与落后的封建生产关系之间异常冲突的矛盾，使得法国革命所具有的反封建的彻底性决定了革命后建立起来的法律制度比较系统、完备，极富革命性和人民性，完整、典型地体现了资产阶级的意志，反映了他们的要求和利益，因而对其他资本主义国家法律制度的建立和发展具有重大影响。

(四)对罗马法及其他传统法律的研究和继受造就了法国资产阶级法律制度从形式到内容的完备性和独特性

由于历史文化传统，法国法主要是在继受罗马法的基础上发展起来的成文法体系，如法律以系统的法典为其主要表现形式，以公法与私法为其基本分类，以成文法为其法律的基本渊源等。同时，法学家的著述和对日耳曼法、教会法及传统习惯法批判性的继承也是法国资产阶级法形成的重要因素。

第二节 宪 法

一、法国宪政立法概况

法国是世界上制定宪法较早、颁布宪法较多的西方资本主义国家。近200年颁布的宪法性文件有:《人权宣言》、11部宪法以及4部宪法修正案。

(一)《人权宣言》

《人权宣言》(全名为《人权和公民权利宣言》)，颁布于1789年8月26日

法国大革命的高潮中，作为法国资产阶级第一部政治经济施政纲领，被视为法国历史上第一部宪法性文件，尽管它不是一部完整意义上的宪法，但其制定标志着法国制宪活动的开始，是法国近代宪政史的开端。1789 年 7 月 14 日巴黎人民攻打巴士底狱是法国大革命开始的标志，为了进一步将革命推向高潮，国民议会于当天开始了《人权宣言》的起草工作，参加这一工作的有：拉斐德、穆尼耶·塔列兰和西哀士等。8 月 26 日，国民议会通过并公布了《人权宣言》。其全文不足 2000 字，由序言和正文 17 个条文组成，但其内容十分丰富，提出了资产阶级在社会经济和政治法律制度方面的基本主张，其核心是人权及其保障。主要内容有：

1. 人权方面。人权是《人权宣言》的核心内容。宣言强调了天赋人权是神圣不可侵犯的原则。规定：人权是与生俱来的、天赋的、不可剥夺的，人人在权利上都是平等的；一切政治结合的目的都在于保存和发展自由权、财产权、安全权和反抗压迫权等自然的、不可消灭的人权；造成公众不幸和政府腐败的唯一原因是不知人权、忽视人权或轻蔑人权；人人都有言论自由、写作和出版自由权。

2. 国家政权方面。明确宣布“主权在民”、“三权分立”的资产阶级民主国家制度的基本原则。宣言指出：“全部主权的源泉根本上存在于国民之中；任何团体或任何个人都不得行使不是明确地来自国民的权力”，“任何社会，如果在其中不能使权利获得保障或者不能确立权力分立，即无宪法可言”。

3. 法治方面。明确提出了一系列资产阶级法治原则。例如，法律是公意的体现；法律面前人人平等；法无明文规定不为罪；法不溯及既往；无罪推定；不得非法逮捕；财产权是神圣的不可侵犯的，等等。

《人权宣言》在法国乃至世界宪政史和世界人权发展史上占有非常重要的地位。它是大革命中第一个以启蒙思想为基础制定的根本法文件，不仅全面地提出了资产阶级革命纲领、政治纲领和法治纲领，全面体现了资产阶级启蒙思想家特别是卢梭和孟德斯鸠的政治法律思想。而且，集中反映了大革命成果和一系列资产阶级统治原则，有力地促进了法国大革命，成为法国历史上以至世界历史上划时代的历史事件，对法国宪政和法治的发展有深远的影响，几乎成为法国历史上每一部宪法不可或缺的内容。它以人权和法治代替了王权和神权，极大地鼓舞了其后世界各国的反封建斗争，其思想内容也为世界许多国家的宪法所效仿，具有伟大的进步意义和深远的国际影响。

（二）《1791 年宪法》

《人权宣言》发表后，国民议会即着手起草宪法。当时的形势是，革命仍在不断高涨，政治派别众多，保守的宪政派在制宪议会中占据主导地位。宪法草案经过两年多的讨论和修改，于 1791 年 9 月 3 日获得通过，9 月 14 日，迫使出逃未遂的国王路易十六签署公布。自此，法国历史上第一部宪法正式产生。1791 年宪法在结构上分为两部分：作为宪法序言的《人权宣言》和宪法正文部分。主要内容如下：一是确认了人民主权原则，宣布主权属于国民，一切权力只能来自国民。主权是统一的、不可转让的和不因时效而消灭的。二是确认法国实行君主立宪制，按三权分立原则组织国家政权机关，宣布立法权委托给人民自由选出的暂时性的代表组成的一院制的国民议会；行政权委托给国王统辖之下的大臣和负责官员；司法权委托给由人民定期选出的审判官行使，实行陪审制。三是带有很大的妥协性和保守性，如对公民权利有所限制；将公民分为有选举权的积极公民与无选举权的消极公民；继续承认殖民地的奴役制度，等等。在法国历史上存在时间较短的1791年宪法，基本体现了孟德斯鸠的三权分立和君主立宪的思想，对法国后来的宪法和其他国家的宪法有一定的影响。

（三）《1793年宪法》

《1793年宪法》，又称《雅各宾宪法》、《第一共和国宪法》或《共和元年宪法》。它诞生于法国大革命高潮，由资产阶级民主革命激进派雅各宾党人制定，于1793年6月24日获得国民公会通过。1793年宪法以新的《人权宣言》为序言，宪法正文124条。其主要内容有：确立共和体制；废除1791年的有关公民等级的规定；宣告法国人民是各自由民族的朋友和天然同盟者，开创了国际关系互不干涉的原则。其基本特点有：一是它是法国历史上最激进的一部宪法，也是当时世界上最为进步的宪法，规定了公民广泛的自由权利，如包括了一个更民主、进步、内容更为丰富的《人权宣言》，甚至规定必要的起义权、对侵害人民权利的主权者应处死刑、直接选举等，强调自由民主精神、平等原则和普选权。二是在法国历史上第一次以法律宣布了曾长期存在的君主制的终结。三是国家政权按照卢梭“权力不可分割”的原则予以组织，否定了三权分立的政权组织原则，如以任期一年的一院制的国民议会为国家最高权力机关，并授予其至高无上的权力，突出强调人民主权。这部宪法尽管因雅各宾专政的失败而未能实施，但对后世宪法具有深远的影响。

（四）《1875年宪法》

《1875年宪法》也称《第三共和国宪法》，是迄今法国历史上寿命最长的一部宪法，通用了65年之久。

它是以1870年爆发的普法战争为契机，法国人民推翻第二帝国，建立了法兰西第三共和国后颁布的。该宪法由先后通过的三个宪法性文件组成，即《参议院组织法》、《政权组织法》和《政权机关相互关系法》。该宪法的内容特点有：一是该宪法主要是关于政权的选举、组织与职权分配及各机构间的关系，而没有宪法的一般原则和公民权利以及主权和司法权等的规定，就一部宪法的内容而言是不完整的。二是立法权由两院组成的国民议会行使，众议院议员经普选产生，参议院由间接选举产生。三是总统由国民议会依绝对多数票选出，任期7年，连选得连任，总统权力得通过内阁行使，内阁得向议会负责，由此规定了实行责任内阁制的基本原则。宪法确立共和制并赋予总统很大权力，体现了法国当时君主主义者与共和主义者之间的冲突与妥协的特殊的政治环境，也反映了法国宪法发展的进步性。随着共和派力量的不断加强，于1884年8月14日通过了宪法修正案，明确规定“禁止修正政府的共和政体”，规定凡曾统治过法国的家族的成员，不得当选为共和国总统，并废除了部分参议员的终身制等。

（五）《1946 年宪法》

《1946 年宪法》，又称《第四共和国宪法》。该宪法由序言和正文两部分组成，序言以《人权宣言》为基本内容，又规定法国放弃进攻性的战争。正文部分共 12 篇 106 条。其基本的内容特点有：一是扩大了民主自由权利。在序言中除确认《人权宣言》中所宣布的公民享有的传统权利和自由外，还规定了工作权、受教育权、对失去劳动能力者和母亲儿童给予照顾等社会经济和文化等方面的权利，特别规定妇女享有选举权。二是民主性较强。例如，规定国民议会享有最高、最广泛的权力。宣布法兰西为共和国，其口号为“自由、平等、博爱”，其原则为“民有、民享、民治”的政府，国家主权属于法国全体国民，国民通过议会行使国家主权。三是规定实行两院制的议会制度，确立了议会责任内阁制，行政首脑为由国民议会任命的内阁总理，内阁向议会负责。国民议会享有至高无上的权力，其所享有的倒阁权为日后政府的频繁更换埋下了宪法的隐患，如 1946～1955 年，国民议会对内阁提出过 118 次不信任案；1945 年—1958 年，内阁更换 25 届。四是国家元首总统由议会选举产生，任期 7 年，并无实权。五是规定司法权由司法会议行使，法官由总统经司法会议提名而任命，为终身制。该宪法于 1954 年 12 月 7 日第一次修改被通过，主要是对国民议会、政府和总统的关系及权限作了某种程度的调整。

（六）《1958 年宪法》

《1958 年宪法》，又称《第五共和国宪法》、《戴高乐宪法》，也是法国现行宪法。20 世纪 50 年代，法国政治、经济危机四伏，内外交困。1958 年 6 月 1 日，国民议会任命戴高乐组阁，让他在为期 6 个月的时间内全权处理阿尔及利亚事件和制定新宪法。再度出山的戴高乐随即组织起草宪法，9 月 28 日经公民投票表决通过，10 月 5 日公布实施生效，是为第五共和国宪法。宪法由序言及 15 章 92 条组成，序言重新确认了《人权宣言》规定的原则。宪法内容反映了戴高乐一贯所持的制宪思想。《1958 年宪法》自实施以来经过多次修改，最近一次的修改是 2000 年 9 月 24 日经过全民公决通过的修正案，该宪法修正案规定实行总统 5 年（原来是 7 年）任期制。现行的法国宪法是广义上的，它除了《1958 年宪法》及其修正案外，如 1962 年的关于由普选产生共和国总统的宪法修正案，还包括 1789 年《人权宣言》和 1946 年宪法序言中确认的“共和国法律承认的基本原则”。

法国现行宪法的特点：一是加强总统权力。法国虽实行的是三权分立的体制，但与美国及英国有所不国，实行的是刚性的分权制度，总统的许多权力无须议会的同意，也不经内阁副署而独立行使。总统权力扩大的结果是导致了法国政治体制的重大变化，这种“半总统制，半议会制”的体制使得历史上一直动荡不定的法国政府趋于稳定。二是稳定了政府。政府决定和指导国家的政策；政府掌管行政部门和武装力量；总理领导政府活动、对国家防务负有责任，保证法律的执行，行使规章制定权等（第三章第20～23条），规定内阁向议会负责，但内阁总理则由总统独立任命。比较彻底地摆脱了议会对政府组成的控制与参与。三是削减了议会的权力。从法国宪政发展史来看，法国是一个传统的实行议会制的国家，保留了议会政体的基本特征。但今天的法国是一个兼有议会制和总统制并以总统制占优势的国家，对议会有着诸多限制。其“半议会制”主要体现于：就立法权而言，予以诸多限制。宪法规定，政府为执行施政纲领，可以要求议会授权政府制定法令，政府法令具有与议会法律同样的法律效力；总统有权直接将法案交付公民表决；还有非常立法权；议会应优先讨论政府法案；总统公布由议会通过并经宪法委员会审查的法律，等等。关于议会监督权，也作了一些限制，如对提出和通过“不信任案”予以限制。四是建立宪法委员会行使违宪审查权。由9人组成的宪法委员会只是一个被赋予管辖权的机构，其主要职能是：裁判总统和议会选举以及公决行为的有效性；就所有组织法在议会批准之前审查其合法性；在普通法律和国际条约生效前审查它们的合宪性，是否与宪法相冲突；确保议会与政府各自各自的立法权限。五是就人权方面，只是重申了《人权宣言》和1946年宪法所确认的有关公民权利和自由的原则，并未详细列举公民权利和义务。

二、法国宪法制度形成发展的特点

（一）法国宪法不仅数量多且种类杂

自1789年《人权宣言》开创了法国宪政史以来，共制定11部宪法和4部宪法修正案。法国社会错综复杂，政治风云多变，政治更替频繁，政治制度极为复杂，这些宪法反映出法国资产阶级为巩固大革命的成果、确保各个不同阶层和不同派别的利益，在各个阶级和各派政治势力之间所经历的尖锐复杂的斗争。若从性质上来分，又可分为资产阶级共和制宪法、君主立宪制宪法和封建帝制宪法。

（二）法国宪法更迭频繁，相当不稳定

在发展进程上，法国宪法变动频繁，性质各异。因启蒙思想的彻底性、大革命的激烈性和政治派别的复杂性，以及资产阶级不够强大等因素使得法国成为世界上“唯一的宪法实验场”。在发展、演变的方式上，法国宪法的演变及其发展进程在十八九世纪基本上是通过暴力革命的手段实现的。这种激烈手段的动用，说明近代以来的法国，阶级斗争异常激烈，利益对抗较其他国家如英、美为甚。法国宪法的这种不断变动、不稳定性在世界宪政史上是独特的。《1875年宪法》最终将资产阶级共和体制确立下来，标志着法国宪法趋于相对稳定。究其原因是：资本主义的发展由自由进入垄断，资产阶级政治经济力量的强大，实现了对国家的全面统治。在现代，出于加强相对稳定的资产阶级政治经济统治的需要，一般对宪法只作一些局部的调整和改动，而不另制新宪法。

（三）法国宪法为成文宪法

在宪法渊源及其表现形式上，法国宪法是成文宪法。法国所有的宪法都是成文宪法，大都以系统而富逻辑的理性法典的形式表现。

（四）法国宪法以资产阶级启蒙思想为其理论指导

在内容上，基本以体现1789年大革命精神的《人权宣言》作为宪法的指导原则，体现了卢梭、孟德斯鸠等人的“天赋人权”、“人民主权”、“三权分立”及“法治主义”等资产阶级政治法律思想。宪法对国家体制及国家权力的规定，尽管出现过君主立宪制、封建君主专制，但其基本方向是共和制，而且，大多数宪法规定的体制是共和制。

（五）法国宪法的修改程序相当严格和复杂

在立宪活动与宪法保障上，法国宪法的制定由一个专门的制宪会议组织进行，议会讨论通过，公民公决通过。宪法的修改程序也是相当严格和复杂的，修宪动议由议会提出。宪法的解释权由议会和宪法委员会享有。宪法的保障主要通过由宪法委员会行使的违宪审查进行，其裁决是最终的。

第三节 行政法

在世界范围内，法国素称“行政法母国”，是近现代行政法的主要发源地，且其发展最为典型，并对他国行政法以及行政诉讼模式的确立与形成有很大的影响。

一、法国行政法的形成与发展

法国行政法，是用以调整行政机关一切公务活动的国内公法。法国现代行政法律制度产生于大革命时期，形成于19世纪初拿破仑时代，同时伴随其独特的国家理论，发展和完善于现代时期。

法国大革命摧毁一切封建制度和等级差别，建立了全国统一的行政区域，推行政治自由和法治主义。革命政府颁布法令，受到法院的抵制，资产阶级以三权分立原则反对司法对行政的干预，于1790年8月制宪会议发布法令宣布司法职能与行政职能的分离，法官不得以任何方式干扰行政机关的活动，也不能因职务上的原因，将行政官员传唤到庭，违者以渎职罪论。这一禁止普通法院受理行政案件的法令标志着行政审判与普通法院的初步分离。同年10月，又发布有关行政救济的法令，规定对行政机关的越权行为，应向作为政府首脑的国王提出诉愿。公民对于行政机关不法行为的申诉，由其上级机关受理，最终裁判权属于国家元首。1795年的法令规定，严禁法院审理任何行政活动，并重申了1790年相关的法令。

1799年拿破仑上台后，为集权于一身，对国家机构进行改革，建立起高度的中央集权行政制度与完全放任的经济制度。并通过《1799年宪法》设立国家参事院，即后来的最高行政法院，规定其主要职能是起草和审查法律、法规，为政府提供咨询，并受理公民对于行政机关的申诉案件。1872年5月24日的一项法律恢复了曾在普法战争中一度被取消的国家参事院，并规定：它是一个独立的行政审判机构，有权宣告行政机关行政违法行为无效。由此，国家参事院便在法律意义上是一个最高行政法院。其后，又成立了权限争议法庭，专门裁决普通法院与行政法院之间的权限争议。

"1873年布朗诉国家"案一般被认为是法国最高行政法院拥有现代管辖权的起点。该案可谓将长期纠缠不休的行政司法管辖权及其范围与普通司法管辖权及其范围的问题作了一个法律了结。该案是围绕国营卷烟厂发生的汽车肇事事件展开的，其实质争议是行政赔偿诉讼的管辖权是归属行政法院，还是归属普通法院。最后，权限争议法庭判决归属行政法院。其理由是，卷烟事业本属公务范畴，依据"三权分立"原则，凡与公务有关的行政责任案件均与私人之间的责任案件不同，因而不属于普通法院的管辖范围。该案的重要性在于：它确立了行政侵权赔偿责任原则及其管辖主体，明确了公务员因职务行为引起损害赔偿的性质是行政性的而非民事性的，其赔偿主体是国家机关；行政赔偿案件由行政法院管辖而普通法院不得受理。法国人理解的"三权分立"是绝对意义上的，有关行政的事务即便是行政纠纷也应由行政机关自己处理，普通法院不得插手，这是各自权力范围内的事。1889年12月，最高行政法院对卡多案件的判决正式否定了部长法官制。从此，行政案件的审判权由行政法院独立行使。1903年针对地方政府的Terrier判决进一步强化了行政法院的专有管辖权。到1908年，行政法院审理的行政侵权案件，涉及的主体不仅以国家为被告，而且也囊括了以地方自治团体为被告的案件。法国从18世纪末建立了世界上第一个行政法院起，100年后确立了世界上最富特色的普通法院与行政法院二元并存的司法制度。而且，以行政司法为基础较早地发展起来一套独特的行政法律制度。

二、法国行政法的渊源

（一）成文法渊源

这主要有宪法、法律、条例、欧盟法及国际条约。宪法是行政法的最高法源，它不仅对行政法构成原则性的指导，而且其许多条款本身就构成行政法内容的一部分，如宪法对总统和政府的规定等。除宪法之外，由议会制定的规范性法律文件都称为法律，其中由议会制定的用以调整行政法律关系的法律，就构成行政法的重要渊源，如1946年、1959年和1983年的《法国公务员总章程》，1954年的《最高行政法院组织法令》，1984年的《关于国家公职的法律条款》等，就是对其公务员的基本制度和最高法院的组织、审判制度所作的总规范。条例是依照法律或议会的授权由行政机关如总统、总理、部长和地方政府制定的用以直接规范政府行政活动的规范性管理规则，是行政法最基本、最直接的法源。欧盟法在每个成员国中具有直接的和优先的效力。国际条约，依据宪法的规定，凡依法批准或通过的国际条约或协定一经公布即具有高于法律的效力，对国内任何组织和个人都有约束力。

（二）不成文法渊源

这主要有判例、习惯法和法的一般原则及法理。法国是成文法国家，在法理上和普通司法领域中不承认判例为其正式意义上的法的渊源。但是在行政法领域，由于其初始阶段主要依靠行政司法机构的司法实践去开创和发展，因此判例法自然成为行政法的重要渊源或最主要的渊源。很多行政法原则是直接通过判例确立的，即便是成文法，其适用也得依赖判例。习惯法，因其主要是私法渊源的一种，而在调整财产关系方面也可作为行政法的一种法源。法理和法的一般原则是对成文法的指导和补充。

三、行政法的基本制度

（一）行政主体

在法律上，法国的行政主体包括政府组织、地方团体和公务法人。政府组织由中央政府和地方政府组成，中央政府由总理、国务部部长、部长、部长级代表和国务秘书组成，总统因其享有政府首脑的多种职权也是一个实际上的行政主体。地方政府分为大区、省和市镇三级，现有22个大区，大区设有行政长官代表国家和政府、代表总理和全体部长，管理各大区的经济发展和领土治理。法国本土现有96个省，海外有4个省，省长和省政府是行政主体。法国本土现有市镇36413个，市长和市政府是行政主体。中央政府依法对地方政府有关人事、行政和财政等行使领导权。地方团体不是国家政府的代表机构，而是一个以地域为基础的地方自治组织，是一个独立的行政主体，因产生于地方并代表地方行使自治行政事务，其权力来自于地方而不是国家。不过，国家对地方团体的自治行政行为依法行使监督权。公务法人是一种不同于政府和地方团体的组织法人，它依法从事一定公务活动，是独立享有行政法上的权利和义务的行政主体，如博物馆、图书馆、大中小学及研究机构等。

（二）公务员制度

现代法国公务员制度在其近代官吏制度改革的基础上确立于第二次世界大战后，这与战后福利国家的发展及公务员数量激增有关。1946年和1959年的《公务员总章程》规定了政府对公务员实施管理的基本准则。其后颁布了不少有关的法令和条例，如1984年的《国家公务员地位法》。公务员法律制度详细规定了公务职位分类、权利和义务以及纪律处分。依据法律，法国公务员享有信仰自由、参加政治活动、组织和参加工会、组织和参加罢工及人身特别保护和获得救济的权利。必须承担的义务是：忠于职守、服从命令、遵纪守法、禁止兼职、严守职业机密及克制和保留。对违反法定义务和纪律的公务员的纪律处分主要有：警告和申诫；除名、降级、休职（一般不超过15天）和调职；降职、休职（6个月到2年）；命令退休、撤职。若不服纪律处分，可向行政机关或公务员最高委员会申诉，也可向行政法院提起撤销之诉和损害赔偿之诉。

（三）行政行为

由于现代国家和社会的行政事务纷繁复杂，法国行政机关的行政行为多种多样，重要的有行政立法行为、行政处理行为、行政强制执行行为及行政合同行为。行政立法行为指有关行政机关为执行法律和实施行政管理，依据法律有权制定行政管理规则，即行政条例，如总统和总理发布的命令、其他行政机构制定的规定等，是一种普遍性的或抽象的行政行为。按照宪法规定，行政机关有权制定的行政条例是：执行条例、自主条例、法令条例和紧急情况条例等。行政处理行为，是指行政机关针对具体事项所作出的单向决定的行为。行政处理行为必须在其权限内并依法定的程序和形式公开作出。行政强制执行行为，主要是指对行政处理的强制执行，因为行政处理具有先行约束力，相对人的申诉不影响这种行政处理的强制执行。行政合同，被法国政府广泛用于政府管理、经济发展和资源开发方面，是指由行政机关主持并参与签订、受公法规则调整并由行政法院管辖的契约，如公共工程承包合同、公共工程捐助合同、公物特许合同、独占使用公产合同、出卖国有不动产合同等。在行政合同情况下，行政部门对合同拥有某些特权，它可以对私人一方当事人下达指示，或单方地对不履行合同设定制裁、修改合同或终止合同。

（四）行政救济

行政救济，在法国属于行政诉讼救济之外的一种非讼救济，一种行政监督方式，是针对违法或不当的行政行为，当事人有权提请行政机关矫正的一种救济手段。与行政诉讼相比较，这种救济手段的特点是：行政机关为受理救济的机关；所救济的行为对象包括违法行政行为和不当行政行为；救济的程序和形式便利；所施救济灵活，不受申请与否及其范围的限制。行政救济是实施行政诉讼救济第一步。

（五）行政诉讼

法国的行政诉讼是用以审查行政行为、解决行政纠纷的一种行政司法活动，是一种行政救济监督活动。法国行政诉讼实行两审终审制，但在程序上包括六个阶段：起诉、预审、判决、上诉、复核和执行。其特点是：在诉讼范围内，不属于行政审判权实施的对象有：私人的行为；立法机关的行为；司法机关的行为；外国国家行政机关的行为；政府与议会、与其他国家或联合国发生关系的行为；总统的法定的紧急措施行为和决定全民公决法律草案的行为。实行书面审和两审终审制。在诉讼程序上，行政案件只有初审和上诉审，而申请最高行政法院的复核审不是诉讼的必经程序。实行合议审和纠问审。行政诉讼开庭审理的原则是一律采用合议制，判决须经出庭的法官和政府专员通过开庭审理和秘密评议，共同作出。在法庭审理的模式上，基本与普通法院的庭审一样采用纠问式。在案件审理和判决过程中，自始至终由政府专员参与其中，行政活动的色彩较强烈。

（六）行政赔偿

法国的行政赔偿，是一种行政侵权赔偿责任，指行政主体在其行政活动中因其违法行政行为造成公民合法权益损害因此须依法承担相应的经济上的补救责任，是国家赔偿制度的主要部分。主要特点为：其制度由行政法院的判例而不是由成文法确立和发展；当事人要求行政主体作出行政赔偿，必须依行政法先向行政机关提出，若行政机关拒绝或不予答复，方可向行政法院起诉，请求行政赔偿。赔偿范围包括过错责任和危险责任。行政赔偿责任的确立及其归责制度确立于 19 世纪中叶，独立于 20 世纪初，完善于第二次世界大战之后。行政赔偿制度的主要理论基础是古典自然法学及其独有的公法理论。

四、法国行政法的基本特点

（一）行政法治原则是其基本原则

法国行政法律是有关规定行政机关的主体、职权、行为、救济方式、违法责任以及程序等方面的制度。这一制度是建立在民主原则和正当程序原则基础上的。行政法治作为这一制度的基本原则，它全面发展了且包含有法律至上和越权无效原则概念，具主要的含义是：行政行为必须有法律依据；行政行为必须符合法律；行政机关必须以自己的行为来保证法律的实施。

（二）行政法是公法，是一个独立的法律部门

法国行政法律调整的对象是行政机关、地方团体及公务法人的公务活动，这是由其行政法的基本观念决定的。一是受制于法律文化传统的法国有着明确的公私法之分，认为有关行政的法理应属于公法体系，而作为公法一部分的行政法因其独特的调整对象和范围，又成为一个独立的法律部门和体系；二是自大革命以来，一直坚持三权分立的法国人认为，政府的行政活动只受行政法调整，司法不能干涉行政，对于行政行为和公务活动及有关争议必须由独立的法律、法规和司法机构予以规范和管辖；三是 19 世纪出现的“公共权力学说”和 19 世纪末出现的“公务学说”，成为行政活动受独立的法律部门调整的理论依据。法国行政法是一个高度发达、机制灵活、独立的法律制度部门。

（三）由独立的属于行政系统的行政法院适用

在司法审判体制上，法国是最典型的二元制国家，行政案件与普通案件分别由行政法院和普通法院管辖。行政法院与普通法院是互不相属的两个法院系统，两者的法官身份迥异，政府的行政活动及其相关争议只受行政法院管辖，普通法院不能插手。而且，行政法院由 38 名行政法官组成，是一个独立的、具有一般

管辖权的法院系统。行政法院依据行政法审理案件适用不同于普通法院诉讼程序的独特的诉讼程序，即行政诉讼程序。

（四）判例是行政法的主要渊源

一般而言，判例是英美法的正式法律渊源，制定法是法、德等国的正式法律渊源，这是两大法系的一大区别所在。但是，判例对法国法的发展却有很大的影响，特别是在行政法中占有重要地位。随着最高行政法院判案的增多，形成了一系列行政法原则和判例规则。虽然一部分判例为后来法律所吸收，但大部分仍处于判例状态，如行政行为无效理由、行政赔偿责任的条件、公产制度、行政合同制度、公务员的法律地位等都出自判例并仍以先例存在。法国学者维戴尔说：如果我们设想立法者大笔一挥，取消全部民法条文，法国将无民法存在；如果他们取消全部刑法条文，法国将无刑法存在；但是如果他们取消全部行政法条文，法国的行政法依然存在，因为行政法的重要原则不在成文法中而存在于判例之中。①

（五）未曾法典化的部门法没有编纂完整的法典

现代行政法和行政法院发轫于法国并最为完善。与英美相比，法国属于典型的法典国家，有系统而完备的民法典、刑法典和刑民诉讼法典，但没有行政法典和行政诉讼法典。虽然现代法国也编了不少行政法典，如矿业法典、森林法典、市镇法典等，但都不是完整意义上的行政法典。戴维德教授指出："在这一领域中还没有出现支持法典化的运动。"② 其原因主要是受制于其行政法和行政法院发展的历史，也由于行政活动的广泛、复杂及其多变性。

第四节 民商法

一、《法国民法典》的产生

资产阶级大革命前的法国已是一个在强大中央集权统治下的社会，其法律已出现了统一的趋势，如18世纪，大臣杜加塞制定了有关私法方面的敕令。著名法学家波捷对《学说汇纂》进行了系统的研究，他的许多著作，特别是《债权》一书，对《法国民法典》的制定具有重大影响。不过，革命前法国的民事法律制度维护封建等级特权和落后的经济关系，阻碍着资本主义商品生产和交换，为第三等级所不满。当时，法律的分散性仍很严重。正如伏尔泰所指出的，对在法国出外旅行的人来说，更换法律如同更换他的坐骑一样频繁。③ 对此，法国人一

① See G. Vedel, Droit administratif, PUF, Paris, 1984, p. 107.

② ［英］赖维乐·布朗著：《法国行政法》，高秦伟、王错译，中国人民大学出版社2006年版，第2页。

③ ［美］格伦顿著：《比较法律传统》，米健等译，中国政法大学出版社1993年版，第21页。

直怀有将杂乱无章、政出多门、多样性的法律渊源统于一体的强烈愿望。1789年革命彻底地变革了封建法律制度，并为民法的产生和发展奠定了基础。革命后，资产阶级一方面不断制定民事单行法变革封建的民事法，另一方面立即着手起草一部适合于全国的统一的民法典，以便系统而周密地从社会生活的各个方面确认、保护和推动资本主义商品经济的发展，确保资产阶级私有财产不受侵犯。1789年《人权宣言》、《1791年宪法》及一系列革命法律、决议和命令是法国资产阶级民法最初的法律文献。《人权宣言》宣布平等、自由、安全和财产等权利，确立了民事权利平等、契约和贸易自由、财产权神圣不可侵犯等资产阶级民法的根本原则。1789年7月发布了关于废除封建制度和封建特权的决议。1791年宪法再次肯定了上述规定，同时宣布保障“依法定手续而移转财产的行为”。著名的“八月法令”宣布废除封建劳役制、贵族制和等级制。雅各宾专政时期颁布了“土地法令”，彻底废除了封建土地所有制及其各种封建特权。另外，还发布法令取消关卡、行会、免税特权、职业限制以及工商业的某些垄断特权。此外，大革命时期在人法方面，实现了婚姻世俗化，规定结婚民事登记手续，准许自由离婚，凡年满21岁的子女有完全的婚姻自主权，取消亲权。在法国大革命期间，已经开始了有关民法典制定的动议，国民公会曾一度进行了编纂法典的实际准备工作。1793年、1795年和1798年，法律委员会主席康巴塞雷斯提出了三个民法典草案，都以各种理由被否决或被搁置。1799年，拿破仑建立了执政府后着手进行政治经济改革，并于1800年8月13日任命4人组成法典编纂委员会，开始了民法典的起草工作。这4个人是波塔利斯（高级行政官，委员会负责人）、特龙谢、比戈·德·普雷·阿梅纳和马尔维尔。曾由康巴塞雷斯起草的三个民法典草案也交委员会审议。经过四个月的时间，第一份草案提交审议。在审议法典草案的102次会议中，拿破仑亲自参加至少57次。他在重大的原则问题上提出了明智的意见和判断，强调法典简洁和通俗易懂的风格，其意见基本符合当时法国社会流行的观点，但出于自身原因，他仍支持父权制为中心的家庭，坚持协议离婚和收养的法律规定。法典草案先交由最高法院和各上诉法院审议，后由掌握立法权的咨议院和立法团审议。自1803年3月至1804年7月以36个单行法的形式分别通过，1804年3月21日宣告将这些单行法并称为《法国民法典》。①

法国民法典的历史渊源和立法资源主要有：大革命时期确立的法治原则；革命时期的民事立法；习惯法；罗马法以及革命前的王室法令。大革命时期颁布的包括《人权宣言》在内的一系列宪法性文件所确立的资产阶级法治原则为法国民法典所确认，成为民法典的基本原则；有关成年时间、婚姻和抵押制度的规定大部分来自革命时期的立法；依习惯法特别是巴黎地区的习惯法确立的已婚妇女

---

① See F. H. Lawson, A. E. Anton, L. Neville Brown, Amos and Walton's Introduction to French Law, Oxford, The Clarendon Press, third edition, 1979, p. 32.

无行为能力、夫妻财产共有制和某些继承规则被民法典吸收；以罗马法为主要来源确立了财产所有权制度、债的一般规则、各种契约和嫁妆制度等；保留了王室法令中有关对公民身份确认、赠与、遗嘱、限定继承地产和证据等规定。此外，前巴黎高等法院的判决和教会法也是法典的渊源。

二、《法国民法典》的内容

《法国民法典》有总则和三编，共36章2281条。总则共6条，规定了民法典的公布、效力、适用范围及其适用的基本原则。第一编是“人”，共11章，主要是关于民事法律关系主体的各项规定。第二编是“财产及对所有权的各种限制”，共4章，主要是关于民事法律关系客体的各项规定。第三编是“取得财产的各种方法”，共21章，主要是对民事法律关系客体从一个主体转移到另一个主体的各种方法的规定。其基本内容如下：

（一）民事主体

《法国民法典》第8条规定，“所有法国人都享有民事权利”，第488条规定：“满21岁为成年，到达此年龄后，除结婚章中规定的例外，有能力为一切民事生活上的行为。”这就意味着，所有法国人，不论其出身、民族、文化，都无一例外地享有平等的民事权利能力。值得注意的是，这里规定的民事主体是自然人，尚无法人的规定。

（二）婚姻、家庭和继承

《法国民法典》提倡婚姻自由，认为婚姻是世俗男女之间的一种合意。双方同意是结婚的一大要件。男满18岁、女满15岁为最低婚龄。25岁以下的儿子和21岁以下的女儿，没有征得父母同意不能结婚。男女超过以上婚龄者，为了使婚姻有效，也必须以“尊敬和正式的方法”通知父母。这就是结婚的第一要件，即结婚人必须具备结婚的权利能力，即须达到法定婚龄。结婚的形式要件是，结婚必须履行民事登记手续。法典规定，结婚只有在世俗官员前举行结婚仪式才能在法律上有效。此外，婚姻的有效成立还不得有结婚障碍存在。夫妻任何一方都有提出离婚的自由。法典创设协议离婚。离婚的理由是：通奸、受“名誉”刑的宣告、重大暴行、虐待或严重的侮辱。在夫妻关系上，明确规定妻子应该服从丈夫。原则上妻子没有行为能力，丈夫在一切方面都享有主动权，甚至也包括对妻子财产的处分权。关于继承和赠与，取消了封建的长子继承制，实行男女平等继承和自由遗嘱制度，但非婚生子女与婚生子女在遗产继承上是不平等的。

（三）所有权

《法国民法典》将财产分为动产与不动产，规定给予动产与不动产所有人以充分广泛的权利和保障。第544条明确定义：“所有权是对于物有绝对无限制的占有、使用、收益和处分的权利”，强调私人所有权是一种绝对、永久和排他的权利，国家须尊重私人所有权。关于所有权的范围，法典规定物的所有权可以扩展到该物由于天然或人工附加之物；土地的所有权包括该土地的上空和地下的所有权。关于所有权的保护，法典规定任何人不得被强制出让其所有权，即使因为公共需要，也应给予足够的补偿。法典十分注重调整私有者之间的关系，规定纯粹的用益权或地役权是允许的，但属于从属权。地役权，是指为供他人不动产的使用或便利而对一个不动产所加的负担。

（四）契约、准契约和侵权行为

在契约和其他取得财产方法方面，《法国民法典》用大量条文作出详尽的规定。其中用一千多个条文规定契约之债。《法国民法典》直接反映了自由经济的要求，第1101条规定："契约为一种合意，依此合意，一人或数人对于其他一人或数人负担给付、作为或不作为的债务。"第1134条规定："依法成立的契约在缔结契约的当事人间有相当于法律的效力。"此种规定意味着缔约人意思自治、契约自由和契约神圣。契约成立须具备四个要件：当事人的同意；缔约能力；标的及原因（第1108条）。侵权行为的内容由5条简短的条文加以规定。因自己的过失或疏忽给他人造成损失须负损害赔偿责任。因其物件、动物、儿童和受雇人造成的损害应负赔偿的责任。此外，法典还规定凡赠与和约定抵押须强制登记，不动产买卖及许多法定抵押则不必登记。

三、《法国民法典》的特点

（一）《法国民法典》是"典型的资产阶级社会的法典"

民法是社会生产力发展到一定阶段的产物。《法国民法典》的内容体现了资本主义发展的时代需要，即基本体现的是"个人最大限度的自由，法律最小限度的干涉"的以个人主义、自由放任主义为其特色的早期自由资本主义社会性质的经济关系。19世纪初，刚刚建立了自己政权的资产阶级羽翼还未丰满，其资本主义尚处于初级发展阶段，经济以农业为主，手工业为辅，大的工商企业还未发达。因此，法典对农业财产，特别是土地所有权制度予以详尽的规定，对农业劳动关系包括耕畜租赁关系的规定有20多条。但却很少涉及工业财产权，更无关于知识产权的规定。特别是没有规定法人制度，而对于雇佣的规定仅仅2条。因此，《法国民法典》是典型的早期资本主义社会的民法典。

（二）《法国民法典》贯彻了资产阶级民法原则，具有鲜明的革命性和时代性

体现了民事权利主体自由平等的原则。凡成年的法国人都平等、自由地享有民事权利，这一原则也适用于居住在法国的外国人。由此彻底否定了由身份和地位决定民事权利的有无和多少的封建特权制度，肯定了法律面前人人平等的资产阶级法治原则。私有财产神圣不可侵犯是财产所有权原则。法典对所有权明确的定义强调了所有权具有绝对无限制的特性；对于所有权的范围，不问其动产或不动产，得扩张至该物由于天然或人工而产生或附加之物，即添附权。土地所有权

包括其土地上空和地下的所有权，强调所有权无限制的原则；对所有权的保护，规定国家征用私人财产（包括土地）只能根据公益的理由并得给予所有人以公正和事先的补偿为条件，显然，体现了私有财产的神圣不可侵犯性。契约自由的原则贯穿于契约的主体、订立、效力和形式、种类及其内容和标的等一切方面。法典表明，契约一经有效成立，不得随意变动，当事人须依约定善意履行。契约当事人的财产，甚至人身都可以作为契约得以履行的保证。承担损害赔偿责任以过失行为为基础，即过失责任原则。例如，第1382条规定："任何行为使他人受损害时，因自己的过失而致行为发生之人对该他人负赔偿的责任。"

（三）《法国民法典》保留了若干旧的残余，在一定程度上维护了传统法律制度

《法国民法典》是革命和妥协的产物。法典既确认了《人权宣言》和革命初期激进的立法原则和制度，有力地促进了法国资本主义社会的发展，同时，也继承了旧制度的若干与民主、自由、平等和人权相背离的条款。这些条款主要体现在家庭、婚姻和继承方面，保留了夫权和亲权以及对非婚生子女的歧视。

（四）《法国民法典》在立法模式、结构和语言方面，也有其特殊性

《法国民法典》的立法深受18世纪理性主义思潮的影响，基于古典自然法学理论，在内容上以罗马私法为基础，恪守查士丁尼《法学阶梯》的结构，采用法典形式，以合理的编排顺序，概括、明确和规范的用语表达了其实用的技术风格。它并非只是对法律的重述，而是其法律规范中饱含着丰富的智力、政治和社会革命的成果。它是法学家的作品，融合了古典法的精神，糅合了习惯法与罗马法。特别值得一提的是，在立法技术和语言上是空前的。它是"法国人民的民法典"，它的制定是要法国公民能够读懂和理解，以实现哲学家的梦想，使民法典简约化、民主化和科学化，走进万户千家。因此，它具有灵活的一般原则和力求简洁、通俗易懂的规定。正如其起草人之一波塔利斯所说的："我们同样避免了要规定和预见一切事情的危险奢望。……法律的功能是要在基本原则上确定正义的一般准则，确立含蕴丰富的原则，而不是顾及每一篇目中可能出现的问题的各种细节。"①

四、《法国民法典》的意义及其影响

"我的光荣不在于打胜了40个战役，滑铁卢会摧毁这么多的胜利……但流芳百世、永恒的，将是我的民法典。"② 作为资本主义社会的第一部民法典，一部典型的自由资本主义时期的资产阶级民法典，它虽然是构成法国法的一部分，然而，恰恰是这一部分，引起世界的极大关注。其理由不外是：

第一，它是最发达、最系统的一部法典。它不只是最早的一部资本主义民法

① ［美］格伦顿著：《比较法律传统》，米健等译，中国政法大学出版社1993年版，第21页。
② 《法国民法典》，李浩培等译，商务印书馆1979年版，第1页。

典，也不只是在大学法学院讲授课时最多的一门课程，而是其体系庞大，条文众多，贴近社会，以明确通俗的规范化和制度化语言全面、准确地展现了资本主义经济关系。这一法典是系统而富含逻辑的，是世俗和非宗教的，是极易掌握的。该部法典的推出，对于法国的法律人而言，再没有任何必要去研究或应用革命前的法律知识来解决当前的法律问题。它不只是逻辑思想的制度化，而且，犹如英国的普通法，它同样也是经验的结晶。此意义上，这部民法典不仅是法国法律人的魂灵，更是所有法律人的魂灵。它已经成为一种法律语法，①不只应用于民事领域问题，而且也广泛地适用于其他部门法领域和司法实践。例如，在相当大的程度上，商法和劳动法只是对民法典的补充，如它们都离不开基本的契约法；再如行政法，其处理的行政合同也是离不开民法的。没有任何一个部门法会像民法典那样以如此强烈的光芒照耀着整个法律体系和司法实践。

第二，它是理性化程度很高又极富思想性的一部法典。它是一部真正的法国法典。它与法兰西共和国一同走来，体现的是法兰西的民族意识和民族精神，它是依据19世纪的自由主义、基于社会契约而编纂的，所体现的理性、自由、平等、人权、民主、博爱和法治思想，是19世纪一切进步民法的精神和灵魂，所包含的法律原则和制度遍及资产阶级经济关系的各个领域，它用法律形式巩固了法国资产阶级革命的成果和资本主义早期社会的经济基础，维护了资本主义财产所有制和资产阶级社会经济秩序，有力地推动了法国及欧洲资本主义的发展。无疑，在人类立法史上，《法国民法典》占尽了风光，是一项了不起的人类智慧的奇迹，其后任何一部法典都难以望其项背。一个世纪之后的《德国民法典》虽也是一项伟大的立法成就，但在简约、通俗易懂上不及《法国民法典》。可见，《法国民法典》的立法成果是辉煌的，意义是重大的，影响也是深远的。

《法国民法典》的影响主要表现在：一是直接带动和鼓舞了法国其他法典的编纂，对法国资产阶级法律体系的迅速建立和统一起了重要作用。在拿破仑的统治下，除了宪法之外，在短短的时间内，颁布了五部基本法典：《民法典》、《刑法典》、《商法典》、《民事诉讼法典》和《刑事诉讼法典》。二是其影响力已超越国界，它独领风骚，开创了19世纪的法典化时代，一个模仿或移植法国法的时代，一个前所未有的立法新时代，以至于发展出一个以民法典为代表的大陆法系。各大陆国家及其他国家对它的接受、模仿或移植，主要是自觉自愿进行的，而不是像英国那样主要依靠殖民的方式推行。其原因是多方面的，不得不考虑，法国启蒙运动、大革命、拿破仑及作为文明世界通用语的法语的影响。法国自民法典之后，又制定了四大法典，其后，法国成为世界上最大的“法律出口国”。②三是在世界民法史上，可以说，它的出现标志着继罗马私法之后民法发展的又一

① See F. H. Lawson, A. E. Anton, L. Neville Brown, Amos and Walton's Introduction to French Law, Oxford, The Clarendon Press, third edition, 1979, pp. 2-3.

② See F. H. Lawson, A. E. Anton, L. Neville Brown, Amos and Walton's Introduction to French Law, Oxford, The Clarendon Press, third edition, 1979, p. 4.

个里程碑，不仅确立了近代民法的法典模式，特别重要的是，它蕴涵着资产阶级启蒙思想和理性主义，带着法国大革命思想赋予其特有的烙印和格调为崇尚民主和法治的民族和国家树立起一面旗帜。四是法国大革命的胜利使法国成为欧洲大陆政治、文化中心，这部资产阶级法典吸引了处于同样经济发展阶段的国家。当时，许多进步人士、法学家纷纷到法国留学和考察；加之，法典直接是以曾作为欧洲大陆普通法的罗马法为基础的，使那些素有罗马法传统的国家争相模仿；特别是在拿破仑征服的地区和法国的一些殖民地直接适用该法典。欧洲大陆、拉丁美洲以及世界其他国家都不同程度地受到了它的影响。

五、《法国民法典》的修订和民法的现代发展

自《法国民法典》颁布施行至今，法国已从一个农业大国发展为一个发达的工业国家，为了适应社会的发展，法典一直处于不断的修改之中。迄今为止，2281条的民法典约有三分之一的条款被修改或补充过。法典修改最多的部分是第一编，去除了封建保守性的规定，使法典更适合现代社会。在婚姻家庭领域中，妻子、子女的地位有所提高，非婚生子女获得了和婚生子女平等的民事权利。例如，原民法典规定："夫主保护其妻，妻应顺从其夫"，20世纪修改为："夫妻在道德上和物质上共同管理家庭，负责子女的教育，并安排子女的未来。"逐渐取消结婚须经父母同意的规定。1972年对民法典的修改如"原则上，非婚生子女在与父母的关系上享有与婚生子女同等的权利义务"，"一般而言，非婚生子女在继承其父母的遗产时，具有与婚生子女同等的权利"。民法典尽管经历了一系列的修改，其有效范围日渐缩小，但其原有的结构、体例和编章序目都无变动，至今仍保持着其特有的稳定性。

现代法国民法的发展，除了修改民法典外，还颁布了不少民事立法。1814～1848年，大多民事立法是有关旧制度的恢复。1848年后的立法因革命的原因，发生了很大的变化，如1848年立法废除贵族称号，禁止奴隶制；1855年法规定了不动产转让公示制度；1866年法律规定将财产概念扩大到非物质财富方面，如著作权等有关的知识产权。特别是20世纪前半期，民事立法有了很大的增加，国家干预私法关系和法律社会化倾向日益明显。第二次世界大战后，确立了相当完备的知识产权法体系，以及制定了大量的有关贸易、工业、交通运输、环境保护、医疗卫生、国民教育、社会保险等方面的法律。

现代法国民法变化、发展的一个突出特征是传统的民法原则及重要制度发生了新的变化。主要表现为：

1. 民事主体与民事客体的范围有所扩大。伴随着工业化和现代化，法国民法典中所确认的民事主体从自然人发展到合伙、法人、联合组织、公司，国家也进入民事主体之列。同时，民事客体由物质财富扩展至非物质财富，即智力成果。

2. 所有权的变革。这种变革主要表现于：一是所有权的含义有所扩展和延

伸。所有权的扩展主要表现于知识产权领域，因为精神产品也是一种很重要的财产权，知识产权在现代社会是一种极为重要的所有权。二是所有权的社会化导致对私人所有权的限制和剥夺。现代社会，因国家对经济的干预和福利政策，对私人所有权无限制和绝对性的原则有所限制并日渐增强，如对矿山、土地、草原、森林、土地上空权、电力分配等，均以法律形式对其所有权给予限制。同时，集体所有权开始复兴，如在不动产中，各种“准所有权”被设定于所有权之上；公共团体对所有人的权利进行监督；所有权人的权利也被承租人的权利所限制；对相邻权的保护，等等。此外，国家干预主义在“公共利用之地役权”的设定上十分突出。在国有化运动中，出现了对私人所有权的强制转让。1946 年宪法序言（现行宪法重新确认）中规定：“一切其经营活动具有社会公用或事实上垄断特点的企业，均须成立集体所有权。”三是动产所有权的地位和功能发生了变化，传统民法典只重视不动产，而现代社会使得动产的地位发生了重要的变化，如对航空器、船舶等动产的注册；有价证券及其他证券的发展；对工业设施、商品储备的确认，计算手段和财会制度的发展；对各种各样非物质的所有权的确认，等等。就功能而言，动产所有权在相当广泛的领域内成为重要的信用手段。四是私人所有权在宪法和国际法上的地位有所增强。例如，私人所有权得到国内宪法、国际人权宣言及欧洲人权公约，特别是欧洲人权法院的保障。

3. 意思自治原则有所衰落，契约自由受到限制和干预。集中表现于：一是契约种类增多，出现了“集体契约”、“附合契约”、“定式契约”等“强制性契约”并大量增多，如强制保险契约、法律规定租赁契约中租金的限额标准、规定保险契约中保险人的义务、限制雇佣契约中受雇人的时间、赋予受雇人以带薪休假的权利等。这些契约的主要特点是：契约不完全是当事人的意思自治的产物，很大程度上是服从法律、不得不这样去做的结果，是当事人遵从法律的直接规定而订立的。这些强制性契约显然是对契约自由的直接限制，以避免社会不公的产生和保护社会利益。二是同意主义受到形式主义的直接冲击。越来越多的契约被法律要求采用书面形式，有的要求公告，确定契约的效力以当事人表现出的外部意志为准，而不强调传统的当事人的内心意志，表示主义有取代意思主义之倾向。三是由于保护消费者利益的立法运动兴起，使得传统的契约概念、订立过程、契约制度的构成及适用范围都发生了不小的变化。四是契约解释原则由传统的以探寻当事人真实意志为唯一目的向为维护社会公正的需要转变。总之，社会经济的多变性导致了现代契约法的不确定性。

4. 侵权损害赔偿的归责原则转向兼采过失与无过失责任原则。国家工业化的过程导致了工伤事故、环境事故、产品事故的归责原则出现新的变化，在 19 世纪末、20 世纪初确立了以法律规定责任人须承担严格责任的原则。

5. 婚姻家庭继承方面的变化主要有：一是在婚姻关系上，削弱了夫权，使已婚妇女获得了完全的权利，实现了男女平等。特别在离婚上，自 1884 年 7 月 27 日法律恢复离婚至 1975 年 7 月 11 日离婚改革法使离婚从传统的过错原则向感情破裂原则过渡，所规定的离婚理由是：双方同意、共同生活破裂、错误。二是取消了父权和家长权，实现了家庭成员的平等关系。例如，保障未成年人的利益，以教育取代惩罚；废除“尊敬证书“制度，实现子女婚姻自主而无须父母的批准；维护非婚生子女的平等权利。

此外，在现代社会，法国的司法审判在调整、补充和发展民法以适应不同时期的需要方面起着不可忽视的作用。

六、1807年《法国商法典》

1807年《法国商法典》是法国第一部统一的商法典，是最早的一部资产阶级海商法典，也是自由资本主义时期具有典型代表的有关商事和海事法律规定的法典。它是在法国1673年《商法典》和1681年《海商法典》的立法形式以及原则和制度的基础上，通过吸收流行于地中海和北海沿岸城市解决商业和海事纠纷惯例编纂而成。“欧洲大陆的商人法作为中世纪唯一的职业法，保存至我们的时代，它并非只是历史的残余物，而是具有其他法律领域难以匹敌的更新能力和应变能力，不断为生活所反复充实，进而丰富了整个私法秩序。”①

《法国商法典》于1807年9月通过，1808年1月1日施行。法典共4编648条。第一编是商事总则，共9章，主要规定了商事主体和商业事务。规定：商人是以从事商业活动为惯常职业的人，凡年满18岁的个人，不受法律限制者，均可经营商业，其商事主体还包括合伙和公司。商人的商事交易称作商行为。商人有责任保存好商业账册，使商业活动受到监督，以便保障商人及参与商业活动的人的利益。此编还对合伙公司、股份公司等经营方式和原则、法律地位以及交易所、经纪人和汇兑、票据等作出了规定。第二编是海商，其内容分为14章：规定了船舶、船舶抵押、船舶所有人、船长、海员、佣船契约、载货证券、租船契约、以船舶为抵押而设定的借贷、海上保险、海损、货物投弃、时效及拒诉等方面。第三编是破产，其内容为3章：财产转移、破产及复权，规定了企业破产的条件、手段、破产的监督与结算、破产者财产的分配以及财产分散、通常的破产和诈骗破产的责任，体现了严格维护债权人权益的原则。第四编是商事法院，其内容分为4章：商事法院的组织、管辖、诉讼及上诉程序等，规定法国商事法院受理商业领域中的纠纷，其案件如契约及交易案件、公司股东间的争讼、破产以及其他商业行为方面的诉讼案件。总之，法典对商人、商行为、商事责任、商事法院组织及其管辖、仲裁、公司与合伙、商业契约、破产、证券和信用制度及海商行为作了一般的、系统的规定。

1807年《法国商法典》的制定，具有划时代的历史意义及影响。一是将欧洲大陆的共同商法改造为国家商法，实现了由中世纪的商人法向国内商法的转变。这种转变并不仅仅指制度和法规的变化，主要指的是实现了商事法的基本原

---

① ［德］拉德布鲁赫著：《法学导论》，米健等译，中国大百科全书出版社1997年版，第73页。

则和基本精神的近代变革。二是确认商事主体的地位采客观主义。也就是说，商法典以商行为主义取代了传统的主观主义，即商人法主义。封建时期的商人法只适用于商人这一特殊阶层，因为那是一个完全的农业社会，而近代社会则是一个以商业和货币为主的社会，商行为范围极为广泛，商人已不是一个特殊的阶层，故 1807 年《法国商法典》摒弃了古典商人法主义的局限立场，克服其古典法固有的狭隘性，即以商人形式确定商事主体资格，而以商行为作为立法基础，将更广泛的商事关系纳入到商法的调整范围，即凡实施商行为者，不论是否为商人，均适用该商法，开创了现代商事立法的商行为主义。三是在立法体制上，确立了大陆法系私法之民、商分立体例的立法模式，开创了私法体例二元化之先河，这一模式恰恰与英美法系的民商合一模式形成鲜明区别。四是欧洲大陆第一部商法典，其立法模式、原则和制度对大陆法系各国的商事立法产生了重大影响。尽管这一商法典在立法技术上无法与其民法典相比，因编纂时间短而使得其体系和内容有诸多不完善之处，但它的出现从总体上促进了 19 世纪法国的经济交流和商品贸易，保证了法国资本主义的发展。

《法国商法典》实行后，随着资本主义由自由进入垄断，已不能很好地适应社会的发展，加之，其制定时因仓促而致先天不足。按照克洛德·商波所言：由于《法国商法典》在结构上和内容上的诸多缺陷，人为地将商事活动圈定在一个“法律隔离区”内，而事实上，19、20 世纪是在商人“法区”之外发展工商业及创建相应法制的世纪，工商业和经济不再依附于中世纪的法律人格。因此，商事活动遭遇着现代化和复杂化，1807 年《法国商法典》的命运可想而知。迄今为止，它仍旧有效的条文仅有 140 条，其中约 30 条是原始条文，只是原则性的规定。因而，现代法国在商事法律方面，大量以商事单行法的形式加以补充和完善，主要的商事法如票据法、银行法、证券法、合伙法、航空法、运输法、反托拉斯法、工业产权法、保险法和海商法等都是现代商法体系不可缺少的部分。而 1807 年的商法典在进入现代社会后只起通则的作用。

现代法国商法的变化主要有：（1）为了适应现代社会“商”范围进一步扩大的需求，以商行为概念作为规定商事主体即商人的基础，同时也在一定程度上以商人来规定商行为的范围。（2）关于商法的功能，更侧重于强调促进交易迅捷灵活和保障交易安全，如实现的方式出现了定型化契约、权利证券化、短期时效制；强调权利的外观主义以保障信赖利益的普遍性；企业设立、变更和注销等事项的登记制度；规格化的商业账簿制度；现代破产制度；保险制度以及严格责任制度等。（3）商人责任。1919 年法律强化了商人的责任，要求商人向商业局登记，并为第三人提供信息。第二次世界大战前后的法律又要求商人负有维护公平竞争的责任。之后，又出现了严格责任制度。（4）合伙公司。19 世纪末出现了大量有关的立法，如 1867 年 7 月 24 日制定的《商业公司法》，1893 年 1 月法律对股份有限公司作了补充，20 世纪 60 年代的法律确认了合伙和公司的新变化。将合伙分为普通合伙和有限合伙，对公司也作了多种分类，上市公司非常普遍。（5）合同和票据。增加了商业合同的类别，如限制商业合同当事人自由的标准合同、集体合同等。法国票据法的许多准则来自日内瓦签订的《票据法统一国际公约》。法国将公约所附的法律文本列入1935年10月30日的法令内（商法典第110～180条）。第二次世界大战后，法国票据法日益向欧盟法的有关协定倾斜。（6）破产法。1838年和1889年的修订对破产程序重新作了规定。1889年在《破产法》中增加了和解制度。1955年法令又恢复了早期的破产程序。以后的法令区分了商号和个人破产。1967年法令采取司法干预程序，即法官经债务人申请得中止债权人的控诉、采取预防措施，对债权人的利益予以维护。（7）现代商事立法增多。①

第五节　经济和社会立法

一、经济立法

法国资产阶级的经济立法开始于法国大革命时期，但最早提出经济法这一概念的是法国18世纪空想社会主义者摩莱里，在其1755年出版的《自然法典》中首次提出了“经济法”这一术语。19世纪后半叶的德萨米在《公有法典》中也使用了这一词语。但作为一个新的部门法，则是第二次世界大战之后形成的。在20世纪80年代，由密特朗总统进行了“四大改革”：以扩大国有化为中心的经济结构改革、以扩大就业增加社会福利实现社会公正为中心的社会改革、以权力下放为中心的行政体制改革及以“社会宽容”为基础的司法改革。在20世纪的最后20年，法国也不可避免地进入“后工业社会”，被各种社会问题所困扰，进而，为国家经济立法和社会立法带来了大的发展。

法国大革命时期，其经济立法的主要内容是废除封建制度。1789年的“八月法令”宣布废除与人身依附有关的捐税和教会什一税。1793年雅各宾时期的经济立法较为活跃，主要有：废除了封建的土地制度及其相关的封建义务与封建特权；实行限价政策，严禁囤积垄断，如法令对49种主要商品（主要是粮食和日用必需品）实行最高限价，打击了投机活动，维护了市场秩序。拿破仑时期，实施了严格的保护关税政策，对生产企业实行国家订货和津贴，并采取奖励竞争和授予发明专利的措施，相继设立法兰西银行、工商部，实现国家对工商业进行控制和指导。在19世纪上半叶，在税收方面，法国制定关税法，对税率采用了

① 主要有《商业登记法》（1919年）、《保险契约法》（1930年）、《支票法》（1935年）、《海上货物运输法》（1936年）、《整顿工商职业法》（1947年）、《商人代理法》（1958年）、《公司法》（1966年）、《破产法》（1967年）、《知识产权法典》（1968年）、《关于信贷机构的行为与监督法》（1984年）、《期货交易法》（1985年）、《价格与自由竞争法》（1986年）、《证券交易所法》（1988年）、《关于商业代理人与其委托人关系法》（1991年）、《关于法兰西银行的地位及信贷机构的行为与监督法》（1993年）。

浮动标准，即当国内市场价格下跌时，关税率自动提高，由此保护了国内工农业的发展。1860 年，税收政策开始由重商主义向自由贸易主义转变。1860 年与英国签订了《自由贸易条例》，允许英国商品进入法国，税率随着时间而逐渐递减，法国商品免税进入英国。此后，对其他国家也实行类似的政策。促进经济活跃的立法还有：1842 年的"基佐法令"，给予私人公司以铁路的组织经营权，以刺激铁路并带动经济的发展；1863 年颁布的《有限公司法》，放宽有限公司成立的条件，促使全国性大公司的形成。巴黎公社时期，也采取了一些经济立法，但因公社的失败而未发挥大的作用。

进入垄断资本主义阶段，特别是第二次世界大战后，随着国家对经济生活干预的加强，推行福利国家和混合经济，法国经济法获得了空前的发展，制定了许多用以调整经济关系的法律、法令、规章和条例，使得法国经济法得以形成，如对财产权和合同自由的限制，调节生产、分配和消费，调节物价，成立管制机构，创立国营企业，调节自然资源的使用等。1944 年—1946 年，戴高乐临时政府时期，制定一系列法律将雷诺汽车公司、保险公司、法兰西银行等各大银行、电力、煤气、矿物等企业收归国有。1948 年又将巴黎市交通系统国有化，将法国航空公司变为公私合营。1948 年成立法典化最高委员会，负责汇编了一系列新的法规和法典，如《农业法典》、《矿业法典》、《税收法典》、《国家财产法典》、《国有市场法典》、《贸易管理法典》等。这些法典的特征是公法与私法相结合，其调整的对象是各种新型的经济法律关系，在内容与表现形式上逻辑性、系统性不强。但正是这些非传统意义上的完整法典，如有关国家财产法、计划经济法、农业法、国有企业法、中小企业法、消费者权益保护法（1992 年的《消费者利益保护法》）、反不正当竞争法（1986 年和 1996 年的《价格放开与竞争条例》）、环境保护法、证券法（1985 年的《期货交易法》和 1988 年的《证券交易所法》）及产品责任法等构成了法国现代经济法体系。1947 年—1980 年，法国共实施了 7 个经济计划，并都有一套法律作为其实施经济计划的依据，这些法律构成了法国公共经济法。这些法律表明以计划调节、指导经济是当代法国资本主义发展的重要特征。1982 年，法国政府对经济政策进行了较大调整。采取紧缩措施，反对通货膨胀，在强调国家干预的同时，更加重视私营企业的作用。1986 年的《计划改革法》提出了与上述政策相配套的措施，即经济工作实行"民主化"、"分权化"和"合同法"，以计划合同为重要手段，以推动现代经济的发展。此外，作为西欧最大的农业国，第二次世界大战后，法国采取了一系列有关农业进步的措施和法令，主要有《农业法典》（1948 年）、《农业指导法》及其《补充法令》（1962 年和 1964 年）、《农业合作社调整法》（1967 年），这些法律、法令使得法国顺利地实现了农业现代化。

（一）国家财产法

19 世纪末，法国开始建立国营企业，并以法令确认水力资源归国家所有，开矿须取得国家特许证。1919 年国家基本控制了矿业；1921 年对铁路进行控制；

1936年，国有化法律发展迅速。1937年议会决议，确定了国家在法兰西银行中的决策权，同年，建立了法国国营铁路公司，并制定了军火工业国有化法律，还规定国家管理小麦的产、销和外贸，成立了专门的管理机构。1944年的法国全国抵抗运动委员会通过了共同纲领，提出了经济计划、国有化和社会福利政策，制定一系列法律将雷诺汽车公司、保险公司、法兰西银行和各大银行以及电力、煤气、矿物等企业收归国有。1948年又将巴黎市交通系统国有化，将法国航空公司变为公私合营。1982年的《国有化法令》，将几家工业公司、36家银行、2家金融公司国有化，同时，还以国家参股等形式将其他重要企业掌握在国家手中。1983年的《公营部门民主化法》对新旧国有化企业实行“三方代表制”原则，即由国家代表、职工代表和经济界代表组成董事会。法国是西方国有化程度较高的国家。

（二）计划经济法

在法国，计划经济法又称公共经济法，产生较早，从1946年法令宣布实行经济计划至今已有10余个经济发展计划。与此同时，设立了国家计划总局，负责国家经济计划的制订。法国计划经济法主要用于调整国家计划的制订和实施方面的关系，只适用国家机关和国有化企业，它是现代法国对经济发展和市场运行进行指导及调控、以实现现代化生产的主要法律手段，它以占重要地位的国有财产作为物质基础，具有指导性、协议性特征。计划法没有编纂统一的法典，其法律渊源散见于法律、条例、协议或行政命令中。1982年的《计划改革法》规定减少国家对经济和市场的直接干预，使计划只起指导发展方向和对宏观经济的协调和平衡的作用。可见，现代法国计划经济法进一步科学和客观，在尊重市场经济规律的基础上调节和促进了法国整个国民经济的发展。

（三）农业法

作为西欧最大的农业国，第二次世界大战后，法国采取了一系列有关的法令，由农业工业国变为工业农业国。1955年将所有农业法规统一汇编为《农业法典》。法典共8编1336条，其内容规定了土地制度、家畜和植物保护、狩猎和捕鱼、农业职业团体、农业金融制度、农事租赁合同和农业教育科研等。1960年—1962年颁布了《农业指导法》（被认为是农业基本法）、《合作法》、《市场法》和《商业法》等。法律旨在实行土地集中化，以利于实行农业改革和工业化以及使工农业协调发展。1967年颁布了《农业合作社调整法》，这些法律、法令保证法国实现了农业现代化。

（四）环境保护法

环境保护法，是法国的一个新的部门法。法国经历了从防止公害法逐步向管理和养育的环境保护法发展的进程。1917年12月9日《危险等设备管制法》规定了对环境影响进行评估的制度，以及对公害进行事前调查制度和强行设置防害设备制度。第二次世界大战后，除以一系列的经济法规规定了环境保护的内容外，还有许多单行法规，如 1961 年的《空气污染防治法》、1975 年的《废弃物处理法》和 1976 年的《自然保护法》等，由此完善了环境保护制度。

二、社会立法

法国社会立法是伴随着各种社会主义思潮和 19 世纪中叶产业革命后工人阶级力量增强而产生和发展起来的。早在法国大革命时期，就制定了有关工人的立法，如限制工人工资的法令，并保留了 1791 年的《列·霞白利法》。19 世纪上半叶，由于工人运动的高涨，法国制定了一些有关工人劳动的立法。1813 年，政府法令规定矿业部门的雇主要对工伤事故提供救济。1841 年立法禁止 9 岁以下童工做夜工，12 岁以下童工每天工作限制为 8 小时，16 岁以下的限制为 12 小时。1848 年巴黎公社时期进行了大量的社会立法，承认了工人有组织团体的权利，同时还颁布了废除包工制和缩短工作日的法令，改革了工薪制度，降低了工薪，提高了低薪，承认工资额的差别。19 世纪末 20 世纪初法国社会立法集中在承认工会合法、规定实行 8 小时工作制、禁止妇女儿童夜间劳动以及实行社会保险等。1864 年废除了大革命时期颁布的关于禁止结社和罢工的立法；1884 年法律允许成立工团联合会；1894 年的《强制退休法》规定工人退休金由雇主和工人按比例交纳，由国家退休金管理局统一管理。1898 年颁布了《工伤保险法》并设立相关管理机构。1898 年的法律允许成立互助团体，到 1901 年法律，基本上实现了组织联合会的自由。1892 年禁止使用 13 岁以下的童工。1901 年成立了社会立法法典化委员会，着手制定劳动法典。1921 年，国家提出了《社会保障法议案》，1928 年该议案获得通过，于 1930 年施行。1936 年人民阵线成立后，进行了一系列的社会改革，如调整劳资关系，订立集体合同，承认工人加入工会的权利，提高工人工资，规定由雇主、职工会代表和地区工商代表组成混合委员会，协商签订集体合同，有关劳资纠纷由劳工部长解决；又如关于工资工时，规定每周的工作不得超过 40 小时，凡受雇满 1 年以上者得享受保留工资的 15 天假期。

第二次世界大战后，各国政府都倡导福利政策，法国也实行福利国家政策，在原有的社会保障法律制度的基础上，在立法方面作了进一步的完善。1945 年根据全国抵抗运动委员会的共同纲领，制定《社会安全法》并通过了一系列有利于工人和广大人民的社会政策和劳工政策，规定了家庭津贴、社会保险、奖励生育、带薪休假 15 天以及缩短工作时间等。还在企业设立由工人代表组成的企业委员会。同时，还制定有关社会保障的法律，规定享受社会救济和补助是公民的权利。到 1950 年，还通过了几项关于集体合同的法律。1952 年通过了物价上涨与工资浮动比例的法律，以保障通货膨胀中职工的稳定收入。1956 年提出了《社会保障法典》，到 1968 年正式确立了社会保障制度，内容包括家庭补助、疾病、老年、失业、死亡等保险。而且，也开辟了多渠道的社会保险资金的来源，主要有：雇主交纳的社会保险税、投保人交纳的社会保险税、国家和地方财政补贴及其他经常性收入。20世纪70年代后，国家又加大财政补贴的力度，对失业者和残疾人的保险补贴完全由政府承担。“新社会运动”进一步促进了社会立法。

第六节 刑 法

一、1810年《法国刑法典》

1810年《法国刑法典》是在拿破仑的主持下制定的，它与《法国刑事诉讼法》的制定同时由一个起草委员会负责进行。草案于1804年曾提交国王参政院讨论，后于1808年和1810年间分别交各法院征求意见。经过10年的起草、讨论与修改，《法国刑法典》于1810年2月12日颁布，于1811年1月1日起正式施行。

1810年《法国刑法典》的内容特点主要有：

1. 在结构体例上，《法国刑法典》共四编484条，以总则为先导，第一编是关于重罪、轻罪之刑及其效力，第二编是关于重罪、轻罪之处罚、宥恕与刑事责任，第三编是关于重罪、轻罪及其刑罚，第四编是关于违警罪及其刑罚。这种模式成为以后大陆法系国家刑法典的基本体例。它对犯罪的分类，即重罪、轻罪和违警罪被世界各国普遍接受。

2. 在立法技术上，《法国刑法典》体现了拿破仑法典编纂的一般方法和风格，但无法与民法典相比。总则不及分则发达。注重原则的实际运用，而不追求对其理论上的概括；条文简明，将同类犯罪都规定在相邻的条文内，而不顾及这些犯罪的罪行程度和刑罚是否相近。同时，规定了大量的加重情节。

3. 在立法原则上，《法国刑法典》基本贯穿了法律面前人人平等、罪刑法定主义、罪刑相适应、法不溯及既往等资产阶级启蒙思想所力主的刑法原则。采用自由刑，强调处罚平等。它严格维护了资产阶级人身、财产不受侵犯，维护了资产阶级政治经济统治秩序。《法国刑法典》第4条规定：“不论违警罪、轻罪或重罪，均不得以实施犯罪前法律未规定的刑罚处之。”

4. 在内容上，法典显然受到了当时流行的刑事古典学派客观主义理论和边沁功利主义思想的影响，同时也继受了传统的刑法制度以及巩固革命成果的需要，有着封建性、威吓性和残酷性以及客观归罪和报应刑的特点。在犯罪方面，某些内容违背了“罪刑法定主义”原则，如“流氓罪”、“游民罪”和“乞丐罪”等的规定显然实行的是“有罪推定”。在定罪量刑方面，对每种犯罪规定了刑罚的最高限和最低限，对某些犯罪还规定了两种不同的刑罚，给予法官以有限的自由裁量权；重视犯罪行为，有行为就有责任，无行为即无责任；没有区分既遂犯与未遂犯、主犯与从犯的刑罚；对预备行为不追究。法典的封建性和残酷性体现在：维护皇权，广泛适用死刑，重新采用无期刑，采用许多封建性的残酷的肉刑，如残害肢体和侮辱性的刑罚。法典对罪过、错误、紧急避险等未作规定。刑法典的制定者确信：对待犯罪，“应当通过其受到的惩罚使人更多地产生惧怕，而不是因犯罪每有得手，每有所获，使人徒生企望”，认为有进行“一般防卫”的必要，就采用威慑的手段，甚至恢复了在罪犯身上打烙印、戴铁颈圈、捆绑在示众柱上公开示众等肉刑，同时恢复了对杀害尊长者之罪犯，在执行前先剁掉手的刑罚。

1810 年《法国刑法典》的历史地位及其意义在于：它是法国大革命的重要成果之一，它基本上贯彻了资产阶级刑法原则，体现了人道主义精神；无论从其内容还是立法技术上说，都可以称得上是资本主义早期社会的一部具有代表性的法典，对近代资产阶级刑事立法具有重大影响；它的颁布标志着拿破仑法典体系的完成，积极地促进了法国自由资本主义的发展。

二、19 世纪刑法典的修改及刑事立法

19 世纪中叶后，伴随着自由资本主义的发展和新的刑法学派的问世，1910 年《法国刑法典》也处于不断修改以适应社会需求的阶段。较大的修改共进行了两次。第一次是 1832 年 4 月 28 日的修改，此次修改是在自由主义运动的影响下由七月王朝进行的，修订了 90 个条文，主要内容是减轻刑罚的残酷性，如规定死刑只适用于 9 种犯罪，废除了肉刑和没收财产刑，减少了酷刑，增加了法官的酌情减轻之权，弥补了法典的不足，严格区分了主犯与从犯和重罪的既遂与未遂。同时加重了对公务人员侵犯公民住宅、通信的犯罪的处罚。这次修改以求达到刑法价值的公正与功利的平衡。第二次是 1863 年 5 月 19 日的修改，此次涉及 65 个条款，主要内容是再次减轻刑罚、规定对政治犯适用特殊的刑事制度、增补了累犯的规定和一些新的犯罪种类，如强索贿赂罪等。1848 年宪法取消了对政治犯科处死刑的规定。1854 年废除了政治犯“民事死亡”的刑罚，制定了在殖民地执行强迫劳动的制度，以实行“以土地改善人，由人改善土地”。此外，在 19 世纪末，因受实证主义法哲学的影响，还以单行法的形式对法典作了补充修改，如 1885 年 5 月 27 日的《累犯惩治法规》对不可救药的累犯采取放逐国外的措施，作为附加刑，即对某些种类的累犯实行具有保安性质的“流刑”（如放逐到圭亚那）作为从刑，以加强对累犯的惩治和预防。同时，第 19 条规定了“禁止居留”，将某些被判刑的人排除出某些公共场所。同年 8 月 14 日的《累犯防止法》规定了假释。据此，无须总统的特赦令，也可将刑期的执行减少一半。1891 年 3 月 26 日关于减轻和加重刑罚的法律规定了缓刑。据此，对初涉的、被处以监禁的犯罪人给予缓期执行，但对道德低下的累犯则加重刑罚。20 世纪，法典仍处于不断修改中，如 1912 年法令规定对未成年犯实行“再教育措施”。而且，这种对法典的修改是伴随着新的法典的起草工作进行的。

三、20世纪法国刑法的发展

20世纪初，法国政局较平稳，于1901年以法律废止了非法结社和集会罪。两次世界大战期间，政局动荡，1934年、1935年颁布的法律又对集会、结社作出严格限制。1939年法恢复了1848年宪法废止的政治犯死刑，并对“侵害国家外部安全之重罪”作了重大修改。1944年法对战后审理叛国分子作了规定。伴随着全球范围内的刑法改革运动，法国于1945年建立了刑法改革委员会，提出了刑法改革法案，并颁行了大量的刑事法规。1947年立法加强了对罢工的镇压。1950年的《反怠工破坏法》规定罢工为妨碍国家安全的行为。1955年法令关于“禁止居留”的新规定，缓和了原刑法典的该项规定。1958年宪法规定，违警罪不再属于立法范围，由行政法加以规定。1972年法律规定服刑允许监外执行、半自由和许可外出。1975年法律还规定假释须经过半自由刑，并规定可以将附加刑、从刑、违警处分、禁止从事某种职业活动、没收或吊销驾驶执照等作为主刑判处，以减少自由刑的适用。此外，受社会防卫思潮的影响，对被害人的权益予以一定的法律保护。1970年的法律要求犯罪嫌疑人提供一定的担保以赔偿因犯罪所造成的损失。1977年、1978年和1990年法律规定对某些犯罪被害人实行国家赔偿。1981年9月18日通过了《废除死刑法》，废除了死刑。此外，还通过宪法委员会的宪法解释使一些刑法原则的含义更加明确和更符合现代社会，如法不溯及既往的原则，按照《人权宣言》和1810年《法国刑法典》的规定，除非根据在犯法前已经制定和公布的且系依法施行的法律之外，不得处罚任何人。这也就意味着，刑法仅仅或绝对适用于在其生效之后发生的犯罪行为。但是宪法委员会认为，不溯及应是在新法刑罚重的情形下发生的，如果未经判决的旧罪依据新刑法可以减轻处罚的话，不管行为发生在何时，当适用新法。而且，于1982年将这一原则扩大适用于一切具有处罚性质的制裁中。1983年通过了加强保护犯罪被害人的法律。1986年关于打击恐怖犯罪的法律，确定了将采取适用于此种特殊犯罪的管辖规则和特殊程序。同时，也采取了一些“非刑法化”和“非罪化”的制度与措施，如1975年的法律废除了将通奸与姘居行为定为犯罪的规定，将怀孕10周内的堕胎行为视为合法。1980年法律减轻了强奸罪与伤害风俗罪的刑罚，并废除了刑法典中规定的与未成年人发生同性恋属于犯罪的规定。

四、1992年《法国新刑法典》

法国新的刑法典始于1931年的《刑法典改革草案》，并于1934年提交国民议会讨论，但没有结果。根据1974年11月8日和1975年2月7日法令，法国司法部长决定成立刑法修改委员会。该委员会于1976年7月提交了一个关于总则部分的预草案，经修改后于1978年4月公布，受到一些批评。1983年6月在司法部部长巴旦代尔（时任刑法修改委员会主席）的主持下提出一个有关刑法总则的新草案，后又着手起草分则，并于1984年、1986年和1988年曾提交审议。1989年2月起，法国议会开始审议新刑法草案，由于两院意见不一，直到1992年7月22日新刑法典才以四个法律的形式予以颁布。为保证新刑法的实施，1992年12月16日又颁布了一项刑法实施法，将刑法的生效时间定为1993年9月1日，但该生效日又被1993年7月19日法律修改为1994年3月1日。自1994年3月1日起，新刑法典在全法国实施，取代了1810年《法国刑法典》。

1992年《法国新刑法典》的体例编排包括立法与条例两大部分，附有两项重要通知。法典的条文序号是卷、编和章。立法部分包括总则以及有关各种重罪与轻罪的规定，共分五卷，其内容规定依次为：总则（法定原则、责任与刑罚）；侵犯人身之重罪与轻罪；侵犯财产之重罪与轻罪；危害民族、国家与公共安宁的重罪与轻罪；其他重罪与轻罪。条例包括经最高行政法院提出资政意见后颁布的法令。自1810年《法国刑法典》实施以来，颁布了不少刑事法律法令，总体上这些法律规定都纳入了1992年《法国新刑法典》，但也有一些法律法令规定通过整理归入其他方面的立法之中，如《公共卫生法典》、《交通法典》、《劳动法典》、《城市规划法典》、《消费法典》及《知识产权法典》。

1992年《法国新刑法典》是继1810年《法国刑法典》之后法国刑法发展、改革的集大成者，其突出的特点是：（1）体现了刑法发展的历史延续性，反映了时代性和创新精神，如保留了资产阶级刑法的基本原则和精神以及编纂体例、传统术语、概念、犯罪分类及一些刑法制度，如保留了对监禁刑的替代刑罚。（2）对犯罪依其严重程度分为重罪、轻罪和违警罪；对犯罪构成的主观要件加以明确规定；扩大了轻罪处理范围；扩大了某些犯罪的惩治范围；增加了一些新罪以适应当代社会的需要，也取消了某些犯罪，如妇女自行堕胎罪等。（3）在分则中体现了对人权的重视，将对人的保护放在最前面，即人的生命优先于财产。这是与1810年《法国刑法典》的很大不同，主要由于两部法典因时代的不同而所确立的刑事价值上的优先性不等。（4）规定了法人刑事责任，同时确立了正常的刑罚等级；并对某些刑罚内容作了明确具体的规定。在制裁上实行的是刑罚（剥夺自由和罚金）与保安处分“二元规定”。①

① ［法］卡斯东·斯特法尼著：《法国刑法总论精义》，罗结珍译，中国政法大学出版社1998年版，第447页。

第七节 司法制度

一、法国民事诉讼法典

（一）1806年《法国民事诉讼法典》

基于1667年《民事诉讼法令》，法国于1806年制定并于次年1月1日颁布实施了《法国民事诉讼法典》。法典共两卷1042条。上卷是关于法院程序，共五编，分别规定了法院体制和民事诉讼的管辖、审级和执行。法院由治安法院、初审法院、上诉法院和最高法院组成，一般民事案件实行四级三审终审制。同时，还详细规定了起诉、受理、传唤、证人、鉴定人、回避、辩护、调解、诉讼费用的收取、判决的特别方法及判决的执行等。下卷是关于各种诉讼程序的规定，其中包括三编，规定开始的程序、仲裁程序、共同规则等，如对夫妻之间的财产纠纷、分居、离婚以及禁治产人等人事诉讼程序作了具体规定。

法典的特点有：（1）实行诉讼自主原则，规定民事案件一般由当事人提起诉讼。同时，也体现了保障当事人诉讼权利平等的原则。（2）规定国家机关在某些情况下应干预诉讼。如果案件关系国家安全、政府、国家土地、房产、人身安全以及因法院判决不公正而引起的诉讼时，法院须报告检察官，由检察官行使干预权。（3）对维护债权人的利益作了详细的规定。例如，法典以相当的篇幅规定了以债务人的财产清偿债务的问题，当债务人拒不履行义务时，债权人有权要求法院扣留债务人，并规定了具体的程序。（4）在立法技术上，该法典缺乏法国民法典那样的创造力和想象力，即理性思考差一些。法典的大部分内容都是来自于1667年《民事诉讼法令》，依然继受了许多充满形式主义、成本高昂的程序制度，以至于是一部“在它诞生之时就已经过时的法典”。[1] 法典内容庞杂，体现了罗马法和教会法的理论与制度，也有日耳曼法的内容。总之，其影响力远不及民法典，也无法与严密精细的德国民事诉讼法典相比。当然，法典反映了大革命的思想，即当事人主义，保障了当事人平等的诉权和诉讼的自由。1806年《法国民事诉讼法典》施行了170年之久，期间经历了若干次修改。

（二）1975年《法国新民事诉讼法典》

1969年根据政府命令，成立了新民事诉讼法典修改委员会。经过6年的时间，新民事诉讼法典于1975年12月5日公布。1976年1月新民事诉讼法生效后，对其修改一直在进行。1977年修改了裁判文书的收费制度，免除了当事人交纳裁判文书费用的义务；1979年明确规定了占有权诉讼，并修改了破弃上告

① ［法］罗杰·佩罗：《法国民事裁判法》，载《近代法学》第35卷，第1~2号。

程序；1980年增加了仲裁制度；1981年又颁布了新民事诉讼法典的第二卷和第三卷。1991年和1992年法令对执行程序作了修改。可以说，现行法国民事诉讼法典是旧民事诉讼法与新民事诉讼法的合并。

根据1991年法国司法部司法法政调查部编的《注释法国新民事诉讼法典》，法国新民事诉讼法典共有三卷1490条。第一卷是关于所有法院的共同规定，相当于法典的通则。主要规定了民事诉讼的基本原则、管辖、证据制度、诉讼参加、辩论程序、诉讼中止、诉讼终结、判决、上诉、再审和执行等内容。第二卷是关于具体适用于各个法院的不同程序的特别规定。主要规定了大审法院、初审法院、商事法院、劳资纠纷调整法庭、农村租约对等法庭、上诉法院、最高法院等所适用的不同程序。第三卷是关于人身案件的特别程序，如婚姻关系的案件、亲子关系的案件、收养关系的案件和监护关系的案件等的程序。

1975年《法国新民事诉讼法典》很有特色，其基本特点是：在其形成上，是在对1806年《民事诉讼法典》不断修改的基础上成就的；在其结构上，是一般规定与特殊规定、抽象与具体的双重结构体系；在其模式上，实行的是当事人主义，诉讼的主导权在于诉讼当事人，如对审原则，即法院的裁判须以当事人双方的辩论为基础。在其内容和制度上，有特色的如民事裁判机构的多元化和程序多元化、诉权的制度化和具体化、事前程序与审理程序的分离、书证优先原则、审级的多元化、紧急审理程序的设置，等等。

二、法国刑事诉讼法典

（一）1808年《法国刑事诉讼法典》

1808年12月16日公布的《法国刑事诉讼法典》由总则和两编组成，共643条。其主要内容特点为：

1. 法典兼采纠问式与控告式的诉讼程序。表现在法院庭审前的纠问式和庭审时的辩论式。在重要法庭上，实行庭审公开和不间断原则。审判长控制和指导庭审，“审判长享有自由裁量权，可以凭自己的荣誉和良心，采取自己认为有助于查清真相的任何措施。如果需要，他可以代表法庭裁决第316条（即一切有争议的事项）规定的事项”（第316条）。在庭审中，证据的提交和法庭辩论类似英美法系的做法，也实行宣誓作证、交叉询问和最后陈述。只是评议并作出决定是由全体法官和陪审员通过书面表决进行的。

2. 确立了起诉、预审和审判职能分立的原则，即检察机关行使起诉权，预审法官行使法院开庭前的审判权，包括收集犯罪证据、认定犯罪事实及其性质，审判法官独立行使审判权；规定一事不再理的原则。

3. 将犯罪分为违警罪、轻罪和重罪。犯罪的分类决定了审判管辖，即按照法定刑来划分法院的案件管辖。凡是刑事案件，都要按照不同的案件类别分别由违警罪法庭、轻罪法庭和重罪法庭受理。

4. 在审判程序上，实行两审制与合议制以及对重罪案件实行陪审制。重罪法庭设在巴黎和各省，一年开庭 4 次，是法国唯一设陪审团审理的刑事庭。审判庭由审判长 1 人、法官 2 人和陪审员 9 人组成。重要法庭审理的刑案必须是经过两级预审后起诉的。

5. 确立了自由心证证据制度。法典规定，在各级各类刑事法庭中，“罪行可通过各种证据予以确定，法官根据其内心确信判决案件”（第 427 条）。并且规定要求张贴和宣读下列训示：法律并不考虑法官通过何种途径达成内心确信；法律并不要求他们必须追求充分和足够的证据；法律只要求他们心平气和、精神集中，凭自己的诚实和良心，依靠自己的理智，根据有罪证据和辩护理由，形成印象，作出判断（第 342 条）。这一刑事诉讼中普遍遵守的证据原则被其他大陆法系国家普遍采用。自由心证虽然是一个进步的原则，但同时也为法官的主观擅断提供了便利。

6. 法典的许多内容和制度来源于 1670 年的刑事诉讼王令。这部法典在法国沿用了一个半世纪。最早的修改始于 1830 年。1856 年修改扩大了预审法官的作用。1879 年，当时曾提交了一个草案，但因两院意见相左而流产。1930 年起在修改刑法典的同时也开始修改刑事诉讼法典，并于 1938 年拿出了修改草案。第二次世界大战后，对这部法典的修改再次提到了日程上。1949 年重新公布了 1938 年草案。1953 年建立了以总检察长安东宁·贝松为主席的修改委员会，经过十余年的起草、讨论和修改，于 1958 年年底完成并陆续颁布，于 1959 年 3 月 2 日开始实施。对海外领地则于 1962 年 3 月 1 日始生效。该部法典自实施后仍修改不断。

（二）1958 年《法国刑事诉讼法典》

1958 年《法国刑事诉讼法典》，又称《法国新刑事诉讼法典》，是在经过对 1808 年《法国刑事诉讼法典》近 5 年修改的基础上重新颁布、于 1959 年 3 月 2 日实施的，是法国现行刑事诉讼法典。它分卷首和五卷，共 802 条。卷首为公诉和民事诉讼，第一卷为提起公诉和进行预审，第二卷为有关重罪法院、轻罪法院和违警罪法院的审判管辖及其审判程序，第三卷为非常上诉的途径，第四卷为特别诉讼程序，第五卷为执行程序。新法典保留了旧法典中的基本原则和不少的制度，如预审程序、审检合一、刑事程序可附带民事请求和重罪陪审等。同时，也适应社会发展的需求和新精神规定了许多新的原则和制度，如其基本精神是消除纠问式的倾向，强调法治和加强司法民主、对诉讼中人权和自由的保障，便于查明事实、提高审判效率及避免错案等。新法典自实施以来又经过多次修改。其修改的技术是在原有的条款框架内进行，即凡被修改的条文均用括号注明修改的年月日和根据第几号法令修改或废止的。特别值得一提的是，新增加了有关经济和金融犯罪、恐怖犯罪、毒品犯罪及法人犯罪等方面的特殊规定，如根据 1995 年 2 月 8 日的法律，对于严重恐怖犯罪和毒品犯罪的追诉时效延长为 30 年（原重罪为 10 年），轻罪为 20 年（原轻罪为 3 年）。

三、法国司法体制

（一）司法部

作为司法行政机关，司法部的主要职能：一是负责法院的司法行政事务，如对法官及其他司法人员的招聘、任用、调配、管理等人事以及有关规章、条例的制定等工作。二是领导管理检察机关。三是负责民事、民事诉讼法的立法、不动产权立法、土地法立法等立法工作。四是管理公证、律师等法律职业团体且为其制定职业条例。五是负责对外法律交流及国际司法协助等。六是参与刑事立法工作和大赦活动。七是负责刑事执行和狱政管理工作，等等。

（二）检察机关

法国检察机关隶属于司法部。实行审检一体制度，即各级检察机关派住在各级法院内。按照法院的层级相应设立最高法院检察院、上诉法院检察院、大审法院检察院等。最高法院检察院只对司法部负责，与上诉法院检察院和大审法院检察院不存在领导关系。上诉法院检察院对其辖区内的下级检察院实行直接领导。巴黎上诉法院检察院负责全国有关恐怖犯罪的案件、有组织犯罪案件以及国际刑事司法协助案件。法国检察机关的主要职能是：负责刑事案件的侦查；负责公诉；负责监督和执行判决。

（三）宪法委员会

依据《1958 年宪法》，法国于同年建立宪法委员会。按照宪法第 58 条和第 61 条的规定，该委员会的职责主要是行使违宪审查权，审查国会和行政机关通过的法律、法规是否合乎宪法，以及监督总统、国会议员选举、监督公民投票并宣布最终结果等，此外，还充当总统的法律顾问。宪法委员会裁决违宪案件，采取事前审查制。对于宪法类法律和经公投通过的法律，宪法委员会无权进行合宪性审查。宪法委员会的地位高于法国最高法院，其就合宪性审查所作出的法律裁决对于公共权力机构、一切行政机关和司法机关具有强制执行力，是终审裁决。宪法委员会由固定成员和非固定成员组成。固定成员是历届前任共和国总统，非固定成员由 9 名法律专家型委员组成，任期 9 年（每 3 年更换其中的 1/3），不得连任。其中，3 名委员由总统任命，3 名委员由国民议会议长任命，3 名委员由参议院议长任命。各委员是独立的，不具有任何政治色彩。宪法委员会对确保法国法律的统一与尊严、对法国总统权力的限制发挥了重大的作用。

（四）权限争议法庭

由于法国司法系统的双轨制这一事实，管辖权限冲突问题是难免的，便于 1848 年设立权限争议法庭（曾在 1851 年政变中被撤销，1872 年重建）。权限争议法庭由 9 名法官组成：司法部部长为主席、最高法院和最高行政法院各出 3 名法官、上届争议法庭的成员 3 名，任期为 3 年，其中主席的任期随政府换届或更替而改变。权限争议法庭依法得处理以下四类冲突：积极性冲突、消极性冲突和裁定冲突及事前征求意见的冲突。

1. 积极性权限冲突：当普通法院认为自己有权审理某项争端，而行政法院则坚持该争端不属于普通法院管辖范围时即产生权限的积极冲突。其目的在于保护行政机构免受普通法院的侵权。

2. 消极性权限冲突：当行政法院和普通法院对同一问题都宣称无权管辖时会产生权限的消极冲突。其目的在于保护诉讼人，防止普通法院拒绝履行职能。

3. 裁定的冲突：为了保护起诉人免受拒绝审判的危险，该危险来自于两个审判机构对案件内容判决的矛盾性。这种程序在“罗泽案”后由1932年4月20日的法律设定。

“罗泽案”（Rosay）中罗泽因在一次军车与私人汽车相撞的事故中受伤，他先后向民事法庭和行政法院起诉，要求赔偿。民事法庭认为损害由军事车辆的过错引起，应由国家赔偿，驳回了诉讼；而行政法院认为，损害由民用车辆的过错引起，也驳回了诉讼。在这一案件中，两个法院系统都有管辖权限，都在其正当权限内作出判决。然而，两个判决是相冲突的，受害人得不到救济，所以产生了1932年4月20日的法律设定。依据此法，罗泽在法定期间向权限争议法庭起诉，请求法庭撤销原来两个判决，就实质问题作出最后判决并最终解决争端。这一案件的法律意义就在于扩大了权限争议法庭的管辖范围，较全面地保护了当事人的权益。

4. 事前征求意见的冲突：当考虑到审理某一案件会遇到严重困难，而且可能发生权限冲突时，可以预先征求争议法庭的意见，以便使审理得以迅速进行。

（五）法院组织

法国的法院系统很复杂，一是双轨制的，即司法审判权是分割的，处理刑事、民事案件的普通法院系统与处理行政案件的行政法院系统是彼此分立互不相属的。普通法院属于司法机关，而行政法院属于行政系统。二是普通法院系统一般由最高法院、上诉法院（包括重罪法院）、基层法院（包括初审法庭和大审法院）组成，但事实上，其实际的结构和体系往往不易分辨，有大审法院、初审法院、商事法院、劳动法院、社会保障法院、农事租赁法院、违警罪法院、轻罪法院、预审官法院、追诉法院、重罪法院、上诉法院和最高法院等。法国的法官是职业型法官，通过资格考试后由政府任命。而行政法院系统较整齐，由最高行政法院、上诉行政法院和行政法庭组成。三是还有许多用以处理轻微的民刑事案件和纠纷的非正规法院，如民事仲裁所，在每个专区都设有一个；每个市区都有一个处理类似案件的法官，事实上，类似英国的治安法官，叫公共治安官，大部分较轻微刑民商事的案件都在这里处理。

1. 普通法院。

（1）基层法院：有大审法院和初审法庭。①初审法庭，其司法审判管辖权限是审理小额经济案件、普通民事案件和违警罪。设在专区、市区和乡镇，全国共有455所。不服判决的，可向上诉法院上诉。在原则上，其管辖范围被限制在涉及民事债权争议、动产争议的案件、交通事故以及有关不动产的占有权诉讼。其权限规定只受理标的小于1万欧元的民事案件，也审理数额在2万欧元以下的消费信贷。初审法庭审判实行的是简易诉讼程序，不设陪审，可以不委托律师代表诉讼，注重和解制度。实行独任法官制。②大审法院，审理诉讼标的较大或案情较复杂的民事案件以及轻罪案件。大多设置于大城市，是地区性的，全国共172所，不服大审法院的判决，可向上诉法院上诉。大审法院在民事上具有普遍管辖权，与初审法庭分享民事管辖权。其民事管辖权主要是：1万欧元以上的普通民事纠纷以及一些专项案件，如关于不动产所有权的诉讼；涉及身份关系或行为能力的诉讼；关于发明专利证书确认的诉讼；关于承认与执行外国法院判决和仲裁裁决的案件；等等，总之，较大的民事争议案由大审法院管辖。实行合议庭，无上诉管辖权。

（2）上诉法院，是普通刑事、民事案件的上诉审级，有权直接审理重大的民事案件和刑事案件，全国共有33个。上诉法院实行的是单一的专门上诉法院体制，所有上诉案件都必须提交到上诉法院，而不论是普通法院还是专门法院。而且，上诉审完全是对所诉案件的再审，针对的是法律和事实问题，实行合议审理制。重罪法庭设在上诉法院内，专门负责重大案件。不服重罪法庭的判决，还可上诉到上诉法院，由新组织的审判庭审理。

（3）最高法院，是法国普通法院系统的最高审判机关，由院长、庭长、法官、调查法官、调查官、检察官和书记官构成，共约一百名法官。它分为三个民事庭、一个商事庭、一个社会庭和一个刑事庭，实行合议制和刑事案件陪审制。最高法院受理任何法院或法庭的民刑事案件的上诉案件。它对上诉案件只审查适用法律是否适当，而不对原审法院的判决所基于的事实作出审理。任何生效的判决都可以向最高法院申诉，最高法院的审理是书面审查，而不开庭进行。

2. 商事法院。法国商事法院，在法国的司法系统中是一种非常独特的司法设置，其法官是一些无薪的非专业人员，这些人全部来自商业共同体，由这一共同体在其成员，即商人中选举产生，当选为商事法院的法官，一般任职2年。所以商事法院被认为是非职业法官组成的法院。法院由3名法官组成合议庭对商事案件进行公开审理。其上诉审级是普通民事上诉法院。国家最高法院是其终审级。商事法院的司法管辖范围主要有：所有有关商人间的诉讼；所有的有关商行为的诉讼；所有的有关商事破产的程序及诉讼；所有的有关商业公司之间的诉讼；所有的有关商事判决执行的诉讼。有关商事诉讼程序在法国民事诉讼法典中规定。商事法院诉讼程序的进行适用口头主义，但在法庭上大多准备了成文诉讼书。法庭采取合议制审理。依法有关商事案件的审前准备由报告法官进行。法国商事诉讼程序的具体类型，法国学者依诉讼对象为标准，分为四种类型：普通诉讼程序、紧急诉讼程序、申请程序及支付命令程序。就适用于商人的破产程序而言，1955年5月20日法令规定了两个可供选择的程序：一个是普通程序，另一个是特别程序，两者都由法院进行，破产及司法管理都由法院裁决。① 总之，法国商事诉讼程序的主要特点是：简易、迅速、成本低和效率，审理方式灵活，强调和解。

3. 行政法院。行政法院在法国行政法的产生及发展过程中所起的作用是至关重要的，正犹如英国普通法的发展离不开普通法院一样，法国的行政法也是其行政法院司法活动的结果。法国行政司法组织体系，由普通行政法院和专门行政法院组成。普通行政法院由自上而下的三级机构组成，即最高行政法院、上诉行政法院、行政法庭和行政争议庭。最高行政法院，又称国家行政法院，是法国行政司法系统的最高审级或终审级。自设立以来，通过其积极的司法活动和一系列里程碑式的判决，有力地促进了法国行政法的发展和自身地位的巩固与提高，它确保了依法行政并维护公民权利，成为法国依法治国必不可少的一个因素。最高行政法院组织结构是：4 个行政厅和 1 个司法厅。行政厅负责有关行政立法等事宜，司法厅（也称诉讼厅）主要负责审理行政案件，它下设 9 个组。最高行政法院直接隶属于总理府，院长名义由总理担任，实际上由司法部长代表总理出席特别重要的会议。最高行政法院的主要职能是：为政府提供咨询；审理行政案件；裁决行政司法系统内部管辖权事务；指导下级行政法庭的工作。就有关审理行政案件的职能有：初审管辖权；上诉审管辖权和复核审管辖权。上诉行政法院，依 1987 年 12 月 31 日的行政诉讼改革法而创设。这个改革法于 1988 年 1 月 1 日公布，1989 年 1 月 1 日起实施。上诉法院设立的目的是减轻最高行政法院的负担。上诉法院共有 5 个，分设于法国全国各地（巴黎、里昂、波尔多、斯特拉斯堡和南特）。法院院长由最高行政法院的一名普通职最高行政法官担任。上诉法院依法只享有上诉审管辖权，在原则上可受理所有地方行政法庭的上诉案件。行政法庭，是法国本土和海外省的地方行政诉讼机构，称为地方行政法庭，它是由 1953 年以前的省际参事院演化而来的。法国共有 33 个地方行政法庭，其中本土 26 个，海外 7 省每省 1 个。地方行政法庭具有三大职能：审判职能、咨询职能和行政职能。地方行政法庭对地方行政案件具有初审管辖权。行政争议庭，也是法国行政司法系统中的基层法院，是设在海外没有建省的领地内，其前身是 1825 年成立的总督枢密院，1881 年才改称现名。随着海外殖民地的独立，现仅存瓦利斯群岛（Wallis）和马约特（Mayotte）设的两个行政争议庭。专门行政法院只就某类特殊行政事项的纠纷拥有管辖权。专门行政法院数目繁多，名称不一，如审计法院、财政和预算纪律法院、补助金和津贴法院、战争损害赔偿法院及各种行业团体委员会。

此外，还有一个特别高等法院。特别高等法院是专门审理共和国总统关于叛国罪、政府成员渎职罪、危害国家安全罪的法院。它由最高法院成员和高级陪审

① See F. H. Lawson, A. E. Anton, L. Neville Brown, Amos and Walton's Introduction to French Law, Oxford, The Clarendon Press, third edition, 1979, pp. 343 - 344.

员组成。现有24名正式法官、12名候补法官组成，按数目对等的原则，分别由国民议会的议员和参议院的议员担任。特别高等法院的判决是终审判决，不能上诉。

第八节 大陆法系的形成和特点

一、大陆法系的形成

大陆法系，又称民法法系、罗马法系、罗马—日耳曼法系、成文法法系或法典法系，是指以罗马法为基础而形成和发展的、有着共同法律文化传统或共同的外在表现形式的法律的总称。大陆法系是西方两大法系之一，其分布范围极为广泛，首先产生在欧洲，以欧洲大陆为中心，扩展、遍及全世界广大地区，属世界性的法系，其主要代表是法国和德国。大陆法系渊源于古罗马法，后经12世纪至16世纪的罗马法复兴、18世纪资产阶级革命，最后于19世纪发展成为一个世界性的法系。有的学者主张法国支系与德国支系：前者包括拉丁语系各国，即法国、比利时、西班牙、葡萄牙、意大利等，后者包括日耳曼语系各国，即德国、奥地利、瑞士、荷兰等。实际上，除欧洲大陆国家外，属于或基本接近大陆法系的国家和地区还有：在近东、亚洲、非洲、特别是中、南美洲的一些国家和地区。此外，北欧各国即斯堪的纳维亚法律也接近民法法系。大陆法系是社会历史发展的产物，曾经历了长期的形成过程。大陆法系以1804年《法国民法典》和1900年《德国民法典》为代表形成了两个支系。

(一) 大陆法系渊源于古代罗马法

大陆法系的历史渊源可直接追溯至古罗马时期。在罗马法的“古典时代”，即帝国时期，欧洲大陆许多国家和地区的法律都是以罗马法为主体的。罗马法是“商品生产者社会的第一个世界性法律”。[1] 日耳曼人入侵后，在法律适用上实行的是属人主义的法律，即欧洲大陆进入了罗马法与日耳曼法并存发展的历史时期。当时，有“蛮族法典”，也有简明的罗法法典，如在法国和西班牙有《西哥特罗马法》和《亚拉里克法律要略》。随着属地主义法律适用原则的日益取胜，发展中的曾以罗马法为主的欧洲大陆法已融入日耳曼法、地方习惯法、教会法等成分，成为 种以罗马法为主的混合法或大陆晋通法。

(二) 12世纪至16世纪罗马法的复兴是大陆法系开始出现的时期

中世纪罗马法的复兴标志着人陆法系的出现。12世纪至16世纪，随着海上贸易的活跃和商品经济的发展，西欧大陆经历了体现简单商品经济关系、作为私

---

① 《马克思恩格斯选集》，第4卷，人民出版社1972年版，第248页。

法基本法的罗马法复兴的过程。罗马法的复兴在世界法律史上是一次具有划时代影响意义的法律文化运动。当工业和商业进一步发展了私有制的时候，详细拟定的罗马私法便立即得到恢复并重新取得威信。城市和商业的复兴所带来的全新的、复杂的社会关系和物质利益的文明享受，促使社会意识到法律最能确保人类社会生存与发展所必需的秩序和安全，世俗社会应当以法为基础。这些思想在12世纪与13世纪成为西欧的主要思想，并从此在西欧无可争议地占有统治地位直到今天。社会的需求是第一位的，深解此道的13世纪的基督教哲学家圣托马斯·阿奎那在为基督教哲学寻找出路的同时也为罗马法"驱了魔"，使得罗马法能在13世纪之后的欧洲大陆大行其道。此时，各大学恢复的对罗马法的讲授、学习和研究，通过注释法学、评论法学和人文法学这些学派对罗马法极富成效的研究和传播，使得经历着这一运动的欧洲大陆国家和一些地区从法律的结构形式到思想内容全面继承了罗马法学，以共同的法律观念和制度将欧洲儿女联结在一起，从而为一个与以普通法为基础的英国法分野的大陆法系浮出水面并长久占领世界半壁江山创造了极为重要的条件。

（三）古典自然法学和法国革命为大陆法系的形成提供了思想基础和政治前提

如果说罗马法的复兴主要为大陆法系提供了模式和制度框架的话，17、18世纪古典自然法学和法国大革命则为大陆法系的形成和发展贡献了思想理论和政治条件。古典自然法学是17、18世纪欧洲居于支配地位的人文主义法律思想，以其理性主义法学世界观及其思想理论为西方社会提供了法的精神和原则，成为近代大陆法系国家立法和法律实现的思想观念基础。法国大革命有力地推动了大陆法系的形成，集中体现古典自然法学和理性主义思潮以及大革命精神的《人权宣言》和巩固大革命成果的五部基本法典为大陆法系各国确立法律原则、制度、渊源和法律框架以至法律体系提供了一个基本模式，以至形成一个共同的法律文化传统。同时，各列强推行的殖民政策对大陆法系的形成及其势力范围的扩大具有不可忽视的作用。"由于殖民化的作用，罗马日耳曼法系赢得了非常广阔的地盘，在这些土地上今天还实施着属于这个法系或同这个法系非常接近的法。"

（四）19世纪的法典化运动标志着大陆法系的形成与其后的世界性扩展

大陆法系的形成与各资本主义国家现代法律体系的确立密切相伴。自1804年《法国民法典》的诞生以来，整个19世纪在欧洲大陆各国普遍展开了一个前所未有的广泛立法活动，这一活动的基本形式就是编纂法典，即所谓的法典化运动。如单讲民法典，此时有1804年法国民法典（至今仍适用于比利时和卢森堡）、1811年奥地利民法典、1838年荷兰民法典、1867年葡萄牙民法典、1881年瑞士民法典、1888年西班牙民法典及1896年德国民法典。在法国六法的影响下，到20世纪初，欧洲大陆各国通过编纂法典先后建立了本国现代法律体系。德国六法的完成，特别是作为大陆法系的另一主要代表《德国民法典》的制定，是大陆法系进一步发展完善的标志。在法国革命的影响以及欧洲大陆各国殖民主义的推行下，17 世纪至 19 世纪，大陆法的模式又被广泛传播于欧洲以外的世界其他地方，从而使大陆法系逐渐成为一个具有世界性影响的法系，在当代与以英国和美国为代表的普通法法系并称为两大法系。

（五）20 世纪大陆法系的发展

20 世纪后，随着资本主义自身的不断发展和完善，福利国家的出现，法律的发展受到了法律实证主义思潮和法律社会学的深刻影响。此时，大陆法系主要的发展、变化是：公法与私法相互渗透，出现了一些公私混合法，即社会经济法部门；分权原则发生动摇，授权立法或委任立法增多；判例的实际作用大大提高；西欧大陆各国法制发展日渐统一，两大法系相互吸收，日趋接近，欧盟法（在欧洲共同体法的基础上发展而成）的出现便是这种统一和接近趋势的集中表现，同时又加速了这种统一化的进程。

大陆法系通常被分为法国与德国两个支系，“由于编纂法典的时期不同以及在法律技术风格和态度上的不同，因而民法法系分成法国与拉丁语支系，以及德国或日耳曼语支系”。实际上，法国法与德国法的共同之处是主要的，所不同之处主要表现在民法典上。法国民法典和德国民法典由于产生的时间不一，相隔近一个世纪，所以，两部法典在结构立法技术和风格等方面存在着区别，它们反映了两种思潮，即法国民法典体现了 18 世纪理性主义思潮，德国民法典是 19 世纪德国学说汇纂派的产物；它们代表了两个时代，即前者是代表自由资本主义时代以个人为本位的民法典，后者是代表垄断资本主义时代法律社会化理念的民法典。例如，在德国民法典的影响下，有 1898 年的日本民法典、1916 年的巴西民法典、1940 年的希腊民法典、1942 年的意大利民法典以及韩国民法典和中国国民党政府的民法典等。

二、大陆法系的基本特征

（一）罗马法构成了大陆法系的法学基础和各国法律体系基础

在法系起源及其形成发展上，民法法系发源于欧洲大陆，最初来源于罗马法，同时又是在罗马法的直接影响下于 13 世纪出现、19 世纪形成和发展起来的。罗马法构成了大陆法系的法学基础和各国法律体系基础。“罗马—日耳曼法系在 12 世纪、13 世纪问世，与政权的肯定或某一最高权力机关实行的中央集权毫无关系。罗马—日耳曼法系在这点上不同于英国法，普通法的发展是同王权的扩张与高度集中的皇家法院的存在相联系的……罗马—日耳曼法系从来就只是以文化的共同性为基础而建立起来的。”① 罗马法作为大陆法系的基础还表现在它为这些国家的法学体系和法律体系提供了对象、结构、形式、范围、词汇和方法。在勒内·达维德看来，它是一部全欧洲共同的学者法，它是经过欧洲各大学的努力

① ［法］勒内·达维德著：《当代主要法律体系》，漆竹生译，上海译文出版社 1984 年版，第 39 页。

才形成的，这些大学从12世纪以来，在查士丁尼大帝的编纂工作的基础上，发展了适合于近代社会条件、适用于一切法律的法学。选用罗马—日耳曼这一修饰语就是为了向拉丁民族国家与日耳曼民族国家的各大学所作的这种共同努力表示敬意。欧洲各大学法学院一直学的是罗马法，直到18世纪才开始讲授本国法（英国大学亦然）而罗马法仍是必修的基础法学。

（二）制定法为主要的法律渊源

按照传统，大陆法系国家，一般正式的法律渊源只是制定法，具有制定法传统。除立法机关制定的宪法、法律、行政法规和条例等外，大陆法系各国一般不承认判例（除行政案件外）的法律效力。但进入20世纪后，判例的地位和作用日益显著，如法国的行政法源主要是判例法。同时，是一个法典世界。其法律体系是以精致、系统化的法典为各法律部门的主干而构筑起来的。大陆法系在传统上以法典为其主要表现形式。大陆法系各国对一些基本法律一般采用系统的法典形式，具有法典编纂传统。这些法典无论从结构、内容还是形式上，理性化程度很高，极富逻辑性，明确、系统、具有很强的内在联系性。但在第二次世界大战后，大陆法系各国对一些重要的法律部门，如行政法和劳动法，也不采用法典的形式了，而是采用单行的、较灵活的议会立法或行政法规。

（三）公法与私法之分是其法律的分类

因罗马法的历史传统和启蒙思想的理论基础，大陆法系的法律基本结构是以公法与私法之传统分类为基础建立的。传统意义上的公法指宪法、行政法、刑法以及诉讼法；私法主要指民法和商法。以法律确认国家主体在公法范围内活动以确保个人自由和权利的实现，而个人在私法领域内行事，个人财产和个人契约自由不受国家的侵犯和干涉。随着垄断资本主义的出现，国家权力的加强，在公法与私法之间产生了一些公私法兼具的法律部门，即社会经济法，如经济法、劳动法、工业产权法、社会保障法等。

（四）明确的法律条文为法官判案的出发点

在法律思维方式上，大陆法系的法官对法律的分析实行从一般规则到个别判决的演绎推理法，面对案件，他们首先考虑的是法律是如何规定的，而不是问就类似的案件过去是如何处理的。他们研究的是法典和政策而不是判例，法官只是忠实地执行法律，以法律条文为依据，运用三段论的推理形式，将法律条文正确地运用于案件事实中并作出判决。由此，排弃了判例法主义，杜绝了法官造法的可能性。在诉讼程序传统模式上，大陆法系倾向于职权主义，法官在诉讼中起积极主动的作用。

（五）采司法系统的双规制，即设立普通法院和行政法院

传统上重实体而轻程序；在诉讼程序上是职权主义的，法官在法庭审判中起主导作用，尽管在现代有所改变；法官不是来自经过学徒式的训练又经多年法庭磨炼的出庭律师，而是未经法庭洗练的法学院学子；法官和律师的社会地位不及

普通法系国家的高。同时，大陆法系国家在第二次世界大战后建立了宪法法院或宪法委员会。

此外，在法律概念、术语上也有一些不同。但是，在现代，处于不断演变过程中的两大法系，其发展趋势是相互不断融合、日益靠拢的。

第十二章 德国法

作为大陆法系一面旗帜的德国法，自近代以来成为世界最发达而独特的法律体系之一。现代德国法与其后起的资本主义社会相伴而生，受制于其法典化的历史传统和联邦主义的政制结构。其极具现代法精神的《德国民法典》对20世纪各国的民事立法影响巨大。被誉为现代宪法典范的《魏玛宪法》是“社会化”法律的代表。德国的经济法制有力地推动了本国经济飞速发展，成为各国有关立法借鉴的对象。其确保国家司法权统一又不失地方司法自治的司法体制也独具特色。

第一节 德国法的形成和发展

一、德国封建法律制度

公元843年，法兰克王国一分为三，其中的东法兰克成为后来的德意志王国。公元919年，东法兰克王国中的萨克森公爵亨利一世被选为国王，建立了德意志王国，德国历史从此开始。公元962年，德王奥托一世接受罗马教皇的加冕，建立了一个极为松散的“德意志民族神圣罗马帝国”，其领土包括德意志和意大利。这个软弱帝国以其内部邦国割据、诸侯称雄的局面一直持续近800年之久，至1806年被法国拿破仑一世推翻。1815年成立德意志联邦，在34个封建君主国和4个自由市中普鲁士和奥地利占主导地位。与其封建社会长期分裂割据的社会政治经济环境相适应，德国在1871年统一前，其法律始终以结构杂乱分散和渊源多样纷繁、极不统一为主要特征。随着资本主义的产生和成长，国家实现了局部统一，产生了类似于近代性质的若干法典。纵观德国封建法律的发展，大致可分为两个阶段：以日耳曼法为基础的地方习惯法时期与罗马法继受时期。

15世纪之前，德国主要沿用由法兰克时代的日耳曼法演变而来的地方习惯法，法律极不统一。至13世纪，长期适用不成文习惯法的历史开始被成文习惯法取代。这时开始编纂的习惯法法典，较为著名的有《萨克森法典》① 和《土瓦

① 该法典编制粗糙，适用于德国北部较大范围，其内容主要包括萨克森东部的传统习惯法和地方法院适用的普通刑事、民事和诉讼规则以及调整封建土地关系的采邑法。

本法典》。[①] 这两部习惯法汇编曾在德国境内广泛流传，成为各地法院判案的根据。此外，还有城市法和商法。城市法中大量关于商贸活动的法律规范，成为德国商法的基础。德国城市法汇编主要有《萨克森城市管辖法》、《科伦法》、《汉堡法》、《马德堡法》等。[②] 商法主要是海商法典，如《威士比海商法典》。

在罗马法复兴运动和注释法学派的影响下，15 世纪的德国开始了对罗马法的全面继受。1495 年帝国法院正式确认罗马法为德国民法的有效渊源，各邦法院也相继对罗马法加以正式援用，至 17 世纪末德国法对罗马法全盘继受。在此过程中，德国法学家对继受罗马法起了重要作用。15 世纪末，随着罗马法成为德国各大学的必修课，学习研究罗马法蔚然成风，涌现出许多德国式罗马法学家。他们最为关注对优士丁尼《学说汇纂》的注释，并在研究的过程中创造出一些抽象的法概念，因而被称为"概念法学"或"潘德克顿法学"。[③] 可以说，基于对罗马国家理念上的认同，罗马法成为一种被全德各邦封建君主共同接受的法律文化遗产。罗马法在政治上维护君主权威，针对复杂的社会交往关系形成了比较健全的调节机制，这些不仅适应正在成长中的市民社会的需要，而且符合渴望加强政治权威的封建统治阶级的愿望。

帝国法令作为中世纪德国封建法的一种渊源，主要起的是法的政治经济统一作用。因为国家四分五裂，德国的重大事务均取决于诸侯，特别是选帝侯把持的中央议会。在一个没有中央政府、统一军队和货币及法庭的国家里，帝国议会成为诸侯操纵国政的主要场所。1122 年颁布的《沃尔姆斯宗教协定》（Warms, Concordat），德王承认了教皇及其教会势力在德意志境内至高无上的地位。1356 年，经帝国议会同意，德王查理四世（Charles IV，1316 年—1378 年）颁布了一项重要立法，因该项法律加盖由纯金制作的皇帝印章的印鉴，被称做《金玺诏书》（the Golden Bull），正式确定国王由七大选帝侯选举产生。1532 年以帝国名义颁布了一部刑法典，即《加洛林纳法典》（Carolina Code）。全文 179 条，包括刑法和刑事诉讼法两方面的内容，采用纠问主义原则，有关刑法方面的规定有 76 条，无次序地列举了犯罪及对犯罪行为的各种惩罚，以刑罚异常残酷为特色。这部法典虽然并未在全帝国境内适用，但被作为范本予以推行，被多数邦国长期援用，在德国法制史上具有重要地位。

---

① 该法汇集了德意志南部地区的习惯法以及查理大帝的敕令、罗马法和教会法的某些内容。

② 这些城市法大多是在国王或各地领主恩准取得自治权文件的基础上，参照习惯法和法院判决先例编制而成，较详细地规定了有关调整商品货币关系的法规。还有城市同盟法，如法萨同盟和莱茵城市同盟等。城市法中大量关于商贸活动的法律规范，成为德国商法的基础。

③ 潘德克顿系《学说汇纂》。法学家们编制《罗马法简编》，以便各地法院适用，并根据《学说汇纂》拟订法律的编纂体系，力图对古老的罗马法作出符合现实社会需要的解释，以推动各地法律的系统化、法典化，极大地影响了其后德国立法及其法的统一。如果说，罗马法以其固有的系统性、稳定性，在分散、杂乱的德国封建法体系中发挥着法制统一的导向作用，那么，数百年间法学家们对罗马法孜孜不倦的研究，尤其是 18 世纪以来法学研究的繁荣景象，为彻底改造体系混乱、形式多样的封建法提供了坚实的理论基础。德国人坚信德意志民族的"神圣罗马帝国"是古罗马帝国的延续，是正统传人，这便为其继受罗马法提供了"合法"论据。

16世纪中叶日耳曼习惯法在吸收罗马法和教会法的原则和制度的基础上，形成了一种通行于全国的地方普通法，也称士邦法，一直适用至19世纪。从某种意义上讲，近代德国法的统一是在相对成熟的地方普通法基础上实现的。18世纪后，德国地方法的发展主要表现为士邦法的高度发展和完善。德国封建早期，各邦除凭借其独立的司法审判权，结合当地习惯法，通过领地法院的司法实践，形成了一些司法判例汇编之外，在立法上并无建树。17世纪后法律统一化和规范化进一步加强，几大主要邦国都编纂了体系比较完整、规范详尽的具有“法典”性质的士邦法。其主要有：巴伐利亚编纂的刑法典（1751年）、诉讼法典（1753年）及《马克西米里安巴伐利亚民法典》，普鲁士编纂的《弗利德里希法令大全》（1781年）和《普鲁士民法典》（也称《普鲁士邦法》，1794年）及1851年《普鲁士刑法典》。奥地利有1781年刑法典和1811年民法典。其他各邦国也都相继制定了法典，实现了主要部门法的法典化。还有一些邦国联合颁行的法典如《德意志联邦票据条例》（1848年）和《德意志联邦商法典》（1861年），这些法典体现了资产阶级理性。其中最具代表性的是1794年的《普鲁士邦法》和1811年颁布的《奥地利民法典》。普鲁士邦自18世纪实行“开明专制”，封建统治者在全面加强君主专制的前提下，厉行议会改革，推动经济发展，针对邦内政治、经济、军事及文化教育诸问题，制定相应的法律，初步形成了君主专制的法制社会。1794年《普鲁士邦法》① 以罗马法和各种地方法为基础，内容庞杂，条目繁多，融诸法于一体。一方面确认君主专制、农奴制和贵族特权等；另一方面也注重调整封建的民事法律关系，并开始采用所有权、契约等资产阶级的法律概念。法典的民商法部分曾在普鲁士施行100余年，直到1900年才被《德国民法典》所代替。由于该法典代表着封建地方法发展的水平，普鲁士邦又在国家统一中处于特殊地位，其法律制度对整个帝国产生了重要影响。

总之，德意志最早适用的是日耳曼习惯法，直到中世纪中后期，日耳曼习惯法仍然是德意志法重要的法律渊源。同时，德意志的法律及其制度又是以德意志民族神圣罗马帝国的当然延续者，即永续帝国的观念为理论基础的，而德意志皇帝则被视为罗马皇帝的继承者。因此，它又是“全盘地”而非部分地继受罗马法，承认罗马法是其“普通法”。德国封建法的主要特点：（1）法律规范的分散杂乱性、法律渊源的多样化和适用范围的属地性；（2）全盘继受的罗马法是重要渊源；（3）以日耳曼习惯法为基础的地方法、城市法、商法和教会法成为德国封建法存在的基本形式；（4）部分法典的编纂为统一后德国法的创制提供了最初的模式。

---

① 《普鲁士民法典》是一部实体法汇编，分2编43章19000余条。上编是私法，包括人、债、物权各章；下编包括亲属法、商法（票据、保险、海商）以及公法（宪法、行政法、刑法、警察法）等。

二、德国近代法律制度的确立

德国资本主义发展起步较晚，资产阶级较弱，封建容克和军阀势力强大，由普鲁士王国通过国内外战争实现了国家的统一。19 世纪中叶，随着德国资本主义的发展，封建割据的消除，国家走向统一已是历史潮流且顺乎德国人的迫切心情。1848 年德国资产阶级民主革命，因其资产阶级的软弱性而没能摧毁封建制度、完成国家的统一。此后在短短 20 年间，德国工业经济迅速发展，很快进入工业强国之列，实现国家统一已势在必行。在这一过程中，普鲁士邦以其强大的经济实力和雄厚的军事力量取得了统一德国的领导权。1871 年统一的德意志帝国宣告成立，普鲁士取得了帝国的统治地位。

统一国家的建立，为近代法制建设奠定了政治基础。统一后的帝国立即进行了大规模法制统一化的建设。在 3 个月内，便制定了宪法典和刑法典，以后又陆续制定了民事诉讼法典、刑事诉讼法典和法院组织法。到 20 世纪初，其著名的民法典和商法典颁行。至此，经过 30 年的努力，其“六法”体系全部建立，标志着德国资产阶级法律制度的最终确立。此外，还率先制定了《有限公司法》(1892 年)、《德意志帝国破产法》(1877 年)、《民营保险企业及建筑银行法》(1901 年)、《再保险监督条例》(1901 年)、《保险契约法》(1908 年)、1871 年《德国票据法》(在对 1847 年《普通票据条例》修改的基础上颁行)。德国创建了独特的近代法体系，成为大陆法系的又一个典范。

德国近代法制建设具有自己鲜明的特征。由于德国的统一是通过自上而下的王朝战争实现的，封建专制主义思想没有受到根本性的冲击与批判，君主专制仍被视为国家政治生活中的最高原则。故近代德国法的确立及发展受制于其资本主义统一国家的建立及其国家政制的演变和社会经济的发展，其法律制度内含有封建的和军国主义的特征：(1) 其公法建设受到封建专制主义思想的强烈影响，以维护高度集权的君主专制政体为核心；(2) 中世纪法律渊源、18 世纪法律的规范化和系统化以及法学家的法学研究，为近代德国法律体系的形成奠定了坚实基础；(3)《德国民法典》的颁行成为现代民法典的楷模，标志着大陆法系的形成；(4) 德国近代法制建设属共时性的，即正是德国从自由资本主义向垄断资本主义过渡的时期，在法律内容上，既保留自由资本主义时期法律文化的特征，又有垄断资本主义阶段的时代色彩，如个人财产无限私有权的原则虽仍保留，但已有所限制；其创立的法人制度则适应了垄断阶段迅速发展起来的各类公司的需要。产业革命后的德国法律极为明显地反映了法律社会化的倾向，具有新的特征。近代德国十分重视法律科学的发展，立法技术发达，风格独特，如讲究法律语言技术构成、注重体系严谨、善于抽象概括等。这种立法风格，也使德国法在大陆法系中独树一帜，成为与法国法相并列的一个支系。

三、德国现代法制的发展变化

德国现代法制的发展变化大致可分为三个时期：一是德意志共和国时代法制的发展与蜕变（1919 年—1945 年）；二是德意志联邦共和国时代法制的重建与现代化（1949 年以后）；三是统一后德国法制的新发展。

（一）德意志共和国时代法制的发展与蜕变

20 世纪初期，德国经济实力迅速增长，成为欧洲强国。为了摆脱国内阶级矛盾，为资本投资开辟国外市场，德国于 1914 年发动第一次世界大战。战争以德国的失败而结束，由此加深了德国的社会危机。1918 年革命推翻了德皇威廉二世的帝国政府，德意志帝国崩溃。1919 年宣布成立共和国，因立宪会议在魏玛城召开，史称魏玛共和国，一个新的时代①从此在德国开始。

魏玛共和国虽然只存在了短短 10 多年，但其法制建设在德国法制史上占有重要地位，对现代德国法的发展具有十分重要的意义。魏玛共和国建立后，立宪会议于同年 7 月 31 日通过了《德意志共和国宪法》（即《魏玛宪法》）。该宪法使德国开始按照资产阶级法制原则进行政治经济活动，有力地推进了民主政治和公民权利的实现，是当时最富时代特色的一部宪法。魏玛共和国时期继续沿用帝国时代颁行的各种法典。受十月社会主义革命的影响，德国工人运动空前高涨，使得这一时期德国就社会经济的发展和劳工利益保障问题制定了一系列颇具特色的经济法和社会立法等“社会化”法律。

1929 年—1933 年，资本主义世界发生的深刻经济危机和高涨的革命运动，动摇了德国垄断资本的统治基础，使其国家统治秩序陷入混乱。1933 年 1 月，德国纳粹党头目希特勒任首相，实施法西斯专政。自 1933 年—1939 年制定和推行了一整套取消资产阶级民主制和议会制、剥夺公民民主权利、摧毁民主法治、实施恐怖的法西斯立法，开始了德国法制的蜕变时期，魏玛共和国就此结束。法制蜕变的表现如下：

1. 颁行所谓根本法，推行法西斯独裁统治。1933 年—1934 年构成其根本法体系的规范性法律文件主要有：《保护德意志人民紧急条例》、《保护人民与国家条例》、《消除人民和国家痛苦法》②、《联邦摄政法》、《文官任用法》③、《关于政党及国家之保障的法律》、《德国改造法》、《禁止组织新政党》及《关于帝国最

---

① 从 1919 年正式成立共和国到 1933 年法西斯上台，在德国历史上即为魏玛共和国时期。

② 即“授权法”，是法西斯专政的根本大法。该法强化内阁权力而剥夺国会权力，规定了政府有制定法律的权力，其颁行的法律可与宪法相抵触，政府总理有权起草和公布法律、并使法律生效，政府不经立法机关同意，得自由订立对外条约和发布施行命令。这项法律为希特勒集行政、立法和外交大权于一身，为独裁者奠定了法律基础。

③ 《联邦摄政法》实际取消了德国的联邦制。《文官任用法》是一项典型的种族主义和排斥异己的立法，它以非日耳曼人、“不信任”、“不称职”及“缺乏必要教育和训练”为由，清洗一切非纳粹人员特别是进步人士，使其不得担任国家公职。法律规定的文官范围十分广泛，包括国家机关、军队、警察、地方自治机构、企事业及学校等。这项法令完全实现了使法西斯对全部国家机器的掌控。

高领袖的法令》等。其主要内容及目的是：（1）授予政府解散、禁止政治集会和停止报刊发行的权力；（2）取消魏玛宪法关于公民基本权利的条款，并授权联邦政府在必要时接管各邦的全部权力，实行法西斯专政；（3）废除联邦制，旨在进一步强化法西斯独裁统治的中央集权制立法；（4）取缔多党制，确认一党专政、党政合一和法西斯的纳粹独裁制度，明确规定国社党的法西斯主义是德国国家的指导思想，确认了党国一体制度；（5）通过1934年《德国改造法》废除了各邦议会，取消各邦权力及资产阶级议会民主制度，完全实现了法西斯的中央集权制。通过上述宪法性立法文件，纳粹党政府在德国确立了反动、恐怖的法西斯专政。

2. 通过颁布单行法规，对民法典进行一些适时的补充和修改，贯彻法律社会化的立法原则，采取国家干预经济的手段，颁布了大量的经济立法，对国家经济生活进行直接的统治。颁布国家垄断资本主义法律，实现国民经济军事化，使国家经济转向战争经济，从而重新调整了德国的经济结构，使垄断资本国家权力合为一体。1933年《世袭农地法》是典型的法西斯民事立法，它以“土地与血统”为原则，推行日耳曼种族主义、封建主义和军事主义。该项法律规定了“世袭农地”①、农民资格及有关继承事项，必须是日耳曼人种才具备成为农民的资格，符合继承土地的要求。法西斯种族主义也贯彻在婚姻家庭法领域，法律严格规定日耳曼种族内婚制，禁止德国人与异族，特别是犹太人和有色人种结婚，如1935年《德意志血统及名誉保护法》。

3. 通过一系列法西斯式的劳动立法取消了《魏玛宪法》规定的劳工会议制度和经济会议制度。例如，1933年《劳动管理者法》规定政府主管机关有权调派任何一个国民去从事任何劳动，政府通过劳动管理对劳资关系进行严密的管理和监视。

4. 法西斯主义在刑事法领域更是大行其道。对1871年帝国刑法典进行了重大修改和补充，同时，颁布许多法西斯刑事法规。例如，1933年《国社党刑法之觉书》和《对于危险惯犯之法令》集中反映了纳粹党刑法的基本思想和基本原则。法西斯刑事立法的基本内容特征：（1）取消罪刑法定主义而代之以类推原则和罪刑擅断，以刑法保护国家主义否定个人主义的刑法任务。（2）采主观主义刑法原则，以“意思刑法”取代“结果刑法”，提出“意图行为”的概念，将主观主义刑法学注重犯罪行为人的危险性理论发展到极致，使任何在思想上不满或反对纳粹党的人都可以成为刑事处罚的对象，遭到残酷镇压。（3）以种族主义“素质论”进行种族“大清洗”，推行种族灭绝政策。（4）实行严刑主义，

① 规定面积在75～125公顷之间的农业用地为“世袭农地”；“世袭农地”的所有者为农民；只有日耳曼人和“有人格者”才有资格称为农民。法律对日耳曼人种作了严格的规定：凡1800年1月1日以后，父母双方不与犹太人种或有色人种混血者为纯日耳曼人。法律还规定，“世袭农地”不能因遗嘱而变更，不能出售、抵押或因无力偿债而被没收；所有人死后，只能由长子或幼子1人继承，不得分割，其他子女和亲属只能继承“世袭农地”以外的遗产，另谋职业。

刑罚极为残酷，如1933年法律甚至恢复了中世纪野蛮的阉割刑。

5. 在司法建制上，对原有法院组织实行彻底改造，取消司法独立原则，便于法院成为推行法西斯主义的有力工具。设立由纳粹党员主持的“特别法庭”，不设陪审团，专门用来审理政治案件。凡经特别法庭审判的人，刑满后都被送进集中营，长期失去自由。建立确保纳粹党意志的“人民法庭”取代最高法院，专门审理“叛国案件”，审判秘密进行，其判决为终审判决，不得上诉，对被告施以死刑或其他重刑。建立秘密警察即盖世太保，掌握最高警察权，不受法律和法院的任何约束，可以随意采取行动，并有自己直接管辖的监狱和集中营，实施所谓“第三级审讯”，即包括水审监禁、强光照射、铁丝鞭刑、模拟枪决及其他残酷刑罚。

总之，通过法西斯立法，将法西斯主义扩展到国民生活的全部领域，将魏玛时期民主法治化的德国法全面推向反动和倒退，可谓“恶法”。

（二）德意志联邦共和国时代法制的重建与现代化

德国现代法制的重建及其发展变化的时期又可称为东西德国法制并存时期。1945年5月8日，纳粹德国战败投降。依据《波茨坦协定》对德国实行军事占领，由盟国管制委员会接管德国最高权力。这种军事占领及东西方对立的加剧导致两个德国的产生即东德和西德，东德①和西德建立了两套不同的政治体制和法律体制。

德国缺乏民主、法治和宪政传统，第二次世界大战后才开始政治文明的建设。1949年成立的德意志联邦共和国迅速进入了战后世界现代化大潮的行列，这得益于它对国家政治体制和经济体制进行的完全民主化和现代化的改造。这种改造的第一个内容是颁行《德意志联邦共和国基本法》，规定联邦德国是实行议会民主制和社会福利制的联邦制国家，全面实行民主法治、和平及人权建设。1951年设立宪法法院，专门处理违宪审查事项，以及承担宪法的监督、实施任务，以确保公民的宪法权利。为了适应现代化生活，对原有的实体和程序法进行了不同程度的不断的大量修改。又制定了大量单行法规以补充法典的不足。与此同时，推行社会市场经济体制，实行“经济人道主义”。同时，通过保险、救济、补贴等措施来缓和私有制及竞争必然造成的不公平。所有经济活动的基础是一系列经济和社会立法。50年来，联邦德国重视法制建设，形成了数量繁多、种类齐全、体系完整、内容丰富的国家法律体系，依靠法律来巩固国家的民主体

① 第二次世界大战后东德颁行1948年宪法和1968年宪法，按照社会主义原则对社会政治、经济进行了全面改造，根据公有制和民主集中制原则组织和管理国家的政治经济事务，并形成了民法、刑法、经济法、民事诉讼法、刑事诉讼法、教育法、版权法、专利法、家庭法等10个法律部门组成的较为完善的法律体系。在法院和诉讼制度方面，至20世纪70年代，东德健全了其司法体制。其法院组织法院种类有县法院、专区法院和最高法院三个层次。各种专门法院，如军事法院、高级军事法院和国家合同法院（包括中央合同法院和地区合同法院，其性质类似于处理经济纠纷的行政法院）。此外，东德还有一种称为“社会法院”一类的组织，主要是工厂中的“调解委员会”、城镇及乡村中的“仲裁委员会”等，处理轻微的刑事案件、较小的违法案件和简单的法律争端，不服判决者可上诉到县法院。

制，调整各种社会集团之间的利益冲突，引导和促进经济的健康发展，取得了颇为成功的经验，其经济在50年的发展中不断腾飞，跨入世界经济强国之列。

（三）统一后德国法制的新发展

这一时期可谓德国法的统一适用时期。20世纪80年代末，由于苏联的解体，东欧局势发生急剧动荡，世界格局出现新变化，东西方关系趋于缓和。1989年11月9日“柏林墙”被推倒，1990年10月3日东德即德意志民主共和国并入德意志联邦共和国，德国重新统一，结束了近半个世纪的分裂，德意志民族的历史进入一个新时代，一个自由和统一的德意志民族国家出现在国际社会。根据1990年8月31日东德与西德签订的《统一条约》，东德解体后，原德意志联邦共和国的法律施行于统一后的全德国，原民主德国除个别需要保留的作为地方性法规继续有效外，所有法律全部废除。统一后的德国法制出现了新的发展和变化：（1）颁行新宪法取代目前仍在适用的基本法；（2）如何通过法治完成对原东德地区社会制度的改造使之适应现存的政治经济模式，实现全社会的和谐统一；（3）应统一后国家的需要，对一些重要部门法，尤其是对适用长达百年的民法典等进行必要的整理和修订。

第二节 宪 法

一、宪法的历史渊源

德意志的立宪历史始于19世纪初期。当时，在法国资产阶级革命的影响下，立宪运动在德国各地展开。1815年德意志联邦条例曾许诺在各邦颁布一部等级议会制的宪法，为各邦立宪提供了法律根据。最早制定宪法的是南部四邦，因此而成为德意志宪政制度的实验场。至19世纪20年代中期，德意志联邦中已有29个邦实施宪法。① 这一时期立宪运动旨在以立宪形式行君主制之实。尽管如此，其进步意义在于：实行君主立宪政体、两院制议会和大臣负责制，规定公民基本权利、法律面前的平等原则、信仰自由、思想言论自由、迁居自由等。立宪运动将改革时代所接受的法国革命成果宪法化。但就对近现代德国政治生活的影响而言，1850年《普鲁士宪法》、1867年《北德意志联邦宪法》、1871年《德意志帝国宪法》及1919年《魏玛宪法》最为重要。

（一）《普鲁士宪法》

位于北部的普鲁士是德国最大的邦国，1850年《普鲁士宪法》② 共119条，

① 赵宝云著：《西方五国宪法通论》，中国人民公安大学出版社1994年版，第332页。

② 《普鲁士王国宪法》是普鲁士国王迫于1848年德国资产阶级革命情势而颁布的一部钦定宪法，是以法国1814年《钦定宪法》和1830年《七月王朝宪章》为蓝本而制定的。

其内容特点为：（1）普鲁士实行君主立宪制，国王握有全部行政大权，与两院共同行使立法权，任军队总司令，国王"神圣不可侵犯"。（2）国会由上院和下院两部分组成，内阁大臣对国王负责而不对议会负责，国会的召开和解散由国王决定，上院议员由国王任命的终身或世袭议员组成，下院通过选举产生。根据选举法的规定，只有有产者才享有议员选举权，而有产者内部又按纳税多少分为若干个等级，[①] 其目的是要保证容克贵族和大资产阶级在下院议院中拥有绝对优势。不过，宪法仍赋予下院具有批准赋税及监督国家财政开支之权。（3）宪法规定了"人权和公民权"一章，规定实行"司法独立"原则和法官终身制，实行法官职务终身制；高级法官由国王直接任命，低级法官则以国王的名义任命。法官作出的一切判决，都必须以国王的名义宣告和执行。（4）宪法还确认了自19世纪初形成的普遍义务兵役制，规定普鲁士实行普遍义务兵役制，这是当时德意志其他各邦所没有的，为其后的军国主义当做依据。《普鲁士宪法》反映了容克地主和大资产阶级的利益，具有浓厚的君主专制色彩，后经多次修改一直适用至1919年。该宪法为1867年《北德意志联邦宪法》的制定及其后全德宪法的制定提供了蓝本且影响了近代日本的立宪。

（二）《北德意志联邦宪法》

1849年《法兰克福宪法》是第一部但却未能实际生效的全德意志帝国宪法，因在法兰克福的圣保罗教堂举行的制宪会议上制定和通过，故此得名。这部流产了的宪法在一定程度上为德国的统一及全德宪法的产生作了必要准备。伴随着德国统一的进程及自身的强大，普鲁士确立了其在德意志北部和中部的霸主地位，它将统一德国与维护自己的霸权相结合。1862年出身于容克且崇尚武力的俾斯麦出任首相，他以"铁血政策"实现德意志民族的统一。在普鲁士的领导下，1866年普奥战争的直接结果是于同年8月成立北德意志联邦国家，于1867年4月推出《北德意志联邦宪法》。《北德意志联邦宪法》的内容特点为：（1）宪法虽具有过渡性质，但就其所规定的内容来看，实际上是为即将到来的统一国家的建立准备的。四年后的1871年《德意志帝国宪法》基本上是该宪法的复制。（2）联邦内部各邦在形式上保持独立，联邦立法机关由国家议院和联邦议院组成，国家议院的议员由各邦根据普遍、直接和秘密的选举法选举产生；联邦议会的成员由各邦按其地位的重要性来分配。（3）普鲁士国王同时也是北德意志联邦的主席、军队的最高统帅，普鲁士首相兼任联邦首相，仅对国王负责，不受议会控制。为了保证普鲁士的垄断地位，在43个议席中，普鲁士占17个。这部宪法继承了1850年《普鲁士宪法》的基本原则和制度。

（三）《德意志帝国宪法》

德国的统一是通过普鲁士王朝的对外战争实现的，普鲁士是统一后德国的盟主。1870年普法战争后，1871年一个统一的德意志帝国正式宣告成立。同年4

① ［日］佐藤功著：《比较政治制度》，刘庆林、张光博译，法律出版社1984年版，第335页。

月16日的《德意志帝国宪法》仅对《北德意志联邦宪法》稍作修改即付诸实施，是一部反映容克贵族与资产阶级共同意志、混杂着封建因素的资产阶级性质的宪法。该宪法一直适用到1918年魏玛共和国。1871年《德意志帝国宪法》共14章78条，其主要内容特点为：

1. 德意志帝国为联邦制国家，由22个邦、3个自由市及1个直辖区组成。帝国中央享有极大权力。帝国中央制定的法律其效力优先于各邦法律，并可以取消各邦与其相抵触的法律。其立法权限相当广泛，在国家行政、军事、外交、税收、铁路、邮电等重要领域，都具有立法权。各邦完全失去了原有的独立性，已成为联邦政府的地方自治单位。上述规定有利于加强中央权力，消除各邦分立状态，为加速德国资本主义的发展提供了条件。

2. 帝国的政权组织形式为普鲁士式的君主立宪制。普鲁士处于国家领导地位。联邦元首为德意志帝国皇帝，由普鲁士国王担任且世袭，从而保证了普鲁士在帝国中的统治地位。宪法赋予皇帝的权限极其广泛，他有权提出立法提案且签署和公布法律及监督帝国法律的执行；有权召集联邦议会和帝国国会，并可根据联邦议会的决议提前解散帝国国会；他还作为帝国行政的最高首脑、军队的最高统帅，有权任命国家各级官吏，对外代表帝国，以帝国名义宣战、媾和、缔约、结盟、任命驻外使节，等等。

3. 帝国首相由皇帝任命，是从属于皇帝的最高行政官吏。他以皇帝的名义主持帝国的行政，并仅对皇帝负责。帝国首相还兼任联邦议会主席，有权确定联邦议会开会日期并监督其工作。皇帝公布帝国法律时也须有首相副署，并因副署而负其责任。可见，首相在国家机构中占有特殊地位，是帝国政治的实际领导者。自帝国建立至1890年，帝国首相一职均由俾斯麦担任。

4. 议会由联邦议会和帝国国会两院组成，共同行使立法权。各邦法律地位不平等。实际被各邦君主所控制的联邦议会职权广泛，有权提出和通过法案，批准和否决帝国国会的法案，颁布为执行帝国法所需要的行政法令，决定帝国的财政预算和决算，并作为最高司法审级解决各邦之间的争端。皇帝对外宣战、缔结条约，须经联邦议会同意。值得一提的是，联邦议会经皇帝同意还有权解散帝国国会。帝国国会①议员直接由选民选举产生，任期5年。帝国首脑及各部大臣不对国会负责而只对皇帝负责。首相还可利用兼任联邦议会主席之便，控制国会活动。

5. 宪法还以专章规定了将普鲁士的全部军事法律制度在全帝国境内迅速施行，帝国军队向皇帝个人宣誓效忠，从而加速了其军国主义的发展进程。

马克思在《哥达纲领批判》中曾指出，1871年宪法所确定的德意志帝国是一个以议会形式粉饰门面、混杂着封建残余、同时已经受到资产阶级影响、按官

① 根据1869年通过的选举法，妇女、25岁以下的男子、破产者、受救济者和现役军人均无选举权。帝国国会“是一个没有政府的议会”，其职权极其有限，所有法律均须经联邦议会通过，并经皇帝批准方能生效。

僚制度组成、以警察来保护的军事专制制度的国家。[1] 帝国宪法吸收了普鲁士宪法精神的实质。但是，该宪法在德国宪政史上具有重大影响，它是第一部实际意义上的全德统一的宪法。

（四）《魏玛宪法》

1919年1月，经第一次世界大战败北和1918年资产阶级民主革命的德国，召开由社会民主党控制的国民会议，改组政府，制定一部将德国建设成为一个实行地方分权的统一共和国的新宪法。宪法草案经过几个月的反复讨论和修改，几易其稿。1919年7月31日通过新宪法，即《德意志共和国宪法》，简称《魏玛宪法》。因国民会议在魏玛城召开制宪会议，故得此名。

《魏玛宪法》分为两编181条，是当时世界上最长的一部宪法。第1编规定了联邦的组织和职权，第2编规定了公民的基本权利和义务。宪法的基本内容和特点如下：

1. 国家结构形式仍为联邦制，由18个邦组成立法权，分为联邦专有和与各邦共有两部分。有关外交、殖民、国籍、关税和货币等重要立法权为联邦所专有；刑法、民法、出版、卫生、商业等立法权为联邦与各邦共有，但联邦享有优先权。

2. 国家管理形式为议会民主制共和国，以分权原则组成民主政权机关，即国会、总统与政府、法院三权分立。立法机关为联邦议会，由联邦参政会和联邦国会组成。联邦参政会由各邦政府的代表组成，其权力也大为削减，不再凌驾于联邦国会之上。联邦国会议员由年满20周岁的男女公民按比例代表选举制，以普遍、平等、直接、秘密原则普选产生，任期4年。联邦国会有立法、修改宪法和监督政府的权力，但其权力受种种限制；联邦参政会在一定条件下可以否决联邦国会通过的法律；总统有权公布法律，在公布前可以用“交付国民表决”的方式否决或延缓法律生效；联邦参政会、总统也有权参与宪法的修改。此外，宪法也没有赋予联邦国会解释宪法和法律的权力。

3. 赋予总统广泛权力。行政权由联邦总统和政府行使。总统由选民直接选举产生，任期7年，可连选连任。总统对外代表国家，对内任命包括总理在内的文武官吏，统帅军队，并有相当大的参与立法和监督权，有提起召开或解散国会的权力。尤其是宪法第48条还赋予总统“强制执行权”和“独裁权”。正是这一规定为后来希特勒建立法西斯独裁政权提供了法律依据。联邦政府由总理和各部部长组成，联邦政府及其成员均向国会负责。司法权由联邦法院和各邦法院行使，法官由总统任命。宪法规定了“法官独立”和“终身制”原则。

4. 宪法对公民基本权利义务作了极为详尽的规定，共5章57条。成为同时代资产阶级宪法中最具民主色彩的宪法。宪法规定公民在法律面前一律平等，男女平等，公民依法享有言论、迁徙、人身、住宅、秘密通信、选举、集会、请

---

① 《马克思恩格斯全集》第19卷，人民出版社1963年版，第32页。

愿、结社、学术研究和宗教信仰等自由。宪法同时还标榜“社会主义”原则，规定国家保护公民的工作权和休息权，保护劳动力，主张生产者（资本家和工人）共同合作，对失业者实行救济。列举了对家庭、婚姻、子女及青年的保护条款，规定婚姻以两性平权为根据，私生子女与婚生子女享有相同权利。此外，宪法还将“教育及学校”专列一章，规定接受小学教育为国民的普遍义务并将教育事务置于国家的监督之下。

5. 该宪法规定了国家具有调整经济生活、劳动关系等任务，特别将社会经济生活列为专章加以处理，详细规定了公民的经济权利，因而也被一些学者称为“经济宪法”。宪法规定了“经济自由”、“工商业自由”、“契约自由”及“所有权受宪法保护”等原则。同时，强调“社会化”原则，如“企业社会化原则”。此外，宪法规定了某些“保护劳工的政策”、“劳工会议制度”和“经济会议制度”。

《魏玛宪法》因其产生于特殊的时代背景，一方面，具有较浓厚的民主色彩，如宣告成立共和国和人民主权原则、赋予公民广泛的权利。另一方面，又将权力集中于总统手中，如赋予总统的“强制执行权”和“紧急命令权”，其有史以来的军事独裁强国的影子仍未彻底清除。

二、《德意志联邦共和国基本法》①

第二次世界大战后，德意志民族被分裂为两个并存的国家政权即联邦德国与民主德国。联邦德国依据美英法三国制定的“占领法”，于 1948 年 9 月 1 日在波恩召开由各州议会代表组成的制宪会议，着手起草宪法。1949 年 5 月 8 日，制宪会议通过了宪法草案。草案经当时美、英、法三国占领当局批准后，经三分之二州议会同意，于同年 5 月 24 日生效。这就是《德意志联邦共和国基本法》，又称《波恩宪法》。

1949 年《德意志联邦共和国基本法》由序言、11 章 146 条构成，规定了基本权利、联邦和各州、联邦议院、联邦参议院、联邦总统、联邦政府、联邦立法、联邦法的执行和联邦的行政管理、司法权、财政、过渡和最后条款。其基本内容特点为：

（一）公民的基本权利受到高度重视

基本法将公民基本权利和义务置于根本法之首，以大量篇幅对公民基本权利及其基本保障问题作了明确规定。有些内容承袭了魏玛宪法，但又有许多时代变化。(1) 对公民权利的规定强调的是人的尊严和人权。宣布“一切为了人”是

① 1949 年《德意志联邦共和国基本法》，之所以称基本法，因只是对西德政权的规范而非全德，意在取得德国最终的统一，故基本法宣称，它不是正式宪法，只是“为了建立过渡时期国家生活的新秩序”而制定的。具有明显的“临时过渡”性，其“有效性至德国人民通过自决制定的宪法生效时为止”。实际上是名副其实的宪法，40 余年来，基本法在联邦德国法律体系中的地位与作用完全等同于宪法。参见《德意志联邦共和国基本法》，载《世界宪法全书》，青岛出版社 1997 年版。

国家存在的宗旨。“人的尊严是不可侵犯的，尊重和保护这种尊严是国家的义务”，“人权是人类社会和平与正义的基础”。(2) 规定公民在宪法和法律范围内享有广泛的权利和自由，如自由发展个性权、人身不可侵犯权、法律面前人人平等权、男女平等权、公民享有集会结社权等，这些权利是人之所以为人的必不可少的基本权利，具有可诉性。当基本权利受到侵犯时，公民具有“抵抗权”。当公民权利受到国家公权力侵害时，公民有权向联邦宪法法院提起申诉。在规定权利的同时也规定了义务。(3) 取消了总统具有的“紧急命令权”和“紧急措施权”。(4) 缺乏经济、社会和文化权利方面的规定。

(二) 对国家主权有所限制

基本法明确规定不得对外实行侵略战争、对内实行法西斯统治，对和平保障问题作了规定。鉴于法西斯专政的深刻教训，基本法特别强调，任命人不得被迫强制违背自己的良心“使用武器为战争服役”，“导致扰乱各国之间的和平关系，特别是准备侵略战争的行为以及为达到这种目的而作的行为都是违宪的。它们被定为应受惩处的犯法行为”。妇女不得受雇和被迫在武装部队服务。任何试图破坏和取消现存民主和自由的基本秩序、破坏和平、准备进行侵略战争的行为，均属违宪并应受到惩罚。

(三) 基本法规定的国家结构形式为“德国式”的联邦制

德国的联邦制不同于美国的联邦制。依据基本法，法律对联邦和州的权限作了规定：(1) 联邦权力高于各州权力，将保持各州一定程度的独立地位作为联邦原则予以确认。(2) 联邦法律高于州法律，虽然各州有自己的宪法、政府、议会、最高法院等，但只有联邦未使用立法的权力，各州才拥有立法权。事实上，如民法、刑法等一般法律的立法权均属于联邦，各州并无专有立法权。(3) 各州受联邦委托执行联邦各项法律，各州机关服从联邦最高主管机关的指令。各州宪法必须符合基本法的原则。在州不履行基本法或联邦其他法律所规定的义务时，联邦政府有权以必要的强制措施来保证州履行其义务。这种中央与地方的宪法性关系与单一制国家的有关关系相类似。

(四) 基本法重新确立三权分立原则，恢复了多党制，并对政党制作出宪法上的规定

1. 三权分立下的联邦国会由联邦议院和联邦参议院组成。联邦议院是公民代表机构和最高的立法机构，其议员由选民依普遍、直接、自由、平等和秘密的原则选举产生，任期4年，主要任务是立法、决定国家预算、选举联邦总理和对政府进行监督。联邦参议院代表各州参与联邦的立法和国家管理，议员由各州政府委派的州政府成员或代表组成，无固定任期。

2. 联邦总统为国家元首，对外代表联邦国家开展礼仪性的活动。基本法吸

取魏玛宪法规定总统权力过大导致独裁的教训，对总统的权力作了较大的限制。[①]

3. 确立“内阁制”与“建设性不信任投票”。[②] 联邦政府由总理和各部部长组成。联邦总理由联邦总统根据国会占多数席位政党的意愿提名，经联邦议院选举产生后，再由总统任命。德国实行多党制，一般由一个在议会的多数党或几个政党联合提名的多数党首领担任政府总理。各部部长则由总理提名经总统任命。联邦总理作为政府首脑，有权任命各部部长和其他政府官吏，负责制定政府对内对外政策，统一领导各部的工作，并向联邦议院负责。此外，还拥有立法创议权等。另外，基本法对政党制及其权利和义务的规定较为全面。

（五）基本法确认了联邦德国政治体制的四原则：民主制、法治、联邦制及福利国家，确认“自由、民主、平等”精神和司法独立原则

“公民是国家主人”。国家的一切行为都受法律约束。其法律原则有：个人尊严不受侵犯，个人发展的自由受到保护；个人在集体中有自决的自由；所有公民一律平等。如果是恶法，依据基本法于1951年建立的联邦宪法法院可以废除。联邦制原则，是指发挥地方的主动性，防止中央机构可能出现的滥用权力。福利国家的原则，是指国家有义务为每一个公民提供社会保障并为实现社会公平而努力。联邦宪法法院独立行使职权，其任务是对基本法的守护，阐释维系整个国家民族的社会伦理和政治道德原则。是用以解决法律规定不明确而出现的纠纷，实行宪法监督。主要权限为：解决联邦与州之间及各州之间的争端；解决联邦各机构之间的矛盾；审查联邦及州法律的合宪性；受理公民个人或团体的宪法控诉。

（六）设立联邦宪法法院

基本法规定了违宪审查制度且建立了有权审查一般立法是否违宪的新的联邦宪法法院，该法院独立行使这一职权，其任务是对基本法的守护，阐释维系整个国家民族的社会伦理和政治道德原则。

（七）《德意志联邦共和国基本法》的当代发展

1949年基本法在适用过程中曾多次修改。值得指出的是，1954年因“占领法”的废除而对基本法的第73、79条进行修改，规定联邦德国拥有国防事务方面的立法权以及出于国防和国际防卫需要可对基本法有关条款进行修改。这次修改为德国加入“欧洲防卫共同体”提供了宪法根据。1956年的修改规定联邦有权建立武装部队，进而颁行《防卫法》。1964年的修改规定，在战争或处于防御状态时期，建立由联邦国会成员组成的“非常政府”拥有独裁权。基本法第10、

① 总统由联邦大会选举产生，任期5年，只能连任一次。总统缔结重大条约须获得有关主管机关的同意或参与；对内发布命令须经联邦总理或主管部长副署方为有效。总统不再拥有与议会并列的权力，而受议会监督，联邦议院或参议院可以以联邦总统故意违反基本法或其他联邦法律为由，向联邦宪法法院弹劾联邦总统。联邦宪法法院“可以宣告联邦总统丧失职权”，“可以以临时性命令决定联邦总统暂时停止职权”。

② 宪法设立“建设性不信任投票”条款，即对联邦总理表示不信任或否决联邦总理要求信任的提案，以避免政局不稳定。具体规定只有在联邦议院预先以超过半数票选出一个继任者的情况下，原政府才可以被推翻。

11、12、115条等条款的修订，对公民的自由权作了若干限制，规定“非常时期”制定的法律、法令，可以停止适用与它们相抵触的法律、法令。这激起了德国广大群众，特别是进步青年的激烈反对。1968年的修改规定了公民有反抗政府不法行为的“抵抗权”。1976年修改了州的区划调整和设立新区以及有关联邦议院的任期、集会和选举等问题。至20世纪80年代，约有49项条款作了程度不同的修改。1990年德国重新统一后，原东德的宪法和法律趋于消失，该基本法成为全德国的基本法。为适应统一后的德国及发展中的欧盟，1992年为批准“欧洲联盟条约”新设立了“欧洲条款即”第23条。1993年又规定限制外国人援用庇护权。1994年修改的内容如国家促进落实男女平等并消除残疾歧视、国家保护环境、缩减联邦的部分立法权限和保障地方自治权等20多个条款。总之，至2000年，基本法已被修改了49次，经修改的宪法条文共有165处之多。

第三节　行政法

一、德国行政法的形成与发展

德国行政法源于中世纪，最初反映在各邦的地方行政立法，如警察法中。德国行政法的发展与行政法院的设置具有密切关系。15世纪末建立的帝国最高法院对控告行政机关的案件具有一般管辖权。18世纪末制定的普鲁士法典中包含着大量的行政法的内容，如规定国家补偿的一般义务。现代意义的行政法成长于19世纪自由国家时期，此时期的有关立法和专门行政裁判组织获得发展。1808年普鲁士的行政纠纷由普通民事法院裁决，而一些地方仿制法国单设行政裁判机构。1863年在巴登建立了德国首个独立的高等行政法院。此后，各邦相继效法，设立专门的行政法院。具有现代意义的德国行政法始于19世纪下半叶德意志帝国建立以后，随着君主专制的法治国家的建立，行政法及其法院系统获得迅速发展。如普鲁士于1872年始建立独立的行政法院体系，即县委员会为初等法院、区委员会为中等法院、普鲁士最高行政法院为高等法院共三级。至1924年，类似的行政法院体系普行于全德。其中，最高行政法院完全是独立的、司法属性的法院。行政法在20世纪社会法治国家时期获得极大发展。1919年魏玛共和国的建立进一步推动德国行政法成为一个独立的法律部门。《魏玛宪法》的施行，不仅在全国范围内建立起完整的行政法院组织，而且推动了各邦行政诉讼制度的完善及实现了普通法院与行政法院相分离的审判制度。但是，行政法的发展及其法院体系在希特勒时代遭到严重破坏，已成体系的行政法院完全被废除。德意志联邦共和国建立后，资产阶级法治原则在社会生活中重新获得确认，行政法得到了空前的发展。依据1949年基本法于1952年建立了联邦行政法院。1960年《行政法院法》在各邦设立了统一的行政法院体系。随着行政法院体制重新建立，也开始颁行行政程序，1976 年《行政程序法》标志着现代德国行政法已完全确立。至此，德国行政法成为体系完备、门类齐全、规范详尽的一个重要部门法。德国行政法的完备，表现在部门实体法的详尽、程序制度的完善和行政司法制度的发达，这在成文法国家中也是不多见的，在现代国家社会生活中发挥着重要作用。

20 世纪 90 年代，随着德国的统一，行政法领域出现较为活跃的改革动向，如对行政职能、对公务员①及对行政诉讼体制等的改革。1978 年联邦司法部公布了"行政诉讼法草案"，将三种法院（行政法院、社会法院和财政法院）组织进行合并，简化诉讼程序，以改变长期存在的普通行政诉讼和特别行政诉讼的区分，但迄今仍未获得通过。1990 年 12 月公布了《行政法院法》第四次修正案，仍然保持以往的行政法院体制及诉讼程序模式。

二、德国行政法的基本制度和一般原则

德国行政法从内容上可以分为一般行政法和部门行政法两大类。一般行政法论述行政法的普遍性概念和基本原则，如行政的概念，行政与立法、司法的关系，行政行为，行政合同，公共计划，国家赔偿，行政诉讼等；部门行政法的支系十分繁多，包括政府机关组织法、公务员法、地方行政和警察法、经济行政与营利事业法、建筑规划法、道路交通法、教育法、卫生法以及财政税务法等。从性质上分为行政实体法和行政程序法。广义的行政程序法包括行政程序与行政诉讼程序两个方面。其主要行政法原则和制度如下：

（一）依法行政法治原则

"行政法是宪法的具体化。"《德意志联邦共和国基本法》规定，依法行政原则，要求一切行政活动均必须受宪法和法律规则的约束，同时处于行政法院的控制之下。依法行政法治原则包括两项内容，即法律优先原则和法律保留原则。法律优先原则，是指行政应当受现行法律的约束，不得采取任何违反法律的措施。法律保留原则，是指行政机关只有在取得法律授权下才能实施相应的行为。依法行政原则具体表现为：依照三权分立原则，议会和行政法院须对行政活动进行监督；遵守民主行政原则和所有公民在担任公职上的权利平等原则。此外，行政还受人权保障和社会福利国家等原则的制约。凡涉及公民财产的问题，涉及行政内部的特别权力关系问题，涉及公民基本权利与自由问题的，一切行政行为都必须有议会的立法作依据，以便限制其恣意性。

（二）公务员制度

德国公务员制度始于 18 世纪初期。之前长期维持"恩赐官职"制的传统。1713 年，普鲁士邦率先采用法官任用考试制度，可谓德国最早的公务员考试任

---

① 1995 年年底通过《联邦公务员法》，该法规定，在确定公务员工资的高低及晋升时，应当更多地考虑其政绩和功绩，而不能仅仅考虑其工作年限；适当提高提前退休的年龄，并增加对提前退休人员的经济保障。

用制度。其后，这种模式在其他邦内普遍适用且于 20 世纪初基本定型。魏玛共和国时期开始对公务员制度作出实质性规定，区分政务公务员与事务公务员，明确要求政府公务员在政治上必须保持中立；无重大过失，不得解除其职务，从而使现代意义的公务员制度得以确立。1950 年《公务员法》、1953 年《联邦公务员法》、1972 年《联邦法官法》及 1980 年《联邦公务员工资法》，使公务员制度完全法制化。公务员制度的核心内容是公务员的权利和义务。根据《联邦公务员法》的规定，公务员享有五个方面的权利：依法取得报酬和享受待遇的权利；查阅本人人事档案的权利；结社的权利；随时辞职的权利以及获得公务员服务证书的权利。公务员应当履行的义务主要有：保持政治中立；忠诚义务；支持和服从上级以及严守职务机密。公务员在任职期间有违法失职行为的，须受惩戒处分，根据行为的性质由主管机关给予警告、罚款、降薪、降职直至开除公职的处分。受惩戒的公务员不服的，可依法定程序提出申诉。

（三）委任立法

委任立法制度的核心是委任立法权，即联邦议会可以通过法律把自己的部分立法权转交给其他机关行使的权力，得到立法委任而实施这种立法权的活动谓之委任立法。德国的委任立法有以下特点：一是委任立法以无立法权为前提；二是委任立法包括行政委任和自治委任；三是委任立法权由宪法加以设定，由议会通过具体法律授权实施；四是委任立法权受到严格的限制。德国的委任立法须受到司法控制，这种司法控制主要通过两种方式来实现：一是直接审查，是指宪法法院在审理违宪控告中，对被诉法规或规章的合宪性进行的审查；二是间接审查，是指行政法院在审理行政案件中附带地审查委任立法是否越权，这种审查，只有当具体的行政纠纷涉及某项法规或规章时，才可采用。

（四）行政行为

德国的行政行为概念最初是从法国引进的，日后其含义不断变化，目前最权威的解释是 1976 年《行政程序法》中的表述："行政行为是有权机关为管理公法领域的特定事件而采取的，能够直接引起外部法律后果的命令、决定和其他主权措施的总和。"① 德国行政行为的主要特点：一是指具体行政行为，抽象命令只是一种例外；二是指外部行政行为；三是指法律行为而非事实行为。德国的行政行为基本类别有：命令性行为、创设性行为和宣告性行为；受益行为和不利行为；自由裁量行为和非自由裁量行为。

（五）行政程序

1976 年《德国联邦行政程序法》对行政行为的程序、原则、效力及撤销等详加规范。该法规定，作出行政行为应当遵守下列原则：简洁和符合目的的原则；回避原则；依职权全面调查原则；告知原则；听证原则；当事人阅卷原则及保密

① 参见 1976 年《德国联邦行政程序法》第 35 条。

原则。该法要求各邦在遵守时效、公正、民主、书面以及一致等项原则的基础上，可以自治地修订各自的行政程序。

（六）行政赔偿

在德国，行政赔偿，是指行政机关及其官员的行政行为影响了相对人的权利所应承担的一种经济上的法律责任。导致行政赔偿的行政行为有行政侵权、违反合同、不作为、准剥夺财产等。德国行政赔偿制度的基本特点是：一是其行政赔偿制度更接近于普通法国家；二是行政赔偿与民事赔偿合一，二者的程序也合一，行政赔偿案件由普通法院管辖，受民事法律规范的调整；三是特别牺牲责任在行政赔偿中占据一定的地位。其行政赔偿责任有别于普通法国家的是包括不平等的义务和特别牺牲之赔偿责任。

三、德国行政法的基本特点

与其他国家的行政法制相比，德国行政法具有以下特点：

（一）坚持公法与私法的划分，将行政法调整的范围严格限制在公法领域

在德国，行政法是关于公共行政机关的职能、程序和组织的法律规范的总和，它调整着行政机关和公民之间的关系，并据此规定公民在行政关系中的权利和义务，属于公法的一个部门，它有别于那些适用于公共行政机关的私法。因此，德国行政法的调整范围相对较窄，仅限于传统的以行使国家行政职权为基础的政府管理部门的活动。这一原则同样适用于司法领域，只有纯粹涉及行政法律关系的公法案件才由行政法院管辖，大量兼具公私法混合色彩的法律纠纷分别由普通法院或专门法院来处理。

（二）作为大陆法系国家的德国，其行政法领域具有成文法典化的特征

它以成文法为主体，概念明确，体系完整。虽然行政法由于其调整对象的广泛性，很难像民法、刑法那样以一部成文法典的形式将所有重要原则和规范纳入其中。但是，德国行政法从部门法律体系来看是相当完整的。国家立法的重点放在基本行政法律制度方面，对行政组织制度、公共行政程序、行政申诉和行政诉讼制度作出明确规定，将联邦范围内国家行政机关公务员的活动纳入比较统一的规范体系之中，确立了共同的原则，从总体上为依法行政提供了法律保障。由于采取成文法的形式，立法部门对大量复杂的行政法基本概念，如行政行为、行政合同、行政授权、国家责任等作出简明扼要的解释，这不仅有利于法律的实际适用，而且有助于行政法学的发展和繁荣。

（三）行政司法体制具有独特性

从行政审判角度来看，德国同法国一样，采取双轨制司法体制，即从诉讼程序和审判机关的设置上，采取普通法院和行政法院单独设立的方式。但是，德国为了更好地坚持公私法二元化，将行政诉讼局限在纯公法的范围，在行政法院之外，另行设立包括财政法院、劳动法院在内的不属于普通法院系统的专门法院，

以处理大量依严格的公私法标准难以归类的法律纠纷。

（四）行政法学十分发达

德国行政法学理论繁荣，成果累累，有关行政法的学术著作不胜枚举。在相当完备的德国行政法律制度中，大到行政法的基本体系、结构与原则，小到行政法的具体概念、制度和规则，无不浸透着学者的心血。如同《德国民法典》，概念法学的特征在行政法中同样清晰可见。

第四节 民商法

一、《德国民法典》

18 世纪时期，在德国已经出现了有关民法典的编纂。例如，1756 年《巴伐利亚马克西米里安民法典》、1794 年《普鲁士民法典》，后者采用了近代民法中的有关契约、所有权、代理等方面的法律概念，体现了近代自由资本主义思想，属于从封建社会向资本主义社会过渡的法律性质。该法典在德国原普鲁士区域实施了近百年，其中民商法部分直至 1900 年才被《德国民法典》所取代。1900 年《德国民法典》是一部由自由资本主义向垄断资本主义过渡时期的民法典，用拉德布鲁赫（Radbruch）的话说，《德国民法典》与其说是 20 世纪的序曲，毋宁说是 19 世纪的尾声。该法典标志着德国私法的统一化。①

（一）《德国民法典》的制定

在由法国开创的 19 世纪法典化运动中，德国最初因其国家的四分五裂和社会转型期关系复杂化而未能积极参与，但在当时，就是否有可能制定一部全德统一的民法典的问题却在统治阶级内部和法学界存在激烈的斗争和长期的争论。一些小邦的统治者出于地方利益的考虑而反对编纂统一的民法典。在法学界形成了以海德堡大学法学教授蒂伯特和萨维尼为代表的两派。作为自然法学派的主要代表，蒂伯特在 1814 年《论统一德国民法典的必要性》一文中，积极主张制定全德统一的民法典，认为法律的统一是实现民族统一和国家复兴的基础，民法的统一会促进德国的统一。编纂德国统一民法典的条件已经成熟。立法是人们理性的产物，凭借理性就可以制定法典。支持蒂伯特主张的法学家形成了“法典编纂派”。与此相对立的是以萨维尼为代表的历史法学派。萨维尼在《论当代立法和法理学的使命》一书中，认为法律是世代相传的“民族精神”的体现而不是理性的产物。当前德国仍处于学术法阶段，制定统一民法典的条件远未具备。德国法学家的任务是对德国历史上的各种法律渊源进行深入研究，特别是古代罗马法

① 《德国民法典》，陈卫佐译，法律出版社 2006 年版，第 1 页。

的“原典”的研究，要恢复罗马法学的本来面目。他反对以自然法理论为指导的法国民法典的模式而推崇自生自发的民族习惯法。在这次争论中，历史法学派曾一度处于优势地位，从而延缓了法典的编纂过程。其后，围绕民法典的制定，历史法学派中还出现了日耳曼法学派与罗马法学派即“潘德克顿”法学派的斗争。这种长期对民法学的研究探讨，特别是“潘德克顿”法学，为德国民法典的制定奠定了坚实基础。1871 年德国统一后，帝国宪法将制定民法典列入帝国权限，为制定统一的民法典提供了法律依据。从 1874 年联邦议会成立的第一个由 11 人组成的法典编纂委员会算起（1890 年联邦议会又成立了新的法典编纂委员会），历经 22 年，三易其稿。第三个民法典草案经帝国国会的若干修改，于 1896 年 7 月 1 日通过，同年 8 月 18 日经德意志帝国皇帝正式批准，8 月 24 日公布，于 1900 年 1 月 1 日施行，即 1900 年《德国民法典》。

（二）《德国民法典》的基本内容和特点

《德国民法典》以罗马法的《学说汇纂》为蓝本加以编纂，共分 5 编 35 章 2385 条，另附施行法 31 条。这是资产阶级国家制定的规模最大的一部民法典，其结构体系分为总则、债权、物权、亲属和继承五编。总则编规定了民法的基本要素，包括民事权利主体——自然人和法人、权利能力的享有与丧失及行为能力、民事权利客体（物）、法律行为、时效等内容；债权编规定了债的通则以及买卖、赠与、租赁、借贷、雇佣、承揽、委任、合伙、寄托、不当得利、侵权行为等各种具体的债务关系；物权编规定了动产与不动产所有权、所有权的取得与丧失、占有、共有、地上权、役权、抵押权和质权等内容；亲属编对婚姻关系、夫妻财产制、婚生与非婚生子女的法律地位、收养与监护等作了规定；继承编规定了继承人的范围和顺序、继承人的法律地位、遗嘱，继承权的丧失与放弃、保留与处分，以及继承财产的买卖等内容。

1. 法典在坚持贯彻资产阶级民法基本原则的同时又适应垄断资本主义经济发展的需要而有所变化，具有时代性。《德国民法典》是 19 世纪末自由资本主义向垄断资本主义过渡时期制定的法典，也是德国资产阶级和容克贵族相妥协的产物。法典的基础是合同和所有权这两个中心制度。在物权法上，“明晰的法律规则和具有公信力的动产交付与土地登记制度应当随时为物权的归属和转让提供法律上的安定性”。[①] 它严格保护私有制，肯定了公民私有财产所有权不受限制的原则。法典第 903 条规定：“物之所有人，在不违反法律或第三人权利之范围内，得自由处分其物，并得排除他人对物之一切干涉。”法典第 905 条、第 94 条、第 96 条规定，土地所有人的权利不仅“扩及于地面的上空和地面的下层”，而且包括“定着于土地的物，特别是建筑物及与土地尚未分离的土地出产物”，以及“与土地所有权结合的权利”。显然，这些规定确认资本主义无限私有制原则，维护资产阶级和容克贵族的私有财产权。同时，由于资本主义经济已由资本家个

① 《德国民法典》，陈卫佐译，法律出版社 2006 年版，第 10 页。

人经营方式开始转变为资本家集体经营的垄断方式，为适应大企业、大公司、垄断组织兴办铁路、运输、航空、采矿及冶炼等工业的需要，维护垄断资产阶级的利益，民法典不仅摒弃了《法国民法典》在所有权上使用的“神圣”不可侵犯和“绝对”无限等字眼，而且对所有权的行使增加了某些限制性规定。

（1）“权利的行使不得只以损害他人为目的”，“因正当防卫或消除紧急损害而破坏或损坏他人所有物，在必要限度内者，不为违法行为，物的所有人不得拒绝他人干涉其物的权利”。还规定土地所有人对于他人在其土地上空或地下的干涉如果不会给所有者带来任何损害，或不妨害土地的使用，或妨害甚微，土地所有者均不得禁止这种干涉。

（2）法典肯定了资本主义“契约自由”原则，以当事人的意思表示一致为契约成立的条件。“向他方要约成立契约者，因要约而受约束”；“要约人在承诺前死亡或丧失行为能力者，不妨碍契约的成立”（第145、153条）。对要约立即承诺或在承诺期限内作出承诺，契约即告成立（第147、148条）。契约经“合意”成立后当事人必须履行，肯定了契约自由的原则。法典采表示主义，在当事人本来意思与表示出来的意思不一致时，以表示出来的意思为准（第116条）。显然，对意思自由有所限制。同时，以诚实信用这一法律未来发展之方向的原则指导合同法。这些规定适应了日趋频繁而复杂的生产与交换关系，以确保经济活动的稳定和发展。

（3）法典在民事责任方面，也确认了“过失责任”原则。但与传统奉行的有过失方有责任的做法不同，实行过失责任与无过失责任原则并存。法典规定因故意或过失不法侵害他人的生命、身体、健康、自由、所有权或其他权利者负赔偿责任，并规定行为人虽无过错若有违法的可能时，亦按过失情形负赔偿义务（第823条）。显然，这是一个进步，扩大了企业主和政府部门的责任，使因大工业化生产导致的工伤事故和其他意外事故的受害者，因此而获得赔偿。上述适于交易、灵活应变的财产制度说明《德国民法典》的所有权理念和《法国民法典》相比已有所变化，反映了资产阶级个人本位的民法思想正在向社会本位的转变。

2. 法典明确规定了法人这一现代普遍的民事权利主体。1871年统一后，德国的资本主义经济得到迅速的发展，到19世纪末，大公司、大企业及垄断组织已在国家政治经济生活中起重要作用。法典在人法编中单独规定了法人制度，承认法人为民事权利主体，依法独立享有民事权利和承担民事义务。法典规定：“以经营经济事业为目的的社团，如帝国法律无特别规定时，因邦的许可而取得权利能力”（第22条）。并规定不以营利为目的的社团，因登记于主管部门而取得权利能力（第21条）。法典还对法人的成立和消灭、法人的组织机构等作了较为详尽的规定，有关法人的条款达60余条。这是资产阶级民法史上第一部规定法人制度的民法典。

3. 法典在婚姻、家庭和继承方面体现了义务和家庭意识，保留了较浓厚的封建残余。本质上虽是资产阶级性质的民法典，但却在某些内容上保留了浓厚的封建残余。主要表现在：一是在家庭关系上夫妻法律地位不是完全平等，如妻虽具有行为能力和诉讼能力，但从法典对亲属法的整个规定来看，只要婚姻成立，妻原有的财产即归夫占有、使用和管理。妻不经夫的许可不能处置自己原有的财产，而夫处置妻原有的财产可不必经妻的同意。有关夫妻共同生活的重大事情，夫有决定权。妻只可订立与对夫所负义务不矛盾的契约。二是在亲子关系上，父对子女有惩罚的权利，婚生子女在未满 21 岁前结婚必须得到父亲的同意。三是继承法以概括的权利承受和家庭成员继承为基础，并赋予私法自治的遗嘱自由以广阔的空间。法典扩大了遗嘱继承的自由，确立了子女平分遗产和被继承人可自由以遗嘱处分遗产的原则。

4. 法典在编纂技术上独具特色，学术色彩较浓。一是德国民法典按照潘德克顿法学在 19 世纪所发展起来的民法系统学说来安排结构和划分编章，使得民事法律知识得以系统化，表现了法律理性的基本逻辑。[①] 二是它使用从一般到特殊的立法方式，是由抽象的一般概念和形式逻辑的范畴构成的体系。在立法技术上讲究逻辑体系严密、概念科学、用语精确，是高度概念抽象化与体系化的典范。《德国民法典》较《法国民法典》在逻辑上更加成熟、合理，被西方法学界誉为 19 世纪“德国法律科学的集成”，是“专家之法”。三是法律规范较灵活、富弹性，过多使用“一般条款”。在法律条文的措辞方面，虽以一种抽象性和概括性的风格，远不如《法国民法典》那样简明扼要，通俗易懂，但却是一些富有弹性的概念的“一般条款”，如规定“契约违反善良风俗的无效”；“当事人应依诚实信用及交易习惯履约”，将合同法置于诚实信用原则之下，其抽象性和概括性的条款却又因极富灵活性而使得其适应社会生活的能力很强，从而有助于法律解释、法院审判与法学发展。

5. 在其价值观念上，个人的私法自治与社会的市民责任相联系。“德国民法典已经从古典的自由主义的私法，发展成为用自由主义的眼光来看具有社会性的私法，兼顾到了《德意志联邦共和国基本法》第 28 条所规定的社会国家原则”。[②]

（三）《德国民法典》的修改和发展

作为资产阶级民法史上的一部百年法典，《德国民法典》是现代德国一般私法的核心部分及私法发展的基础。在当代，一方面对法典本身进行修改，并通过司法解释，扩大原法典“一般性条款”的适用范围，使之适应现实生活的需要；另一方面也通过制定单行法规，来弥补民法典的不足。据统计，法典原 2385 条中已有 800 多条被修改、废除或更换为新条文。主要修改和发展的领域有：

1. 法典修改最多的是亲属法领域，那些在早期带有父权制色彩的婚姻与家庭制度已经发展为以男女平等及婚生与非婚生子女平等的现代原则。1949 年制

① 《德国民法典》，陈卫佐译，法律出版社 2006 年版，第 5 页。
② 《德国民法典》，陈卫佐译，法律出版社 2006 年版，第 11 ~ 12 页。

定的《德意志联邦共和国基本法》第3条和第117条废除了一切与夫妻间平等原则相抵触的规定，强调“男女享有同等权利”。1957年6月18日颁布的《男女平等权利法》，使基本法的规定具体化，规定婚姻关系成立必须基于男女双方意愿一致，维持共同婚姻生活为夫妻双方义务；双方都有权处理自己财产和选择职业的自由权利，丈夫不再享有对妻子财产的管理和收益特权；扩大了生存配偶的法定继承权，如有子女，生存配偶可得财产的一半，如无子女，可得75%，废除了原来由父亲单独对子女行使亲权的规定，改由父母双方共同对子女行使亲权。基本法第6条规定婚生子女与非婚生子女有同等地位。1969年8月19日颁布的《关于非婚生子女法律地位的法律》，进一步改善了非婚生子女的社会地位，确认其对生父的遗产享有继承权。1975年法律将成年的年龄从21岁降为18岁，婚龄也随之降低。1977年《婚姻法》采用离婚的“婚姻破裂”原则。1997年《亲子关系改革法》、《继承权地位平等法》和1998年《子女抚养法》都强调对子女权益的保护。

2. 在契约法方面，广泛运用民法典中“一般性条款”，通过司法解释使其适应战后新的民事法律关系。司法机构凭借“善良风俗”、“诚实信用”和“交易惯例”这类没有准确含义的条款用来开创和适应新的原则，以限制契约自由。在法定之外，还颁布一些单行法，如竞争法、租赁法和雇佣法等，使契约关系更加适应垄断资本主义经济发展的需要。特别在合同法上，通过修改一般交易条款、消费者金钱消费借贷合同或上门交易等消费者保护法方面的规定，发展出了社会正义的原则而告别了自由主义构想。

3. 在侵权法领域，通过承认一般人格权实现了现代化。在侵权责任原则方面，1952年12月9日的陆上交通法，1959年1月10日修订的空中交通法等，对公路、铁路、交通、飞行事故以及电力、煤气、核电站和工矿企业事故等领域，适用“严格责任”即无过失责任原则。此外，通过建立劳动保险制度，将国家和垄断资本承担的责任和风险转移到社会和分散到劳动者身上。

此外，2002年1月1日施行的《债法现代化法》对民法典的影响极为深远，如消灭时效制度由原来的30年改为3年；一般给付障碍法被“积极侵害合同”模式统一起来且归结到“义务违反”这一核心概念上；在买卖合同、承揽合同法方面都有重要改革；还将消费者保护法纳入民法典。① 同时，欧盟法也在促使《德国民法典》的欧洲化。

该部法典不仅结束了德国法律长期极不统一的局面，而且，对20世纪欧洲大陆其他国家以及其他国家的民事立法具有直接和深远的影响。例如，瑞士、日本、巴西、希腊和荷兰等国的民法典，以及旧中国“中华民国”时期的民法典，都在不同程度上参照或吸收了《德国民法典》的模式。

---

① 《德国民法典》，陈卫佐译，法律出版社2006年版，第8~9页。

(四)《德国民法典》与《法国民法典》的异同

在大陆法系中，1900 年《德国民法典》是继 1804 年《法国民法典》之后的最重要的一部民法典。两部民法典在大陆法系民法发展史上均占有重要地位。据此，有的比较法学家将大陆法系分为以《法国民法典》为代表的罗马法支系和以《德国民法典》为代表的德意志支系。从它们的结构、体系和内容中，共同体现出大陆法系的法律及其制度的基本特征、性质和原则，这正是大陆法系历史演进过程中形成的，它们自身又是大陆法系法律体系的重要组成部分。实际上，1804 年《法国民法典》与 1900 年《德国民法典》的共同之处是主要的，如共享一个罗马法基础；作为“市民法典”，二者的核心都是基于私法自治、民事主体权利平等和诚实信用原则的合同制度和所有权制度；都体现了民法理念即私法自治、身份平等和私权神圣；都反映了古典时期资本主义私法精神，即自由主义、人格至上和民法三大原则：私人财产所有权无限制、契约自由、过失责任原则；两大法典仍然都是现代法典，它们不只是为促进工业化和市场经济繁荣提供了必要的财产法律制度和人身权保护制度，也为实现所有国民自由平等富足提供了必要的行为模式，其历史进程证明了它们的社会适应力相当强，是能够经得住社会变化的挑战和各种各样生活关系考验的。

1900 年《德国民法典》与 1804 年《法国民法典》在微观上的区别很多，在此所论的是宏观区别，主要在于：

1. 在法典结构体系上，前者是潘德克顿式的，它继受了《罗马法大全》中的《学说汇纂》“五分法”，而后者则是法学阶梯式的，它采用了《罗马法大全》中的《法学阶梯》“三分法”；前者设有总则编，[①] 而后者未设总则编；前者将债法置于物权法之前，后者则是物法在前。总则是否设置的关键在于立法者运用抽象技术的方法或所达到的程度是否足以产生设置总则的动机和条件。《德国民法典》设置总则的技术原因是身份权的独立与“人法”的分裂；在法国民法典上，人法与物法两相分立，自成一体，凡有关伦理关系及民事身份的事项，均直接规定于自然人一编。此种情况，首先被德国民法典所创设的法人制度即团体人格所击破。

2. 在编纂技术和法律条文措辞上，前者采用了对罗马法有精深研究且传承了罗马法的德国潘德克顿法学所建立的科学的严密的私法体系、严谨的结构、清晰的逻辑层次、抽象概括的概念化语言风格，使用非常职业化的精确的专业用语，“整部民法典是由抽象的一般概念和形式逻辑的范畴构成的体系”。[②] 被认为是专家之法；而后者编纂的逻辑体系的严谨性和科学性较弱一些，其表述简短有

---

① 德国民法典总则的形成，是一种逻辑思维方法及立法技术运用的必然结果，其本身并不包含任何价值判断。身份权的独立所导致的“人法”的分裂，物权与债权的区分所导致的“物法”的分裂，以及法律关系一般理论的创制对于法典体系结构的影响，是该法典设置总则的技术原因。参见尹田：《民法典总则与民法典立法体系模式》，载《法学研究》2006 年第 6 期。

② 《德国民法典》，陈卫左译，法律出版社 2006 年版，第 7 页。

力，其充满思想性的规定带有宣言色彩和革命性夸奖，具有明确、具体和通俗易懂的日常用语风格，被公认为是大众之法。一般认为，《法国民法典》“内部像一个杂物间”。[①] 事实上，法国民法典采用的“人法”与“物法”是极富逻辑性的分编方式；再从各编的具体内容说，其第一编“人”包含了有关自然人的基本地位和身份关系的全部内容，而第二编“财产及对于所有权的各种变更”则规定了所有权及其“派生权利”（法国民法将基于所有权而产生的用益权、使用权、居住权和地役权统称为“所有权的派生权利”，而担保物权则被认为是一种“价值权利”，另行作为优先权种类单独规定）。[②] 上述两编没有任何逻辑混乱。问题主要发生在该法典的第三编“取得财产的各种方法”，这也是被批评之处，认为其“完全是异类题材的大杂烩”。[③]“任何科学的安排方法都不会在一编之中将继承和赠与、契约和侵权行为、婚姻财产、抵押和时效等这些毫不相干的内容都放在‘取得财产的不同方法’之下”。[④] 事实上，与德国民法典完全不同，法国民法典中的财产权是以所有权为中心建立起来的，无论基于身份关系抑或财产关系而发生的财产所有权的变动，均可合并规定于一处，这是基本符合逻辑要求的。所谓“杂乱”，其实是批评者处于一种更高抽象程度的角度所作出的观察结论（尹田语）。法国民法典没有明确区分物权和债权，也没有设置总则。

3. 在内容上，因关注点不同而规定上区别较大。法国民法主要关注实际的、日常的人与人之间的相互关系，而德国民法则将焦点置于法律原理间的理论联系。如德国民法在“绝对权利”观念下创设了真正的“财产法”，而法国民法则只限于“物法”；两者因财产的转移与买卖合同的分合而体现了合同的不同旨意；德国民法第一个发展了不当得利的自治法律，而法国民法则固守罗马法的准合同概念；德国民法明确规定了法人制度而法国民法则无此规定。

4. 在观念上，它们反映了两种思潮和两个时代。法国民法典体现了18世纪理性主义思潮，它将市民等级在大革命中所主张的理想化的自由、平等和人权法典化，德国民法典则主要是19世纪德国学说汇纂派的产物。前者是代表自由资本主义时代以个人为本位的民法典，后者则是代表垄断资本主义时代法律社会化理念的民法典。

5. 两者的影响都相当大，但相对而言，《法国民法典》作为现今世界最“长寿”的民法典，以自由资本主义世界首部“市民法典”而开创了自由资本主义民法的“新纪元”，它体现了启蒙思想和大革命的时代精神，成为大陆法系中影响最广、最深远、被树为第一楷模的法典，“其后世界的每部民法典都或多或少

---

① ［法］雅克·盖斯旦、吉勒·古博著：《法国民法总论》，陈鹏等译，法律出版社2004年版，第98页。

② 尹田著：《法国物权法》，法律出版社1998年版，第24页。

③ ［澳］瑞安著：《民法导论》，楚建译，载《外国民法资料选编》，法律出版社1983年版，第33页。

④ ［德］茨威格特、H. 克茨著：《比较法总论》，潘汉典等译，贵州人民出版社1992年版，第72页。

地受到了《法国民法典》的影响”。[1]“我们在法典编纂活动的国际政治中看见了两个‘巨人’。《德国民法典》肯定没有获得《法国民法典》的荣耀和光辉，但可以公正地说，最终它们打了个平手”。[2]

6.《法国民法典》模式较之《德国民法典》模式缺陷也较多：在内容上陈旧没有对法人和知识产权的规定，对国际私法的规定也极有限；在观念上已经落伍，难以体现现代私法精神；也缺乏一般性规定；在结构形式上也不适应法律实践，因为其三编已被拆分为多个主题以满足现代人不断深化的民法认知。

二、《德国商法典》

1897 年 5 月 10 日通过、1900 年 1 月 1 日和民法典同时实施的《德意志帝国商法典》属于特殊私法。该商法典是在 1861 年《德意志联邦商法典》的基础上修订而成，共分 4 编 905 条。商法典没有破产法的规定，也不包括保险和票据，这些都由单行法调整，它只涉及对商业关系的调整，仅适用于商人，凡在商法典中未作规定的，适用民法典以及商业惯例。

第 1 编“商从业者”，包括有关商人的概念、商业注册、商号、商业账簿、商业代理、店员和经纪人等的规定。商人即为经营商业事务之人；划分了商业事务的范围；规定了“商号真实”原则，商号的选用应与其营业的范围和种类相一致。第 2 编“商业公司”，规定了公司的种类和形式，主要种类有合名公司、合资公司、股份公司和股份合资公司。[3] 法典还规定了隐名合伙。隐名合伙人以投资方式加入他人经营的企业，分享盈利并分担亏损，不直接对外负责，对企业拥有某些监督权。第 3 编为“商事行为”，规定商业行为是符合经营其业务的商人的行为，法典对各种商业行为予以列举，详细规定了商业合同的一般条款，内容涉及商品买卖、批发、仓储、发送和转运等。第 4 编为海商及有关商业航海的专门法规。

1900 年《德意志帝国商法典》基本上以民法典所确立的一般性原则为基础，以其特殊私法行为方式和商人权利主体属性的法律规范作为民法典的补充，其存在补充和完善了私法规范，在商法史上占有重要地位，其较新的体例和内容适应了转型期的德国商业社会发展，如没有将破产法置于法典内，实行“一般破产主义”；对法人有着明确具体的规定。该法典对他国商事立法影响较大，如对日本商法典的影响。

---

① 徐国栋：《〈法国民法典〉模式的传播与变形小史》，载《法学家》2004 年 2 月。

② 克里斯蒂·冯·巴尔：《欧洲：多部民法典的大陆，或者走向单一民法典的大陆》，张小义译，载《法学家》2004 年第 2 期。

③ 合名公司即无限公司，每个公司的成员对商号的债务负无限责任。合资公司即两合公司，由负无限责任的合伙人与其他仅以其对商号的出资额为限的负有限责任的合伙人共同组成。股份两合公司是两合公司的特殊形式，它和两合公司的区别在于：有限责任股东的资本必须分为股份，兼有无限公司和股份有限公司的性质。股份有限公司就是以确定的资本分为若干股份，由 5 人以上的有限责任股东组成的公司，它是德国大企业的基本组织形式。

现代德国商法的变化主要表现为《商法典》中有关商业组织的规定被逐渐分离出来，经历了由公司法向企业法的过渡。并且，越来越为独立的企业法所取代，如1937年《公司法》和1965年《公司法》。1951年制定的《钢铁工业共同决策法》和1976年颁布的《共同决策法》，对经济组织的规范超出了《公司法》的范围，初步形成了颇具特色的企业法，这是对传统商法的一种改造。

第五节　经济法与社会立法

一、经济法

德国经济法出现于19世纪下半叶德国统一之后的工业革命即将完成之时，随着进入垄断资本主义阶段，国家对国民经济的强有力调控，现代意义的经济法制得以产生且日益发达。较为成熟且具有现代意义的经济法概念和理论是于1916年由德国学者赫德曼首次提出的，用来说明国家为加强对社会经济生活的干预而制定的与经济发展有关的各种法规，如经济契约立法、劳动立法、土地立法等。德国的经济立法始于20世纪初，如《授权法》（1914年）、《关于限制契约最高价格的通知》（1915年）、《兴登堡纲领》（1916年）。在魏玛共和国时期，国家加强利用法律手段对经济进行管制和调整，制定和颁布了一系列经济立法，如1919年《煤炭经济法》、《钾素经济法》及1923年《卡特尔法》。其中1919年《煤炭经济法》是世界上第一次以“经济法”命名的经济立法。1949年联邦德国建立后实行社会市场经济，以此为国家经济政策的指导原则，由国家对资本主义市场经济进行调控，颁布了大量的经济法规，使联邦德国成为战后经济发展最快的国家之一。在现代发达国家中，德国的经济法制因其完善、发达而独具特色。

（一）有关经济改革的立法

1. 币制改革法和银行立法。1871年《货币法》以金本位制取代了长期实行的银本位制，帝国马克是唯一的支付手段。第二次世界大战后，为制止通货膨胀，稳定物价，改变混乱的经济局面，占领当局颁布1948年《币制改革法》，禁止旧马克流通，以新马克取代之。同时，颁布《货币改革后经济政策指导原则法》，取消了战后定量配给制和对物价、工资的控制，提倡自由贸易，并放开了90%以上商品的价格，使商品自由流通，依靠价格波动达到市场经济自由化，为社会市场经济的建立奠定了基础。1949年《工资合同法》规定通过自由协商方式达成社会伙伴之间的工资合同，重新恢复工资自治制度。1957年《联邦银行法》建立了德国联邦中央银行，确立了国家银行体制。1961年《信贷法》为联邦德国的银行监督与管理奠定了法律基础。1976年经修订的《信贷法》确认了银行是专门从事银行业务的企业。

2. 国有化法。根据基本法的规定，联邦德国采取多元化的经济形式，以发展私人垄断资本为主。但国家也从发展社会市场经济的角度出发，将一些投资大、利润薄、私人资本不愿经营的部门，如水电、煤气、城市交通、铁路、邮电、航空等，在进行补偿的情况下收归国有，并用收购股票等方式使20%的工业和一些银行变为国有经济。同时，还通过经济立法实现财产再分配，大力扶植私人垄断资本。1952年《关于对第二次世界大战的后果平衡负担的法律》以国家立法的形式转嫁负担，将广大银行开户者和土地所有者也列为财产提成的对象，设立"平衡负担银行"负责基金的筹集和支配其范围后又扩大到普通纳税者身上。1952年《投资援助法》以第二部类企业为基金筹集对象，设立10亿马克资金，为煤炭、冶金、动力、煤气、车辆制造工业和供水企业提供长期的投资贷款，以加速重工业部门的积累。

3. 促进经济稳定发展的法律。为求得经济的稳定发展，减少生产的盲目性，1963年《成立专家委员会的法律》规定由经济专家组成委员会对国家经济生活的各个领域定期作出行情预报。1967年《促进经济稳定和增长法》是国家宏观调控的重要法律，它将持续增长、稳定物价、充分就业、外贸平衡作为国家经济发展战略的总目标，并规定"必须注意通过联邦和各州的财政、经济措施达到经济平衡"。

4. 促进对外贸易法。1961年《对外经济法》及《对外贸易若干规定》（实施细则）对德国对外商品、劳务、资本及收支等对外经济活动提供法律手段，确立了对外贸易自由的原则。

5. 税法。1948年《税法新体制法》对税制进行改革，降低了所得税和财产税税率，还采取减免税收和加速折旧的措施，鼓励企业自筹资金，促进投资和资本积累。其后，因不同时期的需要而对税法进行修改。

（二）有关市场管理的立法

实行社会市场经济重要的问题之一是维护正常的竞争秩序。为此，德国建立了专门的联邦卡特尔局，颁布一系列维护市场公平竞争秩序，限制垄断发展的法规。

1.《反对不正当竞争法》。1896年德国制定了第一部《向不正当竞争行为斗争法》。1909年又颁布了新的《反对不正当竞争法》。该项重要的市场管理立法自1909年颁行以来曾修订多次，现行的是1975年3月修订后的法律。所谓"不正当"竞争，包括用欺骗和假资料招揽顾客；盗用、模仿他人商标；强使顾客接受其没有订购的附加物件；损害别人广告；散布有关竞争对手的不符合事实的流言飞语；阻止第三者同竞争对手的正常业务往来；不正当的压价供应等。1976年《调节一般业务条件法》作为对上述法律的补充，进一步限制企业或个人任意对待顾客和将风险单方面强加给弱者的可能性。

2.《折扣法》。1974年实施的《折扣法》规定提供给最终消费者允许的折扣限度最高为3%，以维护正当的竞争。同时颁布《关于附加赠送物品条例》，反对以赠送物品为竞争手段。

3.《反对限制竞争法》。1957年制定、后经修订的《反对限制竞争法》被誉为社会市场经济的根本大法，其目的是保护竞争自由，铲除经济强权。该法在原则上禁止卡特尔；禁止大企业之间在产品和提供劳务方面订立限制竞争的垄断性协定；反对大企业控制市制大企业的合并；并规定了具体标准，作为认定是否构成垄断的依据。但对市场有影响的一些卡特尔，却不在禁止之列。[①] 其后的修改趋于更为严格限制的规定，如规定了对市场支配者滥用权力的限制等。

（三）有关企业管理的立法

1951年《矿业参与决定法》和1952年《企业委员会法》恢复、扩大了魏玛共和国初期工人参与企业管理的经济民主制度。规定各企业须建立监督委员会参与企业的经营管理。1972年《企业章程法》进一步加强了职工代表在企业管理中的作用，以保护工人的各项权益。1976年《共同决定法》完善了职工参加企业管理的制度，设立由劳资双方代表组成的监事会和由职工组成的企业委员会。企业委员会有权监督企业的福利、人事、工资、劳保等涉及职工切身利益的事务，对劳动和生产计划等有咨询权，并有权要求企业主帮助解决职工的困难等。对企业管理的法律规定有力地促进了社会经济稳定有序的发展。

二、社会立法

德国专门的社会立法始于19世纪末德意志帝国时代，是世界上第一个建立较全面的社会保险制度的国家。1883年《劳工疾病保险法》、1884年《工伤保险法》和1889年《养老、残疾、死亡保险法》三项劳工保险立法奠定了德国社会保险法的基础。1911年以社会保险法合并了上述三项立法，且增加了孤儿寡妇保险。1919年《关于社会化法律》、[②] 1920年《关于劳工会议的法令》[③] 和《防止滥用经济权力法令》最具代表性。这些立法旨在将法的社会化政策与保护私权相结合。其后进一步扩大保险范围，如1927年《强制失业保险法》。第二次世界大战后，根据基本法确立的原则，联邦德国实行社会福利政策，以保障和改

---

① 如协调业务条件的“条件卡特尔”、为推进统一技术和标准的“标准化和典型化卡特尔”、“提高合理化程度的卡特尔”等，均允许成立。同时允许中小企业为提高经营管理水平，在适当限制竞争的情况下订立卡特尔合同。

② 该法规定了私人企业实行社会共有的几种形式：一是全部社会化，即国家对已经征收的企业，接管全部所有权，并由国家自行管理。二是部分社会化，即国家取得企业部分所有权（如占有部分股份）和部分管理权。三是强制卡特尔，即企业的所有权仍属企业主，但国家将同类企业联合起来，设立公共机关统一管理。私营企业的社会化既是德国垄断资本主义发展的要求，也是德国社会民主党的主张，其性质属于国家资本主义。

③ 该法对劳工会议的组织原则、形式和权力作了规定。企业劳工会议依对等原则，由工人代表和企业主组成，共同管理企业。劳工会议享有所谓社会权力和经济权力，包括监督法令、协定和裁决的执行，协助解决有关工资、劳保及其他工作条件等问题；反对雇主任意开除工人，有权派代表参加企业的行政会议，向厂主提供新的工作方法等。实际上所谓社会权力和经济权力，只是以咨询性质协同厂主解决有关问题。

善社会成员的生活，稳定社会秩序。1949 年以来先后制定了劳动就业法、劳资协议法、青年福利法、儿童补助法、母亲工作保护法、青少年公共场所法、残疾人员工作法、住房补助法、社会保障法、社会保险法等，如 1950 年《联邦供济保障法》、1954 年《儿童津贴法》和《农民养老保险法》、1960 年《青年工人劳动保护法》、1969 年《劳动促进法》和《职业培训法》等。自 20 世纪 70 年代起开始了社会立法系统化工作，如 1983 年《社会法典》规定职业教育和培训补助、劳动补助、社会保险（医疗保险、事故保险、退休保险）、残疾救济、家庭最低生活费补助、住房补助、青少年补助、社会补助、康复等，尽可能将现行的社会立法全部进行汇编。

现代德国通过社会立法确立的社会保障制度，实现了在社会保险、社会补偿和社会救济三个方面的规范化和制度化。它以社会保险为核心，以保险、预防和福利为其基本原则，以社会保险、社会补偿和社会救济为其主要方式，体现了德国社会立法的独特性。与此同时，根据 1953 年的《社会法院法》设立了专门的社会法院，负责审理涉及社会保险、社会补偿和社会救济三方面的争议案件。

第六节 刑 法

一、1871 年《德意志帝国刑法典》

1871 年《德意志帝国刑法典》是在原北德意志联邦刑法典基础上重新修订而成的，于 1871 年 5 月 15 日颁布，1872 年 1 月 1 日起施行。刑法典由总则和两编构成，共 370 条。总则规定了罪的分类、刑法适用的原则和范围等。法典将犯罪分为重罪、轻罪和违警罪。第 1 编“刑例”规定刑罚的种类有：死刑、无期徒刑、有期徒刑、苦役、拘留、罚金和剥夺公民权等，并对刑罚的适用、未遂、共犯、一罪和数罪俱发、正当防卫、刑事责任年龄等作了规定。第 2 编为“罪及刑”，列举了各种犯罪及其处罚。

刑法典的主要内容特点有：

1. 规定了资产阶级刑法一般原则，如“法无明文规定不为罪”、“法不溯及既往”，并在某些方面有所发展。例如，法典在总则中不仅肯定了上述原则，对未遂、共犯及数罪等的规定也比法国刑法典更为系统完善。法典在分则中对犯罪的分类规定了 29 种罪名及其相应的刑罚，表明资产阶级刑法的发展。该刑法典是现代资本主义一部具有代表性的法典，仍承袭了近代资产阶级刑事立法的结构、体例、原则和制度，也反映了现代刑事法理论的新发展，对现代资本主义国家的刑事立法形成一定的影响。

2. 较为突出的是以严厉刑罚维护统治阶级的统治地位，镇压反抗。如规定：凡谋杀德意志皇帝和联邦各国国君，或欲谋杀而未遂者，构成大逆罪，处死刑

(第 80 条)。凡企图以暴力扰乱德意志帝国与各邦宪法或变换皇帝者，也按大逆罪处无期徒刑或无期苦役（第 81 条)。此外，法典为维护帝国皇帝和各邦国君的尊严，还特别规定了“不敬罪”，对皇帝和各邦国君有不敬行为者，处 5 年以下苦役或有期徒刑（第 95 条)。

3. 严格保护土地贵族和资产阶级私有财产不受侵犯。法典将窃盗、强盗和霸占私有财产的行为视为重罪。规定：凡损坏门户或墙壁进入他人房屋窃盗者，伪造钥匙或其他器物打开他人加锁的房屋进行窃盗者，2 人以上共同为窃盗并欲继续进行窃盗或强盗者，均处 10 年以下苦役（第 243 条)。规定持凶器为强盗者，2 人以上共同为强盗者，在大路、街道、公园、水路为强盗者，均处 5 年以上苦役（第 250 条)。法典还对欺诈及背信、伪造文书、诈欺破产等罪作了详细的规定。

4. 特别规定了宗教罪。对亵渎神灵、侮辱教会戒律、扰乱宗教场地秩序以及强制阻止他人礼拜、妨碍教堂举行典礼者均处 3 年以下苦役（第 166 条、第 137 条)。盗窃教堂为礼拜奉献之物者处 10 年以下苦役。法典只注重对宗教信仰的严格保护，却没有保障人们宗教信仰自由的条文，这与法国刑法典有所不同，既说明了宗教势力在德国仍有较大权势，也反映了法典带有封建和保守色彩。

5. 规定了职务犯罪，对违反职责，接受他人赠物或其他利益的官吏，按贿赂罪处 5 年以下徒刑。对行政官吏滥用职权及司法官吏徇情枉法的，均以职务罪予以处罚（第 332、334、339 条)。

6. 与《法国刑法典》相比，该法典在立法技术和立法内容上都有所进步，如结构上较为完整和系统，有总则与分则之分，内容上有所发展如法律从轻的适用原则、议员豁免原则、犯罪未遂、从犯减轻处罚和假释制度等。当然，法典也保留了一些封建性的东西，还广泛适用死刑，其残酷性体现了此时德国社会的特点。

二、1975 年《德意志联邦共和国刑法典》

1871 年《德意志帝国刑法典》适用了约一个世纪，在希特勒时期曾被法西斯刑事立法所取代。第二次世界大战后，联邦德国依据 1949 年基本法有关刑事立法的基本原则，对刑法典作了较大修改。1951 年 8 月颁布《关于刑法修改的第 1 号法律》对刑法典的叛国罪作出修订。1954 年设立刑法改革委员会负责制定新刑法，并于 1962 年公布新刑法典草案。这个草案因较为保守而招致学界批评。1966 年 14 位刑法学教授联合发表《供选择的刑法典草案》体现了改造罪犯的人道主义精神。1969 年刑法改革委员会颁布刑法改革法令，在这两个草案的基础上制定了新的刑法典草案且陆续予以公布，于 1975 年 1 月 1 日正式实施，即为 1975 年《德意志联邦共和国刑法典》（全称为《1975 年 1 月 1 日修订的 1871 年 5 月 15 日刑法典》)。

新刑法典共 28 章 358 条，其主要内容特点如下：

1. 在体例上大体保留了1871年刑法典的形式，只以“刑法典通则的第1编”取代了原来的总则部分。分则部分作了较大变动，如犯罪行为有所缩小，将之限制在维护公共秩序所必需的范围内，取消了决斗罪和违警罪，增加了危害和平罪、灭绝种族罪及危害民主、政治和国体等罪。废除了旧法典的重罪、轻罪和违警罪的罪行三分法，将违警罪纳入《违反秩序法》。

2. 新刑法典反映了垄断资本主义时代刑法的新发展。除严格贯彻罪刑法定主义、无罪推定和法不溯及既往等资产阶级刑法基本原则和保护私有财产外，还突出法治国家和社会国家原则，排除了适用类推的合法性，强调刑法人道主义原则。刑法适应了战后刑法干预范围的调整，实施“非犯罪化”与新“犯罪化”相均衡的刑事政策。法典消除了法西斯刑法的残余，符合现代德国社会国情，体现了现代刑法的精神及进步性。

3. 法典明显地反映了轻刑主义倾向，并在一定程度上体现了刑罚应以防范和改造罪犯为目的的现代刑法的教育改造功能思想，如废除死刑，将无期徒刑定为最高刑并仅适用恶性罪行，有灭绝种族罪、叛国罪及造成严重后果的投毒、绑架、纵火等罪；扩大了罚金和缓刑制度的适用范围且采用了一些新的制裁方式；统一了徒刑的执行方式，除无期徒刑外，有期徒刑最高为15年，最低为1个月。

4. 扩大缓刑适用范围，只要对社会无危害性的犯罪都可适用缓刑，由社会监督，以利于罪犯的改造。规定了“改善及保安”处分制度。包括：剥夺自由的强制措施，如收容于精神病院、强制禁戒所、社会矫治机构和实行保安监置等；不剥夺自由的强制措施，如行为监督、剥夺驾驶执照、禁止从事某种职业，但对罪行比较严重或具有一定危险性的人不适用这种处分。

此后，伴随社会的发展又对这部法典作了一些修改，同时也颁布一系列单行刑事法规以补充法典的不足。1976年和1982年，德国先后制定两部惩治经济犯罪法，具体规定了经济犯罪的概念、种类、制裁和程序，进而形成了相对独立的经济刑法体系。1975年《青少年法院法》规定对青少年原则上不适用徒刑和罚金。两德统一后，对现行刑法典进行了多次修改。近年来制定了一些适应国际化犯罪的立法，如反恐怖活动法、反国际走私贩毒法、反国际贩卖人口与组织卖淫法、反洗钱反金融诈骗法以及环境刑事立法。

第七节 司法制度

一、法院体制

德国是一个联邦制国家，由联邦、州和地区三级组成，联邦和各州都有自己的立法、行政及司法机构。其国家法律体制既保持了各州的法律自治又保证了联邦法律的统一，集中体现了德国式的联邦国家体制的特点。

根据《德意志联邦共和国基本法》和《法院组织法》的规定，司法权赋予法官，由联邦宪法法院及基本法规定的联邦法院和各州法院行使。德国法院系统主要由六大类法院组成，即宪法法院、普通法院、行政法院、劳工法院、财政法院和社会法院，此外，还有军人法院和惩戒法院。上述各类法院由联邦和各州分别设置，各自独立，彼此没有隶属关系。

（一）宪法法院

德国设两级宪法法院，即坐落于卡厄斯鲁尔的联邦宪法法院和各州设立的宪法法院。它们各自独立没有隶属关系，其中联邦宪法法院处于特别重要的地位。依据《德意志联邦共和国基本法》和1951年《联邦宪法法院法》成立的联邦宪法法院是宪法的最高维护者，有权对其他宪法机关进行限制，并且有权将立法机关制定的具有普遍约束力的法律法规宣布为无效，以此保证国家法律的合宪性，保卫宪法的不可侵犯性。

首先，联邦宪法法院具有司法审查权。它对有关联邦法律、州法律是否符合基本法，州法律是否符合联邦法，国际法的某些规则是否构成联邦法的组成部分等宪法争议案的裁判具有法律效力。其次，具有行政权限裁决权、弹劾案审判权及管辖选举诉讼案。最后，受理公民基本权利受侵犯案以确保公民实现宪法保障，且对国家机关的各项活动予以宪法监督。联邦宪法法院主要处理基本法所规定的各种案件，具体包括：关于宣告剥夺公民基本权利的案件；关于宣告政党违宪的案件；关于联邦议会选举的有效性及有关议员资格取得与丧失的决议引起的诉讼案件；最高联邦机关之间在职权范围上发生争执而引起的对《德意志联邦共和国基本法》的解释案件；关于联邦法与州法是否与《德意志联邦共和国基本法》抵触的案件；对联邦总统的弹劾案及对法官提起的弹劾案件；联邦与州有关权利与义务发生的争执案件和州与州之间所发生的公法领域的争执案件；由州法规定移交联邦宪法法院处理的州宪争议案件；国际法的某项规则是否构成联邦法的有效组成部分，或直接创设个人权利与义务而引起的纠纷申请审查的案件；其他遭受社会公共权力侵害而无其他法律途径时提起的宪法申诉，等等。联邦宪法法院的裁判对联邦和各州的宪法机构、所有的法院及一切公共权力机关均具有约束力，具有对立法的补充作用。①

宪法法院实行一审终审制，其审理案件的程序主要有三种：具体法规审查程序、抽象法规审查程序及个人宪法申诉程序。联邦宪法法院法官由联邦议会选举产生，其任职资格须年满40岁，具备被选为联邦议员或担任法官的资格。宪法法院法官任期12年，法定退休年龄68岁。《联邦宪法法院法》对法官的独立地

① 李昌道、董茂云著：《比较司法制度》，上海人民出版社2004年版，第72页。

位和职务保障做了具体规定。各州宪法法院只管辖违反本州宪法的案件。[①]

（二）普通法院

普通法院产生于1877年《法院组织法》，是德国建立最早的法院体系。其规模为国家法院体制中最庞大、管辖范围最广泛的一个纵横于联邦与州的法院系统。普通法院主要管辖公民之间的民事诉讼和国家与公民之间的刑事案件，审理不属于其他专业法院管辖之外的所有案件包括非讼民事案件。[②] 普通法院在审级上分为四级，在联邦设立联邦法院，在各州设立三级法院：地方法院、州地区法院和州高等（上诉）法院。联邦法院审理来自高级地区上诉法院的，经联邦法院同意审理的案件，它还审理涉及新的法律原则或与以往联邦法院判决不同的案件，以及涉讼金额超过60000马克的案件。联邦法院审理案件采用合议制，由5名专职法官组成合议庭对案件进行审查，并作出判决。联邦法院的判决为终审判决。每个州都设有一个高等（上诉）法院，主要审理不服一审民事和刑事判决的上诉案件；来自州地区法院的二审刑事案件；作为一审法院审理最严重的刑事案件（如叛国罪案件）。对于许多案件而言，州高等（上诉）法院是终审法院。德国共有116个地区法院，位于较大的城镇。除了审理来自地方法院的上诉之外，地区法院还是所有地方法院不审理的民事案件和商事案件以及较严重的刑事案件的初审法院。在商事法庭中，由2名非职业法官（商人）协助1名职业法官审理案件。地方法院是最低一级的法院，有700多个，主要分布在德国的小城镇，受理涉讼金额10000马克以下的民事纠纷。但有关婚姻、土地出租人和承租人之间涉及非商业日的的纠纷不受此限，其日的在于使争议能在本地解决，处理婚姻事务的专门法庭被称为婚姻法庭。由其审理的刑事案件，依据案件的性质，分别由独任法庭、陪审法庭和大陪审法庭[③]审理。其刑事案件管辖范围为：违警罪、轻罪和部分重罪。

（三）行政法院

1949年的《德意志联邦共和国基本法》明确规定了德国行政法院独立的司法地位，且统一了行政法院的组织设置。1960年《行政法院法》规定了在联邦境内建立统一的行政法院组织且对行政诉讼程序作了明确规定，进一步完善了德

---

① 不是所有的州都建立了自己的宪法法院，《德意志联邦共和国基本法》第99条允许两个州将有关他们自己的宪法问题的管辖权移交给联邦宪法法院：石勒苏益格—荷尔斯泰因和梅克伦堡是享有此权利的两个州。联邦宪法法院对州宪法法院决定的问题保留管辖权。州宪法法院的法官由兼职法官担任，他们通常是在其他州任职的法官。

② 宋冰编：《读本：美国与德国的司法制度与司法程序》，中国政法大学出版社1999年版，第124页。

③ 其中，独任法庭由1名法官独任审理，主要审理可能判决1年以下监禁的案件；陪审法庭由1名职业法官和2名非职业法官组成，主要审理判决不超过4年监禁的刑事案件；大陪审法庭由2名职业法官和2名非职业法官组成，审理案情比较严重或影响较大的，而且不属于州地区法院或联邦法院管辖的案件。民事案件中，最低涉讼金额为1500马克，可以从地方法院上诉到州地区法院，州地区法院为终审法院，有关婚姻法的案件可以上诉到更高一级的州高等（上诉）法院。独任法官审理的刑事案件，可以上诉到州地区法院的小刑事法庭。陪审法庭审理的刑事案件，可以上诉到州地区法院的大刑事法庭。

国的行政法院体制。德国行政法院系统分为三级，即初等行政法院、高等行政法院、联邦行政法院。目前，各级行政法院共有52所，其中，联邦行政法院是最高审级，设在柏林，高等行政法院每州一所，共16所，各初等行政法院的数目因州的大小不同而有差异。行政法院的管辖范围为"非宪法性质之所有公法上的争议，除联邦法律明文规定，应由其他法院审理外，皆得提起行政诉讼，涉及州公法领域的诉讼亦同"。任何因为行政决定影响个人权利的争议都可以在行政法院提起。这些诉讼涉及所有公共生活领域：计划法、贸易和营业执照、警察、水务、学校管理、道路和公务员。如果某一案件不涉及法律的合宪性问题，那么行政法院就可以考虑案件中涉及的一些宪法因素。① 联邦行政法院，作为最高行政法院，主要管辖对于高等行政法院判决不服的上诉案、也受理不服初等行政法院判决的上诉及不服高等行政法院命令的申诉案。联邦行政法院还对以下案件具有初审管辖权：联邦和各州之间、各州之间具有公法性质但不是宪法性质的争议；有关控告联邦内政部根据《结社法》发布的禁止结社的诉讼；有关控告德国外交机构和领事代办机构的政府行为的诉讼；有关控告联邦情报局实施法律的政府行为的诉讼；确认联邦监察局关于保险、建设贷款系统的决定无效的诉讼；确认联邦政府的或联邦主管机构发布的命令、指示无效的诉讼。② 联邦行政法院由5名职业法官组成合议庭进行审理，但特殊案件由7人组成的大委员会主持，以确保联邦法律的统一。在德国，大多数行政法都是各州法，但是联邦行政法院审理的依据是行政法的一般原则问题，这些原则通常被看做是联邦法即普遍适用的法律。

(四) 社会法院

隶属于联邦劳动和社会部的德国社会法院创设于1953年，依据1953年《社会法院法》专门受理因社会保险、社会补偿和社会救济而发生的争议。就案件的性质而言，更多地属于行政审判管辖范围。向社会法院提起诉讼要求先要经过一项非正式的程序，即申请相关机构首先对争议进行复议。社会法院系统分为地方社会法院、州社会法院和联邦社会法院三级。实行三级三审制和合议制。通常地方审判庭由1名职业法官和2名非职业法官组成，州法庭均由3名法官和2名非职业法官组成。在特殊情况下，联邦社会法院除管辖上诉案外，作为一审法院直接受理联邦与州因社会福利事务引起的争议，实行一审终审制。

(五) 劳动法院

德国劳动法院又称劳工法院，依据1953年《劳动法院法》创设，专门审理劳动争议和劳资纠纷案件，在行政上隶属于联邦劳动和社会部。劳动法院主要受理下列案件：劳资双方就工资、罢工等问题而发生的争议；劳动者个人与雇主因

① 宋冰编：《读本：美国与德国的司法制度与司法程序》，中国政法大学出版社1999年版，第128页。

② 方立新著：《西方五国司法通论》，人民法院出版社2000年版，第287页。

劳动合同关系发生的争议；劳动者相互之间因报酬发生的争议；有关工会的组织、选举、解散等发生的争议。从劳动法院受理的案件来看，主要属于民事纠纷，但有不少属于公法上的劳动管理纠纷，属于行政管辖范围。劳动法院在体制上分三级三审制：初审劳动法院、州劳动法院和联邦劳动法院。初等和州劳动法院审理案件由1名职业法官和2名非职业法官组成，联邦劳动法院审理案件由3名职业法官和2名非职业法官组成，非职业法官来自雇主和雇员各半，由雇主联合会和工会提名，然后由政府的劳工部门任命。对劳动法院的裁决不服而向联邦劳动法院提出上诉的，通常须先要征得州劳动法院的同意。

（六）财税法院

依据1965年《财税法院法》设立的德国财税法院专门受理有关赋税争议案件，它分为联邦财税法院和州财税法院，实行二级二审制。财税法院主要对下列案件行使管辖权：有关联邦立法权限内的赋税，由联邦或联邦税务机关征收，因此而发生的争议；联邦或联邦税务机关为执行税法而作出行政处罚，因此发生的争议；因税务案件协助行为的许可而发生的争议；其他根据联邦或州法律规定由财税法院受理的案件。财税法院的审理实行合议制，州财税法院由3名职业法官和2名非职业法官组成审判庭，联邦财税法院由5名职业法官组成审判庭。不服州财税法院裁决的案件得向联邦财税法院提出上诉或抗告。

二、诉讼审判制度和原则

1877年实施的《民事诉讼法》和《刑事诉讼法》仍沿用至今。经过多次修改，基本结构未变，只是内容和原则有了变化。

（一）民事审判制度和原则

现代德国民事审判制度和原则始于1877年《民事诉讼法》。该法10编1084条。主要规定了总则、第一审程序、上诉、再审程序、证据制度、强制执行和仲裁程序等。民事诉讼始于当事人的起诉，原告起诉后不得擅自改变或撤回已提出的诉讼请求。法官负责调查搜集有关事实材料，掌握诉讼程序。当事人要为自己的权利主张提供证据，证据的取舍、证据力的大小由法院决定。审理时，法官一般先行调解，调解不成，再作判决。当事人或其代理人在法庭上可以进行辩论。当事人不服初审判决的，可以上诉、请求再审或抗告。法典确立了民事诉讼的一些基本原则，如当事人主义、不告不理、证据效力采取法官自由心证、言词辩论、公开审理等。规定了民事诉讼中的调解制度和律师强制代理制度。《德国民事诉讼法典》其后多次修改，主要侧重于对当事人主义原则的进一步确认以及简化诉讼程序和缩短审理时间等。不过，产生于帝国时代的诉讼法的精髓部分仍被保留了下来，且成为现代德国民事诉讼制度的基础。

（二）刑事审判制度和原则

现代德国刑事诉讼审判制度和原则始于1877年《刑事诉讼法》。该法7编

474 条。主要规定了总则、第一审程序、上诉、对已发生法律效力的判决案件的再审、特种形式的诉讼程序、刑罚的执行和诉讼费用等。刑事诉讼实行检察机关公诉制，庭审采“纠问式”程序，被告、辩护人均有权提起上诉。法典确立了无罪推定、辩护制、公开审判、法官主动调查、被告人有权沉默、控辩双方地位平等、上诉不加刑等项近代刑事诉讼原则。刑事诉讼一般由检察官提起，个别情况下，被害人及其代理人也可以告诉。检察官负责侦查犯罪事实，收集证据，并代表国家对犯罪嫌疑人提起公诉。凡重罪案件应先预审，以确定是否起诉。庭审阶段，检察官与被告进行辩论。最后，法官对案件作出判决。不服第一审判决的被告或检察官，可向高一级法院上诉或抗告。法典确立了现代德国刑事诉讼程序和审判制度，虽经多次修改但仍遵循上述法典所确立的制度框架和原则，如其诉讼程序一般由调查、居间和审判程序组成；判决分为有罪判决、无罪判决和撤销诉讼三种。不过，在一个多世纪的发展过程中，其发展和变化特别表现于 1994 年公布的经修改的《德国刑事诉讼法典》。现代审判模式为职权模式与当事人模式的结合模式。在坚持原有原则的基础上，其重要原则有强制公诉原则；合法性原则；法官法定原则；直接、自由评估和疑罪从无的证据原则；公开、口头和及时原则。近年来对刑诉法主要的修改和立法趋势是：对证人和被害人的保护；侦查程序中辩护方的积极参与；协商性的诉讼方式，等等。①

三、司法制度的特点

（一）法院体制集中体现了多元化和单一化的奇妙结合

德国因其联邦制而不存在统一的司法管辖权以处理全部领域内的法律问题，表现了司法体制的多元性，如除宪法法院外，《德意志联邦共和国基本法》将法院分为五个平行与独立的系统。除宪法法院外，州法院都享有司法上的终审管辖权。通过这种多元化的分工，地方的自治性和独立性得以维护，且这些法院也满足了现代社会对法律专业化和丰富司法经验的需求；另一方面，在基本法下，在同一性质的法院系统中，联邦法院即为最高的终审法院（通常并不冠以“最高”二字），州法院为下级法院。当事人不服州法院裁判的案件，均可依程序最终上诉于联邦法院，这是作为联邦制的德国在司法体制上单一化的表现，集中体现了国家法律的统一性。

（二）国家行政审判权分别由各专门法院行使

作为大陆法系国家，德国也实行普通法院与行政法院分立制，但其行政法院体系又体现了专业化原则和权力分散原则。与法国不同的是，德国行政法院不是受理全部行政案件的唯一法院。社会法领域内的行政案件由社会法院受理；财政税务行政案件由财税法院受理；劳动争议案件由劳动法院受理；国家公务员违法

① 陈光中主编：《21 世纪域外刑事诉讼立法最新发展》，中国政法大学出版社 2004 年版，第 234 ~ 246 页。

失职案件由惩戒法院受理。此外，相当部分的行政登记管理案件由普通法院受理。所以，德国行政司法系统实际上是由普通行政法院和专门行政法院两大分支系统构成，反映出德国行政法制的发达。

（三）司法审级多样化

德国共有六类主要法院系统，不同法院系统的结构、程序及审判制度又不尽相同。如宪法法院由联邦和各州分别设立，各自独立，互不隶属，审理案件实行一审终审制。行政法院系统多为三级，实行三级两审终审制。普通法院分为四级，实行三级三审终审制。而且，各类法院的审判组织，差别较大。一些法院由专职法官担任审判，另一些法院则由专职法官和兼职法官联合进行审判。所有这些都反映出德国司法制度的复杂性。

（四）宪法法院监督的方式，采取纯粹的司法性手段即被动式审查

只有在接到法律规定的宪法诉讼请求后，在法定管辖范围内审理案件。但是，诉讼一旦开始，联邦宪法法院便拥有较大的权力，可以调查和案件事实有关的全部事实情况并查明真相，并且不受当事人提供的论据与陈述的事实的限制。联邦宪法法院就宪法申诉以及对规范性文件所作的具体监督审查或抽象监督审查所作的判决，具有法律效力。

第八节 德国法的特点

德国法独特的历史演进及其内容体系，是人类法律史上的重要成就。封建时期的德国法无论是形式还是内容都与欧洲大陆如法国法极为相近。近现代德国法因其后起而发展迅速，在短期内建立起以民法典为核心的“六法”体系，进而发展成为部门众多、门类齐全以及规范详尽的现代法律体系，极富时代性和创新性，其庞大的规范体系成为现代德国法治社会的坚实基础。在此，须特别强调的是，依历史因素考虑，现代德国奉行的是法治国家原则。“法治国”是一个标准的德语产物。它是指公民之间、国家与公民之间以及国家内部领域的关系均受法律调整的国家，其标志是所有国家权力及其行使均受法律的约束，以确保国家法制的统一。例如，以人的尊严为中心的基本权利保护原则；国家机关遵守宪法、法律和法治的约束原则；任何公民都有权得到公正和有效的司法救济的法律保护以及禁止任何国家机关采取过度的措施，在实现法定目的的前提下，国家活动对公民的侵害应当减少到最低限度。[①] 德国法的主要特点如下：

① 何家弘主编：《中外司法体制研究》，中国检察出版社2004年版，第239页。

一、现代德国法因受制于其后起的资产阶级国家历史而一开始就具有法律社会化的特点

这一特点集中表现于其法典和法律所确立的原则和制度。例如，民法中的法人制度和一般条款，对传统的民法原则有所限制，较早确立无过失责任原则；又如商法典中对公司制度，特别是股份公司的详尽规定；再如，最早产生且发达的经济法制度和社会法制度，在坚持传统公私法二元化的基础上，根据社会发展的需要，不断扩展法律的调节范围，创立了这些具有“混合法”性质的新型法律部门。此外，现代宪法和社会国家也是由德国的魏玛宪法开其端的。

二、坚持制定法主义的法典法形式

近代以来，具有罗马法传统的德国几乎所有重要法律部门均由制定法构成，判例只是一种不很重要的起补充作用的法律渊源。建国之初的德国以“六法”确立了完备的成文法律体系，其后伴随着经济的高速发展，始终推进法律的成文法典化进程，如20世纪70年代的《联邦行政程序法》和《社会法典》的颁布便是很好的证明。

三、别具一格的司法制度

1. 有别于普通法系的司法一元化原则和大陆法系的司法二元化原则，德国的司法权实行多元化，也即其司法体制内部的分权和多元化。德国是联邦制国家，依法将法院分为五个平行与独立的系统：普通法院审理民事刑事案件，四种特别法院分别审理行政、社会、劳动与财政争议。

2. 在《德意志联邦共和国基本法》的引导下，注重对公民权利的司法保障，建立了包括民事诉讼、刑事诉讼、行政诉讼和宪法诉讼在内的四大诉讼。

3. 把各种冲突有效地控制在法律秩序的范围之内，实现了国家的长期稳定、和平发展。一百多年间，德国经历了由君主专制政体向民主共和政体的转变。魏玛共和国时代短暂的民主试验，被希特勒法西斯政权的恐怖统治所毁灭。第二次世界大战结束后，德国认真汲取历史教训，严格遵循资产阶级民主原则管理国家，以完善的司法体制和通畅的诉讼渠道，有力地保障了整个社会运行在资产阶级法治的轨道上。

四、注重法学研究是德国法发展与进步的重要动因

作为大陆法系重要典范的德国法，始自中世纪就注重于罗马法的研究，特别是当它全面继受罗马法之后，就形成了以《学说汇纂》为基础的法学传统，以至于形成延续数百年的、影响深远的“潘德克顿”运动和历史法学，从而实现了罗马法的德国化，推动着以民法学为核心的古典私法学的现代化。现代德国法

以其高度的学理性、抽象的法律概念、发达的法律技术及严密的逻辑思维，对现代各国的法律制度产生重要影响。

五、大陆法系的一面旗帜

同属大陆法系的德国法和法国法在法的内容和形式上有许多方面极为相似，成为大陆法系的典范。两者的主要区别：

1. 德国法是君主专制主义的产物，具有浓厚的保守性，这在公法领域尤为突出。而法国法是资产阶级大革命的产物，自由主义色彩较浓。

2. 现代德国法是20世纪的代表。因其后发优势，在私法领域所取得的成就使得曾在19世纪辉煌一时的法国法于20世纪风光不再。《德国民法典》所取得的巨大成就充分说明了这一点。

3. 德国的行政法领域也实现了法典化，而法国则实行判例法主义。

4. 德国首创经济法，它建立的职工参与企业管理的制度成为现代企业法律制度的重要内容。

5. 把行政诉讼限制在纯行政的范围，而将依传统公私法标准难以区分的法律纠纷划归其他专门法院处理。

6. 德国建立了比较完善的宪法诉讼制度。

第十三章　日本法

与中国“一衣带水”的邻邦日本，在历史上因一贯主动借鉴和吸收，其法律制度深受外来法的影响，是多元文化的典范，充分体现了东西方法律文化的融合。封建时期的日本法以中国隋唐法律为基础，是中华法系的主要代表；近代法制则先后吸取法国与德国经验，属大陆法系的一员。第二次世界大战后，由于美国的占领及对日本法的现代化改造，使其带有浓厚的英美法特色，从而使现代日本法身兼两大法系和东亚法律文化的特质，在世界法律文化中独树一帜，具有宝贵的历史经验。

第一节　日本法的形成和发展

一、明治维新前日本法律制度的产生

最早的日本国产生于公元 3 世纪初的九州北部地区，名为邪马台国。[①] 其后，在本州中部地区又兴起了一个较大的大和国。至公元 5 世纪，不断扩张的大和国实现了日本历史上国家的统一。与此同时，日本奴隶制国家开始适用一种简陋的不成文的部族习惯法。

日本法从奴隶制法向封建制法的过渡是以公元 646 年“大化革新”为起点的。“大化革新”是在中国隋唐封建文化的影响之下所进行的一场社会变革。[②] 在这一社会改革过程中，日本废除了奴隶制，确立了中央集权统治的古代天皇制，创建了以唐朝法律为模式的日本封建法律制度，完成了由奴隶制国家向封建制国家的转变。自 1186 年日本进入武家统治时期直至明治维新，其封建法律制度不断成熟和完善。从“大化革新”至 1868 年明治维新，所颁布的《大宝律令》、《贞永式目》和《公事方御定书》合称日本古代三大重要法典，以律令、

---

① 始自新石器时代，日本就有了原住居民。据关于古代日本最早的文献《三国志·魏志·倭人传》记载，公元 3 世纪初的九州北部地区出现了奴隶制国，名为邪马台国。参见周一良、吴于廑主编：《世界通史资料选辑·上古部分》，商务印书馆 1974 年版，第 442 ~ 449 页。

② 公元645 年，大和国的新贵族夺取政权，拥立孝德天皇，模仿中国建年号为“大化”，迁都难坡（今大阪），并于646 年元旦颁布“革新诏书”，仿照中国唐朝政治经济制度，进行了自上而下的全面改革，史称“大化革新”。

式目、御定书为其基本的三大法律渊源，所推行的律令制以律令格式为主要法律形式，形成了一套较完整的成文法体系。同时，天皇通过任命的官吏即太史官、神祇官、国司、郡司执行法律、实现其政治统治。按照中国封建法模式、结合日本风俗国情创建起来的日本封建法持续了近 1200 多年，是中华法系的重要组成部分。

（一）古代天皇制时期（646 年—1192 年）

这一时期，天皇是最高统治者，被奉为神之子孙，是民族和国家的象征。伴随着封建制的形成，日本国在立法上仿照隋唐推行律令制，采律、令、格、式等法律形式，于公元 701 年（文武天皇大宝元年）和 718 年（元正天皇养老二年）先后颁行《大宝律令》和《养老律令》。其中，《大宝律令》是大化革新后国家颁布的法律、法令的集大成者，以唐朝永徽律为蓝本，是日本第一部成文法典。该法典包括律六卷、令十一卷，条文完备、法理清晰、结构严谨，较全面地反映了当时的社会关系，其内容将有关刑罚的条文称为律，有关国家政治制度的条文称为令。而《养老律令》是对《大宝律令》的修订和补充，内容相近，律令各十卷。同时，兴办了官立法律学堂，进行法律教育和法学研究。这些中国式的立法和法学活动强化了以天皇为首的中央集权统治，完成了由奴隶制法向封建制法的转变，标志着以中国法为模式的日本封建法律体系的初步建立。

（二）幕府统治时期（1192 年—1868 年）

1185 年，关东武家集团赖源氏灭掉平氏，于次年在关东镰仓建立幕府，日本自此进入武家幕府政治统治时期。这时期的特点是：在天皇和幕府“双重政府”结构下推行封建军国主义。以将军为首领的幕府成为国家最高权力机关，天皇为将军所挟持。幕府依靠新兴的武士集团，实行武家专制统治。与政治体制的变化相适应，律令格式的作用减弱以致渐被废弃，代之而起的是武家法典和藩国法。其中，武家法典又称为幕府法，是幕府根据武家的习惯和先例制定的调整武士集团内部关系的基本法规，其旨在加强幕府与下级武士间的等级关系。在保持原有法律形式的同时，出现了“式目”和“御定书”渊源。作为幕府基本法律被广泛推行的代表性武家法典是 1232 年镰仓幕府（1192 年—1336 年）颁布的《御成败式目》。[①] 这是日本最早和最著名的武家法典，因其颁布于贞永年间，故又称《贞永式目》。该法典从初编 51 条直到修补后的 362 条，内容广泛，涉及民事、刑事、诉讼及行政等方面，对幕府的土地制度、官吏的职责、犯罪及处罚、领地的支配和继承等作了规定，并确立了臣民对封建主、武士对将军的绝对忠诚义务。该法典以《大宝律令》和《养老律令》为基础编制，被誉为武家统治的根本法。室町幕府（1336 年—1602 年）和德川幕府统治时期（1603 年—1867 年）进一步强化了军事封建国家的统治，除对原有武家法典进行修订外，也先后制定了一系列武家法典。1742 年仿照中国明律制定的《公事方御定书》是日本

① “成败”指审理和裁判；“式目”指成文法规。

封建社会后期的一部重要法典。该法典在总结过去法令和判例的基础上制定而成，分为两卷，上卷 81 条，为一般法令和判例汇编；下卷 103 条，为刑事法及程序规定（俗称“御定书百条”）。其内容包括：①对大名的限制；②将全国臣民分为四个等级：武士、农民、手工业者和商人；③在村社设立“五人组”的联保制，责任连带；④刑罚的规定极为残酷，广泛适用死刑，执行的方法有锯挽（锯两肩等）、磔刑、狱门（枭首）、火刑、斩刑、解死人（割首弃尸）六种。该法典一直适用到明治初年。

值得指出的是，基于“义理”而形成的习惯法，在日本封建社会也起着重要作用。“义理”是源于日本固有的传统和道德习惯，与中国古代的“礼”相似，确认人们生活中的基本行为准则，既包括家庭成员间的“义理”，也有臣民与封建主、佃农与地主、债户与债主之间的“义理”。社会生活中的一般民事关系主要靠在“义理”基础上形成的习惯法调整。

纵观明治维新前的日本法律制度，以律令、式目和御定书为其主要法典代表，且以习惯法为补充。其法律形式、内容及法律观念均受到中国封建法文化的强烈影响，有着儒家思想的烙印。故，一般认为，日本封建法是中华法系的一个重要组成部分。①

二、日本近代法律制度的形成

（一）明治维新时期的法制改革

19 世纪中叶，伴随日本资本主义经济的发展和西方资本主义列强的武力胁迫，日本长达 200 多年闭关自守的大门被打开了，一场以推翻德川幕府的封建统治、建立天皇制、实行资本主义为目的的资产阶级革命运动爆发了。1867 年明治天皇即位。次年 1 月，倒幕势力以天皇名义颁布“王政复古”诏书，宣布废除幕府制度，成立天皇政府。同年 3 月，幕府所在地江户（今东京）被攻陷，统治日本达 700 余年的幕府统治结束。“明治维新”虽然使以明治天皇为中心的地主和资产阶级联盟的中央集权制国家得以确立，日本迈入近代社会，但因其革命的保守性为其后日本军国主义埋下了隐患，影响了日本现代法的进步发展。

明治政府成立后，天皇于 1868 年 3 月和 4 月发布“五条誓文”和“维新政体书”，② 开始了以“富国强兵、殖产兴业、文明开化”为总方针的国家政治经济法律制度的近代化改革。新政府要“广兴会议，万事决于公论”，“求知识于世界”，正式提出以西方政制为模式进行国家制度的改革，发展资本主义。1869

---

① 日本著名法学界穗积陈重曾在《日本新民法》一书中指出：日本法律属于中华法系者已有 1600 年，虽自大化革新以后经历许多巨大变化，而日本法制之基础仍属于中国之道德哲学与崇拜祖先的习惯及封建制度。

② 这两个文件史称明治维新初期的改革纲领。

年，明治政府宣布实施“版籍奉还”政策，将藩地一统于天皇。① 1871年“废藩置县”，设立中央直接领导的府和县以取代藩国制度。1872年，颁布征兵令，建立近代常备军。至此，经明治维新，以天皇为中心、统一的近代中央集权国家得以确立，日本进入资本主义社会。

随着中央集权制国家的建立，在颁布一系列政治改革法令的同时，其他方面的立法改革也广泛开展起来。

1. 颁布一系列缓和社会、发展经济的法令，宣布取消职业规章和行会制度，允许公民自由选择职业，自由迁徙；废除藩与藩之间的捐税关卡，统一全国的货币制度，实行贸易自由；宣布各等级在法律上一律平等，废除各等级间通婚的限制；改革土地制度，确认土地所有权；制定银行条例，统一全国汇兑业务；奖励贸易，积极创办银行、企业、铁路和造船工业；颁布征兵令，建立近代常备军，剥夺武士独占军人身份的特权，等等。

2. 进行司法体制和刑法制度等方面的初步改革。先后设立刑部省（后改为司法省）和大理院，统一领导司法行政，下置各种法院专掌审判，使司法行政与法院审判开始独立，地方设各级法院专掌审判工作，颁布《假（暂行）刑律》、《新律纲领》、《改定律例》等刑事法规，改革刑罚体系，修改刑律，废除笞、徒、杖、流四刑，改为惩役和死刑两种，并减轻刑罚，缩小死刑的适用范围。加强法律教育，翻译外国法律，以沟通日本与西方在法学教育和研究方面的关系，聘请法、德等国法学专家来日讲学，创办法政研究所和法政学校，翻译研究外国法律，培养法律人才等。上述立法改革的推行，推进了日本资本主义政治经济的发展，也为确立近代资产阶级法制奠定了基础。

（二）日本近代法律体系的确立

在西方各国的压力下，从19世纪70年代中期开始至1907年新刑法的颁布，日本法基本上实现了西方化。明治政府聘请西方法学家为顾问，着手进行大规模立法和法典编纂工作，短期内相继编纂了一系列西式法典，国家开始走上全面西方化的道路，使日本资产阶级法律体系最终得以确立。

最初的立法是以法国法为模式，先后制定了刑法、治罪法、民法、商法等主要法典，但由于这些法典过分法国化，有的甚至完全照抄法国的法典，并不符合当时仍然保留有很多封建残余的日本国情，因而遭到日本各界的普遍反对和抵触。随后，日本转而效仿德国法。1889年颁布的《大日本帝国宪法》（简称《明治宪法》）是仿德国普鲁士宪法制定的一部宪法典，以此为转机，日本仿照德国法先后编纂颁布了民法典、商法典、民事诉讼法典、刑事诉讼法典、裁判所构成法，至1907年刑法典颁布，其以法典为主要表现形式的资本主义法律体系基本

① 1869年，明治政府宣布实施“版籍奉还”政策（版即版图，指领地；籍即户籍，指人民），把封建主占据的各藩地全部归还天皇统辖。天皇任命各藩主为“藩知事”，剥夺他们对土地和人民的领有权，使之成为隶属中央的地方官。1871年7月14日又“废藩置县”，改革行政区划，将全国分为3府72县（后合并为3府43县），免除原藩知事的职务，命令他们到东京居住，其职务由天皇任命的知事代替。

建立起来。其“六法”体系标志着日本法走上了全面西方化的道路，日本近代资产阶级法律制度最终确立。

与此同时，明治政府通过确立中央集权实现了司法权的集中统一，也建立了全国一体化的法院体系，在体制上实现了司法权的独立。1871 年设立司法省统一管理刑事、民事审判事务。1872 年，公布了“司法职务定制”，把分散于全国的地方民事、刑事裁判权收归司法省，设立了法院、检事院和明法寮，规定了审判机关的审级制。1875 年设立大审院为最高审判机关，实现了司法与行政的初步分离。1880 年第一部刑事诉讼法颁布后，律师的刑事辩护制度开始建立。1890 年 11 月开始实施的《裁判所构成法》① （即法院组织法） 标志着日本近代裁判所（法院）体系的建成。1890 年颁布了《行政裁判法》，规定在东京设立普通法院之外的行政法院，对行政厅的处分和诉愿的裁决不服时可以提起诉讼。行政法院设置在行政组织内部，高等行政官可以兼任行政法院的法官，形成了普通法院与行政法院分立、特殊法院存在的近代法院体系。

三、日本现代法律制度的发展

（一）两次世界大战期间日本法律制度的演变

从第一次世界大战起到第二次世界大战结束，日本法律制度发生了很大变化。这种变化以 1932 年军事独裁体制的确立为标志，大体可分为两个阶段。前一阶段经过不断改革，现代法制建设趋于完备化；后一阶段则与军事独裁统治相适应，其法制走向法西斯化。

1. 1932 年之前的立法变化。第一次世界大战后，伴随日益高涨的工农革命运动和民权运动，“国家法人说”、“天皇机关说”② 普遍流行，使得通过解释宪法、政治实践及改革选举法，在宪法制度方面进一步民主化。同时，通过单行立法对原有法典进行了不同程度的修改，而且，开始了向英美法的学习，进一步完善了国家法制。

在宪法方面的变化有：（1）议会地位有所提高。1918 年镇压“米骚动”后，在众议院控制下的报刊的攻击下，迫使寺内的军阀官僚内阁辞职。1924 年，议会又与清浦内阁发生冲突，最终导致清浦内阁辞职。（2）政党内阁出现。至 20

① 《裁判所构成法》将裁判所划分为大审院、控诉院、地方裁判所、区裁判所四级。大审院是最高裁判所，拥有对上告、再抗告案件的审判权，是对皇室犯罪和内乱罪的第一审和终审裁判所；控诉院在全国设置七所，是二审裁判所；地方裁判所在全国设置四十八所，是第一审的合议裁判所；区裁判所是最下级审的独任制裁判所。《裁判所构成法》还规定了司法官身份保障的条款，没有担任过一定年限的判事、检事、律师，不得补任控诉院判事、大审院判事，杜绝了行政官充任司法系统的上级官员从而干预司法的途径。判事、检事的资格都由法律规定，并进一步规定司法调查的司法行政监督权不得干预执行裁判职务的判事的裁判权，并规定了限制司法行政监督权等条款。

② 宣扬国家犹如扩大了的法人，天皇并不等于国家，天皇也和内阁、议会一样，只是国家机关之一，国家主权不属于天皇个人，天皇只是依据宪法行使国家主权，试图削弱天皇权力而提高资产阶级议会地位。

世纪30年代，日本资产阶级政党经过改组与合并，只存在两个主要政党——政友会和民政党（宪政会），两党分别代表不同财阀的利益。日本政党内阁是从1918年接任寺内的原敬内阁开始的。此后，除1921年到1923年是军阀官僚内阁外，1924年组成以宪政会总裁加藤为首的政党内阁，直到1932年基本上由这两党轮流组阁。随着军部势力的扩大，1932年被军阀官僚内阁所取代。（3）放宽了选举资格。① 1925年颁布新的选举法，取消了财产资格限制，但仍有许多所谓“欠格条项”。②

民商法的修改最多，具体如下：

（1）第一次世界大战后，对1898年《日本民法典》中财产法部分不断通过颁布单行民事法规的形式加以补充和调整，其中以建立调停制度和信托制度最为突出。例如，1922年《租地法》与《租房法》、1924年《租佃调停法》、1932年《金钱债务临时调停法》等。这些调停法的共同特点是本着调和的精神，求得在当事人间自主解决纠纷，以避免由法院适用实体法硬性判决所造成的缺陷。民事调停法是日本传统的民间和解制度的进一步发展，至1942年，通过战时民事特别法将调停制度作为民法的一项正式制度确立，规定凡民事纠纷不问其性质如何，都要通过调停加以解决。1922年，日本还将英美国家采用的信托制度引进并制成单行法。如此，日本在大陆法系的民法财团法人制度之外，又找到一种利用信托也可以达到同样目的的方法。

（2）在婚姻和继承制度方面，鉴于要求修改民法典中以封建家族主义为中心的亲属编和继承编的呼声很高，于1925年和1927年以草案形式公布了该两编的修改纲要，限制或缩小了户主的同意权和离籍权，废除妻的无能力制度和法定夫妻财产制，修改了不利于妻提出离婚的理由，并使妻和女子的继承地位有所提高。但该草案因社会风潮的发生而未送交议会通过，因此始终没有成为法律。

（3）关于商事法，由于日本公司制度的迅速发展，以及资本集中的方式和企业形态的变化，原有的商法典已不能适应。1929年日本政府向法制审议会提出修改商法的建议，次年推出修改草案，着重对总则编和公司编进行了较大的修改，于1940年实施。商法修改的主要内容是：总则部分扩大了商人的概念，明确了转让营业时转让人与受转让人的责任；公司法部分则比较注重保护公司债权人的利益，谋求筹集资金的方便，将企业的所有与经营分离开来，并规定董事不一定从股东中选任，承认转让股票和把公司债券转换为股票等。1926年颁布了《商事调停法》，试图以简便易行的方法，通过法院或调停委员会的仲裁，依靠

① 1919年，统治阶级被迫对1889年的选举法进行若干改革：选民财产资格由直接税10元降至3元，但广大工农群众、小资产阶级和一般知识分子仍被排斥在选举之外。

② 即妇女、25岁以下者、居住期限不满1年者、军人、学生、受社会救济者等均不享有选举权。至于被选举权，新选举法依然保留了原选举法中的保证金制度，凡被提名为候选人者，必须向选举机关预交2000日元的保证金，如选举结果得不到该选区总票数的1/10，保证金即归政府所有。

两方协商解决商业纠纷，使交易活动得以继续进行。但因商业纠纷具有明确的权利义务对抗性质，不明确权利义务仅凭劝解不可能从根本上平息纷争，因此，该法公布后并未起到作用。

(4) 1922 年颁布了新的破产法。新破产法不同于旧破产法的显著特点之一，就是抛弃了旧法的商人破产主义，而采用商人和非商人通用的一般破产主义。

(5) 这一时期为适应战时需要和避免经济危机的加深，国家对经济生活的干预加强，还颁布了一些产业立法和社会化规范。例如，《军需工业动员法》、《制铁业奖励法》、《资本集中法》、《出口补偿法》、《米谷统制法》、《出口组合法》及《航空法》等。这些法律旨在扶植和促进垄断组织的发展，并对无限私有制原则和契约自由原则作了某种限制。

在刑事法方面，1926 年和 1927 年先后提出了《刑法修改纲领》和《刑法修改预备草案》，拟全面修改 1907 年刑法典。同时，政府颁布了一些单行法规，如 1922 年《少年法》① 和 1925 年《治安维持法》。后者是一个镇压工人运动和进步人士的反动法律，② 它规定，任何人只要具有反对天皇制度和推翻私有财产制度的思想而不问是否有反对或推翻行为，即构成犯罪，受到严惩，因此被称为“危险思想法”。

在诉讼法方面，对刑事诉讼法和民事诉讼法进行了较大修改，颁布了 1922 年《刑事诉讼法典》，修改的要点是，扩大了检察、侦查机关的强制处分权限范围，确立了非经公诉绝对不得进行预审的原则，限制未决犯的拘留日期，扩大了非常上告的范围。修改后的法典具有较强的自由主义色彩。民事诉讼法经 1929 年的修改，为了防止诉讼拖延赋予法院在必要时搜集调查证据的权力，并依诉讼额的大小对上诉加以限制，增加了不问审级在双方同意范围内均可提起反诉以及以书面材料为基础的规定。同时，以英国陪审制度为蓝本，制定了 1923 年《陪审法》。③

---

① 本法规定了对少年的刑事处分、保护处分、少年法院的审判等，共 7 章 74 条。此法适用于 14 岁以上 18 岁以下的少年罪犯，采用特殊的变通方法判处刑罚。对未满 16 岁的犯罪者，除特别犯罪外，不适用死刑及无期刑，应判死刑或无期刑时，改判 10 年以上 15 年以下的惩役或监禁。少年犯在特设的监狱或特别监房服刑，不与成年犯关押在一起，以免沾染恶习。少年犯的假释也比成年人宽。此外，除死刑或无期徒刑外，当刑罚执行终了或免予执行时，应视同未曾判刑，以不影响其做人资格。除刑事处分外，还由少年法院适用保安处分，方法有训诫、写悔改保证书、送少年保护司观察、送交感化院或矫正院、送医院治疗等。此法着眼于对少年犯罪的改造，有一定的积极意义。

② 该法是日本政府借口皇宫附近发生的爆炸事件而制定的。规定：凡组织以改变国体和推翻私有财产制度为目的的团体，或知情参加此种团体者，处 10 年以下惩役和监禁。1929 年又将 10 年以下惩役或监禁改为死刑。

③ 但由于该法与缺乏民主法治传统的日本国情不相适合，公布后遭到统治阶级中保守势力的反对，认为陪审违反宪法关于审判权只由法官行使的规定。最后达成折中方案，规定陪审只适用于刑事案件，但皇室成员的犯罪、侵犯皇室的犯罪、内乱罪、外患罪、骚扰罪等，不适用陪审；陪审员的任务只限于审查犯罪事实是否存在，不得就证据的真伪和罪责的有无发表意见，更不得解释法律；陪审团分为法定陪审和请求陪审两种，在法定陪审中，被告人可以拒绝陪审，在请求陪审中被告人也可撤回请求。可见，日本的陪审法比西方国家带有更大的局限性。《陪审法》自 1928 年实施以来，并没有普遍为人们所接受，加之还需支付较高费用，拒绝陪审的人逐渐增多。至 1943 年全面法西斯化后，被宣布停止实行。

2. 法西斯统治时期的立法。1931 年由军部挑起的“九·一八”事变及 1932 年政友会首相犬养毅被少壮派军人暗杀的“五·一五”事件，标志着日本政党政治的结束和法西斯化的开始。1937 年全面发动侵华战争后，军部的独裁统治初步形成。到 1941 年东条英机独裁体制的确立，日本已全面建立起具有军事封建主义特点的法西斯专政，与此同时，其法制也日益法西斯化。日本法的法西斯化，不是通过废除原有法律，而是通过：一是对原有法律的补充修订，发展原有法律内含的封建性、军事性和专制性；二是制定单行法和国家主义统制立法来逐步完成的。其中，大量的单行法规和统制立法的效力高于普通法甚至优于法典。其法西斯立法及其措施主要有：

（1）建立法西斯政治体制的宪法性立法，无限扩大天皇和军部权力，对国家进行强制性控制。如通过 1935 年修改陆海军省官制和 1936 年设立的“五相会议”，恢复了现役军人制度，以加强军部对内阁的控制。① 1937 年建立由天皇和军部共同组成的“帝国大本营”和 1943 年《战时行政职权特例》及对政党政治的废除，进一步强化天皇和军部法西斯独裁体制的合法性。

（2）颁布一系列“国家主义统制立法”，以适应战时经济。如为适应全面侵华战争的需要，日本于 1937 年和 1938 年颁布了“战时三法”，即《临时资金调整法》、《关于进出口商品等临时措置的法律》和《国家总动员法》。其中，以 1938 年《国家总动员法》为日本战时国家主义统制立法的核心，将统制政策扩大到全社会。②

（3）颁布法西斯化的刑事立法，加强镇压革命者和进步人士。如根据 1925 年《治安维持法》大力迫害共产党人及其他进步人士，将日共中央几乎全部逮捕。③ 1937 年《思想犯保护观察法》和 1942 年《战时刑事特别法》是日本最典

---

① 1936 年设立“五相会议”，规定凡政府重大决策问题不再由全体阁员讨论，而只由首相、陆相、海相、藏（财政）相和外相组成的会议决定，进一步加强军部对内阁的影响。其后立法赋予首相即军部首脑“禁止、限制或废除现行法律”的专断大权，从而以法律形式公开肯定了军部的法西斯独裁统治。为了最终消灭一切反对军部独裁统治的资产阶级政党，1940 年近卫内阁提出了“一党一国”的口号，解散一切现存政党，成立法西斯组织“大政翼赞会”，协助政府实行法西斯统治。1942 年东条内阁时期，又成立了“翼赞政治体制协议会”，由其负责推荐议员候选人。同年成立“翼赞政治会”，将绝大多数议员网罗到这个组织中来，强行统一思想和认识，以便在议会中按政府的既定方针进行表决，使议会完全成为法西斯政府控制下粉饰门面的工具。

② 该法以“有效发挥国家的全力”从事侵略战争为目的，规定：由政府对工业、交通运输、金融、贸易实行统制；政府有调整物价、利润、工资和企业投资以及征用一切人力和物力之权力；并有权对科学技术、文化教育和新闻报道实行统制。根据《国家总动员法》陆续颁布的各种统制法令，将国家统制扩大到国民生活的各个方面，从而将日本社会的政治、经济、思想、文化全部纳入战争轨道。

③ 1941 年为适应全面法西斯统治的需要，又对其进行修改，增加“预防拘束”等内容，对被怀疑有危害治安者，采取“预防性”的限制措施。

型的法西斯刑事立法。[①] 为加强法西斯统治和服务战争的目的，1941 年对刑法典作了部分修改，新增加危害安宁秩序罪，并新规定了散布虚伪事实罪、妨碍国民经济运行罪等有关言论统制的条文。同时，《劳动纠纷强制仲裁法》、《战时管制言论、出版、集会结社法》及《不稳文书临时取缔法》等法西斯性质的单行立法将公民的基本权利和自由剥夺殆尽。

（二）第二次世界大战后日本法制改革

第二次世界大战后，根据《波茨坦公约》等国际协议，日本为了建成和平、民主、独立的国家而开始了其法制现代化和民主化进程，以美国法为主要借鉴对象的法制重建也进入一个新阶段。其主要任务是废除包括旧宪法在内的原有军事法西斯法律制度，制定 1946 年《日本国宪法》及其他法律，修改民法、商法、刑法、诉讼法等主要法典，使之更臻完善。1952 年《旧金山和约》生效，占领时期结束，日本获得独立，随即开始了自主的法制建设。同时，为恢复和发展经济制定了大量单行法，尤其是经济立法。

纵观现代日本法律制度的发展变化，主要有这样几个特点：

1. 现代日本法以大陆法系的“六法”体系为基础，其立法吸收了美国法原则和制度的成分，判例和对抗制在司法实践中的作用受到重视，因兼有几大法系的特征而被认为是现代“混合法”的典范。

2. 以三权分立原则确立了以议会为核心的责任内阁制，天皇成为虚君。同时，赋予公民较广泛的民主自由权利，在形式上确认了“国民主权”原则。

3. 参照美国模式对司法制度进行了重大改革：改革了法院的组织体系。1947 年颁行《裁判所（法院）法》和《检察厅法》，废止了一直实行的行政裁判制度，实现裁判一元化，实行单一的普通法院组织体系，并赋予最高法院以违宪审查权。法院体系实行“五种四级三审制”，[②] 实行审检分立制，检察厅独立于法院，按法院审级相应划分级别，作为统一行使国家检察职能的机关而出现。1948 年颁布《律师法》，规定在地方法院辖区内设律师会，在全国设立日本律师联合会。日本律师、法官、检察官并称“法曹三者”，由于他们对日本法学理论的发展和法律实践的完善都有很大贡献，被誉为“法制建设上的三根支柱”。根

---

① 前者规定：“对于违反治安维持法之犯罪，已宣告缓刑，或因无追诉之必要而不提起公诉者，得交付保护观察。对于刑罚执行完毕及准许假释者，亦同。”这就是说凡违反治安维持法者，不论服刑与否，即使刑期已满，也须置于保护观察，即凡违反治安维持法者，不论服刑与否，即使刑期已满，也须置于保护观察之下。保护观察期定为 2 年，但如有继续观察的必要，可延长其期限，延长多久法律未予明确规定。实际上是对革命者和具有进步思想的人进行长期监禁的手段。后者的效力优于刑法典。该法规定，凡在战时以“变乱国政”为目的而杀人者，处死刑、无期惩役或监禁。1943 年又颁布修正案，规定以“变乱国政”为目的而危害、逮捕或监禁他人以及施加暴行、威胁者，处 7 年以下惩役或监禁；以同样目的而集会、宣传和扰乱治安者，也处 7 年以下惩役或监禁。而所谓“变乱国政”又是一个不确定的弹性概念，给统治阶级任意镇压人民，维护法西斯统治提供了种种借口。

② “五种”是指最高法院、高等法院、地方法院、家庭法院以及简易法院，由于家庭法院与地方法院属同一级别，所以这五种法院分为四个级别，实行四级三审制，各级法院一律兼理民、刑事案件；家庭法院专审家庭案件和少年犯罪案件。

据新宪法确立的原则，1948 年《刑事诉讼法》强调对公民民主权利和人身权利的保护，引入英美的对抗制，采取证据裁判主义和自由心证主义。体现了大陆法系刑事诉讼制度与英美法系刑事诉讼制度的结合。同时，对 1891 年起实施的《民事诉讼法典》进行多次修改，针对法院对违法案件的管辖权而规定了特别上告制度，废除职权证据的调查，削弱父权干涉主义，推动诉讼民主化。为了适应经济全球化的国际环境和日本的自身利益，从 20 世纪 80 年代起，日本又开始进行司法制度的改革，1979 年将《民事诉讼法典》第 6 编独立出来，制定《民事执行法》。1989 年制定《民事保全法》。1990 年法务省决定对民事诉讼法进行全面的修改，1995 年年底公布《民事诉讼秩序修改纲要》，据此，修改的原则是扩大和充实对国民权利的保护，如规范争点整理程序、扩充证据收集程序、创设小额案件程序及改革上诉制度等。日本内阁根据《司法制度改革审议会设置法》（1999 年）设置司法改革审议会，负责搜集、整理日本各界对司法改革的意见，组织有关人员对司法改革进行讨论，最后向内阁提出司法改革的方案。2001 年 6 月 12 日，该审议会向首相递交了《司法改革最终意见书》，其主要内容①为：日本政府应建立顺应国民期待的司法制度，确保拥有一支素质高、人数充足的司法队伍，引入由国民直接参加审理的诉讼程序。该最终意见书被誉为是对日本明治时期以来所确立的近 100 年的司法制度最为彻底的改革提案。根据最终意见书，日本司法改革所贯彻的核心理念是司法应最有效地保护个人利益；其努力的方向应当是使司法制度能反映司法的本质特性，如公正、公平及中立性；其改革的目标为国民能方便、有效地利用司法，能适应国际化要求，最终实现由“官僚的司法”向“公民的司法”的转变，使日本由“事前规制型”的社会治理结构向“事后审查型”的社会治理结构转变。

4. 适应现代资本主义经济发展的需要，进行了大规模的经济立法活动。虽没有形成统一的经济法典，但也建立了门类齐全、较为完整的经济法制体系，在资本主义世界中具有一定的代表性。

第二节 宪 法

一、1889 年《大日本帝国宪法》

明治维新后的1881 年，迫于国内蓬勃发展的自由民权运动的压力，天皇政

① 为实现这些内容，日本制定了司法改革推进计划：第一步，构建符合国民期望的司法制度，其内容包括改革民事司法制度、改革刑事司法制度、应对国际化；第二步，充实和加强支撑司法制度的体制，其内容包括壮大法律工作者队伍、改革法律工作者培养制度、改革律师制度、改革检察官制度、改革法官制度和促进法律工作者之间的相互交流；第三步，确立国民基础的司法制度，其内容包括确立国民基础（国民参与司法）、完善确立国民基础的条件。司法制度改革推进计划要求各相关的职能部门根据司法制度改革计划书规定的目标、期限等内容，具体地制定出相应的对策、计划和措施。

府正式宣布在10年内召开“民选议会”，并在1882年派伊藤博文等4人去欧洲考察宪制。回国后，于1885年，日本废除太政官制度，设立内阁制，伊藤博文组织首届内阁且受命组织宪法委员会并负责起草宪法工作。1888年，以1850年《普鲁士宪法》为蓝本的日本宪法起草完毕，提交枢密院审议通过，1889年2月11日由天皇正式颁布，即为1889年《大日本帝国宪法》。同时，还颁布了《皇室典范》、《议院法》、《众议院议员选举法》、《贵族院令》等宪法附属法。

1890年正式生效的1889年《大日本帝国宪法》亦称《明治宪法》，由天皇、臣民权利义务、帝国议会、国务大臣及枢密顾问、司法、会计、补则7章76条组成。其主要内容的特点是：

（一）是基于君主主权思想[①]制定的一部“钦定”宪法，封建性极浓

宪法从起草、讨论到通过，均是在天皇控制下秘密进行的。伊藤博文曾明确指出，宪法是天皇赐给的礼物，任何臣民都没有干涉宪法问题的权利，国民对宪法只有服从的义务。宪法规定天皇是总揽国家最高权力的统治者，享有最高立法、行政、司法及军事权力。宪法也列有天皇权力的限制性规定：如应依宪法条文行使统治权；需征询顾问官的意见。[②] 同时，又广泛保留了享有无须得到议会承认的所谓“大权事项”。因此，议会对天皇统治权的制约仅是一种装饰。内阁是从属于天皇的最高行政机关，只对天皇负责。宪法规定“国务大臣，辅弼天皇，负其责任”。

（二）实行带有军事化色彩的“双重内阁”制

内阁是从属于天皇的最高行政机关，只对天皇负责。首相经元老推荐由天皇任命，各大臣由首相提名、天皇任命。陆军大臣和海军大臣形式上虽由首相提名，实际上人选的决定权操于军部，而且只限于现役陆海军大将或中将才能担任。陆海军大臣在内阁中占有特殊地位，有权就军事事务直接上奏天皇。宪法规定，天皇颁布法律、敕令等须经首相和有关大臣副署。如拒绝副署，而这种拒绝又为天皇所不许，则应辞职。议会不能决定内阁的去留。因此，日本的内阁制不同于某些资产阶级国家的责任内阁制。近代日本国家制度的显著特点之一，就是军事统帅权脱离内阁而由天皇通过军部独立行使。军部[③]虽在宪法中无明文规定，但在国家机构中占有特殊重要的地位。凡指挥和调动军队，进行战争及制订作战计划等，均由参谋本部和海军军令部直接上奏天皇决定，内阁和议会无权过

---

① 宪法明确宣布：“大日本帝国由万世一系的天皇统治之”；“天皇神圣不可侵犯”；“天皇为国家之元首，总揽统治权”；天皇有权召集和解散议会；有权提出、裁定或认可法案（包括宪法法案）；发布变更法律的命令；任免官吏；宣战媾和缔结条约；统帅陆海军；实行大赦、特赦、减刑等。这些规定集中反映了宪法贯彻的是君主主权论思想，确认了天皇在国家立法、行政、司法和军事方面的最高权力。

② 天皇最重要的咨议机关是枢密院和元老会议。枢密顾问由内阁首相和元老协商提名，天皇任命。凡天皇认为重要的国务都提交枢密院审议，其建议往往对天皇的决策产生重大影响。元老会议是宪法未加规定的机构，元老是天皇赐给维新功臣的一种荣誉称号。天皇在决定国家重大问题时，总要征求他们的意见。

③ 军部由直属于天皇的参谋本部、海军军令部、内阁中陆军省和海军省4个机关组成。宪法规定，“天皇统帅海陆军”，“天皇定海陆军之编制及常备兵额”。

问。这就使军部成为超内阁的最重要的国家机关，实际上形成所谓“二重内阁”。

（三）在政治民主和公民权利方面有诸多限制

1. 对公民自由权利的规定，不仅范围狭窄，而且随时可加以限制。如宪法第2章列举的公民享有居住、迁徙、言论、出版、集会、结社等自由，以及非依法律不受逮捕、拘禁、审判、处罚等权利，均是以天皇臣民的名义加以规定的，视为天皇对臣民的恩赐，并且在必要时又可以通过独立命令、紧急敕令、非常大权等，对公民的这些权利自由加以限制和剥夺。

2. 国家管理形式为君主立宪政体，实行议会制，但却赋予天皇至高无上的权威，事实上是用一件薄薄的议会民主①外衣，掩盖天皇专制制度。

（四）带有“大纲目”性质，对一些问题没有作出明确规定

按照伊藤博文的解释，这样做是为了将来顺应国运的进退，伸缩自如地灵活运用。可见，其宗旨不是为了实现宪政和法治，而是政治功利。

此外，该宪法受德国普鲁士宪法②的影响很大，原创性很小。

二、1946年《日本国宪法》

1946年《日本国宪法》即日本现行宪法，是战后反法西斯及法制民主改革的重要成果。1945年8月15日，日本向同盟国宣布接受《波茨坦公告》实行无条件投降。同时，作为占领国的美国着手在日本实行民主改革，起草了宪法草案，即《麦克阿瑟草案》作为日本国宪法的范本。1946年《日本国宪法》就是在上述宪法草案的基础上制定而成的。该宪法由前言11章103条组成。与战前帝国宪法相比，它具有以下几个基本特点：

（一）天皇成为象征性的国家元首

宪法首先确立君主立宪的国家基本制度，“国家的主权属于全体国民”。鉴于天皇制在日本社会中深刻的传统影响，保留了天皇制，但天皇只是“国本国的象征，是日本国民整体的象征”，天皇只是利用其作为国家的象征及政治精神统治支柱，否定了旧宪法所确立的天皇总揽国家统治权的规定，明确规定天皇“并无国政的权能”，“只能行使本宪法规定的国事行为”即礼仪上、形式上的活动，且“天皇有关国事的一切行为，必须有内阁的建议和承认，由内阁负其责任”。

---

① 主要表现在：议会是统治集团为标榜“宪政”而设置的机构，由贵族院和众议院两院组成。贵族院依《贵族院令》由下列议员组成：皇族、公爵、侯爵为终身议员；伯、子、男爵每7年选任一次；“有特殊功勋”的官僚、学者由天皇任命；大纳税人（大资产阶级）互选若干人。众议院议员由选举产生，只有年满25岁、每年缴纳15日元直接税的男子才有选举权。日本议会不享有独立的立法权，只是“协赞”天皇立法的机关，只有天皇才能立法，议会只起协助赞同的作用。在财政监督方面，议会既无权过问皇室费用和军事开支，也不能拒绝为执行现行法律所需要的拨款。

② 其中，有46个条文抄自普鲁士宪法，仅有3条为日本所独创（第1、31、71条）。

（二）实行三权分立与责任内阁制

新宪法采取欧美资本主义国家普遍实行的三权分立原则，并实行“国民主权”的英国式的对议会负责的内阁制，也即责任政府。根据宪法，立法权、行政权、司法权分别由国会、内阁、法院行使，互相制约。宪法规定，国会是国家最高权力机关和唯一的立法机关，行使立法权，并有财政监督权和国政调查权。国会由参众两院组成，两院议员均由国民普选产生。行政权由内阁行使，内阁是国家最高行政机关。内阁首相经国会提名由原议员中产生，内阁行使行政权必须对国会负责。当众议院对内阁表示不信任时，内阁就得辞职。司法权属于法院，法院独立审判。总之，新宪法使日本由战前以天皇为中心的君主制和法西斯国家，变成了三权分立的议会立宪君主制国家，提高了国会和内阁的法律地位。

（三）规定放弃战争原则和不保持武装力量，仅保留自卫权

新宪法第 9 条①明确规定：“永远放弃以国家主权发动的战争、武力威胁或使用武力，不以此作为解决国际争端的手段。为达到前项目的，不保持陆海空军及其他战争力量，不承认国家的交战权。”以宪法形式规定放弃战争和不保持武装力量原则，是第二次世界大战后特定历史的产物，这在资产阶级宪法史上是前所未有的。这一规定有利于防止日本复活军国主义和重走侵略战争的道路，也反映了日本人民要求维护和平的坚定决心。

（四）扩大了国民的基本权利和自由

新宪法第 3 章对公民的政治、经济、社会等方面的权利作了比较广泛的规定，共 31 条，将近宪法条文总数的 1/3。如此详细的规定，在资本主义国家宪法中是很突出的。国民权利具体可分为基本人权、财产权、平等权、参政权、生存权、自由权、要求赔偿权等。同时，宪法对公民行使基本权利和自由所加的限制较少。这较之明治宪法无疑是一个进步。新宪法②被认为是立基于“民主、人权与和平”三大原则之上的，为日本战后重建法制社会奠定了基础。

1946 年《日本国宪法》施行已半个多世纪，修宪的争论持续不断，特别是宪法第 9 条“和平条款”。在实践中，20 世纪 50 年代以自卫的借口设立了国家自卫队，90 年代始又向国际社会派出维和部队。2000 年 1 月日本参众两院分别设置“宪法调查会”正式开展国家修宪活动。

---

① 日本政府首脑和法院在解释宪法第 9 条时曾经指出，第 9 条的规定并不等于剥夺日本的国家自卫权。为此，日本设有“自卫队”，实行“专守防卫”的方针。

② 由于 1946 年宪法带有较多的资产阶级民主自由的色彩，自 20 世纪 50 年代以来，日本右翼反动势力多次提出要修改宪法，而进步民主力量则为维护这些原则进行着斗争，截至今日，修改宪法的目的虽然没有完全达到，但在宪法的实际运用过程中通过解释宪法，已使宪法的第 9 条从内容到原则被篡改得面目皆非。目前，日本国内围绕护宪和修宪的斗争仍在继续。其结局如何，引起国际上的关注。

第三节 行政法

一、日本行政法的形成与发展

现代日本行政法始于明治维新。1872 年官方发布了关于行政诉讼的初步规定的通知，允许民众起诉地方官吏。此后，日本连续颁布了一些规范行政组织及行政行为的法令法规，如《职员令》和县治条例（1869 年）、《太政官职制并事务章程》（1871 年）、《检事职制章程司法警察规则》（1874 年）、《行政警察规则》（1875 年）、《官吏惩治例》（1876 年）和《地方官官制》（1886 年）等。1889 年《明治宪法》以德国和法国模式确立了行政法制与普通法制相分立的体制。根据宪法，制定 1890 年《行政裁判法》（即《行政审判法》）和《关于行政厅违法处分的行政审判案件》两个极重要的行政案件审判法规，引入法国和德国的行政法制度，规定在行政机关内部设置行政法院以审判行政纠纷案件，行政法院可受理的案件只限于法律规定的事项，而且原则上行政诉讼应先向上级官厅提出诉愿，并经其裁决后才能提起。后又制定《文官任用令》（1893 年）、《文官考试规则》（1893 年）、《国税征收法》（1897 年）、《治安警察法》（1898 年）和《行政执行法》（1900 年）等一系列行政法令，对文官制度、治安、财政税收以及行政执行等问题作了详细规定。至此，日本近代行政法体系已基本形成，具有明显的大陆法系特点，尤其接近德国行政法，如体现了中央集权主义、官僚行政主义、警察国家主义和法治国家主义及维护天皇专制统治的特点，而民众的权利非常有限。

以人民主权立基的 1946 年《日本国宪法》的颁布有力地推动了日本现代行政法的发展，引入某些英美行政法原则和制度。如废除了行政法院，采普通法院一元模式，仿照美国模式确立了司法审查制度和行政委员会制，增加行政程序和行政救济，在行政机关内设立公正交易委员会及各种劳动委员。颁布了《内阁法》（1947 年）、《国家公务员法》（1947 年）、《警察法》（1947 年和 1954 年）、《国家行政组织法》（1948 年）、《地方自治法》（1947 年）、《行政案件诉讼特例法》（1948 年）、《地方公务员法》（1950 年）、《地方公营企业法》（1952 年）、《行政不服审查法》（1962 年）、《行政案件诉讼法》（1962 年）、《财政法》（1947 年）、《会计法》（1947 年）、《消防法》（1948 年）、《道路交通法》（1960 年）、《国土利用计划法》（1974 年）、《教育基本法》（1947 年）以及《学校教育法》（1947 年）等一大批行政法规，将国家各项行政活动都纳入法制轨道，其行政法制实现了现代转型，基本体现了大陆法系与英美法系相混合即混合法的特点。

二、日本行政法的基本制度

在日本，对行政法的传统认识与其政治制度相联系，一般认为，行政法是公法，是规定行政组织与国家及公共团体、公民之间关系的法。行政法是有关行政的法。① 战后，这种认识又受到英美法的影响，基本观点是：行政法是有关行政的特殊法、公法及国内法。

（一）行政主体及公务员

在日本，行政主体是在行政法律关系中处于支配地位的管理者，大体分为两类：一是国家或政府；二是公共团体（包括地方自治组织、公共组合、行政法人）。根据现行宪法确立的地方分权原则，国家行政组织由内阁及其下属的府、省、厅及委员会组成。地方自治组织依照行政区划设立，包括都、道、府、县、市、町及村各级地方议会、行政首长和各种委员会。地方自治组织享有在不违反宪法、法律的前提下制定条例和规则的权力，虽然地方自治组织并不隶属于内阁，但中央可以通过立法、财政等手段干预和控制地方自治组织。现代意义上的公务员制度是在第二次世界大战后建立的。除宪法外，1947 年《国家公务员法》和 1950 年《地方公务员法》是调整、规制公务员制度的主要法律依据。日本的公务员是指除参、众两院议员外在国家和地方公共团体中担任公职的人。公务员在享有身份保障权、薪金请求权、工作条件措施请求权等权利的同时，承担着专心工作、服从法令、保守秘密、政治中立、不做丧失信用的行为等义务。若公务员履行职务不当，将依据程度对其进行不同惩戒，令其承担赔偿责任乃至刑事责任。日本法律还规定了公务员的职务等级制，并由专门的机关管理公务员的等级考核、任免、惩戒和待遇等事宜。

（二）行政行为

按照现代日本行政法，其行政行为主要有：行政处罚、行政强制、行政契约、行政指导。行政处罚主要有行政刑罚与秩序罚，前者是指对违反行政义务且构成犯罪的行为人的一种法律制裁。后者是指对违反秩序义务人的一种金钱上的制裁。这种制裁依据有关行政法规由法院和行政主体实施；其处罚手段只是罚款。行政强制是以行政主体实施的、以代执行为核心的强制执行和即时强制。行政契约作为一种管理手段主要运用于给付行政、环境行政、空间保护行政领域，如补助金交付契约和公害防止协定。行政指导主要是一种为实现行政目的而进行的一系列做法，如指示、劝告、警告、建议、告诫等。

（三）国家赔偿制度

在日本，国家赔偿，是指国家或公共团体因行政上的违法行为造成国民权益

---

① ［日］南博方著：《日本行政法》，杨建顺、周作彩译，中国人民大学出版社 1988 年版，第 5 ~ 9 页。

的损害而必须承担的经济上的法律责任。1946 年《日本国宪法》第 17 条规定："由于公务员的不法行为受到损害时，任何人都可以根据法律规定，向国家或公共团体提出赔偿要求。"初步确立了国家赔偿责任。1947 年《国家赔偿法》对国家和公共团体赔偿责任的范围、条件，对受害国民的救济方法等作出了具体规定。按照该法规定，国家或公共团体对行使公权力、公共设施的设置或管理上的瑕疵以及因经济作用给国民权益造成的损害都负有赔偿责任。1950 年《刑事补偿法》的施行规定因刑事行为错误而造成的损害负赔偿责任，至此，日本现代国家赔偿制度得到全面确立。至于归责原则，依不同事项而定：因公务员的公权力行为造成的国家赔偿采用过错责任原则与违法责任原则并用；因公共营造物设置管理瑕疵所造成的国家赔偿采用无过错责任原则；关于已经受到关押、拘禁、拘押或已执行了刑罚的人被判决无罪的，采用结果补偿原则；因国家机关及其工作人员其他行为所造成的国家赔偿，适用民法上的过错和无过错原则。一般情况下，公务员并不对受害国民负直接责任，而由国家或公共团体负赔偿责任，但如果公务员存有故意或者重大过失，国家或者公共团体对该公务员享有赔偿损失索回权。

（四）行政诉讼制度

现代日本行政诉讼交由普通法院统一管辖。1962 年《行政案件诉讼法》对行政诉讼制度进行了全面规定。根据该法，行政诉讼及其程序分为抗告诉讼、当事人诉讼、民众诉讼和机关诉讼四种。[①] 其特点包括：行政诉讼体制是混合型的；行政诉讼的提起采用自由选择主义；以概括主义确定行政诉讼范围；审级是四级三审制。此外，还有较完善的行政不服申诉制度。

三、日本行政法的特点

日本行政法的原则和基础是法治行政，强调法律保留原则、法律优先原则及司法救济原则。其主要特点如下：

（一）在法源上，以成文法为主、非成文法为辅

1. 没有像其他法域那样制定系统而独立的法典。

2. 其行政法的渊源包括成文的和不成文的两部分，成文的渊源包括宪法、法律、命令、地方自治立法和条约等，不成文的渊源包括习惯、判例等。在原则上，以成文法源为主，以不成文法源为辅。日本行政法的原则和制度体现在各种不同形式的渊源中。

3. 具有内容的广泛性。日本行政法的调整范围相当广泛，涉及的社会领域

① 抗告诉讼，是指因行政行为以及与行政机关行使公权力有关的作为或者不作为而受到侵害的人所提起的诉讼，这是行政诉讼的主要类型。当事人诉讼，是指以解决权利主体相互之间的法律争端为目的的诉讼，如确认议员身份、公务员关于薪金的请求等。民众诉讼，是指民众为纠正国家或者地方政府的不合法行为而提起的诉讼，原告的权益并未直接受到侵害，如确认选举无效、确认地方政府违法处分财产等诉讼。机关诉讼，是指国家或公共团体之间因权限争端引起的诉讼。

非常宽广。如有关行政组织方面，有内阁法、国家行政组织法、国家公务员法、地方自治法等；有关国家秩序方面，有皇室典范、国籍法、公职选举法、国家赔偿法等；有关财税管理方面，有财政法、会计法、所得税法、法人税法、关税法、地方税法、国税征收法等；有关防卫方面，有警察法、警官职务执行法、自卫队法等。

4. 行政实体法相当发达，而程序法却相对薄弱。由于行政活动的广泛性，日本不仅颁布了大量有关行政组织、公务员和行政救济方面的法规，还颁布了涉及警察、防卫、财政、教育、卫生及社会保障等各领域的法规。但是，与行政实体法相比，行政程序法的发展却处于落后状态。有关行政活动的完整程序法至今没有出台。

（二）具有行政主体优越性的国家色彩

早期源于德国的日本行政法理论，其观念基础是“行政法是有关行政的公法”，突出国家意志性。显然，其行政法更类似于德国行政法模式。第二次世界大战后，虽以国民主权取代国家主义，但其行政法仍不免保留行政主体的优越地位。如行政法赋予行政主体行为具有公定力和先行执行力，行政主体的支配权有命令权和形成权，在行政法律关系中，国家及公共团体处于支配地位。

（三）现代日本行政法制具有混合特性，兼具大陆法和英美法的色彩

现代日本行政诉讼体制由战前的大陆法模式，即行政诉讼由专门的行政法院管辖而转变为战后的英美法模式，即所有诉讼都由普通法院管辖。根据 1946 年《日本国宪法》，废除了行政法院制度，引入美国行政法原则和制度，建立各种行政委员会，实行司法审查制度。但因传统的公法与私法观念，其行政法仍然被认为是关于行政的公法，仍以行政行为、行政强制和行政救济为主要对象，且在诉讼中仍适用不同的程序和规则。因此，现代日本的行政诉讼体制为混合制。

第四节　民商法

一、1898 年《日本民法典》

明治维新后，日本于 1872 年成立民法编纂委员会，开始进行民法典的起草工作。在长达 26 年的时间内先后推出两部民法典，即 1890 年《日本民法典》和 1898 年《日本民法典》。前一部法典是在法国法学家保阿索那特指导下以 1804 年《法国民法典》为蓝本编制，被称为“旧民法”。该法典公布于 1891 年，分人事、财产、财产取得、债权担保和证据 5 编 17621800 余条。这部草案因内容过于法国化，不适合日本国情，遭到强烈反对，被宣布延期施行。1893 年又成立以穗积陈重等人组成的民法典调查会负责起草工作，以 1900 年《德国民法典》

为蓝本，兼采法国民法典的法理，根据日本社会的实际情况重新制定新民法。1896年公布了前三编即总则、物权、债权编，1898年公布后两编，即亲属编与继承编，并自1898年7月正式施行，即为1898年《日本民法典》。同时，宣布“旧民法”失效。1898年《日本民法典》由5编36章1146条组成。其基本内容的特点是：

1. 在立法形式上，其编排体系与德国民法典的五编体例相同，只是将物权编置于债权编之前，用以强调物权的重要和债权得以产生的根据，同时以大量篇幅对土地所有权问题作了规定，这不仅说明法典注重保护封建地主阶级利益，而且从中也反映出这一时期资本主义商品经济还不发达，农业经济在社会生活中占有重要地位。同时，有一些德国式的“一般条款”和大量富有弹性的含混概念、术语，如“公共秩序”、“善良风俗”“诚实信用”等都是原则性的规定。法典还承认“习惯”渊源的法律效力，特别是物权编充斥着“有异于本条规定者，从其习惯”的规定。

2. 规定了传统民法原则，没有完全体现出此时西方法律社会化的倾向。确认了公民民事权利平等原则、私人财产所有权无限制原则、契约自由原则及过失责任原则。例如，在关于自然人、法人、物、法律行为及时效等基本民法制度的第一编总则中规定“私权的享有始于出生之时”。再如，在关于物权的总则和各种物权的一般规定中规定：“所有者于法令限制内，有自由使用、收益及处分其所有物的权利”；“土地之所有权，于法令限制内，及于其土地之上下”。法典严格保护私有财产权，并对土地所有权作了极为详细的规定。又如，在第3编关于债权的总则、契约、事务管理、不当得利、不法行为的规定中，法典肯定了契约自由的原则，将当事人的要约和承诺视为契约成立的要件。契约是双方当事人间的“自由合意”，契约在缔约双方当事人间具有法律效力。就民事责任方面，也承认有条件的无过失责任原则。

3. 在内容上兼收并蓄。法典也吸收了法国民法典及其他发达国家民法制度，如夫妻离婚理由不平等及其他一些制度规定措辞，显然是受了法国民法典的影响。再如，法典虽将法人分为财团法人与社团法人，但与德国民法典不同的是，将宗教团体作为法人看待。

4. 其内容较为保守，具有封建主义色彩。法典内容也反映了日本国情，保留了日本传统的家族制度和家督继承。[①] 如在第4编关于亲属的总则、户主及家族、婚姻、亲子、亲权、监护、抚养义务等规定内容中，其精神在于确认和维护封建的家族制度和男女不平等的地位。新民法将户主及家族制度提到亲属编的首

① 法典规定，凡以亲族关系而聚居者为家族，户主为家族之长，户主身份除法律规定的原因外不得变更，家族成员须在户主指定的地点居住，家族的婚姻或收养等重要事项须取得户主的同意，否则户主可将其赶出家族。后者则是取得财产的方法。虽然规定诸子平分，但庶子及非婚生子女的继承权仅为嫡子继承份额的二分之一，使嫡庶在遗产继承上处于不平等地位。此外，在特留份上也规定法定户主身份继承人的直系卑亲属享受被继承人财产的一半，其他户主身份继承人只享受被继承人财产的三分之一。

位，说明新民法对保护家族制度的重视，肯定了以男性为中心的封建家族制度。在婚姻关系上确认夫妻不平等，妻从属于夫，其行为能力受到限制，无离婚自由，较旧民法倒退了。再如，在第5编规定了家督继承（即户主身份继承）、遗产继承、继承权的承认及抛弃、财产的分离、遗嘱、特留份等内容。法典把继承分为家督继承和遗产继承两种。前者是对户主权利义务的继承，该种继承男子优于女子，嫡子优于庶子，均以年长者为先，目的在于维护贵族的身份地位，使封建家族制度得以传续。又如，用专章将明治维新前地主对农民进行封建剥削的永佃①（日本称永小作）制度确认下来。

二、1899年《日本商法典》

在明治维新之前日本就颁布了不少涉及银行、票据、保险和公司等事务方面的单行商事立法。之后，颁布两部商法典。1890年《日本商法典》“旧商法”由于其内容主要来自法国商法典，不完全适合日本商业发展的需要，不久，就对其进行了修改，颁布1899年《日本商法典》，又称“明治商法”。新商法由总则、公司、商行为、票据、海商五编构成，共689条。其中，最为独特的是将票据作为独立一编，其他各编从形式到内容都体现了德国商法典的风格。与“旧商法”相比，新商法的特点主要在于：一是新商法规定首先从商业习惯，无商业习惯则从民法；二是实行“一般商业账簿”；三是将破产法分离出去，以单行法处理；四是公司的成立采取自由成立主义，要求登记备案。日本商法渊源主要有：商法典、商事特别法、商事习惯法、商事判例法以及一些民事立法。

新商法典公布实施后，日本资本主义迅速发展至垄断阶段。因此，法典中确立的一些原则、制度已日益不能适应新的形势需求。1911年对商法典进行了较大的修改，其中，在被修改的200多条中，一半以上涉及公司法，主要目的在于保障垄断组织的经济扩张和投入企业的银行资本的利益。在第5编海商法中新设了海难救助一章，以求与国际接轨。

三、民商法的发展变化

（一）民法的发展变化

1898年《日本民法典》仍为日本现行民法典。从1947年起对民法典本身进行了多次修改，同时也颁布了许多单行法。主要的有关民事修改法律有：《亲属法改正纲要》34项（1927年）、《继承法改正纲要》17项（1927年）、《改正民法一部分之法律》（1947年）、《民法应急措置法》（1947年）等。有关的特别法如《宗教法人法》（1951年）、《汽车损害赔偿保障法》（1955年）、《企业担保

① 规定永小作人（佃农）虽因不可抗力而使收益受损，但地租不能减免；佃农只有在连续3年以上因不可抗力全无收益，或连续5年以上收益少于地租时，才能要求停止租佃关系，否则必须在地主土地上永佃20年至50年。但地主可因佃农2年以上不按时交齐地租而要求解除租佃关系。

法》《1958 年》、《关于原子能损害赔偿的法律》《1961 年》、《大气污染防治法》（1972 年）、《水质污染防治法》（1972 年）、《假登记担保契约法》（1977 年）及《制造物责任法》（1994 年）等。从内容上看，民法典的总则、物权和债权三编的修改变化不大，仍以维护资本主义私有财产权为核心，但其民法原则发生了相对变化，如在总则中规定了“私有权应尊重公共福祉”，应依“诚实信用”原则行使权利义务，并禁止滥用权利。其财产法部分通过颁布单行法规得到补充和调整。民法典修改最多的是亲属编和继承编。亲属编废除了带有浓厚封建色彩的户主及家族制度，规定家庭的共同生活以夫妻和父母为核心；夫妻关系中男女双方具有平等的权利与义务；父母与子女间的关系也由过去的控制支配改为父母应在平等基础上尊重子女的人格、监护和教育子女。在婚姻制度上，基本上贯彻婚姻自由的原则，取消了成年人结婚须经户主或父母同意的规定，并在离婚问题上规定夫妻双方均可以同样理由诉请离婚，废除了过去有利于丈夫的规定。由于亲属编废除了以家长制为基础的家族制度，继承编中类似嫡长继承的家督继承也随之取消，确立了子女平等继承遗产的原则，并规定配偶也享有继承权且可以参加任何一个顺序，保证了妻子的财产继承权。20 世纪的日本又制定了大量特别法，如《建筑物保护法》、《工厂法》、《借地法》、《救护法》、《户籍法》、《不动产登记法》、《遗失物法》等，对民法典传统原则设定了一些例外。

（二）商法的发展变化

战后不久，日本政府即对《明治商法》即现行商法典进行了多次大量修改，至 2001 年共进行了 36 次修改，使得商法典的体例和内容都发生较大变化，极大地推进民日本商法的发展，其中，变动较大的是公司法部分。如重新颁布了经战后修改的 1938 年《有限公司法》。修改后的商法典将公司限定为无限公司、两合公司和股份有限公司三种，加上有限公司，实际上共有四种公司类型。公司法修改的要点：一是对外国公司一章作了重大修正，主要是明确了外国公司的法律地位，以保障外国公司的权益；二是适应国际发展趋势，加强与美国资本的合作，吸收了美国法中的一些原则和制度，如授权资本制及对董事的选任采用“适任原则”，即董事不一定是股东，以选任适合的管理人才为标准。通过 1932 年的《票据法》和 1933 年的《支票法》废除了《明治商法》中的票据编。现代日本商事立法主要吸收了英美商事立法成果，如授权股票制度、无面额股票制度、股份转让制度和董事会制度等，同时也建立了一些新的商事法制度，也是日本法的兼容性和创新性的集中体现。

第五节 经济和社会立法

一、经济法

日本是后起的资本主义国家，法律确保了国家在社会经济发展中的重要作用，在明治维新前就有《造船奖励法》、《生丝直接出口法》及《远洋渔业奖励法》等有关近代早期经济立法。19 世纪末至第二次世界大战，随着垄断资本的形成，加强了国家对经济的干预，颁布了一系列现代经济立法。第二次世界大战后，进入以实现工业现代化为中心的经济高速发展时期。因此经济法和社会立法是战后日本发展最快的法律领域，在保障和促进日本恢复和发展经济的过程中发挥了重要作用，以致使日本成为现代经济立法最为完备、经济法学研究工作最为活跃的国家之一。其经济立法的主要类别有：

（一）经济民主化立法

1945 年至 1955 年是日本经济的恢复时期，要解决的突出问题有两个：须通过社会经济改革，消除资本主义经济中残存的封建因素，实行经济民主化；须改革由日本资本主义发展的后进性所造成的落后工业结构。围绕上述任务，颁布的主要经济民主化的立法主要有三种：

1. 《限制公司解散等事项》（1946 年）、《控股公司整顿委员会令》（1946 年）、《限制有关公司证券等事项》（1946 年）、《经济力量过度集中排除法》（1947 年）、《禁止私人垄断和确保公平交易法》（1947 年）等。依据上述法规解散财阀、消除了财阀家庭对企业的控制，防止了资本和生产过度集中，进而消除了日本垄断资本封建家族式的统治，并为禁止私人垄断、实现经济民主化、促进公平而自由的竞争、改革和重建日本经济发挥了重要作用。

2. 通过一些限制地主保有的土地出租、建立自耕农制度、消灭地主所有制调整农业生产关系的农地改革法。例如，《自耕农创设特别措施法案》（1946 年）、《农地调整法修改法案》（1946 年）《农业基本法》（1961 年）、《土地改良法》（1949 年）及《农地法》（1952 年）等。这些农地改革法案实施的结果，冲击了农村中的地主所有制及与其相联系的各种封建因素，改善了农业生产的经营方式，为战后日本农业资本主义的发展提供了条件。同时，通过立法提高了农业经营水平和生产效率，加快农业现代化，并使淘汰出来的农业劳动力流入城市，满足迅猛发展的日本工业对廉价劳动力的需求。

3. 劳动关系改革法。主要通过“劳动三法”即《劳动标准法》（1947 年）、《劳动关系调整法》（1976 年）和《工会法》（1949 年）确保日本宪法规定的劳动基本权即劳动者“三权”（团结权、集体交涉权和争议权）以及提高工人工资和福利待遇。

（二）反垄断法

1947年《禁止垄断法》，是一部用以保证战后日本实施的禁止垄断、保护自由竞争政策的最重要的经济法规，被称为“经济宪法”。该法10章共114条，是有关实体法、程序法和组织的规定，反映了占领美军的一些想法。其主要内容规定：一是禁止对私人垄断、不正当的限制交易以及不公正的交易方法；二是促进公平且自由的竞争、提高就业和国民收入；三是确保一般消费者的利益和促进国民经济的健全发展；四是规定了“适用除外”，如自然垄断固有行为、根据事业法令的正当行为、知识产权的行使行为等都不适用该法。通过该法规范了生产部门的行为、调整自由市场竞争经济体制以及促进经济高度发展，在经济法中占有核心地位。

（三）金融立法

随着日本战后初期三大经济改革的推行，保障其金融改革、整顿和自由化发展的法律体系也相应地发展起来，从而形成一个具有日本自身特点而较为完整的金融法体系。有关立法主要有：《日本银行法》（1942年，后不断修改）、《银行法》（1981年）、《长期使用银行法》（1952年）、《外汇银行法》（1954年）、《信托法》（最后修改于1979年）、《外贸法》（1949年）等。这些立法构成较为完整、健全的金融立法体系。

（四）科技法

为了实现科技立国的战略思想，在法律层面推出一系列规范性法律文件。如《科学技术政策基本大纲》（1986年）、“电子三法”①（1957～1978年）以及《技术城市法》（1983年）、《促进科技交流法》和《半导体芯片保护法》（1985年）。最重要的是1995年作为科技立法根本大法的《科技基本法》。还有一系列以促进和保证实现工业现代化的经济法规，如《机械工业振兴临时措施法》（1956年）、《电子工业振兴临时措施法》（1957年）等。这些工业立法旨在以各种方式积极扶植和促进机械工业、电子工业的现代化。至20世纪70年代，日本已建立起世界上最先进的机械工业，从而有可能向国民经济其他部门提供大量的现代化机械设备，加快整个国民经济现代化的发展，而电子工业的发展已名列世界前茅。

（五）中小企业法

由于日本是中小企业最多且最发达的国家，战后其有关立法约50多件，主要有：《中小企业基本法》、《中小企业现代化促进法》（1963年）、《工业标准化法》（1949年）、《企业合理化促进法》（1952年）、《中小企业诊断制度》（1948年）等。这些法律的颁行，保证了中小企业地位，以提供资金和技术经营指导等

---

① “电子三法”，即《电振法》、《电机法》及《机信法》。

方式，推动中小企业尽快实现现代化，以促进日本企业经营的合理化和重要产业机械设备的现代化，加快工业的恢复与发展。

（六）消费者权益保护法

战后日本消费者保护政策及其立法是日本经济立法的重要组成部分，它在保护消费者、调整企业者与消费者交易关系以及维持社会经济秩序、发展经济中发挥了重要作用。以《消费者保护基本法》为中心的主要立法有：《食品卫生法》、《农药管理法》、《药事法》、《消费者用品安全法》、《公路运输法》、《海上运输法》、《建筑标准法》、《煤气事业法》、《营养改善法》、《不当赠品类及不当标志防止法》、《家庭用品质量表示法》，等等。

总之，日本经济立法始终服务于国家经济发展战略、在实现各个历史时期经济任务的过程中得到发展和完善，其基本特点：一是一种社会法和公共法，是公私混合法，是调整纵向法律关系的法律；二是其经济法制度具有“二重结构”的特点，与德国经济法及其经济法学具有渊源关系；三是具有市场竞争法的性质，是以禁止垄断法律作为其经济法制的核心，进而形成不同部门组合的颇具规模的经济法制体系。

二、社会立法

日本的社会立法始于明治维新，与其自由资本主义向垄断资本主义过渡相适应。日本社会立法一般可分为劳工立法与社会保障立法。1898 年的《工场法案》是日本历史上第一部劳工立法，因资本家的反对，该法案未能付诸实施。1911 年新的《工场法》规定的主要内容是对劳动者最低年龄的限制，给予贫困职工以生活补助等。第一次世界大战后，为解决失业问题，日本政府又相继制定和实施了《职业介绍法》（1921 年）、《船员职业介绍法》（1922 年）、《劳动者募集取缔令》（1924 年）、《营利职业介绍事业取缔规则》（1925 年）等，这些单行法规在一定程度上缓解了因失业引起的社会矛盾。此外，还有 1922 年的《健康保险法》和 1926 年的《劳动争议调停法》。

第二次世界大战后，在重振经济和重建国家法制的过程中，依据 1946 年《日本国宪法》关于“劳动的权利与义务，有关工资、劳动时间、休息及其他劳动条件”以及“保障劳动者的团结权、集体交涉及其他集体行动的权利”等规定，于 1946 年和 1949 年先后制定了《劳动关系调整法》和《劳动组合法》（即《工会法》）。其后，又制定了《劳动安全卫生法》（1972 年）、《雇佣对策法》（1966 年）、《雇佣保险法》（1974 年）、《职业训练法》（1969 年）等。这些法规的制定和实施，为日本劳动者的团结、劳动保护以及失业者保护的法制建设奠定了基础。

1946 年宪法第 25 条也为日本社会保障法的发展提供了宪法依据。据此，战后制定了一系列相关的法律，使日本社会保障法得到迅猛发展。主要立法有：

《劳动者补偿保险法》（1947 年）、《失业保险法》和《雇佣保险法》（1947 年）等。较重要的是 1951 年《社会福利事业法》，该法规定了社会福利事业的范围、种类；明确了社会福利事业的公共性质。其后又相继颁布了《精神薄弱者福利法》（1960 年）、《老人福利法》（1963 年）、《母子福利法》（1964 年）、《身心障碍者对策基本法》（1970 年）等法规，使日本社会保障法逐渐形成完整体系，它包括社会保险、社会福利和社会补助（救济）三个方面，形成了全社会的“安全网络”。20 世纪 90 年代以来的日本又推出一些适应于其经济实力和社会化发展的社会立法。

第六节 刑 法

一、日本刑法典

明治政权建立后，曾先后制定和颁布了一系列刑事立法，其中比较重要的有:《假（暂行）刑律》（1868 年）、《新律纲领》（1871 年）、《改定律例》（1874 年）三部临时性刑事法典。这些法典基本上没有脱离封建的旧律体制。在这些大体沿袭封建法律模式的法典中，还看不到资产阶级刑法的痕迹。

1875 年，日本政府着手制定西方式刑法典。1880 年公布、1882 年实施的刑法典是以法国 1810 年刑法典为蓝本，共 4 编 430 条。法典不仅采取了总则与分则的刑法划分体系，将犯罪分为重罪、轻罪、违警罪 3 种，贯彻了“法无明义规定不为罪”、“法不溯及既往”等资产阶级刑法的基本原则，而且为了限制法官的自由裁量权，对量刑幅度作了比较严格的规定。但是这部刑法典由于不适合具有长期封建主义统治传统的日本国情，也不利于稳定明治维新后日本激烈动荡的社会局势，因而颁布后招致各界的强烈反对，不久就酝酿对它进行修改。这在日本近代刑法史上被称为“旧刑法”。

在旧刑法实施的 20 多年间，曾几次提出修改草案，其中，1901 年参考德国法并吸收了新派刑法理论提出的草案，因议会中途停止开会未能交付审议，这个草案为后来新刑法的制定奠定了基础。日俄战争后，经过对 1901 年刑法草案的进一步修改，推出 1907 年《日本刑法》，被称为日本“新刑法”。同时，于 1908 年颁布了《刑法实施法》和《监狱法》。

1907 年《日本刑法》分为总则[①]与分则 2 编 264 条。与旧刑法相比，新刑法体现了先进的立法技术，多采用概括抽象的表达方式，基本反映了资本主义刑法基本原则和精神，体现了刑事古典法学与刑事社会法学的思想，也保留了浓厚的

① 第 1 编总则，共 13 章，是关于刑法适用范围、刑种、缓刑、假释、未遂罪并合罪、累犯、共犯等一般原则的规定。

封建残余。其主要内容和特点是：一是废除了旧刑法中重罪、轻罪的划分，并将违警罪从法典中抽出，制成《警察犯处罚令》单行法规。二是取消了旧刑法中“法无明文规定不为罪、不处罚”的规定。立法者认为，没有法律就没有犯罪，也没有刑罚，这是不言自明的道理，并且宪法第23条已有类似规定，没有必要再重复规定。三是扩大了量刑幅度，如规定惩役可长达1年以上10年以下，从而给法官留有较大的自由裁量权。四是改变了旧刑法中的许多用语，如期满免除改为时效，免罪及减轻改为犯罪不成立及刑的减免，数罪俱发改为并合罪，再犯加重改为累犯，数人共犯改为共犯等。五是简化刑名，取消旧刑法中徒刑、流刑的名称，废除监视附加刑，将主刑定为死刑、惩役、监禁、罚金、拘留、科料（罚款）6种，没收作为附加刑，剥夺公民权由特别法加以规定，未列入刑法典中。此外，新刑法还从属人主义出发，对日本臣民在外国对日本国家或臣民所犯罪行的处罚作了规定，并加重了对累犯的处罚。六是首次规定了缓刑（刑之犹豫执行）制度，[①] 进一步完善了假释制度。

新刑法实施的同时，还颁布了《改正监狱法》与《改正感化法》。前者是德国式的，把监狱分为惩役监、禁锢监、拘留监、拘置监4种，后者则对8岁以上18岁以下的少年犯实行矫正教育。

二、刑法的发展变化

第一次世界大战后的1921年，日本对其1907年刑法典作了部分修改，将业务上的私吞罪刑罚从原来的“1年以上10年以下的衙役”改为“10年以下的衙役”。曾在1926年和1927年就先后提出了《刑法修改纲领》和《刑法修改预备草案》，但未能提交议会审议。真正的修改始于第二次世界大战后。1947年依照新宪法的精神，对1907年刑法典进行了较大的修改。一是在占领时期主要修改分则中明显带有封建军事法西斯色彩的条款，如废除了关于危害皇室之罪、外患罪中的通谍利敌罪和国交罪中的关于对外国元首、使节施加暴行、威胁、侮辱等条款；删除了妨碍安宁秩序罪；参照各国刑法对通奸行为一般不予处罚的惯例，取消通奸罪；总则部分中增加了缓刑制度和抹消前科的规定，缩短了假释的徒刑

① 法典规定，被判处2年以下惩役或监禁，而过去又未受过监禁以上刑或虽被处监禁以上刑，执行完毕或免除执行已满7年者，得由司法机关视情况实行缓刑（第25条）。被判处惩役或监禁者，在狱中有悔改之意时，在有期刑执行1/3，无期刑执行10年以后，经批准可假释出狱（第28条）。另外，法典中还有犯罪未被发觉前自首减刑（第42条）或在犯罪行为未完成前自首免刑的规定（第8条）。第2编罪，即分则，共40章，列举了40多种罪及其应处的刑罚，其中将侵犯皇室罪和内乱罪视为最重大的犯罪。第1章“对皇室之罪”，严格维护天皇及其家族的特权和利益，不仅对天皇、对天皇的父母、妻、儿孙的危害或欲加危害者，都要处死刑（第73条），而且对以上人员及其皇宫、皇陵有不敬行为者，也要处3个月以上5年以下的惩役（第74条）。对皇族进行危害者也处死刑（第5、76条）。第2章“内乱罪”，主要矛头是针对工农运动和劳动人民的反抗斗争，规定：凡以颠覆政府、僭窃国土、紊乱朝政为目的而进行暴动者为内乱罪，罪魁处死刑或无期监禁，参与谋议或指挥群众行动者处无期或3年以上监禁，附和随行及其他参与者也要处3年以下监禁。法典第108条还规定：聚众多人施加暴行或胁迫者为骚扰罪，罪魁处1年以上10年以下惩役或监禁。据此，示威游行和罢工也可被认定“骚扰罪”而对肇事者处以刑罚。

执行期限①等。还颁布了《少年法》(1922年)、《矫正法》(1923年)、《假释审查规程》(1931年)等。在第二次世界大战期间，还颁布了一些反动刑事立法，如《治安维持法》(1925年)、《思想犯保护观察法》(1937年)、《战时刑事特别法》(1942年)等。

战后日本先后废除了法西斯刑事立法，颁布了一些单行刑事法规，如《恩赦法》(1947年)、《罚金等临时措置法》(1948年)、《轻犯罪法》(1948年)及《犯罪者预防更生法》(1949年)。同时，日本统治阶级为镇压国内进步力量，也颁布了一些单行刑事法规，主要有：1952年《防止破坏活动法》、1953年《限制罢工法》、1954年《禁止教员从事政治活动法》、1960年《禁止议会周围示威游行法》和《防止政治性暴力行为法》等。这些法律剥夺了日本人民的言论、出版、集会、游行示威等方面的权利自由，使新宪法规定的公民民主自由权利事实上难以得到真正的实现。

20世纪50年代，日本又着手于刑法典的修改活动，其刑事立法获得了极大的发展。70年代以来，为适应社会发展的需要，法务省组织刑法专家对刑法典又进行了全面的修改。1974年法制审议会公布了《改正刑法草案》，1980年国会通过了《关于修改部分刑法的法律》。修改的主要内容是：(1)重新确认罪刑法定主义原则(曾被1907年刑法典取消)，禁止溯及既往；(2)充分体现法律面前人人平等原则，废除战前基于封建伦理观念而设立的杀害尊亲属罪(处罚重于一般杀人罪)，改按一般杀人罪论处；(3)在量刑上突出主观主义，强调犯罪人的主观要件，以与世界刑法的发展趋势相一致。并以预防犯罪和有利于犯罪人的改造为目的，放宽缓刑和假释条件，加重对累犯的处罚，广泛适用不定期刑等。

第七节 司法制度

一、司法体制

(一)法务省

管理法律事务的日本最高司法行政机构是法务省。其主要任务是管理政府法律事务(担任各个政府的法律顾问)以及执行法院裁判，管理拘押、监狱、社会改造，指导监督公安调查、检察工作，组织执法人员考选(包括司法进修生的入学考试)、移民等工作。法务省拥有很大的权力，涉及从公诉到执行的全过程、从刑事到民事几乎全部司法活动。法务省管理检察机关，虽然法律对法务大臣干预具体案件的侦查有严格的限制，但检察机关与法务省的领导与被领导的关系不

① 将假释条件由过去有期刑应执行1/4改为1/3、无期刑应执行15年改为10年。对连续犯、累犯等也作了新的规定。新增关于损毁名誉罪的事实证明规定；加重滥用职权罪、暴行罪、胁迫罪的法定刑。

可能排除这种干扰。

法务省设置法务大臣、政务次官及事务次官，内设机构置为：内部部局、审议会、研修与监管等设施、检察厅、地方分支部局、外局（司法考试管理委员会、公安审查委员会、公安调查厅）等。主要职能有：（1）司法职能。主要是检察职能，其下属的检察官被分派到众议院、内阁官房、公正交易委员会、总务省、金融厅、外务省等重要政府部门并任重要职务。它下辖的检察厅拥有自己独立的司法警察，专门负责侦查涉及中央和地方议员、地方长官、高级官僚和重要企业家的贪污案件和违反选举法的案件，同时负责内乱、外患罪以及刑事特别法、禁止垄断法和防止破坏法的相关案件。（2）司法行政业务。管理全国的户籍；全国各类登记注册事务（不动产登记、公司及法人注册登记、法人债权转让和它涉及的债权转让登记、成年监护登记等）；国籍管理；人权保障工作（遴选各级"人权用户委员"，受理、调查和审理侵权案件）；保护青少年权益（负责对少年体罚、家长虐待少年等案件）；司法援助；管理公证；管理律师；组织司法考试。（3）刑事执行管理。监狱、少年院、妇人辅导院、入国人员收容所以及保护观察所（适用于接受监督保护的服刑人员）。（4）负责治安维持与管理。法务省下设的公安委员会，负责对破坏团体的限制。（5）管理出入境权。法务省下设的"入国管理局"，负责与出入境审查、外国人登陆、强制出国、认定和审查难民等有关的各项管理工作。（6）法律制定权，如制定司法制度的法令及不属于其他部局主管的法令案。（7）调研权。根据与联合国的协定，在日本设立的亚洲远东防止犯罪研修所，与联合国合作进行有关研修、研究及调查事项等。

（二）检察机关

根据1947年《日本检察厅法》，各级检察厅的设置与各级法院的设置严格对应。全国共设立四级检察厅，分别是最高检察厅、高等检察厅、地方检察厅和区检察厅以及与法院对口的分部与支部。现日本全国共设立检察厅512个，其中最高检察厅1个，高等检察厅8个（按法区设置），地方检察厅50个（按省级行政区划设置），区检察厅453个。检察厅隶属于法务省，检察总长接受法务大臣的指挥。检察系统实行垂直领导，下级检察厅只对上级检察厅负责，不受其他行政机关和地方政府制约。检察机关安全独立地负责各种案件的侦查和处理。

日本检察官具有四种职能：侦查、起诉、公审及执行。[①] 检察机关行使侦查权有两种基本形式：一是指挥警察机关侦查，二是独立侦查。日本检察机关独立侦查的案件主要有两类：一是补充侦查案件。检察官对警察"送检"的案件，为了进一步挖掘案件的事实真相，或者从现有线索中进一步深挖隐藏的证据，检

① 根据日本《刑事诉讼法》第191条的规定，检察官在认为有必要时可自行侦查犯罪；第192条规定，在侦查过程中，检察官和警察应当互相协助；第193条规定，检察官在所管辖区域之内可以就侦查对警察发布指示，指挥警察侦查，请警察协助侦查。

察机关在不需要警察帮助的情况下，直接进行并完成侦查。二是直接立案侦查重大复杂案件。为了检举、揭发隐藏在政治、经济领域的黑恶势力，促进社会各界的廉洁自律，东京和大阪两处高等检察厅专门设立"特别搜查本部"，直接立案侦查一些涉及政治家、国会议员、高级政府官员的重大政治案件，以及一些涉及大公司首席执行官的重大经济犯罪案件。经过审查，检察官认真考察案件，做出不予起诉的决定或者提起公诉；参加法庭审判，以公诉人的身份陈述、举证、辩论和求刑；完成公诉过程，案件移送司法执行机构。

为保障检察官独立公正地履行检察权，《检察厅法》赋予了检察官仅次于法官并优于一般公务员的身份保障，这种身份保障主要体现在四个方面：一是确认检察官的职务与责任具有特殊性。二是检察官因身心障碍、工作效率低等原因不适宜继续执行职务时，不能由任命者即行免官，必须由检察官合格审查会依法定程序审查后，才能决定是否将其免官。检察官合格审查会由国会议员、检察官、法务省官员、审判官、律师及日本研究院会员中选任的11名委员组成，各委员同时配有1名预备委员。三是检事长、检事和副检事因检察厅废止或其他原因成为冗员时，可发给半额工资，等候补任。四是检察官除受合格审查会的审查免官或因检察厅废止等成为冗员外，在任职期间无失官、停职和减薪之忧。这些身份保障保证免去了检察官的后顾之忧。

日本实行检察官起诉垄断和起诉便易制度，检察官拥有很大的权力。实践中，很多案件由检察官决定作不起诉处理。为了有效防止检察官独断专行或滥用不起诉权，加强对检察官行使权力的监督制约，一方面，准予有关人员对国家工作人员和司法官员进行起诉。另一方面，建立检察审查会制度，由民意机关对检察机关的不起诉决定进行审查。根据1948年《检察审查会法》，日本建立了检察审查会制度。检察审查会是监督检察官行使不起诉权的一个专门性组织，设置在各地方法院及地方法院分院内部，全国约300个。检察审查会的职权有两项：一是依法定程序对检察官作出的不起诉决定是否妥当进行审查，作出是否应再行提起公诉的议决；二是对改进检察事务向有关的检察厅长官提出建议和劝告。但这两项职权目前都是弹性的，对检察官不具有约束力。日本正在进行的司法制度改革，准备加强检察审查会的权力，赋予检察审查会作出的应当再行提起公诉的议决以法律效力，检察官必须执行。

日本现行检察制度的特点主要有：（1）检察官不被视为司法官，而以国家行政官吏的身份出现，检察机关作为统一行使国家检察职能的机关出现。（2）起诉方式为国家追诉主义和起诉独占主义。即刑事案件的起诉权属于代表国家的检察官，而且只能由检察官提起，其他国家机关无该项权力。实行起诉便易主义。又称起诉犹豫主义，检察官可以根据犯人的性格、年龄及境遇，犯罪的轻重情况等因素，认为没有必要起诉时，可以不提起公诉。实行起诉状一本主义，即检察官在提起公诉时只向法院提交一份载有被告人姓名、公诉事实和罪名的起诉状，而不移送案卷和证据材料，以防止法官对案件产生臆断。（3）除侦查和起诉这两项主要职责外，日本检察机关还有权对于刑事诉讼案件请求法院正当适用法律、指挥执行裁判和参与与公益密切相关的民事诉讼等广泛的权力。根据日本刑事诉讼法的规定，对法院的违法或者不当裁判，检察机关可以提请上诉或者请求再审，以及进行非常上告等。①

（三）法院组织

现代日本法院组织体系始于1871年成立的司法省，当时，民刑裁判权统一由其兼管，地方则由地方行政兼任司法官。1875年制定的《大审院各级法院职制章程》，设立大审院为全国最高司法机关，下设上等法院、巡回法院、府县法院（后改为地方法院），废除了地方官兼任司法官的制度，初步实现了司法与行政分离。明治宪法颁行后，开始按照法国和德国的模式建立了普通法院和行政法院两个系统。1890年日本正式颁布西方式的法院组织法即《裁判所组织法》和《行政裁判法》，② 标志着普通法院与行政法院相分离的大陆法系的法院体制在日本确立。战后，日本根据新宪法精神，参照美国模式对司法体制进行了重大改革：（1）法院组织法的变化。1947年颁行《裁判所法》和《检察厅法》，废除旧的行政法院和特别法院，实行单一的法院组织体系，行政诉讼案件也由普通法院受理，并赋予最高法院享有违宪审查权。（2）检察厅不再附属于法院而单独设立。（3）1948年《律师法》规定在地方法院辖区内设立律师会，在全国设立日本律师联合会。日本律师同法官、检察官一起被称为"法曹三者"、"法制建设上的三根支柱"，要想进入"法曹三者"行列，须经过专门培训，并通过国家考试。

根据现行《日本国宪法》和1947年《法院法》及各诉讼法律，所有的司法权归最高法院和根据法律规定设置的下级法院。法院分为四个审级：最高法院、高等法院、地方法院、简易法院。各级法院一律兼理民、刑案件，实行四级三审制。另设与地方法院平级的家庭法院，负责审理家庭案件和少年犯罪案件。

最高法院，由院长和14名法官组成，位居法院组织的顶端，是最高级别的

① 日本法律还规定，检察官是"公益代表人"，可以参与和公益密切相关的民事诉讼。例如，对于下列民事诉讼，检察官即可以参与诉讼：禁治产或准禁治产宣告请求权及其撤销请求权；关于不在人财产管理的处分请求权及其撤销请求权；财团法人捐助行为的补正请求权；法人的临时理事选任请求权；法人的特别代理人选任请求权；不合法婚姻的撤销请求权；亲权丧失的宣告请求权等20多项内容。此外，在日本民事诉讼法、破产法、公职选举法、刑事补偿法、监狱法、公证人法、律师法和其他许多法令中，授予了日本检察官代表公益人广泛参与诉讼的权力。

② 前者是参照德国法院组织体系制定而成的。分为裁判所及检事局、裁判所及检事局的官吏、司法事务的职务及监督权等4编，共144条。设区法院、地方法院、控诉院、大审院，实行四级三审制。大审院是全国最高审判机关，设民事庭和刑事庭，为终审审级，并享有对危害皇室罪、内乱罪等重大犯罪的一审终审的特别权限。该法还采取审检合一制，各级法院均设检事（检察官）局，检事的任务是侦查犯罪提起公诉，监督判决的执行，必要时也可就民事案件向法院提供意见。法律规定，检事不得干涉判事的审判，并直接从属于上级检事长。各级法院的判事均为终身制，检事非受刑罚或惩戒处分，也不得罢免其职务。对判事和检事的资格规定很严，须经过两次考试，合格者才能充任。后者是委托德国学者劳埃斯拉起草的，共4章47条。规定了行政法院组织以及行政诉讼原则和制度。规定在东京设立行政法院，由裁判长及评定官5人以上组成合议庭进行裁判。行政法院只审理依法律、敕令及有关行政裁判文件所规定的行政违法案件。

法院组织，是所有案件的终审法院，也是全国法院司法行政事务的管理机关。它拥有行使审判的权力、规则制定权、法令审查权、司法行政权等。最高法院内设1个大法庭和3个小法庭，大法庭审理有关宪法和涉及判例变更的案件；小法庭审理普通上诉案件，都以合议庭进行。

高等法院属下级法院，全日本共有8所，法官约290名。其审判权限主要有：受理“内乱罪”的初审及法定的第一审案件；受理一般案件的上诉审和抗告审。由东京高等法院受理有关反不正当竞争和专利行政裁决的诉讼案。采用合议制进行审判。此外，高等法院有权制定最高法院授权范围的规则。

地方法院是位于高等法院之下的主要基层法院，共50所，是普通民、刑案件的初审法院，一般案件独任审理。同时，也是简易法院的上诉审法院。地方法院的法官由法官和法官助理组成，各地方法院的法官是由最高法院提名、内阁任命的。

家庭法院与地方法院同级，专门解决家庭内部之间的纠纷或家族亲戚之间的纠纷及少年违法犯罪案件，共有50所。家庭法院由法官、助理法官、法院调查官以及民间选任的家庭法院参与员和家庭法院调停委员构成，其主要任务是家庭案件的审判和调解以及青少年保护案件的审理，以调解为主、判决为辅。一般采用独任制，必要时有家庭调查官以及2名调解委员参加审理。

简易法院是最基层的法院，共575所，办案的程序相对简单，法官的选任限制相对较小，但工作量却相当大，案件大都标的额较小、案情简单。简易法院处理案件的方式一般为独任制，协助处理案件的还有调解委员会和司法委员会。司法委员会是简易法院的一大特色，是国民参与审判、帮助法官做好当事人调解工作的一种方式。

二、诉讼审判制度及特点

（一）刑事诉讼法

日本1890年《刑事诉讼法》是在1882年《治罪法》[①] 的基础上并参照德国法编制的，共8编15章334条。其基本特点：（1）与公法和私法的法律分类相适应，第1编总则将诉讼分为公诉和私诉两种，并规定了诉权消灭等一般原则。公诉以证明犯罪、适用刑罚为目的，由检事提起，实行国家追诉原则；私诉以赔偿犯罪造成的损害及返还赃物为目的，由被害人提起。（2）预审是公判审理前必经的程序。第3编对犯罪的侦查、起诉及预审的规定中，将预审作为公判审理前必须的诉讼程序，预审法官有权根据检察官或被告人的请求积极调查证据，为了保护公益也可以依职权主动搜查证据，确认了资产阶级“自由心证”原则，

① 最早制定的刑事诉讼法是1882年实施的《治罪法》，共6编480条。它以法国治罪法为蓝本制定，强调证据在审判中的作用，并采用国家追诉原则和不告不理原则。由于《治罪法》中也包含有一些法院组织法的内容，显得杂乱，1890年日本政府将其废止。

也体现了大陆法系在普通诉讼中实行职权主义诉讼原则的特征。(3) 第4编公判，规定了公判的一般程序原则，采取法庭辩论制度。(4) 确立了上诉形式。第5编上诉中规定了4种上诉形式：控诉（对第一审法院判决提出的上诉）、上告（对第二审法院判决提出的上诉，只能以裁判违背法律为理由提出）、非常上告（不问何级法院，凡对法律所不罚的行为判处刑罚后，由有上诉权的检事向该法院提出的上诉）、抗告（法律特许对裁定提出的上诉）。同时，规定了再审、大审院特别权限的诉讼程序、裁判的执行、复权及特赦等。

第二次世界大战后，根据新宪法确立的原则，1948年重新制定了《刑事诉讼法》，共7编506条，对法院的刑事管辖、审级、公诉、审理、判决等程序作了比较详细的规定。该法后经多次修改，[1] 一直适用至今。其主要特点：一是强调"保障人权"；二是取消提起公诉后的预审程序，第一审以公开审理为主；三是庭审中引入英美的对抗制，注重通过辩论弄清事实，并以职权主义作为补充，融合了大陆法系和英美法系诉讼制度的特点；四是在证据制度上，采取"证据裁判主义"和"自由心证主义"；五是实行三种审判程序。

1950年还施行了《刑事补偿法》，规定在一定条件下被宣告无罪者可就其所受到的错捕、错押和错判一事，请求国家给予补偿。这个法令对完善法制具有一定意义。

（二）民事诉讼法

日本曾仿照法国1807年《民事诉讼法》制定了1880年《民事诉讼法典草案》，但因政府准备改效德国最新的1877年民诉法典，未能交付审议。1885年在德国人铁肖的指导下完成新民事诉讼法典草案，经法律调查委员会几度修改，于1890实施。作为日本第一部民事诉讼法典，1890年《日本民事诉讼法典》分为8编12章805条。基本特点是：一是贯彻"当事人本位主义"和法院不干涉的原则。即诉讼由当事人提起，否则法院不予过问；一方当事人在言词辩论中对于他方所主张的事实，不作明确争执时，当视其为已经自认；双方当事人可达成合意停止诉讼程序；法院不得就当事人没有申请的事项进行判决。二是证据的调查一般根据当事人的申请进行，但法院也可依职权调查证据，法官有权自由判断证据的证据力，体现了大陆法系在普通诉讼中法官指挥诉讼的进行并始终居于主导地位的职权主义特征。三是肯定了通过和解处理民事纠纷的传统做法，因和解是由法官主持实施的，故又称和解裁判。和解不成再行判决。四是上诉审只在原审提出的请求和上诉申请的范围内进行审理，从而将法院不干涉原则贯彻到上诉

① 其特点是：规定各种强制处分都须有令状，新设宣告拘留理由制度，体现了保障人权的原则；明确了刑事案件的追诉权专属于检察官和检察官根据罪犯的情况享有起诉或不起诉的裁量权，但同时又规定了职权滥用罪，以防止检察官行使职权的不公正；废止预审，扩大辩护制度，限制被告人自证的证据能力，体现了对被告当事人地位的尊重；检察官提起公诉时只向法官提交一份起诉状，而不移送案卷和证据材料，贯彻了以庭审为中心的原则和辩论原则；废除了对被告不利的再审，对被告有利的按其请求可以再审，第二审的控诉从原来的复审制改为事后审查制。

程序之中。该部法典为日本现代民事审判制度奠定了坚实基础。

战后对1890年《民事诉讼法典》进行了多次修改，在1979年修改中，将法典的第6编强制执行独立出来，另行制定了《民事执行法》和《民事保全法》(1989年)。此外，1951年颁布的《民事调停法》规定，凡民事纠纷当事人均可要求法院进行调停，但某些不宜调停或当事人怀有不正当目的强行要求调停的，可不予调停。这个法律进一步发展了日本的调解传统，将其扩大适用于所有民事案件，并在实践中取得一定成效。

根据现行日本诉讼法律制度，其审判制度的基本特点有：

1. 日本法院的审级制度实施的是三级终审制。设置抗告和再抗告诉讼机制。

2. 强调司法权独立，注重制度保障。1947年宪法及其他诉讼法都特别强调对司法权独立的保障。战后日本形成了以最高法院为核心的高度自治、独立的司法体制。

3. 法官拥有身份保障，法院的人事和预算由自身自主决定，法官的任职、调动和晋升均属于最高法院的职权。法律禁止法官在职期间有下列行为：担任国会或地方议会议员，从事其他有报酬的工作，经营商业及其他以赚钱为目的的业务活动。

4. 司法权由普通法院统一行使。取消特别法院，确保司法机关的统一性。日本国宪法规定，不得设置特别法院，行政机关不得实行作为终审的判决，取消了自成一体的行政法院。

5. 确立最高法院拥有违宪审查权。违宪审查权即由最高法院依照法定程序，对某项法律、命令等进行审查，以确定其是否符合宪法的权力。日本不仅将司法权划归单一的普通法院行使，而且授予最高法院以违宪审查权。日本宪法第81条规定："最高法院为有权决定一切法律、命令、规则以及处分是否符合宪法的终审法院"。这使最高法院获得对国会和官吏的决定和行为具有一定的监督权。显然，这是引入了美国的违宪审查制，以此提高了司法权，并对其他政府机关的权力形成有效制约。

6. 取消法院陪审制。战后日本司法制度实行民主化改革，但至今未恢复陪审制度，而是依据本国的具体情况，形成了国民参加审判的制度。日本的国民参审制，主要是通过设立调停委员和司法委员等形式，使国民有机会以辅助审判的方式与法官一起审理案件、陈述意见、对案件的判决发挥某种影响。无论从国民参审的广度还是深度来看，日本的司法民主化程度还十分有限。唯有调停委员制度取得了比较理想的成果。

7. 其民事审判实行职权主义、处分权和自由心证原则，以直接的口头辩论为中心，强调调停制。其刑事审判程序分为普通程序、简易程序及家庭法院程序，实行审检分立制。

第八节 日本法的特点和历史地位

一、日本法的主要特点

（一）日本法的多元特质：是混合法的典范

综观日本法的形成、发展进程可以发现，这是一个善于吸收外来发达法律文化的民族。可以说，日本法是在不断地借鉴、吸收外国先进法律文化的基础上成就自身的，日本法律发达史就是世界各种先进法律文化不断融合的历史。封建时期的日本法全面引入唐朝和明朝的律、令、格、式等各种法律形式及儒家法律观念，建立以忠、孝为基础的封建法律秩序，成为中华法系的重要成员。明治维新后的“泰西主义”改革，引入西方发达的法律文化，对封建政治和法律体制进行全面改革，建立了大陆式的近代资产阶级法律体系。第一次世界大战后，日本开始对其现行法律制度进行反省，一方面引入英美国家的某些法律制度和原则，如引入了英美国家的信托制、陪审制和对犯罪少年的特殊保护原则，这是日本吸收英美法的开端。另一方面则对某些传统法律制度的精华进行弘扬，使日本法从机械地移植大陆国家法律文化转为有机地吸收各种外来法律文化的长处，并将它们与本民族的传统法律文化融为一体。第二次世界大战以后，日本法融合外来发达法律文化的能力进一步加强，不仅更多地引入美国式民主的法律制度，如废除行政法院，实行单一的法院组织系统，赋予了最高法院违宪审查权；同时单设检察厅，实行审检分立制度；在庭审中引入英美法系的对抗制，以职权主义为补充，在证据判断上采取“证据裁判主义”和“自由心证主义”。第二次世界大战后的日本司法制度打下了深深的英美法系的烙印，而其刑法与民法仍然以日耳曼法为基础，同时，又始终保存其固有的东方文化和法律传统如民事调解及“义理法”渊源。可见，多种法的历史渊源和法制因素的融合、并存，构成了日本当代法律制度的基本特点。

（二）日本司法制度的发展具有明显的历史阶段性

与法律继受性的特点相联系，日本法形成、发展演变过程具有明显的阶段性特征。以第二次世界大战结束为分水岭，日本的法律制度可以分为三个截然不同的阶段：明治维新前是继受中国法阶段，为其近代法律制度的形成奠定基础。从明治维新到第二次世界大战结束以前，通过建立天皇政府，自上而下建立中央集权，在中央集权的强力推动下，实现了以“六法”为基础的法律体系和系统的法院体系及司法权的独立。同时，通过近代法学教育和考试制度确立了法律职业家阶层。第二次世界大战后，确立于近代的大陆式的日本法律体系得到了民主化和英美式改造，如天皇的绝对权力被废除，责任议会内阁制的确立，司法权的进一步独立，一元化的法院体制及司法审查制的建立，构成当代较完善的法律制度。

（三）日本法注重对经济的作用，其经济法较为发达

日本是一个后起的资本主义新秀，其经济法在为实现日本在各个历史时期的经济发展战略效力的过程中而得以形成和发达，在法律体系中占有重要地位。始于明治时期的经济法，其体制和内容曾受到德国法的深刻影响，如制定大量战时经济法。第二次世界大战时的经济立法也是以战时经济为核心而推进的。战后日本经济法才获得全面发展。在美国占领时期，为实现"经济三大改革"，仿照美国经济立法制定一系列经济法规，加强了旨在确立、促进和平经济和民主化经济的经济统制，为战后其经济恢复、经济法制的发展创造了条件。如仿制美国反托拉斯法制定日本反垄断法，使之成为这一时期日本经济立法和经济统制的重要特征。其后，其经济立法范围广而宽，如有关环境立法、消费者法、科技法、能源法等，形成一个以反垄断法为核心的全方位的、独立的经济法部门，为其发达的经济和社会作出重要贡献。

（四）日本实体法与程序法并重，重视对基本人权的保障

日本传统上受到中国法的影响，是制定法主义，近代以大陆法为模式进行法典编纂，确立其资产阶级成文法律体系，又进一步强化了以实体法为主、程序法为辅的制定法主义、国家主义及职权主义。但是，第二次世界大战后，在法律民主化过程中，日益重视程序正义，日本的宪法和诉讼法都将彻底实行当事人主义作为一个主要目标，以确保人权。《日本宪法》第37条就日本的刑事审判采用当事人主义做了基本定调，通过司法制度改革，在刑事诉讼法中，通过引进诉因制度（第256条第3款），在界定审判对象的同时明确了防御的对象；通过采用诉状一本主义（第256条第6款），使搜查与审判截然分离，要求审判官对案件不抱任何主观预断地进行审理，由此保证审判的公平、公正。此外，设置了以展开双方当事人主动权才进行公判的前提等。可以说，现行法体现以当事人主义为基础的规定是很多的。当然，在民事诉讼制度方面对人权的保障也有所体现，在对《民事诉讼法》作了部分修改的基础上，颁布了单行法规，在诉讼程序民主化等方面有所改进。同时，确立司法审查制，以确保宪法规定的人权获得实现。此外，日本实行检察官起诉垄断和起诉便易制度，检察官拥有很大的权力。实践中，很多案件由检察官决定作不起诉处理。为了有效防止检察官独断专行或滥用不起诉权，加强对检察官行使权力的监督制约，日本从第二次世界大战以后就建立了检察审查会制度，一是依法定程序对检察官作出的不起诉决定是否妥当进行审查，作出是否应再行提起公诉的议决；二是对改进检察事务向有关的检察厅长官提出建议和劝告。

二、日本法的历史地位

日本法为日本社会的发展和经济的强盛、在较短时间内进入资本主义发达国

家行列发挥了重要作用。近代以来日本法的发展历程表明，日本社会和经济的发展充分证明了其法律制度的有效性。日本法发展模式为发展中国家实现法制现代化提供了经验。日本是一个善于学习的民族，历史上的外来先进法律文化，如儒家法、大陆法和英美法等都在日本法律发达的不同历史时期扮演过重要角色。值得一提的是，日本并非不加分辨地全盘输入外来法律文化，而是进行"集优"，将那些最符合本国需要和国情的法律制度加以引进和吸收，将其与自己的传统法律文化有机地融为一体，形成和发展既顺应时代潮流又不失自我特点的法律体系和法律秩序。

近代日本迅速建立了其资产阶级法律体系，且保证了资本主义经济的发展和日本国力的强盛，这一事实极大地促进了日本法对东亚各国的影响，如对中国和朝鲜半岛。中国至清末以来，深受日本法的影响，如清末变法。当时大批中国留学生赴日学习法律，日本法典和法学著作被译为中文，一些日本法学家还直接参与中国的立法工作。1908 年颁布的中国历史上第一个宪法性文件《钦定宪法大纲》就是抄袭 1889 年《大日本帝国宪法》的产物，《大清新刑律》（1910 年）、《商人通例》（1903 年）和《大理院审判编制法》（1906 年）等法典以及《大清民律草案》（1911 年）、《刑事诉讼律草案》（1910 年）、《民事诉讼律草案》（1910 年）等法律草案也都主要是在日本法的影响下制定和起草的。民国时期，国民政府在法制改革过程中，进一步仿照日本、德国法制确立了"六法"体系。可以说，日本法律和法学对近代中国法律、法学发展的影响是相当深远的。朝鲜半岛、琉球群岛、我国台湾地区等地曾长期处在日本的殖民统治下，日本法在这些地区强制推行。

20 世纪初，日本的资本主义经济得到飞速发展，垄断资本逐渐形成。为了加强国家对经济的干预和控制，协调劳工关系，稳定社会秩序，日本进行了经济立法和社会立法，同时，对原有的法典法律适时修订。第二次世界大战后，为了清算法西斯主义的影响、重建经济和秩序，日本开展了一系列法制改革，建立了相对民主的现代法律体系，为战后日本社会的重建提供了必要的法律保障，大量新型经济立法和社会立法的实施促进了战后日本经济的迅速恢复和腾飞。

第十四章 俄罗斯法

横跨欧亚两大洲的俄罗斯拥有悠久而独特的法律文明传统，由于其文明形态的演化和社会政治经济模式的变革，使它较早地形成了一套相对独立的职业化法律体制且呈现出另类的法律态势。特别是苏联时期其独特而发达的社会主义法对其他社会主义国家的法制现代化及有关制度构成重大影响，以致一度形成社会主义法系阵营。苏联解体后处于社会转型时期的俄罗斯民主法治建设极大地丰富了人类法律文明。俄罗斯法在世界法律史上占有独特的地位。

第一节 “十月革命”前的俄国法律制度

据记载，约在公元6世纪—9世纪，通过部落征战，在第纳斯特河、喀尔巴阡山脉、伏尔加河、黑海和拉多加湖这一广阔土地上出现了一些“公国”，较大的有基辅公国和诺大哥罗德公国。公元882年，以基辅为中心的古罗斯国家产生，因首都设在基辅，史称“基辅罗斯”。与此同时，俄罗斯封建性质的法律制度得以产生。

古罗斯国家时期（9世纪—14世纪），是俄罗斯封建制法形成时期。这一时期成文法出现，法律渊源仍以习惯法为主。公元11世纪上半叶，国家开始陆续发布法令和法规，进行成文立法活动，如《雅罗斯拉夫法典》（又称《雅罗斯拉夫真理》）。该法典确认了封建农奴制。[①] 约公元11世纪下半叶，俄罗斯历史上一部重要的封建法律文献《罗斯真理》产生了。《罗斯真理》（又译《罗斯法典》）是一部集习惯、王公法令和司法判例的汇编，其内容和形式都受到拜占庭法的影响，明显的特征是：编纂体例上的诸法合体；其简单的内容反映了封建制早期低下的生产力和落后的社会制度；其具体的规定体现了不平等的阶级地位和封建特权及对早期封建社会关系和封建主利益的维护；[②] 法律所适用的范围是地域性的。这部法典是罗斯国家早期封建君主制时期的一部重要法律汇编，是当

① 该法典对王公、贵族和教会等大土地所有者的财产利益加以保护，规定对破坏田界、盗窃牲畜、纵火焚毁庄园者都处以重刑。参见周一良、吴于廑：《世界通史》，中古部分，人民出版社1962年版，第66页。

② 如规定地主杀死农民与农民杀死地主的赔偿金额是不同的；农民死后无嗣，其财产归其主人所有；封建主享有对其领地上的农民的司法裁判权。此时，公社法院已消失，司法权由行政长官和教会法院行使。基辅罗斯时的诉讼当事人享有平等权利，证据有：供词、见证、目击者、神明裁判和发誓。同上。

时最为重要的法律渊源，它反映且促进了氏族制的最终解体和封建主义形成的历史进程，标志着俄罗斯封建国家制度和封建法制已初步形成，进而为其后俄罗斯法的发展奠定了重要的法律基础和立法模式。《罗斯真理》流传下来许多版本。①

14 世纪末基辅罗斯解体后，随之便是统一、多民族的中央集权制国家即莫斯科公国的崛起（15 世纪—17 世纪），俄罗斯进入了等级代表君主制时期，其封建制法迎来了广阔的发展契机。此时期重要的立法是《1497 年律书》、《1550 年律书》和《1649 年会典》。还设立了国家法院体系与世袭领地法院体系②二元并存的司法体制。上述立法文献和司法制度确认了封建土地所有制，俄国农奴制度最终形成，标志着俄罗斯封建法制的完全确立。

1689 年，彼得一世（1682 年—1725 年）继位，通过合并西伯利亚、乌克兰等地，建立起君主专制的俄罗斯国家，俄罗斯以其军事强国③而进入帝国时期（17 世纪下半叶—20 世纪初即俄国“十月革命”）。此时，是俄罗斯封建制法走向成熟的黄金时代，国家相继推出：《军事条例》（1716 年）、《海上条例》（1720 年）、《票据条例》（1729 年）、《整饬条例》（1782 年）、《俄罗斯帝国法令全集》（1830 年）④、《俄罗斯帝国法律全书》（1833 年）、《刑罚与感化法典》（1845）、《司法条例》（1864 年）及《刑法典》（1903 年）等。1833 年《俄罗斯帝国法律全书》，是在上述《俄罗斯帝国法令全集》的基础上经过清理、删除和补充编纂而成的法律系统汇编。⑤ 其宏大的规模可谓世界之最，是俄罗斯帝国最有代表性的立法汇编，一直实行到 1917 年十月社会主义革命。其特点主要是：体例上按部门法加以排列；条文附有注释和原法令的年月日及编号；规模宏大，

---

① 《苏联国家与法权历史》，第 1 卷，中国人民大学 1954 年版，第 103 页。

② 这些立法主要是关于诉讼方面的规范，划分了各级法院的司法管辖限，详细规定了统一的司法收费、书面证据和纠问式审判方式。规定了证据为证人证言、司法决斗、吻十字架和抽签。国家中央法院体系中有：王公、波雅尔杜马、布其波雅尔及各部官吏，其中，波雅尔杜马为当时国家最高审判机构，负责审理政治案件、职务犯罪的初审及重大刑民案件的终审。地方司法权由总督和乡长行使。此类法院主要是用来审理宫廷世袭领地、修道院等纠纷案件的。

③ 军事强国主义和政治专制主义是沙皇俄国的历史传统，其强大不是靠先进的经济技术和进步的社会制度，而是国家不断地穷兵黩武、对外扩张，以国家对周边他国进行的军事战争而称雄，成为欧洲最强大的国家，甚至曾组织“神圣同盟”，一时成为欧洲的主宰。恩格斯曾精辟分析：“沙皇俄国是欧洲反动势力的主要堡垒、后备阵地和后备军，”其始终的目的就是“俄国的世界霸权。”（恩格斯：《俄国沙皇政府的对外政策》，摘自《马克思恩格斯全集》，第 22 卷，第 15～54 页。）由于是一个“军事封建帝国主义”性质的专制国家（列宁语），这就决定其国家主义法制的特点，与西欧民主自由的法制判然有别。

④ 《俄罗斯帝国法令全集》，完成于 1830 年，共有 4 部分构成，分别为：40 卷“法律文件”、2 卷“法律索引”、3 卷“人事编制和税率沿革”及 1 卷“图谱”。该法令全集将历代法律、法令约 35000 千种和重要的判例，按年代顺序将之统于一体。严格地说，这种工作只能称为规范性法律文件和判例的系统化，是包括 1649 年会典在内的历代法律、法令和重要判例的整理汇编而非立法性质的法典编纂，它只是便利执法，是未来立法的一种必要的准备。

⑤ 该法于是 835 年生效，据 1881 年版本，《全书》共分 8 部分 15 卷 4 万 2 千条，其体系结构为：3 卷“根本法”、5 卷“国家制度”、1 卷“身份法”、1 卷“民法”、4 卷“国家治安法”、1 卷“刑法”。该法曾再版过两次，一直实施到 1917 年俄国“十月革命”的爆发。在实施过程中，这部《法律全书》及其续篇曾不断加以修订和增补，如将《1864 年审判条例》（16 卷）编入，发展至法条 10 万多，其中 2/3 是关于公法方面的规定。

兼收并蓄；只是法规汇编而非立法；其立法原则及精神更接近于普鲁士的普通法[①]；公法内容居多。上述立法的性质仍是封建农奴制的。

亚历山大二世（1855～1881 年）在位时又推行了一系列具有资产阶级性质的自由主义的立法改革运动，主要的法制成就有：1861 年《改革法令》和《废除农奴制度宣言》。这一改革虽不很彻底，但仍具有资本主义意义的革命性质，为俄罗斯资本主义化扫清了道路。1864 年《司法条例》开展了一场国家司法改革。[②] 确立陪审法院、改革检察机关、设立律师团体，实行明确了各级法院的司法管辖权及审级，规定实行司法审查制、审判公开制和辩论制，改革封建司法制度及对近代国家司法体制的建构上，1870 年成立了由全体纳税人选举的“市杜马”。

第二节 苏联时期的法律制度

一、苏联的立法概况

1917 年 10 月社会主义革命的胜利，不仅开创了世界历史的新时代，而且伴随着人类历史上第一个崭新的社会主义社会形态——苏维埃社会主义国家的出现，俄罗斯的法律制度也发生了一场前所未有的深刻革命，即一种新型的法律类型——对现代世界法制秩序构成重大影响的苏维埃社会主义法诞生了。苏维埃社会主义法是指俄国十月社会主义革命胜利后，由苏维埃社会主义国家创制和实施的法律制度，是人类历史上第一个社会主义法律制度，其起讫时间为 1917 年—1991 年。苏联的立法概况依其历史发展的进程及形成和发展的不同程度大致为以下三个阶段：

---

① ［法］勒内·达维德著：《当代主要法律体系》，漆竹生译，上海译文出版社 1984 年版，155 页。

② 在司法建制上，彼得一世时设立了直接隶属于司法署的宫廷法院（管辖民刑案件，由法官和陪审员组成）和初级法院（分合议制和独任制），将元老院作为最高司法审级，将司法与行政分离。设立军事法院和宗教法院等专门法院。在叶卡德琳娜二世时颁布《1775 年郡制法令》，又设立了一些新的法院，如专为贵族设立的高级地方法院和低级地方法院、为城市设立的市公署法院和郡公署法院、为农民设立的高级裁判所和初级裁判所、设立最高刑事法庭和感化法院等。改革将司法机关分为一般的和地方的两种。地方的司法机关由治安法官、治安法官大会和乡法院及地方司法行政机关组成。一般司法机关分为区法院和审判院，共设立了 106 个区法院和 14 个审判院。元老院依旧是最高法院、上告法院和最高司法监督机关。同时，由于局势的动荡，加强了军事法庭的职权。1862 年通过了关于检察机关的基本条例，规定了检察机关的国家机关的地位、其监督的内涵、任务和职权以及其组织活动的制度和原则，如实行统一和集中化原则，总检察长兼任司法部长。1864 年司法改革规定了检察长的任务和程序及审检独立原则。19 世纪下半叶出现了律师团体，此次的司法改革建立了独立的律师业，成立了律师的自治组织即律师全体大会和律师委员会。将律师分为审判院的辩护律师和私人辩护律师，对前者的要求是大学法律系毕业生，曾在司法机关任职 5 年以上。律师独立从事司法业务。

(一) 苏维埃社会主义法的初创 (1917 年—1919 年)

这一时期的立法，是在彻底摧毁旧法统、国内战争频繁及新生政权处于极为不稳定的条件下进行的。此时期的立法意义在于它是人类历史上第一批社会主义性质的法律，它以法律形式确认了社会主义革命的成果，打击一切反抗革命的敌人，并为一个全新的社会主义法律体系的建立奠定了基础。此时期主要的立法成就有：

1. 宪法性文件：《告工人、士兵和农民书》、《和平法令》、《土地法令》、《俄国各民族权利宣言》、《被剥削劳动人民权利宣言》。这些法律文献的主要内容为：宣布资产阶级临时政府已被推翻，以法宣布苏维埃国家的建立、新国家的体制和政策的基本原则及国家全部政权一律转归工农代表苏维埃行使，并对苏维埃政权的性质和任务作了法律上的规定；阐明苏维埃国家的民族政策、对外政策的基本原则及不同社会制度可以和平共处的思想，主张实现正义、民主及和平；确认土地国有化、银行国有化及逐步将其他生产资料收归国有的国有化经济措施；明确苏维埃政权的主要使命是消灭阶级、消灭剥削、建立社会主义社会。这一批法令对于确认“十月革命”的成果，巩固新政权具有深远的意义。它向全世界宣告这是一个在本质上不同于以往社会的、新型的、彻底的民主革命的社会主义国家。

2. 创立社会主义国家政权组织构架的法令：1917 年 11 月 9 日第二次全俄苏维埃代表大会正式通过了成立人民委员会的法令，确立人民委员会是国家最高管理机关，行使政府职能，同时拥有立法权。1918 年人民委员会颁布《工农红军法令》，决定成立一支新型的社会主义革命军队以保卫革命成果。1917 年 12 月，人民委员会通过成立“全俄肃反委员会”决议，专理惩办阴谋推翻苏维埃政权的敌人，巩固新生的无产阶级政权。1917 年年底至 1918 年年初，发布了关于法院的第一、二和三号法令，这些法令是废除旧司法制度和旧的司法体系、建立新型的苏维埃司法制度的重要立法文献。

3. 第一部苏维埃宪法即 1918 年《俄罗斯苏维埃联邦社会主义共和国宪法》(以下简称《苏俄宪法》)①。这是世界上第一部社会主义类型的根本法，规定俄罗斯共和国是各苏维埃民族共和国联邦，是各自由民族自由志愿的联盟；第一次确认这是一个无产阶级专政②的政权，以工人阶级为首的劳动人民组成的苏

---

① 宪法的起草是在列宁的亲自领导下进行的，由斯维尔德洛夫负责制宪委员会的具体工作。列宁强调：“这一宪法不是某个委员会臆造出来的，不是法律家杜撰出来的，也不是从别的宪法抄来的。世界上没有过我们这样的宪法。这个宪法记载了无产阶级群众反对国内和全世界剥削者的斗争经验和组织经验。”由全俄苏维埃第五次代表大会于 1918 年 7 月 10 日通过。宪法共六编，依次为：《被剥削劳动人民权利宣言》、苏俄宪法总纲、苏维埃政权结构、选举权与被选举权、预算法、国徽与国旗。其鲜明的特点在于，它是第一个宣布国家政权属于劳动人民的宪法，为劳动人民的政权和公有制的确立提供了必要的、牢固的法律保障，并以其全部队内容保卫和促进劳动人民政权和公有制的巩固和发展，为社会主义法制的进一步创立和发展，同时为即将出现的现代社会第三大法系即社会主义法系奠定了根本法基础。《列宁全集》，第 35 卷，人民出版社 1985 年版，第 145 页。

② 《列宁全集》，第 32 卷，人民出版社 1959 年版，第 260 页。

维埃在劳动人民的监督之下具有立法、执法和管理国家无限的权力，无产阶级专政的最高原则是工农联盟，其主要的任务是消灭一切人剥削人的现象；规定了政治制度、过渡时期的基本任务、中央与地方的权限及关系、劳动人民的权利和自由；宪法规定了基本生产资料实行公有制；宣告所有公民一律享有平等的权利。

（二）苏联社会主义法的确立和发展（1920年—1950年）

从20世纪20年代起，由于国内战争的胜利、苏联[①]的成立及新经济政策的实施，国家由战时共产主义进入和平时期的国民经济恢复阶段。这一时期，国家进行了大规模、全方位的立法活动，使得苏联社会主义法律体系在此时期得以全面确立和发展。

1. 1924年《苏联宪法》和1936年《苏联宪法》。苏联内战结束后，为了动员所有的政治经济和文化资源，带领全民集中全力恢复和发展国民经济，以形成一个紧密的社会主义阵营以抗衡比自己强大的多的整个资本主义世界，1922年一个统一的联邦制国家即苏维埃社会主义共和国联盟崛起。1923年7月苏联中央执委会通过了联盟宪法，1924年1月31日全苏苏维埃第二次代表大会批准该宪法即1924年《苏维埃社会主义共和国联盟宪法》。1924年《苏联宪法》由《苏联成立宣言》和《苏联成立盟约》两篇组成。宣言强调了苏维埃国家的民族平等政策与资本主义世界的民族压迫政策的根本对立，说明了各苏维埃共和国联合成为联盟国家的原因及其联合的原则即自由、平等及确保每一个共和国的主权及自由退出苏联的权力。盟约由11章组成。宪法确认了各共和国自愿平等地结合成联盟国家的原则，规定了苏联最高国家权力机关即苏联苏维埃代表大会和管理机关即苏联人民委员会的结构和权限，规定了苏联中央执委会（苏维埃代表大会休会期间的苏联最高权力机关）实行民族院和联盟院两院制，其中，民族院体现各民族的特殊利益，规定了各加盟共和国的权限。宪法体现了无产阶级国际主义、各共和国平等自愿统一和民主集中制的原则，巩固了苏联的成立，为建设一个统一的、多民族的社会主义国家提供了根本法依据。

到20世纪30年代中期，因国内政治基础、经济基础和社会阶级结构的新变化，需要制定一部新的宪法。1936年《苏维埃社会主义共和国联盟宪法》是在斯大林的主持下对1924苏联宪法进行修订而成的。该部宪法于1936年11月5日由苏联最高苏维埃第八次非常代表大会通过。这部宪法共13章146条，无序言。新宪法规定苏维埃全部属于城乡劳动者，由劳动者代表苏维埃行使，规定苏联公民的平等自由权由国家提供物质保证；反映了社会主义在苏联的初步胜利、消灭了剥削阶级和生产资料私有制、新的社会主义民族的形成及新的社会关系的出现的事实；确认社会主义公有财产神圣不可侵犯，宣布实行“各尽所能，按劳

① 在1922年12月30日召开的第一次苏联苏维埃代表大会上决定成立苏联，全称是苏维埃社会主义共和国联盟，成立时由俄罗斯、乌克兰、白俄罗斯和南高加索四个加盟共和国组成。

分配”的社会主义原则。这是一部彰显社会主义民主和社会主义制度优越性的标准的社会主义宪法，它标志着“我们苏联社会已经做到了在基本上实现了社会主义，建立了社会主义制度”①。它表明苏联已进入新的历史阶段。“这样，在宪法上就明文规定了一件有全世界历史意义的事实，即苏联已进入新的发展时期，已在完成社会主义社会建设和逐渐过渡到共产主义社会。”② 它实施了40年，极大地推动和保障了苏联社会主义事业的建设和发展，深刻地影响了第二次世界大战后兴起的各社会主义国家的基本法及其宪政制度，在社会主义宪法史上具有划时代的意义。

2. 全苏和苏俄法典编纂。在苏联法律史上此时期可谓“法典化”时代，主要有：1922年的《苏俄民法典》、《苏俄刑法典》、《苏俄土地法典》和《苏俄劳动法典》，1923年的《苏俄民事诉讼法典》、《苏俄刑事诉讼法典》和《苏俄森林法典》，1926年的《苏俄婚姻、家庭和监护法典》以及其后的《苏俄劳动改造法典》、《苏联海商法典》和《苏联海关法典》

3. 颁布全苏及苏俄单行法规。主要有：1922年的《苏俄法院组织条例》和《苏俄检察机关条例》，1924年的《苏联和各加盟共和国法院组织原则的决议》、《苏联和各加盟共和国刑事立法纲要》和《苏联和各加盟共和国刑事诉讼纲要》，1926年的关于变更现行司法机关体系的《法院组织条例》，1930年和1935年的《农业劳动组织章程》，1934年和1937年的《特别刑事诉讼程序法》，1936年和1944年的《对多子女家庭实行国家援助和实行“英雄母亲”称号的法令》，1938年的《苏联、各加盟共和国和自治共和国法院组织法》以及《苏联、各加盟共和国和自治共和国检察院组织法》。

上述罕见的立法成就不仅使苏联在短期内迅速走上了社会主义法制化的轨道，保证完成了内战后国民经济的顺利恢复和国家开展的社会主义工业化和农业集体化运动，而且，为二战抗击法西斯的卫国战争的胜利及一个发达的社会主义国家的建成创造了基本法制条件，同时，其法制模式和立法经验对其他社会主义国家的法制建设产生了深刻的影响。

（三）苏联社会主义法的改革及解体（1951年—1990年）

斯大林去世后的50年代至60年代，曾制定了一些全苏联的立法纲要、修订了各加盟共和国的法典。这一期间，其法制的发展表现为一是恢复且巩固社会主义法制，消除各种破坏法制的现象；二是进一步发展苏维埃社会主义法的基本原则和原理以确保社会主义民主的实现。1977年—1988年的十余年间，通过全苏立法文件约400个，苏联部长会议决议和指示5000多个。同时，通过清理，编纂和出版《苏联现行法规汇编》以及各加盟共和国和自治共和国现行法规汇编

---

① 《斯大林选集》（下卷），人民出版社1985年版，第399页。

② 《联共〈布〉党史简明教材》，莫斯科，外国文书籍出版社1949年版，第423页。

多卷，在此基础上，编纂和出版了《苏联法律全书》和《各加盟共和国法律全书》[①]，并逐步废除了过时的各级各类法律法规约 10 多万项，使得苏联法律朝着进一步完善化和统一化的方向发展。苏共 27 大以后，苏联最高苏维埃制定了 1986 年至 1990 年立法规划，主要着眼于：进一步发扬社会主义民主、社会自治、公民权利和自由及社会福利等问题的立法；完善经济机制和国民经济管理的立法；加速科技进步、国家基本建设、保护与利用自然的立法；社会发展和文化、国家安全的立法等。在其立法改革过程中，将过去由行政命令和政策调整的关系法律化，扩大了法律调整的范围，在国家政治经济和法律文化领域带来了一系列深刻的变化。随着 1991 年苏联的解体，其法律制度发生了深刻的危机，即曾经作为社会主义法系领头羊的全苏法律体系也不免寿终正寝。

1977 年《苏联宪法》。1977 年 10 月 7 日苏联第九届最高苏维埃非常第七次会议通过了《苏维埃社会主义共和国联盟宪法》。这一全苏第三部、也是最后一部宪法的结构由序言和 9 部分 21 章 174 条组成，较 1936 年宪法，有一些引人注目的变化：一是在宪法制定程序上，突出了共产党的领导作用和真正民主性。[②]二是新宪法继承和发展了列宁主义关于社会主义国家建设原则，继承和发展了前几部宪法的思想和原则。同时，在总结和吸收以往社会主义国家立宪经验的基础上，发展出人民代表苏维埃即宣布苏维埃国家在已完成无产阶级专政的任务后进入全民国家。以“人民”的概念扩大了苏联的政治基础，发展了有关苏维埃的建立程序及其职能等列宁主义原理，发展了经济制度的条款以适应生产力与生产关系的现有发展水平，扩大了各加盟共和国的权限。三是规定和确认了苏联已建成发达的社会主义社会，这也是新宪法最为重要的特点。新宪法被说成是“全民国家的宪法”、“发达的社会主义国家”的宪法。四是强调发展和发扬民主、发展和发扬人民权力。宪法明确主张人民拥有全部权力，这是苏联国家权力的主要原则，宪法赋予公民广泛的权利和自由以及实现这些权利和自由物质及制度保障，苏联个人自由的最高表现是摆脱剥削、压迫和暴力，摆脱民族隔阂和仇视，广泛参与国家事务与社会事务的管理。此外，对社会发展和文化、对外政策以及保卫社会主义祖国作了明确规定。1977 年苏联新宪法意义重大，它是苏联宪政史上又一新的里程碑，反映了苏联的社会生产力及其生产关系的发展程度，确认了成熟社会主义社会的建成，规定了进一步完善社会主义制度的方针。它确认成果，反映现实和前景，指导未来，为加强社会主义法制，确保公民权利，创造了

① ［苏］A. C. 皮弋尔金著：《现阶段苏联立法的完善》，梁溪译，载《法学译丛》1988 年第 3 期。

② 宪法草案的起草工作委托于苏联最高苏维埃组织的宪法起草委员会，党和国家领导人组成制宪委员会，宪法草案在全民广泛而自由的讨论下，经过吸收群众意见和建议，反复修改而成的。

必要条件。①

（四）苏联法律制度形成发展的特点

1. 指导思想及其理论基础是马克思列宁主义。强调法与阶级、国家的密切联系，认为法与国家的产生及其发展是生产力与生产关系这一社会基本矛盾不断运动、冲突、激化和解决的结果，是私有制、阶级、社会分工的产物，是社会历史发展到一定阶段的产物。法体现的是统治阶级的意志，是在阶级社会中国家用以实现其政治经济统治并维护其统治利益的强制性工具，其最终的决定因素和动力是统治阶级所生存的社会物质生活条件。在马克思列宁主义指导之下苏联创建和发展了第一个社会主义法律体系。

2. 苏联社会主义法的产生，是以列宁为首的布尔什维克领导的“十月革命”的胜利和世界上第一个无产阶级专政的苏维埃政权的创立为其前提条件。苏维埃政权创建的初期就颁布了宪法及一系列法令，为社会主义法制的建立奠定了基础。苏联社会主义法的创建和发展，主要是通过社会主义苏维埃国家立法进行，苏俄宪法、民法、婚姻家庭法、监护法、刑法、土地法、劳动法、各种诉讼法以及 1936 年宪法的颁行，标志着苏联社会主义法制的确立。第二次世界大战后又制定和公布了 15 部苏联和各加盟共和国立法纲要，使苏联的法制进一步向完善化和统一化的方向发展。

3. 苏维埃法是产生最早的社会主义法，同时，也是人类历史上一种前所未有的法的新模式，开创了当时独一无二的世界新秩序。因此，被认为从此在人类历史上开创了又一个法系即社会主义法系，它从本质上说是完全不同于资本主义法，是从根本上区别于当代西方两大法系的一个独立法系。② 其主要表现在于它的独具一格的反映法的政治意识形态的法律原则、反映其阶级本质的公法安排及私法理念以及反映决定和直接影响其经济基础的法律内容及其制度。同时，按照列宁的说法，这一法制是在劳动人民和无产阶级群众组织的斗争经验基础上制定出来的，在阶级斗争的发展进程中形成起来的、给予社会发展进程以巨大影响并且成为社会主义建设的强大武器。它宣告和实现废除资本主义和地主私有制、确

---

① 为了适应社会的发展和动荡的国际国内政治局势，1977 年《苏联宪法》在经过十多年的实施之后，于 1988 年和 1990 年修改了两次。1988 年，苏联最高苏维埃根据苏共中央第 19 次代表大会《关于苏联社会民主化和政治体制改革的决议》，通过《关于修改和补充苏联宪法的法令》和《苏联人民代表选举法》对 1977 年宪法进行了修改。此次修改的内容主要集中于苏联国家政权组织形式即改革和完善人民代表苏维埃制度以及进一步实现选举制度的民主化。（1990 年 2 月 27 日，苏联最高苏维埃根据同年苏共 2 月全会精神，通过了实行总统制法律草案，3 月 12 日，苏联第三次非常人民代表大会通过了《设立苏联总统职位和修改宪法》的决议。主要内容为：总统是国家元首，武装部队总司令，其拥有的权力极为广泛，如享有高级官员任免建议权、法案否决权、国家总动员权、宣布紧急状态权、国际条约签署权、发布总统令、以及对苏联公民的权利和义务、国家宪法及主权、安全和领土完整实施全面控制权。总统由全国公民直接选举产生。3 月 15 日，选举苏共中央总书记戈尔巴乔夫为第一任苏联总统。［苏］ B. H. 库德里亚夫采夫等著：《苏联宪法讲话》，刘向文译，群众出版社 1983 年版，第 14 ~ 25 页。

② ［美］格伦敦、戈登、奥萨魁著：《比较法律传统》，米健等译，中国政法大学出版社 1993 年版，第 178 ~ 179 页。法国比较法学家勒内·达维德也持这一观点，参见其著作《当代主要法律体系》。

认社会主义公有制，是社会主义性质的。①

4. 苏联法的法律样式是成文法型的，制定法是其最主要的法律渊源，具体形式有：法律、法令、决议、宣言、条例、章程及纲要等。判例不被认为是正式渊源。秉承编纂法典的历史传统，将立法视为最高法律渊源，国家一直持续进行着大规模的法典编纂活动，推出的法典数量及其立法速度，是前所未有的。司法实践中采用的演绎推理法、诉讼技术操作上极为明显地体现了职权主义的纠问式特征，均是大陆法系的模式。这一特征再次揭示了苏联法律与其传统法律文化和大陆法系的某种因缘关系，民族的、文化的传统所提供的某些制度背景和智力支持再次证实了历史文化传统的不可抗拒性。

二、苏联宪法制度

苏联宪法有三种类型：苏联宪法、加盟共和国宪法和自治共和国宪法。其中，苏联宪法共有三部，即1924年《苏联宪法》、1936年《苏联宪法》和1977年《苏联宪法》，这些宪法在整个苏联主权范围内生效，属全国性宪法。根据苏联宪法制定了各加盟共和国宪法和自治共和国宪法，它们在各自共和国境内生效，属地方性宪法。苏联宪法发展史表明，其宪法性文件有：《十月法令》、《被剥削劳动人民权利宣言》、1918年《俄罗斯苏维埃联邦社会主义共和国宪法》、1924年《苏联宪法》、1936年《苏联宪法》、1977年《苏联宪法》及1988年《修宪法令》。

苏联的社会主义性质主要由三个因素所决定：政治上实行以工人阶级为领导、工农联盟为基础的无产阶级专政，是其国家政权的阶级本质；经济上实行所有制的生产资料公有制、国民经济的计划管理和实现原则及“各尽所能，按劳分配”的分配原则的经济制度，即国家政权的经济基础是生产资料的社会主义所有制、计划经济和“按劳分配”原则；为“促进苏维埃人全面和谐的发展”实行的是统一的国民教育制度，繁荣和加强社会主义文化建设和思想道德建设。它体现了社会主义国家不仅仅代表人民掌握政权，还是基本生产资料的所有者，为全体苏维埃人民谋利益。上述有关规定体现于苏联三部宪法及各加盟共和国宪法中，并且是逐步加以明确、发展和完善的。②

苏联国家形式是其社会主义国家本质的反映，主要包括政权组织形式、国家

① ［苏］B. H. 库德里亚夫采夫等著：《苏联宪法讲话》，刘向文等译，群众出版社1983年版，第5页。

② 如在1936年《苏联宪法》明确宣告：“苏维埃社会主义共和国联盟为工农社会主义国家”，“国家的领导权属于工人阶级。”苏联的经济基础为“社会主义经济体系和生产工具与生产资料的社会主义所有制，”其表现为国家所有制、合作制和集体农庄所有制形式。确认社会主义公有财产神圣不可侵犯的原则，“凡侵犯社会主义公有财产者，即为人民之公敌”，“在苏联实行‘各尽所能，按劳分配’、‘不劳动者不得食’的社会主义原则。1977年宪法宣称，苏联已建成发达的社会主义社会，无产阶级专政的任务已完成，苏维埃国家进入“全民国家”，建立共产主义社会是其主要任务，生产资料的社会主义所有制是苏维埃国家的经济基础（第10条），而工人、农民和知识分子的牢不可破的联盟是苏维埃国家的社会基础。宪法所规定的社会主义经济的管理原则：有计划地发展国民经济的原则（1936年宪法）。

结构形式、选举制度和国家象征。其一，苏联国家的政权组织形式即政体，是苏联国家的根本政治制度。苏联各部宪法对最高国家权力机关的组织形式，包括政权的构成、组织程序和最高权力的分配情况以及公民参加管理国家和社会事务的程序和方式作了明确的规定。概括地说，国家一切权力由属于“城乡劳动者”发展为属于“人民”，人民通过苏维埃充分行使全部国家权力（1977 年《苏联宪法》第 2 条）；实行民主集中制原则；工人阶级的政党即共产党是国家的执政党。各部宪法都确定共产党在全苏一切工作的领导地位，是整个政治体制的核心。社会的领导力量和指导力量是苏联共产党，是苏联政治制度、一切国家机关和社会组织的核心（1977 年《苏联宪法》第 6 条）。其二，苏联各部宪法都规定并确认了苏联国家的政权组织形式是苏维埃代表大会制度，它是依据民主集中制原则，通过选举产生的全国和各加盟苏维埃代表大会集中统一行使国家权力，其他国家机关都由苏维埃代表大会产生并受之监督，对大会负责，最终实现人民当家做主的一项根本政治制度。其三，苏联国家的结构形式采用的是联邦复合制式，宪法规定，苏联由各权利平等的 15 个加盟共和国按自愿联合原则结成，是一个统一的多民族联盟国家。宪法保证充分尊重各加盟共和国的自主性、自愿性和平等性，在联盟与各共和国的相互关系中实行民主集中制原则。[①] 各加盟共和国有权根据其特殊性制定自己的宪法和法律，但要符合苏联宪法，联盟宪法和法律享有优先权。苏联最高苏维埃主席团有权废除不符合加盟共和国法律的加盟共和国部长会议的法令，苏联部长会议在全联盟的问题上，有权中止各加盟共和国部长会议的法令。其四，苏联的选举制度是苏联国家社会主义民主制度的有机组成部分，是宪法的重要内容。民主性、平等性、普遍性和直接性是其基本原则。1936 年《苏联宪法》首次规定，苏联人民享有普遍、平等、直接和无记名投票的选举权。1977 年《苏联宪法》第 95 条规定，各级人民代表苏维埃的代表，均按照普遍、平等和直接选举原则，采用无记名投票方式选举产生，[②] 并将享有被选举权的苏联公民年龄从 23 岁降低到年满 21 岁。

1936 年《苏联宪法》明确规定，苏联公民不分民族和种族，在经济生活、

---

① “苏联社会主义共和国联盟是统一的多民族的国家，根据社会主义联邦制的原则，由各民族实行自由自决和平等的苏维埃社会主义共和国实行自愿联合而组成。”（1977 年《苏联宪法》第 70 条）。所有加入苏联的共和国在一切生活领域内享有平等的权利，而不取决于人口数量、领土大小、经济发展水平和任何其他因素。一切共和国在平等基础上参加苏维埃社会主义共和国联盟机关的组织和活动。苏联对每个加盟共和国所拥有的权能是平等的，各加盟共和国主权的法律保证也是平等的。苏联这一联邦国家是依据民主集中制原则组建和实现其统一领导职能的，它将苏联各民族共同的国际主义利益同各共和国的民族利益结合在一起，统一国家的共同利益是在同民主、同各共和国的广泛独立自主有机的相互联系中及对整体利益与局部利益的正确协调中实现的。

② 普遍性原则表现拥有选举权主体的范围是十分广泛的。宪法规定，除依法被剥夺政治权利和依法定程序被认为是精神病的人外，凡年满 18 周岁的苏联公民都有选举权和被选举权。选举权的平等性原则体现了法律面前人人平等的精神和社会主义国家民主的性质，每一选民都有一个投票权，一切选民都在平等的基础上参加选举。开始，在苏联，代表的选举是采直接选举和间接选举并用的原则，各级选举都是以无记名投票的方式进行的。1936 年宪法规定最高苏维埃由全国选民直接选举，改变了过去逐级选举的间接方法，实现了人民直接选举最高国家权力机关并对其实行监督的民主权利。

国家生活、文化生活社会和政治生活各方面一律平等；苏联公民享有劳动权、休息权、物质抚恤权、教育权、物质保障权和受教育权；苏联妇女享有与男子平等的权利。宪法还保证公民享有信仰、言论、出版、集会、结社、游行及示威的自由权并由国家提供物质保证。1977 年《苏联宪法》在确认上述权利的基础上，首次规定公民还享有家庭权、住房权、保健权、私生活秘密权及文化成果权和技术创造、艺术创作自由等。同时，还规定了如何实现广泛的公民权利和自由的物质、组织及法律保障。规定人们平等的主要条件是没有私有制和普遍的劳动义务。

苏联国家机构，按照国家机关的职能不同可分为权力机关、行政机关、司法机关和军事机关；按照国家机关的等级不同可分为中央国家机关和地方国家机关。苏联国家机构的组织活动实行的原则是：民主集中制原则、党的领导原则、民族平等原则、社会主义民主和法制原则。根据苏联宪法，苏联最高苏维埃、15 个加盟共和国最高苏维埃、20 个自治共和国最高苏维埃、6 个边疆区和 121 个州、8 个自治州和 10 个自治专区人民代表苏维埃及其所辖市、镇和村的人民代表苏维埃，以民主集中制和社会主义民主的组织和活动原则构成统一的国家权力机关体系。苏联最高国家权力机构是苏联最高苏维埃即人民代表苏维埃，由代表人数相等、权力相等、平行的两院组成：联盟院与民族院。苏联最高苏维埃有权解决由宪法规定的、属于苏维埃社会主义共和国联盟权限内的一切问题，在整个国家机关体系中，苏联最高苏维埃即人民代表苏维埃居于首要位置，是最高的国家权力机关和立法机关，是整个国家的组织基础和政治基础，其他国家机关都由苏联最高苏维埃产生，对它负责，由它选举和任命国家机关主要领导人。根据苏联宪法，国家管理机关体制包括苏联部长会议、加盟共和国和自治共和国的部长会议、各部各国家委员会以及其他中央和地方的行政部。① 苏联最高国家管理机关为苏联部长会议，② 由苏联最高苏维埃两院联席会议负责组织，对苏联最高苏维埃和苏联最高苏维埃主席团负责。苏联部长会议在全国范围内统一领导苏联各部、各国家委员会以及其他所属机关的工作。作为国家行政机构，政府主要是执行立法机构颁布的法律和实施共产党制定的政治、经济、文化和外交发展的纲领和政策。政府职权范围极为广泛，宪法列举的主要职权有：制定和发布行政决议和命令，提出议案权，对全部国家行政机关的领导和监督权，对国防、外交、军事、民政、文教、科技及经济等各项工作的领导和管理权，以及最高苏维埃授予

---

① 这是一个下级属于上级、普遍联系、相当复杂的体系。宪法规定，国家管理机关是专门为进行日常管理活动而建立的。所有的国家事务和社会事务的管理，人民有权参加。苏维埃国家一切机关（包括国家管理机关）要根据社会主义法制进行工作。

② 苏联部长会议由苏联最高苏维埃依法组成。“苏联部长会议有权解决属于苏维埃社会主义共和国联盟内的、按照宪法不包括在苏联最高苏维埃和苏联最高苏维埃主席团职权范围内的一切国家管理问题”（1977 年宪法第 131 条）。苏联各部及国家委员会在自己法定权限内，进行工作，“根据并为了执行苏联法律、苏联最高苏维埃及其主席团的其他决议，苏联部长会议的决定和指示”得发布文件。苏联公民有权对国家管理机关和公职人员的非法行为提出控告。

的其他职权。

苏联宪法的主要特点如下：

第一，苏联宪法是社会主义性质的宪法。苏维埃宪法的产生、发展伴随、反映并促进了苏维埃社会主义国家产生、发展的进步历程，确认了苏联社会主义国家每一历史发展阶段的社会、政治和经济关系与社会秩序，指明了苏维埃社会主义国家奋斗的近期和远期目标即建设社会主义和实现共产主义，以及提供了达到这些目标的政治法律手段。它依据劳动人民的意志和利益，将苏维埃社会主义的社会制度基础和政治基础，将公民的基本权利和义务，将国家的多民族一体、联邦制的国家结构，将国家机关的民主集中制组织和活动原则，以及将和平、民主、进步的国际主义原则以根本法形式确认和固定下来。这种社会主义宪法在理论上被认为是体现了阶级性、人民性和科学性，是最民主、最高形态的宪法。

第二，苏联宪法确认共产党领导一切。苏联所有宪法文件都确认了苏联共产党是苏维埃社会的领导力量和指导力量。1977 年《苏联宪法》规定："用马克思列宁主义学说武装起来的苏联共产党规定社会发展的总的前景，规定苏联内外政策路线，领导苏联人民进行伟大的创造性活动，使苏联人民争取共产主义胜利的斗争具有计划性，并有科学根据"。① 作为全国人民战斗先锋队和最高的社会政治组织，苏联共产党是体现并实现工人阶级在社会生活中的领导作用和地位的最重要的形式。因此，国家政权不是通过三权分立原则组织和运行的，而是在权力是不可分割的理念之下，依据民主集中制的原则，在共产党的统一领导下组织并开展其活动、实现其职能的。

第三，苏联宪法的思想理论基础是马克思列宁主义。在苏联法理上，苏联所有的宪法都是基于马克思列宁主义的理论制定的，都体现了科学社会主义的思想。它肩负着使马克思列宁主义政党领导下的工人阶级和全体劳动人民实现解放全人类的历史使命，顺利完成社会主义建设和进入共产主义社会，最终实现个人的全面发展。由此决定其进步的思想意义在于代表了全人类的利益，体现着全人类的伟大理想并为了这一利益和理想而奋斗不懈的动力。民主与自由在苏联获得了全新的意义。

三、苏联民法制度

苏联的民事立法主要有：《关于国家工业托拉斯的法令》（1923 年）、《关于发明专利权的法令》（1924 年）、《关于著作权的纲要》（1925 年—1928 年）、《关于废除继承限额的法令》和《关于集体农庄和国营农场的法令》（1926 年）、《关于信贷改革的法令》（1930 年—1931 年），以及苏联、各加盟共和国和自治共和国先后制定的民法典和民法纲要，如《苏俄民法典》（1922 年、1964 年）、《苏联和各加盟共和国民事立法纲要》（1961 年）。

① 《宪法选编》（第 3 册），中国人民大学出版社 1980 年版，第 97 页。

在各加盟共和国民法典中，1922 年《苏俄民法典》是第一部社会主义类型的民法典，其主要特点：其一，法典在体例上独具特色，其创新性表现于民事法律关系规定的不完全，没有一体化，法典只由总则、物权、债和继承四篇组成，将大陆法系民法典[①]中的其他制度以另典处理，而没有在民法典中加以规定。其二，法典开创了社会主义民法的新原则，如规定公民不分性别、种族、民族、信仰、都享有平等的民事权利的原则；对财产所有权特别是对社会主义公有财产严格保护的原则；契约自由限制的原则；财产继承限制的原则等。其三，法典凸显的一个重要原则是，民事权利的行使只有与社会经济发展的目的相一致时，才受到保护。其四，法典的编纂借鉴和吸收了古今中外有关的立法经验，特别是大陆法系民事立法的经验，同时，因其社会主义公有制的性质而具有革命性的创新，是一部典型的早期社会主义民法典，如扩大和加强了国家对私法关系的干预，绝对保护社会主义公有制、国家所有权和国家利益。其五，它是苏联各加盟共和国民事立法中最具有代表性而被广泛适用的一部民法典，该法典广泛适用于部分加盟共和国和自治共和国，在苏联社会主义建设过程中对调整财产关系曾起过重要作用，并为其他社会主义国家的民事立法树立了典范。

1961 年《苏联和各加盟共和国民事立法纲要》的主要特点为：其一，体例结构较为严整，由序言和 8 编[②] 129 条组成。其二，规定的民事关系内容较一般，主要是有关社会主义民事立法基本的、原则性的规定。其三，纲要明确了民事立法的任务，即调整财产关系以及与财产关系有关的人身非财产关系，以促进共产主义物质技术基础的建立，并日益充分地满足公民的物质和精神需要。同时，规定苏维埃民法调整的关系是横向的、独立的、平等的私法关系，即国家组织、合作社组织、社会团体相互之间的平等关系，公民与国家组织、合作社组织、社会团体之间的非隶属关系，公民相互之间的关系。其四，本法详细规定了社会主义所有制形式的概念，且提出社会团体所有制形式。1973 年和 1977 年曾对此纲要进行过补充和修改。

根据上述民事立法纲要，苏俄于 1964 年实施了新的《苏俄民法典》。较 1922 年民法典，其主要变化在于：在体例结构上有所突破，它按照上述《纲要》的模式由同样标题的 8 编、42 章、共 569 条组成，将著作权、发现权和发明权单独列编，显然是因社会之需求而加强了对这些权利的调整与保护。在调整原则上，继承了 1922 年《苏俄民法典》的原则，同时将 1961 年纲要中的一些基本原则载入法典。在调整对象和具体规定方面，细化并发展了 1961 年纲要中的一般性规定，扩大了原民法所调整的关系范围，如无论 1961 年纲要所规定的还是未规定的财产关系以及人身非财产关系，它都加以调整。

总之，苏联各部民法典在内容规定上也有不同程度的差异，反映了这一制度

① 如《法国民法典》和《德国民法典》中的应有内容如土地制度、婚姻家庭制度和监护制度。

② 有总则、所有权、债权、著作权、发现权、发明权、继承权、外国我和无国籍人的权利能力、外地人国民事法律、国际条约和国际协议的适用。

在发展中求进步。在苏联，从法理上讲，是“不承认任何‘私法’的，在我们看来，经济领域中的一切都属于公法范围，而不属于私法范围。”① 苏联民法及各加盟共和国的民事法律其任务主要是用来确保社会主义公有制的，是用来维护普遍的与个人利益相一致的社会利益的，因为这一新型的所有制是人民根本利益之所在。苏联的土地法和集体农庄法都是独立的部门法，归国家所有及合理支配。1968 年颁布了《苏联和各加盟共和国土地立法纲要》。集体农庄法调整有关集体农庄和农庄联合企业的活动和组织。

苏维埃政权对婚姻家庭制度也极为重视，早在 1917 年 12 月，全俄苏维埃中央执行委员会和人民委员会即颁行了《关于公民婚姻、子女和户籍登记》和《关于离婚》的法令，废除了帝俄时代封建性和宗教性的婚姻家庭法。1918 年颁布了第一部《苏俄婚姻家庭与监护法典》，共 246 条。这在人类立法史上是首次将婚姻和家庭法从民事立法中分立出去，成为单独的法律部门。后又制定 1926 年《苏俄婚姻家庭与监护法典》。该法典规定的内容主要为：婚姻、父母子女及其他亲属间的相互关系、监护及保佐和户籍等。实行婚姻自主、男女平等、离婚自由的原则；特别注重对妻子权益的保护，包括对财产关系的平等保护。规定亲权的行使基于对子女利益的保护，不得滥用亲权；婚生子女与非婚生子女享有同等权利；监护人应保障被监护人的人身和财产权益。根据 1968 年《苏联和各加盟共和国婚姻和家庭立法纲要》，苏俄制定了 1969 年《苏俄婚姻和家庭法典》，该法典的主要变化为：法典体例上，增加了总则编和第 5 编，即对外国人和无国籍人的法律适用、外国婚姻和家庭法及国际条约和国际协定的适用，同时，取消了监护和保佐编。

苏联将婚姻家庭法作为一个独立于民法的部门，认为它首先调整的是人身关系而非财产关系，如结婚、离婚、夫妻关系、父母与子女的关系、收养、监护和户籍等人身关系。

四、苏联刑法制度

“十月革命”后，为了巩固新生的无产阶级政权，保卫社会主义革命和建设，苏维埃政权颁布了一系列惩罚反革命罪和各种刑事犯罪的法令。苏俄公布了 1919 年《苏俄刑法指导原则》。依据这一《指导原则》及其列宁的意见和无产阶级专政学说，制定和实施了 1922 年《苏俄刑法典》。法典由序言、总则与分则构成，共 13 章 270 条。其基本特点为：一是法典的目的是实行无产阶级专政，保

① 《列宁全集》（第 36 卷），人民出版社 1959 年版，第 587 页。如此，赋予民法以公法的属性而使授权性的法律在很大程度上具有了强制性色彩。如对所有制的规定，极具创新，它将所有权分为三种类型：国家所有制、合作社所有制和个人所有制。国家所有制和合作社所有制即某些生产资料和生活资料等社会共有的资源依法由国家所有和集体所有进而由国营工业企业和集体农庄掌握（占有）、经营（生产和流通）、处分（分配）和收益。本质上是突出国家在经济上的直接的重要作用，通过计划经济，垄断社会资源和财富，集中管理经营，以满足全社会的生产与消费。如对契约的规定和运用，也是独树一帜的，它有计划契约和非计划契约，契约的作用主要是执行国家计划，具有从属性而失却其自主性。

护劳动人民的利益。二是法典界定了犯罪的定义及揭示了犯罪的阶级实质，规定凡威胁苏维埃制度基础及工农政权在向共产主义过渡时期内所建立的革命秩序的一切有社会危险性的作为或不作为，均为犯罪行为。三是明确规定了刑罚的任务是将一般预防与特殊预防相结合、惩罚与感化相结合，反映了依靠社会主义的主人公去预防犯罪和改造被判刑人的思想。四是刑罚种类多样化。其刑罚旨在预防犯罪分子和其他社会不稳定分子的新的违法行为。适用刑罚的一个要件是犯罪必须有罪过。规定了11种刑罚类别。五是法典还规定了类推原则。该部刑法典是苏维埃国家也是人类法制史上第一部社会主义刑法典，同时也是极富创新性和最具代表性的一部刑法典，它不仅为全苏联和各加盟共和国的刑事立法奠定了基础，而且对恢复国民经济和社会主义法制建设方面发挥了其应有的作用。1924年《苏联和各加盟共和国刑事立法纲要》颁布后，对上述法典作了进一步修改和补充。

在苏维埃社会主义共和国联盟成立之后，1924年由联盟立法机关制定了《苏联及各加盟共和国刑事立法基本原则》，以便全面且具体地规定全联盟统一的刑事立法基本原则和划分苏联与各加盟共和国有关方面的立法权限。[①] 依据这一总的原则和一般规定，制定了1926年《苏俄刑法典》。该法典有总则和分则，共15章。该法典基本上是对1922年《苏俄刑法典》的修正和补充，是创造性地运用上述富有弹性的基本原则的结果，其新的变化：一是以“附则”的形式发展了犯罪的实质概念，对划分罪与非罪的司法实践具有重要意义。二是具体、明确了对“未完成犯罪”的处罚，有利于实践中划清犯罪的预备、未遂和中止。三是对某些犯罪类别以不同的章节作了科学地区分。如将反革命罪与妨害管理秩序罪以不同的章节加以规定。该法典曾多次修改，[②] 共实施了34年。

1953年斯大林逝世后，在赫鲁晓夫的领导下进行改革和推行新政。经过国家大规模的批判个人崇拜和史无前例的拨乱反正，制定了1958年《苏联和各加

① 这一《基本原则》由前言和4章组成，共39条，依次规定了刑事立法的效力范围、一般规定、社会保卫方法及其适用、及经假释的被判型人不再执行法院所叛处的社会保卫方法。其主要的立法变化有：其一，以“社会保卫”体系取代了“刑罚”体系，具体分为司法改造性质的社会保卫方法、医疗性质的社会保卫方法和医疗教育性质的社会保卫方法，具体的刑事惩罚手段作了一些调整。对此，众说纷纭。直到20世纪30年代，“刑罚”这一术语才又重新出现于苏联的刑事立法中。其二，取消了犯罪的预备、未遂和中止，用“已经开始的犯罪”和“未完成犯罪”这种结构代替。其三，扩大了正当防卫的范围。总之，1924年《基本原则》在总结和继承苏维埃政权初期刑事立法经验的基础上，根据形势作了一些引起争议的创新，它为全苏联及各加盟共和国刑事立法提供了最重要的原则和一般规定。

② 主要是通过颁布全苏性的刑法单行条例加以修改和补充。

盟共和国刑事立法纲要》,[①] 依据这一总则性的《纲要》的新的精神，苏俄又制定了1960年《苏俄刑法典》，并以此取代了1926年《苏俄刑法典》。这部法典分为总则和分则，共206条。新刑法典对各种犯罪规定得更为全面、具体，准确地说明和区分了犯罪构成。[②] 该法典对斯大林时期一味追求强制和镇压的刑事立法加以否定，显得更加进步和民主。但摆脱不掉的是，它仍旧是集权主义和行政命令的产物，有着过分意识形态化和政治色彩。

进入改革裹足不前的20世纪70年代，苏联社会主义刑事立法调整也发生了与此情形相适应的状况。主要表现于：一方面，对某些刑事制度作出更加缓和的调整，如扩大罚金的适用范围、扩大延缓执行判决的范围、增补新的缓刑制度和假释制度、免除刑事责任代之以行政责任等。另一方面，扩大死刑的适用范围、扩大特别危险的累犯的范围、增补“严重犯罪”的概念等。至1996年被废止时，1960年《俄罗斯刑法典》一共被修订和增补了700多条。

五、苏联司法制度

（一）法院系统

革命初期废除了沙俄的司法组织、创建了革命法庭。[③] 苏联成立后，依据《1922年苏维埃俄国法院组织法》和《1924年苏联宪法》，制定了《1924年苏联

---

① 《苏联和各加盟共和国刑事立法纲要》由4章47条组成，依次规定了总则、犯罪、刑罚、判刑和免刑。这部纲要与前述1924年《刑事立法基本原则》相较有着重大的改变，主要有：第一，纲要只是对刑事法律一般原则的规定，是对未来各加盟共和国和自治共和国的刑法典提供了发展完善的方向和一般准则。第二，纲要规定了不同于以前的刑事立法任务：维护苏维埃社会制度和国家制度，保护社会主义所有权，保护公民的人身和权利，维护社会主义法律秩序，以防犯罪行为的侵害（总则第1条）。这种规定体现了刑法一般任务及其表述上的科学性。第三，加强法制原则，以罪刑法定主义原则否定了类推适用的规定，同时，较科学地规定了犯罪构成要素。第四，对犯罪概念作了科学的重新界定。规定凡是刑事法律规定的侵害苏维埃社会制度或国家制度，侵害社会主义经济体系和社会主义所有制，侵害公民的人身、政治权利、劳动权利、财产权利和其他权利和危害社会行为，以及刑事法律规定的侵害社会主义法律秩序的其他危害社会的行为，都是犯罪（第7条）。第五，规定的刑罚制度体现了民主原则和更为缓和的人道主义原则。其规定的刑罚体系是由主刑和附加刑构成。死刑是作为非常之刑罚列于刑罚体系之外，专门用于国事罪、情节严重的故意杀人罪或其他特别重罪。参见《苏联和各加盟共和国立法纲要汇编》，第237页。参见H·库兹涅佐娃等主编：《俄罗斯刑法总论》，莫斯科大学出版社1993年版，第38~40页。参见曹子丹等译：《苏联刑法科学史》，法律出版社1984年版，第189~191页。

② 其主要变化有：一是总则方面，在坚持立法纲要规定的基本原则的基础上，将某些制度和规定更加具体化和明确化。如对医疗性和教育性的强制措施的种类及适用程序的规定，对免职刑事责任而交付同志审判会和担保等制度的规定。还确立了纲要中没有规定的撤职、责令赔偿等刑种。二是分则方面，对一些罪和罪名作了重新调整。如将“财产上的犯罪”一章分设两章，即“侵犯社会主义所有制罪”和“侵犯公民个人财产罪”，增设“侵害公民政治权利和劳动权利罪”章和“违反公正审判罪”章，将原由“反革命罪“和”妨害管理秩序罪“组成的“国事罪”分为“特别危险的国事罪”和“其他国事罪”，进而使得罪与罪名的立法规定更具有普遍意义。

③ 在苏联成立之前较短的时间内苏俄已有较完善的司法组织，如统一的人民法院体系，实行三级三审制，普通法院有苏俄最高法院并设置要案侦查员、郡法院并设置高级侦查员、人民侦查员和辩护人协会、人民法院。还有各专门法院：军事法庭、军事运输法庭、土地委员会、中央和地方调解委员会、人民法院劳动案件特别庭。

和各加盟共和国法院组织基本原则》，确立了国家普通法院系统。① 根据1936年《苏联宪法》，制定了1938年《苏联、加盟共和国和自治共和国法院组织法》，对司法宗旨、权限、中央与地方的司法管辖、各级法院审级等一系列问题作了明确规定，成为此时期司法权及其运行的指导。至20世纪50年代，苏联司法体制的模式是二元的。苏维埃法院体系由普通法院和专门法院②构成。

依据1958年《苏联和各加盟共和国法院组织立法纲要》③，直到苏联解体时的司法组织系统为：联盟法院系统与加盟共和国法院二元系统。联盟法院系统由苏联最高法院和军事法院构成。苏联最高法院是苏联最高审级机关（由苏联最高法院全体会议、苏联最高法院民事审判庭、刑事审判庭和军事审判庭组成），具有司法审判、司法监督、司法解释和司法行政管理的职能。其具体职责是：在法定范围内对全联盟和各加盟的审判活动行使审判监督权；在自己法定的权限内行使初审权、上诉审权和按监督程序的再审权；依法定权限解决苏联参加的国际条约中的争端。苏维埃联邦最高审判员（法官）和人民陪审员对苏联最高苏维埃负责并向其报告。加盟共和国法院系统由加盟共和国最高法院、自治共和国最高法院、边疆（区、州、市法院）自治州法院、自治专区法院和区（市）人民法院。只是因行政区划的变动而名称不一，一般是三级三审制，大体上有加盟共和国（或自治共和国）最高法院，边疆区、州和市法院，自治州、区法院，区、市人民法院。审判实行两审终审制。法官民主选举产生，任期5年。

此外，还在企业、机关、团体和学校设立了众多的同志审判会组织，以防治犯罪和开展法律教育。

（二）检察系统

在1922年之前，由司法人民委员会、工农检察院和“契卡”承担着国家检察职能。依据《1922年检察长监督条例》正式成立了苏维埃国家用检察机关。当时的主要任务是对执法实行监督和发挥正确地与犯罪作斗争的组织作用。至1926年，依法赋予检察机关提起刑事追诉、提起纪律或行政追诉权、监督预审权。依据1929年《苏联最高法院和苏联最高法院检察署条例》，设置了苏联最高法院检察署。1933年成立了苏联检察院以取代苏联最高游击队检察署，并以同

① 人民法院、省法院和苏维埃俄国最高法院统一的法院体系，还有一些特别法庭如铁路法庭、劳动法庭等，并对法院的构成、职能、人民陪审员以及审判原则作出了详细规定。其后于1929年7月24日颁布了《苏联最高法院和苏联最高法院检察署条例》，据此，设置了苏联最高法院和苏联最高法院检察署，并撤销了一些特别法庭。此时期，苏联法院系统为：在苏联司法人民委员部统 领导下的三级三审制：苏联最高法院、省（边疆）法院（自治共和国为中央法院）、人民法院。专门法院有：水上运输法院、水上运输案件特别庭。此外，还依法在工厂、机关、公共团体和企业中设置了一些公众业余法院。

② 普通法院系统由苏联最高法院、各加盟共和国最高法院、省法院（自治共和国最高法院、边区法院、州法院、自治省法院）和人民法院组成。苏联最高法院是全苏联最高审级即终审法院，各加盟共和国法院是地方最高审级法院，省法院是地方上诉审级，人民法院是地方基层法院即民、刑事和行政诉讼第一审法院。［苏］卡列夫、斯捷尔尼克著：《苏维埃法院组织》（实物教材表册），中国人民大学出版社1956年版。

③ 后经多次修改和增补，于1980年6月25日苏联最高苏维埃再次颁布，是各加盟共和国制定法院组织法的立法基础。

年的《苏联检察院条例》正式确认了苏联检察机关是一个独立于法院的国家机构，由此而结束了长期以来苏联审检一体的模式。不过，其检察权的最终集中统一化是依据1936年《关于成立苏联司法人民委员部》和1938年《苏联、加盟共和国和自治共和国检察院组织法》完成的。《1936年宪法》确立了检察机关的监督是最高司法监督的原则。规定了检察系统的组织及活动原则：检察机关集中制；检察机关独立行使职权，不受任何地方的干涉；一切检察机关只服从苏联检察长；加盟共和国、自治共和国、边疆区等检察长都由苏联检察长任命。根据1979年《苏联检察法》和《苏联检察院组织法》，对各级检察院的基本任务作了规定，加强了检察长的监督权。苏联检察机关体系由苏联检察院、加盟（自治）共和国检察院、边疆区、州和市检察院、自治州检察院、区和区级市检察院以及军事检察院、运输检察院和一些其他专门检察院组成。苏联检察系统在体制上实行上下级垂直领导，苏联检察院是最高领导机关，由苏联总检察长负责，向最高苏维埃报告工作。

（三）诉讼审判制度

苏联时期，在制定实体法的同时，确保实体法得以实现的程序法也相应推出。苏联及各加盟共和国的主要刑事诉讼和民事诉讼立法文件有：1923年《苏俄刑事诉讼法典》和《苏俄民事诉讼法典》、1924年《苏联和各加盟共和国刑事诉讼的基本原则》、1958年《苏联和各加盟共和国刑事诉讼纲要》、1961年《苏联和各加盟共和国民事诉讼纲要》、1960年《苏俄刑事诉讼法典》、1964年《苏俄民事诉讼法典》及有关各法典的修改法令。① 苏联刑事和民事诉讼审判主要的制度及其原则如下：

1. 社会主义法制原则。这一原则贯穿于一切刑事和民事诉讼的全过程，要求切实依据法律进行诉讼和审判，对犯罪的侦查、起诉、审判及证明等所有的诉讼活动都必须在严格遵守法律的基础上进行。非依法定根据并符合法定程序，不得进行刑事追究。

2. 诉讼公开原则。这一原则在“十月革命”后所发布的第二号、第三号法令中就明确宣告。公开原则指导着整个司法过程，除非法律有特别规定，各级法

---

① 1923年《苏俄刑事诉讼法典》和《苏俄民事诉讼法典》是苏联最具代表性和制定最早的诉讼法典。1924年《苏联和各加盟共和国刑事诉讼的基本原则》奠定了统一的刑事诉讼基本原则的基础。1958年《苏联和各加盟共和国刑事诉讼纲要》、1961年《苏联和各加盟共和国民事诉讼纲要》、1960年《苏俄刑事诉讼法典》及1964年《苏俄民事诉讼法典》是战后苏联为加强社会主义法制，进一步统一诉讼制度所采取的重要法律，它们标志着苏联的诉讼立法进入了一个新阶段。1958年《苏联和各加盟共和国刑事诉讼纲要》由总则、诉讼参加人以及权利和义务、调查和侦查、第一审、上诉审和监督审、判决的执行等六章构成，共54条。规定刑事诉讼的任务是迅速和完全揭露犯罪行为，使犯罪的人定罪，保证正确地适用法律，从而使每一个犯罪的人都受到公正的惩罚，任何无辜的人都不致被追究刑事责任和定罪。1961年《苏联和各加盟共和国民事诉讼纲要》包括总则、案件参加人及其权利和义务、第一审、上诉审和监督审、法院判决的执行、外国公民和无国籍人的民事诉讼权利等。其任务是：正确而迅速地审理和裁判民事案件，以维护苏联的社会和国家制度、社会主义经济制度和社会主义财产、保护公民的政治、劳动住房和其他人身和财产权利和合法利益，保护国家机关、企业、集体农庄和其他合作社与社会团体的权利和合法利益。

院审理案件必须依法在公开的审判庭进行，所有证据要在法庭上公开出示，对案件的宣布判决在任何情况下都必须公开进行；司法机关有义务依法定的形式和程序吸收社会团体代表参与揭发、审判和预防；人民陪审员体现了公民普遍参加国家管理事务包括法庭管理的社会主义民主制，有利于对诉讼主体权利的保护。

3. 审判和检察独立原则。只有法院才能行使审判权，审判员独立，只服从法律。检察长在刑事诉讼中独立行使职权，不受任何机关和公职人员的干涉，只服从法律并遵循总检察长的指示。检察机关的独立原则还体现于其集中行使的权力依法不受地方机关干涉。

4. 案件的审理实行合议制和人民陪审员制原则。这一原则在“十月革命”后所发布的第二号、第三号法令中明确宣告，并被其后的宪法和诉讼法加以确认。案件的审理实行审判员合议制。一切刑事、民事案件的初审，除由法律特别规定的场合外，均由法院法官和人民陪审员合议审理。在审判中，人民陪审员与法官一样具有同等的地位，享有同等的权利和义务，一道决定事实和法律问题。

5. 公民在法律和法院面前一律平等原则。根据宪法及有关法律审理刑事和民事案件，一切公民不分出身、社会地位、财产状况、种族、民族、性别、教育程度、语言、宗教信仰、职业的种类和性质、居住地以及其他情况，在法律和法院面前一律平等的原则进行。任何诉讼者都不享有任何特权。

6. 保障刑事被告的辩护权原则。这一原则在“十月革命”后所发布的第二号、第三号法令中已明确宣告，它实质上也是平等原则的具体化。法律规定，刑事被告人和辩护人是拥有广泛权利的诉讼参加人，作为平等的诉讼主体，在刑事诉讼每 阶段和每一环节，享有与公诉人和被害人同样的诉讼权利和义务，其后的法律特别加强了对他们所享有的权利的保障及扩大了辩护人活动的范围。在各部宪法及诉讼法中都确认了无罪推定原则，给予被告的合法权利和自由以保护。

7. 刑事诉讼具有纠问式特色。在审判中，法官处于积极主动的地位，在案件进入庭审前，法官已有了充分的准备，他主动发问，自由判断对证据的采用与否，同时，坚持审判连续性的原则，法庭审理案件不得中断。缺乏全面完整的庭审记录。在审判前，辩护律师无权单独调查事实，无权与各类证人和被害人有任何接触。作为公诉人的检察官权力较大。所有诸如此类的做法，就使得苏联刑事诉讼富有大陆法系纠部式诉讼的特色。

苏联司法诉讼审判的主要制度有：预审制、公诉制、言词审理制、辩护制、合议制、陪审制、上诉审、监督审、回避制及评议室保密制等。

第三节 苏联解体后的俄罗斯联邦法律制度

1991 年 12 月 25 日，一个独立的俄罗斯联邦共和国以主权国家的姿态出现于苏联解体后的国土上。这一重大的政治行为由 1993 年 12 月 12 日以全民投票公决方式通过的《俄罗斯联邦共和国宪法》加以确认。在新的历史时期，在国家组织进行的国家社会化、经济市场化、政治民主化及文化多元化的过程中，一个重要的手段便是通过立法改革确认、保障、推进和实现其政治体制、经济体制、文化精神及社会全面改革，以建设一个自由、民主和法制的社会国家。20世纪90年代，俄罗斯联邦共和国制定和颁布的法律主要有：1990年《俄罗斯苏维埃联邦社会主义共和国财产所有权法》，1991年《俄罗斯联邦土地法典》，1991年《俄罗斯联邦总统法》，1993年《俄罗斯联邦共和国宪法》，1994年《俄罗斯联邦共和国民法典》，1995年《俄罗斯联邦总统选举法》，1996年《俄罗斯联邦家庭法典》，1996年《俄罗斯联邦刑法典》，此外，还制定和颁布了大量有关经济法、劳动法、环境法、科技法、行政法、司法法和社会立法及其他规范性法律文件。所有这些法律、法规基本上构成了一个在根本上区别于苏联的、以实现现代人的最高价值为理念的全新的法律体系。当然，毋庸置疑，这一已成一定规模并正在完善中的全新的法律体系，犹如正在改革和开放中的其他国家一样，是在继承、借鉴和移植传统和现代、历史和现实、国内和国外优秀法律文化和制度的基础上加以创新构筑的。

一、1993年《俄罗斯联邦共和国宪法》

1993年《俄罗斯联邦共和国宪法》由序言（简单地申诉宪法制定的目的）和本文两编组成，第一编是正文，规定的内容依次是：宪法制度的基础、人和公民的权利与自由、联邦体制、俄罗斯联邦总统、联邦会议、俄罗斯联邦政府、司法权、地方自治、宪法的修改与重新审议等9章共137条。第二编是结论性和过渡性条款，有关本宪法的生效日期、联邦条约、联邦机关、官员、任期及程序等内容。该部宪法的主要特点如下：

（一）俄罗斯联邦是一个民主法治的“社会国家”①

宪法规定，俄罗斯在国家结构上是一个联邦制的国家。俄罗斯联邦是共和制的民主联邦法制国家（第1条）。俄罗斯联邦各族人民是它的主权的拥有者和权力的唯一源泉。人民直接地或者通过国家权力机关和地方自治机关行使自己的权利（第3条）。联邦主体由权力平等的各共和国、边疆区、省、联邦直辖市、自治省、自治州组成（共89个联邦主体），其政策旨在建立保障应有的生命和自由发展的条件。宪法依据各主权平等、联邦中央与各主体分权的原则对联邦中央与地方各自的权限和相互关系作了规定。各共和国拥有自己的宪法和法律及语言和国籍。联邦宪法和法律在联邦的全部领土上具有最高效力。联邦国家权力机关与

① 从有关规定中反映出，俄罗斯社会性质虽发生根本变革，但联邦体制尽可能地实行国家高度中央集权及充分的地方自治相结合，同时，俄罗斯联邦国家又力图避免联邦中央高度集权的极端倾向和民族分裂的倾向。如联邦总统虽不是政府首脑，但其权力较大，有权力左右政府的组成及其活动。沈宗灵著：《比较宪法》，北京大学出版社2002年版，第43～44页。

联邦主体国家权力机关之间的争端由联邦宪法法院解决。

（二）俄罗斯联邦实行总统制和内阁制相混合的制度

俄罗斯联邦总统是国家元首。他依法有权决定国家对内对外政策的基本方向，有任免包括总理在内的国家高级官员的权力，是联邦武装力量的最高统帅，在国内国际关系中代表联邦，有权确定国家杜马的选举，甚至有权解散杜马，有权提出法律草案，签署并颁布法律，有权发布总统令。依据1993年《俄罗斯联邦共和国宪法》和1995年《俄罗斯联邦总统选举法》总统由具有普遍的、平等的和直接的选举权的俄罗斯公民以无记名投票方式直接选出，任期4年。可连选连任一次。[①] 联邦的执行权力由以总理为首的联邦政府行使。联邦政府依法拥有独立的地位和广泛的国家管理执行权，但必须依法行政并对总统负责。俄国总理在国家杜马同意后由总统任命。由总理领导的联邦政府担负着全联邦政治、经济、军事、外交和社会等领域的执行和管理重任。

（三）宪法基本原则为民主政治、主权在民和三权分立

在政治制度上，宪法承认政治多元化和多党制，三权分立；在思想文化上，承认意识形态的多样性，任何意识形态不得被认为国家的或必须遵循的意识形态，社会团体在法律面前一律平等，但禁止用暴力手段来改变宪法制度的原则，破坏俄罗斯联邦的完整，危害国家安全，煽动民族、宗教纠纷等。国家权力的组织及活动按照三权分立的原则进行。宪法规定，“在俄罗斯联邦，国家权力的行使建立在立法权、执行权和司法权分立的基础之上。立法与执行和司法权力机关相互独立”（第10条）。俄罗斯联邦会议为俄罗斯联邦议会，是俄罗斯联邦的代表与立法机关。联邦会议分为两院，其一为上院即联邦委员会，由联邦每个主体各出一名代表权力机关的代表和一名代表执行机关的代表组成。其二为国家杜马，国家杜马每4年选举一次。相对而言，杜马的权力更大一点，如其职权主要是通过联邦法律，同意总统对总理的任命；决定对总统的信任问题。联邦委员会有权对国家杜马通过的法律进行审议，但最终取决于国家杜马2/3代表的赞成。司法独立原则。规定俄罗斯联邦境内的司法权由宪法法院、最高法院、其他联邦法院、最高仲裁法院和联邦总检察长行使。司法权的行使须通过联邦宪法、民事、行政和刑事诉讼程序进行。

（四）国家实行混合所有制形式的经济制度

依据宪法，国家实行私有制、国家所有制、地主所有制及其他所有制形式混合的经济制度，保障统一的经济空间、商品、劳务、和财政资金的自由流动，鼓励竞争和自由的经是活动，实行较全面的市场经济。每个人都有权自由地利用自己的能力和财产从事企业以及其他不受法律禁止的经济活动的权利。

---

① 凡年龄35岁以上，在俄罗斯联邦常住期不少于10年的俄罗斯联邦公民都可以被选为总统。当国家杜马对政府表示不信任，总统有权作出联邦政府辞职或解散国家杜马和确定重新选举的决定。当然，宪法也对总统解散杜马的权力作了一些限制。

（五）全面、详尽地规定了公民享有广泛的权利和自由

该宪法规定的人权和公民权利的根本原则是，“人和他的权利和自由具有至高无上的价值，承认、遵循和维护人和公民的权利与自由是国家的义务”。宪法以48个条文列举了广泛的权利与自由及义务范围，其中包括了《世界人权宣言》所规定的公民权利、政治权利和社会、经济及文化两大类权利，也包括了发展中国家和西方发达国家的宪法权利如司法保护权及少数人权学者在20世纪70年代所倡导的“第三代人权”[①] 等有关社会文化类方面的权利。规定了司法保护权利，每人有权运用法律不禁止方式维护自己的权利和自由，司法保护保障每人的权利和自由，规定了国家赔偿权、国际法的可诉权、陪审权、律师帮助和辩护权、法无规定不为罪和无罪推定、任何人不应因同一违法行为被重复判罪，不得自证其罪等原则。

二、1994年《俄罗斯联邦民法典》

20世纪90年代，俄罗斯联邦因适应社会转型和市场经济发展的需要，确认经济体制改革的成果，其民事立法发生了重大的变化。其立法有：1990年《苏联财产所有权法》[②] 和《俄罗斯苏维埃联邦社会主义共和国财产所有权法》、

---

① 就公民的权利，规定人的基本权利和自由是与生俱来，不可转让的，是直接有效的，其有效性决定了法律的含义、内容及其运用并受司法保障，但是这些权利和自由的实现是以不得损害他人的权利和自由为条件的。在法律和法律面前人人平等，男女享有平等权利和自由及平等机会。宪法对生存权、隐私权、名誉权、住宅权、民族权、迁徙权、信仰权、思想言论权及结社、集会和示威权等公民权利作出前所未有的广泛规定。同时，禁止从事煽动社会、种族、民族或宗教仇视和敌对的宣传和鼓动；禁止宣传社会、种族、民族、宗教或语言的优越。就政治权利，公民平等地享有选举权或被选举权，平等地享有直接或通过自己的代表参与国家事务管理的权限，平等地享有全民公决权，平等地享有参加司法审判的权利。就经济权利，人人享有私有财产权，私人所有权受法律保护，非经法院判决，不得剥夺私的财产。劳动自由，有休息权和罢工权、带薪休假权和投诉权。人人享有自由地利用自己的能力和财产从事企业以及其他不受法律禁止的经济活动的权利，同时，禁止旨在进行垄断和不正当竞争的经济活动。就社会文化权，规定了国家保障权、社会福利权、良好的环境权、受教育权、创作权和知识产权，如每人在患病、致残、丧失供养人、抚养子女并在法律规定的其他情况下，按年龄享受国家保障，每人都有权受健康保护和医疗补助，穷人享有免费住宅。参见沈宗灵：《比较宪法——对八国宪法的比较研究》，北京大学出版社2002年版，第45页。

② 1990年3月6日，苏联最高苏维埃通过《苏联财产所有权法》，这是苏联立法中第一个规定所有权制度的单行法。较以前的民事立法，该法的新主要体现于：一是对所有权概念的界定作了新的表述，规定所有权是在法律规定的范围内、所有人按自己的意愿实现属于所有人的占有、使用和处分财产的三项权能。所有权人在实现自己法定权能时，应当对属于自己的财产有权实施不与法律相违背的任何行为，可实施法律不禁止的任何经济活动或其他活动。同时，规定，所有人在行使所有权时不应给周围环境带来损害，不应破坏受法律保护的他人权益。这样的规定显然是体现了现代社会不仅确保个人权益而且要确保社会利益的理念，二是对所有权的形式作了新的规定，第一次将公民所有权排在集体所有权和国家所有权之前。这是个人本位价值观的体现。三是规定公民可以拥有生活资料和生产资料，可以雇佣他人劳动。首次认可雇佣劳动的合法性。同年12月24日，《俄罗斯苏维埃联邦社会主义共和国财产所有权法》颁布。该法以《苏联财产所有权法》为基础，其立法精神和基本内容大致相当。1991年5月31日苏联最高苏维埃通过《苏联和各加盟共和国民事立法纲要》，对物权作出新的规定并发展了上述有关的所有权形式。

1991 年《苏联和各加盟共和国民事立法纲要》和 1994 年《俄罗斯联邦民法典》。①

俄罗斯新民法典第一部分规定的内容依次是：总则；所有权和其他物权；债法一般原则。第二部分规定的内容为债的各种形式也即债的分则。一是明确民事主体。规定的民事主体有公民、法人，国有和市政自治组织，前两者属于私法属性的民事主体，后两者属于公法性的民事主体。关于民事主体资格的民事权利能力，规定能够享受财产权利和人身非财产权利以及相应地承担财产义务和人身非财产义务。宣布公民民事权利能力人人平等的原则。二是关于物权。有关所有权概念的表述吸收了 1990 年《苏联财产所有权法》的规定。法典扩大了所有权权能，确认了私人所有权，并将公民所有权列于首位，增加了公民所有权的内容及他物权的内容。如对住宅所有权及住宅他物权的规定，对合理使用土地、保护土地所有者权益的土地他物权制度，完善了物权体系。三是关于债和契约。法典的规定具体且详密，首次对有价证券及其作了规定。四是为了适应企业私有化的需要，法典将企业作为民事权利客体加以规定，将企业作为不动产，是用以从事经营活动的财产综合体，企业就其整体或其部分可以作为买卖、抵押、租赁和与产生、变更及终止物权有关的其他法律行为的客体，如继承的客体。凡是以商合伙、经营公司的形式以及生产合作社的形式或者以国家、自治地方单一制的形式（单一制企业）建立起来的商业组织都为法人组织。1994 年俄罗斯联邦民法典对继承权和特别权作了规定。

三、1996 年《俄罗斯联邦刑法典》

1996 年 1 月 1 日，俄罗斯法制史上第四部刑法典即《俄罗斯联邦刑法典》生效。该部新刑法典是独立后的俄罗斯刑事立法改革的成果，被俄罗斯国家评价为俄罗斯刑事科学和当代立法实践的重大成就，是进行司法改革、完善个人权利和自由的保护体系以及刑事立法民主化方面所迈出的一大步，它标志着俄罗斯刑事立法发展的一个民主的新阶段。②

1996 年《俄罗斯联邦刑法典》分为总则和分则，共 12 编 34 章 360 条。总则规定的内容为：刑事法律；犯罪；刑罚；免除刑事责任与免除刑罚；未成年人的刑事责任；医疗性强制措施。分则规定的内容为：侵害人身的犯罪；经济领域

---

① 1992 年 1 月 14 日，苏联解体后独立的俄罗斯苏维埃联邦最高苏维埃颁布 1991 年“纲要”在俄罗斯联邦境内适用的决议。1994 年 12 月 8 日俄罗斯联邦国家杜马通过新的民法典第一和第二部分，并于 1995 年 1 月生效。

② 新刑法典的起草工作始于 20 世纪 90 年代初，由司法部及联邦立法委员会和总统法制管理局分别组织领导的两个起草小组在同时进行这一项工作。1994 年 4 月国家杜马收到来自上述两个起草小组的两份刑法典总则草案，为了协调它们之间原则上的巨大差异，国家杜马成立由两级成员参加的协调委员会。1994 年 12 月 12 日经协调过的刑法典草案通过了国家杜马一读。后经修改和完善，1996 年 5 月 24 日，刑法典草案被国家杜马通过，6 月 5 日，联邦委员会同意，总统颁布终成法律。参见《俄罗斯联邦刑法典释义》，黄道秀译，上册，中国政法大学出版社 2000 年版，第 1 ~ 9 页。

的犯罪；危害公共安全和社会秩序的犯罪；反对国家政权的犯罪；军职罪；破坏人类和平和安全的犯罪。新刑法典的制度变化及其特点：

1. 规定了刑法典的任务及其目的。总则第2条规定：其任务是保护人和公民的权利和自由，保护所有权，维护社会秩序和公共安全，保护环境，捍卫俄罗斯联邦的宪法制度，以防犯罪行为的侵害，保障人类的和平与安全，以及预防犯罪。“适用刑罚的目的是恢复社会公正，以及改造被判刑人和预防实施新的犯罪。”（第43条第2款）显然，从对其任务和目的的明确表述上，较苏联时期的刑法典已发生了实质性的变化，[①] 旨在促进俄罗斯民主和法制的“社会国家”的发展及国际法人权原则的确立。这一任务及目的所盈涵的理念充分体现于法典的总则和分则中。

2. 明确规定了刑法基本原则。有法制原则、在法律面前人人平等原则、罪过原则、公正原则和人道主义原则。法制原则含义极为广泛，其核心内容是罪刑法定即“法无明文规定不为罪，不受罚”。[②] 法律面前人人平等，其基本含义应是实施了犯罪行为的任何人在法律面前一律平等地受到刑事追究并应当负刑事责任。[③] 罪过责任原则，也就是在确定行为时应当具备主客观要件，不仅要强调行为的社会危害性，特别强调行为人的主观罪过（故意或过失形式）的心理态度。公正原则较为抽象，它主要处理的是如何平衡犯罪人的个人利益与社会利益的问题。[④] 人道主义原则，是一种意在促进社会进步目标的道德思想，其理念是承认人的价值、尊重人格和谋求人的幸福。这一原则具体落实于刑事法领域中，其首要内容是全面、有效地保障人的安全，保护人的生命、健康、自由、人格、财产等（第7条第1款）。另一方面，对犯罪人实行人道主义，具体化于许多制度中。[⑤]

3. 犯罪及其分类。“本法典以刑罚相威胁所禁止的有罪过地实施的危害社会的行为，被认为是犯罪”（第14条第1款）。“行为（不作为）虽然形式上含有

---

① 其主要特征是，制定的依据是1993年宪法和公认的国际法原则和人权准则，顺应了俄罗斯社会、政治、经济和意识形态的根本变革，基于自由、民主、法制和人权的法理基础，以最大限度地优先保障人这一文明世界中的最高社会价值，追求和实现全人类的价值，恢复社会公正、实行个别预防与一般预防相结合。

② 也就是说，行为是否构成犯罪以及行为应否受刑罚处罚及其他法律后果只能由刑事法律加以规定，依法明确制定的刑事法律是犯罪与刑罚的唯一法律渊源，不得以司法解释和类推方式适用刑事法律。确定或加重责任的法律不具有回溯力。而且，依据宪法，每人都享有自由和人身不受侵犯的权利，只有根据法院的判决才能实行逮捕、关押和监禁，如拘押不得超过48小时。任何人享有不得自证其罪的权利。

③ 也即，对实施了犯罪行为的任何人，规定了同样的追究刑事责任的根据、同样的免除刑事责任的刑罚的根据、同样的消灭前科法律后果的条件。这一原则在于保障行为人对其同样的罪行负相同的刑事责任。

④ 若在实证层面上，主要强调的是处罚公正，这就需要法院严格作到依照罪行的性质、对社会的危害程度、实施犯罪的情节及犯罪人个人的情况作出公正的刑罚判决，而多样性的刑种体系和相对确定的法定刑体系也提供了此种可能性。同时，依据宪法规定，要给予被告要求陪审法庭对其案件进行审理的权利。任何人都不应因同一违法行为被重复判罪。

⑤ 如刑罚的目的、缓刑、假释、大赦、对妇女和年满65岁的男子不适用死刑等制度，“对犯罪人适用的刑罚和其他刑事法律措施不以造成肉体痛苦或侮辱人格为目的”。同时，依据宪法规定，个人尊严受到国家保护，任何人不应受到刑讯、暴力、其他残酷的待遇或惩罚。

本法典规定的某一行为的要件，但由于情节轻微而不构成社会危害性，即未对个人、社会或国家造成损害或构成损害威胁的，不是犯罪”（第2款）。[①] 可见，法律规定的犯罪，其特征是：危害社会的行为；刑事违法行为；罪过行为；应受刑罚处罚的行为。法典依据行为的性质、罪过的形式和社会危害性的程度对犯罪分为四类：危害不大的犯罪、中等危害程度的犯罪、严重犯罪和特别严重犯罪。[②] 在“共同犯罪”一章中增设“有组织犯罪”，这反映出俄罗斯刑事立法与国内国际的犯罪现实及其发展趋势相适应。第八编有关“经济领域的犯罪”是法律条文规定最多的一章，[③] 这也反映出俄罗斯的刑法典与其经济转轨时期的社会需要密切相联系。法典还规定了排除行为有罪的情形如正当防卫、在拘捕犯罪人时造成损害、紧急避险、身体或心理受到强制、正当风险、执行命令或指令等。在分则结构上，有关罪名的排列是依法律所优先保护的客体的重要性来重新构造的。分则罪名的排列依次为：侵犯个人的犯罪；经济领域的犯罪；危害公共安全和公共秩序的犯罪；危害国家政权的犯罪；妨害军务的犯罪；危害和平和人类安全的犯罪。可见，法典首先规定的是侵害公民的人身、权利、自由和财产的犯罪，而不再是从前的国事罪和社会主义所有制。[④]

4. 刑事责任。法典规定的刑事责任的一般条件是：“只有达到本法典规定的年龄并具有刑事责任能力的自然人才得承担刑事责任”（第19条）。在俄罗斯联邦，依法犯罪的主体只是具有足够健康心理的自然人，“年满16岁的人才得承担刑事责任。”法典以犯罪分类为基础详细地区分了不同的刑事责任，对应承担刑事责任的人、免除刑事责任的情形（因积极悔过、因与受害人和解、因形势改变、因时效期届满）、及未成年人的刑事责任作出明确的规定。以公共安全利益为标准，虽加重了严重犯罪和特别严重犯罪、累犯、职业犯罪和有组织犯罪的刑事责任，但对那些明显不具有潜在威胁性的犯罪人适用更宽缓的感化措施。[⑤] 此外，法典还确认了涉及刑事责任的国际条约对国内法的优先地位。

5. 刑罚及刑罚体系。“刑罚是法院刑事判决所判处的国家强制措施。刑罚对被认定犯罪的人适用，刑罚就是依照本法典的规定剥夺或限制该人的权利和自

---

① 《俄罗斯联邦刑法典释义》，黄道秀译，上册，中国政法大学出版社2000年版，第21页。

② 轻罪是最高刑罚不超过2年剥夺自由的、危害不大的故意或过失犯罪行为。中等危害程度的犯罪是最高刑罚不超过5年剥夺自由的、属于中等危害程度的故意或过失的犯罪行为。严重犯罪是最高刑罚不超过10年剥夺自由的故意或过失犯罪行为。特别严重犯罪是刑罚超过10年剥夺自由或更重刑罚的、危害严重的故意犯罪，如加重情节的杀人、武装匪绑、各种危害严重的犯罪等。

③ 从第158－201条共46条，构成32种罪，其中，绝大多数是新设立的罪名。

④ 显然，法典意在对以个人利益为本位的价值观的维护。对个人价值的优先保护的理念还体现于犯罪的分类上，如死刑只适用于对生命侵害的特别严重的犯罪。在俄罗斯历史上，对死刑的存废历来争论很大，曾三上三下，也即曾三次宣布废除死刑，三次恢复死刑。此外，对特殊主体提供特殊的法律保护，如规定了谋害国家军事要员或者社会要员的生命罪，侵犯法官、检察官、侦查人员、审讯人员以及预审人员的生命罪，侵犯法律保护机关或军事机关工作人员的生命罪，对这些特殊主体加以特殊的法律保护。

⑤ 如对那些实施轻罪或中等严重程度犯罪的未成年人，如果认为不需要追究刑事责任或适用刑罚即能改造，便适用教育感性化强制方法。同时，在不违背公共安全利益的前提下去掉刑事镇压，对那些情节显著轻微的不作犯罪处理。

由”（第43条第1款）。“适用刑罚的目的在于恢复社会公正，以及改造被判刑人和预防实施新的犯罪”（第2款）。对与刑事责任确立有关的刑罚体系及刑种作了调整。刑罚种类13种，由轻到重依次为：罚金；剥夺担任一定职务或从事某种活动的权利；剥夺专门称号、军衔或荣誉称呼、职衔和国家奖励；强制性工作；劳动改造；限制军职；没收财产；限制自由；拘役；军纪营管束；一定期限的剥夺自由；终身剥夺自由；死刑。[①] 上述的关规定无论是刑罚的概念还是刑罚体系及其排列顺序所发生的重大变更都反映出一种价值理念的调整。

6. 新刑法典突出的特点是创新性、时代性和个人本位，以及重其所重、轻其所轻的刑事政策，其理念、原则、内容、结构等都应社会发展的需求发生了根本性的变化，但也保留了以前刑法典的某些规定。可以说，新刑法典是其刑事立法经验的总结，是刑事立法创新性与连续性的统一。

四、司法制度

重获独立的俄罗斯联邦共和国十多年来，一直致力于司法改革以建设一个与市场经济相适应的法制社会国家，并取得了一些立法上的和体制上的成果。

（一）司法行政制度

苏联解体后的俄罗斯其司法行政管理机构是联邦司法部，联邦司法部。[②] 联邦司法部的基本职能是：一是协调国家立法，对各种已经联邦杜马一读的立法草案进行专业评价，提出专业意见。二是负责刑罚执行。依法将原属于内务部的狱政管理接管过来，以刑罚执行局下设的全国7个派出机构实施刑罚执行权。但是，有关罪犯的减刑和假释由法院作出裁定。三是负责民事裁判的执行。四是承担国家登记工作。主要负责对政党、宗教组织、大众传媒、律师、公证机构、土地、住宅、机场、飞机等进行登记。五是主管司法鉴定工作。这是司法部的一项传统职能，设有各个层次的司法鉴定中心，为社会提供服务。六是，对法律工作者进行培训。联邦司法部为本系统培养人才还设有法学院，主要培养律师、公证员、注册人员及执行人员等。

（二）法院组织制度。

依据联邦宪法、宪法法院法、最高法院法、司法体系法、法官地位法及治安法官法，联邦的司法体系由联邦宪法和联邦宪法性法律确定，不得建立特别法

---

① 其中，有5种是新增设的，而对每一种类的刑罚都加以完善，补充了有关新的内容。对未成年人的刑事责任与刑罚以专章规定，确定了区别于成年罪犯只适用于未成年人罪犯的刑罚和感化措施及适用条件，如规定，未成年人犯罪本身属于减轻责任的情节，其最高刑期不得超过10年，不适用终身剥夺自由和死刑。规定的教育感化措施的适用条件是：初犯、犯罪性质不很严重、不适用刑罚就能够矫正。

② 是由联邦总统直接领导的以保证实现国家宪法、法律和司法政策的行政性的联邦中央机构，由它对各联邦主体的司法总局进行直接管理。在国家司法改革过程中，联邦司法部新成立了刑罚执行局、民事裁判执行局和注册登记局三个直属机构。以司法部的民事裁判执行局及其下设的各联邦主体的执行局负责执行的事项：各级普通法院和仲裁法院作出的民事判决或裁定；税务部门强制缴纳税收的决定；国际法庭和外国法院有关国际债务的裁判。同时，还对法官和法庭的安全负有责任。

庭。现在的俄罗斯联邦法院体系由联邦宪法法院、联邦普通法院由联邦最高法院、联邦仲裁法院及其他联邦法院组成。联邦宪法法院在俄罗斯国家政治和法律生活中的地位是举足轻重的。

依据1991年《俄罗斯联邦宪法法院法》和《宪法法院法修正案》，建立了宪法法院且选举产生了13名联邦宪法法院法官。对此，1993年宪法加以确认。宪法法院只设立于联邦中央一级，其目的是确保俄罗斯联邦宪法在全俄罗斯的至尊至上，维持联邦国家的统一性和权威性。① 它是通过宪法诉讼活动对宪法的执行进行监督的一个司法审判机关，其基本职权为：解释俄联邦宪法；司法审查权即审查联邦法律和涉及主体管辖及其关系的地方法律、其他规范性法律文件及俄罗斯已签署但尚未生效的国际条约是否符合联邦宪法；解决国家权力机关及其之间、中央与地方、地方权力机关之间的权限纠纷；处理有关宪法的公民投诉及对具体案件的合宪性审查；对俄罗斯联邦总统指控的有关法定程序作出决定；有立法动议权；以及其他法定职权。

联邦普通法院，是民事、刑事和行政等案件的审判机关，是拥有一般司法权的裁决机关，它由联邦最高法院、各联邦主体最高法院、各边疆区、州、联邦直辖市、自治州、自治专区、区（市）法院、治安法官以及军事法院组成。实行三审终审制。联邦最高法院是一切诉讼案件（除宪法诉讼外）的最高级即终审级，并对各级法院行使司法监督权和审判解释权。联邦最高法院法官根据总统提名予以任命。联邦主体法院可作为一审和二审法院。区法院在自己的司法管辖区内可作为一审法院，也是治安法院的上诉审法院。治安法院是依据1998年《俄罗斯联邦治安法官法》设立的。治安法官为基层法院，是民、刑事、和行政案件诉讼的第一审级，其司法管辖范围权限由法律规定，如刑事案件为法定刑不超过2年监禁的案件管辖，申请民事执行，有条件的离婚案件，财产分割及家庭纠纷，诉讼标的不超过工资500倍的财产纠纷，劳动关系纠纷以及行政违法案件等。治安法官为独任审，任期5年。在这一系统中，没有独立的行政法院或行政审判庭，有关案件，由普通法院统一审理。

仲裁法院，由联邦最高仲裁法院、各联邦主体中共和国的最高仲裁法院、边疆区、州、联邦直辖市、自治州、自治专区仲裁法院组成。市（区）不设仲裁法院。各级仲裁法院是用以解决经济争议和审理其管辖范围内的其他案件的司法机关，按1995年《俄罗斯联邦仲裁程序法》规定的仲裁程序行使审判权。

---

① 宪法法院共19名法官，由联邦总统提名联邦委员会任命，任期12年，期间，不得成为议员，不得参加社会政治活动。宪法法院法官独立行使司法权，无故不得被撤换，人身不受侵犯。宪法法院依法进行诉讼活动，依法在收到投诉后的1个月内召开全体会议进行研究且准备听证。诉讼审判必须遵循独立性、集体性、公开性、连续性、辩论性和平等性基本原则。也就是说，宪法法院法官独立行使职权，只遵循联邦宪法和宪法法院法。宪法法院须集体审理案件，其最终判决采参与庭审的2/3法官的赞同意见即多数人意见（每个法官意见都得征求），少数意见也以书面说明且签字。保持不间断性原则和公开审理案件原则。诉讼双方都有同等的权利在法庭上阐述各自主张。其决定为最终的，不得上诉。

（三）检察制度

有关检察制度的法律改革，制定的法律主要有：1995 年《俄罗斯联邦检察法》和 1998 年修改和补充《俄罗斯联邦检察法》的联邦法律。新宪法及这些法律对俄罗斯联邦检察机关的组成、权限、职能、活动以及基本原则作了明确的规定。俄罗斯联邦的检察制度仍坚持宪法上的司法权，实行苏联的垂直领导和集中统一原则。“俄罗斯联邦检察系统由联邦最高检察院、各共和国、边疆区、州、联邦直辖市、自治州、自治专区、区（市）检察院以及军事检察院组成。总检察长经俄联邦总统提名由联邦委员会任命，下级检察院的检察长由上级检察院的检察长任命。检察体系由总检察长负责，实行垂直领导和集中统一原则，下级服从上级。[①] 在职能上，检察机关被确定为护法机关之一种，行使保障法律统一实施权，对俄罗斯联邦的一切刑事、民事、行政法的执行以及对遵守联邦宪法，对一切立法机关、执行机构、地方自治机关和军事管理机关的立法权以及对法律的执行行使监督权，有权向宪法法院提出对国际条约、联邦法律和其他规范性法律文件的宪法审查。其任务是：保障法律的崇高性、法制统一和巩固；保护公民的社会、经济、政治和其他权利；保卫俄罗斯联邦及其成员的主权国家的权利等。此外，还具有公诉权、部分刑事案件的侦查权、公益诉讼中代表国家和弱势群体出庭诉讼的权利以及自身的行政管理工作。

（四）诉讼审判原则和制度

自苏联解体至今，俄罗斯联邦对其原来的苏俄民事诉讼法典和刑事诉讼法典修改多次并一直有效。与此同时，在加紧进行制定新的民事诉讼法典和新的刑事诉讼法典，有关草案已数次提交国家杜马，但终因某一方面的不同意而未能成为法律得以生效，现仍在修改之中。不过，此时期也颁布了一些有关的单行法律，如 1997 年颁布、生效的《俄罗斯联邦刑事执行法典》，该法依据新宪法确立了法治国家原则，法典与新宪法和新刑法典相适应，明确了人道主义原则和公民在法律面前一律平等原则等根本原则。所确认的基本审判原则有：审判权统一专属的原则，即俄罗斯联邦的审判权只能由联邦宪法和其他法律法定的各级法院行使，司法权通过宪法、民事、行政和刑事诉讼程序实施；法官独立的原则，即法官独立，只服从法律，法官的司法活动不受任何国家机关、社会团体、政府官员和公民的干预，法官终身制，同时给予经济上的保障；诉讼公开原则；刑事案件不得

---

① “联邦检察院是统一的系统，下级检察长服从上级检察长和俄罗斯联邦总检察长”（宪法第 129 条）。也就是说，其系统组织为：联邦总检察院、联邦主体检察院、区（市）检察院以及相应的专门检察院构成。各级检察院由检察长负责，上下级检察院之间实行垂直领导。虽然规定各级检察机关独立行使司法权，但性质上，它只是一个特殊的与司法活动有关的国家机关。在职能上的公诉权，是指检察机关有权对刑事案件决定是否公诉及出庭支持公诉。具有部分刑事案件的侦查权。对蓄意谋杀的犯罪案件、护法机关（内务部、司法部、检察院、国家安全部、特别事务部、毒品委员会等）及其工作人员的职务犯罪案件直接行使侦查权，其采取的限制人身自由的强制措施须经法院批准（取消了过去的对法院审判的监督权和对民事案件的抗诉权，将原有的逮捕、搜查、窃听等限制公民人身自由的财产权利的强制措施的批准权划归法院）在民事诉讼中，具有代表国家和弱势群体出庭诉讼的权利。最后，还具有自身的行政管理工作，如负责检察官的选拔、培训和管理等事项。

缺席审理的原则；当事人拥有平等辩论权的原则；陪审员参加审理的原则；无罪推定原则；被告无义务向法庭提供不利于自己的证据的原则；不允许使用违反联邦法律的手段获取证据的原则；禁止刑讯；被告有权要求由陪审团法庭对其案件进行审理的原则。同时确立了刑事执行的具体原则，如刑罚执行的区别原则与个别原则的结合，强制手段的合理运用原则，守法行为的激励原则以及刑罚与改造相结合原则。法典从法治的宏观上考虑刑事执行问题，规定由司法部、法院、检察机关等共同对刑事执行实施监督，社会团体参与监督。规定了死刑的执行程序、设立感化中心便于执行限制自由刑。规定应当保护被执行人的合法权利，如尊重其信仰自由和宗教自由等。

总之，在法制模式上，苏联解体后的俄罗斯保留了相当多的苏联时期的东西，也移植了一些西方法律模式，并没有采取全盘西化的方式来实现其法律体系、司法体制及法治国家的建设。在其法律和司法改革过程中，进行大量的立法层面的法律活动是对原有法律的不断修订，其实体法体现了制定法主义和对苏联法的继承与新形势下法的发展的关系。值得一提的是，实行宪政和人权保障机制。其行政诉讼已经从原由“法院外”的管理机关审理的苏联模式中分离出来，转换为一种以保障民权、进行民权救济、控制行政权的普通司法制度，体现了现代人权和法治精神。对宪法的监督及司法审查由最初的立法机关监督模式转变为宪法法院监督模式，确立了富有特色的有关宪法诉讼和宪法司法化的宪法司法制度。在诉讼审判方面，由原来的职权主义模式渐渐向当事人主义的诉讼模式转化。如确立人权保障、程序公正和诉讼效率的价值理念、确立无罪推定原则和非法证据排除规则、实行论辩式审判方式。但仍旧有着职权主义诉讼构造的影子。在公检法三机关的关系上，强化法院权威，加强检察院的职能，削弱警察权力。如将原来由检察院进行批捕等强制措施权力划归法院，取消检察院对法院的法律监督和民事抗辩权，将检察机关由监督和控制公民权利的部门转变为“法的守护”和保护公民权利的部门。凡是限制人身自由等强制措施必须由法官批准。同时，也将原由司法部分管的涉及法院系统的部分司法行政工作交由法院。将原来属于警察的立案权划归检察院，加强检察院对警察有侦查权的监督，实行检察一体化原则。将原属于内政部警察的狱政管理交由司法部门。

第四节 俄罗斯法的特点和历史地位

一、俄罗斯法的特点

（一）俄罗斯法律的历史演进模式，阶段性和建构型极为明显

俄罗斯拥有悠久而独特的法律文明传统，由于其文明形态的演化和社会政治

经济模式的变革，使它较早地形成了一套相对独立的职业化法律体制且呈现出另类的法律态势。俄罗斯法律历史的早期为基辅罗斯法时期，是由东斯拉夫人确立的封建制的古罗斯法，而古罗斯法受到拜占庭罗马法较深的影响。封建的俄罗斯法以其国家主义旨意确认和保护封建主利益和农奴制度，较早地以国家制定法为其主要渊源，通过大规模的国家立法活动以大型成文法典为主要表现形式，以军事强国为其强制效力的保证。特别是苏联时期通过苏维埃立法形成独特而发达的社会主义法律体系，在此基础上，进而成就了一个苏联法律传统。苏联法律传统指的是俄国十月社会主义革命胜利后，由新生的苏维埃社会主义国家创制和实施的持续近一个世纪的、通行于当时苏联地区的社会主义法律制度、文化及实务样式。作为人类历史上第一个社会主义法形态，苏联法律传统是基于历史上俄罗斯帝国法律文化传统发展起来的。苏联法律传统在形成、发展的模式上是较为独特的，其生成方式和演变轨迹受到多种社会因素的影响，具有继承性、移植性和原生性，是一种独特的继承与创新并举的“苏联模式”。苏联法律传统可谓社会主义法制实践，是20世纪人类历史上最重大的法律文化历史事件之一。对其他社会主义国家的法制现代化及有关制度构成重大影响以致一度形成社会主义法系阵营。苏联解体后处于社会转型时期的俄罗斯民主法治建设极大地丰富了人类法律文明。

（二）法律渊源上，以制定法为主，法典为表现形式，属成文法传统

从11世纪的《罗斯真理》、莫斯科公国的国家立法如《1497年律书》、《1550年律书》和《1649年会典》，到帝国时期（17世纪下半叶—20世纪初即俄国“十月革命”）相继推出的全方位立法如《军事条例》（1716年）、《海上条例》（1720年）、《票据条例》（1729年）、《整饬条例》（1782年）和《俄罗斯帝国法令全集》（1830年）、《俄罗斯帝国法律全书》（1833年）、《刑罚与感化法典》（1845年）、《司法条例》（1864年）及《刑法典》（1903年）等，都是典型的成文法典。在近20多年的法律和司法改革过程中，进行大量的立法层面的法律活动是对原有法律的不断修订，体现了其制定法主义和对前苏联法的继承与新形势下法的发展的关系。

（三）国家司法权威不够，法律职业的地位相对较低

由于其历史传统，加之70多年的苏联法制在司法理念上很大程度上是政治性的，不是一种客观法的精神，如在司法体制及其相关机制的设置上不注重体现现代人权和法治精神、在司法活动中也不突出保障自由、人权和平等等现代司法理念，不强调司法独立，提高法院权威、强化各司法机关之间的制约关系以确保司法公正，而是一切司法活动都围绕着国家的政治秩序进行。这种影响主要表现在：

第一，执法司法体制上，现代俄罗斯保留了相当多的前苏联时期俄罗斯的东西，也移植了一些西方法律模式，以此方式来实现其现代法律体系、执法司法体制及法治国家的建设。在其司法体制上，除了普通法院外，不存在法国和德国式

的行政法院，而是依据《民事诉讼法、执行程序法》、《仲裁程序法典》和《行政违法法典》，行政法案件分别由普通法院、仲裁法院和治安法官按照有关程序审理，这就说明，其行政诉讼已经从原来由“法院外”的管理机关审理的苏联模式中分离出来，转换为一种以保障民权、进行民权救济、控制行政权的普通司法制度，体现了现代人权和法治精神。但是，在司法实践中，仍旧不乏政治权力色彩，司法权威不高。

第二，在诉讼审判中，虽然由原来的职权主义模式渐渐向当事人主义的诉讼模式转化。如确立人权保障、程序公正和诉讼效率的价值理念、确立无罪推定原则和非法证据排除规则、实行论辩式审判方式。但仍旧有着职权主义诉讼构造的影子。如法官处于积极主动的地位，在案件进入庭审前，法官对此案件已有了解甚至研究，因有了充分的准备，他往往主动发问，自由判断对证据的采用与否，同时，坚持审判连续性的原则，法庭审理案件不得中断。缺乏全面完整的庭审记录。在审判前，辩护律师无权单独调查事实，无权与各类证人和被害人有任何接触。作为公诉人的检察官权力较大。总之，法官司法进行的演绎推理、在诉讼技术操作上极为明显地体现了职权主义的纠问式的特征，是大陆法系的模式。这一特征再次揭示了俄罗斯法律与其传统法律文化和大陆法系的某种因缘关系，民族的、文化的传统所提供的某些制度背景和智力支持再次证实了历史文化传统的不可抗拒性。

第三，对宪法的监督及司法审查由最初的立法机关监督模式转变为宪法法院监督模式，确立了富有特色的有关宪法诉讼和宪法司法化的宪法司法制度。早在1991年就推出司法改革构想，明确建立现代法治国家，首要保护的是公民的权利。但是，在司法审查实践中，始终存在一个政府的影子。

第四，在公检法三大执法机关的关系上，近期通过立法不断强化法院权威，加强检察院的职能，削弱警察权力。如将原来由检察院进行批捕等强制措施权力划归法院，取消检察院对法院的法律监督和民事抗辩权，将检察机关由监督和控制公民权利的部门转变为“法的守护”和保护公民权利的部门。凡是限制人身自由等强制措施必须由法官批准。同时，也将原由司法部分管的涉及法院系统的部分司法行政工作交由法院。将原来属于警察的立案权划归检察院，加强检察院对警察侦查权的监督，实行检察一体化原则。将原属于内政部警察的狱政管理交由司法部门。但是，法律实践中，因传统因素，在公检法三机关的关系上，强化警察权威和检察院的司法职能，不断弱化法院司法权力的“幽灵”难以消除。

二、俄罗斯法的历史地位

俄罗斯法在世界法律史上占有独特的地位，其独特而发达的社会主义法律制度不仅促进了苏联20世纪社会的进步及举世瞩目的经济成就，且对世界发生了深刻影响，对其他社会主义国家的法制现代化及有关制度构成重大影响以致一度形成社会主义法系阵营。苏联解体后处于社会转型时期的俄罗斯民主法治建设极大地丰富了人类法律文明。研究俄罗斯法历史传统，对于总结社会主义理论在实践中的经验和教训的重要性是不言而喻的，这也是当下处于重新选择发展道路的中国人的迫切需要。

苏联法律传统在世界法律史上占有重要地位，其社会主义法制实践可谓是影响深远的历史法律事件，其发展模式对人类法律发展进程的影响是难以估量的。苏维埃制度是产生最早的社会主义法律制度，同时，也是人类历史上一种前所未有的法制新模式，开创了当时独一无二的法律世界新秩序。因此，被认为从此在人类历史上开创了又一个法系即社会主义法系，它从本质上说是完全不同于资本主义法系，是从根本上区别于当代西方两大法系的一个独立法系。① 其主要表现在于它的独具一格的反映法的政治意识形态的法律原则、反映其阶级本质的公法安排及私法理念以及反映决定和直接影响其经济基础的法律内容及其制度。

苏联法律模式对所有社会主义国家的国家体制、意识形态以及社会行为规范都产生了重要影响。首先，苏联法制一度推动和促进过苏联社会生产力的发展和社会的进步。在短短几十年的时间内，苏联法迅速走上社会主义法制化的轨道，不仅保证了国民经济的顺利恢复和社会主义工业化和农业集体化运动的顺利开展，而且为第二次世界大战中抗击法西斯的卫国战争的胜利及一个发达的社会主义国家的建成创造了基本制度基础。其次，特别应该强调的是，苏联独特而发达的所谓社会主义法对社会主义国家的法制现代化及有关制度构成重大影响，在世界范围内形成独树一帜的社会主义法系。这种影响产生的原因一部分在于被影响国的主动选择，另一方面也是因为苏联所采取的各种手段积极对外强制推行自己的社会主义模式。例如，苏联利用其共产党组织与各国共产党组织的密切联系而推广自己的经验；“在国际共产主义运动的早期，莫斯科就通过‘火与剑’将自己的意志强加给其他国家的共产党。当这些国家的共产党取得政权之后……就自然而然将苏联的做法移植到了本国。”② 又如，苏联在军事占领期间，动用军队进行直接干预，向所有东欧国家施加压力。再次，苏联法制模式、立法经验、法的实施、法学教育及法学理论研究对其他社会主义国家的法制建设和法学产生了深刻影响，以至于开创了一个人类法律发展的新时代，成为社会主义法系的一面旗帜。最后，尤其值得关注的是，苏联法模式因受制于且服务于其社会主义公有制和过度集权的国家统制经济体制与以党为核心的三权合一的国家政治体制以及高度思想垄断的思想文化体制，集中表现于立法权对行政权无法实行有效监督、隶属于苏维埃的司法权难以独立、以党代政等，这就在某种程度上与现代法治和宪政相背离。这种高度集权的政治化的管理模式在一定时期被视为各国普遍适用

---

① ［英］格伦敦、戈登、奥萨魁著：《比较法律传统》，米健、贺卫方、高鸿君译，中国政法大学出版社 1993 年版，第 178～179 页。法国比较法学家勒内·达维德也持这一观点，参见其著作《当代主要法律体系》。

② ［匈牙利］雅诺什·科尔奈著：《社会主义体制》，张安译，中央编译出版社 2007 年版，第 335 页。

而确立其被全面移植的地位长达半个多世纪，其经验和教训在世界法制史上是极为宝贵的。客观地说，人类历史上第一个社会主义国家和法出现于苏联有其特定的语境，而且，苏联社会主义法制建设也是历经艰难，受制于不同的领导人及不同的政治路线和党的政策，其中，斯大林式的社会主义实践为人类政治社会秩序模式的选择提供了深刻的教训。若将苏联法律传统置于人类世界总的历史发展及其趋势中思量，这在某种程度上又一次提醒我们如何思考历史的必然性和偶然性？我们说，社会主义作为一种社会思潮必定有其合理之处，社会主义、共产主义是马克思和恩格斯为全世界劳苦大众指出的一种能够摆脱剥削和压迫的理想社会形态。可以说，社会主义法作为一种制度性事实直到目前仍旧在一些国家存在，其中包括中国。中国与苏联曾休戚与共，信仰马克思列宁主义、实行社会主义制度将它们紧密联系在一起。作为政治共国体的苏联在现实中已不存在了，但它是一个历史的存在。可以想象，这一历史事实存在在这一新的世纪还会影响人类历史的发展进程。俄罗斯法律传统的生成过程从另一方面向人类表明，法律有其自身发展的一般规律和基本原则精神，这种法的发展态势极大地丰富了人类法律文明。因此，正确认识俄罗斯法律传统的历史地位及意义对于总结人类社会的法律制度及法律实践的经验和教训是至关重要的。

第十五章 欧洲法

第一节 欧洲法概述

一、欧洲法的概念

欧洲法，是欧洲一体化过程中所形成的相互之间存在密切联系的众多法律规范的总称。有时候，一个同样的概念往往被赋予不同的内容，因为要考虑到与此概念相伴随的复杂的发展状况。“欧洲法”的概念也是如此。就现实而言，欧洲法有广义和狭义的理解。

（一）狭义的欧洲法

狭义的欧洲法，是指从欧洲共同体到欧洲联盟框架下的法律规范的总称，即欧洲联盟法（简称欧盟法），具体由三部分组成：

第一部分即“共同体法”，首先包括建立各共同体的条约，即煤钢共同体条约①、经济共同体条约和原子能共同体条约，它们被称为“基础的”共同体法；其次包括各个共同体机构根据条约而制定的具体法律规范，如欧洲联盟理事会颁布的条例、指令，欧洲联盟委员会作出的决定等，它们被称为“派生的”共同体法。这三大（2002 年以后是两大）共同体通过共同的机构——欧洲议会、欧洲联盟部长理事会、欧洲联盟委员会、欧洲法院和欧洲审计院——紧密地联系在一起，而“共同体法”本身也就构成一种独立的法律规范体系，它们不仅对各成员国国家有效，而且规直接定了成员国国民的权利和义务。在这里，共同体的成员国已经把部分国家主权让渡给了共同体机构，并通过主权让渡准许这些机构针对成员国国民直接行使管辖权，如为监督公司合并而颁布共同体法律，按照竞争法对企业作出处罚决定等。

1992 年的《欧洲联盟条约》（又称《马斯特里赫特条约》）增加了成员国间在经济领域之外的合作，主要涉及两个方面：共同的外交和安全政策，刑事案件的警察事务与司法协作，它们成为欧盟法的第二部分和第三部分。《马斯特里赫特条约》将新增加的两个领域的合作与共同体置于同一个联盟之内，由此创建了

① 煤钢共同体条约于 2002 年期满，该共同体连同它所调整的产业领域被纳入更加综合的欧洲经济共同体条约框架下。

“欧洲联盟”（简称欧盟）。而共同的外交和安全政策及刑事案件的警察事务与司法协作规则就与共同体法一同构成了欧盟法的三根支柱。

欧盟法中新增两个领域的法律规范与共同体法有所不同，它们是国际法传统意义上的国家之间的合作：这两个领域的法律仅规定成员国的权利和义务，而对成员国的国民不能当然直接适用。它们对成员国内的影响视各国处理国际法与国内法之间关系的规则而定。而且这两个领域的法律规范也是在各成员国政府共同参与下制定的，而不是由欧洲联盟那些独立的机构自行制定。

（二）广义的欧洲法

广义的欧洲法是指那些存在于欧洲，包括欧洲联盟在内的所有国家间合作组织或合作行为的法律规范的总称。它们除欧盟法外，主要还包括以下几个部分：

1. 欧洲人权公约体系。1949 年成立的欧洲委员会是一个因共同的思想传统而形成的价值观共同体，其宗旨是保护欧洲人权、议会民主和权利的优先性，在欧洲范围内达成协议以协调各国的社会和法律行为，促进实现欧洲文化的统一。这个共同体的杰出成果是推动了《欧洲人权公约》的出世，而该公约也进而成为欧洲委员会存在与发展的重要基石。《欧洲人权公约》第一次在国际层面上创建了以司法程序作为人权保护途径的有效机制，公约机构，即人权委员会和人权法院所逐步积累的判例将《欧洲人权公约》确定为欧洲的共同人权标准。20 世纪 90 年代后，欧洲委员会接纳了包括俄罗斯在内的众多东欧国家，因此成为包括全欧洲 45 个国家在内的、基于法治与民主原则而存在的国家共同体。在人权保护问题上，“公约”的水准并未降低，欧洲人权法院在审判实践中明智地把新成员国在当代向法治国家转型过程中所要经历的考验考虑了进去。

2. 欧洲安全与合作组织体系（简称欧安组织）。欧安组织的历史应追溯至 1975 年，其前身欧洲安全与合作会议举行之时。在近 40 年的时间里，该组织的发展是连续的、渐进的，目前已建立起一套完整的制度体系，并与欧盟在共同外交与安全政策领域达成共同的目的。欧安组织以防止地区冲突、维护欧洲的和平与稳定为其基本宗旨，并为实现其宗旨采取了很多具体的举措。例如，在预防冲突、克服危及安全的危机方面，赋予各成员国建立一套有效的反应机制的权利，在该组织的防止冲突中心建立一个协作中心及“专家救援快速行动与合作小组”等。

3. 欧洲自由贸易联盟体系。由于瑞士、挪威、冰岛、列支敦士登尚未加入欧盟，由这四国组成的欧洲自由贸易联盟仍是一个独立的国际组织，以实现自由贸易为其根本任务。但该联盟并不孤立存在，它与欧洲共同体（欧洲联盟）在货物、服务、技术、资金、人员的自由流动以及工业、农业、渔业发展等领域签有一系列协议，且与世界其他国家存在不同领域的合作。现在，欧洲自由贸易联盟与欧洲联盟的 27 个国家和其他区域的 20 个国家之间取消了贸易的限制。

4. 北大西洋公约组织（简称北约）体系。这是欧洲目前以保障成员国安全为主要目的，以“集体防御”为主要手段的军事政治集团。欧洲联盟成立后，二者在共同安全与防卫领域有着密切的合作关系。2010 年 8 月，北约宣布成立一个新部门——“新出现的安全挑战处”，专门应对非传统安全威胁，包括恐怖主义、大规模杀伤性武器扩散、网络攻击、能源安全威胁等。如何应对非传统安全威胁将成为北约今后发展的立足点之一。

在上述各体系中，欧盟法无论从其影响范围还是一体化的程度而言，都具有举足轻重的地位，是欧洲法的主体，也代表着欧洲法发展的方向。

二、相关概念辨析

欧洲的许多组织和机构有着非常近似的名称，而且实践中的使用也不甚精确，往往造成概念上的混淆，因而有必要进行概念性说明。

（一）欧洲共同体（European Communities/European Community）与欧洲联盟（European Union）

欧洲共同体（简称欧共体），其有两个含义：一是三大（两大）共同体的总称（European Communities），二是仅指欧洲经济共同体（European Economic Community = European Community）。1967 年的《布鲁塞尔条约》将三大共同体的机构合并。条约生效后，三个共同体对外开始通过共同的机构行使权力，但各自仍然存在，即所谓的“三块牌子，一套班子”。而欧洲经济共同体则更名为欧洲共同体（European Community）。2002 年，煤钢共同体条约期满，该共同体连同它所调整的产业领域被并入欧洲（经济）共同体条约框架内。所以，目前的欧共体由两个共同体组成：欧洲（经济）共同体和欧洲原子能共同体。

欧洲联盟（简称欧盟）是在欧共体的基础上创建的，但二者也并非等同。欧盟是由欧洲各大共同体、成员国共同的外交与防卫政策合作领域、成员国刑事案件的警察事务与司法协作领域三部分所组成的。根据《马斯特里赫特条约》与《阿姆斯特丹条约》，欧盟并不是将欧共体吞并，而只是将其纳入更大的框架之内。目前，在欧盟的框架下，一体化程度最高的也是欧共体：各成员国通过共同体条约把各自国家的部分主权如关税、货币等让渡给共同体机构。这些机构作出的决定、发布的指令、制定的条例，成员国必须遵守。而其他两个领域的一体化程度则无法与之相比，如外交与防卫领域还只停留在政府间合作论坛的阶段，甚至不及欧洲法中的其他相关体系。所以，在欧盟的框架下，欧共体还是相对独立的，那种认为欧盟取代了欧共体地位的看法是对二者关系的一种曲解。

（二）欧洲委员会（Council of Europe）和欧盟首脑理事会（EU summit/European Council）、欧盟理事会（Council of the European Union）、欧盟委员会（European Commission）

欧洲委员会又称欧洲理事会，是独立于欧盟之外的一个区域性国际组织，成立于1949 年，是一个因共同的思想传统而形成的价值观共同体，它与欧洲的人权保护事务密切相关。欧洲委员会成员国必须签署《欧洲人权公约》，其他名称则都是欧盟的主要机构。欧盟首脑理事会，又称欧盟首脑会议、欧洲理事会、欧盟峰会，是欧盟的最高决策机构，由成员国国家元首或政府首脑及欧盟委员会主席组成，为欧盟的发展提供必要的动力，并制定总的政治路线。欧盟理事会，又称部长理事会（European Council of Ministers），是欧盟的决策机构，拥有绝大部分立法权，由来自欧盟各成员国政府的部长组成。欧盟委员会，是欧洲联盟的常设机构和执行机构，负责实施欧洲联盟条约和欧盟理事会作出的决定，向理事会和欧洲议会提出报告和立法动议，处理联盟的日常事务，代表欧盟对外联系和进行贸易等方面的谈判等。

三、欧洲法的性质及特征

（一）欧洲法的性质

从欧洲一体化的发展历程可以看出，其所迈出的每一步，都由相关的条约以法律的形式确认下来。所以，欧洲法存在的基本框架就是一系列的国际条约。从这点来看，欧洲法是国际法。而且，除欧盟法之外的欧洲其他法律体系确实就是国际法。

问题存在于欧盟法中。关于欧盟法的性质一直存在争论，有的学者认为欧盟法是超国家的法，因为成员国已经把它们的一部分主权让渡给欧盟，而且在欧盟法与成员国法的关系上形成了欧盟法效力优先的原则和直接适用原则；而另外一些学者认为，欧盟法不是超国家的法，而是国家间的法，因为欧盟法是各国协议的产物，在欧盟的各机构中起关键作用的是欧盟（部长）理事会，它所颁布的条例、指令是各成员国相互协商的结果。

上述观点各有其道理，综合起来，对欧盟法性质的认识似乎更应采取一种动态的、辩证的观点。

所谓动态的观点，就是发展的观点。欧盟法是一种处在不断发展变化过程中的法，其演化的方向大致可以表述为：国际法（条约）—欧共体的法—欧盟的法—国家的法。其中，国际法是其最初阶段的属性，那时的欧共体更多的就是主权国家组成的一个区域性国际组织，由有关条约调整各成员国之间的关系。后来，随着成员国主权的逐步让渡，欧共体法具有超国家的性质，欧共体甚至具有相对独立的国际法律人格，关于这一点，欧洲共同体成为世界贸易组织的正式成员就是一个证明。当欧洲联盟成立后，欧盟作为一个整体，其一体化的程度反而不如欧共体那样紧密，因而欧盟法的“超国家性”还有待欧洲一体化进一步发展的实践所验证。至于“国家的法”，那将是欧盟法发展的最终目标：当欧洲最终成为人们心目中的具有联邦制或者邦联制特征的超国家联合甚至“欧洲联邦共和国”的时候，欧盟法就是国家的法。但到目前为止，因成员国主权让渡的范围和程度还很有限，且主要是经济领域的让渡，而不涉及政治、军事领域，欧盟法与目标的距离还很遥远。

所谓辩证的观点，就是在对欧盟法的性质进行分析时，不应采取那种“非此即彼”的态度，而应具体问题具体分析。从欧盟的制度结构来看，它由理事会、委员会、议会和法院等组成，其中委员会、议会和法院的人员构成虽然按分配名额由成员国选举或任命，但他们对各自的成员国保持独立性，只对欧盟的相应机构负责；而理事会则由各成员国的部长组成，他们对成员国负责。从职能看，理事会所起到的作用是进行政府间的协商，而且在欧盟立法的许多领域实行一票否决制，理事会所起的作用有越来越大的趋势。正是在这种意义上，有的学者认为，欧盟不是“超国家的组织”，而是“政府间的国际组织”。相应的，这些领域的欧盟法具有较多的国际法的色彩。但这并不是欧盟法的全部，欧洲委员会、议会和法院在欧盟法的形成过程中也起着很大的作用。它们独立于成员国而行使自己的权利，在与成员国法的关系上明确地形成了欧盟法的优先性和直接适用的原则，在它们发挥较大影响的领域，特别是在各成员国具有共同市场的领域，欧盟法是一种“超国家的法”。

因此，关于欧盟法的性质问题，没有一个绝对的答案，它将依时间、领域的不同而不同。

（二）欧洲法的特征

欧洲法，特别是欧盟法最显著特征就是充分体现了不同法律传统的融合。

在欧盟的成员国中，除英国和爱尔兰之外，其他的都属于大陆法系国家，而欧共体的6个创始成员国也都是大陆法系国家。加之大陆法系的逻辑性、抽象化、成文化、学者型等特色，使其在欧盟法的发展过程中居于主导地位，如法国的行政法、德国的宪法对欧盟法（欧共体法）都有过重要影响。英国加入欧共体，对欧共体法（欧盟法）的发展起到了很大的促进作用。在它的推动下，欧共体法（欧盟法）中融入了越来越多的普通法因素，主要体现在判例法的作用日益明显和对抗制诉讼为欧洲法院所采纳两个方面。

欧盟法在吸收、借鉴各成员国法的同时，反过来对成员国的法律也有很大影响。欧洲国家的法律日益“共同体化”（欧盟化），许多国内法的规定来自后者。国内的和共同体的法律制度现在已经密切结合，自国内传统中借鉴来的原则和制度合并在共同体规则中，但不时又以修改后的形式作为欧洲法院判决返回到各国国内去。

四、欧洲法的渊源

欧洲法自身的复杂性决定了其法律渊源的多样化，主要表现为以下几种：

（一）条约

到目前为止，欧洲法的国际法属性还无法泯灭，所以，条约是欧洲法最重要的渊源。首先，从欧共体到欧盟，以及欧洲的其他几个法律体系的建立都有赖于一个基础性条约的达成。此类条约主要包括建立煤钢共同体的《巴黎条约》

(1952年)，建立原子能共同体和经济共同体的《罗马条约》(1958年)，合并三个共同体机构的《布鲁塞尔条约》(1967年)，建立欧盟的《马斯特里赫特条约》(1993年)，修改和补充欧盟条约的《阿姆斯特丹条约》(1999年)和《尼斯条约》(2003年)以及关于欧安组织的《赫尔辛基协定》(1975年)，建立欧洲自由贸易联盟的《斯德哥尔摩公约》(1960年)等。其次，在各体系的运行中，条约也是协调各国行动的重要方式。例如，欧洲委员会框架下的《欧洲人权公约》(1950年)。又如，在刑事案件的警务与司法合作方面，已经形成了欧洲委员会框架下的《欧洲引渡公约》(1957年)、《欧洲刑事司法协助公约》(1959年)、《关于刑事判决国际效力的欧洲公约》(1970年)、《欧洲刑事诉讼移管公约》(1972年)、《惩治恐怖主义欧洲公约》(1977年)、《移交被判刑人公约》(1983年)、《欧洲反腐败公约》(1999年)等20多部条约，以及由欧盟委员会主持制订的《欧盟成员国间简易引渡程序公约》(1995年)、《欧盟成员国间引渡公约》(1996年)等。

(二) 机构立法

这里的机构立法主要指欧盟的有关机构根据条约所赋予的权限制定的对成员国或其国民发生法律效力的规范性文件，而欧洲其他各法律体系目前还不具备这样的能力。根据欧盟条约的有关规定，欧盟理事会拥有最主要的立法权，欧盟委员会和欧洲议会也享有部分参与立法的权力。欧盟机构的立法主要有以下几种形式：

1. 条例(regulations)：是由欧盟机构所颁布的具有全体适用性和直接适用性的规范性文件。条例是针对全体成员国的，它可在成员国直接适用，无须任何转化措施。

2. 指令(directions)：是欧盟针对个别成员国所发布的命令，与条例相比，指令的特点在于：第一，它是向成员国发出的，通常要求成员国在规定的日期内实施。第二，指令允许成员国在实施的形式和方法上留有自主权，但是在应当实现的目的方面不能自立标准。第三，指令不是为了直接适用，而是为了实现各个成员国立法的协调或接近。由于指令的上述特点，它一直是欧盟(欧共体)协调各个成员国与欧盟之间关系、创造内部共同市场方面的主要手段。

3. 决定(decisions)：是由欧盟理事会或欧盟委员会做出的具有拘束力的立法性文件，不同于指令，它所指向的对象可能是成员国，也可能是法人或个人；决定不是规范性的，而是个别性的，只对所指向的对象有效；决定不给对象留有自由选择实施形式和方法的余地，后者必须在决定的范围内行事。在实践中，决定通常用来贯彻落实指令。

4. 建议和意见(recommendations and opinions)：建议和意见都没有法律约束力，因此它们不是严格意义上的欧盟法的法律渊源。当欧盟机构所提出的建议和意见是成员国制定有关法律条文的特别依据时，或者对解释欧盟法的其他条文有意义时，并且这些条文与法院审理的案件有关系时，国内法院就必须在相关的场合提到这些建议和意见。

（三）欧洲法院的解释与判例

欧盟的绝大多数成员国属于大陆法系国家，欧洲法院也主要采纳大陆法系的裁判模式，判例原则上不是其正式的法律渊源。但是，由于欧盟法本身的不完善，法院在适用过程中，一方面需要针对具体案件对一些含混不清的规则进行解释；另一方面也需要援引其他法律体系中的某些原则以弥补欧盟法现有规则的不足。而且，欧洲法院的审判实践表明，无论在程序问题还是实体问题上，其裁判都具有明显的连贯性和一致性，从而在很大程度上确保了判例的稳定性。这样，法院的解释与判例客观上使欧盟的法律更加清晰和完整，也间接地起到了构造与制定欧盟法的作用。

在实践中，欧洲法院的判例作为法律渊源主要通过三种途径：第一，在判决中提及欧洲法院曾经作出的决定；第二，在判决中重复欧洲法院曾经作出的决定；第三，在判决中，欧洲法院指示考虑其他类似的情况，该判决对于其他类似情况具有拘束力。

（四）法的一般原则

在欧洲法中，法的一般原则是指存在于各成员国法律秩序中的共有的原则或者从一般法律意识中引申出来的普遍原则。这些原则往往是各成员国共同的法律基础，在补充和解释成文法方面具有重要的意义。作为欧洲法渊源的一般原则主要有：基本权利原则、非歧视性原则、一事不再理原则、禁止反言原则、不溯及既往原则、诚实信用原则等。

第二节 欧洲法的历史演进

欧洲法的产生与发展是与欧洲一体化的进程同步发生的。

一、欧洲一体化的历史背景

欧洲，在总面积不过1016万平方公里的土地上居住着70多个民族、7亿多人，是世界上人口密度最大的区域。在国际关系中，欧洲似乎更多的是一种政治概念和文化概念，而不是单纯的地理概念。但不论其作为政治的、文化的，还是地理的概念，欧洲的形成和发展都经历了一个漫长的历史过程。在这一过程中，多种民族矛盾与政治利益冲突导致战争连绵、硝烟不断，但是共同的文化渊源——古希腊、古罗马和基督教文明以及欧洲历代哲人们的伟大思想则是他们共同的精神养分，决定了他们有着共同的前进方向。而地理环境的敞开也提供了积极的条件。所以，尽管历史发展轨迹是曲折的，但无论如何，欧洲人始终朝着他们的“终极目标”——一体化不停地迈进。

历数欧洲历史上的统一，可以追溯至古罗马时期。罗马帝国不但确立了统一的政治理念，而且以武力完成了欧洲最早的一体化行动，建立了政治与法的共同体。其后存在了近1000年的德意志神圣罗马帝国似乎也为欧洲一度披上一件统一的外衣。中世纪末期，经历过长期的封建割据和战火频仍，人们开始认为消除战争隐患的最佳途径是撤除国家藩篱，结成联盟，以实现持久和平。进入17世纪以后，不断地有思想家们提出统一欧洲的设想，也有过政治活动家们掀起的统一化运动。例如，康德在其《永久和平论》中设想实现欧洲大联邦。按照这一宏伟目标，欧洲各国将以“共和”的形式组建一个“法的共同体”。他还提出了实现这一目标的具体步骤：先由欧洲国家自由结盟，再由诸多小联盟组成大联盟。又如，19世纪中叶的欧洲和平运动，也是想以建立欧洲联邦来作为通向持久和平的途径。这些设想和行动因客观条件的限制并未能在当时实现。

19世纪末20世纪初，随着欧洲人对启蒙运动以后自由主义经济模式与民主政治的普遍认同，多年来理想的合作愿望，逐渐变为现实的利益追求。在交通、通信、知识产权、国际私法等领域，欧洲各国开始了广泛的合作。这为后来的一体化进程打下了一定的基础。但是，由于这些合作仅限于技术性事务，因而其范围和影响力颇为有限。第一次世界大战动摇了欧洲人的民族国家意识，政治联盟又被提到日程上。欧洲各国在“国际联盟”的大框架下，展开更为密切和有效的合作。而第二次世界大战所带来的更大浩劫则使欧洲人痛定思痛，终于下定了统一的决心。第二次世界大战结束后，欧洲一体化进程开始迈出实质性的步伐。

二、欧洲一体化的演进过程及欧洲法的发展

（一）欧盟以外的一体化组织与机构

1946年9月19日，英国首相丘吉尔率先提出重建欧洲家庭，呼吁建立包容、和平、安全和自由的“欧洲合众国”（United States of Europe），这是关于当代欧洲一体化的最早构想。

1.1948年4月16日，欧洲经济合作组织（OEEC – Organization for European Economic Cooperation）成立。该组织是为实施“马歇尔计划”①，稳定欧洲经济而建立的，主要目的是确保各成员国实施美国援助计划，发挥各成员国的经济力量，促进欧洲的经济合作，为欧洲复兴作出贡献。1961年9月30日，欧洲经济合作组织改组为经济合作与发展组织，成员国范围也不仅限于欧洲国家。

2.1949年4月4日，北大西洋公约组织建立，这是西欧为对抗苏东强大的军事力量而与美国共同组成的国际军事集团组织。该组织拥有大量核武器和常规部

① “马歇尔计划”由美国于1947年7月提出，意在凭借其雄厚实力帮助欧洲恢复因世界大战而濒临崩溃的经济体系，并抗衡苏联和共产主义势力在欧洲的进一步渗透和扩张。计划因时任美国国务卿乔治·马歇尔而得名，但事实上真正提出和策划该计划的是美国国务院的众多官员，特别是威廉·克莱顿和乔治·凯南。

队，是西方的重要军事力量。它是资本主义阵营在军事上实现战略同盟的标志，是马歇尔援欧计划的发展；它使美国得以控制欧洲的防务体系，也是美国称霸世界的标志。

3. 1949 年 5 月 5 日，“欧洲委员会”（Council of Europe）在伦敦成立，总部设在法国的斯特拉斯堡。其宗旨是保护欧洲人权、议会民主和权利的优先性；在欧洲范围内达成协议以协调各国社会和法律行为；促进实现欧洲文化的统一。欧委会通过审议各成员国共同关心的除防务以外的其他重大问题，推动各成员国政府签订公约和协议以及向成员国政府提出建议等方式，谋求在政治、经济、社会、人权、科技和文化等领域采取统一行动，并经常对重大国际问题发表看法。

1950 年 11 月 4 日，在欧洲委员会的主持下，《欧洲人权公约》（European Convention on Human Rights）于罗马签署。它是第一个区域性国际人权条约，旨在保障和施行《世界人权宣言》中所规定的某些权利及基本自由。根据公约第 19 条，为了保证各缔约国履行公约所规定的义务，特设立欧洲人权委员会（the European Commission of Human Rights，1954 年）和欧洲人权法院（European Court of Human Rights，1959 年）为其常设机构。

4. 1955 年 5 月 6 日，西欧联盟（Western European Union - WEU）成立。该组织最初是一些西欧国家为对抗苏联及德国的政治与军事威胁而组成的一个同盟，即 1948 年法国、英国、荷兰、比利时和卢森堡五国签署《布鲁塞尔条约》而宣布成立的布鲁塞尔条约组织。1954 年 10 月 23 日，布鲁塞尔条约组织五国同联邦德国和意大利在巴黎签署《巴黎协定》，对《布鲁塞尔条约》进行了修改，决定将布鲁塞尔条约组织改为西欧联盟。1955 年 5 月 6 日《巴黎协定》生效，西欧联盟正式成立。联盟的宗旨是促进欧洲的团结和推动欧洲统一的进程；协调成员国在防务、武装力量和军工生产方面的政策，以增强成员国集体防御能力；促进成员国间经济、社会和文化方面的合作。欧盟成立后，西欧联盟逐步将其任务转移到欧洲联盟的框架下，2010 年 3 月 31 日，西欧联盟宣布“完成历史使命”，正式解散，并于 2011 年 6 月底结束所有活动。

5. 1960 年 1 月 4 日，奥地利、丹麦、挪威、葡萄牙、瑞典、瑞士和英国在斯德哥尔摩签订《建立欧洲自由贸易联盟公约》，即《斯德哥尔摩公约》，该公约经各国议会批准后于同年 5 月 3 日生效，欧洲自由贸易联盟（European Free Trade Association - EFTA）正式成立，简称欧贸联，总部设在日内瓦。其宗旨是：逐步取消成员国之间工业品的关税和其他贸易壁垒，实现内部自由贸易。该联盟不谋求任何形式的欧洲政治一体化。当时，这是欧洲国家不加入欧洲共同体的另一种选择。后来，该组织与欧共体之间的联系不断增多，且英国、丹麦、葡萄牙、奥地利、瑞典以及后加入的芬兰先后加入欧共体（欧盟）。该联盟目前有成员国 4 个：瑞士、挪威、冰岛和列支敦士登。

6. 1985 年 6 月 14 日，法国、德国、荷兰、比利时、卢森堡五国在卢森堡边境小镇申根签署《关于逐步取消共同边界检查协定》，即《申根协定》

(Schengen Agreement)。协定的主要内容是：(1) 在协定签字国之间不再对公民进行边境检查；(2) 外国人一旦获准进入"申根领土"内，即可在协定签字国领土上自由通行；(3) 设立警察合作与司法互助的制度，建立申根电脑系统，建立有关各类非法活动分子情况的共用档案库。申根协定国目前增至25个。

7.1995年1月1日，欧洲安全与合作组织(Organization for Security and Co－operation in Europe－OSCE)成立，其前身是1975年成立的欧洲安全与合作会议。它是唯一一个包括所有欧洲国家在内并将它们与北美洲联系到一起的安全机构，成员国除全部欧洲国家外，还包括苏联解体后的各国以及美国和加拿大，共55个，总部设在维也纳。"欧安组织"的主要使命是为成员国就欧洲事务、特别是安全事务提供一个论坛。欧安组织只有在所有成员国达成一致的情况下才能起作用，其决定对成员国也只具有政治效力而没有法律效力。

(二) 欧洲共同体的形成

1950年5月9日，法国外长舒曼发表关于建立西欧煤钢联营的计划，史称"舒曼计划"。该计划由享有"欧洲之父"美誉的法国人让－莫内最早提出。面对战后势在必行的欧洲联合之路，让－莫内以其长期的观察与思考为基础，经过一些初步的探索，大胆提出将煤钢问题作为走向联合的突破口。具体设想是：把法德两国的煤炭、钢铁资源置于一个超越国家的管理机构之下，对煤钢资源共同开发和使用，并且该机构也吸纳欧洲其他国家参加。"舒曼计划"提出后，得到西欧国家的积极响应。1951年4月18日，法国、联邦德国、意大利、荷兰、比利时和卢森堡六国在巴黎共同签署《欧洲煤钢共同体条约》(European Coal and Steel Community)，即《巴黎条约》。1952年7月25日，条约正式生效。同年8月，"共同体"的执行机关——高级委员会成立，由九人组成，负责协调成员国的煤钢生产、投资、价格、原料分配和内部的有效竞争。让－莫内担任该机构的首任主席。从1953年2月到1954年8月，"共同体"六国先后建立了煤、钢、铁砂、废铁、合金钢和特种钢的共同市场，促进了成员国冶金工业的发展，并为后来的"欧洲共同市场"奠定了基础。

1957年3月25日，六国在罗马签署《欧洲经济共同体条约》(European Economic Community)和《欧洲原子能共同体条约》(Euratom)，统称《罗马条约》，于1958年1月1日生效。其后，共同体国家间政治合作不断加强，在关税统一等方面也取得较大进展。欧洲其他国家陆续向共同体递交加入申请。

1965年4月8日，六国签署《布鲁塞尔条约》，决定将欧洲煤钢共同体、欧洲经济共同体和欧洲原子能共同体统一起来，合称为欧洲共同体(European Communities)，也称欧洲各大共同体。条约于1967年7月1日生效，欧洲各大共同体开始通过共同的机构行使权力，总部设在布鲁塞尔。欧洲经济共同体也同时更名为欧洲共同体(European Community)。

自20世纪60年代末到90年代初，欧共体相继实现"关税同盟"(即对外共同关税和对内零关税)和劳工的自由流动，实施共同的农业政策，实行欧洲货币体系和欧洲货币单位，并实现了欧洲议会的直接选举。1986年2月，欧共体卢森堡首脑会议通过了《单一欧洲法令》，该“法令”于1987年7月1日生效，是欧洲一体化进程的重要文件。它对三个共同体条约进行补充、修改，拟订了在1992年年底之前实现完整的欧洲内部大市场的计划，并规定成员国要为实行共同的外交政策而努力。其间，英国、丹麦、爱尔兰、希腊、西班牙、葡萄牙先后加入，欧共体成员国增至12个。

(三) 欧盟的建立

1991年12月9日，在荷兰的马斯特里赫特举行的欧共体第46次首脑会议通过了《马斯特里赫特条约》，并于1992年2月7日由各成员国的外交与财政部长正式签署。该条约的签署，把欧洲的一体化推向了一个新阶段，欧共体由一个经济实体向经济、政治、防务等综合性实体的方向发展，使欧洲一体化在深度和广度上发生了质的飞跃。因此它被认为是继《罗马条约》签订之后欧洲一体化进程中的又一里程碑。1993年11月1日，该条约生效，欧洲联盟正式成立，欧洲共同大市场正式启动。

1995年1月1日，奥地利、瑞典和芬兰正式加入欧洲联盟，欧盟成员国达到15个。

1997年10月2日，欧盟15个成员国的外交部长在荷兰首都阿姆斯特丹正式签署《阿姆斯特丹条约》。该条约是继《罗马条约》和《马斯特里赫特条约》后的第三个欧盟条约，它对前两个条约的内容有所修订，并在社会保障、人权法治、社会治安与防止犯罪以及建立共同的外交与安全政策等方面表达了各国的意愿，表明欧盟在深化一体化方面取得了进步。该条约在1999年5月1日正式生效。

1999年1月1日，欧洲统一货币——欧元启动。2002年1月1日，欧元纸、硬币现金开始正式流通。2002年7月1日，欧元成为欧元区唯一的法定货币，欧元区各国货币不再具有交换价值，退出流通领域。

2000年12月，欧洲理事会通过关于修改《马斯特里赫特条约》的《尼斯条约》，该条约涉及欧洲一体化建设和东扩进程等，于2003年2月生效，表明欧盟东扩的进程正式启动。

2002年12月6日，欧盟15国外长宣布，欧盟将建立一支6万人的快速反应部队。这支“欧洲联军”将使欧盟在不依赖欧洲之外任何力量的情况下，对在欧洲范围内发生的危机作出迅速反应。说明欧盟各国已不仅仅满足于充当北约军事基地，而是自身要成为一个真正具有军事、经济和政治力量的实体。

2004年5月1日，塞浦路斯、捷克、爱沙尼亚、匈牙利、拉脱维亚、立陶宛、马耳他、波兰、斯洛伐克和斯洛文尼亚正式成为欧盟的成员国，这是欧盟历史上的第五次扩充，也是规模最大的一次扩充，成员国达到25个。

2004年10月29日，欧盟25个成员国的领导人在罗马签署了《欧盟宪法条约》。条约必须在欧盟全部成员国根据本国法律规定，通过全民公决或议会投票方式批准后方能生效。截至 2007 年 6 月，批准《欧盟宪法条约》的国家有 16 个，另有 7 个国家冻结或无限期推迟了批约程序，而荷兰和法国则在全民公决中否决了《欧盟宪法条约》。《欧盟宪法条约》从此搁浅。

2007 年 1 月 1 日，罗马尼亚、保加利亚加入欧盟，欧盟成员国达到 27 个。

2007 年 12 月 13 日，欧盟各国首脑在里斯本签署欧盟新条约，即《里斯本条约》，该条约是在原《欧盟宪法条约》的基础上修改而成，又被称为《简化版欧盟宪法条约》。到 2009 年 11 月 3 日捷克正式签署《里斯本条约》后，条约获得欧盟全部 27 个成员国的批准。2009 年 12 月 1 日，《里斯本条约》条约正式生效。《里斯本条约》的生效，使欧盟的组织机构和运营机制发生重大变化，强化了欧盟的组织协同能力，提高了欧洲一体化的运行效率，引领欧盟成为一支真正的全球性力量。虽然在诸如欧盟是否应继续扩大、欧盟成员国是否应采纳单一货币等核心问题上，条约仍采取了回避态度，但欧洲一体化的既定方向不会偏离。

在欧洲一体化的过程中，显现着这样一个规律：即经济一体化先行，当经济一体化发展到一定程度，需要政治引导或政治调控时，某种程度的政治合作乃至政治一体化才会发生。这里，政治合作或一体化是作为经济一体化的补充或保障手段被提上日程的，它体现了欧洲国家主权让渡先经济后政治的显著特征。这种特征显示了主权国家对政治主权让渡较之对经济主权让渡更为敏感的心态，也说明了特定经济领域的先行一体化能为成员国带来更为明显和快捷的收益。

随着欧洲一体化程度的不断提高，其整体实力也在不断增强，从而为实现强大和统一的“大欧洲”目标奠定了坚实的基础，也为世界其他地方的区域合作提供了有益的借鉴。

三、欧洲法与成员国法的关系

就广义的欧洲法而言，其与成员国法之间的关系比较复杂。除欧盟法外，其他体系的法律原则与规则在成员国的适用大多可遵循国际法与国内法关系的一般理论，因条约的约定与成员国国内法的规定而异。

狭义的欧洲法，即欧盟法与成员国法之间的关系更具特色，这些特色源于其更高的一体化程度，并通过以下原则表现出来。

（一）辅助性原则（subsidiarity）

辅助性原则是欧盟处理欧盟法与成员国法之间关系的基本指导原则。1958 年的《罗马条约》和 1967 年的《布鲁塞尔条约》对辅助性原则的规定是：“共同体应在条约及其目标授予的权限范围内采取行动。在其非专属权能领域，本共同体应根据辅助性原则，只有当成员国没有充分能力完成拟议中的行动目标，而出于拟议中的行动的规模和效果的原因，本共同体能更好地完成时，才由本共同体采取行动。共同体的行动不应超过实现条约目标所必需的范围。”

1993 年《马斯特里赫特条约》首次将该原则确定为欧盟法的一般原则。“条约”序言宣称：各成员国“决心继续创建一个欧洲人民间日益紧密的联盟，使各事项的决策能依照辅助性原则，尽可能与其公民贴近”。第1条规定：“条约标志着创造一个欧洲人民更紧密联盟的新阶段，欧洲的决策应尽可能地公开、尽可能地贴近欧洲公民。”第2条规定：“本联盟各项宗旨之实现，应根据本条约所规定的方式，依照其确立的条件和时间表，并尊重《建立欧洲共同体条约》（即《布鲁塞尔条约》）第5条所确立的辅助性原则”。

1999年《阿姆斯特丹条约》又将该原则予以明确化和具体化。《阿姆斯特丹条约》将共同体（欧盟）采取行动的范围进一步分为三种情况：第一，所考虑的问题具有跨国性，成员国的措施对它不能满意地加以调整。第二，只由成员国采取措施或缺少共同体的措施会与条约的要求相冲突或破坏成员国利益。第三，共同体层次上的措施由于规模或效果上的原因比成员国层次上的措施会产生明显的利益。

从上述规定可以看出，“辅助性原则”只适用于欧盟的非专属权能领域。但是，欧盟并没有对此作出明确的界定，这种模棱两可的作法颇耐人寻味：欧盟一直处于不断的发展变化之中，超国家权力与国家主权之间的争斗一直在进行，欧盟不可能一时在条约中就专属权能与非专属权能之间划出一条明确的界限，这也从另一个侧面反映出欧盟试图寻求自己与成员国之间的一种妥协。但这同时给辅助性原则的适用带来很大难度。考察一下欧盟几十年来的实践，有学者认为，人员的自由流动、服务、货物和资本、成员国之间的贸易、竞争和商业政策属于欧盟专属权能；而货币和信用政策、货币联盟、部门政策和许多其他政策如社会政策，则属于非专属权能领域。

（二）直接适用原则（direct effect/direct application）

在一定条件下，欧盟法可以在成员国国内直接适用，直接为个人创设权利和义务，欧盟成员国的公民和法人可以要求其国内法院直接依据欧盟法的有关规定保护其权利。在实践中，欧盟法在成员国内的直接适用有以下几种不同情形：

1. 欧盟基础条约的适用：根据欧洲法院的解释，欧盟基础条约创制了自己的法律体系，该法律体系同时也是成员国法律体系不可分割的一部分。这说明欧盟的基础条约可以在成员国内直接适用。

2. 派生性立法的适用：由欧盟（欧共体）机构根据基础条约的授权颁布的，旨在实施各基础条约的各种派生性法律，如条例、指令和决定等，在一定条件下也可以在其成员国直接适用。根据各种法律的性质不同，直接适用的情况也不相同。一般来说，条例和决定具有直接适用性，无须成员国采取任何国内法的措施来辅助执行。而指令一般不能在成员国直接适用，需要成员国在特定期限内以国内法的形式制定一些措施来落实指令的要求。但是以下情况例外：在规定期限过后成员国仍不落实，指令即可直接适用；指令所规定的义务是“无条件的，相当精确的，足以在成员国与其所管辖的公民或法人的关系中产生直接效力”时，可以直接适用。

(三) 最高效力原则/优先效力原则 (supremacy)

当成员国的国内法与欧盟法发生冲突时，成员国必须停止适用与欧盟法相抵触的国内立法，而优先适用欧盟法。该原则的确立是基于这样一种思想：欧盟法效力若低于成员国国内法，则欧盟法将收效甚微。成员国出于自身利益的考虑，只要通过立法即可避免适用欧盟法的有关规定，而这样下去对于欧洲的一体化进程则非常不利。欧洲法院在其一系列的司法实践中确认了欧盟法效力优先的原则。欧盟各成员国也或以宪法的方式或以法院判决的方式确认了欧盟法效力优先的地位。

综上所述，欧盟通过立法及司法实践发展起来的辅助性原则、直接适用原则和最高效力原则，用以处理欧盟法与成员国国内法的关系，既赋予欧盟法在国内直接适用且高于国内法的效力，同时又将欧盟法的此种优势限制在一定的范围之内，从而消除成员国对欧盟权力日益扩张和深入而导致的主权范围缩减的隐忧，在推动欧洲一体化发展的同时，将欧盟的超国家权力与成员国的主权维护在一个双方均能接受的限度和范围之内。

第三节 欧洲法的主要内容

在欧洲法律体系的构建中，就总体而言，欧盟法最具代表性，它涉及范围最广，架构最完整，内容最具体，对欧洲一体化所发挥的作用也最大。而在人权领域的成就，则非欧洲人权公约体系莫属。

一、欧盟的机构设置

根据《罗马条约》、《马斯特里赫特条约》和《阿姆斯特丹条约》的有关规定，欧盟为确保自身的正常运转而设立了包括决策机构、管理机构、专门职能机构以及顾问咨询机构等在内的组织机构体系，主要情况如下：

(一) 欧盟首脑理事会

欧盟首脑理事会 (EU summit/European Council) 又称欧盟首脑会议、欧洲理事会、欧盟峰会，是欧盟的最高决策机构，由成员国国家元首或政府首脑及欧盟委员会主席组成。每年至少召开4次会议，6月底和12月底举行正式首脑会议，3月和10月举行特别首脑会议，也可在其他时间举行额外的首脑会议。机构主席由各成员国轮流担任，任期半年。该机构的职能：为欧盟确定总的指导方针和方向，对政治合作以及与欧盟共同利益相关的重大事务进行协调并作出决定，针对欧盟中的政策性问题，如经济和货币同盟、地域和社会政策、能源政策及与其他国家的对外经贸关系等方面的问题，进行讨论和决策，为欧盟的发展提供必要的动力。

（二）欧盟理事会

欧盟理事会（Council of the European Union）又称部长理事会（European Council of Ministers），是欧盟的决策机构，拥有绝大部分立法权，由来自欧盟各成员国政府的部长组成。主席由成员国轮任，任期6个月。该机构的职能具有双重性：一方面作为欧盟的立法机构，主要负责制定欧盟的法律、法规和有关欧盟发展、机构改革的各项重大政策，协调各成员国之间在安全、司法、内政等方面的合作事务，指导欧盟各个领域的工作和活动，任命欧盟主要机构的负责人并对其进行监督等；另一方面作为成员国政府间机构，各成员国代表在其中又分别要维护本国利益。因此，理事会作出决议往往要经过极为艰苦的谈判，在其双重职能下寻求平衡。

（三）欧盟委员会

欧盟委员会（European Commission）又称欧盟执委会，是欧洲联盟的常设执行机构，也是欧盟唯一有权起草法令的机构。本届欧盟委员会由27名成员组成，分别来自欧盟的27个成员国，任期5年，设主席1名和副主席2名。欧委会在政治上独立，代表并维护欧洲联盟的整体利益。其具体职能是：向欧洲议会和欧盟理事会提出立法提案；管理和执行欧盟的政策和预算；与法院联合执行欧洲联盟条约和欧盟理事会作出的决定；在国际舞台上代表欧盟，如谈判欧盟与其他国家的协议等。在欧盟实施的共同外交和安全政策范围内，欧委会只有建议权和参与权。欧委会集体行使其职责，凡是欧委会的决定或向理事会、议会提交的提案均须经每周的全体委员例会通过，如有必要，以简单多数表决的方式通过。

（四）欧洲议会

欧洲议会（European Parliament），是欧盟的监督、咨询机构，由成员国公民直接选出的议员组成，任期5年，现有议员785人，来自27个成员国。议会设议长1人，副议长14人，总务官6人，组成议长执行局（Bureau of Presidents），负责领导议会及其机构的日常行政工作。下设20个专门委员会，负责各项具体工作。它是世界上唯一经直接选举产生的多国议会，也是欧盟内唯一经直选产生的机构。欧洲议会议席的分配采用“综合比例”原则确定，即不仅考虑到各成员国人口的多少，而且还要考虑民族之间、公民之间以及政党之间的力量与利益的对比等因素。议会的议事活动不是以成员国为单位，而是以党团为政治分野，如欧洲人民党、欧洲社会党、欧洲自由党、绿党、左翼联盟等。议会的主要职能是：在大市场、就业政策、社会政策、教育、文化、环境保护等38个领域与欧盟理事会拥有“共同决策权”；在欧盟接纳新成员国和同第三国签订国际协定方面有审批权；在农产品价格方面有咨询权；对理事会和欧委会的工作拥有监督权及其人事任免的批准权；对欧盟的非强制性开支的预算，如科研、环境、能源、产业政策及对第三国的发展援助等，与理事会有共同决定权。此外，欧洲议会还可通过其活动对欧盟的各项措施施加政治影响。

（五）欧洲法院

欧洲法院（The Court of Justice），是欧盟的司法机构，由各成员国协商一致任命的15名法官和9名检察官组成，任期6年，可以连任，每3年轮换一半。法院院长在法官中推选，任期3年。欧洲法院的职责就是负责审理和裁决在执行欧盟条约和有关规定中发生的各种争议。欧洲法院所做出的判决具有法律效力，对违反条约义务、不执行法院裁决及判决的当事国政府及个人有处罚的权力。

（六）欧洲审计院

欧洲审计院（The Court of Auditors），是欧盟的审计和财政管理机构，成员需由欧洲议会协商通过并由欧盟理事会任命，任期6年。设主席一职，任期3年，由选举产生，允许连任。其主要职责是：审计欧盟及所属机构的账务以及财政收支，对接受欧盟援助的非成员国进行调查。一旦发现问题，审计院可随时报告欧委会及成员国政府。

欧盟的其他重要机构还有欧洲中央银行（The European Central Bank）、欧洲投资银行（The European Investment Bank）、经济和社会委员会（The European Economic and Social Committee）、地区委员会（The Committee of the Regions）、欧洲警察局（Europol）和欧洲军备署（European Armaments Agency）等。

二、欧盟的共同市场制度

1957年的《罗马条约》就确定了建立整个共同体范围内的统一大市场的目标，并约定为达此目标而逐步实现商品、人员、服务贸易和资本的自由流动，建立能够维护市场正常运转的公平竞争机制，促进成员国经济一体化程度的提高。在其后40多年的时间里，欧共体（欧盟）相继实现关税同盟、劳工的自由流动、共同的农业政策等，到1999年欧盟统一货币的正式启用，表明统一大市场终告建成。在推进和实现这一目标的过程中，欧盟的相关法律制度体系也逐步建立并完善起来。

（一）共同关税制度

关税同盟是欧洲共同体成立后经济一体化建设的首要措施，以此为基础，欧共体制定了统一的对外贸易法律，实现了对外贸易关系领域的一体化。1968年，欧共体初步完成关税同盟，为实现共同关税迈出了第一步。但由于当时各成员国经济发展水平不一，对外贸易政策各异，所以关税水平仍然参差不齐。1992年10月，《欧共体关税法典》颁布，该法典规划了商品分类目录和具体的税率及收费，制定了统一的原产地制度与海关估价制度，同时还规定了关税的减免及优惠政策，从而完善了欧共体的共同关税制度。

在欧盟的共同关税制度下，对内取消了各成员国之间贸易关系中的一切关税与数量限制以及具有同等效果的其他收费与措施，实现了商品的自由流通；对外在各成员国与第三国的贸易关系中建立了统一的关税标准。关税同盟使欧盟取代了各成员国在对外贸易谈判中的地位，作为共同市场的代表，以独立主体的身份参与国际经贸关系，任何欧盟以外国家的产品一旦合法进入欧盟任一口岸，即可在欧美全境不受限制地自由流通。

虽然欧盟建立了一套相当完善的共同关税制度，但是并未建立统一的海关机构，实施欧盟关税法的权力仍属于各成员国海关。如果在执行统一关税制度的过程中遇到问题，由欧盟委员会行使决定权；如果构成争端，则通过欧盟的司法程序解决。

为了寻求一个更为开放的共同市场与一个更为有效的贸易保护机制之间的平衡，欧盟在加强共同关税制度的同时，也制定了相应的非关税措施，主要包括共同进出口制度及一系列贸易保护措施。共同进出口制度，是指除进口产品对欧盟造成损害，对公共安全、健康等方面有危害，以及列入委员会“否定”清单的产品外，任何第三国对欧盟的出口是不受限制的，并基本上取消了对非市场经济国家与市场经济国家的进口数量限制上的差别。欧盟所采取的贸易保护措施有反补贴、反倾销及对不利贸易影响的控诉和应对措施等。其中，反倾销是欧盟使用最频繁的一种贸易保护措施，任何在欧盟内自由流通的外国商品，一经确认为“倾销”进口并导致损害性结果，即应征收反倾销税。

（二）人员自由流动制度

欧洲的一体化不仅需要经济领域的充分合作，而且应当保证人员的同等地位和自由流动。《马斯特里赫特条约》创设了“欧盟公民”的概念，每一个具有成员国国籍的人均为欧盟公民。根据该条约第8条第1款的规定，每个欧盟公民都有权在成员国领土间自由迁徙和定居，但要受条约和配套措施规定的条件限制。

关于人员的自由流动，《罗马条约》和《布鲁塞尔条约》就已经有了原则性的规定，将其视为人的一项基本权利。相关的辅助立法则就人员进入另一成员国领土从事经济活动的权利、在被雇用后留在另一成员国的权利以及在东道国享有与其本国国民同等的雇佣条件和待遇的权利作了详细的规定。这些权利受条约中规定的某些例外情况的限制，如公共政策、公共安全、公共健康等，也不适用于公共服务领域。

起初，这些权利被赋予从事“经济活动”的人及其家庭，目的在于允许他们在共同体内自由流动以便能够在共同体的其他地区找到工作，获取高工资。人员的自由流动被认为应服务于经济目标，而不能把自由流动本身视为目标。1986年的《单一欧洲法令》打破了这一限制。1990年，自由流动的权利被扩大到不从事经济活动的三类人：学生、退休人员和有独立生活来源的人，这正是将人员自由流动本身视为一种社会目标予以确认。阿姆斯特丹条约在此基础上又增加了一项新的权利，叫做“签证、庇护、移民和人员的自由流动”，从而进一步扩大了该项自由的适用范围。

此项制度还包括人员的平等待遇问题。对外来人员给予平等待遇，禁止基于国籍而产生的歧视，这是欧盟法的一项基本原则，也是条约的明确要求。据此，不论是在工作的条件方面，尤其是报酬、解雇等，还是在失业、恢复工作或再就业方面，人员都应被平等对待；外来人员有权享受与东道国国民同等的“社会与税收便利”以及同等条件下接受职业培训的权利，有权在取得工会成员资格并享有与资格有关的权利如投票权等方面享有与东道国国民平等的待遇；有权享有平等的住房待遇等。

（三）反不正当竞争制度

根据《罗马条约》的有关规定，欧盟的主要任务之一就是在统一市场内部建立一套维护公平竞争不遭破坏的体制，为此，欧盟及其各成员国的经济政策应遵循市场开放与自由竞争的原则，以合理有序的自由竞争促进经济的健康发展。欧盟的反不正当竞争制度就是为了实现这一目标而制定的，具体包括《罗马条约》中的有关条款、理事会及委员会制定的法律中的相关内容以及欧洲法院就竞争纠纷所作的判决，核心内容是对各种限制竞争行为的禁止。

1. 禁止企业之间限制竞争的行为：条约规定，一切企业间的协定、企业联合组织的决定与协议行动，凡可能影响成员国间贸易和以阻碍、限制或破坏共同市场内的竞争为其目标或结果者，均应认为是与共同市场相抵触而予以禁止。例如有关在欧盟内固定价格、分割市场好、禁止出口等协议，都属于被禁止之列。此规定适用于所有企业，包括服务性企业和国营企业。但是，欧盟委员会有权批准例外的豁免。

2. 禁止企业滥用支配性地位：条约规定，一个或多个企业滥用其在共同市场内或相当大的一部分共同市场内的支配性地位，凡可能影响成员国间贸易者，应认为是与共同市场相抵触而予以禁止。一般来说，企业滥用支配性地位的行为往往表现为：直接或间接地强加不公平的购销价格或其他交易条件；限制生产、市场或技术发展而有损于消费者；对贸易伙伴实施不平等的条件，使其在竞争中蒙受不利的影响；签订合同时强加与合同主旨无关的额外义务，等等。问题的关键在于如何确定企业具有支配性地位，通常要结合企业规模、产品市场、地理环境等多种因素予以考察。

3. 禁止有损竞争的国家援助：条约规定，由国家提供或通过国家资源给予的任何形式的援助，以优待某些企业或某种生产来破坏竞争，或威胁破坏竞争而损害成员国之间贸易者，都与共同市场相抵触。但目前有以下几类援助不在禁止之列：一是给予个人或者个别单位的具有社会福利性质的援助；二是用以弥补自然灾害或意外事件引起的损失的援助；三是促进生活水平特别低下或严重就业不足地区的经济发展所给予的援助；四是为促进实现具有欧洲利益的重要计划或有助于补救成员国经济的严重混乱而提供的援助；五是为推动某些经济活动或某些经济区域发展提供的援助。此外，经委员会建议，理事会以特定多数有权决定其他种类的援助。

三、欧洲的人权保护制度

欧洲的人权保护制度是世界上建立最早，也最行之有效的区域性人权法律体系。第二次世界大战结束后，西欧国家在欧洲联合的趋势下，为维护和实现共同的原则和理想，促进经济和社会进步，以求得国家间更大的团结，于1949年成立了欧洲委员会。这是一个因共同的思想传统而形成的价值观共同体，以保护欧洲人权、议会民主和权利的优先性，促进实现欧洲文化的统一为宗旨。欧洲的人权保护制度就是在这一机构的推动下建立起来的。1950年11月4日，在欧洲委员会的主持下，《欧洲人权公约》在罗马签署。它是第一个区域性国际人权条约，旨在保障和实现《世界人权宣言》中所规定的人权及基本自由。后来，欧委会成员国又陆续制定了一系列有关人权保护的附加议定书以及《欧洲社会宪章》等文件，从而形成了一个以《欧洲人权公约》为核心的相对完整的人权保护法律体系。

（一）权利内容

《欧洲人权公约》主要规定了对基本人权和自由的保障，具体包括：生命权，不受酷刑、非人道或有辱人格待遇或处罚权，不受奴役及强迫劳动权，自由和人身安全权，被公正审判和依法定罪量刑权，隐私权和家庭生活权，思想、良心和宗教信仰自由，言论自由、和平集会及结社自由，结婚和建立家庭权。“议定书”扩大了《欧洲人权公约》所保护的权利范围，增加了财产权、受教育权、迁徙自由权，禁止对国民的强迫流放以及对外国人实行集体驱逐，废除死刑，规定了刑事诉讼的上诉权和错案赔偿等。公约强调，应当保证人人享受公约列举的权利与自由，不得因性别、种族、肤色、语言、宗教、政治的或者其他见解、民族或社会出身、同少数民族的联系、财产、出生或者其他地位而有所歧视。

1961年10月18日，《欧洲社会宪章》在欧洲委员会成员国会议上获得通过。《欧洲社会宪章》可视为对《欧洲人权公约》内容的补充，就该公约所没有保护的权利进行了规定，主要涉及社会及经济方面的权利，具体包括：工作权，工作的正当条件权，安全工作条件权，公平报酬权，组织权以及集体交易权，儿童、青年和受雇用的妇女受保护的权利，家庭受社会、法律和经济保护的权利，母亲和儿童受社会和经济保护的权利，移民工人和他们的家庭受保护和帮助的权利，业务指导和训练权，保健权，社会安全权，社会和医疗帮助权，从社会福利服务中获得利益的权利，身体上和精神上残疾的人接受训练和得到恢复的权利，在缔约另一方领土内从事有收益的职业的权利等。按照《欧洲社会宪章》第20条的规定，以下几种权利受到特别的强调和重视：劳动权，结社权，集体谈判权，享受社会保障的权利，享受社会和医疗援助的权利，家庭享受社会、法律和经济保护的权利，移民劳动者及其家庭享受保护和援助的权利。

（二）权利保护机制

欧洲的人权保护机制以《欧洲人权公约》框架下的欧洲人权委员会和欧洲

人权法院最为便捷有效。这两个机构都是根据《欧洲人权公约》的规定设立的常设执行机构，前者主要受理成员国以及个人、非政府组织或者个人团体提出的有关人权问题的申诉，后者主要负责审理当事方和人权委员会所委托的涉及解释和适用《欧洲人权公约》的一切案件并提供有关的咨询。此外，该公约还授予欧洲委员会部长委员会对于权利保障的监督职能，在公约的应用和执行中也具有重要的作用。

从总体上说，《欧洲人权公约》所设立的人权保护机制的基本工作规则是：

1. 欧洲人权委员会：委员会可以受理来自成员国以及个人、非政府组织或者个人团体指称某一成员国违反《欧洲人权公约》权利的申诉。成员国对该公约的批准，即被认为是对委员会受理申诉的管辖权的接受。委员会受理成员国申诉的前提条件是该国必须用尽国内救济办法。对于个人、非政府组织或者个人团体关于某成员国破坏该公约所规定的权利的申诉，必须以被指控的成员国已经承认委员会具有受理上述案件权限的声明为前提。这种承认不因批准该公约而自动发生，需要成员国的特别声明。同时，也须符合“用尽国内救济办法”的条件。但属于下列情况的不予受理：（1）匿名的申诉；（2）在实质上与委员会已经审查的问题一样或者问题已经提交其他的国际调查或者解决程序的申诉，并且该项申诉并不包含任何有关的新材料；（3）不符合公约的规定，明显证据不足或者是滥用申诉权的申诉；（4）未用尽国内救济办法的申诉。

委员会接到申诉后，应当与当事人各方的代表一起审查申诉，为了查明事实，可在必要时进行调查。为了有效地进行审查和调查，有关国家在与委员会交换意见后，应当提供调查所需要的一切便利。一经审查结束，委员会即应对当事人各方尽责，以便在尊重《欧洲人权公约》所列举的权利的基础上友好地解决问题。

2. 欧委会部长委员会：如果问题在人权委员会没有得到解决，人权委员会要起草一份关于事实的报告，并说明关于它发现的事实是否揭露了有关成员国违反《欧洲人权公约》义务的意见，并连同人权委员会愿意作出的任何建议一并转交给部长委员会。同时，如果有关成员国已接受欧洲人权法院的管辖，人权委员会或当事方可在3个月内将案件提交法院。

凡人权委员会将其报告转交部长委员会之后3个月内没有送交法院的案件，部长委员会应对“是否有违反公约的情事”问题作出决定。部长委员会的决定对《欧洲人权公约》成员国都有约束力。该公约还授权部长委员会监督执行人权法院的判决。具体做法是：一俟法院将判决转交，部长委员会即应将其列入议程之中；有关国家应通知部长委员会它已采取什么措施来执行判决；如果该国没有采取必要的行动，则该案自动列入委员会议程之中，由它在6个月内进行审议。

3. 欧洲人权法院：人权法院的管辖权包括争议管辖权和咨询管辖权。根据《欧洲人权公约》及相关议定书的规定，法院有权受理欧洲人权委员会、各成员国以及个人、非政府组织或者个人团体所提交的案件。但法院的管辖权并不因成员国批准该公约而自然发生，而是需要成员国声明接受。声明的方式有两种：一是在任何时候宣布该国承认法院在事实上的强制管辖权；二是就某一具体案件同意接受法院的管辖。

法院只有在人权委员会承认友好解决或调解的努力失败，并将案件提交部长委员会后的3个月内收到投诉的，才有权处理有关的案件。也就是说，一个案件必须由人权委员会裁定可以接受并且走完它可接受后的全部程序之后，法院才能适当地进行审理。

法院的判决是终局的，成员国应依《欧洲人权公约》遵守法院对它们作为当事国在任何案件中作出的裁决。

法院的咨询管辖权是指法院有权接受部长委员会的请求，对解释《欧洲人权公约》及其议定书的法律问题发表咨询意见，但不得解释《欧洲人权公约》及其议定书所保证的权利和自由的内容和范围。

推荐阅读书目

1. 马克思．政治经济学批判序言．见：马克思恩格斯选集．2 版．第 2 卷．人民出版社，1995

2. 恩格斯．家庭、私有制和国家的起源．见：马克思恩格斯选集．2 版．第 4 卷．人民出版社，1995

3. 恩格斯．马尔克．见：马克思恩格斯全集．第 19 卷．人民出版社，1963

4. 恩格斯．法兰克时代．见：马克思恩格斯全集．第 19 卷．人民出版社，1963

5. 恩格斯．论封建制度的瓦解和民族国家的产生．见：马克思恩格斯全集．第 21 卷．人民出版社，1965

6. 恩格斯．路德维希·费尔巴哈和德国古典哲学的终结．见：马克思恩格斯全集．第 21 卷．人民出版社，1965

7. 恩格斯．"社会主义从空想到科学的发展"英文版导言．见：马克思恩格斯全集．第 22 卷．人民出版社，1965

8. 恩格斯．英国状况英国宪法．见：马克思恩格斯全集．第 1 卷．人民出版社，1956

9. 恩格斯．反杜林论．见：马克思恩格斯选集．2 版．第 3 卷．人民出版社，1995

10. ［苏］贲罗多大．叶长良，曾宪义译．外国国家与法律制度史．中国人民大学出版社，1985

11. ［法］勒内·达维德．漆竹生译．当代主要法律体系．上海译文出版社，1984

12. ［德］K. 茨威格特，H. 克茨．潘汉典等译．比较法总论．贵州人民出版社，1992

13. ［英］梅因．沈景一译．古代法．商务印书馆，1959

14. ［日］早川武夫等．张光博，金峰玉译．外国法．吉林人民出版社，1984

15. ［法］孟德斯鸠　张雁深译．论法的精神（上、下）．商务印书馆，1961

16. ［法］卢梭．何兆武译．社会契约论．商务印书馆，1963

17. ［古希腊］亚里士多德．日知，力野译．雅典政制．商务印书馆，1959

18. ［意］彼德罗·彭梵德．黄风译．罗马法教科书．中国政法大学出版社，1992

19. ［意］朱塞佩·格罗素．黄风译．罗马法史．中国政法大学出版

社，1994

20. ［英］巴里·尼古拉斯．黄风译．罗马法概论．法律出版社，2000

21. ［古罗马］优士丁尼．张企泰译．法学总论．商务印书馆，1989

22. ［美］孟罗·史密斯．姚梅镇译．欧陆法律发达史．商务印书馆，1947

23.［美］伯尔曼．贺卫方等译．法律与革命．中国大百科全书出版社，1993

24.［英］库尔森．吴云贵译．伊斯兰教法律史．中国社会科学出版社，1986

25.［美］William Burnham. 林利芝译．英美法导论．中国政法大学出版社，2003

26.［英］丹宁勋爵．李克强等译．法律的正当程序．群众出版社，1984

27.［美］施瓦茨．王军等译．美国法律史．中国政法大学出版社，1989

28.［美］彼德·哈伊．沈宗灵译．美国法律概论．北京大学出版社，1983

29.［法］莱昂·狄骥．郑戈译．公法的变迁．辽海出版社，1999

30.［美］艾伦·沃森．李静冰，姚新华译．民法法系的演变及形成．中国政法大学出版社，1992

31.［法］弗朗茨·维亚克尔．陈爱娥，黄建辉译．近代私法史．上海三联书店，2006

32.［德］罗伯特·霍恩等．楚建译．德国民商法导论．中国大百科全书出版社，1996

33.［日］芦部信喜．林来梵等译．宪法．3版．北京大学出版社，2006

34.［苏］格·米·瓦里赫米托夫．苏联国家和法的历史．中国人民大学出版社，1955

35.［英］弗兰西斯·斯奈德．宋英编译．欧洲联盟法概论．北京大学出版社，1996

36.［葡］叶士朋．吕平义等译．欧洲法学史导论．中国政法大学出版社，1998

37.［罗马］盖尤斯．黄风译．法学阶梯．中国政法大学出版社，1996

38.［美］庞德．曹堂玉译．法律史解释．华夏出版社，1989

39.［英］哈耶克．王明毅等译．通往奴役之路．中国社会科学出版社，1997

40.［英］哈耶克．邓正来译．自由秩序原理．三联书店，1997

41.［美］昂格尔．吴玉章等译．现代社会中的法律．中国政法大学出版社，1994

42.［德］卡尔．拉伦茨．陈爱娥译．法学方法论．商务印图书館，2003

43.［美］哈罗德．伯尔曼．梁治平译．法律与宗教．中国政法大学出版社，2003

44. [英] 弗兰西斯·斯奈德．宋英编译．欧洲联盟法概论．北京大学出版社，1996

45. J. K. Mittal. Indian Legal History. Allahabad Law Agency，1984

46. H. J. Wolff. Roman Law. University of Oklahoma Press，Norman，1951

47. R. J. Walker. The English Legal System. 6th ed. London：Butterworths，1985

48. J. H. Baker. An Introduction to English Legal History. 3rd ed. London：Butterworths，1990

49. D. G. Cracknell. English Legal System Textbook. 17th ed. London：HLT Publication，1995

50. L. M. Friedman. A History of American Law. New York：1985

51. 林榕年．外国法制史新编（高等学校法学教材）．群众出版社，1993

52.《外国法制史》编写组．外国法制史资料选编（上、下册，高等学校法学教材参考资料）．北京大学出版社，1982

53. 林榕年．外国法律制度史．中国人民公安大学出版社，1992

54. 何勤华．外国法制史（"九五"规划高等学校法学教材）．法律出版社，1997

55. 由嵘．外国法制史（高等学校文科教材），北京大学出版社，1992

56. 叶秋华．外国法制史论．中国法制出版社，2000

57. 沈宗灵．比较法总论．北京大学出版社，1987

58. 丘日庆．各国法律概况．知识出版社，1981

59. 周一良，吴于廑．世界通史（上古、中古、近代分册）．人民出版社，1973

60. 叶秋华．西方经济法律制度．中国人民大学出版社，2001

61. 周长龄．法律的起源．中国人民公安大学出版社，1997

62. 王云霞，何戌中．东方法概述．法律出版社，1993

63. 王云霞．东方法律改革比较研究．中国人民大学出版社，2002

64. 蒋忠新译．摩奴法论．中国社会科学出版社，1986

65. 顾准．希腊城邦制度．中国社会科学出版社，1982

66. 周枏．罗马法原论（上、下）．商务印书馆，1994

67. 李宜琛．日耳曼法概说．商务印书馆，1943

68. 由嵘．日耳曼法简介．法律出版社，1987

69. 吴云贵．伊斯兰教法概略．中国社会科学出版社，1993

70. 马坚译．古兰经．中国社会科学出版社，1981

71. 李红海．普通法的历史解读．清华大学出版社，2003

72. 潘维大，刘文琦．英美法导读．法律出版社，2000

73. 何勤华．英国法律发达史．法律出版社，1999

74. 何勤华．美国法律发达史．上海人民出版社，1998

75. 李昌道．美国宪法史稿．法律出版社，1986
76. 李浩培等译．拿破仑法典．商务印书馆，1996
77. 罗结珍译．法国民法典．法律出版社，2005
78. 何勤华．法国法律发达史．法律出版社，2001
79. 何勤华．德国法律发达史．法律出版社，2000
80. 华夏等．日本的法律继受与法律文化变迁．中国政法大学出版社，2005
81. 何勤华等．日本法律发达史．上海人民出版社，1999
82. 邵景春．欧洲联盟的法律与制度．人民法院出版社，1999
83. 张寿民．俄罗斯法律发达史．法律出版社，2000
84. 洪永红，夏新华等．非洲法导论．湖南人民出版社，2000
85. 方立新．西方五国司法通论．人民法院出版社，2000
86. 张彩凤．比较司法制度．中国人民公安大学出版社，2007
87. 王云霞、张彩凤、崔林林．外国法制史．清华大学出版社，2008
88. 张彩凤．英国法治研究．中国人民公安大学出版社，2001
89. 李昌道，董茂云．比较司法制度．上海人民出版社，2004
90. 舒国滢．法律的边缘．中国法制出版社，2001